Geschlossene Immobilienfonds

Boutonnet / Loipfinger / Neumeier / H. Nickl /
L. Nickl / Richter

Geschlossene Immobilienfonds

4. überarbeitete und erweiterte Auflage

Deutscher Sparkassen Verlag Stuttgart

Forum: Finanzen

Bibliographische Information Der Deutschen Bibliothek
Die Deutsche Bibliothek verzeichnet diese Publikation in der Deutschen Nationalbiografie; detaillierte bibliografische Daten sind im Internet über http://dnb.ddb.de abrufbar.

Diese Publikation erscheint in neuer Rechtschreibung.

Lektor: Michael A. Müller

Vorstufe: Silke Tanzer

Umschlaggestaltung nach einer Konzeption von Groothius, Lohfert, Consorten, glcons.de, Hamburg

Druck und Binden: Gebrüder Knöller GmbH & Co. KG, Stuttgart

Papier: hergestellt aus 100 % chlorfrei gebleichtem Zellstoff

Printed in Germany

IV-3/2004 305 827 000

ISBN 3-09-301425-5

Inhalt

Vorwort

Geschlossene Immobilienfonds stehen bei Anlegern ganz oben auf der Beliebtheitsskala. So investierten sie allein im Jahr 2002 die stolze Summe von 4,71 Milliarden Euro in dieses Investmentsegment. Der Markt der Beteiligungsmodelle hat sich jedoch gegenüber den vergangenen Jahren einer grundlegenden Wandlung unterzogen. So zeigen die restriktiven Steuereinschnitte inzwischen deutliche Auswirkungen. Zudem macht eine Vielzahl neuer Produkte und Anbieter den Markt zunehmend intransparent.

Was also tun, um in dem undurchsichtigen Heuhaufen die berühmte Stecknadel des richtigen, zum Vermögensportfolio des Anlegers passenden Angebotes zu finden?

Eine wertvolle Hilfestellung, damit dies sowohl Beratern, aber auch interessierten Privatanlegern tatsächlich gelingt, gibt dieses Buch. Neben fundierten und umfassenden Erläuterungen zu allen Teilbereichen rund um den Themenkomplex „geschlossener Immobilienfonds“ kommt auch der Praxisbezug nicht zu kurz: Umfassende Checklisten, Anlagen und Internetadressen ergänzen als wichtige Analyse-Tools dieses Standardwerk.

Griesstätt, im März 2004

Beatrix Boutonnet
Stefan Loipfinger
Anton Neumeier
Hannes Nickl
Ludwig Nickl
Uli Richter

Autorenteam

Beatrix Boutonnet hat Betriebswirtschaft in München und Toulouse studiert. Nach dem Abschluss folgte eine mehrjährige Tätigkeit als Pressesprecherin bei einem französischen Hotelkonzern. Nun arbeitet sie als Wirtschaftsjournalistin im Journalistenbüro Loipfinger.

Stefan Loipfinger ist in Deutschland die führende Autorität auf dem Gebiet der geschlossenen Immobilienfonds. Der Wirtschaftsjournalist und Fondsanalyst ist zudem Träger des Helmut-Schmidt-Journalistenpreises für verbraucherfreundliche Berichterstattung.

Anton Neumeier ist Sparkassenbetriebswirt. An der Sparkassenakademie Bayern war er lange für den Bereich geschlossene Fondsanlagen verantwortlich, bevor er in den Fondsvertrieb wechselte.

Hannes Nickl hat an der Ludwig-Maximilians-Universität in München Jura studiert. Jetzt ist er im Journalistenbüro Loipfinger mit den Schwerpunktthemen Leistungsbilanz- und Vertragswerkanalyse im Hinblick auf anlegergerechte Ausgestaltung betraut.

Ludwig Nickl hat an der Ludwig-Maximilians-Universität in München Betriebswirtschaft studiert. Anschließend war er mehrere Jahre in der Steuer- und Rechtsabteilung einer internationalen Steuerberatungsgesellschaft tätig. Seit dem Abschluss des Steuerberaterexamens ist er als selbstständiger Berater im Bereich der Konzeptionierung geschlossener Fonds tätig.

Uli Richter absolvierte an der Ludwig-Maximilians-Universität in München das Studium der Volkswirtschaftslehre. Nach mehrjähriger Banktätigkeit mit Schwerpunkt Beratung vermögender Bankkunden ist er jetzt als Fondsanalyst selbstständig tätig.

1 Einleitung

Die Immobilie hat als eine der beliebtesten Anlageformen bereits eine lange Tradition - stellt sie doch für viele Anleger die ideale Anlagevariante sowohl im Hinblick auf die Sicherheitsorientierung als auch in puncto Rendite dar. Lediglich der relativ hohe Arbeitsaufwand sowie das hohe Investitionsvolumen bilden eine gewisse Hemmschwelle. Diese beiden Problemkreise lassen sich aber über die Anlagevariante des geschlossenen Immobilienfonds gut lösen. Dass dies auch die Investoren so sehen, zeigt sich an den Umsatzzahlen der letzten Jahre. Während die Börse derzeit meist vergeblich um die Anlegergunst buhlt, ist die Situation bei den geschlossenen Immobilienfonds trotz der anhaltenden Wirtschaftsflaute sehr erfreulich. So wurden allein 2002 insgesamt 4,7 Milliarden Euro in dieses Segment investiert. Dies bedeutet ein Plus gegenüber dem Vorjahr von knapp acht Prozent (vgl. Abb. 1 auf Seite 20).

Der Hintergrund des Erfolgsgeheimnisses ist einleuchtend: Über die Fondsschiene haben auch Privatanleger Zugang zu dem renditeträchtigen Markt der Gewerbeimmobilien. Summen, die ein einzelner Investor kaum stemmen könnte, werden über ein Fondskonstrukt möglich. Auch in kleinen Stückelungen - meist schon ab 10 000 Euro - können sich Anleger an Bürogebäuden oder Einkaufszentren beteiligen - wobei der Trend, wie aus Tabelle 1 auf Seite 21 ersichtlich wird, eindeutig zu Büroimmobilien geht.

Neben dem Renditekriterium und der Wertbeständigkeit der Immobilie kommt durch die Fondskonstruktion auch noch der Vorteil der einfachen Handhabung dazu: Denn den Kauf, die Verwaltung und den Verkauf der Immobilie übernimmt ein fachkundiges Managementteam. Hat der Anleger das Beteiligungsmodell geprüft, bedarf es nur seiner Unterschrift auf dem Zeichnungsschein, um dem Fonds beizutreten. Ist dann das nötige Eigenkapital eingesammelt, wird der Fonds geschlossen. Ein weiterer Beteiligungskauf ist nicht mehr möglich.

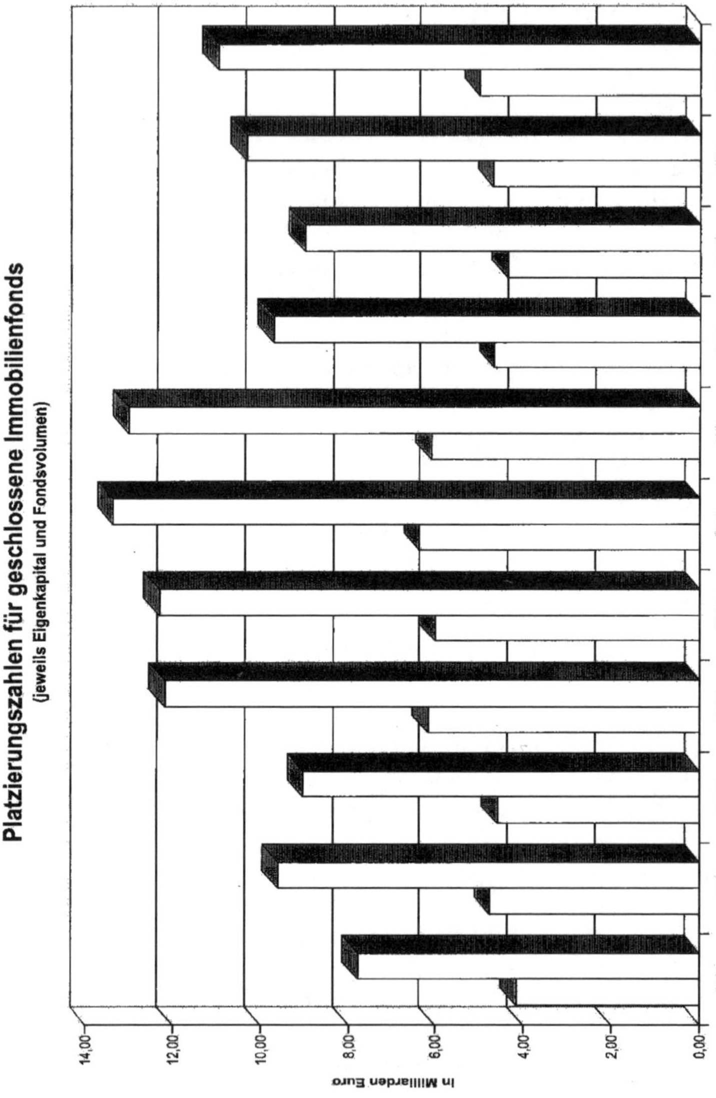

e) geschätzt

Quelle: Stefan Loipfinger: Marktanalyse der Beteiligungsmodelle 2003

Abb. 1: Platzierungszahlen für geschlossene Immobilienfonds

Tabelle 1: Nutzungsarten geschlossener Immobilienfonds Deutschland

Nutzungsarten	1999	2000	2001	2002
Büro	26,4 %	37,4 %	51,4 %	69,1 %
Wohnen	24,3 %	18,3 %	12,5 %	4,1 %
Ladenflächen	14,0 %	18,0 %	9,9 %	2,0 %
Einkaufszentren	11,4 %	5,4 %	7,5 %	12,5 %
Hotel	7,9 %	6,2 %	6,2 %	8,0 %
Sozialimmobilien	5,3 %	4,3 %	2,1 %	1,7 %
Logistikimmobilien	0,9 %	1,8 %	1,9 %	0,5 %
Kino	2,4 %	2,6 %	1,6 %	0,0 %
Sonst. Nutzungsarten	7,4 %	6,0 %	6,9 %	2,1 %
Gesamtinvestitions-volumen im jeweiligen Jahr in Mrd. €	100 % **8,22**	100 % **6,41**	100 % **4,28**	100 % **4,82**

Quelle: Stefan Loipfinger: Marktanalyse der Beteiligungsmodelle 2003

Im Zuge des hohen Beliebtheitsgrades hat sich auch die Zielgruppe für geschlossene Immobilienfonds verbreitert. Waren lange Zeit Ärzte, Rechtsanwälte, Steuerberater und andere Freiberufler die klassischen Zeichner von Modellen mit hohen Verlustzuweisungen, ergibt sich jetzt jetzt seit dem Rückgang der Steuervorteile eine deutliche Verschiebung der Zeichnerstruktur. Ebenfalls weniger Vertrauen in Beteiligungsmodelle hatten die Angestellten. Ihr Anteil fiel um sieben Punkte auf 29,5 Prozent. Der Anteil der Rentner dagegen hat sich fast verdoppelt. Zunehmend interessieren sich nun auch Unternehmer für dieses Segment. Inzwischen gehört jeder sechste Anleger zu dieser Berufsgruppe.

Tabelle 2: Berufe der Fondszeichner 2002

Gewichtet nach Zeichnungsvolumen	**In die Auswertung eingerechnete Beträge (in Mio. €)**	**Entspricht einer Verteilung in %**
Unternehmer/ Selbstständige	199	17,9 %
Angestellte	328	29,5 %
Beamte	32	2,9 %
Ärzte/Apotheker	144	12,9 %
RA/Stb./Freiberufler	74	6,7 %
Rentner	126	11,3 %
Hausfrauen	5	0,4 %
Sonstige	205	18,4 %
Summe	**1113**	**100,0 %**

Bezogen auf das insgesamt in Beteiligungsmodelle investierte Eigenkapital von 9 Mrd. Euro entspricht dies einer Repräsentativität von **12,3 %**.

Quelle Tabellen 2–4: Stefan Loipfinger: Marktanalyse der Beteiligungsmodelle 2003

Auffallend ist auch der seit Jahren anhaltende Trend bei weiblichen Zeichnern. Mittlerweile stammt mit 34,4 Prozent jede dritte Unterschrift von einer Frau. Was allerdings die Zeichnungssumme betrifft, so liegen die Männer hier noch vorne: Sie investieren 43 086 Euro, während bei den Frauen die durchschnittliche Zeichnungssumme bei 37 267 Euro liegt.

Tabelle 3: Geschlecht der Fondszeichner 2002

Gewichtet nach Zeichnungsvolumen	**In die Auswertung eingerechnete Beträge (in Mio. €)**	**Entspricht einer Verteilung**
Weiblich	468	31,2 %
Männlich	999	66,7 %
Firmen/Ehepartner	31	2,1 %
Summe	**1499**	**100,0 %**

Bezogen auf das insgesamt in Beteiligungsmodelle investierte Eigenkapital von 9 Mrd. Euro entspricht dies einer Repräsentativität von **16,6 %**.

Doch nicht nur bei der Zielgruppe, auch bei den kaufauslösenden Argumenten kam es in den letzten Jahren zu deutlichen Verschiebungen. Lange Jahren waren es die Steuervorteile, die einen regelrechten Boom auslösten. Die durch Sonderabschreibungen entstandenen Anfangsverluste aus dem Fonds konnten mit den anderen Einkünften des Anlegers verrechnet werden. Das Ergebnis war eine zum Teil sehr beträchtliche Steuerersparnis bis hin zum scheinbar völligen Selbstläufer. Da dem Bundesfinanzministerium die Steuerausfälle zu hoch waren, begann Berlin dem Steuersparen einen Riegel vorzuschieben. Durch zunehmend restriktivere Gesetze schmolz der Steuervorteil immer weiter ab. Inzwischen liegen die steuerlichen Anfangsverluste gerade noch einmal bei 29 Prozent. Und damit ist die Talsohle noch nicht erreicht. Ein weiteres Absinken auf 20 bis 25 Prozent ist vorprogrammiert.

Tabelle 4: Summe der Verlustzuweisungen

	Fonds 1998 1998 bis 2001	**Fonds 1999** 1999 bis 2002	**Fonds 2000** 2000 bis 2003	**Fonds 2001** 2001 bis 2004	**Fonds 2002** 2002 bis 2005
Geschlossene Immobilienfonds Deutschland/*GIF D*	77 %	63 %	52 %	31 %	29 %
Immobilien-Leasingfonds/*ILF*	121 %	75 %	76 %	65 %	55 %
Mobilien-Leasingsfonds/*MLF*	178 %	192 %	184 %	142 %	134 %
Schiffsbeteiligungen/*Schiffe*	117 %	116 %	92 %	63 %	60 %
Medienfonds/*Medien*	128 %	157 %	166 %	117 %	135 %
Windkraftanlagen/*WKA*	108 %	109 %	117 %	93 %	91 %
Alle Beteiligungsmodelle/*Alle Fonds*	**112 %**	**94 %**	**113 %**	**70 %**	**77 %**

Den ersten Stich zum Quasitodesstoß der steuerlichen Anfangsverluste machte der unrühmlich als Fallenstellerparagraph bekannt gewordene 2b EStG. Nun hängt der Nebenkostenerlass als Damoklesschwert über der Branche. Da die Steuervorteile zunehmend wegbrechen, kommt nun der wirtschaftlichen Seite mehr Bedeutung zu. Die Rendite entwickelt sich bei vielen Anlegern immer mehr zum zentralen Punkt bei der Investmententscheidung. Doch dies hat auch Tücken. Während Fonds, die in Immobilien jenseits der Grenze, wie Holland, Österreich oder den USA, investieren, durch andere Steuergesetzgebungen, interessante Eingangssteuersätze und Freibeträge sieben bis acht Prozent Anfangsausschüttung versprechen können, fällt dies rein deutschen Immobilienfonds schwer. Daher boomen auch Auslandsfonds derzeit sehr stark. Ganz vorne in der Anlegergunst liegen immer noch die USA-Fonds. Ganze 2,07 Milliarden Euro flossen in einem Jahr über den großen Teich. Einschließlich der Bankkredite summierte sich das Fondsvolumen sogar auf 4,15 Milliarden Euro. Damit stellen die USA-Immobilienfonds derzeit das größte Produktsegment innerhalb des Beteiligungsmarktes.

Nicht ganz so positiv sieht es inzwischen für den langjährigen Anlegerliebling Holland aus. Initiatoren konnten nur noch 372,2 Millionen Euro einsammeln. Damit liegt das in Holland investierte Gesamtvolumen inklusive Bankfinanzierungen bei 880,6 Millionen Euro. Zurückgefallen sind in der Umsatzstatistik die anderen Investitionsländer. Vor allem in Belgien, Italien und Spanien wurden weniger Produkte aufgelegt. Zugelegt haben Länder wie Kanada, Österreich, Polen und Ungarn. Einen Aufschwung lässt der Newcomer Frankreich erwarten.

Auch bei den deutschen Fonds kam es zu Umwälzungen – nach Jahren des Rückgangs ist nun endlich wieder ein leichter Anstieg zu vermelden. Auffällig dabei ist allerdings der deutlich gestiegene Fremdkapitalanteil. Er stieg von durchschnittlich 51,6 Prozent auf 54,6 Prozent. Dies bringt den Leverage-Effekt ins Spiel.

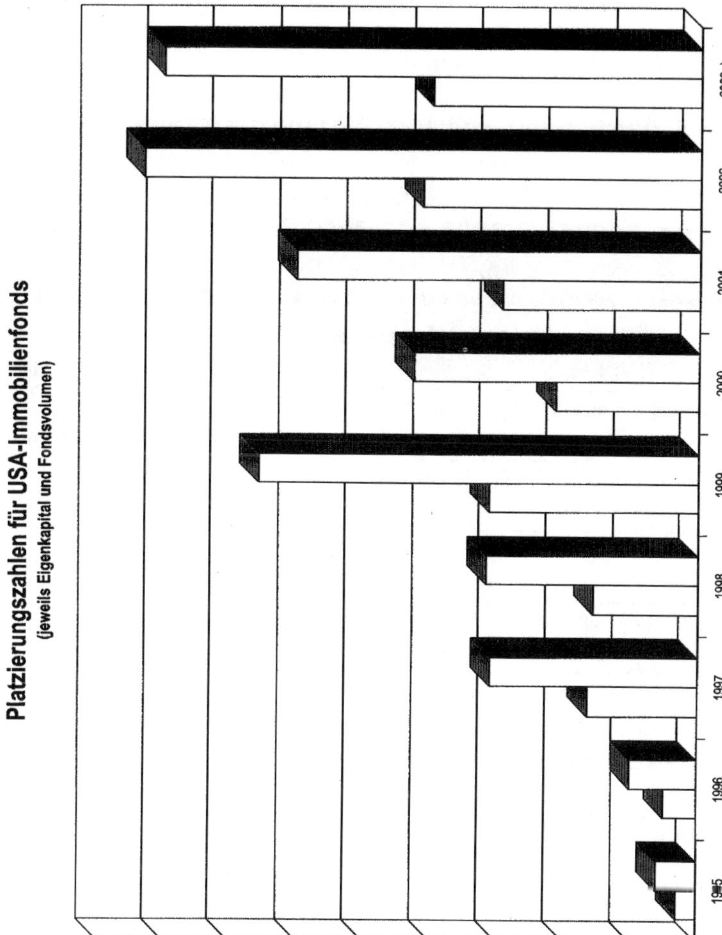

e) geschätzt

Quelle: Stefan Loipfinger: Marktanalyse der Beteiligungsmodelle 2003

Abb. 2: Platzierungszahlen für die USA

Da die Anfangsausschüttung derzeit bei rund fünf bis sechs Prozent liegt, versuchen viele Initiatoren die Rendite über die magische Siebenprozenthürde zu hebeln.

Tabelle 5: Durchschnittliche Ausschüttung geschlossener Fonds

Platzierungsjahr	1998	1999	2000	2001	2002
Ausschüttungsjahr	**für 2000**	**für 2001**	**für 2002**	**für 2003**	**für 2004**
Geschlossene Immobilienfonds Deutschland/*GIF D*	4,9 %	5,1 %	5,4 %	5,6 %	6,1 %
Geschlossene Immobilienfonds Niederlande/*GIF NL*	6,7 %	6,9 %	6,6 %	7,2 %	7,0 %
Geschlossene Immobilienfonds USA/*GIF USA*	7,7 %	7,3 %	7,2 %	8,1 %	8,0 %
Geschlossene Immobilienfonds sonst. Ausland/*GIF sA*	6,9 %	6,8 %	7,0 %	6,4 %	7,0 %
Alle geschlossenen Immobilienfonds/*alle GIF*	5,5 %	6,1 %	5,8 %	6,6 %	7,1 %
Immobilien-Leasingfonds/*ILF*	3,9 %	4,2 %	4,3 %	4,4 %	4,5 %
Mobilien-Leasingsfonds/*MLF*	0,6 %	0,5 %	0,4 %	0,6 %	0,8 %
Schiffsbeteiligungen/*Schiffe*	3,8 %	4,9 %	5,8 %	8,1 %	8,5 %
Medienfonds/*Medien*	3,5 %	4,6 %	5,9 %	18,6 %	14,2 %
New Energy Fonds/*Energy*	8,1 %	6,4 %	7,4 %	6,2 %	6,0 %
Alle Beteiligungsmodelle/*Alle Fonds*	4,8 %	5,6 %	5,4 %	9,0 %	8,1 %

Quelle: Stefan Loipfinger: Marktanalyse der Beteiligungsmodelle 2003

Dieser Quantensprung ist leider nicht immer einfach. Und daher muss so mancher Initiator recht tief in die Trickkiste greifen, um eine wettbewerbsfähige Ausschüttung darstellen zu können. Tilgungsaussetzungen, Fremdwährungsdarlehen in Schweizer Franken oder gar Japanischen Yen zur Nutzung des derzeitigen Zinsvorteils und sehr optimistische Annahmen bei der Prognoserechnung sind nur einige Varianten aus der großen Palette der Schönrechnerei.

Da diese kosmetischen Verschönerungen nicht immer auf den ersten Blick ersichtlich sind, ist eine umfassende und genaue Analyse des Beteiligungsobjektes im Hinblick auf das Investitionsobjekt, den Standort, die Konzeption und die Seriosität der Partner das A und O des Anlageerfolges.

Tabelle 6: Historische Platzierungszahlen geschlossener Immobilienfonds 2003

Initiator	platziertes Eigenkapital (incl. Agio) bis 31.12.03	platziertes Fondsvol. (incl. Agio) bis 31.12.03	Anzahl der bis 31.12.03 aufgelegten Fonds	Anzahl der Beteiligungen bis 31.12.03	Anzahl der Investoren bis 31.12.03
Ebertz Dr., Köln	4467	8656	150		13600
IBV Immobilien, Wiesbaden	3871	10130	51		78500
DB Real Estate, Frankfurt	2127	3950	40	33200	25300
Fundus, Köln	2070	3058	48		60000
Kapital-Consult, Stuttgart [1]	2006	3306	27		72440
Jamestown Management, Köln [9]	1982	4142	27	43000	37000
WestFonds, Düsseldorf [3]	1603	2953	106		22700
Görlich Dr., Berlin	1568	4419	307		k.A.
REAL I.S. (früher: Bayernfonds), Mü.	1552	2124	24		22550
H.F.S., München	1453	2746	18	33160	24315
DG-Anlage, Frankfurt	1379	2546	58	k.A.	k.A.
Wert-Konzept, Köln	1355	3206	271		k.A.
KanAm, München	1206	3060	37	17730	9950
IC Immobilien, Düsseldorf [10]	1184	2326	45	22760	20300
MPC Münchmeyer, Petersen, HH	1028	2307	43		k.A.
BVT, München	1009	2020	k.A.		k.A.
WGS Wohnungsbauges., Stuttgart	990	990	41		40000
Falk Unternehmensgr., München	900	2500	79	30000	27000
CFB Commerz Fonds, Düsseldorf [9]	887	1828	13		24904
Doba Grund, München	858	2030	17	10500	7500
Ideenkapital/GVP, Düsseldorf	824	1465	10		17650
Gebau, Düsseldorf	800	1620	54	24000	22000
HGA Capital Grundbesitz, HH	800	1900	32		6500
AXA Merkens Fonds, Köln	780	1375	24		13000
Wölbern Bankhaus, Hamburg	695	1816	56		13195
KapHag, Berlin	675	1450	70		9000
DCM Dt. Capital Management, Mü.	658	1361	22		26000
Groth und Graalfs, Berlin	644	1842	85		7200
Hahn UG, Bergisch-Gladbach	620	1550	132	4700	2450
Blue Capital (VuW-Bank), Hamburg	617	1083	16		12417
US-Treuhand, Darmstadt [9]	600	1340	12	6000	3000
ProVictor, Düsseldorf	560	854	5		k.A.
DIV Dt. Immobilienfonds, Frankfurt [2]	554	1236	20		11372
HL Hannover Leasing, München	542	1494	k.A.		k.A.
Ärzte Treuhand, Berlin	541	1436	k.A.		k.A.
Germania-Gruppe, München [9]	529	989	38		6849
IVG-Service/BOTAG, Berlin	509	973	k.A.		k.A.
GENO Asset Finance, Frankfurt [9]	503	1243	5		12657
SW-Finanz, Markdorf	501	501	3	28650	24000
HIH, Hamburg (früher: Behne)	487	976	18		6500
SAB, Bad Homburg	473	919	45		7000
Deutsche Beamten Vorsorge, Mü.	453	648	3		k.A.

Initiator	platziertes Eigenkapital (incl. Agio) bis 31.12.03	platziertes Fondsvol. (incl. Agio) bis 31.12.03	Anzahl der bis 31.12.03 aufgelegten Fonds	Anzahl der Beteili-gungen bis 31.12.03	Anzahl der Investo-ren bis 31.12.03
ALCAS/KGAL, Grünwald	415	1237	k.A.		4850
Columbus Capital	389	657	19		5040
Wir in Berlin, Berlin 1)	350	1100	k.A.		k.A.
Nürnberger Vers. Immo., Nürnberg	341	567	17		5162
Peters Dr., Dortmund	308	559	48		7761
Konzepta, Berlin	299	694	29		10200
HCI, Jork	285	645	28		k.A.
Hanne Dr., Berlin 1)	276	616	k.A.		k.A.
Sachsenfonds, München	252	627	9		7144
Euro American Investors, Düsseldorf	250	1000	45		2500
Rosche Finanz, Freiburg 1)	236	1115	29		3300
ILG, München	235	444	18		5121
HSBC Trinkaus & Burkhardt, Dü.	219	398	10		1635
R & W Immobilienanlagen, Berlin	200	867	84		k.A.
Norddeutsche Vermögen, Hamburg	178	396	42	4360	2600
Tomorrow Fund Management, Ber 9)	170	305	5	4498	4450
Inteco Holding, Kernen	165	165	43		1515
GHF, Leer	155	299	14		3235
SHB Innvoative Fonds, Oberhaching	155	360	1		7503
CBB Holding (vorm. Concordia), Köln	132	816	k.A.		k.A.
EAV, Frankfurt	105	238	2		765
LWB Leipziger Wohnungsbauges.	103	215	3		856
VIA GmbH, Dortmund 1)	102	246	9		k.A.
ABN AMRO, Frankfurt	102	247	4		k.A.
Conti Gruppe, Putzbrunn	100	200	6	1200	1000
Rentadomo, Berlin	96	112	7		4000
BfG-Bank (FVH), Frankfurt	94	222	6		1146
Atlas Marketing, Stuttgart 1)	89	89	11		k.A.
Rabofonds, Frankfurt	83	121	5		2000
Schmälzle Martin, Korntal	81	176	14		1336
GEHAG, Berlin	81	259	k.A.		k.A.
BEMA (vormals CURA), Rostock	77	99	1	2600	2600
Buck, Doll & Sohst, Berlin	76	216	10		400
Bast-Bau, Erkrath	64	131	23		1739
Hofmann + Co, Vaihingen	56	92	k.A.		k.A.
Hanseatica, Hamburg	56	94	2		k.A.
Pegasus Immobilien, München	53	130	2		k.A.
Reuschel & Co., München	53	101	5		415
CF Fonds, Schorndorf (inkl. Südfinanz	51	54	2	674	674
IAW GmbH, Köln	51	92	k.A.		k.A.
Acron Kapital, Düsseldorf	51	134	29	400	k.A.
Renta AG, Berlin	48	150	26		581

Initiator	platziertes Eigenkapital (incl. Agio) bis 31.12.03	platziertes Fondsvol. (incl. Agio) bis 31.12.03	Anzahl der bis 31.12.03 aufgelegten Fonds	Anzahl der Beteiligungen bis 31.12.03	Anzahl der Investoren bis 31.12.03
Baita US-Immobilien, München 9)	38	90	5		770
Real FondsConcepte, Herrsching	38	68	6		503
LHI Leasing, München	34	72	2		940
Causalis Investment, Köln	32	85	1	58	58
IFB Beteiligungen, Düsseldorf	30	30	1		400
Hofkammer, Friedrichshafen	29	48	1		k.A.
IAK Immobilienfonds Köln	29	41	k.A.		k.A.
Citytrust, Wiesbaden	26	26	2		k.A.
NPC, Düsseldorf	26	66	7		200
Nordcapital, Hamburg	25	55	3	717	670
NCC Immobilien, Berlin	23	51	k.A.		k.A.
Europa Concept (50 % SAB-Tochter)	22	46	1		k.A.
Capital + Concept, München	20	40	13		k.A.
Pascha, Limburg 1)	19	19	1		k.A.
Dt. Structured Finance, FFM	18	77	1	590	590
Atlantic, Hamburg 9)	18	32	1		417
RPE Rentaco, Berlin 1)	15	42	7		150
Allianz Immobilienfonds, Stuttgart	14	14	1		k.A.
Immorent, Gifhorn	14	20	2		k.A.
InnoCap, Frankfurt	13	27	2		k.A.
Noviconcept, Öhringen	13	13	k.A.		k.A.
König & Cie, Hamburg	11	24	3	461	437
HIAG Haupt Immobilien, München	11	26	1		200
Bau-Verein zu Hamburg, Hamburg	10	17	1		k.A.
Garbe Locimac/Rothmann, Hamburg	10	30	1	468	416
Pannonia Immobilien, Wiesbaden 1)	9	9	2		k.A.
Bonneville, Wuppertal	9	14	1		k.A.
Premicon AG, München 9)	9	21	1	25	25
BIAG Bet. für Immobilien, Köln	9	26	1		k.A.
Korff & Partner, Hamburg 1)	9	17	1		k.A.
Lloyd Fonds, Hamburg	7	19	1	132	132
Duerr & Partner, München 1)	7	19	1		k.A.
Fritzsche und Perner, Rosenheim	7	7	1		k.A.
RIAG Real Invest AG, Bad Honef	7	18	2		45
Kraus Immobilien, Alzenau	7	13	3		62
Ökobank, Frankfurt	6	13	1		k.A.
Konsum KIB Investitionen, Berlin	6	14	1		600
emdrey, Stuttgart	5	5	1		57
Upgang Finanzdienstleistungen, Bonn	5	5	1		k.A.
P&P AG, Zwickau	5	5	1		k.A.
Quinz, Haar 1)	4	8	1		k.A.
GOS Ges. für Ortsentwicklung, Kiel	4	10	k.A.		k.A.

Initiator	platziertes Eigenkapital (incl. Agio) bis 31.12.03	platziertes Fondsvol. (incl. Agio) bis 31.12.03	Anzahl der bis 31.12.03 aufgelegten Fonds	Anzahl der Beteili-gungen bis 31.12.03	Anzahl der Investo-ren bis 31.12.03
Südwest Capital, Korntal	4	11	2		k.A.
Ueing Dr., Düsseldorf	3	7	1		k.A.
Engelhardt Dr., Berlin [1)]	3	8	1		k.A.
Held & Möllendorf, Berlin	3	6	1		k.A.
HST Hanseatische Immo, Bremen	3	6	1		k.A.
Procron, Düsseldorf	1	2	1		7
Odin AG, Rostock	0	0	1		k.A.
Adrian GmbH, Düsseldorf	k.A.	k.A.	k.A.		k.A.
Amann Dr., Schweiz	k.A.	k.A.	k.A.		k.A.
ARC Realty, Frankfurt	k.A.	k.A.	k.A.		k.A.
Bassmann, Berlin	k.A.	k.A.	k.A.		k.A.
Bauwert, Berlin, ProFonds, München	k.A.	k.A.	k.A.		k.A.
BBV Immobilien, München	k.A.	k.A.	k.A.		k.A.
BHF-Bank, Frankfurt	k.A.	k.A.	k.A.		k.A.
Brentana, Weißenohe	k.A.	k.A.	k.A.		k.A.
debis, Stuttgart	k.A.	k.A.	k.A.		k.A.
Delta Consulting, Emden	k.A.	k.A.	k.A.		k.A.
Depfa, Wiesbaden	k.A.	k.A.	k.A.		k.A.
DIVAG, Düsseldorf	k.A.	k.A.	k.A.		k.A.
Domizil Bau, Nauhaus am Inn	k.A.	k.A.	k.A.		k.A.
Eichler, München	k.A.	k.A.	k.A.		k.A.
Grund + Renten (GKB), Berlin	k.A.	k.A.	k.A.		k.A.
Haschtmann, Berlin	k.A.	k.A.	k.A.		k.A.
HAT, Hamburg	k.A.	k.A.	k.A.		k.A.
Hohenlohe-Jagstberg&Banghard, St.	k.A.	k.A.	k.A.		k.A.
Immoconsult, Ludwigshafen	k.A.	k.A.	k.A.		k.A.
IVB, Rödermark	k.A.	k.A.	k.A.		k.A.
Kausch GmbH, Berlin	k.A.	k.A.	k.A.		k.A.
Müller Max Beteiligungen, Zwiesel	k.A.	k.A.	k.A.		k.A.
Prisma Privatfinanz AG, Eschborn	k.A.	k.A.	k.A.		k.A.
Promed, Hamburg	k.A.	k.A.	k.A.		k.A.
Prosag, München	k.A.	k.A.	k.A.		k.A.
Schöbel UN-Gruppe, Nordhorn	k.A.	k.A.	k.A.		k.A.
Seefeld & Partner, Berlin	k.A.	k.A.	k.A.		k.A.
Sontowski & Partner, Erlangen	k.A.	k.A.	k.A.		k.A.
Thomae und Partner	k.A.	k.A.	k.A.		k.A.

Initiator	platziertes Eigenkapital (incl. Agio) bis 31.12.03	platziertes Fondsvol. (incl. Agio) bis 31.12.03	Anzahl der bis 31.12.03 aufgelegten Fonds	Anzahl der Beteili-gungen bis 31.12.03	Anzahl der Investo-ren bis 31.12.03
Today Fund Management, Hamburg	k.A.	k.A.	k.A.		k.A.
VEAG (SÜBA), Mannheim	k.A.	k.A.	k.A.		k.A.
VÖD, Buttenheim	k.A.	k.A.	k.A.		k.A.
Wert-Investitionen, Hildesheim	k.A.	k.A.	k.A.		k.A.
WHGe, Berlin	k.A.	k.A.	k.A.		k.A.
Zwischensumme	**0**	**0**	**0**		**0**
geschätzte Dunkelziffer 5)	**21000**	**43000**	**2100**		**600000**
Gesamtsumme	**21000**	**43000**	**2100**		**600000**

1) geschätzt
2) nur Fonds seit 6/94 (Wiederbelebung der DIV)
3) näherungsweise; incl. der Fonds von den Vorgängergesellschaften Süd-Immobilien und RWI
4) umgerechnet mit durchschnittlich 1,09 US-Dollar/Euro
5) Die geschätzte Dunkelziffer bei der Anzahl der Fonds sowie der Zeichner ist hochgerechnet anhand der historischen Platzierungsergebnisse von den Initiatoren, die bei der Anzahl der Fonds sowie der Zeichner Angaben zur Verfügung gestellt haben.
6) umgerechnet mit durchschnittlich 1,03 US-Dollar/Euro
7) umgerechnet mit durchschnittlich 0,89 US-Dollar/Euro
8) umgerechnet mit durchschnittlich 0,94 US-Dollar/Euro
9) umgerechnet mit durchschnittlich 1,00 US-Dollar/Euro
10) incl. Fonds von BBV Immobilien

Quelle: Stefan Loipfinger: Marktanalyse der Beteiligungsmodelle 2003

2 Grundlagen

Bei den Immobilienfonds ist grundsätzlich zwischen dem geschlossenen und dem offenen Immobilienfonds zu unterscheiden. Innerhalb der geschlossenen Immobilienfonds wird zwischen den Eigenkapital- und Fremdkapitalfonds, dem Blind Pool, dem Ansparfonds, dem Hamburger Modell und dem Leasingfonds differenziert.

2.1 Der offene Immobilienfonds

2.1.1 Rechtliche Rahmenbedingungen

Der offene Immobilienfonds unterliegt vor allem dem Gesetz für Kapitalanlagegesellschaften (KAGG). Darin sind unter anderem die Vorschriften über die Anlagepolitik, die Arten der Sondervermögen und die Überwachung dieser Investmentgattung festgelegt. Für offene Immobilienfonds ist neben den allgemeinen Vorschriften des 1. Abschnitts die Normierung des Grundstückssondervermögens von Interesse, die in den besonderen Vorschriften des 6. Abschnitts KAGG dargestellt wird.

In Abschnitt 9 KAGG wird außerdem die steuerliche Behandlung sämtlicher Sondervermögen als Zweckvermögen geregelt. Das Grundstückssondervermögen selbst ist nach den §§ 44 Satz 1, 38 Abs. 1 Satz 2 KAGG von der Körperschaftsteuer und der Gewerbesteuer befreit. Die Besteuerung der Erträge und des Vermögens erfolgt auf der Ebene des Anlegers.

Weiterhin können für derartige Kapitalanlagegesellschaften das Gesetz über das Kreditwesen (KWG), das Auslandsinvestmentgesetz (AIG) und einige andere Regularien den rechtlichen Rahmen vorgeben und durch von der Bundesanstalt für Finanzdienstleistungsaufsicht (BaFin) genehmigte Allgemeine und Besondere Vertragsbedingungen ergänzt werden. Die Wahl der Rechtsform für

Kapitalanlagegesellschaften, die nach § 1 Abs. 1 KAGG als Kreditinstitute gelten, ist nach § 1 Abs. 3 Satz 1 KAGG auf die Aktiengesellschaft (AG) und die Gesellschaft mit beschränkter Haftung (GmbH) begrenzt. Die Einhaltung der gesetzlichen Bestimmungen wird von der BaFin kontrolliert. Die Vertragsbedingungen, die den Rechtsgeschäften zwischen der Kapitalanlagegesellschaft und dem Anleger zugrunde liegen, bedürfen, wie erwähnt, grundsätzlich der vorherigen Genehmigung der Bundesanstalt für Finanzdienstleistungsaufsicht nach § 15 Abs. 2 Satz 1 KAGG.

Eine wichtige Sicherheitsfunktion für den Anleger wird bei Investmentfonds von der Depotbank übernommen. Das gilt vor allem deshalb, weil sie bei der Wahrnehmung ihrer Aufgaben grundsätzlich unabhängig von der Kapitalanlagegesellschaft und ausschließlich im Interesse der Anteilsinhaber handeln muss. Die genauen Bestimmungen zu den Voraussetzungen, die eine Depotbank zu erfüllen hat, und zu deren Aufgaben bei Grundstückssondervermögen finden sich in den §§ 12 ff., §§ 27c ff. KAGG. So muss sie etwa ihren Sitz in Deutschland haben. Aufgabe bezüglich eines offenen Immobilienfonds sind unter anderem die laufende Überwachung des Bestands an Liegenschaften und der sonstigen nicht verwahrfähigen Vermögensgegenstände sowie die Verwahrung der zum Sondervermögen gehörenden Wertpapiere und Bankguthaben. Auch gibt die Depotbank die Investmentanteilsscheine aus und nimmt diese wieder zurück. Sie muss weiter nach § 31 Abs. 2 Satz 1 KAGG jeder Verfügung über Grundstückssondervermögen und dessen Zubehör zustimmen, damit diese gegenüber den Anteilsinhabern wirksam wird. Zum Schutz der Anleger hat die Kapitalanlagegesellschaft dafür Sorge zu tragen, dass im Grundbuch eine entsprechende Verfügungsbeschränkung zugunsten der Depotbank eingetragen wird. Die Eintragung dieser Verfügungsbeschränkung ist von der Depotbank zu überwachen. Da im Grundbuch wegen der immensen Anzahl nicht jeder Anteilseigner einzeln eingetragen werden kann, wird gemäß § 30 KAGG ausschließlich die Kapitalanlagegesellschaft treuhänderisch als Eigentümerin des Grundstückssondervermögens eingetragen.

Hinsichtlich eventueller Rücknahmeverlangen der Anleger muss nach § 35 Abs. 1 KAGG ein Betrag in Höhe von mindestens

5 Prozent des Wertes des Grundstückssondervermögens in Guthaben mit täglicher Verfügbarkeit bei der Depotbank oder in Anteilen an Geldmarktsondervermögen angelegt sein. Im Extremfall einer Rückgabeflut, die über die Liquiditätsreserve hinausgeht, kann die Rücknahme entsprechend den Voraussetzungen des § 36 KAGG auf längstens zwei Jahre verweigert werden.

Einen weiteren Sicherheitsfaktor für den Anleger stellt die Vorschrift zur Risikomischung, § 28 KAGG, dar, der die quantitative Zusammensetzung des Grundstückssondervermögens regelt. Innerhalb der Anlaufphase von vier Jahren gelten diesbezüglich die Ausnahmen des § 29 KAGG.

Der Gesamtwert des Fondsvermögens schließlich ergibt sich aus der Summe der sonstigen Vermögensgegenstände zuzüglich des Wertes des Immobilienvermögens und abzüglich der aufgenommenen Kredite und der sonstigen Verbindlichkeiten, § 27c Abs. 2 KAGG. Das Immobilienvermögen muss mindestens einmal jährlich durch einen entsprechenden Sachverständigenausschuss bewertet werden. Diesem Sachverständigenausschuss müssen entsprechend § 32 KAGG mindestens drei Mitglieder, die als unabhängige, zuverlässige und fachlich geeignete Persönlichkeiten mit besonderen Erfahrungen auf dem Gebiet der Bewertung von Immobilien gelten, angehören. Der BVI Bundesverband Deutscher Investment-Gesellschaften e.V. hat für die Wertermittlungsgutachten Richtlinien erlassen, welche die Mindestanforderungen an Gutachten über die Bewertung von bebauten und unbebauten Grundstücken enthalten. Grundlage für die Wertermittlung des Verkehrswertes bildet das Ertragswertverfahren. Hier wird auf die nachhaltig erzielbaren Mieterträge abgestellt, die um die Verwaltungskosten, das kalkulatorische Mietausfallwagnis und die Bewirtschaftungskosten einschließlich der Instandhaltungskosten gekürzt werden. Diese Nettomiete wird zur Ermittlung des Ertragswertes anschließend mit einem Faktor multipliziert, der sich nach der marktüblichen Verzinsung für die zu bewertenden Liegenschaften unter Einbeziehung von Lage, Restnutzungsdauer und Gebäudezustand richtet. Die Bewertung des einzelnen Anteilscheins ergibt sich aus der Teilung des Wertes des Sondervermögens durch die Zahl der ausgegebenen Anteile. Das Ergebnis stellt dann den jeweiligen Rücknahmepreis des offenen Immobilienfonds dar. Zu diesem Rücknahmepreis wird noch der üblicherweise zwischen 5 und 5,5 Prozent liegende Ausgabeaufschlag addiert, um den entsprechenden Ausgabepreis zu erhalten.

Die Zahl der Anleger ist bei den offenen Immobilienfonds unbegrenzt, d.h. es handelt sich hierbei um einen so genannten Open-End-Fund. Die Anteile werden von der Depotbank ausgegeben.

Vor dem Vertragsschluss zum Kauf von Anteilen an offenen Immobilienfonds ist in § 19 KAGG vorgeschrieben, dass dem Anleger ein Verkaufsprospekt nebst Allgemeinen und Besonderen Vertragsbedingungen zusammen mit dem letzten Rechenschaftsbericht ausgehändigt werden muss. Auch der anschließende Halbjahresbericht, sofern er bereits erschienen ist, muss dem Erwerber vor Vertragsschluss übergeben werden. Ausnahmen von diesen Pflichten gelten nur, wenn der Erwerber ausdrücklich und nachweislich darauf verzichtet hat.

Liegen die Voraussetzungen des § 23 KAGG vor, hat der Käufer von Anteilscheinen an einem Grundstückssondervermögen ausnahmsweise auch ein zweiwöchiges Widerrufsrecht. Die Frist beginnt erst mit der Aushändigung des Verkaufsprospekts, der nach § 19 Abs. 2 Satz 3 Nr. 14 KAGG eine Belehrung über das Widerrufsrecht enthalten muss. Die Haftung gegenüber dem Anleger im Falle mangelhafter Verkaufsprospekte ist in § 20 KAGG geregelt.

Ein weiteres Kennzeichen der offenen Immobilienfonds ist die Fungibilität der Anteile. Zertifikatsinhaber können der Depotbank täglich ihre Anteile zum Rücknahmepreis zurückgeben. Die Rücknahmepreise der offenen Immobilienfonds werden täglich in den großen Wirtschaftszeitungen veröffentlicht.

2.1.2 Steuerliche Behandlung von Anteilen an offenen Immobilienfonds

Das Grundstückssondervermögen einer Kapitalanlagegesellschaft gilt als Zweckvermögen und ist deshalb von der Körperschaftsteuer, der Gewerbesteuer nach § 38 KAGG befreit. Die Besteuerung erfolgt in diesen Steuerarten ausschließlich auf der Kundenebene, da ansonsten die Gefahr einer Doppelbesteuerung gegeben wäre. Grundsteuer und Grunderwerbsteuer müssen hingegen von der Kapitalanlagegesellschaft für das Sondervermögen und dementsprechend aus dem Sondervermögen bezahlt werden.

Die Besteuerung der Kapitalanlagegesellschaft als GmbH oder als AG selbst unterliegt keinen Sondervorschriften. Die Kapitalanlagegesellschaft wird als Unternehmen steuerlich wie jedes andere Unternehmen behandelt.

Einkünfte aus offenen Immobilienfonds zählen bei Privatpersonen im Sinne von § 20 EStG zu den Einkünften aus Kapitalvermögen. Gehören die Fondsanteile einem Betriebsvermögen an, zählen die Einkünfte zu der für diesen Betrieb zählenden Einkunftsart (Einkünfte aus Land- und Forstwirtschaft, Gewerbebetrieb oder aus selbstständiger Tätigkeit).

Der Nettoertrag errechnet sich aus der Summe der Erträge abzüglich aller anfallenden Kosten (Hausbewirtschaftungskosten, Zinsaufwendungen für Fremdkapital, Verwaltungskosten und Absetzung für Abnutzung). Dieser kann an die Anleger ausgeschüttet bzw. im Fonds thesauriert werden. Außerordentliche Gewinne, wie z.B. durch den Verkauf einer Immobilie außerhalb der Spekulationsfrist von zehn Jahren, bei dem Veräußerungsgewinne entstehen, werden bei Anlagen im Privatvermögen nicht besteuert. Bei Erträgen aus offenen Immobilienfonds wird von der Fondsgesellschaft immer gesondert der steuerpflichtige Anteil jeweils bei einer Anlage im Privatvermögen bzw. im Betriebsvermögen ausgewiesen. Je nach Zurechnung der Beteiligung zum Betriebs- oder Privatvermögen des Anlegers greifen für ihn die entsprechenden steuerfreien und steuerpflichtigen Anteilserträge. Die Zinsabschlagsteuer muss bereits von dem Kreditinstitut bzw. der Fondsgesellschaft einbehalten werden, wenn der Anleger nicht als Devisenausländer gilt bzw. keinen Freistellungsauftrag in ausreichender Höhe gestellt hat. Die Zinsabschlagsteuer stellt aber nur eine Steuervorauszahlung dar und kann im Rahmen der Einkommensteuererklärung mit der tatsächlichen, aus der persönlichen Steuerprogression resultierenden Steuerlast verrechnet werden. Seit dem 1. Januar 1994 muss von der Fondsgesellschaft ein Zwischengewinn ausgewiesen werden. Wie bei festverzinslichen Wertpapieren wird der Ertrag auf das ganze Jahr verteilt. Es unterliegt fairerweise also nur der für den Anleger tatsächlich in seiner Haltedauer entstandene Ertrag der Steuer. Gewinne aus der Veräußerung von Fondsanteilen, die von dem Anleger im Privatvermögen gehalten wurden, sind nach Ablauf der Spekulationsfrist von zwölf Monaten steuerfrei.

Tabelle 7: Wertentwicklung der offenen Immobilienfonds

Offene Immobilienfonds					
1 Jahr	**3 Jahre**	**5 Jahre**	**10 Jahre**	**15 Jahre**	**20 Jahre**
Fonds/GESELLSCHAFT		**Wertentwicklung kumuliert in %**			
Aachener Grund-Fonds Nr.1/AACHENER GRUND					
2,4	13,0	23,9	65,6	144,6	230,3
AXA Immoselect/AXA INVESTMENT					
6,2					
CS EUROREAL/CSAM IMMO					
4,6	16,7	28,9	71,0		
CS-WV IMMOFONDS/CSAM IMMO					
3,2	13,0	22,1			
Deka-ImmobilienEuropa/DEKA IMMO					
4,0	16,0	26,2			
Deka-ImmobilienFonds/DEKA IMMO					
3,1	13,2	22,1	59,4	140,7	226,5
DIFA-Fonds Nr. 1/DIFA					
3,6	15,7	24,4	61,9	140,3	221,9
DIFA-GRUND/DIFA					
3,9	16,2	25,6	65,0	136,3	
grundbesitz-global/DB REAL ESTATE					
3,3	13,7				

Offene Immobilienfonds					
1 Jahr	**3 Jahre**	**5 Jahre**	**10 Jahre**	**15 Jahre**	**20 Jahre**
Fonds/GESELLSCHAFT			**Wertentwicklung kumuliert in %**		
grundbesitz-invest/DB REAL ESTATE					
3,4	15,0	22,3	57,6	134,2	213,5
GRUNDWERT-FONDS/DEGI					
3,2	11,6	20,5	55,6	134,5	220,1
HANSAimmobilia/HANSAINVEST					
3,9	15,2	24,1	65,9	145,0	
HAUS-INVEST/CGI					
4,7	18,0	30,0	68,4	148,4	232,6
iii-Fonds Nr. 1/iii GMBH					
1,4	6,2	13,2	43,3	113,8	181,1
iii-Fonds Nr. 2/iii GMBH					
1,2	10,1	18,4	51,4	126,8	196,4
iii-Fonds Nr. 3/iii GMBH					
3,7	15,6	28,2			
KanAm grundinvest Fonds/KANAM GRUND					
5,6					
SEB ImmoInvest/SEB IMMOINVEST					
5,2	17,6	30,7	76,3		
SKAG Euroinvest Immobilien/SKAG					
7,1	28,5				
WestInvest 1/WESTINVEST					
4,0	15,4	24,5	62,4		
WestInvest InterSelect/WESTINVEST					
4,8					

Quelle: bvi, Stand: August 2003

Tabelle 8: Zusammensetzung des Fondsvermögens

Zusammensetzung des Fondsvermögens am 31.7.2003 (in %)			
Grundstücke:			Für Ankäufe und Bauvorhaben reservierte Mittel, Liquidität, Sonstiges
Genutzt	Bebauungszustand	Unbebaut	
IV. Offene Immobilienfonds			
Fonds/GESELLSCHAFT			
Aachener Grund-Fonds Nr.1/AACHENER GRUND			
68,4	0,3	-	31,3
AXA Immoselect/AXA INVESTMENT			
-	-	-	-
CS EUROREAL/CSAM IMMO			
42,1	4,5	-	50,4
CS-WV IMMOFONDS/CSAM IMMO			
93,9	-	-	6,1
Deka-ImmobilienEuropa/DEKA IMMO			
51,8	0,9	-	37,1
Deka-ImmobilienFonds/DEKA IMMO			
67,5	4,3	-	23,1
DIFA-Fonds Nr. 1/DIFA			
63,6	6,5	-	25,2
DIFA-GRUND/DIFA			
52,5	3,1	-	41,6
grundbesitz-global/DB REAL ESTATE			
41,5	3,1	-	47,7
grundbesitz-invest/DB REAL ESTATE			
59,5	2,3	-	35,9
GRUNDWERT-FONDS/DEGI			
93,1	0,8	-	6,1
HANSAimmobilia/HANSAINVEST			
73,3	2,5	-	23,4

Grundstücke:			
Genutzt	Bebau-ungs-zustand	Genutzt	Für Ankäufe und Bauvorhaben reservierte Mittel, Liquidität, Sonstiges
IV. Offene Immobilienfonds			
Fonds/GESELLSCHAFT			
HAUS-INVEST/CGI			
-	-	-	-
iii-Fonds Nr. 1/iii GMBH			
95,8	4,9	-	– 0,6
iii-Fonds Nr. 2/iii GMBH			
129,3	-	-	– 29,4
iii-Fonds Nr. 3/iii GMBH			
61,0	2,4	-	33,1
KanAm grundinvest Fonds/KANAM GRUND			
-	-	-	-
SEB ImmoInvest/SEB IMMOINVEST			
65,2	0,3	0,1	31,4
SKAG Euroinvest Immobilien/SKAG			
91,5	-	-	– 17,1
WestInvest 1/WESTINVEST			
63,6	0,6	-	35,2
WestInvest InterSelect/WESTINVEST			
79,0	-	-	20,0

Quelle: bvi, Stand 31.7.2003

Tabelle 9: Adressen der Fondsgesellschaften mit offenen Immobilienfonds

Fonds Fondsgesellschaft	Kontakt
Aachener Grundvermögen Kapitalanlagegesellschaft mbH AACHENER GRUND	Wörthstraße 32 50668 Köln Tel. (02 21) 7 72 04-0 info@aachener-grund.de http://www.aachener-grund.de
AXA INVESTMENT AXA Investment Managers Deutschland GmbH	Kattenbug 1 50667 Köln Tel. (02 21) 1 48-1 58 00 http://www.axa-im.de
CGI COMMERZ GRUNDBESITZ- Investmentgesellschaft mbH	Kreuzberger Ring 56 65205 Wiesbaden Tel. (06 11) 71 05-01 info@cgi-gmbh.de http://www.hausinvest.de
CSAM IMMO CREDIT SUISSE ASSET MANAGEMENT Immobilien Kapitalanlagegesellschaft mbH	MesseTurm 60308 Frankfurt Tel. (0 69) 75 38-12 00 http://www.csam.de
DB Real Estate DB Real Estate Investment GmbH	Mergenthalerallee 73–75 65760 Eschborn Tel. (0 69) 7 17 04-8 41 http://www.db-real-estate.de
DEGI DEGI Deutsche Gesellschaft für Immobilienfonds mbH	Bettinastraße 53–55 60325 Frankfurt Tel. (0 69) 2 63-1 20 00 info@degi.de http://www.degi.de
DEKA Deka Investment GmbH	Mainzer Landstraße 16 60325 Frankfurt Tel. (0 69) 71 47-0 service@deka.de http://www.deka.de
DIFA DIFA DEUTSCHE IMMOBILIENFONDS AG	Caffamacherreihe 8 20355 Hamburg Tel. (0 40) 3 49 19-0 http://www.difa.de

Fonds Fondsgesellschaft	Kontakt
HANSAINVEST HANSAINVEST Hanseatische Investment GmbH	Kapstadtring 8 22297 Hamburg Tel. (0 18 03) 33 01 10 service@hansainvest.de http://www.hansainvest.com
iii GmbH Internationales Immobilieninstitut GmbH	Albrechtstraße 14 80636 München Tel. (0 89) 1 21 73-0 http://www.iii-fonds.de
KanAm Grund KanAm Grund Kapitalanlagegesellschaft mbH	MesseTurm 60308 Frankfurt Tel. (0 69) 71 91 38-0 info@kanam-grund.de http://www.kanam-grund.de
SEB IMMOINVEST SEB Immobilien-Investment GmbH	Stützeläckerweg 12–14 60489 Frankfurt Tel. (0 69) 78 07 01-0 info@SEBimmoinvest.de http://www.SEBimmoinvest.de
SEB INVEST SEB Invest GmbH	Ben-Gurion-Ring 158–162 60437 Frankfurt Tel. (0 69) 9 50 23-0 info@seb-invest.de http://www.seb-invest.de
SKAG Siemens Kapitalanlagegesellschaft mbH	Seidlstraße 24a 80335 München Tel. (0 89) 6 36 35 22-2 http://www.skag.siemens.de
WESTINVEST Westinvest Gesellschaft für Investmentfonds mbH	Hans-Böckler-Straße 33 40476 Dortmund Tel. (02 11) 8 82 88-5 00 info@westinvest.de http://www.westinvest.de

Kommentar zur aktuellen Marktsituation bei offenen Immobilienfonds

„Wer zu viele Süßigkeiten isst, bekommt Bauchschmerzen." Das weiß jedes Kind. Zu hohe Mittelzuflüsse bei offenen Immobilienfonds werden sogar Magengeschwüre bei Fondsmanagern und Anlegern produzieren. Das weiß jeder Profi.

Die Ursachen dafür sind vielfältig. Zum einen ist es das Problem, innerhalb kürzester Zeit vielversprechende Immobilien zu akquirieren. Das heißt Objekte, bei denen nicht nur die Lage und die Vermietung stimmen – auch der Kaufpreis muss eine möglichst hohe laufende Mietrendite sowie idealerweise einen Verkaufsgewinn ermöglichen. Doch das ist schwierig, da jeder Verkäufer weiß, dass sein Gegenüber dringend kaufen muss. Das Ergebnis bestätigen Profis nur unter vorgehaltener Hand, da sie meist selbst gerne Geschäfte mit den offenen Fonds machen: „Kaufpreise von offenen Fonds sind oft extrem hoch."
Ein anderes Problem aus den hohen Mittelzuflüssen ist die aktuell sehr geringe Verzinsung kurzfristiger Liquidität. Das belastet die Gesamtperformance, die zentrales Vergleichskriterium für die offenen Immobilienfonds ist. Ausgewählt wird oft nach dem Motto: „Wer in der Vergangenheit der Beste war, wird es höchstwahrscheinlich auch in der Zukunft sein." In der Folge erhöht sich also wieder der Druck, möglichst schnell neue Immobilien anzukaufen.
Das passiert immer mehr auch im Ausland. Doch ganz ehrlich: Käufe vom grünen Tisch aus sind langfristig sehr problematisch. Und viele der offenen Fonds sind eben nicht selbst in den Ländern vertreten, in denen sie auch Objekte kaufen.
Doch diese Problemfelder werden letztlich nicht die Gründe für Magengeschwüre sein. Sie werden lediglich die Rendite in den nächsten Jahren belasten. Der entscheidende Markttest wird dann eintreten, wenn die massiven Mittelzuflüsse in Mittelabflüsse drehen. Und das kann schneller passieren, als viele denken. Denn immer häufiger werden offene Immobilienfonds in Verbindung mit Nachlässen auf den Ausgabeaufschlag als Alternative für Geldmarktanlagen gesehen. Bei den von den Fondsmanagern bewusst erzeugten geringen Kursschwankungen (Volatilität) ist das auch eine echte Alternative.

Doch was passiert, wenn plötzlich die Liquidität nicht mehr reicht, um Rückgabewünsche zu bedienen? Dann hat das Fondsmanagement mehrere Möglichkeiten: Erstens kann es Kredite aufnehmen, um die Anleger auszuzahlen. Das erhöht aber das Risiko für die verbleibenden Anleger enorm. Zweitens kann es Objekte unter dem gegebenen Zeitdruck veräußern, was sich aber regelmäßig auf die erzielten Preise auswirkt. Und drittens kann das Fondsmanagement die Rückgabewünsche bis zu zwei Jahre zurückstellen. Von dieser gesetzlich eingeräumten Möglichkeit wissen nur wenige, da die Fonds ja ständig mit ihrer Fungibilität werben. Das wäre dann ein Vertrauensbruch, der auch andere Anleger zur Rückgabe bewegen könnte. Wie bei einer vorübergehenden Bankenschließung würden am ersten Tag der Wiedereröffnung alle vor der Tür stehen, um ihr Geld abzuheben.

Damit ist die Lawine dann endgültig losgetreten. Realisierte Verluste aus Verkäufen würden wiederum die Performance belasten. Ein weiteres Werbeargument der offenen Immobilienfonds, dass in 40 Jahren noch kein Fonds jemals eine negative Jahresrendite ausgewiesen hat, wäre verloren. Auch wenn das nur bei einem Fonds passiert, ist der Ruf aller Fonds stark ramponiert!

Wie sollten sich die Fondsmanager nun verhalten? Ganz einfach: Nur dann Geld einsammeln, wenn viel versprechende Immobilien zur Verfügung stehen. Außerdem sollte den Anlegern eine Mindesthaltefrist zugemutet werden. Das schreckt sicher einige ab, könnte aber Schlimmeres verhindern. Und zu guter Letzt: mehr Transparenz an den Tag legen. Nicht nur Kaufpreise, Bewertungen und Mieten pro Objekt sind für eine Anlegeentscheidung wichtig. Durch die neuen Investitionsmöglichkeiten sind zwei Themen hinzugekommen: Wie ist das Objektmanagement in den einzelnen Investitionsländern organisiert? Und: Welche Fremdkapitalbelastungen sind auf Ebene von Objektgesellschaften vorhanden? Da diese nicht in den Rechenschaftsberichten ausgewiesen werden, wird der Anleger in den eingegangenen Risiken getäuscht. Also genügend Probleme, um ein Magengeschwür zu produzieren.

2.2 Der geschlossene Immobilienfonds

Bei einem geschlossenen Immobilienfonds muss jeder Gesellschafter die seiner Einlage entsprechenden Geldbeträge erbringen. Diese Verpflichtung dient der Sicherstellung der Gesamtfinanzierung und damit der Erreichung des Gesellschaftszwecks. Bei einem reinen Eigenkapitalfonds werden die zur Finanzierung des Gesellschaftszwecks notwendigen Mittel in voller Höhe von den Gesellschaftern erbracht. Der Anleger kann hier seine Einlage voll aus Eigenmitteln bestreiten oder über ein persönliches Darlehen ganz oder teilweise finanzieren. Bei dieser Form der Finanzierung von Gesellschaftsbeiträgen handelt es sich um eine so genannte Außenfinanzierung. Die Absicherung des Darlehens erfolgt nicht durch eine Grundschuld zulasten des Gesellschaftsvermögens. Der Anleger handelt die Form der Sicherstellung mit der kreditgewährenden Bank individuell aus. Das Darlehen kann bei entsprechender Bonität blanko zur Verfügung gestellt werden oder durch die Beleihung anderweitig vorhandener Vermögensgegenstände abgesichert werden. Oft wird der Gesellschafteranteil an dem geschlossenen Immobilienfonds verpfändet. Eine persönliche gesamtschuldnerische Haftung der übrigen Gesellschafter besteht nicht. Der Kapitaldienst für das aufgenommene Darlehen ist vom Darlehensnehmer aus dem persönlichen Vermögen zu bestreiten.

Bei Fremdkapitalfonds handelt es sich dagegen um Fonds mit einer so genannten Innenfinanzierung. Bei einer Innenfinanzierung erbringen zum einen die Anleger ihre Einlage. Zum anderen gewährt ein Kreditinstitut der Fondsgesellschaft ein Darlehen. Die Absicherung des Darlehens erfolgt über eine grundpfandrechtliche Sicherung an dem Gesellschaftsvermögen. Eine persönliche Mitverpflichtung der Anleger besteht in der Regel nicht. Die Finanzierung des Gesellschaftszwecks erfolgt also einerseits durch die Einlagen der Gesellschafter und andererseits durch die Darlehensmittel des Kreditinstituts. Diese Konstruktion wird derzeit von vielen Initiatoren bevorzugt. Hierbei kommt es in aller Regel zu einer hälftigen Finanzierung durch Eigen- und Fremdmittel. Bei einer Innenfinanzierung ist bezüglich der Höhe der jährliche Einnahmenüberschuss ausschlaggebend. Die Darlehensannuität (Zins + Tilgung) darf den Einnahmenüberschuss nicht übersteigen, da ansonsten ein Substanzverzehr stattfinden würde. Durch diesen Substanzverzehr ist die Gesellschaft unter Umständen auf ständige Nachschüsse der Gesellschafter angewiesen. Beim Ausbleiben dieser Nachschüsse geriete die Gesellschaft sogar in Insolvenzgefahr. Ist der Fonds in Form einer Gesellschaft bürgerlichen Rechts konzipiert, so kann diese grundsätzlich nicht in Konkurs fallen. Der Kreditgeber oder Gläubiger muss an die Gesellschafter zur Erbringung seiner Außenstände herantreten. Ist eine teilschuldnerische Haftung vereinbart, so kann er dies lediglich anteilig tun. Im Falle einer gesamtschuldnerischen Haftung kann er an alle Gesellschafter beliebig herantreten. Ist die Haftung auf das Gesellschaftsvermögen beschränkt, steht dem Kreditgeber kein weiteres haftendes Vermögen der Gesellschafter zur Verfügung. Dies hätte unweigerlich eine Zwangsverwertung des Objektes zur Folge. Bei einer Beteiligung an Fonds in der Rechtsform einer Gesellschaft des bürgerlichen Rechts muss aus dem beschriebenen Haftungshintergrund heraus dringend eine sehr detaillierte Produktprüfung vorgenommen werden.

2.2.1 Steuerorientierte Fonds

Charakteristisches Merkmal steuerorientierter Immobilienfonds sind die hohen negativen steuerlichen Anlaufergebnisse (früher Verlustzuweisungen genannt) in der Investitionsphase. Dadurch werden anfängliche Steuerersparnisse beim Anleger erreicht, was wiederum den effektiven Kapitaleinsatz entsprechend reduziert. Auch während der Vermietungsphase wird versucht, relativ niedrige steuerliche Ergebnisse für den Anleger zu produzieren. Erreicht werden diese durch einen hohen Fremdkapitaleinsatz.

An die Grenze der Fremdkapitalquote stoßen steuerorientierte Fonds durch die Beleihungsobergrenzen der Banken. Ausnahmen bilden aber Fonds in der Rechtsform der BGB-Gesellschaft, da die Gesellschafter je nach Vertragsgestaltung persönlich gesamtschuldnerisch oder teilschuldnerisch für Verbindlichkeiten der Fondsgesellschaft haften. Dadurch gewähren Banken Kredite über die übliche Beleihungsgrenze von 60 bis 80 Prozent hinaus. Im § 15a EStG liegt ein weiterer Grund für die Ausgestaltung von steuerorientierten Fonds in der Rechtsform einer BGB-Gesellschaft. Die unbegrenzte persönliche Haftung des Anlegers sowie die Möglichkeit einer Inanspruchnahme aus der Haftung nach Art des Geschäftsablaufs bilden die Voraussetzung für die steuerliche Anerkennung.

Zielgruppe der steuerorientierten Fonds sind Anleger mit hoher Steuerprogression, da bei diesen die negativen steuerlichen Anlaufergebnisse und die damit verbundenen Steuerstundungen (es müssen immer die voraussichtlichen späteren zu versteuernden Ergebnisse in der Summe höher sein als die anfänglichen negativen Steuerergebnisse) zu einem gewissen Teil die Finanzierung der Fondseinlage bilden. Dem Anleger fließt dadurch weniger Liquidität ab. Der Effekt der Steuerersparnis, die ja genau genommen lediglich die Wirkung einer Steuerstundung entfaltet, ist seit der Reduzierung und anschließenden Abschaffung der Sonderabschreibung Ost deutlich in den Hintergrund getreten.

2.2.2 Ausschüttungsorientierte Fonds

Das Gegenstück zum steuerorientierten Fonds stellt der ausschüttungsorientierte Fonds dar. Er wird auch als renditeorientierter oder eigenkapitalorientierter Immobilienfonds bezeichnet. Besonderes Merkmal ausschüttungsorientierter Fonds sind die weitgehend steuerfreien Ausschüttungen. Der Kapitalanlagegedanke ist dabei von übergeordneter Bedeutung. Als Rechtsform bietet sich besonders die Kommanditgesellschaft an. Der Anleger haftet dabei als Kommanditist nur maximal in Höhe seiner Einlage. Als Zielgruppe kommen für renditeorientierte Fonds nicht nur Spitzenverdiener infrage, sondern auch Bezieher mittlerer Einkommen. Im Vordergrund der Anlageentscheidung stehen im Besonderen die teilweise steuerfreien Ausschüttungen, die ein inflationsgeschütztes Zusatzeinkommen darstellen, sowie die Attraktivität einer Sachbeteiligung.

2.2.3 Blind Pool

Der Blind Pool zeichnet sich gegenüber den herkömmlichen geschlossenen Immobilienfonds durch ein etwas außergewöhnliches Charakteristikum aus. Der Anleger investiert in einen geschlossenen Immobilienfonds, bei dem er zum Zeitpunkt der Anlageentscheidung nicht weiß, in welches Objekt bzw. welche Objekte er investiert. Auswahlkriterien, nach denen das Fondsmanagement die zu erwerbenden bebauten oder unbebauten Grundstücke ankauft, sind regelmäßig umschrieben. Die konkrete Auswahl erfolgt dann aber zu einem späteren Zeitpunkt. Es wird bei einem Blind Pool zunächst ein bestimmter Geldbetrag angesammelt, um zum Beispiel ein Bürocenter zu erwerben. Ist der Blind Pool dann voll gezeichnet, wird das Geld der Anleger kurzfristig verfügbar angelegt. Das Fondsmanagement entscheidet später, welches Objekt bzw. welche Objekte gekauft werden. Bei einem Blind Pool muss der Anleger besonders großes Vertrauen zum Fondsmanagement haben, da er zum Zeitpunkt seiner Anlageentscheidung die Objektqualität nicht beurteilen kann. Gerade diese Objektqualität ist aber stets das wichtigste Kriterium bei der Entscheidung für eine Immobilieninvestition.

2.2.4 Ansparfonds

Ansparfonds sind geschlossene Immobilienfonds mit einer besonderen Finanzierungsform. Es wird nicht wie bei herkömmlichen geschlossenen Immobilienfonds eine bestimmte Summe in einer oder wenigen Raten eingezahlt. Der Anleger zahlt seine Fondsbeteiligung durch kontinuierliche Raten über mehrere Jahre hinweg ein. Im Zeitpunkt der Anlageentscheidung ist keine oder nur eine kleine Anfangsleistung zu erbringen. Das Fondsobjekt wird von der Fondsgesellschaft über eine Innenfinanzierung bezahlt. Diese Innenfinanzierung wird durch die regelmäßigen Raten der Anleger bzw. durch die vertraglich geregelten einbehaltenen Ausschüttungen sukzessive in Eigenkapital umgewandelt. Ein besonderes Risiko dieser Fondsvariante ist die Bonität der Anleger. Fallen ein oder mehrere Anleger während der Ansparphase aus, kann die ganze

Konzeption unter Umständen zusammenbrechen. Gründe hierfür können in Zahlungsschwierigkeiten einzelner Anleger oder einer eventuell schlechten Entwicklung des Investitionsobjektes liegen, die einige Anleger zur Einstellung der Zahlungen veranlasst.

Kommentar zu Ansparfonds
Ärzte, Rechtsanwälte, Unternehmer, leitende Angestellte und andere Gutverdiener haben in der Vergangenheit vielfach völlig überhastet und unüberlegt steuersparende Kapitalanlagen erworben. Durch viele Fonds, die heute nicht nach Plan laufen, sind die Personen aus dieser Zielgruppe allerdings häufig gebrannte Kinder. Dementsprechend kaufen sie heute Immobilienfonds erst nach sorgfältigerer Prüfung des Angebotes. Schwere Zeiten sind deshalb für den Teil der Branche angebrochen, der bisher überteuerte und schlecht konzipierte Immobilienfonds unter dem Aspekt der kurzfristigen Provisions- und Gewinnmaximierung verkauft hat. Bestes Beispiel hierfür ist die HAT, bei der viele Branchenkenner mutmaßen, dass sie aufgrund eines rückläufigen Neugeschäftes keine Lust mehr hatten, sich mit den Anlegern aus den vielen problembehafteten Altfonds herumzuärgern.

Was also tun:
Die Lösung ist denkbar einfach: Es müssen neue Zielgruppen für den Verkauf von Immobilienfonds erschlossen werden. Und dazu muss eben die Hürde der hohen fünf- und sechsstelligen Anlagebeträge gesenkt werden. Dabei kann der Ansparfonds helfen, da hier der Anleger immer nur kleine Ansparleistungen erbringen muss. Wenn allerdings über den Ansparfonds Personen angesprochen werden sollen, die über keine ausreichenden liquiden Mittel zur Zeichnung von zum Beispiel 10 000 Euro eines Immobilienfonds verfügen, dann darf getrost die Frage nach einer Falschberatung gestellt werden. Denn eine Beratung, bei der illiquide Anlagen verkauft werden, ohne dass ausreichend liquide Mittel vorhanden sind, erfüllt sicherlich nicht die Anforderungen einer anlegerorientierten und ganzheitlichen Beratung. Außerdem ist auch die Produktqualität bei den meisten Ansparfonds sehr mangelhaft.

In der Regel wird nämlich nur dann ein Ansparfonds aufgelegt, wenn eine Immobilie ansonsten nicht verkäuflich ist. Über ein Ansparfondskonzept wird dies sehr geschickt verschleiert, sodass es zumindest der sehr unerfahrenen Zielgruppe in der Regel nicht möglich ist, die Unwirtschaftlichkeit der Investition zu erkennen. So sieht dies auch die Stiftung Warentest, die in ihre „Warnliste" eine Reihe von Ansparfonds aufgenommen hat.

2.2.5 Das Hamburger Modell

Das Hamburger Modell kann nur begrenzt als geschlossener Immobilienfonds interpretiert werden. Die Anleger beteiligen sich an einer Kommanditgesellschaft, die ein Grundstück erwirbt, um darauf als Bauherr das Gebäude zu errichten. Im Gesellschaftsvertrag ist bei einem Hamburger Modell vorgesehen, dass das Objekt nach Fertigstellung in Sondereigentum umgewandelt wird. Jedem Anleger wird dann eine bestimmte Wohneinheit übereignet. Entsprechend der Wohneinheit, die ein Anleger durch diese so genannte „Realteilung" erhält, muss er seine Gesellschaftereinlage entrichten. Anleger schließen sich bei dem Hamburger Modell zu einer Bauherrengemeinschaft zusammen, um gemeinsam eine Immobilie zu errichten. Das Hamburger Modell ist so lange ein geschlossener Immobilienfonds, bis die Aufteilung in Sondereigentum nach dem Wohnungseigentumgesetz beschlossen ist.

2.2.6 Leasingfonds

Leasingfonds sind im Immobilienbereich eine Fondskonstruktion, die bis zur Einführung steuerlicher Einschränkungen eine hohe Bedeutung hatte. Dieser Trend zeigt sich trotz der mit der überwiegenden Ausgestaltung als GmbH & Co. KG-Konstruktion einhergehenden grundsätzlichen Gewerblichkeitsannahme derartiger Fondskonzeptionen, die im Widerspruch zu der im Immobiliensektor gewünschten Erzielung von Einkünften aus Vermietung und Verpachtung steht. Das Erfordernis einer deutlich erhöhten Sensibilisierung des Anlegers beim Erwerb von Leasingfondsangeboten liegt in den äußerst vielfältigen Leasingkonstruktionsmöglichkeiten mit ihren ebenso vielfältigen – und für den Fondszeichner unter Umständen höchst negativen – steuerlichen Auswirkungen begründet. Der Leasing-Nehmer eines Objekts ist im Falle eines Leasingfonds mit dem „Mieter" gleichzusetzen, der aber anstelle der „Miete" die Leasingraten entrichtet.

Der Leasing-Vertrag kann je nach Ausgestaltung verschiedene Vorkaufs- bzw. Andienungsrechte für Leasing-Nehmer und Leasing-Geber enthalten. Gerade aus diesem Grund war es für Bund, Länder oder Kommunen interessant, z.B. Rathäuser oder ähnliche öffentliche Einrichtungen über Leasingfonds zu finanzieren, um hierdurch eine Entlastung des Verschuldungsgrades der öffentlichen Hand bei dennoch gesicherter vertraglicher Fixierung eines Anschlusserwerbs zu erzielen.

Wesentlich größerer Beliebtheit konnte sich der Leasingfonds auch bereits in der Vergangenheit im Rahmen der Realisierung einer gesamthänderischen Nutzungsüberlassung von beweglichen Wirtschaftsgütern durch eine Mehrzahl von Anlegern erfreuen. So werden nicht selten beispielsweise Druckmaschinen, Eisenbahnwaggons, Flugzeuge oder geringwertige Wirtschaftsgüter (GWG) von einer Investorengruppe erworben und im Wege des Leasing ihrem gewerblichen Nutzer zugeführt. Gerade die im direkten Vergleich zum Immobiliensektor relativ kurze betriebliche Nutzungsdauer der zitierten Wirtschaftsgüter stellt den Hauptvorzug des Mobilien- gegenüber dem Immobilienleasing dar.

Die Anschaffungs- oder Herstellungskosten für die verleasten Wirtschaftsgüter lassen sich vergleichsweise kurzfristig im Wege der Abschreibung als einkommensmindernde Werbungskosten berücksichtigen, was zu raschen Steuererstattungen und somit Kapitalrückflüssen führte. Mit dem Wegfall der Sonderabschreibung Ost und den Einschränkungen des „Steuervergünstigungsabbaugesetzes" kam die Auflegung von Immobilienleasingfonds jedoch weitgehend zum Erliegen.

2.2.7 Geschlossene Immobilienfonds im Ausland

2.2.7.1 Vorbemerkungen

Das Ende der erheblichen steuerlichen Anreize im inländischen Immobilienbereich - die Sonderabschreibungen für bestimmte Investitionen in den neuen Bundesländern lief im Jahre 1998 aus - sowie die hohen Leerstände gerade im seinerzeit steuerlich bevorzugten Beitrittsgebiet lassen potenzielle Investoren immer häufiger auch über den Tellerrand der Bundesrepublik hinausblicken und entsprechende Anlagemöglichkeiten im Ausland suchen. Bei entsprechend geeigneter Auswahl lassen sich durch Investitionen in geschlossene Immobilienfondsgesellschaften mit Grundvermögen in einem ausländischen Staat Vorteile aus den dort gebotenen Chancen des lokalen Immobilienmarktes in Kombination mit teilweise attraktiven Steuervergünstigungen aufgrund bestehender Doppelbesteuerungsabkommen realisieren. Die Anlageentscheidung sollte jedoch - wie stets - auch hier nicht alleine durch die steuerlichen Pluspunkte motiviert, sondern vorrangig durch eine solide immobilienwirtschaftliche Grundkonzeption des Projektes abgesichert sein. [1]

Zu den hinlänglich bekannten Risiken aus der Beteiligung an einem geschlossenen Immobilienfonds - zu nennen wären hier etwa Zuverlässigkeit und Seriosität der Partner, steuerliche, rechtliche und wirtschaftliche Konzeption, Marktnähe der vereinbarten An- und Verkaufspreise oder Realitätsnähe der getroffenen Annahmen - gesellen sich im Falle einer Auslandsinvestition zusätzlich noch ganz spezifische Problempunkte, auf die der Anleger sein besonderes Augenmerk legen sollte. Hierzu rechnen beispielsweise politische Risiken und das Risiko eines fremden Rechtssystems ebenso wie die mit großer Aufmerksamkeit zu beobachtenden eventuellen Währungsrisiken. Gerade für derartige Auslandsengagements gilt daher in verstärktem Maße, dass der Anleger vor Abschluss einer Investition einen kompetenten Berater zu Rate ziehen sollte.

---

1 Zu detaillierten Ausführungen zu USA-Immobilienfonds lesen Sie bitte Kapitel 5 in diesem Buch.

2.2.7.2 Das steuerliche Konzept geschlossener Immobilienfonds im Ausland

Anders als bei nahezu sämtlichen inländischen geschlossenen Fonds steht neben der mittlerweile in den Hintergrund getretenen Möglichkeit, anfänglich negative steuerliche Ergebnisse zu erzielen, die Vermietungsrendite im Vordergrund. Diese erlaubt den von fundierten Initiatoren gemanagten Fondskonstrukten neben einer mehr oder weniger über dem deutschen Niveau möglichen Ausschüttung an den Anleger eine Substanzstärkung durch Tilgung von Fremdmitteln aus der Innenfinanzierung des Fonds.

Doch selbst wenn es den Initiatoren - beispielsweise unter Miteinbeziehung einer Fondsinnenfinanzierung - „gelingen" sollte, Verluste darzustellen, ist hierdurch noch nicht „automatisch" gewährleistet, dass der deutsche Anleger diese auf ihn entfallenden Verlustanteile auch tatsächlich sofort und unmittelbar im Rahmen seiner persönlichen Einkommensteuerveranlagung steuermindernd geltend machen kann. Einer sofortigen Verrechnung von Verlusten aus ganz bestimmten ausländischen Einkunftsquellen, zu denen explizit auch negative Einkünfte aus der Vermietung oder Verpachtung ausländischer Immobilien rechnen, wirkt im deutschen Einkommensteuerrecht die so genannte „Verlustausgleichsbeschränkung" des § 2a EStG entgegen. Auf Grundlage dieser Vorschrift ist es einem deutschen Steuerpflichtigen grundsätzlich verwehrt, u.a. ausländische Vermietungsverluste unmittelbar im Jahr ihrer Entstehung mit anderen, positiven Einkünften zu verrechnen. Statt dessen eröffnet § 2a EStG lediglich die Möglichkeit, diese ausländischen Verluste auf unbeschränkte Zeit vorzutragen und zu einem späteren Zeitpunkt mit positiven Einkünften aus genau dieser Einkunftsquelle aus dem betreffenden ausländischen Staat zu verrechnen.

2.2.7.3 Auswirkungen der Verlustausgleichsbeschränkung

Das Ziel der meisten steuerlichen Konzeptionen inländischer geschlossener Immobilienfonds - die möglichst zeitnahe Verrechnung steuerlicher Verlustzuweisungen mit der Folge mehr oder minder umfangreicher Steuererstattungen - lässt sich somit unter Zugrundelegung der vorstehenden Ausführungen in der gewünschten

Weise nicht realisieren. Nach den Jahren der hohen negativen steuerlichen Anlaufergebnisse bis in die zweite Hälfte des vergangenen Jahrzehnts im Inlandsfondsbereich verringern sich die früheren konzeptionellen Unterschiede zwischen Inlands- und Auslandsfonds.

Diese ausländischen Gewinnbeteiligungen eines deutschen Anlegers werden unter Berücksichtigung der einschlägigen Regelungen des jeweils geltenden so genannten „Abkommens zur Vermeidung von Doppelbesteuerung" (kurz „Doppelbesteuerungsabkommen", DBA) einerseits und des in dem betreffenden ausländischen Staat anzuwendenden nationalen Steuerrechts andererseits sowohl von der deutschen Einkommensbesteuerung als auch von der korrespondierenden ausländischen Steuer weitestmöglich freigestellt. Dies gelingt in aller Regel zum einen aufgrund des in den meisten DBA verankerten, nachfolgend noch genauer zu erläuternden, so genannten „Belegenheitsprinzips" für die Besteuerung von Immobilienvermögen. Zum anderen machen sich die Initiatoren geschlossener Auslandsfonds die vielfach in ausländischen Staaten gebotenen steuerlichen Freibeträge auch für nicht ansässige (hier: deutsche) Steuerpflichtige sowie die oftmals im Vergleich zur Bundesrepublik erheblich geringeren Steuersätze zugunsten der deutschen Investoren zunutze.

2.2.7.4 Die grundsätzliche Besteuerung bei international aktiven Steuerpflichtigen

Unbeschränkte Steuerpflicht – beschränkte Steuerpflicht

Das bundesdeutsche - wie im Übrigen auch die meisten ausländischen Steuersysteme - unterscheidet grundsätzlich zwei „Klassen" von Steuerpflichtigen: den unbeschränkt Steuerpflichtigen einerseits und den beschränkt Steuerpflichtigen andererseits. Unbeschränkte Steuerpflicht in einem Staat tritt in aller Regel dann ein, wenn die infrage stehende Person ihren Wohnsitz und/oder ihren gewöhnlichen Aufenthalt in dem betreffenden Staat unterhält. Bei Begründung einer derartigen, unbeschränkten Einkommensteuerpflicht unterliegen gemäß dem so genannten „Welteinkommensprinzip" grundsätzlich sämtliche, weltweit erzielten Einkünfte des

Steuerpflichtigen der Besteuerung in seinem Ansässigkeitsstaat. Im Gegensatz zur unbeschränkten Steuerpflicht erfolgt die Begründung einer „nur" beschränkten Steuerpflicht in einem Staat gerade dann, wenn die betreffende Person in dem jeweiligen Land keinen Wohnsitz und/oder gewöhnlichen Aufenthalt unterhält.

Beispiel:
A ist in der Bundesrepublik aufgrund seines dortigen Wohnsitzes unbeschränkt steuerpflichtig. Der deutschen Besteuerung unterliegt damit im Rahmen seiner persönlichen Veranlagung zur Einkommensteuer sein gesamtes Welteinkommen, mithin also seine inländischen Einkünfte aus nichtselbstständiger Tätigkeit und aus Vermietung einerseits und seine ausländischen Dividendeneinkünfte aus Frankreich und seine Zinseinkünfte aus der Schweiz andererseits. Sowohl in Frankreich als auch in der Schweiz hat A durch die Verwirklichung des Einkünfteerzielungstatbestandes jeweils eine beschränkte Steuerpflicht begründet. Dieser unterliegen jedoch ausschließlich die in dem betreffenden Staat erwirtschafteten Einkünfte, nicht hingegen die deutschen Einkünfte des A.

In dieser Konstellation unterliegen ausschließlich die von dem (beschränkt) Steuerpflichtigen auf dem Gebiet dieses Staates erwirtschafteten Einkünfte im Grundsatz der dortigen, nationalen Besteuerung. Das übrige Welteinkommen fließt in diesem Fall hingegen nicht in die Ermittlung der Steuerbemessungsgrundlage ein.

Die Unterscheidung zwischen unbeschränkter und beschränkter Steuerpflicht bringt somit stets die rechtliche Grundlage und den damit verbundenen Besteuerungsumfang zum Ausdruck, die das rein nationale Steuersystem eines Staates für die beschriebenen Konstellationen vorsieht.

Das Problem der internationalen Doppelbesteuerung

Die internationale Doppelbesteuerung entsteht im Wesentlichen dadurch, dass dieselben Einkünfte bei derselben Person durch mindestens zwei Staaten besteuert werden. Wie oben beschrieben, erstreckt sich der Steuerzugriff eines Staates bei seinen inländischen Personen im Rahmen deren unbeschränkter Steuerpflicht nicht nur auf die inländischen, sondern vielmehr auch auf alle ausländischen Einkünfte, mithin also auf eine Besteuerung des Welteinkommens. Nicht in einem betreffenden Staat ansässige Personen werden von der dortigen Besteuerung dagegen nur mit ihren inländischen Einkünften erfasst (beschränkte Steuerpflicht).

Eine internationale Doppelbesteuerung tritt somit immer genau dann ein, wenn ein Steuerpflichtiger in seinem Wohnsitzstaat mit seinen sämtlichen Welteinkünften der Besteuerung unterworfen wird und gleichzeitig mindestens ein ausländischer Staat das Besteuerungsrecht für den innerhalb seiner Grenzen realisierten Teil dieses Welteinkommens beansprucht und wahrnimmt, wenn also eine unbeschränkte und eine beschränkte Steuerpflicht gleichzeitig auftreten und auch tatsächlich von beiden Staaten uneingeschränkt durchgesetzt werden. Vermeiden lässt sich diese internationale Doppelbesteuerung entweder durch einseitigen Steuerverzicht eines Staates (so genannte „unilaterale Maßnahmen“) oder durch zwischenstaatliche, vertragliche Regelung (so genannte „bilaterale Maßnahmen“).

Unilaterale Maßnahmen – bilaterale Maßnahmen

Einzelstaatliche, d.h. rein nationale Rechtsvorschriften zur Beseitigung oder zumindest Abmilderung der internationalen Doppelbesteuerung existieren in nahezu allen Ländern. Es gelangen im Wesentlichen folgende Maßnahmen zur Anwendung:

- **Freistellung ausländischer Einkünfte von der inländischen Besteuerung (so genannte „Freistellungsmethode“)**
  Hierbei handelt es sich um eine sehr weit reichende Maßnahme zur einseitigen, unilateralen Vermeidung von Doppelbesteuerung, bei der bestimmte ausländische Einkünfte nicht Eingang in die Ermittlung der inländischen Steuerbemessungsgrundlage finden. Um den Steuerausfall des betreffenden Staates jedoch etwas aufzufangen, stehen diese freigestellten Einkünfte regelmäßig unter „Progressionsvorbehalt“, d.h., sie werden zumindest im Rahmen der Bemessung des für den Steuerpflichtigen maßgeblichen Steuersatzes mit hinzugerechnet.

- **Anrechnung ausländischer Steuer (so genannte „Anrechnungsmethode")**
  Bei dieser am weitesten verbreiteten, unilateralen Maßnahme zur Vermeidung von Doppelbesteuerung werden die ausländischen Einkünfte im Wohnsitzstaat des Steuerpflichtigen im Rahmen der dortigen unbeschränkten Steuerpflicht zwar vollumfänglich der heimischen Besteuerung unterworfen. Die als Konsequenz einer eventuellen beschränkten Steuerpflicht im Ausland entrichteten Steuern werden aber anteilsmäßig bis zur Höhe der auf die ausländischen Einkünfte entfallenden inländischen Steuer auf die inländische Gesamtsteuerschuld angerechnet. In aller Regel wird eine Doppelbelastung auf diesem Wege weitgehend eliminiert. Im Ergebnis verbleibt auch für die Auslandseinkünfte eine Belastung in Höhe der darauf erhobeben inländischen Steuer.

Bilaterale Maßnahmen, d.h. zweiseitige, zwischenstaatliche Vertragswerke zur Vermeidung von Doppelbesteuerung („Doppelbesteuerungsabkommen", „DBA"), haben es sich zum Ziel gesetzt, das subjektive Besteuerungsrecht für ganz bestimmte Einkunftsarten nach objektiven Entscheidungskriterien zwischen den beiden am DBA beteiligten Vertragsstaaten aufzuteilen. Stark vereinfacht formuliert, wird also im Rahmen eines DBA das Besteuerungsrecht für eine bestimmte Einkunftsart grundsätzlich entweder dem Wohnsitzstaat des Steuerpflichtigen oder dem Quellenstaat der Einkünfte zugewiesen. Ob diese beiden Staaten sodann auch tatsächlich von ihrem DBA-gemäß erlangten Besteuerungsrecht Gebrauch machen, ist nach den einschlägigen Vorschriften des jeweiligen nationalen Steuerrechts zu prüfen. Hierüber enthalten die DBA keine Aussage. De facto ist also festzustellen, dass sich durch die beschriebenen völkerrechtlichen Vertragswerke bereits die Entstehung einer internationalen Doppelbesteuerung unterbinden lässt und nicht erst – wie bei den unilateralen Maßnahmen – deren bereits eingetretene steuerliche Negativkonsequenzen (Doppelbelastung) nachträglich abgemildert oder beseitigt werden müssen.

2.2.7.5 Wesentliche Regelungen eines Doppelbesteuerungsabkommens zu Immobilieneinkünften am Beispiel der USA

Das Doppelbesteuerungsabkommen mit den Vereinigten Staaten (DBA USA) in seiner derzeit gültigen Fassung aus dem Jahr 1989 nimmt die zwischenstaatliche Zuweisung des Besteuerungsrechts für Einkünfte aus unbeweglichem Vermögen getrennt nach laufenden Einnahmen und nach Veräußerungsgewinnen vor.

Die maßgeblichen Vorschriften des DBA USA hierzu lauten im Originalwortlaut wie folgt:

„Art. 6 Einkünfte aus unbeweglichem Vermögen

(1) Einkünfte, die eine in einem Vertragsstaat ansässige Person aus unbeweglichem Vermögen (einschließlich der Einkünfte aus land- und forstwirtschaftlichen Betrieben) bezieht, das im anderen Vertragsstaat liegt, können im anderen Staat besteuert werden.

(2) Der Ausdruck ‚unbewegliches Vermögen' hat die Bedeutung, die ihm nach dem Recht des Vertragsstaats zukommt, in dem das Vermögen liegt. Der Ausdruck umfasst in jedem Fall das Zubehör zum unbeweglichen Vermögen, das lebende und tote Inventar land- und forstwirtschaftlicher Betriebe, die Rechte, für die die Vorschriften des Privatrechts über Grundstücke gelten, Nutzungsrechte an unbeweglichem Vermögen …

(3) Absatz 1 gilt für Einkünfte aus der unmittelbaren Nutzung, der Vermietung oder Verpachtung sowie jeder anderen Art der Nutzung unbeweglichen Vermögens.

(4) …"

Für den in Deutschland ansässigen Anleger in einem geschlossenen Immobilienfonds mit Vermögen in den USA lässt sich diese neutral gehaltene Abkommensterminologie in ihrer entscheidenden Passage wie folgt verdeutlichend „übersetzen":

„Art. 6 Einkünfte aus unbeweglichem Vermögen

(1) Einkünfte, die eine in der Bundesrepublik ansässige Person aus unbeweglichem Vermögen (…) bezieht, das in den Vereinigten Staaten liegt, können in den Vereinigten Staaten besteuert werden.

(2) …
(3) …
(4) …"

Für Gewinne aus der Veräußerung unbeweglichen Vermögens wurden im DBA folgende Vorkehrungen getroffen:

„Art. 13 Veräußerungsgewinne

(1) Gewinne, die eine in einem Vertragsstaat ansässige Person aus der Veräußerung unbeweglichen Vermögens im Sinne des Artikels 6 (Einkünfte aus unbeweglichem Vermögen) bezieht, das im anderen Vertragsstaat liegt, können im anderen Staat besteuert werden.

(2) Im Sinne dieses Artikels umfasst der Ausdruck „unbewegliches Vermögen, das im anderen Vertragsstaat liegt",

a) unbewegliches Vermögen im Sinne des Artikels 6 (Einkünfte aus unbeweglichem Vermögen) und

b) Anteile oder vergleichbare Beteiligungen an einer Gesellschaft, die in diesem anderen Vertragsstaat ansässig ist oder als dort ansässig behandelt wird und deren Vermögen ganz oder überwiegend aus im anderen Vertragsstaat gelegenem unbeweglichem Vermögen besteht oder bestand, und Beteiligungen an einer Personengesellschaft …, soweit deren Vermögen aus im anderen Vertragsstaat gelegenem unbeweglichem Vermögen besteht.

(3) …
(4) …
(5) …
(6) …"

Die Übersetzung der etwas „sterilen" Amtssprache, ausgerichtet an der vorliegenden Betrachtungsweise, führt auch hier zu folgendem Ergebnis:

„Art. 13 Veräußerungsgewinne

(1) Gewinne, die eine in der Bundesrepublik ansässige Person aus der Veräußerung unbeweglichen Vermögens … bezieht, das in den Vereinigten Staaten liegt, können in den Vereinigten Staaten besteuert werden.

(2) …

(3) …

(4) …

(5) …

(6) …"

Die Umsetzung des so genannten (Immobilien-) „Belegenheitsprinzips" bei der Zuweisung des Besteuerungsrechts sowohl für laufende Einkünfte als auch für Veräußerungsgewinne durch Verwendung der Terminologie „können im anderen Vertragsstaat (hier: USA) besteuert werden" eliminiert per se noch nicht die grundsätzliche Möglichkeit einer steuerlichen Doppelbelastung. Durch diese Regelung alleine wird noch keine klare Aussage darüber getroffen, dass der Wohnsitzstaat (hier: Deutschland) beispielsweise auf die tatsächliche Ausübung seines im Grundsatz im Rahmen der unbeschränkten Steuerpflicht vorhandenen Besteuerungsrechts verzichtet. Die letztliche Vermeidung der Doppelbesteuerung findet daher erst in den Abschlussbestimmungen des Abkommens wie folgt statt:

„Art. 23 Vermeidung der Doppelbesteuerung

(1) …

(2) Bei einer in der Bundesrepublik Deutschland ansässigen Person wird die Steuer wie folgt festgesetzt:

a) Soweit Buchstabe b nichts anderes vorsieht, werden von der Bemessungsgrundlage der deutschen Steuer die Einkünfte aus Quellen in den Vereinigten Staaten … ausgenommen, die nach diesem Abkommen in den Vereinigten Staaten besteuert werden können. Die Bundesrepublik Deutschland behält aber das Recht, die so ausgenommenen Einkünfte … bei der Festsetzung ihres Steuersatzes zu berücksichtigen …

(3)…

(4)…"

Die vorstehende Abkommensvereinbarung macht somit klar, dass die Bundesrepublik für sämtliche Einkünfte aus unbeweglichem Vermögen in den USA (laufende Vermietung, Art. 6; Veräußerungsgewinne, Art. 13) auf die Wahrnehmung ihres nationalen Besteuerungsrechtes verzichtet. Sämtliche Einkünfte aus US-amerikanischem Immobilienvermögen sind damit de facto von der deutschen Einkommensteuer freigestellt. Eine steuerliche Belastung dieser Einkünfte stellt sich ausschließlich in Höhe der amerikanischen Steuer ein. Die genaue Höhe dieser Steuer bemisst sich nach den einschlägigen Vorschriften des nationalen Steuerrechts in den Vereinigten Staaten. Die von der deutschen Besteuerung freigestellten ausländischen Einkünfte stehen jedoch unter Progressionsvorbehalt und finden daher bei der Ermittlung des auf alle übrigen, in der Bundesrepublik steuerpflichtigen Einkünfte anzuwendenden Steuersatzes Berücksichtigung.

Zusammenfassung

Unter Zugrundelegung der vorstehenden Ausführungen ist festzuhalten, dass ausländische Immobilieneinkünfte – und hierbei auch solche, die im Rahmen eines geschlossenen Immobilienfonds im Ausland erzielt werden – durch entsprechende Vorkehrungen in den einschlägigen Doppelbesteuerungsabkommen regelmäßig von der deutschen Einkommensteuer freigestellt sind. Eine tatsächliche Besteuerung tritt damit letztlich nur in dem jeweiligen ausländischen Staat auf. Die hierbei anzuwendenden Steuersätze liegen häufig deutlich unter den in Deutschland derzeit gültigen. So beträgt der Anfangssteuersatz in den Vereinigten Staaten beispielsweise nur zehn Prozent. Darüber hinaus kommen auch ausländische – hier also deutsche – Anleger in dem jeweiligen Staat zumeist auch in den Genuss der dort gültigen Steuerfreibeträge.

Auf diese Weise können ausländische Vermietungseinkünfte oftmals weitgehend steuerfrei von einem deutschen Anleger vereinnahmt werden. Die steuerlichen Ergebnisse unterliegen im Inland allerdings dem Progressionsvorbehalt nach § 32b EStG und somit einer sehr stark abgemilderten Form der Besteuerung. Erläuterungen zum Progressionsvorbehalt sind im Kapitel 5.5.5 nachzulesen.

2.2.8 Modernisierungsfonds

Diese Fondskategorie wurde in der Vergangenheit dazu verwendet, um unter Einsatz sehr hoher innerer Fremdfinanzierungsmittel, die durchaus die Schwelle von 80 Prozent des Fondsvolumens erreichen konnten, ein anfängliches negatives Ergebnis von bis zu 400 Prozent zu erzielen. Die Neuregelungen im Einkommensteuerrecht mit dem „Steuervergünstigungsabbaugesetz", das am 1.1.1999 in Kraft trat, verhindern diese exzessive Form der steuerlichen Gestaltung durch die Vorgaben des § 2b EStG (vgl. Kap. 3)

Neben den rein steuerlichen Risiken bergen Modernisierungsinvestitionen aber auch viele andere Unwägbarkeiten in sich. Eine sehr große Gefahr liegt in den Kosten für die Sanierung. Unvorhergesehene Probleme sind bei jeder Modernisierung vorprogrammiert. Das Risiko erhöhter Kosten muss deshalb über Festpreise oder werthaltige Höchstpreisgarantien abgesichert sein. Etwaige Klauseln im Generalübernehmervertrag, wonach nur die definierten Leistungen zu einem Festpreis zu erbringen sind, können für den Anleger fatal sein. Im Zuge der Baumaßnahmen wider Erwarten festgestellte Mängel könnten danach die Sanierungskosten erheblich in die Höhe treiben und so die Rentabilität des Investments zunichte machen. Neben der Höhe der Modernisierungskosten stellt noch die Qualität der Sanierung ein für den Anleger nur sehr schwer in den Griff zu bekommendes Problem dar. Nur ein Fachmann kann beurteilen, ob eine Sanierung hochwertig oder nur schlampig ausgeführt wird. Da zahlreiche versteckte Mängel auch für einen Baufachmann am Ende der Renovierungsarbeiten nicht mehr erkennbar sind, müsste dieser auch laufend die Qualität der Arbeiten überwachen. Deshalb sollten neutrale Dritte den Baufortschritt kontrollieren. Dieses Controlling könnte beispielsweise von der TÜV Bau- und Betriebstechnik GmbH oder neutralen Architekten- und Ingenieurbüros vorgenommen werden. Damit wird mit einem verhältnismäßig geringen Kostenaufwand sichergestellt, dass die Modernisierungsarbeiten auch professionell umgesetzt werden.

Die aufgezählten Überlegungen und Problemkreise zeigen eines überdeutlich: Hauptargument für die Beteiligung an einem Modernisierungsfonds dürfen nicht die angepriesenen Steuervorteile sein. Diese können sich durch etwaige Gestaltungsfehler oder anders lautende Ansichten der zuständigen Finanzämter schnell in Luft auflösen. Das Ausbleiben künftiger und die Rückzahlung bereits geflossener Steuererstattungen dürften so manches Beteiligungskonzept wirtschaftlich rasch zu Fall bringen. Der Vorrang bei der zu treffenden Anlageentscheidung muss stets der Immobilie selbst gelten. Dass aber auch hier strengste Vorsicht angebracht ist, zeigen die dargestellten Problemkreise. Einmal mehr ist daher die Solidität und Seriosität des Fondsinitiators ausschlaggebend für den langfristigen Anlageerfolg.

2.3 Der geschlossene Immobilienfonds als Anlage- und Finanzierungsinstrument

Die Finanzierung von großen Immobilienprojekten erfolgt in der Regel über institutionelle Anleger oder sehr vermögende Privatinvestoren. Seit Ende der Achtzigerjahre werden auf dem Immobilienmarkt zur Finanzierung von meist gewerblichen Bauprojekten zunehmend geschlossene Immobilienfonds als Finanzierungsmöglichkeit herangezogen. Dadurch wird Interessenten die Möglichkeit einer Beteiligung an renditeträchtigen Gewerbeimmobilien mit überschaubaren Beträgen geboten. Der Anleger eines geschlossenen Immobilienfonds zeichnet eine bestimmte Summe an einem oder mehreren vorher definierten Bauvorhaben oder fertig gestellten Immobilien. Durch die Konstruktion wird der Zeichner anteilsmäßig an der oder den Immobilien beteiligt. Je nach Höhe seiner Beteiligung partizipiert er an den negativen steuerlichen Ergebnissen und Erträgen der Gesellschaft. Er kann seine Einlage durch Eigenkapital und/oder durch Fremdkapital zu den vorher festgesetzten Einzahlungsterminen erbringen. Die so entstandene Gesellschaft wird nach Platzierung des notwendigen Eigenkapitals geschlossen. Die Gewichtung der einzelnen Asset-Klassen (Vermögenskategorien) hängt von der individuellen Vermögens-/Lebenssituation (Alter des Kunden) und Risikoaffinität des jeweiligen Anlegers ab und ist in Gesprächen zwischen dem Anleger und seinem persönlichen Berater festzulegen.

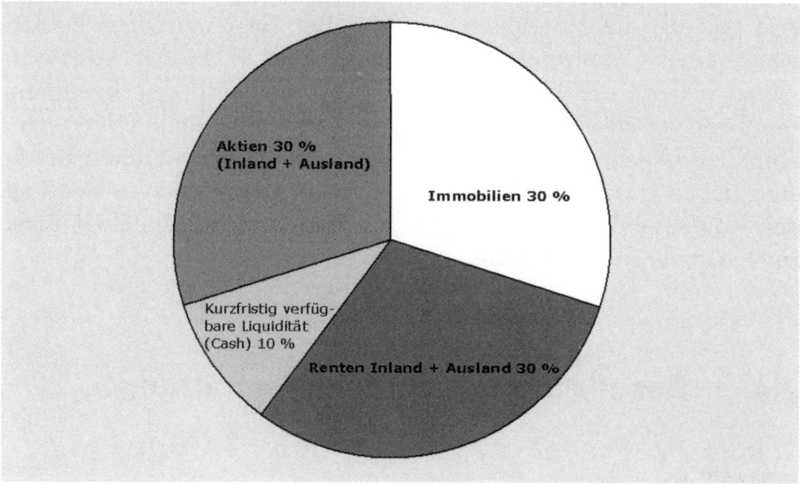

Abb. 3: Beispiel einer möglichen Portfoliodiversifizierung

Über die Fondsbeteiligung wird dem Privatkunden eine sinnvolle Möglichkeit zur Diversifizierung geboten. Gerade um auch innerhalb des Vermögensbestandteiles „Immobilien" Risikostreuung betreiben zu können, ist eine Fondsbeteiligung oft die einzige Alternative.

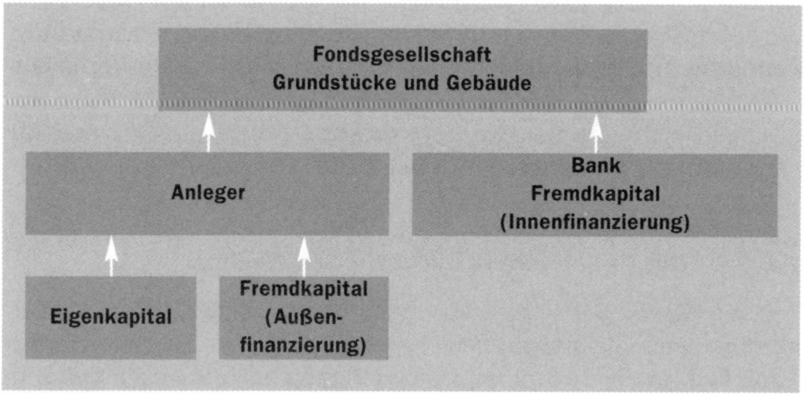

Abb. 4: Grundkonstruktion geschlossener Immobilienfonds

Wie wichtig die Vermögensstreuung für die langfristige Performance eines Gesamtportfolios ist, hat bereits H. M. Markowitz in seinen nobelpreisgekürten Studien zur Portfoliotheorie bewiesen. Die Fondsgesellschaft finanziert die Baumaßnahmen oder fertig gestellten Objekte durch die von den Kunden eingezahlten Beträgen. Bei fast allen heute gängigen Fondskonstruktionen wird zu den Kundeneinlagen noch zusätzlich Fremdkapital von einer Bank zur Finanzierung verwendet.

2.4 Gesellschaftsrechtliche Gestaltung

2.4.1 Allgemeines

Für geschlossene Immobilienfonds existieren keine speziellen Rechtsvorschriften. Das Gesetz über Kapitalanlagegesellschaften (KAGG) greift bei den geschlossenen Immobilienfonds nicht. Die Rechtsprechung für geschlossene Immobilienfonds richtet sich nach den allgemeinen Vorschriften des Gesellschaftsrechts. Hier finden die §§ 705 ff. BGB für Fonds in der Rechtsform der Gesellschaft bürgerlichen Rechts (BGB-Gesellschaft) und die §§ 161 ff. HGB für Fonds in der Rechtsform der Kommanditgesellschaft Anwendung. Bei der rechtlichen Konstruktion finden die Aktiengesellschaft und die Gesellschaft mit beschränkter Haftung keine Anwendung. Grund hierfür ist die fehlende Möglichkeit der direkten Verlustzuweisung an die Gesellschafter dieser Rechtsformen. Ein weiterer Nachteil ergibt sich aus der Gewerbesteuerpflicht für Gewinne, die in diesen Gesellschaftsformen entstehen.

2.4.2 Die Gesellschaft bürgerlichen Rechts

Bei der Gesellschaft bürgerlichen Rechts haftet der Anleger unbeschränkt auch mit seinem Privatvermögen. Der Anleger haftet nach § 735 BGB im Verhältnis seiner Beteiligung auch über die von ihm erbrachte Einlage hinaus. Kann ein Gesellschafter die auf ihn entfallenden Verluste nicht tragen, werden diese auf die anderen Gesellschafter übertragen. Der grundsätzliche Vorteil der unbeschränkten Haftung der Anleger liegt in der Erhöhung der Kreditwürdigkeit der Gesellschaft. Dies ist besonders bei einem hohen Fremdfinanzierungsanteil des Fondsvolumens wichtig. Durch die Hebelwirkung auf den geringen Eigenkapitalanteil (Leverage-Effekt) sind für den Anleger verhältnismäßig hohe Verlustzuweisungen möglich. Im Leverage-Effekt liegt aber auch das erhöhte Risiko des Anlegers. Bei geschlossenen Immobilienfonds in der Rechtsform einer BGB-Gesellschaft ist deshalb eine besonders sorgfältige Prüfung des Angebotes notwendig.

An dieser Stelle sei nochmals auf die besondere gesellschaftliche Stellung eines Beteiligten an einer BGB-Gesellschaft verwiesen. Eine aus der Gesellschaftsform entstehende Nachschusspflicht kann im Extremfall erhebliche Auswirkungen auf die finanzielle Stabilität des Zeichners haben. Reicht das Gesellschaftsvermögen zur Begleichung der Verbindlichkeiten nicht aus, so haben die Gesellschafter für den Fehlbetrag grundsätzlich nach dem Verhältnis ihres Anteils am Fonds aufzukommen. Sollte von einem Gesellschafter der auf ihn entfallende Betrag nicht eingezahlt werden können, müssen die übrigen Gesellschafter den Ausfall im gleichen Verhältnis tragen.

2.4.3 Die Kommanditgesellschaft

Eine Kommanditgesellschaft besteht aus einer oder mehreren Personen, die für die Verbindlichkeiten der Gesellschaft voll haften (Komplementäre), und den übrigen Gesellschaftern, die nur beschränkt mit ihrer Kapitaleinlage haften (Kommanditisten). Im Handelsregister sind die Kommanditgesellschaft, der/die Komplementär/e und die Kommanditisten einzutragen. Bei einer GmbH & Co. KG muss explizit einer der Kommanditisten zur Geschäftsführung bestellt sein, um einer durch die Rechtsform geprägten Gewerblichkeit der Gesellschaft zu entgehen. Läge die Geschäftsführungsbefugnis bei der Komplementärkapitalgesellschaft (GmbH) oder bei einem fremden Dritten, hätte dies zur Folge, dass die Gesellschaft Einkünfte aus Gewerbebetrieb im Sinne von § 15 EStG erzielt. Die Gewinne der Gesellschaft unterlägen somit der Gewerbesteuerpflicht. Darüber hinaus wären auch etwaige Veräußerungsgewinne aus dem Verkauf der Kommanditanteile gem. §§ 16, 34 EStG (zu einem zwar ermäßigten Steuersatz) steuerpflichtig.

Die Anleger beteiligen sich bei geschlossenen Immobilienfonds in der Rechtsform einer Kommanditgesellschaft als Kommanditisten. Nach Zahlung ihrer Einlage beschränkt sich ihr maximales Risiko auf diese. Darüber hinaus reichende Nachschüsse für Verluste der Gesellschaft sind ausgeschlossen. Dies gilt allerdings nicht immer für erhaltene Ausschüttungen. Während der Verlustphase erhaltene Ausschüttungen stehen Rückzahlungen der Gesellschaftseinlage an die Kommanditisten gleich. Damit gilt die Einlage als nicht voll geleistet. Es kann deshalb ohne entsprechende Vorkehrungen zu einem beschränkten Wiederaufleben der Haftung nach § 172 Abs. 4 HGB kommen.

Durch die lineare Gebäudeabschreibung und die nach den Urteilen des Bundesfinanzhofes vom 8.5.2001 und vom 28.6.2001 (siehe Kapitel 4 „Nebenkostenregelung“) vertretene Auffassung der Finanzverwaltung (vgl. BMF-Schreiben vom 24.10.2001 und 5. Bauherrenerlass vom 20.10.2003[2]), wonach die Anlaufkosten im Rahmen der steuerlichen Gewinnermittlung nicht als sofort abzugsfähige Betriebsausgaben, sondern in voller Höhe zu aktivieren sind, entstehen bei der Gesellschaft während der Bauphase und in den ersten Jahren der Vermietung negative Ergebnisse, die dem Anleger im Rahmen der einheitlichen und gesonderten Gewinnfeststellung im Sinne der §§ 179 ff. AO als negative steuerliche Anlaufergebnisse zugerechnet werden. Diese kann er im Wege des Verlustausgleichs mit positiven Einkünften innerhalb der durch § 2 Abs. 3 EStG gesetzten Grenzen (vgl. Kapitel 3) mit anderen Einkunftsarten verrechnen. Trotz dieser anfänglich negativen steuerlichen Ergebnisse sind in der Regel bereits ab dem ersten Vermietungsjahr Ausschüttungen möglich. Da die Gebäudeabschreibung zu keinem Liquiditätsabfluss führt, kann die Gesellschaft normalerweise ab dem ersten Vermietungsjahr Ausschüttungen vornehmen. Diese

2 Der 5. Bauherrenerlass ist im Anhang, Kapitel 7 dieses Buches abgedruckt.

Ausschüttungen sind je nach Abschreibungsmodus während der gesamten Fondslaufzeit quasi teilweise steuerfrei.

Der Kommanditist wird bei geschlossenen Immobilienfonds i.d.R. nicht direkt im Handelsregister eingetragen. Üblich ist hier das Vorschalten eines Treuhänders. Dieser wird allein als Kommanditist in das Handelsregister eingetragen. Der Anleger wird zum Treugeber. Hierdurch wird eine Verwaltungsvereinfachung für die Fondsgesellschaft erreicht, die wiederum zur Kosteneinsparung beiträgt. Ein weiterer Vorteil liegt in der einfacheren Abwicklung des Zweitmarktes. Die Umschreibung eines neuen Gesellschafters muss nicht im Handelsregister vollzogen werden. Der Zeichner erhält die Wahlmöglichkeit zwischen einem Eintrag in das Handelsregister und dem Eintrag eines von der Fondsgesellschaft festgelegten Treuhänders. Bei einem Treuhändereintrag muss die Möglichkeit eines jederzeitigen Direkteintrages gegeben sein. Die verwaltungsmäßigen Vorteile der Treuhandlösung sollten aus Kostengründen über die Bestellung eines Geschäftsbesorgers erhalten werden.

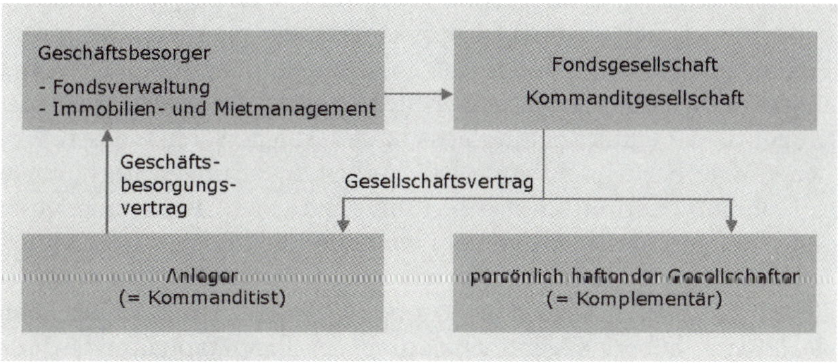

Abb. 5: Rechtliche Gestaltung mit einem Geschäftsbesorger

2.5 Konstruktionsmerkmale geschlossener Immobilienfonds

Jeder geschlossene Immobilienfonds enthält wesentliche Konstruktionsmerkmale, die im Einzelnen den Zeichnungsprospekten zu entnehmen sind. Anhand dieser Merkmale sind verschiedene Fonds dann auch gut miteinander vergleichbar.

Im Folgenden sollen zwei Hauptcharakteristika kurz herausgestellt werden.

Ein wichtiges Konstruktionsmerkmal eines geschlossenen Immobilienfonds ist die Finanzierungsrelation. Sie gibt das Verhältnis von Eigenkapital zu Fremdkapital in der Mittelherkunft an. Ein reiner Eigenkapitalfonds bestreitet seine Investitionen ausschließlich aus Kundeneinlagen. Es werden keine Fremdmittel zur Finanzierung herangezogen. Dadurch ergibt sich eine vergleichsweise sehr sichere Anlageform für den Anleger. Der Leverage-Effekt aus der prozentualen Differenz zwischen Ausschüttung und Fremdkapitalzinsen greift bei reinen Eigenkapitalfonds nicht. Der Kunde kann allerdings seine Zeichnungssumme individuell durch eine Fremdfinanzierung aufbringen. Hierdurch ist eine auf die Kundenbedürfnisse maßgeschneiderte Finanzierung möglich. Bei reinen Eigenkapitalfonds kann ein Anleger deutlich höhere Beträge selbst fremdfinanzieren als bei „gehebelten“ Fonds. Zu beachten ist hier immer die Gewinnerzielungsabsicht des Anlegers, ohne deren Vorliegen eine Berücksichtigung der Verlustzuweisungen im Rahmen der Einkünfteermittlung des Kommanditisten nicht anerkannt wird. Bei geschlossenen Immobilienfonds, die bereits in der Mittelherkunft eine Finanzierung beinhalten, fällt durch den Leverage-Effekt die relative Verlustzuweisung höher aus. Ein Zeichner kann durch eine höhere Eigenfinanzierung des Eigenkapitalfonds diese höhere Verlustzuweisung bezogen auf sein Eigenkapital allerdings auch selbst darstellen. Grundsätzlich greifen auch bei der Betrachtung dieses Aspekts die gesetzlichen Einschränkungen des § 2b EStG wie an anderer Stelle bereits dargestellt (vgl. auch Kapitel 3).

Ein weiteres Konstruktionsmerkmal von geschlossenen Immobilienfonds ist das rechtliche Verhältnis aller Beteiligten zueinander. Bei Fonds in der Rechtsform einer BGB-Gesellschaft sind alle

Beteiligten Gesellschafter. Eine oder mehrere Personen werden mit der Geschäftsführung beauftragt. Bei Fonds in der Rechtsform einer Kommanditgesellschaft ist die Konstruktion komplexer. Abbildung 6 verdeutlicht die gebräuchlichste Konstruktion.

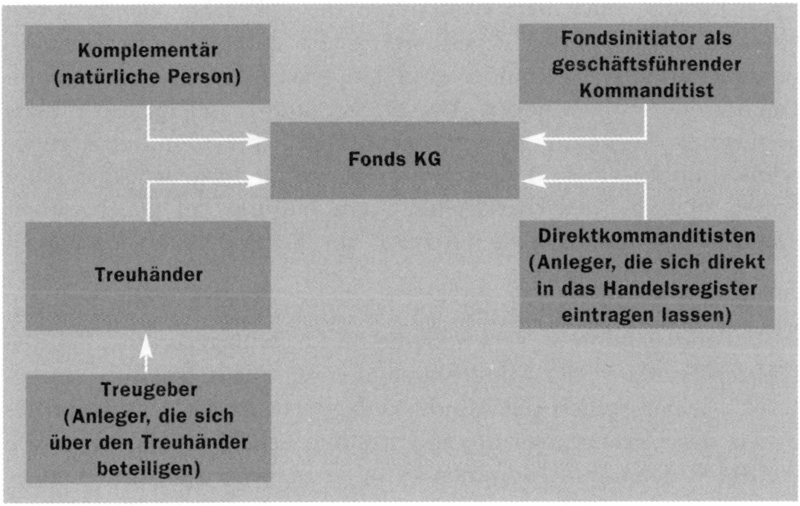

Abb. 6: KG-Konstruktion

2.6 Anlegerkreis

Als Anleger eines geschlossenen Immobilienfonds kommen verschiedene Personengruppen infrage. Um diese genauer definieren zu können, muss erst zwischen Ersterwerbsanlegern und Anlegern, die Anteile im Zweiterwerb kaufen, unterschieden werden.

Steuerliche Änderungen und Urteile des Bundesfinanzhofes haben die Möglichkeiten eines hohen negativen steuerlichen Anlaufergebnisses von deutlich über 50 Prozent in den Neunzigerjahren bis auf ca. 10 bis 30 Prozent bei neueren Konstruktionen zurückgeführt. Die früher angeführte Zielgruppe für geschlossene

Immobilienfonds bewegt sich somit aufgrund der deutlich geringeren anfänglichen steuerlichen Attraktivität von der Kundengruppe der Hochbesteuerten in die Gruppe der Kunden mit mittlerem bis gehobenem Einkommen und entsprechender freier zur Verfügung stehender Liquidität zu. Gepaart mit dem Streben nach einer attraktiven Rendite und dem Wissen um das faktische Nichtbestehen eines funktionierenden Zweitmarktes, ist der klassische Immobilienfondskunde ein liquider und langfristig denkender, immobilienaffiner Kapitalanleger. Dieser veränderte Zielgruppenfokus bedingt im Gegenzug ein verstärktes Deutlichwerden der Komponente Immobilien- und Konzeptionärsqualität ausgedrückt in einer hohen operativ erwirtschafteten Ausschüttung bei gleichzeitiger Stärkung der Fondssubstanz durch die Komponenten Rücklagen und Fremdmitteltilgung.

Ein weiterer Vorteil der Fondsbeteiligung ist die für eine Immobilieninvestition oft schon kleine Mindestanlagesumme. Bei den meisten Fonds ist der Mindestanlagebetrag auf 10 000 Euro festgesetzt. Kleiner sollten die Mindestanlagebeträge nicht sein, da dadurch der Verwaltungsaufwand unnötig erhöht wird. Durch die niedrigen Beteiligungssummen kann ein Anleger sein Immobilienvermögen innerhalb der gesamten Vermögensdiversifikation gezielt streuen. Gerade bei gewerblichen Immobilien ist die Fondskonstruktion oftmals die einzige Möglichkeit, bereits mit kleinen Beträgen langfristig zu investieren. Ein weiteres Motiv für die Zeichnung eines geschlossenen Immobilienfonds ist der Verwaltungsaufwand bei Direktinvestitionen. Der geschlossene Immobilienfonds bietet dem Anleger eine Immobilienanlage ohne diesen Arbeits- und Kostenfaktor. Der Zeichner muss lediglich den Zeichnungsschein unterschreiben, alles Weitere wird von der Fondsgesellschaft erledigt.

Ein zusätzlicher Vorteil für den Zeichner einer Fondsanlage ist die steuerlich günstige Vermögensübertragung im Schenkungs- und Erbschaftsfall. Für die Übertragung von Anteilen an geschlossenen Immobilienfonds wird eine Bedarfsbewertung durchgeführt, die oft zu deutlich geringeren Ergebnissen gegenüber dem Verkehrswert führt (vgl. Kapitel 3). Hierdurch ergeben sich im Vergleich zur Übertragung von Kapitalvermögen erhebliche Vorteile.

Durch Vorgaben des Bundesfinanzhofs in seinem Urteil vom 22.5.2002 II R 61/99 mit Verweis an das Bundesverfassungsgericht zwecks Überprüfung der Verfassungsmäßigkeit der erbschaft- und schenkungsteuerlichen Immobilienbewertung wird es in nächster Zeit mit ziemlicher Wahrscheinlichkeit zu einer weiteren Angleichung der Bewertung von Kapitalvermögen und Immobilieninvestitionen bei nicht selbst genutzten Objekten wie geschlossenen Immobilienfonds kommen. Gerade diese Änderungsbestrebungen machen die rechtzeitige Zeichnung von geschlossenen Beteiligungsmodellen und deren zeitgerechte schenkungsteuerliche Disposition zu einem gerne angenommenen Beratungsansatz.

Tabelle 10: Zielgruppen von geschlossenen Immobilienfonds

Zielgruppen	**steuer- und ertragsorientierte Fonds**	**ertragsorientierte Fonds**
Gegenstand der Fonds	normale Gewerbe- oder Wohnimmobilienfonds	Auslandsimmobilien Zweitmarktstücke
Negative Anlaufergebnisse	etwa von 10–30 %	keine
Ausschüttung	bis zu 5–7 % p.a.	über 7 % p.a.
Anlegerzielgruppe	Steuerprogression von 35 % aufwärts genügend andere, liquide Mittel sind vorhanden Risikobereitschaft durchschnittlich bis hoch	Steuerprogression nicht entscheidend genügend andere, liquide Mittel sind vorhanden notwendige Risikobereitschaft hängt vom jeweiligen Fonds ab
Fonds muss immer in Gesamtvermögensstruktur des Kunden passen → Risikostreuung		

Die Nadel im Heuhaufen zu finden erfordert viel Geduld. Und die ist auch notwendig, um bei den geschlossenen Immobilienfonds die guten von den schlechten Angeboten zu trennen. Aber selbst wenn innerhalb der Angebotsfülle die vielversprechendsten Offerten aufgespürt werden, heißt das noch lange nicht, dass sie für jeden Anleger gut sind. So wird aus einem guten Fonds schnell ein schlechtes Produkt, wenn es nicht zum Investor passt. Die Rechtsprechung stärkt deshalb schon seit Jahren den Anlegern den Rücken. Sie fordert von einem Berater nicht nur die objektbezogene Beratung, die in der Qualitätsbeurteilung von Kapitalanlagen liegt. Vielmehr muss von einem Anlageberater auch eine subjektbezogene Beratung gewährleistet werden. Das heißt, der Anleger muss in den Gesprächen umfassend aufgeklärt werden, welches der viel versprechenden Angebote überhaupt zu ihm passt.

Drei wichtige Bereiche sind bei der subjektbezogenen Beratung ausschlaggebend. Erstens: Stimmt die steuerliche Situation eines Anlegers mit den Notwendigkeiten des Fonds überein? Das ist sehr wichtig, da gewisse Angebote nur für absolute Spitzensteuerzahler geeignet sind. Das heißt, der Zeichner muss auch unter Berücksichtigung der Verlustzuweisungen aus dem Engagement immer noch über ein zu versteuerndes Einkommen von 60 000/120 000 Euro (ledig/verheiratet) verfügen. Andere Fonds verteilen ihre Verluste auf mehrere Jahre, weshalb eine derartige Steuerprogression auch für den notwendigen Zeitraum vorhanden sein muss. Und der seit Jahresanfang geltende § 2 Abs. 3 des Einkommensteuergesetzes darf nicht vergessen werden. Danach sind Verluste nur noch innerhalb bestimmter Grenzen mit positiven anderen Einkünften verrechenbar.

Der Verkauf eines geschlossenen Immobilienfonds unterliegt weder als Wertpapierdienstleistung noch als Wertpapiernebendienstleistung den Bestimmungen des WpHG. Dennoch ist davon auszugehen, dass die in § 31 ff. WpHG niedergelegten Beratungsgrundsätze hinsichtlich der produkt- und anlegergerechten Beratung in gleicher Weise Beachtung finden müssen. Dies trifft auch auf das in § 34 Abs. 1 WpHG genannte Aufzeichnungserfordernis zu. Den beratenden Banken und Beratern kann nur im Hinblick auf spätere Beweisführungen über den Verlauf des Beratungsgesprächs die Beachtung dieser Hinweise empfohlen werden. Im Wesentlichen wird damit die Verlustrechnung zwischen unterschiedlichen Einkunftsarten eingeschränkt. Es können z.B. Verluste aus Vermietung und Verpachtung nur noch begrenzt mit Gewinnen aus einer selbstständigen Arbeit verrechnet werden. Der immer ausgleichbare Sockelbetrag liegt für Ledige bei 51 500 Euro und für Verheiratete bei etwa 103 000 Euro. Sind darüber hinausgehend noch Verluste vorhanden, muss zur Ermittlung des weiteren Ausgleichspotenzials zuerst die Summe aller noch vorhandenen positiven Einkunftsarten ermittelt werden. Maximal die Hälfte dieser positiven Einkünfte kann dann noch mit Verlusten ausgeglichen werden. Der Effekt ist eine Art Mindeststeuer, die vor allem bei höheren Einkünften wirkt. Ein Umstand, der in einem Beratungsgespräch natürlich berücksichtigt werden muss. Für eine detaillierte Betrachtung lesen Sie bitte Kapitel 3.

Wenn diese steuerlichen Fragen geklärt sind, sollte als zweites Kriterium die Risikostruktur eines Fonds mit der Risikobereitschaft des Anlegers abgeglichen werden. Denn für Zeichner, die eine stark sicherheitsorientierte Immobilienanlage suchen, sind Fonds mit einem hohen Fremdkapitalanteil und einem nur kurzfristig vermieteten Objekt nicht geeignet. Ebenso wenig ist für einen solchen Anleger eine Spezialimmobilie wie ein Seniorenheim geeignet, da hier bei einem Ausfall des Betreibers der Totalverlust des Eigenkapitals droht. Diese risikoreicheren Fonds sind nur für spekulative Investoren geeignet, da diese die damit verbundene höhere Renditechance suchen.

Dritter, und von vielen vernachlässigter, Punkt ist die Gesamtvermögensstruktur des Anlegers. Diese darf durch ein Neuengagement nicht zu einseitig verschoben werden. Nur wenn die Zeichnungssumme dem Gesamtvermögen angepasst wurde, ist der Kunde in den Genuss einer guten Beratung gekommen. Denn Immobilienfonds sind eine unternehmerische Beteiligung, weshalb Schwierigkeiten bis hin zum Totalverlust des eingesetzten Kapitals nie ganz ausgeschlossen werden können. Hat ein Anleger sich aber einseitig in diesen Fonds gestürzt, können aus einem Problem bei einem Vermögensbaustein schnell existenzielle Schwierigkeiten werden.

Eine gute Beratung durchzuführen ist immer eine diffizile Angelegenheit. Selbst bei Großanlegern wird im Hinblick auf die Vermögensstruktur oft schlampig beraten. Dabei wird selten eine vernünftige Streuung vorgenommen. Im Wertpapiergeschäft ist diese Erkenntnis schon sehr weit verbreitet. Asset Allocation ist das Schlagwort. Bei Immobilien wird allerdings nur selten eine vernünftige Diversifikation vorgenommen. Meist ist der Anleger Liebhaber von Wohnungen, weshalb er ein zufällig entstandenes Portfolio in seiner näheren Umgebung sein Eigen nennt. Andere sind Fans von Einkaufszentren oder von Büros. Nur selten wird ein guter Mix bei den Standorten - hier sollte auch international gedacht werden - oder bei den Nutzungsarten vorgenommen. Und gerade hierbei kann der Fonds seine Vorteile ausspielen. Zum einen ist er nämlich klein stückelbar, was auch schon für kleinere Vermögen eine Streuung ermöglicht. Zum anderen kümmert sich das Management um die Fonds- und Objektverwaltung, was den Fonds zu einer bequemen Immobilienanlage macht.

Neben den Risiken sprechen auch viele Vorteile für den Immobilienfonds. Wer sehr genau auf die Qualität eines Angebotes achtet und dann auch noch die Anlegereignung überprüft, wird mit einigen Fonds langfristig seine Freude haben. Der Ertrag, der dabei winkt, ist dann der Lohn der Geduld, die bei der Suche nach dem richtigen Angebot aufgebracht werden musste.

2.7 Vorteile des geschlossenen Immobilienfondskonzeptes für den Anleger

Das Konzept des geschlossenen Immobilienfonds bietet vielfältige Vorteile. Es trägt dem Fondsgedanken Rechnung, indem sich viele kleinere Anleger zu einer Gruppe mit gleicher Zielvorstellung zusammenschließen. Dadurch werden Vorhaben möglich, die ein Einzelner allein nicht finanzieren könnte. Außerdem bietet eine Beteiligung an einem geschlossenen Immobilienfonds jedem einzelnen Anleger die seinem Beteiligungsverhältnis entsprechenden Chancen und Risiken einer Immobilieninvestition.

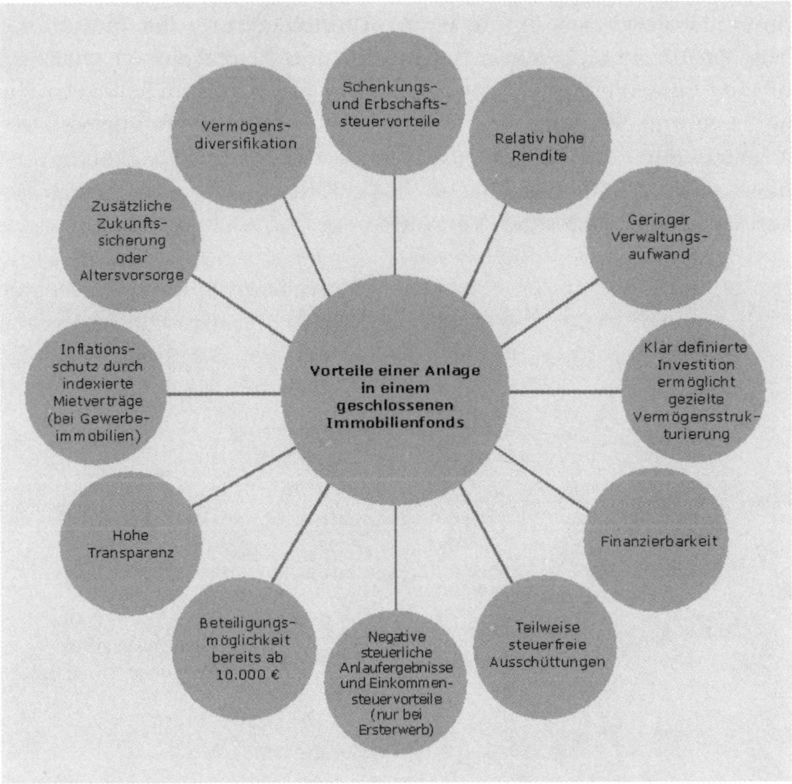

Abb. 7: Vorteile einer Anlage in geschlossene Immobilienfonds

2.7.1 Sicherheit

Die Beteiligung an einem geschlossenen Immobilienfonds ist eine Sachwertinvestition. Sie ist damit je nach Ausgestaltung mehr oder weniger inflationsgeschützt. Dies wird zum einen über die Indexierung der Mietverträge erreicht. Bei Immobilien aus dem wohnwirtschaftlichen Bereich ist es nicht üblich, in dieser Form zu indexieren. Hier sind Mietsteigerungen nur im begrenzten Rahmen durchsetzbar. Der zweite Faktor für den Inflationsschutz einer

Immobilienfondsbeteiligung ist die Wertsteigerung der Immobilie. Diese bestimmt sich rein aus Angebot und Nachfrage. Deshalb ist für eine gute Wertsteigerungschance bei einer Immobilie vorrangig die Lage entscheidend. Im Verkaufsfall bestimmt bei vermieteten Objekten der vom Mieter zu zahlende Mietpreis bzw. bei unvermieteten Immobilien der nachhaltig erzielbare Mieterlös sowie der Standort des Objektes den Verkaufspreis.

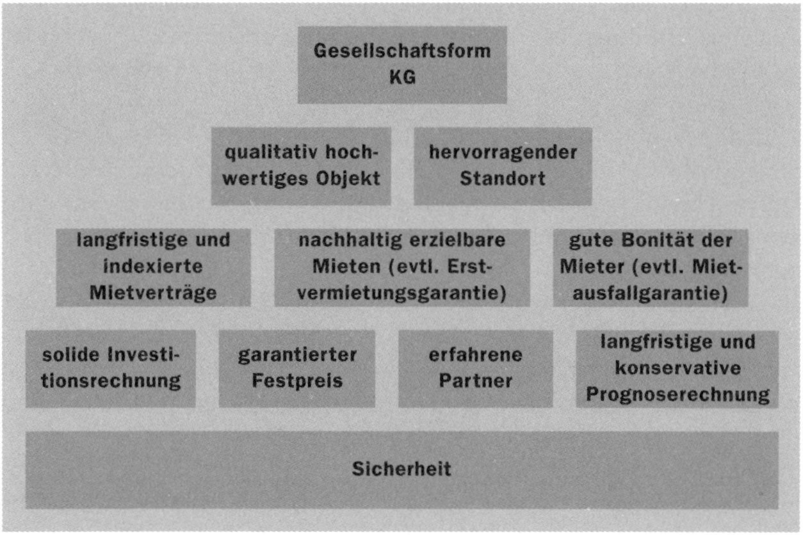

Abb. 8: Bausteine der Sicherheit

In puncto Sicherheit eines geschlossenen Immobilienfonds ist das Fondsmanagement sehr wichtig. Es muss sich um ein erfahrenes Management handeln, um eine langfristig rentable, aber auch realistische Planung der gesamten Konstruktion zu ermöglichen. Dies beginnt mit den Baukosten, der Bauplanung, der Vermietung und der Platzierung des Fonds und endet mit der laufenden Betreuung, der Zweitmarktpflege und der Endabwicklung des gesamten Fonds. Besonders wichtig ist die Erfahrung des Fondsmanagements bei der Bewältigung unvorhersehbarer und überraschend auftretender Probleme. Hierbei kann es sich beispielsweise um einen plötzlichen Mieterausfall oder anfangs nicht erkennbare bzw. erst im Verlauf auftretende Baumängel handeln.

Die Wiederveräußerbarkeit eines Fondsanteils stellt für den Käufer verständlicherweise oftmals ein wesentliches Entscheidungskriterium dar. Diese ist bei den heute anzutreffenden Konstruktionen mit ihren vergleichsweise niedrigen steuerlichen Anlaufkomponenten und dem Fokus auf der Kapitalanlage grundsätzlich gegeben. Dennoch erscheint aus dem Blickwinkel der Wiederveräußerbarkeit ein Zweitmarkt im Großen und Ganzen trotz jüngster ermutigender Ansätze nicht die erforderliche Ergiebigkeit zu besitzen und auch kein zweitmarktförderliches Preisniveau hervorzubringen.

Die Qualität des Konzeptionärs (= Initiators) entscheidet sich anhand der für alle Objekte der Vergangenheit vorzulegenden und entsprechend geprüften Leistungsbilanz. Dieses Instrument gibt zwar keinen Aufschluss über zukünftige Entwicklungen und kann auch unvorhersehbare Marktveränderungen nicht messbar machen, verschafft aber dennoch einen aussagefähigen Überblick über die bisher abgelieferten Leistungen. Nachdem die Zukunft wie auch die Vergangenheit bei langjähriger Markterfahrung eine Fülle von Schwierigkeiten hervorrief und hervorrufen wird, erlaubt eine über lange Zeit erfolgreiche Dokumentation eine Aussage über die Problembewältigungsfähigkeit des Konzeptionärs. Die geschilderten Feststellungen können natürlich nur getroffen werden, wenn sich die Konzeption und Produktphilosophie nicht entscheidend verändert haben. An dieser Stelle trifft den Berater als Führer des Verkaufsgesprächs und der Produktvorauswahl die hohe Erwartungshaltung des Kunden. Darum ist es auch unerlässlich, dass diese Vorauswahl zu einer wirklichen Qualitätsauswahl unter Berücksichtigung des Kundenbedarfs führt und nicht nur zu einem Räumen von Festabnahmekontingenten.

2.7.2 Rendite

Grundlage für die Rendite einer Fondsbeteiligung sind die Investitions-/Finanzierungsrechnung und die Prognoserechnung. In der Prognoserechnung wird über einen Zeitraum von in der Regel 20 Jahren die Entwicklung der Einnahmen und der Ausgaben unter bestimmten Voraussetzungen dargestellt. Dabei werden bestimmte Parameter wie die Inflationsrate, durchschnittliche Guthabenverzinsung, eventuelle Zinssätze für Anschlussfinanzierungen, der Verkaufsfaktor sowie kalkulierte Instandhaltungskosten und Bewirtschaftungskosten zugrunde gelegt. Durch unrealistische Annahmen bei diesen Parametern kann der Initiator die Prognoserechnung künstlich schönen. Die Folge sind wahrscheinlich nicht haltbare Renditeerwartungen der Anleger. Das Vergleichen von Renditeprognosen verschiedener Immobilienfonds ist durch die unterschiedlichen Annahmen in der Regel nicht möglich. Ein Indiz für den Anleger über die Seriosität des Fondsanbieters: die vollständige, und eventuell mit Wirtschaftsprüfertestat bestätigte, Leistungsbilanz des Konzeptionärs.

2.7.3 Ausschüttung

Die jährlich vom Fonds an die Anleger weiterzugebenden Ausschüttungen ergeben sich aus der Prognoserechnung. Sofern die Einnahmen-Überschuss-Rechnung von der Prognoserechnung abweicht, werden auch die Ausschüttungen entsprechend angepasst. Die genaue Höhe der Ausschüttung wird auf der Gesellschafterversammlung beschlossen. Die Barausschüttungen werden in der Regel Mitte des Folgejahres für das jeweilige Geschäftsjahr ausgezahlt.

Für den Anleger ist es wichtig zu wissen, ob und in welcher Höhe die ihm zufließenden Erträge steuerpflichtig sind. Grundsätzlich sind nicht die jährlichen Ausschüttungen, sondern die Einnahmenüberschüsse der Einkommensteuer zu unterwerfen. Ein steuerlich positives Ergebnis führt zu einer Steuerbelastung. Ein meist nur in den Anfangsjahren durch die hohen Abschreibungsmöglichkeiten anfallender Werbungskostenüberschuss führt zu einer Steuerersparnis. Die Ausschüttung zuzüglich einer Steuerersparnis/abzüglich einer Steuerbelastung ergibt für den Anleger den Nettozufluss. Dieser Nettozufluss ist als Ertrag nach Steuern bei einem Vergleich mit alternativen Kapitalanlagen dem Zinsertrag ebenfalls nach Steuern gegenüberzustellen. Die zweite Vergleichsmöglichkeit stellt die Ermittlung der Bruttovergleichsrendite für den geschlossenen Immobilienfonds unter Berücksichtigung des persönlichen Steuersatzes dar.

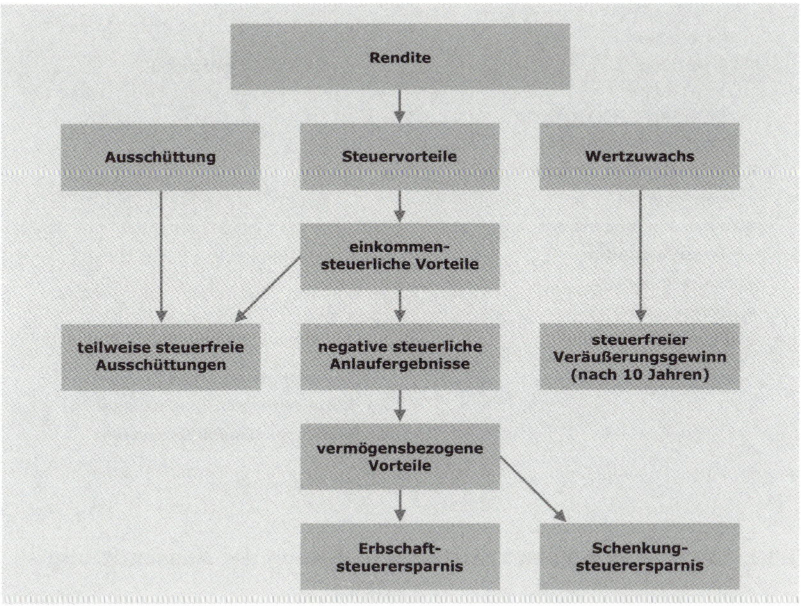

Abb. 9: Bestandteile der Rendite

2.7.4 Steuervorteile

Eines der Hauptargumente für die Kapitalanlage in Immobilien waren lange Zeit die zum Teil ganz erheblichen steuerlichen Anreize. Trotz § 2b und steuerlicher Restriktionen bieten geschlossene Immobilienfonds je nach Konzeption immer noch Steuervorteile.

Die wesentlichste Steuerersparnis ergibt sich neben der teilweisen Steuerfreiheit von Ausschüttungen aus der Verrechnung der anteiligen Fondsverluste. Diese insbesondere in der Bauphase auftretenden Fondsverluste können bei der Ermittlung des zu versteuernden Einkommens in der Einkommensteuererklärung des Steuerpflichtigen zunächst im Wege des horizontalen Verlustausgleichs mit positiven Einkünften derselben Einkunftsart, hier also Einkünften aus Vermietung und Verpachtung, verrechnet werden.

Mieterträge	
+ Zinserträge	**Summe der Einnahmen**
Komplementärvergütung	
+ Treuhändervergütung	
+ Geschäftsbesorgervergütung	
+ Fondskosten	
+ Instandhaltungsrücklage	
+ Mietausfallwagnis	
+ Darlehenszinsen	
+ Zinsvorauszahlung	
+ Tilgung	**Summe der Ausgaben**
	Einnahmenüberschuss
	./. Zuführung der Liquiditätsreserve
	+ Abbau der Liquiditätsreserve
	Barausschüttung

Abb. 10: Errechnung der tatsächlichen Höhe der Ausschüttung

Sofern diese positiven Einkünfte hierfür nicht „ausreichen", ist im Folgenden eine Verrechnung mit positiven Einkünften aus anderen Einkunftsarten wie z.B. selbstständiger oder nichtselbstständiger Tätigkeit im Rahmen des vertikalen Verlustausgleichs zulässig. (Aber: Beschränkungen nach § 2 Abs. 3 EstG beachten.)

Ein verbleibender Betrag ist schließlich nach den Maßgaben des § 10d EStG im Zuge des Verlustrück- bzw. Verlustvortrags in vor- oder nachgelagerte Veranlagungszeiträume übertragbar. Weitere Steuervorteile können unter Umständen noch im Rahmen der Erbschaft- und Schenkungsteuer realisiert werden.

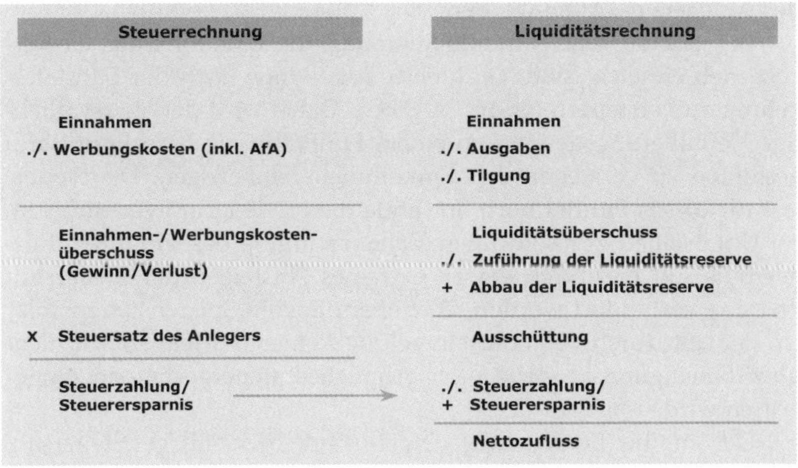

Abb. 11: Ermittlung des jährlichen Nettozuflusses im Rahmen der Liquiditäts- und Steuerrechnung einer Fondsgesellschaft

2.7.4.1 Einkommensteuer

Durch die Beteiligung an einem geschlossenen Immobilienfonds erhält der Anleger die ihm in seinem Verhältnis der Beteiligungssumme entsprechenden Verluste zugewiesen. Diese addieren sich aus den Abschreibungen und den steuerlich absetzbaren Fondskosten. Durch die Verrechnung der Werbungskosten bzw. des Werbungskostenüberschusses als negative Einkünfte mit anderen positiven Einkünften resultiert für den Anleger eine Steuerentlastung. Die den Privatanlegern zur Zeichnung angebotenen geschlossenen Immobilienfonds erzielen entweder Einkünfte aus Vermietung und Verpachtung oder Einkünfte aus Gewerbebetrieb. Die Ersteren sind damit in der Einkommensteuererklärung in der Anlage V zu erfassen. Gegenüber Einkünften aus Gewerbebetrieb ergibt sich unter Umständen für den Anleger eine Ersparnis in der Gewerbesteuer. Außerdem sind bei Fonds, die Einkünfte aus Vermietung und Verpachtung erzielen, die Veräußerungsgewinne des Immobilienobjektes bzw. der Fondsanteile nach der so genannten Spekulationsfrist von zehn Jahren steuerfrei, sofern die Anteile im Privatvermögen des Anlegers gehalten werden.

Bei geschlossenen Immobilienfonds, die Einkünfte aus Gewerbebetrieb erzielen, sind Veräußerungsgewinne nach der Fünftelregelung zu versteuern (§§ 16, 34 EStG). Dabei wird der steuerpflichtige Veräußerungsgewinn zu einem Fünftel in die Berechnung des gesamten zu versteuernden Einkommens einbezogen. Die Steuerlast für dieses Fünftel wird am Ende dann wiederum verfünffacht. Im Unterschied zur sofortigen Vollanrechnung des Veräußerungsgewinns soll hierdurch ein zu extremes Ansteigen der Steuerprogression verhindert werden. Wer aber ohnehin Spitzensteuerzahler ist, genießt durch die Fünftelregelung keinen Vorteil, sofern nicht über Beteiligungsmodelle oder Ähnliches steuergestaltend eingegriffen wird.

Der in die Berechnung eingeflossene persönliche Steuersatz stellt den für die Höhe der Verlustzuweisung geltenden Grenzsteuersatz dar. Im Klartext ist dies der Steuersatz, der für das in Höhe der Werbungskosten anfallende zu versteuernde Einkommen im Durchschnitt anfallen würde. Leichter ist die Steuerersparnis über die Einkommensteuertabelle ersichtlich. Die Steuerersparnis resultiert aus der Differenz der zu zahlenden Steuerlast ohne die Verlustzuweisung aus dem geschlossenen Immobilienfonds und der zu zahlenden Steuer unter Berücksichtigung der Werbungskosten durch die Zeichnung.

Tabelle 11: Grund- und Splittingtabelle 2003 mit Durchschnitts- und Grenzsteuersätzen

Einkommensteuer-Grundtabelle 2003							
zu versteuerndes	Einkommensteuer		Solidaritätszuschlag		Gesamtbelastung		bei Verminderung um
Einkommen		Durchschnitts-					10.000 € Entlastung des
in €	in €	belastung in %	in €		in €	in %	Minderungsbetrages in %
5.000	0	0,00%	0		0	0,00%	0,00%
10.000	611	6,11%	0		611	6,11%	6,11%
20.000	3.235	16,18%	178		3.413	17,07%	28,02%
30.000	6.418	21,39%	353		6.771	22,57%	33,58%
40.000	10.158	25,40%	559		10.717	26,79%	39,46%
50.000	14.440	28,88%	794		15.234	30,47%	45,17%
60.000	19.225	32,04%	1.057		20.282	33,80%	50,48%
70.000	24.078	34,40%	1.324		25.402	36,29%	51,20%
80.000	28.932	36,17%	1.591		30.523	38,15%	51,21%
90.000	33.786	37,54%	1.858		35.644	39,60%	51,21%
100.000	38.623	38,62%	2.124		40.747	40,75%	51,03%
110.000	43.477	39,52%	2.391		45.868	41,70%	51,21%

Einkommensteuer-Splittingtabelle 2003							
zu versteuerndes	Einkommensteuer		Solidaritätszuschlag		Gesamtbelastung		bei Verminderung um
Einkommen		Durchschnitts-					10.000 € Entlastung des
in €	in €	belastung in %	in €		in €	in %	Minderungsbetrages in %
10.000	0	0,00%	0		0	0,00%	0,00%
20.000	1.222	6,11%	0		1.222	6,11%	12,22%
30.000	3.706	12,35%	204		3.910	13,03%	26,88%
40.000	6.470	16,18%	356		6.825	17,07%	29,16%
50.000	9.514	19,03%	523		10.037	20,07%	32,11%
60.000	12.836	21,39%	706		13.542	22,57%	35,05%
70.000	16.436	23,48%	904		17.340	24,77%	37,98%
80.000	20.316	25,40%	1.117		21.433	26,79%	40,93%
90.000	24.476	27,20%	1.346		25.822	28,69%	43,89%
100.000	28.880	28,88%	1.588		30.468	30,47%	46,46%
110.000	33.596	30,54%	1.848		35.444	32,22%	49,76%
120.000	38.450	32,04%	2.115		40.565	33,80%	51,21%

Tabelle 12: Grund- und Splittingtabelle 2004 mit Durchschnitts- und Grenzsteuersätzen

Einkommensteuer-Grundtabelle 2004						
zu versteuerndes Einkommen	Einkommensteuer		Solidaritätszuschlag	Gesamtbelastung		bei Verminderung um 10.000 € Entlastung des Minderungsbetrages in %
in €	in €	Durchschnitts-belastung in %	in €	in €	in %	
5.000	0	0,00%	0	0	0,00%	0,00%
10.000	487	4,87%	0	487	4,87%	4,87%
20.000	3.073	15,37%	169	3.242	16,21%	27,55%
30.000	6.252	20,84%	344	6.596	21,99%	33,54%
40.000	9.989	24,97%	549	10.538	26,35%	39,42%
50.000	14.282	28,56%	786	15.068	30,14%	45,30%
60.000	18.968	31,61%	1.043	20.011	33,35%	49,43%
70.000	23.668	33,81%	1.302	24.970	35,67%	49,59%
80.000	28.368	35,46%	1.560	29.928	37,41%	49,58%
90.000	33.068	36,74%	1.819	34.887	38,76%	49,59%
100.000	37.768	37,77%	2.077	39.845	39,85%	49,58%
110.000	42.468	38,61%	2.336	44.804	40,73%	49,59%
Einkommensteuer-Splittingtabelle 2004						
zu versteuerndes Einkommen	Einkommensteuer		Solidaritätszuschlag	Gesamtbelastung		bei Verminderung um 10.000 € Entlastung des Minderungsbetrages in %
in €	in €	Durchschnitts-belastung in %	in €	in €	in %	
10.000	0	0,00%	0	0	0,00%	0,00%
20.000	974	4,87%	0	974	4,87%	9,74%
30.000	3.384	11,28%	186	3.570	11,90%	25,96%
40.000	6.146	15,37%	338	6.484	16,21%	29,14%
50.000	9.186	18,37%	505	9.691	19,38%	32,07%
60.000	12.504	20,84%	688	13.192	21,99%	35,01%
70.000	16.102	23,00%	886	16.988	24,27%	37,96%
80.000	19.978	24,97%	1.099	21.077	26,35%	40,89%
90.000	24.132	26,81%	1.327	25.459	28,29%	43,82%
100.000	28.564	28,56%	1.571	30.135	30,14%	46,76%
110.000	33.236	30,21%	1.828	35.064	31,88%	49,29%
120.000	37.936	31,61%	2.086	40.022	33,35%	49,58%

Tabelle 13: Berechnung des effektiven Kapitaleinsatzes

Effektiver Kapitaleinsatz				
Steuerprogression	25 %	35 %	47,5 %	50,11 %
Zeichnungssumme	100 000 €	100 000 €	100 000 €	100 000 €
Agio 5 %	5 000 €	5 000 €	5 000 €	5 000 €
Kapitaleinsatz	105 000 €	105 000 €	105 000 €	105 000 €
./. Est-Ersparnis durch negative steuerliche Anlaufergebnisse (25 % der Zeichnungssumme)	6 250 €	8 750 €	11 875 €	12 528 €
Tatsächlicher Kapitaleinsatz	98 750 €	96 250 €	93 125 €	92 472 €
Steuerersparnis = negative steuerliche Anlaufergebnisse x persönlicher Steuersatz				

2.7.4.2 Vermögensteuer

Die Vermögensteuer wird seit Januar 1997 nicht mehr erhoben. Folglich ergeben sich derzeit keine Vorteile der geschlossenen Immobilienfonds aus einem geringeren Bewertungsansatz gegenüber Liquiditätsvermögen.

2.7.4.3 Erbschaft- und Schenkungsteuer

Der erbschaft- und schenkungsteuerliche Wert von Grundbesitz – und damit letztlich auch von einer Beteiligung an einem geschlossenen Immobilienfonds – wird nach einer entsprechenden Gesetzesänderung mit Wirkung ab dem 1.1.1996 mit einem so genannten „Ertragswert" bemessen. Grund für die gesetzliche Neuregelung war auch im Bereich der Erbschaft- und Schenkungsteuer ein Urteil des Bundesverfassungsgerichts vom 22.6.1995 (auszugsweise abgedruckt im Anhang, Kapitel 7). Hierin hatten die Karlsruher Richter die Bewertung von Grundbesitz mit einem steuerlichen Einheitswert für verfassungswidrig erklärt.

Nach den neuen Bewertungsrichtlinien beläuft sich der erbschaft- und schenkungsteuerliche Wert einer Immobilie grundsätzlich auf das 12,5-fache der durchschnittlichen Jahreskaltmiete für das Objekt. Hierbei ist die durchschnittliche Jahresmiete der letzten drei Jahre zugrunde zu legen. Bei Fehlen einer tatsächlichen Mieteinnahme - etwa im Falle der Selbstnutzung oder der unentgeltlichen Überlassung - ist hilfsweise von der Jahressumme einer ortsüblichen Vergleichsmiete auszugehen. Eine weiterführende Darstellung der neuen Bewertungsvorschriften für Zwecke der Erbschaft- und Schenkungsteuer enthält Punkt 3.3.2.

Die gesetzliche Neuregelung hat nicht nur zu einer neuen Bewertungsweise für Grundbesitz geführt, sondern auch die Reduzierung der Steuerklassen von bislang vier auf nunmehr nur noch drei, die Anhebung der persönlichen Steuerfreibeträge sowie die Anpassung der Steuersätze mit sich gebracht. Die derzeit gültige Rechtslage ist den folgenden beiden Tabellen 15 und 16 zu entnehmen.

Wie aus den beiden Tabellen hervorgeht, hängt die Höhe des Erbschaftsteuersatzes vom Verwandtschaftsgrad, vom Wert des vererbten Vermögens und der Höhe der jeweiligen Freibeträge ab. Bei der Erbschaftsteuer ist die Bildung eines negativen Vermögens möglich. Der negative Steuerwert der Beteiligung führt zu einer erbschaftsteuerfreien Übertragung der Fondsanteile und es kann zusätzlich noch die Bemessungsgrundlage für das übrige Nachlassvermögen reduziert werden. Die Nachfrage nach Modellen zur Erbschaftsteuereinsparung wird in den nächsten Jahren rasant zunehmen. Dies resultiert aus der enormen Steigerung der Vermögen, die in den nächsten Jahren auf die so genannte „Erbengeneration“ übergehen werden.

Tabelle 14: Erbschaftsteuerminderung durch Beteiligung an einem geschlossenen Immobilienfonds

Erbschaftsteuerminderung

Ausgangslage
Der Erblasser hinterlässt der Erbin ein Vermögen in Höhe von 1 000 000 €.

Fall 1
Erbin ist seine Frau. Wie hoch ist die Erbschaftsteuer, wenn anstatt der Übertragung des Vermögens als Bankguthaben ein geschlossener Immobilienfonds (Zeichnungssumme 200 000 €), finanziert mit einem Bankdarlehen von 140 000 €, Berücksichtigung finden kann? Die erbschaftsteuerliche Bemessungsgrundlage des geschlossenen Immobilienfonds beträgt 100 000 €.

Zeichnungssumme ohne Agio	200 000 €
./. Finanzierung	– 140 000 €
Kapitaleinsatz vor Steuer	60 000 €
Erbschaftsteuerlicher Wert der Beteiligung	100 000 €
./. Fremdfinanzierung	– 140 000 €
Erbschaftsteuerlicher Gesamtwert der Beteiligung	– 40 000 €

Ohne Immobilienbeteiligung		**Mit Immobilienbeteiligung**	
		Vermögen	1 000 000 €
		./. Kapitaleinsatz für Fondskauf	– 60 000 €
		Restvermögen	940 000 €
		./. Negativer Erbschaftsteuerwert	– 40 000 €
Bemessungsgrundlage Erbschaftsteuer 1 000 000 €		Bemessungsgrundlage Erbschaftsteuer	900 000 €
Ehegatte Steuerklasse I, Freibetrag 307 000 €			
15 % Erbschaftsteuer aus 693 000 €	103 950 €	15 % Erbschaftsteuer aus 593 000 €	88 950 €

→ **Erbschaftsteuerminderung: 15 000 €**

Fall 2
Erbin ist seine Schwester. Wie hoch ist die Erbschaftsteuer, wenn anstatt der Übertragung des Vermögens als Bankguthaben ein geschlossener Immobilienfonds, finanziert mit einem Bankdarlehen von 140 000 €, Berücksichtigung finden kann? Die erbschaftsteuerliche Bemessungsgrundlage des geschlossenen Immobilienfonds beträgt wie im 1. Fall 100 000 €.

Geschwister Steuerklasse II, Freibetrag 10 300 €

35 % Erbschaftsteuer aus 989 700 €	346 395 €	35 % Erbschaftsteuer aus 889 700 €	311 395 €

→ **Erbschaftsteuerminderung: 35 000 €**

Tabelle 15: Freibeträge bei der Erbschaft- und Schenkungsteuer

Freibeträge (gültig seit 1.11.1996)	
Steuerklasse I	**Freibeträge**
Ehegatte	307 000 €
Kinder und Stiefkinder	205 000 €
Abkömmlinge der Kinder und Stiefkinder	51 200 €
Eltern und Voreltern bei Erwerben von Todes wegen	51 200 €
Steuerklasse II	
Eltern und Voreltern, soweit sie nicht zur Steuerklasse I gehören	10 300 €
Geschwister	10 300 €
Abkömmlinge ersten Grades von Geschwistern	10 300 €
Stiefeltern	10 300 €
Schwiegerkinder	10 300 €
Schwiegereltern	10 300 €
Geschiedene Ehegatten	10 300 €
Steuerklasse III	
Alle übrigen Erwerber	5 200 €

Tabelle 16: Steuersätze in der Erbschaft- und Schenkungsteuer

Steuersätze (gültig seit 1.11.1996)			
Wert des steuerpflichtigen Erwerbs bis einschließlich	**Vomhundertsätze in der Steuerklasse**		
	I	**II**	**III**
52 000 €	7	12	17
256 000 €	11	17	23
512 000 €	15	22	29
5 113 000 €	19	27	35
12 783 000 €	23	32	41
25 565 000 €	27	37	47
über 25 565 000 €	30	40	50

Verkehrswert einer Fondsbeteiligung	200 000 €
./. Fremdfinanzierung	-140 000 €
Eigenkapitaleinsatz vor Steuern	60 000 €
das entspricht im Verhältnis zur Zeichensumme	30 %
Schenkungsteuerlicher Wert der Beteiligung	100 000 €
davon 30 % = Bemessungsgrundlage für die Schenkungsteuer	30 000 €

Abb. 12: Beispiel für gemischte Schenkung

Der schenkungsteuerliche Wert einer Immobilie entspricht dem der Erbschaftsteuer. Im Unterschied dazu kann aber durch eine Fremdfinanzierung kein negatives Vermögen produziert werden.

Der Bundesfinanzhof hält in seinem Urteil vom 22.5.2002 II R 6a/99 (vgl. Anhang, Kapitel 7) auch diese bereits gegenüber der früheren Besteuerung nach dem Einheitswert ungünstigere Regelung für verfassungswidrig. Er sieht darin einen Verstoß gegen den Gleichheitssatz (Art. 3 Abs. 1 GG), weil die Vorschriften zur Ermittlung der Steuerbemessungsgrundlage beim Betriebsvermögen, bei den Anteilen an Kapitalgesellschaften sowie beim Grundbesitz (einschließlich des land- und forstwirtschaftlichen Vermögens) eine aus seiner Sicht unangemessene Begünstigung gegenüber Kapitalvermögen darstellen.

Aus diesem Grund wird es in den nächsten Jahren zu einer weiteren Annäherung der erbschaft-/schenkungsteuerlichen Werte an den Verkehrswert kommen. Hier ist es Aufgabe einer vorausschauenden Beratung, ins Auge gefasste Übertragungen nach den jetzt gültigen Rechtsnormen vorzunehmen.

2.7.5 Wertzuwachs

Der Wert von Gewerbeimmobilien wird üblicherweise nach dem Ertragswertverfahren ermittelt. Dazu muss als erstes der Mietertrag p.a. bekannt sein. Im Anschluss wird der Mietertrag p.a. mit dem standortüblichen Faktor multipliziert. Dieser Einkaufs- bzw. Verkaufsfaktor bestimmt sich durch Angebot und Nachfrage, wobei hier wiederum die Nutzungsart des Objektes und deren Makro- und Mikrolage von entscheidender Bedeutung sind. In den Wertsicherungsklauseln von Mietverträgen für Gewerbeobjekte wird festgelegt, unter welchen Bedingungen die jährlichen Mietzahlungen der allgemeinen Preisentwicklung angepasst werden. Durch die steigenden Mieteinnahmen steigt der Ertragswert der Immobilie. Bei Anteilen an geschlossenen Fonds steigen durch die Mietanpassungen die Ausschüttungen und damit der nominale Wert der Anteile. Bei geschlossenen Immobilienfonds mit Finanzierungen hängt von der jeweiligen Mieteinnahme der innere Wert der Beteiligung ab. Dieser innere Wert errechnet sich aus dem Verkehrswert der Gesamtimmobilie abzüglich der Restschuld. Bei Veräußerung der Fondsimmobilie führt ein Wertzuwachs in der Regel zu deutlich über den Ausgabekursen liegenden Rückzahlungskursen (Leverage-Effekt).

Nicht nur die Mietertragssteigerung kann zu Ertragswertverbesserungen führen. Auch der standortübliche Faktor, der die zweite Komponente bei der Ertragswertermittlung darstellt, kann sich ändern. Durch eine wirtschaftliche Verbesserung des Standortes der Immobilie erhöht sich unter Umständen der Faktor. Selbstverständlich ist durch eine Nachfrageverschlechterung aber auch eine Verringerung des Faktors möglich.

Da bei jeder Immobilieninvestition der Wertzuwachs eine entscheidende Rolle in der Renditeberechnung darstellt, ist die Wahl des richtigen Standortes sehr wichtig. Bei Veräußerung des Fondsanteils im Zweitmarkt hat neben dem Ertragswert auch noch das allgemeine Zinsniveau eine Bedeutung. Die Anlage in Fondsanteile im Zweiterwerb wird oft als Anlagealternative für festverzinsliche Wertpapiere gesehen. Bei entsprechend niedrigem Zinsniveau stellt die Fondsanlage eine weitaus attraktivere Anlagealternative dar als bei hohem Zinsniveau. Das Zinsniveau fließt unter Umständen auch über seine konjunkturellen Auswirkungen zusätzlich mit in die Wertermittlung für geschlossene Immobilienfondsanteile ein. Diese Größe wirkt allerdings in der Regel konträr zu der Anlagealternativproblematik, da in konjunkturellen Boomphasen mit hoher Nachfrage nach Mietobjekten meist ein hohes Zinsniveau gegeben ist.

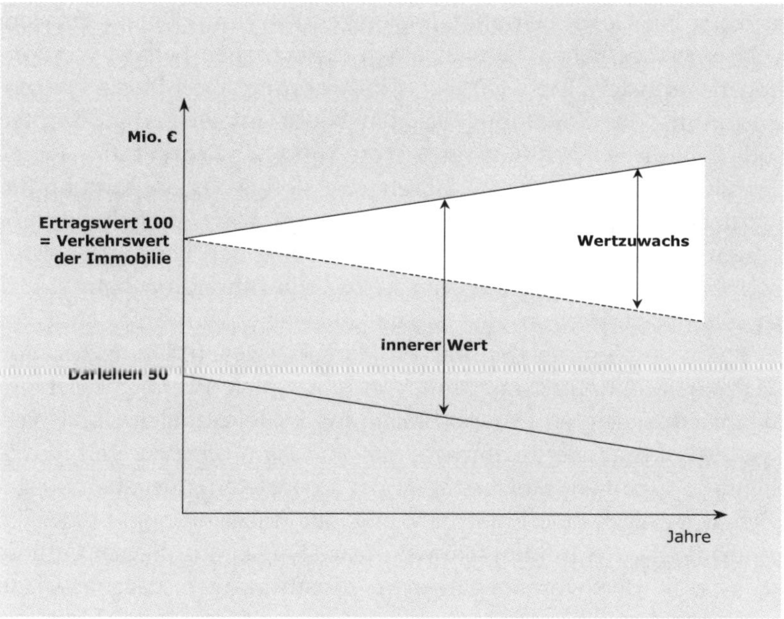

Abb. 13: Ermittlung des Wertzuwachses bei einem teilweise fremdfinanzierten geschlossenen Immobilienfonds

2.7.6 Inflationsschutz

Inflation bedeutet Geldentwertung und damit Kaufkraftschwund. Gewerbeimmobilien bieten dem Investor durch die indexierten Mietverträge steigende, an die Lebenshaltungskosten gekoppelte Mieteinnahmen. Diese Anpassungsmechanik führt zu steigenden Ausschüttungen und zu einem steigenden Ertragswert. Die Mietindexierung schützt aber nur in dem Umfang vor Inflationsverlusten, in welchem eine Mietsteigerung der Inflationsrate angepasst wird. Eine 100-Prozent-Indexierung schützt voll vor Inflationsverlusten, da die Miete in der Regel nach insgesamt zehn Prozent Inflation zu 100 Prozent den Inflationszahlen angepasst wird. Abschläge auf eine z.B. 60-Prozent- oder 80-Prozent-Indexierung bewirken einen entsprechend schlechteren Inflationsschutz. Außerdem beeinträchtigen eventuelle Freijahre, d.h. Jahre, in denen keine Mietanpassung an die Inflationszahlen erfolgt, den Schutz vor Geldentwertung. Darüber hinaus bieten die meist deutlich höheren laufenden Mietrenditen bei Gewerbeimmobilien gegenüber Immobilien aus dem wohnwirtschaftlichen Bereich einen zusätzlichen Schutz vor Vermögensverlusten. Der Faktor der Indexierung fließt in die Prognoserechnung des Fonds ein. Bei den heute aufgelegten Konzepten sind kalkulierte Inflationsraten von rund 2,5 Prozent die Regel. Nachdem in den letzten 30 Jahren eine stetige Verlangsamung der inflationären Entwicklung zu verzeichnen war, erscheint es vor diesem Hintergrund notwendig, die Höhe der konzeptionierten Inflationsrate an das reale Niveau heranzuführen. So beträgt z.B. der Durchschnittswert der letzen 20 Jahre 2,1 Prozent. Und die Europäische Zentralbank hat ein langfristiges Inflationsziel von 2,0 Prozent definiert. Hierdurch ergeben sich für die meist auf 20 Jahre ausgelegten Prognoserechnungen Belastungen durch verminderte Prognoseeinnahmen, die nur zum kleinen Teil durch ebenfalls geringere Steigerungen der erwarteten Ausgaben ausgeglichen werden. Eine Einschränkung der Ausschüttungs- bzw. Tilgungsfähigkeit wäre die unabwendbare Folge. Aus diesem Grunde ist, wie in den vorangegangenen Ausführungen dargelegt, auf marktgerechte Einkaufsfaktoren und nicht übermäßige Nebenkostenbelastung zu achten.

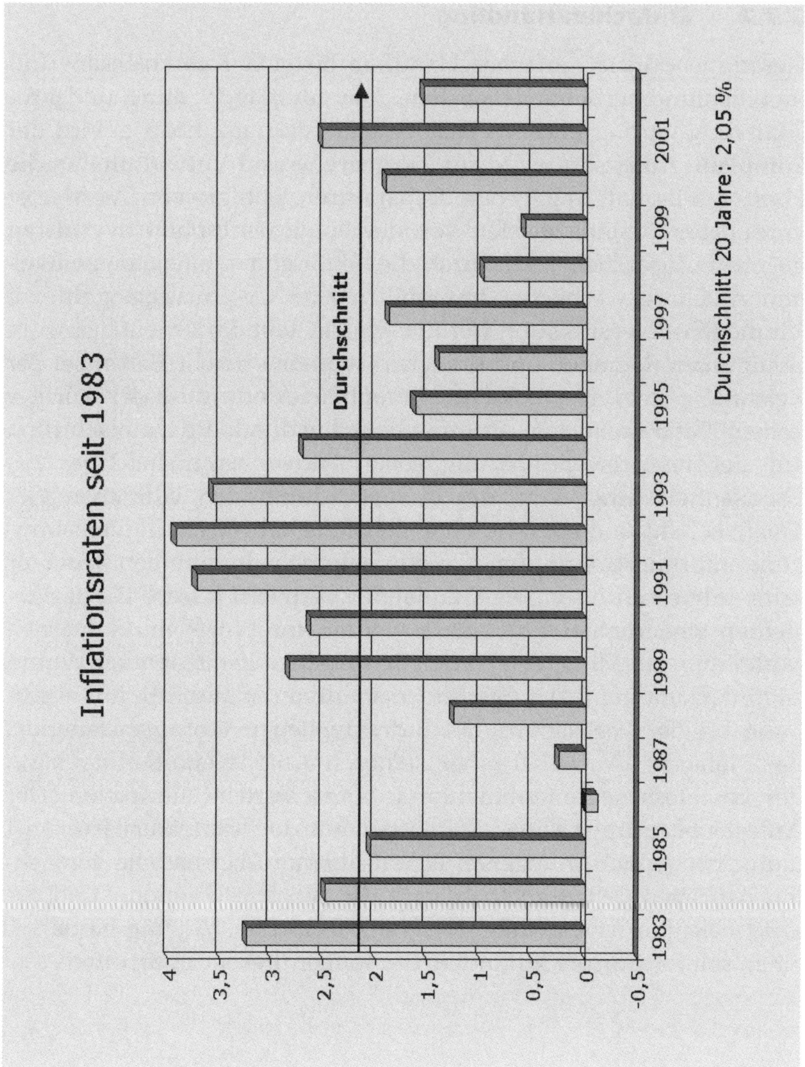

Abb. 14: Inflationsraten seit 1983

2.7.7 Einfaches Handling

Gerade in puncto einfaches Handling bietet der geschlossene Immobilienfonds erhebliche Vorteile. Die gesamte Planung und Projektierung wird erfahrenen Fachleuten anvertraut. Ebenso wird der komplette Arbeitsaufwand für Vermietung und Verwaltung an die Fondsgesellschaft abgegeben. Reparaturen, falls sie vom Vermieter vorzunehmen sind, werden von der Fondsgesellschaft in Auftrag gegeben. Zusätzlich wird durch die Beimischung eines angemessenen Anteils gewerblicher Immobilien zum Gesamtvermögen eine Vermögensdiversifikation mit der Möglichkeit der Orientierung an bestimmten Regionen und Branchen bequem erreicht. Selbst bei der Zeichnung eines geschlossenen Immobilienfonds muss der Anleger keinen Notar aufsuchen. Er muss lediglich durch die Unterschriften auf der Beitrittsvereinbarung seine Anteile zeichnen. Über die Fondsentwicklung wird der Anleger durch den jährlichen Geschäftsbericht und die jährlich abgehaltene Gesellschafterversammlung informiert. Auf den Gesellschafterversammlungen kann er seine Interessen über den Treuhänder vertreten lassen. Die festgestellten steuerlichen Ergebnisse werden im Wege einer internen Mitteilung (4a-Mitteilung) vom Betriebsfinanzamt an das Wohnsitzfinanzamt gemeldet. Sie finden somit automatisch Berücksichtigung bei der Festsetzung der individuellen Einkommensteuerlast des Anlegers. Auch bei einer späteren Anteilsveräußerung kann der geschlossene Immobilienfonds seine Vorteile ausspielen. Der Anleger beauftragt seinen Vermittler mit der Käufersuche und ist damit von jeglichem eigenen Arbeitsaufwand befreit. Die gemachten Aussagen gelten entsprechend für den Objektverkauf und die anschließende Abwicklung der Fondsauflösung. Wichtig ist daher, einen soliden Partner zu finden, der sauber und seriös arbeitet!

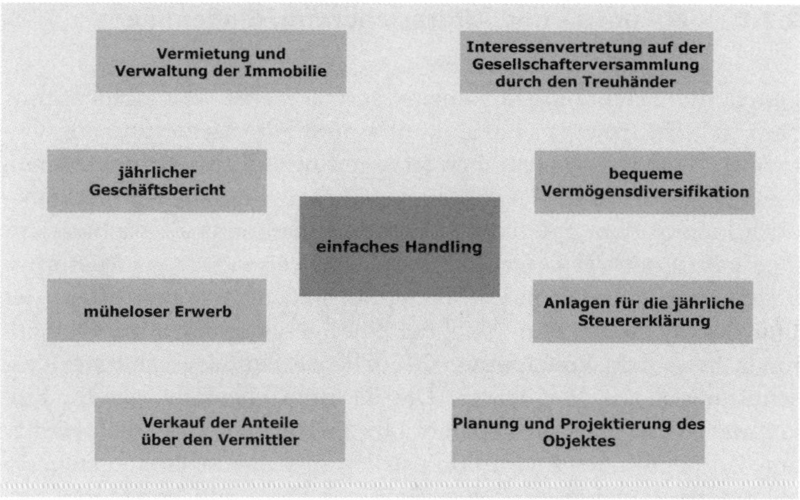

Abb. 15: Vorteile einer geschlossenen Immobilienfondsbeteiligung in puncto einfaches Handling

2.7.8 Finanzierbarkeit

Der Anleger hat grundsätzlich die Möglichkeit, seine Anteile an einem geschlossenen Immobilienfonds teilweise über Kredit zu finanzieren. Je höher jedoch der Fremdkapitalanteil ist, desto stärker steigt auch das Risiko. Darüber hinaus reduziert sich sein Eigenkapitaleinsatz um die aus der Zeichnung resultierenden Steuerrückerstattungen. Im Endeffekt wird für den Anleger nur geringes Eigenkapital gebunden. Zu beachten sind hierbei allerdings stets das Vorliegen und die steuerliche Annahme der Gewinnerzielungsabsicht sowie die Höchstgrenzen bei modellhaften Finanzierungen, die § 2b EstG vorgibt.

2.7.9 Zukunfts- und Alterssicherung/Einkommensverlagerung

Durch die Beteiligung an einem geschlossenen Immobilienfonds baut sich ein Anleger eine Zukunfts- und Alterssicherung auf. Gerade in Zeiten unsicherer Erwartungen bezüglich der gesetzlichen Rentenvorsorge und der außerordentlichen Verluste im Aktienbereich kommt dem geschlossenen Immobilienfonds als Sachwertanlage mit in der Vergangenheit vergleichsweise geringen Mietpreisvolatilitäten eine besondere Bedeutung zu. Durch den Effekt der Indexierung stehen dem Zeichner eines geschlossenen Immobilienfonds bei solide konzipierten Modellen inflationsgeschützte Ausschüttungen zur Verfügung. Die dadurch ebenfalls erzielte Einkommensverlagerung in spätere Jahre wirkt sich zusätzlich positiv aus. Zu Beginn der Investition werden über die negativen steuerlichen Anlaufergebnisse Steuern in einer Phase mit hoher Einkommensteuerprogression gespart. In späteren Jahren, die unter Umständen durch eine niedrigere Einkommensteuerprogression gekennzeichnet sind, werden die bei prospektgemäßem Verlauf höheren Ausschüttungssätze ausgezahlt.

2.8 Risiken des geschlossenen Immobilienfondskonzeptes für den Anleger

Die Anlage in einen geschlossenen Immobilienfonds ist jedoch nicht ohne Risiken. Es ist nicht auszuschließen, dass die Entwicklung nicht nach Plan läuft. So können z.B. rechtliche, wirtschaftliche oder steuerliche Umstände eintreten, die die Ergebnisse negativ beeinflussen. Solche Entwicklungen können zur Verschlechterung künftiger Erträge wie auch zu Vermögensverlusten führen. Ebenso besteht aber auch die Chance, ein Ergebnis oberhalb der Prognoserechnung zu erzielen. Abbildung 16 zeigt verschiedene Aspekte, die bei Fondsbeteiligungen Risikoquellen darstellen können und auf die genauestens geachtet werden sollte.

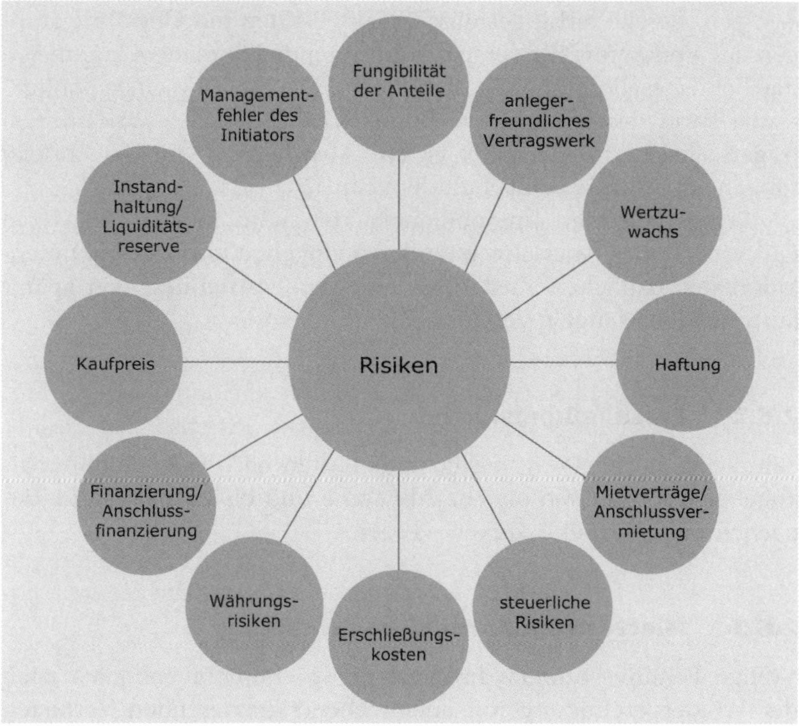

Abb. 16: Risiken einer Beteiligung an einem geschlossenen Immobilienfonds

2.8.1 Kaufpreis/Bezugsfertigstellung

Der Kaufpreis muss als Festpreis vereinbart sein. Dies schließt unerwartete Baukostensteigerungen bei noch nicht fertig gestellten Objekten aus. Bei Nichteinhaltung des Bezugsfertigkeitstermins ist mit dem Verkäufer eine dem Mietausfall entsprechende Vertragsstrafe zu vereinbaren. Außerdem muss unbedingt eine Minderung des Festpreises in Verbindung mit einer Flächenminderung vereinbart sein. Die Kaufpreisminderung zugunsten der Fondsgesellschaft hat dann im entsprechenden prozentualen Verhältnis zu erfolgen. Bereits fertig gestellte Objekte sollten mit Gewährleistungen des Verkäufers für verspätet auftretende Baumängel zugunsten der Fondsgesellschaft ausgestattet sein. Die Stellung einer Bankgarantie kann das entstehende Bonitätsrisiko des Gewährleistungsträgers absichern. Alternativ ist zur Absicherung von Gewährleistungen ein Kaufpreiseinbehalt denkbar.

Bei gebrauchten Immobilienobjekten wird in aller Regel ein Gutachten eines Bausachverständigen eingeholt und zur Dokumentation des baulichen Zustandes und zur Feststellung von später auftretenden Mängeln verwendet.

2.8.2 Erschließungskosten

Sämtliche Erschließungskosten und Lasten nach dem Kommunalabgabengesetz sollten bis zur Abnahme und bis zu zwei Jahre danach vom Verkäufer getragen werden.

2.8.3 Mietverträge/Anschlussvermietung

Völlige Fehlinvestitionen im Verlauf des Immobilienbooms nach der Wiedervereinigung mit entsprechend gravierenden Verlusten durch nicht marktgängige Immobilieninvestitionen haben den Blick für die früher vielfach zu lax gehandhabte Frage der Vermietung geschärft. Aus heutiger Sicht sollte kein Objekt in den Vertrieb gehen, das nicht voll oder nahezu voll vermietet ist. Selbstverständlich ist auf die Mieterbonität und die Fristigkeit der Mietvertragsabläufe großer Wert zu legen. Die bis vor einigen Jahren gängige Praxis, unvermietete Objekte mit mehrjährigen Mietgarantien an den Markt zu bringen, kann nach Betrachtung der entsprechenden Objekte hinsichtlich der Vermietungssituation nach Ablauf der Mietgarantie als gescheitert betrachtet werden. Der verantwortlich handelnde Berater legt vielmehr sein Hauptaugenmerk auf die vorzufindende Mieterstruktur im Objekt und die Marktgängkeit der Immobilie hinsichtlich Lage, Ausstattung, Infrastruktur im Objektumfeld. Mitgelieferte Mietgarantien können diese Kriterien auch bei überragender Qualität des Garantiegebers nicht aufwiegen.

Bereits abgeschlossene Mietverträge sollten eine Mindestlaufzeit von fünf bis zehn Jahren aufweisen. Bei größeren Fondsobjekten ist eine teilweise Vermietung auf nur fünf Jahre vorteilhaft. Die Mietverträge mit fünfjähriger Laufzeit und kürzer sollten aber 20 Prozent der insgesamt vermieteten Fläche nicht übersteigen. Dies hat den Vorteil, dass schnell wachsende Mieter durch gestiegenen Flächenbedarf nicht aus dem Objekt ausziehen müssen. Dadurch entfällt die durch einen Auszug notwendig werdende Nachmietersuche. Es werden Mietausfälle und Kosten für die Nachmietersuche vermieden.

Objekte mit nur einem oder wenigen Großmietern, die oftmals speziell auf deren Bedürfnisse maßgeschneidert werden, sind besonders problematisch. Fällt einer der Hauptmieter aus, so ist unter Umständen das Objekt nur schwer an einen anderen zu vermieten. Dies kann mit einem langen Leerstand und/oder niedrigen Mieterträgen verbunden sein. Die Folge wäre eine Verschlechterung der Rentabilität. Einkaufszentren und im Besonderen SB-Märkte, Hotels sowie Seniorenresidenzen sind von dieser Problematik betroffen. Hier sind deshalb Mietverträge über 20 Jahre in Verbindung mit besonders solventen Mietern bzw. Betreibern sehr wichtig.

2.8.4 Wertzuwachs

Von maßgeblicher Bedeutung für den Marktwert von Gewerbeimmobilien sind ihr Standort, ihre Ertragskraft sowie die vorhandene Flexibilität der Nutzungsmöglichkeiten und die Attraktivität der Gebäude durch gewissenhafte Werterhaltung. Die gute Lage einer Fondsimmobilie, die solide und gehobene Bausubstanz, der aus heutiger Sicht marktgerechte Mietansatz und höhere Inflationsraten können andererseits aber auch zu höheren Anschlussmieten und damit verbundenen höheren Verkaufserlösen führen.

2.8.5 Instandhaltung/Liquiditätsreserve

Durch unvorhersehbare Ereignisse können auch bei Neubauten außerordentliche Reparaturaufwendungen entstehen. Diese können die dafür gebildeten Rücklagen sowie ein angesammeltes Liquiditätspolster übersteigen. Dadurch würde eine Fremdmittelaufnahme notwendig, die wiederum die Rentabilität des Fonds schmälert. Durch angemessene Gewährleistungsfristen kann dieses Risiko etwas verringert werden. Wartungsverträge, die die Funktionsfähigkeit durch regelmäßige Überprüfungen sichern, tragen durch ein rechtzeitiges Erkennen etwaiger Mängel zu einer Verringerung der Reparaturkosten bei. Rücklagen für Instandhaltung und Erneuerung sollten den branchenüblichen Erfahrungswerten entsprechen. Eine ausreichende Liquiditätsreserve kann bei unvorhergesehenen Reparaturen eine Nichteinhaltung der prognostizierten Ausschüttungen unter Umständen verhindern. Außerdem muss bereits für in der Zukunft eventuell auftretende Revitalisierungskosten eine entsprechende Vorsorge getroffen werden. Revitalisierungskosten sind Aufwendungen, die aufgrund von geänderten architektonischen Anforderungen an die Objekte vonseiten der Mieter entstehen. Diese können beispielsweise durch eine Veränderung im Verbraucherverhalten sowie durch neue technische Anforderungen verursacht sein. So ist beispielsweise für den zukünftigen und dauerhaften Erfolg und Wertzuwachs etwa einer Büroimmobilie nicht nur die Berücksichtigung der aktuell am Markt vorherrschenden Wünsche und Ansprüche erforderlich, vielmehr ist auch den Entwicklungen in der Zukunft Rechnung zu tragen. Ein in der Peripherie gelegenes Bürozentrum ist demzufolge anders zu planen als ein im Stadtkern angesiedeltes Objekt. Die gesamte Arbeitswelt wird aufgrund der sich stetig beschleunigenden Entwicklungen bei Betriebsorganisationen und sonstigen Abläufen immer komplexer. Daher ist in sehr vielen Fällen letztlich nicht der reine Quadratmeterpreis ausschlaggebend, sondern vielmehr die effektive Nutzbarkeit und Wirtschaftlichkeit.

Die Immobilie stellt einen Produktionsfaktor dar. Bei der Erstellung einer Büroimmobilie sind daher folgende Punkte abzuwägen:
- wirtschaftliche Raumstandards,
- anpassungsfähige Büroraumstruktur,
- abgegrenzte Mieteinheiten,
- evtl. Abtrennbarkeit.

Um bei dem Beispiel der Büroimmobilie zu bleiben: Unerlässlich sind also eine große räumliche Vielfalt sowie variable Nutzungsmöglichkeiten. Ebenso ist auch die ökonomische Verantwortung in der Architektur und Bauweise zu berücksichtigen, so z.B. im Hinblick auf die verwendeten Materialien bzw. bei der Kalkulation des späteren Energiebedarfs. Der Erfolg einer Immobilie wird in Zukunft immer stärker von der Intelligenz und der Vorausschau ihres Konzeptes abhängen.

Um eine erfolgreiche Immobilie zu gewährleisten, ist auch ein qualifiziertes Gebäudemanagement erforderlich, das u.a. folgende Aufgaben wahrzunehmen hat:
- wirtschaftlich vorbeugende Instandhaltung,
- Planung und Durchführung von notwendigen Ersatzinvestitionen und Standardverbesserungen,
- Durchführung und Überwachung der Wartungs- und Inspektionsarbeiten an der Gebäudesubstanz.

Angemessene und ausreichende Rückstellungen für Instandhaltung tragen stets zu einer seriösen und realistischen Rentabilitätsberechnung bei der Fondsgesellschaft bei. Keinesfalls sollte die eingeworbene Liquiditätsreserve zur Aufrechterhaltung einer nicht durch den Gebäudebetrieb erzielten Ausschüttung dienen, sondern der Reservecharakter im Vordergrund stehen.

2.8.6 Finanzierung/Anschlussfinanzierung

Fondskonstruktionen, die eine Finanzierung beinhalten, setzen eine möglichst langfristige Zinsbindung dieser Fremdmittel voraus. Hier sind Zinsbindungen von mindestens zehn Jahren ratsam. Bei einer Restschuld nach dem Ablauf der Zinsbindung muss die Anschlussfinanzierung zu einem realistischen Zinssatz kalkuliert sein. Ein kalkulierter Zinssatz von unter 7,5 Prozent ist unter Umständen nicht durchsetzbar, wodurch die gesamte Prognoserechnung in Gefahr geraten könnte. Ein Maximum an Sicherheit ist für den Anleger bei Fondskonstruktionen, die aus reinem Eigenkapital gespeist werden, gegeben. Je höher der Finanzierungsanteil ist, desto höher gestaltet sich der Leverage-Effekt und damit das Risiko. Die nicht für Zinsen verbrauchten Einnahmen können wiederum zur Erhöhung der Ausschüttung bzw. zur Fremdmitteltilgung verwendet werden. Der dadurch entstehende Hebeleffekt darf vor allem in Niedrigzinsphasen und bei kurzer Festzinsbindung des Fremdmittelblocks nicht zu der Auffassung der Konzeptionäre führen, sich hieraus Wettbewerbsvorteile durch optisch hohe Ausschüttungen zu verschaffen. Der hier beschriebene Effekt erfährt in letzter Zeit noch durch die Tatsache eine weitere Steigerung, dass nicht einnahmekongruente Fremdwährungen als Kreditwährung ausgewählt werden.

2.8.7 Fungibilität der Anteile

Wie bei jeder Immobilieninvestition ist auch bei geschlossenen Immobilienfonds die Fungibilität der Anteile nur begrenzt gewährleistet. Es müssen wie bei einer Direktimmobilie ein oder unter Umständen mehrere Käufer für die Anteile gefunden werden. Die Veräußerung von Direktimmobilien wird in der Regel über Immobilienmakler abgewickelt. Hierfür ist von der Verkaufsentscheidung bis zum Geldeingang ein Zeitraum von mehreren Monaten üblich. Auch bei Anteilen an geschlossenen Immobilienfonds ist eine angemessene Zeitspanne bis zum Verkaufsabschluss einzukalkulieren. Bei gut performenden Fondsobjekten ist in der Regel eine gewisse Nachfrage für Zweitmarktanteile gegeben. Die Kaufinteressenten werden von der Fondsgesellschaft vorgemerkt und kommen bei entsprechendem Angebot zum Zuge. Zur Aufrechterhaltung eines Zweitmarktes ist meist nur ein großer Fondsanbieter mit starken Partnern in der Lage. Ist für ein gutes Fondsobjekt dann auch eine gute Zweitmarktpflege gegeben, dann kann ein Verkauf von Fondsanteilen in der Regel schneller als ein entsprechender Verkauf einer Direktimmobilie abgewickelt werden. Zusätzliche Zeit- und Geldvorteile im Verkauf von Anteilen erreicht der Anleger durch den Eintrag von Kommanditanteilen in das Handelsregister über einen Treuhänder. Hierbei können über eine interne Umschreibung Notar- und Eintragungskosten gespart werden.

2.8.8 Finanzierung in Fremdwährung

Noch vor nicht allzu langer Zeit war die wichtigste Kennzahl eines geschlossenen Immobilienfonds die Verlustzuweisung. Nach dem Auslaufen der Sonderabschreibung ist allerdings auf Platz eins der Bewertungsskala die Ausschüttung vorgerückt. Der Wettbewerb ist dadurch noch härter geworden. Besonders seit die ausländischen Fonds - von jeher schon stärker ertragsorientiert als ihre deutschen Pendants - in der Anlegergunst enorm gestiegen sind. Das bringt die Initiatoren von Deutschlandfonds in Zugzwang - liegen doch die Ausschüttungen meist nur bei fünf bis sechs Prozent. Auslandsfonds dagegen locken mit Sätzen, die bereits bei sieben Prozent und mehr im Anfangsjahr liegen.

Was also tun, um innerdeutsche Immobilienanlagen wieder attraktiv zu machen? Da ist guter Rat teuer. Und so scheut manch Initiator auch nicht den Griff in die Trickkiste. Besonders beliebt ist derzeit die Darlehensaufnahme in Fremdwährungen. Muss Herr Meier in Deutschland für zehnjährige Zinsfestschreibungen rund 5,0 Prozent Darlehenszinsen zahlen, freuen sich Herr Hügli und Herr Ito über deutlich günstigere Konditionen in ihren Heimatländern. So liegt in Japan der Zinssatz für ein Darlehen mit einer Lauf zeit von zehn Jahren bei gerade mal zwei Prozent. In Deutschland darf man mehr als das Doppelte hinlegen. Auch den Eidgenossen entlocken deutsche Zinssätze nur ein müdes Lächeln: Bei ihnen sind Kredite rund eineinhalb Prozentpunkte günstiger zu haben.

Kein Wunder also, dass viele Initiatoren günstige Fremdwährungsdarlehen als den Weg aus ihrer Renditezwickmühle sehen. Die eingesparten Gelder aus dem Zinsvorteil werden in die Ausschüttungen gerechnet. So finanztechnisch geschönt, blenden diese Fonds viele Anleger durch eine Traumrendite. Doch dabei übersieht der Zeichner häufig das Währungsrisiko. Kursschwankungen können sich positiv, aber auch negativ auswirken. Steigt der Fremdwährungskurs, gehen im gleichen Maße die Schulden in die Höhe. Zwar bilden seriöse Anbieter Rückstellungen, um das Risiko abzufedern, doch aus Anlegersicht bleibt die Sache kritisch. So manch eher unerfahrene Anleger sieht nur die hohen Ausschüttungen und übersieht dabei nur allzu gerne die unter ferner liefen stehenden Risikohinweise für Fremdwährungskredite. Nur selten wird darauf an prominenter Stelle hingewiesen. Im Gegenteil, viele Initiatoren preisen gerade diese Finanzkonstruktion als besonderen Vorteil für ihre Kunden. Sie „vergessen" aber den Hinweis: nur bei positiver Kursentwicklung, das heißt fallenden Währungskursen. Aufgrund der enormen Schwankungsbreite der japanischen Währung ist diese Finanzierung bisher eher ein Einzelfall. Sehr häufig wird das gleiche Spiel aber mit unseren Schweizer Nachbarn durchgeführt. Dort ist das Zinsniveau zwar etwas höher als im Land der aufgehenden Sonne, doch auch damit lässt sich recht erfolgreich die Ausschüttung anheben. Spielt man dazu noch mit Tilgungsaussetzung und Ausschüttungen aus der Liquiditätsreserve, ist ein renditehungriger Anleger schnell geködert.

Auf den Punkt gebracht:

- Zinsvorteile aus einer Fremdwährungsfinanzierung dürfen nicht zur Subventionierung der Ausschüttung benutzt werden.
- Für jedes Risiko bildet ein vorsichtiger Kaufmann eine Rückstellung. Auch für ein Währungsrisiko muss deshalb in die Prognoserechnung eine entsprechende Rücklage gebildet werden.
- Die Höhe des Fremdwährungskredites muss angemessen sein, damit bei einer ungünstigen Kursentwicklung nicht die Beleihungswerte überschritten werden. In diesem Fall würde ansonsten die Zwangsverwertung drohen.
- Die Auswirkungen einer ungünstigen Kursentwicklung müssen dem Anleger deutlich aufgezeigt werden.

2.8.9 Haftung

Bis zur Eintragung in das Handelsregister haften die Kommanditisten für die zwischenzeitlich vorgenommenen Geschäfte der Gesellschaft grundsätzlich unbegrenzt. Es sollte in einem solchen Fall eine Haftungsfreistellung durch die Initiatorengesellschaft vereinbart sein. Nach Zahlung der Einlage ist das maximale Haftungsrisiko auf diese beschränkt. Darüber hinausreichende Nachschüsse für Verluste der Gesellschaft sind ausgeschlossen. Dies gilt allerdings nicht immer für erhaltene Ausschüttungen. Denn während der Verlustphase erhaltene Ausschüttungen stehen Rückzahlungen der Gesellschaftseinlage an die Kommanditisten gleich. Damit gilt die Einlage als nicht voll geleistet. Es kann deshalb ohne entsprechende Vorkehrungen zu einem beschränkten Wiederaufleben der Haftung nach § 172 Abs. 4 HGB kommen.

2.8.10 Steuerliche Risiken

Es gibt keine Gewähr dafür, dass die derzeit geltenden Steuergesetze und -richtlinien unverändert fortbestehen. Änderungen können sich auch durch die Rechtsprechung der Finanzgerichte sowie Verwaltungsanweisungen und -erlasse an die Finanzämter ergeben. Die Finanzverwaltung kann zu den einzelnen Sachverhalten eine andere Auffassung vertreten als die Initiatorengesellschaft. Ein vorliegendes steuerliches Gutachten kann dem Anleger eine höhere Sicherheit in Bezug auf die steuerliche Anerkennung der Konstruktion geben. Die steuerfreien Wertzuwächse von Immobilien nach der zehnjährigen Spekulationsfrist können zukünftig ganz oder teilweise steuerpflichtig werden. Im Falle einer steuerlichen Neubewertung des Grundvermögens können die zurzeit bestehenden Vorteile bei der Erbschaft- und Schenkungsteuer vermindert werden oder sogar entfallen. Darüber hinaus könnte sich durch eine Veränderung der Abschreibungssätze eine Verschiebung der steuerlichen Ergebnisse von der Investitionsphase (negative steuerliche Anlaufergebnisse) in den Bereich der Betriebsphase als nunmehr höherer steuerfreier Ausschüttungsanteil ergeben.

2.9 Vorteile des geschlossenen Immobilienfondskonzeptes für den Vermittler

Mittlerweile gehört das geschlossene Immobilienfondsgeschäft zu den elementaren Produkten einer modernen kundenorientierten Bank. Eine Abgrenzung von Wettbewerbern aus der freien Finanzdienstleistungsbranche und anderen Banken ist somit allein durch das Vorhalten dieser Produktart nicht mehr möglich. Der Imagezugewinn für die vermittelnde Bank und den beratenden Mitarbeiter entsteht erst dann, wenn dem Kunden durch die Beratung in ihrer Gesamtheit der Eindruck vermittelt werden kann, dass keine ausschließlich hauseigenen Produkte verkauft werden müssen, sondern ein breit gefächertes Reservoir an Anlagemöglichkeiten aus dem geschlossenen Bereich angeboten werden kann. Aus Beratersicht ist es natürlich erforderlich, dass er/sie in der Lage ist, die konzeptionellen Linien eines Produktes zu überblicken und sicher zu handhaben. Dies erfordert bei dem Umfang der Konzepte und deren Facettenreichtum ein weit über die Anforderungen anderer Produkte hinausgehendes Engagement des Beraters. Erst wenn diese Grundanforderungen ernsthaft praktiziert und offensiv gelebt werden können, ergeben sich die erwünschte langfristige Kundenbindung und die entsprechenden Folgegeschäfte, die dann einen vergleichsweise bescheidenen Aufwand nötig machen.

Durch das Anbieten von geschlossenen Immobilienfonds wird der Konkurrenz das Abwerben von Kunden wegen der durch die langen Laufzeiten entsprechend langfristigen Kundenbindung erschwert. Besonders anfällig für ein Beratungsgespräch mit einem Konkurrenzberater über das hervorragende „Türöffnerprodukt" geschlossener Immobilienfonds sind Kunden, denen durch das Hausinstitut bisher kein derartiges Modell bedarfsorientiert angeboten wurde.

Durch den geschlossenen Immobilienfonds kann aber nicht nur der Konkurrenz ein Abwerben erschwert werden. Es können damit Nebenkundenverbindungen ausgebaut werden. Vor allem zur Neukundenakquisition eignet sich der geschlossene Immobilienfonds hervorragend. Hierzu sind allerdings der Aufbau und das Vorhalten eines sehr hohen Wissens über diese Produktart im Allgemeinen und auch über die von konkurrierenden Finanzdienstleistern und Banken angebotenen Produkte nötig. Nicht zuletzt muss bei der Fremd- bzw. Nebenkundenakquise die angebotene Produktpalette sehr breit gefächert sein und ein herausragendes konzeptionelles Niveau bieten.

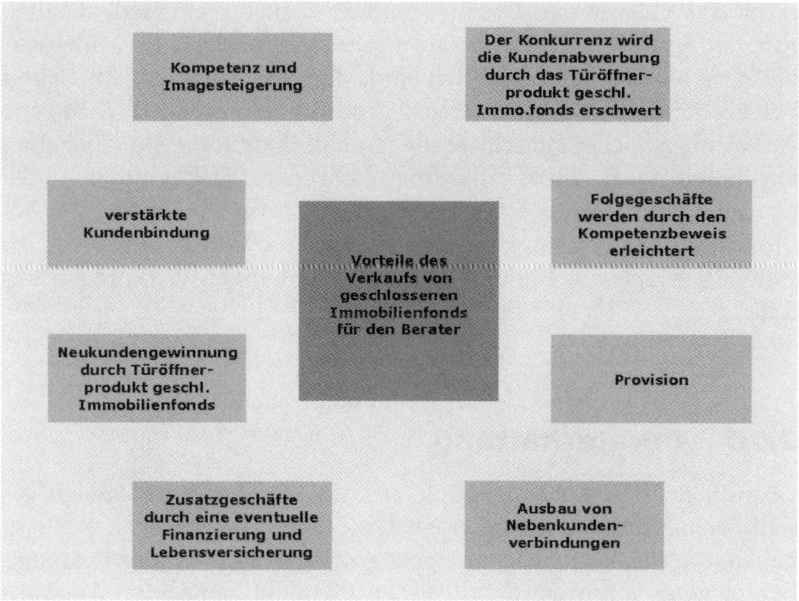

Abb. 17: Vorteile des Vertriebs von geschlossenen Immobilienfonds für den Berater

Die Provision, die der Vermittler von geschlossenen Immobilienfonds für den Verkauf zugunsten seines Instituts und in leider immer weniger Fällen für sich selbst erhält, stellt einen weiteren Vorteil für ihn dar. Mit dem Verkauf von geschlossenen Immobilienfonds einhergehende Zusatzgeschäfte bedeuten ein weiteres Plus. Meist wird ein Teil des in den Fonds einzuzahlenden Betrages über das Institut finanziert. Auch die unter Umständen zur Rückzahlung des tilgungsfrei gestellten Darlehens mitverkaufte Lebensversicherung oder die Rentenversicherung stellen Ertragsfaktoren für das vermittelnde Institut dar. Nicht außer Acht gelassen werden darf die laufende Wiederanlage der Ausschüttungen mit den immer wiederkehrenden Gesprächsanlässen für weiteres Cross Selling. All diese Vorteile summieren sich zu einem wahren Angebotsmuss für jedes Institut. Der geschlossene Immobilienfonds sollte dem gut verdienenden Kundenkreis nicht vorenthalten werden, um sich nicht der Gefahr der Unzufriedenheit dieser recht bedeutsamen Klientel auszusetzen. Die Erfahrungen zeigen, dass die Mitbewerber dankbar für jeden Kunden sind, dem aus irgendeinem Grund bei vorhandenem Bedarf dieses Produkt vorenthalten wird. Die Auswahl, welcher geschlossene Immobilienfonds im Einzelfall angeboten wird, muss allerdings sehr sorgfältig vorgenommen werden. Der Verkauf eines Fonds, der nicht geeignet ist, den Bedürfnissen des Anlegers gerecht zu werden, würde langfristig zu Problemen mit den Kunden und zu gegenteiligen Wirkungen führen.

2.10 Beraterhaftung

Grundlage und Ausgangspunkt für die Beratung im Bereich geschlossener Immobilienfonds ist der Zeichnungsprospekt. Für Angaben, die im Zeichnungsprospekt enthalten sind, ist der Prospektherausgeber verantwortlich. Alle im Prospekt gemachten Angaben müssen die bei Prospektherausgabe maßgeblichen rechtlichen und wirtschaftlichen Verhältnisse und die zu diesem Zeitpunkt gültigen gesetzlichen Vorschriften und Verwaltungsrichtlinien berücksichtigen. Mit dem In-Kraft-Treten des Wertpapier-Verkaufsprospektgesetzes verlor die bisherige Verjährungsfrist von 30 Jahren ihre Gültigkeit. § 13 Abs. 1 des Wertpapier-Verkaufprospektgesetzes regelt die Anwendung des § 47 Börsengesetz, wonach der Anspruch des Zeichners wegen Unrichtigkeit oder Unvollständigkeit der Angaben des Prospekts spätestens nach drei Jahren seit seiner Veröffentlichung verjährt. Die geschilderten Regelungen des originär auf das Wertpapiergeschäft bezogenen Vorschriften gelten auch für das geschlossene Fondsgeschäft. Der Prospektherausgeber haftet dagegen nicht für Abweichungen aufgrund Änderungen gesetzlicher Grundlagen und künftiger Entwicklungen.

Bei Eintreten eines Haftungsfalls bestimmt sich der Haftungsumfang danach, ob im Rahmen des Fondsverkaufs eine bloße Anlagevermittlung oder eine mit weiterreichenden Pflichten verbundene Anlageberatung vorgelegen hatte. Der Übergang zwischen diesen terminologisch zweifellos sehr nahe beieinander liegenden Beraterdienstleistungen ist fließend. Die Erwartungshaltung an das Fachwissen eines reinen Anlagevermittlers ist zumeist eher gering. Vielmehr werden Auskünfte erwartet, die auch nach Kundenerkenntnis überwiegend werbenden und verkaufsfördernden Charakter annehmen. Der Erwartungshorizont des Anlegers an die unbedingte Tiefe der fachlichen Qualifikation des reinen Vermittlers ist daher - in der Regel auch zu Recht - niedrig. Rechtlich entsteht mit dem Vermittlungsgespräch ein Vertrag über die Erteilung von Auskünften. Der Vermittler hat dabei vollständige und zutreffende Informationen über die für den Anlageentschluss wesentlichen tatsächlichen Umstände bereitzustellen. Nicht erwartet wird hingegen die Be- und Auswertung der gelieferten Angaben.

Im Gegensatz zum reinen Vermittler gilt der Anlageberater für den Kapitalanleger, der nicht persönlich über hinreichende wirtschaftliche Kenntnisse und Informationen verfügt, als unabhängige und individuelle Beratungsinstanz. Vom Anlageberater werden neben der bloßen Bereitstellung von Sachverhaltsinformationen auch deren fachkundige Bewertung und Beurteilung - gegebenenfalls unter Berücksichtigung der persönlichen Verhältnisse des Investors - erwartet.

Gegenüber dem Berater geltend gemachte Schadenersatzansprüche können, sofern sie aus der Prospektverantwortung resultieren, durch entsprechende Regressansprüche gegenüber dem Prospektherausgeber abgesichert werden.

Um gegenüber dem Berater darüber hinausgehende Schadenersatzansprüche zu vermeiden, sollte eine Reihe von Grundregeln beachtet werden:

2.10.1 Anlegergerechte und objektbezogene Beratung

Unter einer anlegergerechten Beratung ist vorrangig eine durchwegs personenbezogene Beratung zu verstehen, in deren Rahmen ein auf die individuelle Situation abgestimmtes Beratungsgespräch zu führen ist. Hierbei ist die persönliche Vermögenssituation des Investors in ganz besonderem Maße einzubeziehen.

Die objektbezogene Beratung hat Hinweise auf die allgemeinen Risiken einer Anlage zu beinhalten. Dem Anleger müssen stets die konjunkturelle Abhängigkeit des Investitionserfolgs sowie die Abhängigkeit von der generellen Marktentwicklung deutlich vor Augen geführt werden. In gleicher Weise sind auch spezielle Risiken, wie z.B. Standort, Sachwert und Wirtschaftlichkeit, objektbezogen für den Anleger herauszuarbeiten. Wie bei allen Anlageverkaufsgesprächen erscheint es auch im Bereich geschlossener Immobilienfonds unerlässlich, dem Interessenten zu verdeutlichen, dass praktisch keine Kapitalanlage existiert, die gleichzeitig hohe Erträge und Wertzuwächse erzielt, dabei extrem sicher ist und aufgrund der Steuervorteile nahezu ohne effektiven Eigenkapitaleinsatz finanziert werden kann. In der Realität stellt jede Anlageentscheidung daher einen Kompromiss zwischen den genannten Parametern dar. Kurzum muss der potenzielle Anleger über alle relevanten Aspekte vor der zu treffenden Anlageentscheidung vollständig aufgeklärt sein.

Den Inhalt des Aufklärungsgesprächs kann der Berater auf den Dokumentationsbögen nach dem Wertpapierhandelsgesetz (WpHG) vornehmen. Einige Initiatoren haben eigene Dokumentationsbögen entwickelt, die in aller Regel vom Kunden zu unterschreiben sind. In jedem Fall sollte auf eine Niederlegung des Verkaufsgesprächs und der anleger- und anlagegerechten Beratung auch ohne die nach dem WpHG nicht vorhandene Dokumentationspflicht bei geschlossenen Anlagen keinesfalls verzichtet werden. Ergangene Gerichtsurteile legen die gleichen Anforderungen an die Beratung bei geschlossenen Fondsprodukten an, die auch das WpHG erfordert.

2.10.2 Prospektprüfung durch den Vermittler

Bevor ein geschlossener Immobilienfonds in den Vertrieb aufgenommen wird, muss dieser eingehend geprüft werden. Bei dieser Plausibilitätsprüfung muss der Vermittler die Schlüssigkeit der Prospektangaben überprüfen. Nur ein geschlossener Immobilienfonds mit entsprechender Qualität und einleuchtenden Prospektangaben darf in den Vertrieb mit aufgenommen werden. Hierdurch werden Regressansprüche von Kunden weitestgehend vermieden. Eine anschließend ausgesprochene Empfehlung für einen bestimmten geschlossenen Immobilienfonds wiegt im rechtlichen Sinn als qualifizierter Rat. Von ungeprüften oder als nicht ordnungsmäßig befundenen Fonds darf nicht einmal ein Prospekt an den Kunden weitergegeben werden. Allein diese Prospektweitergabe könnte ungünstigstenfalls bereits als Empfehlung gewertet werden.

2.10.3 Qualität der Beratung

Die Beraterhaftung erstreckt sich auf die Vollständigkeit und Richtigkeit der erforderlichen Angaben sowie auf deren sorgfältige Auswertung. Keine Haftung besteht hingegen dafür, dass sich eine Anlageempfehlung nachträglich als falsch herausgestellt hat. Insoweit kann der Anleger das grundsätzliche Anlagerisiko nicht abgeben. Im Sinne einer weitgehenden Informationspflicht ist dem Kunden die Bedeutung einzelner Fakten so weit zu erläutern, dass dieser in die Lage versetzt wird, seine Anlageentscheidung selbstständig treffen und das Anlagerisiko objektiv richtig beurteilen zu können.

Stellt der Berater den infrage kommenden Fonds als sicher dar, obwohl sein Informationsstand nicht ausreicht, verletzt er seine Aufklärungspflicht. Der Berater muss über die zu erwartenden Kenntnisse verfügen oder offen legen, dass dies in ausreichendem Umfang gerade nicht der Fall ist. Ausgangspunkt für eine entsprechende Auskünfteerteilung an den Investoren ist für den Berater zunächst die Verschaffung exakter Daten über die Wirtschaftlichkeit des zu empfehlenden Objekts. Andernfalls ist auch hier dem Anleger zur Kenntnis zu bringen, dass gesicherte Informationen hierüber nicht beschafft wurden oder zu beschaffen waren. Eine erhöhte Sorgfaltspflicht trifft den Anlageberater, wenn er aufgrund seiner Berufserfahrung, seiner Sachkompetenz oder seiner langjährigen Zuverlässigkeit in besonderem Maße das persönliche Vertrauen des Anlageinteressenten genießt. Gerade in diesem Fall ist das Anstellen eigener Ermittlungen, Nachforschungen und Prüfungen - vor allem zur Kontrolle der von dritter Seite übernommenen Informationen - absolut unerlässlich.

2.10.4 Fremdprodukte

Eine Aussage zu Fremdprodukten darf durch den Berater nur dann abgegeben werden, wenn diese Aussage anhand der genauen Prospektkenntnis auch klar nachvollziehbar ist. Der Berater sollte sich im Regelfall darauf beschränken, nur das eigene Fondsangebot darzustellen. Eine Meinungsbildung und die daraus resultierende Entscheidung wird alleine vom Kunden vorgenommen. Die nicht stichhaltige oder allgemeine Wertung von Fremdprodukten könnte unter Umständen als Rufschädigung gewertet werden und würde potenzielle Käufer des eigenen Angebots eher abschrecken als überzeugen.

2.10.5 Zielgruppe

Kunden, denen ein geschlossener Immobilienfonds angeboten wird, sollten in die dafür vorgesehene Zielgruppe passen. Die Beteiligung an einem Fonds darf den Kunden nicht in einen Liquiditätsengpass treiben. Die Steuerprogression und das unter Umständen zu zeichnende Fondsvolumen müssen in einem ausgewogenen Verhältnis stehen. So darf es durch die Beteiligung an dem geschlossenen Immobilienfonds zu keiner Übergewichtung von Fonds im Gesamtvermögen des Kunden kommen.

2.10.6 Gewinnerzielungsabsicht

Die einem Kunden angebotene Finanzierung ist stets so auszugestalten, dass die Annahme der Gewinnerzielungsabsicht gewahrt bleibt. Bei bereits innenfinanzierten Fonds bedeutet dies, dass nur noch eine begrenzte zusätzliche Außenfinanzierung möglich ist. Im Zweifelsfall kann über ein in der Regel von der Fondsgesellschaft zur Verfügung gestelltes PC-Berechnungsprogramm eine individuelle Berechung auf den Totalgewinn durchgeführt werden. Sollte keine Gewinnerzielungsabsicht des Kunden zugrunde liegen, besteht das Risiko, dass das zuständige Finanzamt der gesamten Konstruktion die steuerliche Anerkennung versagt.

2.10.7 Berateraussagen

Der Berater ist von der Fondsgesellschaft nicht ermächtigt, über den Prospekt hinausgehende Aussagen zu treffen. Für Absprachen über den Prospekt hinaus haftet alleine der Berater.

2.10.8 Investitionszeitraum

Der bei Zeichnung eines geschlossenen Immobilienfonds vom Kunden zugrunde gelegte Anlagehorizont sollte grundsätzlich langfristig ausgerichtet sein. Dies vermeidet zum einen Abschläge beim Verkaufspreis, die durch einen zu frühen Verkaufszeitpunkt entstehen könnten. Zum Zweiten werden Probleme mit dem Finanzamt durch eine nachträgliche Aberkennung der Steuerrückvergütungen ausgeschlossen. Will ein Kunde bereits nach einigen Jahren aus der Beteiligung aussteigen, um rein von den erhaltenen Steuervorteilen zu profitieren, spätere teilweise steuerpflichtige Ausschüttungen aber vermeiden, so erkennt das Finanzamt die Überschusserzielungsabsicht nicht an. Folge wäre die nachträgliche Aberkennung der gewährten Steuervorteile.

2.10.9 Chancen und Risiken

Ein Kunde darf selbstverständlich auf die Chancen einer Beteiligung an dem geschlossenen Immobilienfonds hingewiesen werden. Die Risiken sind aber ebenfalls klar darzustellen. Sie dürfen nicht verharmlost oder sogar verschwiegen werden. Die Darstellung und die Dokumentation sollten wie unter Punkt 2.10.1 beschrieben erfolgen.

2.10.10 Finanzierung von Fremdfonds

Will ein Kunde einen bei einer fremden Gesellschaft gezeichneten geschlossenen Immobilienfonds finanzieren, dann kann bereits dies haftungsrechtliche Fragen aufwerfen. Wird der Antrag auf Finanzierung des geschlossenen Immobilienfonds genehmigt, dann könnte bereits dies als eine Anlageempfehlung gedeutet werden. Dies resultiert aus der Annahme einer eingehenden Prüfung des Fonds, die durch eine Akzeptierung als Kreditsicherheit erforderlich ist.

2.10.11 Abweichungen

Muss aufgrund massiven Kundenwunsches von einer oder mehreren Regeln abgewichen werden, dann wird eine genaue Dokumentierung erforderlich. Dieses Gesprächsprotokoll ist vom Kunden gesondert zu unterschreiben, damit bei eventuell später auftauchenden Problemen der Beweis einer Sensibilisierung bezüglich dieser Problematik erbracht werden kann. Im Übrigen wird auf die Ausführungen unter Punkt 2.10.1 verwiesen.

Die Problematik der Beraterhaftung wird durch die bereits in anderen Bereichen zugunsten der Kunden gesprochenen Urteile unterstrichen. Die Rechtsprechung urteilt im Zweifelsfalle in der Regel zu Gunsten des Schwächeren. Als der schwächere Partner wird von den Gerichten meist der Kunde gesehen. Die Risiken aus der Beraterhaftung sind durch Einhaltung der Regeln minimierbar.

2.10.12 Zusammenfassung der Beraterrisiken und Vorbeugungsmaßnahmen

Die vorgenannten Beraterrisiken lassen sich wie folgt zusammenfassen und durch geeignete Präventionsmaßnahmen weitgehend eindämmen:

- **Mangelnde Dokumentation von Informationen und Angaben des Fondsinitiators**
  Sämtliche Aussagen und Auskünfte der Initiatorengesellschaft sollten in schriftlicher Form vorliegen. Mündliche Stellungnahmen sollten tunlichst in Schriftform festgehalten und von der Fondsgesellschaft bestätigt werden. Wird eine derartige Bestätigung verweigert, sollte auf die undokumentierten Aussagen im Rahmen eines Beratungsgesprächs verzichtet und im Extremfall sogar der Produktanbieter gewechselt werden.
- **Fehlender oder erst später nachgereichter Verkaufsprospekt**
  Ein Fondsverkauf ohne Prospekt – z.B. unter Verwendung so genannter „Flyer" – sollte tunlichst unterlassen werden. Wie bereits dargestellt hat der Anlageberater Informationsdefizite, die seinerseits auszuräumen gewesen wären, haftungstechnisch zu vertreten. So wird sich z.B. vielfach die Beweisantretung problematisch gestalten, wann ein zunächst fehlender Verkaufsprospekt tatsächlich nachgereicht wurde. Das Meiden prospektlosen Fondserwerbs gilt selbstverständlich in gleichem Maße auch für den Kunden/Anleger.
- **Fehlende Dokumentation der Berateraussagen**
  Zur Ausräumung späterer Haftungs- und Regressproblematiken ist unbedingt eine lückenlose Dokumentation der Berateraussagen im Rahmen eines Beratungsgesprächs sowie der anschließenden Zeichnungsbetreuung anzuraten. Die gerichtsmäßige Beweisantretung wird durch einen sorgfältig und gewissenhaft geführten Kundenberatungsbogen regelmäßig stark erleichtert und vor allem mit einer gesteigerten Glaubwürdigkeit und Beweiskraft ausgestattet. Eine schriftliche Dokumentation des Beratungsgespräches wie unter 2.10.1 beschrieben wird dringend empfohlen.

- **Informationsdefizite und Verständnislücken**
  Der gewissenhafte Anlageberater sollte stets bemüht sein, nur solche Produkte an den Mann zu bringen, deren wirtschaftliche und rechtliche Wirkungsweise er auch selbst vollumfänglich verstanden hat. Definitive Aussagen in Spezialgebieten, in denen er sich selbst nicht 100-prozentig sattelfest fühlt (z.B. Gesellschaftsrecht, Steuerrecht), sollten vermieden werden, ebenso Aussagen über Konkurrenzofferten ohne vollständigen Informationseinblick. Das offene Eingeständnis gewisser Informationslücken gegenüber dem Investor ist in der Regel sowohl für den Berater wie auch für den Anleger mittel- und langfristig eher von Vorteil. Der Kunde bleibt durch die Vermeidung unfundierter Aussagen sehr häufig vor einem Schadensfall verschont, der Berater im Gegenzug vor einem Haftungsfall.
- **Vernachlässigte Teilnahme an Schulungsmaßnahmen**
  Zum Abbau von mit Informationsdefiziten verbundenen Haftungsrisiken ist eine regelmäßige Teilnahme an geeigneten Aus- und Fortbildungsmaßnahmen absolut unerlässlich. Das sich permanent beschleunigende Entwicklungstempo bei der Ausgestaltung und Konzipierung von geschlossenen Immobilienfonds (z.B. gesellschaftsrechtliche Konstruktion, Treuhandverhältnisse, Leasingfonds, ständige Änderungen in Steuergesetzgebung und -rechtsprechung) birgt ein erhebliches Risikopotenzial für den informationspflichtigen Berater. Diesem Risiko ist dauerhaft wirksam nur durch die gezielte Teilnahme an geeigneten Schulungsprogrammen beizukommen.

Der aufgestellte Gefahrenkatalog ist selbstverständlich nicht abschließend zu verstehen. Er trägt jedoch dazu bei, die für den Berater mit dem Vertrieb und der Vermittlung von geschlossenen Immobilienfonds einhergehenden Haftungsrisiken durch Beachtung der angeführten „Spielregeln“ wirkungsvoll auf ein akzeptables Minimum zu reduzieren.

2.11 Sonstiges Wissenswertes

2.11.1 Bauspargelder und Sparprämien

Darlehen aus Bausparverträgen können zur Finanzierung von Anteilen an geschlossenen Immobilienfonds in der Rechtsform der Kommanditgesellschaft nicht verwendet werden. Es handelt sich um Gesellschaftsrechte, die durch die Zeichnung eines Fonds erworben werden. Die Gewährung von Bauspardarlehen ist nur für direkte Immobilienfinanzierungen und zur Finanzierung von Anteilen an Gesellschaften bürgerlichen Rechts möglich. Fördermittel nach dem Vermögensbildungsgesetz scheiden für diese Anlageform aus.

2.11.2 Tafelgeschäft

Eine Aushändigung von effektiven Stücken im Tafelgeschäft ist bei einem geschlossenen Immobilienfonds nicht möglich. Von den Fondsgesellschaften vielfach ausgehändigte Papiere stellen nur ein Zertifikat, d.h. eine Art von Bestätigung über die Einlagenhöhe dar. Eine Weiterveräußerung durch Übergabe des Zertifikats ist nicht möglich. Außerdem ist der Name des Anlegers zum Zwecke der Zuordnung von Steuervorteilen notwendig. Eine namenlose Anlage ist deshalb nicht möglich.

3 Steuerliche Behandlung von Beteiligungen an geschlossenen Immobilienfonds

3.1 Einführung

Bei der Anlageentscheidung für eine Beteiligung an einem geschlossenen Immobilienfondsprojekt sollten grundsätzlich nicht allein steuerliche Überlegungen ausschlaggebend sein. Vielmehr ist bei der Auswahl des Investments großes Augenmerk auf die wirtschaftliche Güte, den Standort und die Lage des Beteiligungsobjektes zu legen. Durch die Wahl einer geeigneten Fondskonstruktion lassen sich jedoch neben den laufenden Ausschüttungen und möglichen Wertsteigerungen der erworbenen Fondsanteile anfänglich steuerliche Vergünstigungen realisieren. Im Unterschied zu Beteiligungen an offenen Immobilienfonds, deren laufende Ausschüttungen beim Anleger gem. § 2 Abs. I Nr. 5 i.V.m. § 20 EStG stets zu den Einkünften aus Kapitalvermögen rechnen, besteht die Hauptkonzeption des geschlossenen Immobilienfonds darin, dass die ihm zufließenden Miet-, Pacht- und sonstigen Einkünfte nicht auf der Ebene der Fondsgesellschaft, sondern beim Anleger aufgrund des steuerlichen Durchgriffs der KG-Konstruktion zu versteuern sind. Auf diesem Wege können dem Gesellschafter oder Treugeber (also dem Anleger) vor allem während der Bau- und Investitionsphase des Objekts negative steuerliche Anlaufergebnisse zugewiesen werden, die er im Zuge des horizontalen (innerhalb einer Einkunftsart) und vertikalen Verlustausgleichs (über alle Einkunftsarten hinweg) mit positiven Einkünften derselben bzw. anderer Einkunftsarten verrechnen kann. Seit dem 1.1.1999 erfuhr die Ausgleichsfähigkeit von negativen Anlaufergebnissen mit positiven Einkünften aus anderen Einkunftsarten – der soeben beschriebene vertikale Verlustausgleich – eine gravierende Einschränkung durch die Einführung des § 2 Abs. 3 EStG. In diesem Zusammenhang verweisen wir auf Punkt 3.2.1.5.

Im vorliegenden Kapitel sollen zunächst die einkommensteuerlichen Konsequenzen bestimmter Fondskonstruktions- und Gestaltungsmerkmale für den Anleger dargestellt werden. Im Anschluss erfolgt eine Betrachtung der Behandlung von Beteiligungen an geschlossenen Immobilienfonds in den bedeutendsten anderen Steuerarten.

3.2 Einkommensteuerliche Behandlung

Die Systematik der Einkommensteuer unterscheidet grundsätzlich zwischen laufenden Einkünften und Vermögensmehrungen, die dem Steuerpflichtigen aus der (außerordentlichen) Veräußerung von Wirtschaftsgütern zuwachsen. Die laufenden Einkünfte sind unter einer der sieben Einkunftsarten des § 2 Abs. I, Nr. 1–7 EStG zu erfassen. Die Ermittlung der Steuerbemessungsgrundlage, also des zu versteuernden Einkommens, erfolgt bei den Gewinneinkünften – namentlich Einkünften aus Land- und Forstwirtschaft, aus Gewerbebetrieb und aus selbstständiger Arbeit – i.d.R. durch Vermögensvergleich im Sinne der §§ 4 Abs. I, 5 EStG. Hierbei wird das Betriebsvermögen zum Ende eines Wirtschaftsjahres dem Vermögen zum Anfang dieses Wirtschaftsjahres gegenübergestellt. Eine um steuerfreie Einnahmen und nicht abzugsfähige Ausgaben sowie um Einlagen und Entnahmen korrigierte Vermögensmehrung stellt sodann die Grundlage der Einkommensbesteuerung dar. Im Rahmen der Überschusseinkünfte – im Einzelnen sind dies Einkünfte aus nichtselbstständiger Arbeit, aus Kapitalvermögen, aus Vermietung und Verpachtung sowie sonstige Einkünfte – wird das zu versteuernde Einkommen nach Maßgabe der §§ 8 ff. EStG als Überschuss der Einnahmen über die Werbungskosten ermittelt. Im Folgenden wird aufzuzeigen sein, in welchen Einkunftsarten Zuflüsse und realisierte Vermögensmehrungen aus Beteiligungen an geschlossenen Immobilienfonds anfallen können und mit welchen einkommensteuerlichen Konsequenzen dies verbunden ist.

3.2.1 Laufende Einkünfte

Bei der Behandlung der laufenden Einkünfte ist nach der Zuordnung der Einkünfte zu einer bestimmten Einkunftsart zu klären, welche Bestimmungsfaktoren im Rahmen der einheitlichen und gesonderten Gewinnfeststellung nach §§ 179 ff. AO maßgeblichen Einfluss auf die Höhe des jedem einzelnen Gesellschafter zugewiesenen Gewinn- bzw. Verlustanteils ausüben. Schließlich erfolgt eine Darstellung der einschlägigen Verlustausgleichsbeschränkung des § 15a EStG für beschränkt haftende Gesellschafter einer Personengesellschaft und deren sinngemäßer Anwendung auch auf die Gesellschafter einer GbR. Aus steuerlichem Blickwinkel handelt es sich bei Ausschüttungen um Entnahmen, die steuerneutral sind. Die Regelung des § 15a EStG besagt, dass Verluste in einer Einkunftsart nur dann mit anderen positiven Einkünften verrechenbar sind, soweit sie die eingezahlte Einlage bzw. eine gegebenenfalls darüber hinausgehende im Handelsregister eingetragene Hafteinlage des Kommanditisten nicht überschreiten. Der Ausgleich von Verlusten im Allgemeinen und von negativen steuerlichen Anlaufergebnissen im Besonderen ist damit durch die positive Höhe des Kapitalkontos begrenzt. Wird das Kapitalkonto durch Entnahmen negativ und stehen diesen Entnahmen keine mindestens gleich großen positiven steuerlichen Ergebnisse gegenüber, so hat der Kommanditist/Zeichner die Entnahme/Ausschüttung als Gewinn zu versteuern. Diese Regelung erlangt bei den heute gängigen Konstruktionen mit vergleichsweise geringen negativen steuerlichen Anlaufergebnissen im Bereich geschlossener inländischer Immobilienfonds keine praktische Bedeutung.

3.2.1.1 Einkünftequalifikation und -zurechnung

Gemäß § 2 Abs. I EStG erfolgt die Zurechnung der Einkünfte bei der natürlichen Person, die sie „erzielt". Diese Grundregel gilt auch dann, wenn sich – wie dies bei einem geschlossenen Immobilienfonds regelmäßig der Fall ist – mehrere Einzelpersonen zu einer Personenmehrheit zusammengeschlossen haben, um gemeinschaftlich Einkünfte zu erzielen.

Personengesellschaften sind nach gültiger Rechtsprechung partielles Steuersubjekt (so z.B. BFH-Urteile vom 25.6.1984 und 25.2.1991). Dies bedeutet, dass zunächst auf der Ebene der Personengesellschaft zu entscheiden ist, ob die Gesellschafter in ihrer gesamthänderischen Verbundenheit den Tatbestand der Erzielung einer bestimmten Einkunftsart realisieren. Im nächsten Schritt sind die so festgestellten positiven oder negativen Einkünfte auf die einzelnen Gesellschafter, d.h. die Anleger, zu verteilen.

Die Qualifikation der Einkünfte der einzelnen Gesellschafter wird also in erster Linie durch die Art der von der Personengesellschaft ausgeübten Tätigkeit determiniert. Im Rahmen der Beteiligung an einem geschlossenen Immobilienfonds kommen für den Anleger Einkünfte aus Vermietung und Verpachtung, aus Kapitalvermögen, aus Gewerbebetrieb sowie sonstige Einkünfte in Betracht. Aufgrund der Dominanz der drei betrieblichen Einkunftsarten im Sinne der §§ 13–18 EStG ist es für den Anleger jedoch von Bedeutung, ob er seine Fondsbeteiligung in einem Betriebs- oder Privatvermögen hält. Im Falle der Zugehörigkeit der Anteile beispielsweise zum Betriebsvermögen eines Gewerbebetriebs des Steuerpflichtigen findet gegebenenfalls eine Umqualifizierung der Ergebniszuweisungen von der auf Ebene der Fondsgesellschaft festgestellten Einkunftsart zu Einkünften aus Gewerbebetrieb statt. Dagegen spricht eine im Privatvermögen gehaltene Beteiligung auf Ebene des Gesellschafters stets dieselbe Einkunftsart an, die auch auf Ebene der Gesellschaft realisiert wurde. Kurz resümiert bedeutet dies: Eine Beteiligung an einem geschlossenen Immobilienfondsprojekt, das ausschließlich Einkünfte aus Vermietung und Verpachtung erzielt, führt beim Anleger zu Einkünften aus Vermietung und Verpachtung, sofern er die Anteile im Privatvermögen hält und im Gegensatz dazu zu Einkünften aus Land- und Forstwirtschaft, aus Gewerbebetrieb oder aus selbstständiger Arbeit, falls sich die Anteile im Betriebsvermögen einer dieser drei betrieblichen Tätigkeiten befinden.

Grundvoraussetzung steuerbarer Einkünfte

Wie bereits kurz angerissen, entfaltet die Beteiligung an einem geschlossenen Immobilienfonds ihre einkommensteuermindernde Wirkung über die Werbungskostenüberschüsse und die Gebäudeabschreibung. Auf der Grundlage zweier Urteile des Bundesfinanzhofes vom 8.5.2001, IX R 10/96 und vom 28.6.2001, IV R 40/97 (siehe Anhang, Kapitel 7) vertritt die Finanzverwaltung die Auffassung wie im BMF-Schreiben vom 24.10.2001 niedergelegt, dass die Anlaufkosten im Rahmen der steuerlichen Gewinnermittlung nicht als sofort abzugsfähige Betriebsausgaben zu berücksichtigen sind, sondern in voller Höhe inklusive des auf dem Zeichnungsbetrag anfallenden Agios zu aktivieren sind. Insofern wirken sich die Anlaufkosten entgegen langjähriger Erfahrung erst in den Folgejahren über dann höhere Abschreibungen aus. Dies mindert naturgemäß auch die Möglichkeit, über negative steuerliche Ergebnisse anfängliche Steuerersparnisse zu generieren. An dieser Stelle sei im Besonderen auf Punkt 3.2.1.2, Unterkapitel „Nebenkostenerlass und Übergangsregelung" verwiesen.

Grundvoraussetzung für die Steuerpflicht positiver, vor allem aber auch für die steuerliche Anerkennung und Verwertbarkeit negativer Einkünfte ist das Vorhandensein so genannter „steuerbarer" Einkünfte. Hauptcharakteristikum dieser steuerbaren Einkünfte ist das Vorliegen der Gewinn- bzw. für den Fall der Haushalts-Einkünfte der Überschusserzielungsabsicht. Nach mehrfach bestätigter Rechtsprechung des BFH gilt diese Bedingung für wirtschaftliche Zuflüsse und Ergebnisse als erfüllt, wenn *„die ihnen zugrunde liegenden Tätigkeiten oder Vermögensnutzungen auf eine größere Zahl von Jahren gesehen der Erzielung positiver Einkünfte oder Überschüsse dienen"* (BFH-Urteil vom 25.6.1984). Einkünfte, die diese Maßgabe nicht erfüllen, fallen unter den steuerlich irrelevanten Tatbestand der Liebhaberei[3]. Die bloße Absicht eines Steuersubjekts, in diesem Fall einer Fondsgesellschaft, durch die Betätigung in den Genuss von Steuervorteilen zu gelangen oder steuerfreie Vermögenswert-

---

[3] Siehe im Detail: Beitrag „Liebhaberei bei der Vermietung von Immobilien im Privatvermögen" in: Aspekte der Immobilienwirtschaft, Deutscher Sparkassen Verlag, Art.-Nr. 306 035 000.

steigerungen zu erzielen und zu realisieren, reicht für die nachhaltige Erfüllung des Überschusserzielungswillens nicht aus. Die Einhaltung der Überschusserzielungsabsicht wird auf Ebene der Fondsgesellschaft anhand der vorliegenden Prospekte gegenüber dem Betriebstättenfinanzamt glaubhaft gemacht und von diesem geprüft.

Die Einhaltung der Überschusserzielungsabsicht ist bei Personengesellschaften (KG, GbR) nicht nur auf der Ebene der Gesellschaft, sondern auch für die einzelnen Gesellschafter zu verifizieren. Trotz deren gerechtfertigter Annahme auf Gesellschaftsebene können sich aus der persönlichen Sphäre eines Beteiligten Anzeichen ergeben, die unter Umständen gegen ein Vorliegen der Einkünfteerzielungsabsicht sprechen. Indiz hierfür wäre beispielsweise eine von Beginn an erkennbar geplante Anteilsveräußerung noch innerhalb der Verlustphase des Objekts. Auch eine dauerhaft tilgungsfreie und somit langfristig zinsaufwändige Anteilsfinanzierung seitens des Gesellschafters dürfte in der Regel zu einer Negierung der Überschusserzielungsabsicht durch die Finanzverwaltung führen. Geht eine anfänglich vorhandene Einkünfteerzielungsabsicht in der Folge erkennbar verloren, so können sämtliche von Beginn an zugewiesenen Werbungskostenüberschüsse nicht mehr mit steuerlicher Wirkung geltend gemacht werden.

Für die Belange eines geschlossenen Immobilienfonds haben die vorstehenden Überlegungen folgende praktische Bedeutung: Verluste aus der Beteiligung an einem Fondsprojekt sind beim Anleger nur dann steuerlich berücksichtigungsfähig, wenn die Fondsgesellschaft mit ihrer Immobilieninvestition dauerhafte Einnahmenüberschüsse zu erzielen gedenkt. Primär entscheidend ist hierbei nicht die tatsächliche Realisierung dieser Überschüsse, sondern lediglich deren nachvollziehbare Absicht. Die entscheidenden Beurteilungskriterien in diesem Zusammenhang sind die voraussichtliche Nutzungsdauer der Immobilie sowie die prognostizierten Mietzuflüsse und Werbungskosten. Ergibt sich aus den (Prognose-) Werten dieser einzelnen Ergebniskomponenten (Mieteinnahmen, Fondskosten, Finanzierungskosten, Abschreibungen etc.) bis zum Ablauf des Betrachtungshorizontes, der sich regelmäßig an der wirtschaftlichen und technischen Nutzungsdauer der Fondsimmobilie orientiert, ein auch noch so geringer Überschuss, so wird die Frage nach der Einhaltung der Einkünfteerzielungsabsicht zu bejahen sein. Steuerlich schädlich wären auch hier die eingangs zitierten Widerlegungsindizien, wie z.B. frühzeitig geplante Objektveräußerung während der Verlustphase oder langfristig tilgungsfrei gestellte Innenfinanzierung zum Zwecke der Werbungskosten„erzeugung". Im Regelfall und bei Unterstellung „normalen" wirtschaftlichen Verhaltens der Fondsbetreiber dürften jedoch der Nachweis der Überschusserzielungsabsicht und die damit einhergehende steuerliche Anerkennung der Verlustzuweisungen nicht allzu schwer zu erbringen sein.

Einkünfte aus Vermietung und Verpachtung

Eine Beteiligung an einem geschlossenen Immobilienfonds entfaltet ihre optimale steuersparende Wirkung, wenn die (positiven/negativen) Einkünfte bei der Fondsgesellschaft und beim Gesellschafter als Einkünfte aus Vermietung und Verpachtung gem. § 21 EStG qualifiziert werden. Wie bereits kurz angesprochen, fallen diese unter die so genannten Überschusseinkünfte, die vor allem dadurch gekennzeichnet sind, dass bei der Ermittlung der Steuerbemessungsgrundlage als Überschuss der Einnahmen über die Werbungskosten das Zu- und Abflussprinzip des § 11 EStG zur Anwendung kommt. Die wirtschaftliche Verursachung einer Zahlung ist hierbei grundsätzlich unbeachtlich. Dies hat zur Folge, dass bei Disagios, Vorauszahlungen und anderen finanziellen Vorleistungen des Anlegers, die sich wirtschaftlich nicht unverzüglich, sondern erst über mehrere Jahre auswirken, eine zeitliche und somit steuerlich wirksame Periodenabgrenzung entfällt. Die genannten Positionen können vom Steuerpflichtigen sofort in voller Höhe geltend gemacht werden. Durch diese Aufwands- bzw. Werbungskostenvorverlagerung ergibt sich eine endgültige Steuerentlastung zwar nur dann, wenn sich die Grenzsteuersätze im Zeitablauf ermäßigen, da in diesem Fall der volle Werbungskostenbetrag bei einer aktuell hohen Steuerprogression zum Tragen käme. Positive Effekte ergeben sich aber auch bei konstanten Steuersätzen durch Zins- und Liquiditätsvorteile aus der frühzeitigen Steuerermäßigung. Der zweite positive Effekt resultiert aus den einkommensteuerlichen Vorschriften über die Besteuerung von Veräußerungsgewinnen. Dieser Problemkomplex wird in Unterabschnitt 3.2.2 gesondert dargestellt und diskutiert. An dieser Stelle sei lediglich darauf hingewiesen, dass Veräußerungsgewinne aus Verkaufsvorgängen von Wirtschaftsgütern des Privatvermögens - sofern sie nicht innerhalb der jeweils geltenden Spekulationsfrist realisiert wurden - grundsätzlich von der Einkommensteuer freigestellt sind.

Schließlich sind die Erträge aus Beteiligungen an geschlossenen Immobilienfonds nicht mit Gewerbesteuer belastet. Steuersubjekt wäre in diesem Fall die Fondsgesellschaft. Diese fällt jedoch bei Ausgestaltung als Personengesellschaft einerseits nicht unter die Gewerbesteuerpflicht kraft Rechtsform gem. § 2, Abs. II GewStG, die generell nur auf Kapitalgesellschaften Anwendung findet. Andererseits übt der Immobilienfonds mit der Vermietung von Gebäuden keine gewerbliche, sondern lediglich eine vermögensverwaltende Tätigkeit aus.

Grundvoraussetzung für die Inanspruchnahme dieser steuerlichen Vergünstigungen ist das Vorliegen von Einkünften aus Vermietung und Verpachtung im Sinne des § 21 EStG. Hauptcharakteristikum einer rein vermögensverwaltenden Tätigkeit ist die (entgeltliche) Überlassung von Wirtschaftsgütern zur fremden Nutzung. Nach höchstrichterlicher Rechtsprechung verwirklicht derjenige den Tatbestand der §§ 2 Abs. I Nr. 6, 21 Abs. I EStG, der über die rechtliche oder tatsächliche Macht verfügt, die in § 21 EStG aufgeführten Wirtschaftsgüter anderen gegen Entgelt auf Zeit zur Nutzung zu überlassen (BFH-Urteil vom 3.12.1991). Er muss also Träger aller Rechte und Pflichten aus dem Miet- oder Pachtvertrag sein. In seiner Rechtsprechung hat der BFH deutlich gemacht, dass die rein zivilrechtliche, also vertragliche Stellung als Vermieter hierfür nicht automatisch ausreicht. Von entscheidender Bedeutung ist vielmehr, auf wen die faktische, also die tatsächliche Vermieterstellung übergeht.

Vorliegen abweichender Einkunftsarten

Neben der für den Anleger steuerlich günstigsten Zuordnung der Ergebnisse aus einer Beteiligung an einem geschlossenen Immobilienfonds zu den Einkünften aus Vermietung und Verpachtung ist unter bestimmten Bedingungen eine abweichende Qualifizierung als Einkünfte aus Kapitalvermögen oder aus Gewerbebetrieb möglich. Die Voraussetzungen hierfür und die einkommensteuerlichen Konsequenzen für den Fondsbeteiligten sollen im Folgenden aufgezeigt werden.

Einkünfte aus Kapitalvermögen

Die Hauptursachen für eine Einstufung der anteiligen Ergebnisse aus einem geschlossenen Immobilienfonds als Kapitaleinkünfte im Sinne des § 20 EStG sind weniger in der tatsächlich ausgeübten Tätigkeit der Fondsgesellschaft zu suchen als vielmehr in einigen gesellschaftsrechtlichen und vertraglichen Gestaltungsdetails. Einkünfte aus Kapitalvermögen sind auf Ebene des Gesellschafters zum einen anzunehmen, wenn der Fondsbeteiligte nicht als Quasi-„Unternehmer" bzw. als Miteigentümer des Immobilienfonds angesehen werden kann. Zum anderen hat auch das Fehlen des wirtschaftlichen Eigentums an den vermieteten Immobilien bei der Fondsgesellschaft eine für den Anleger negative Einkünfteumqualifizierung zur Folge.

Fehlende Stellung des Beteiligten als Miteigentümer

Ein Anteilseigner eines geschlossenen Immobilienfonds erzielt nur dann Einkünfte aus Vermietung und Verpachtung, wenn er als Miteigentümer des gesamthänderischen Fondsvermögens in seinen Rechten und Pflichten mit einem Alleineigentümer einer Immobilie vergleichbar ist. Diese Sichtweise zeichnet sich durch eine gewisse Analogie zur Beurteilung der gesamthänderischen Erzielung betrieblicher Einkünfte (Land- und Forstwirtschaft, Gewerbebetrieb und selbstständige Arbeit) als so genannter „Mitunternehmer" im Sinne des § 15 Abs. I Nr. 2 EStG aus. Eine Qualifikation der Erträge als betriebliche Einkünfte ist hier an die Forderung geknüpft, dass der Gesellschafter der Personengesellschaft als Unternehmer (Mitunternehmer) anzusehen ist.

Aus steuerrechtlicher Sicht handelt es sich beim Begriff des Mitunternehmers um einen offenen Typusbegriff, der im Gesetz nicht abschließend geregelt ist. Vielmehr wird beim Vorhandensein bestimmter Eigenschaften und Merkmale die Existenz der Mitunternehmerschaft angenommen. Beim Vorliegen der geforderten Eigenschaften gilt die Mitunternehmerstellung unabhängig von der Höhe der Beteiligung als erfüllt.

Für die Existenz einer Mitunternehmerschaft sind vor allem zwei Voraussetzungen maßgeblich: die Beteiligung an einem Betrieb und die Ausübung einer Unternehmerfunktion. Die Beteiligung an einem Betrieb ist größtenteils auf Belange der betrieblichen Sphäre zugeschnitten und spielt daher für den vorliegenden Sachverhalt nur eine untergeordnete Rolle. Die Forderung nach der Unternehmerfunktion gilt als erfüllt, wenn der Gesellschafter einerseits mit Unternehmerinitiative, andererseits mit einem gewissen Unternehmerrisiko ausgestattet ist. Bei der Unternehmerinitiative wird auf das Recht – nicht auf die tatsächliche Ausübung – der Beeinflussung von unternehmerischen Entscheidungen abgestellt. Darüber hinaus darf die Beteiligung nicht auf eine relativ kurze Zeitspanne befristet sein. Das Unternehmerrisiko erstreckt sich zum einen auf das so genannte Ertragsrisiko, das in einem möglichen Ausfall der zugesicherten Erfolgsbeteiligung aufgrund schlechter wirtschaftlicher Ergebnisse besteht. Zum anderen müssen Verluste des Unternehmens den Gesellschafter in Form eines Haftungs-, also Kapitalrisikos wirtschaftlich treffen. Übertragen auf die Verhältnisse im Rahmen einer Immobilienfondsbeteiligung bedeutet dies: Der Gesellschafter/Anleger erzielt keine Einkünfte aus Vermietung und Verpachtung, wenn er – als gesamthänderischer Vermieter der Immobilien – nicht über die Fondsgesellschaft mit Vermietungsinitiative und Vermietungsrisiko ausgestattet ist. Bei der Beurteilung ist dabei auf das Gesamtbild der wirtschaftlichen und rechtlichen Stellung des Beteiligten abzustellen.

Auslöser für eine unerwünschte Umqualifizierung der Einkünfte können z.B. in Art und Umfang der vertraglich zugesicherten Rechte jedes einzelnen Fondsgesellschafters begründet sein. Mitunternehmerschaft bzw. Miteigentümerschaft eines Beteiligten liegt nur dann vor, wenn sich seine Mitsprache- und Kontrollrechte wenigstens auf dem Niveau eines Kommanditisten im Sinne der §§ 164, 166 HGB bewegen. Auch eine nur auf eine kurze Zeitspanne angelegte Gesellschafterstellung bzw. die vertragliche Festlegung eines bestimmten Abfindungs- oder Rückkaufbetrages, zu dem der Anleger aus der Gesellschaft gekündigt werden kann, sprechen gegen die Annahme der Miteigentümerschaft und somit gegen die Erzielung von Vermietungseinkünften.

Exkurs: Die Gestaltung von Treuhandverhältnissen

Schädlich für die gewünschte Einkünfteerzielung kann unter Umständen die materielle Ausgestaltung der in letzter Zeit aus Gründen der Verwaltungsvereinfachung immer häufiger in den Gesellschaftskonstruktionen enthaltenen Treuhandverhältnisse sein. Die Fondsgesellschaft als Treugeber engagiert dabei einen Treuhänder, der auf eigenen Namen, aber auf Rechnung des Treugebers Immobilienobjekte nach Weisungen der Gesellschaft verwaltet. Da es eine Vielzahl von Möglichkeiten der Ausgestaltung dieser Treuhandverhältnisse gibt, ist allein das Bestehen eines solchen noch nicht hinreichend, um dem Treugeber und somit schließlich auch dem Anleger Einkünfte aus Vermietung und Verpachtung zurechnen zu können. Vielmehr muss das Verhältnis so ausgestaltet sein, dass der Treugeber wirtschaftlich die Rechte und Pflichten aus dem Mietverhältnis trägt. Diese Forderung ist auf Ebene der Fondsgesellschaft anhand der bereits zitierten Kriterien Vermietungsinitiative und Vermietungsrisiko zu verifizieren.

In seinem Urteil vom 27.1.1993 (BStBl. II 1994, S. 615; nachzulesen im Anhang, Kapitel 7) hat der BFH entschieden, dass einem Treugeber (also: Anleger) Einkünfte aus Vermietung und Verpachtung zuzurechnen sind, wenn für ihn ein Treuhänder den Mietvertrag im eigenen Namen abschließt, der Treuhänder dabei ausschließlich auf Rechnung und Gefahr des Treugebers handelt und der Treugeber nach der Ausgestaltung des Treuhandverhältnisses und nach den sonstigen Umständen gegenüber dem Treuhänder eine derart beherrschende Stellung einnimmt, dass er wirtschaftlich eindeutig alle Rechte und Pflichten aus dem Mietverhältnis trägt. Mit Schreiben vom 1.9.1994 (koordinierter Ländererlass; BStBl. I 1994, S. 604; nachzulesen im Anhang) hat das Bundesministerium der Finanzen zu der Frage Stellung genommen, was eine steuerliche Zurechnung von Einkünften aus Vermietung und Verpachtung beim Treugeber im Einzelnen voraussetzt.

Die Vermietungsinitiative liegt bei der Fondsgesellschaft, soweit sie als Treugeber aus dem Treuhandvertrag die Macht hat, dem Treuhänder im Innenverhältnis konkrete Weisungen bezüglich der Ausgestaltung der Mietverträge (z.B. Mietpreis, Mieterauswahl) oder deren Beendigung (z.B. Kündigung, Veräußerung der Immobilie) zu erteilen. Ein Verzicht auf diese Weisungsbefugnis verhindert bereits mit Abschluss des Vertrages eine Qualifikation als Vermietungseinkünfte. Für ein steuerlich anzuerkennendes Treuhandverhältnis spricht, wenn der Treugeber nach Beendigung der Treuhandschaft frei über das Treugut, also über die vermieteten Immobilien, verfügen kann.

Das Vermietungsrisiko liegt nur dann beim Treugeber (Fondsgesellschaft), wenn ausschließlich auf seine Rechnung und Gefahr gehandelt wird, wenn also der Gesellschaft im Innenverhältnis mit dem Treuhänder alle Einnahmen zustehen und sie sämtliche durch die Vermietungsobjekte verursachten Aufwendungen zu tragen hat. Darüber hinaus darf eine Nachschusspflicht der Gesellschafter bei GbR-Konstruktionen nicht vertraglich ausgeschlossen sein. Eine lediglich quotale Begrenzung der Nachschusspflicht der Gesellschafter entsprechend ihrem Beteiligungsanteil ist dagegen unschädlich. In seiner Rechtsprechung stellt der BFH fest, dass der Treuhänder immer dann nicht ausschließlich auf Rechnung und Gefahr des Treugebers tätig ist, wenn er selbst oder mit ihm wirtschaftlich verbundene Unternehmen ein erhebliches wirtschaftliches Interesse an der Realisierung des Projektes haben. Dieses wirtschaftliche Interesse kann beispielsweise auf Entgelte für Konzeption, Werbung oder Verwaltung gerichtet sein.

Für das dargestellte Szenario – ebenso wie für die fehlende, einem Kommanditisten vergleichbare Stellung – findet eine Umqualifizierung von Einkünften aus Vermietung und Verpachtung zu solchen aus Kapitalvermögen statt. Für den Fall der steuerlichen Negierung einer Treuhandkonstruktion ergibt sich dies aus den Überlegungen des BFH, der den Treugeber/Gesellschafter hier im einkommensteuerlichen Sinn als reinen Kapitalgeber ansieht

(BFH-Urteil v. 27.1.1993 - nachzulesen im Anhang, Kapitel 7). Bei Vorliegen einer zu schwachen Rechtsstellung des Einzelgesellschafters könnte fingiert werden, dass er überwiegend die charakteristischen Eigenschaften und Voraussetzungen eines Darlehensgebers bzw. eines typischen stillen Gesellschafters im Sinne der §§ 230 ff. HGB erfüllt. In beiden Fällen kämen die Anleger nicht in den Genuss von negativen steuerlichen Anlaufergebnissen durch die Vornahme von Abschreibungen und die Verrechnung der Werbungskosten bei der Fondsgesellschaft. Dagegen wären die an sie ausgeschütteten Liquiditätsüberschüsse als Einkünfte aus Kapitalvermögen gem. § 20 EStG zu versteuern. Die gleichen Grundsätze gelten auch, wenn das Treuhandverhältnis nicht wie eingangs dargestellt zwischen der Tochtergesellschaft (Treugeber) und dem Immobilienerwerber (Treuhänder) besteht, sondern wenn die Anlegerbeteiligung an der Fondsgesellschaft unter Zwischenschaltung eines Treuhänders erfolgt.

Fazit:
Da die Rechtsprechung für die Anerkennung eines Treuhandverhältnisses und die damit verbundene Annahme der Miteigentümerschaft relativ weit gefasste Mitwirkungs- und Kontrollrechte der einzelnen Gesellschafter voraussetzt, zwingt sie die Projektinitiatoren, ihren Kunden eben diese Rechte einzuräumen. Zur Vermeidung negativer Umqualifizierungseffekte ist in viel stärkerem Maße auf die Ausgestaltung der Stellung jedes einzelnen Anlegers zu achten. Dies könnte im Sinne eines richterlichen Anlegerschutzes aufgefasst werden.

Einkünfte aus Gewerbebetrieb

Das Vorliegen von Einkünften aus Gewerbebetrieb auf Ebene der Fondsgesellschaft gestaltet sich für den Anleger etwas günstiger als die Erzielung von Einkünften aus Kapitalvermögen, die Steuerqualität aus der Realisierung von Vermietungs- und Verpachtungseinkünften wird jedoch nicht erreicht. Zwar stehen ihm im Rahmen der gesamthänderischen Ausübung einer gewerblichen Tätigkeit im Sinne des § 15 Abs. I Nr. 2 anteilige negative Anlaufergebnisse zu, die Fondsgesellschaft unterliegt jedoch der Gewerbesteuerpflicht. Darüber hinaus zählen Veräußerungsgewinne aus dem Verkauf von Wirtschaftsgütern (Grundstücke, Gebäude) auch unter Beachtung der Spekulationsfrist bei unterstellter Gewerblichkeit grundsätzlich zu den steuerpflichtigen Betriebseinnahmen. Dieser Problemkreis soll an späterer Stelle noch einer genaueren Betrachtung unterzogen werden. Für das Vorliegen einer gewerblichen Fondsgesellschaft können hauptsächlich zwei Szenarien verantwortlich sein: Zum einen besteht die Möglichkeit, dass die Gesellschaft selbst originär gewerblich tätig wird oder im Rahmen der eigentlich vermögensverwaltenden Vermietungstätigkeit außergewöhnliche Nebenleistungen erbringt, zum anderen kann es sich bei der Fondsgesellschaft aufgrund gewisser vertraglicher Gestaltungsmerkmale um eine so genannte „gewerblich geprägte Personengesellschaft" handeln.

Originäre gewerbliche Tätigkeit der Fondsgesellschaft außergewöhnliche Nebenleistungen

Anders als bei Kapitalgesellschaften (AG, GmbH), die gem. § 2 Abs. 2 GewStG grundsätzlich Gewerbebetriebe im steuerlichen Sinne darstellen, existiert für Personengesellschaften diese „Gewerblichkeit kraft Rechtsform" nicht. Hier ist die Annahme der gewerblichen Tätigkeit nach der Maßgabe des § 15 Abs. 2 und Abs. 3 Nr. 1 an die Erfüllung von vier positiven und drei negativen Bestimmungsmerkmalen geknüpft. Nach dieser Gesetzesdefinition ist ein Steuersubjekt (in diesem Fall die Fondsgesellschaft) gewerblich tätig, wenn es selbstständig, nachhaltig und mit Gewinnerzielungsabsicht am allgemeinen wirtschaftlichen Verkehr teilnimmt (vier positive Merkmale) und es sich dabei nicht um Land- und Forstwirtschaft, um selbstständige Arbeit oder um private Vermögensverwaltung handelt (drei negative Merkmale). Originär gewerblich tätig wird eine Fondsgesellschaft beispielsweise durch das Betreiben eines eigenen Ladengeschäftes, Kiosks oder Ähnlichem, nicht aber dadurch, dass die Mieter in den Räumen des Fondsobjektes eine gewerbliche Tätigkeit ausüben. Beachtenswert in diesem Zusammenhang ist die Tatsache, dass auch im Falle einer nur vorübergehenden gewerblichen Betätigung oder eines im Verhältnis zum Gesamtumfang untergeordneten gewerblichen Geschäftsvolumens die Gesellschaft als solche vollumfänglich zum Gewerbebetrieb wird. Hiervon sind somit auch alle im Rahmen einer an sich vermögensverwaltenden Tätigkeit erzielten Vermietungs- und Verpachtungseinkünfte betroffen („Infektionstheorie").

Ebenso schädlich für die Annahme von Vermietungseinkünften ist das Erbringen außergewöhnlicher Nebenleistungen seitens des Vermieters. Hierzu rechnen etwa die Reinigung und Instandhaltung der überlassenen Räumlichkeiten sowie deren Ausgestaltung und Ausstattung nach den individuellen Vorstellungen und Bedürfnissen des Mieters.

Gewerblicher Grundstückshandel auf der Ebene der Fondsgesellschaft

Einen Sonderfall der gewerblichen Tätigkeit, der bei geschlossenen Immobilienfonds vermehrt auftreten kann, stellt der gewerbliche Grundstückshandel dar. Auf Ebene der Fondsgesellschaft kann dieser Tatbestand vorliegen, wenn bestimmte, von BFH und Finanzverwaltung entwickelte Kriterien bei An- und Verkauf der Immobilien erfüllt sind. Die Einzelheiten zu dieser Dreiobjektgrenze sind geregelt im BMF-Schreiben vom 20.12.1990, BStBl. 1990 I S. 884, geändert durch das BMF-Schreiben vom 9.7.2001, BStBl. 2001 I S. 512. Als ein Objekt im Sinne dieser „Dreiobjektgrenze" rechnet jede einzelne Immobilie, die für sich verkauft wird - unabhängig davon, wie groß oder wie wertvoll diese ist. Ist ein Zeichner an einer vermögensverwaltenden Gesellschaft wie einem geschlossenen Immobilienfonds zu mindestens zehn Prozent beteiligt, muss sich der Kommanditist die Grundstücksverkäufe der Gesellschaft und auch die Veräußerung der Beteiligung nach einem Urteil des BFH vom 3.7.1995, BStBl. 1995 II S. 617 und BFH-Urteil vom 7.3.1996, BStBl. 1996 II S. 369 wie eigene Grundstücksveräußerungen zurechnen lassen. Bei Beteiligungen an Großobjekten wie Büro-, Hotel- oder Verwaltungsgebäuden ist die Frage der Gewerblichkeit stets ohne Berücksichtigung der 10-Prozent-Grenze zu prüfen, sodass zur Einordnung in die Gewerblichkeit auch der Verkauf nur eines solchen Objekts durch die Gesellschaft oder der Verkauf einer Beteiligung an einem Großobjekt ausreichen kann. Gemäß BMF-Schreiben vom 9.7.2001, BStBl. 2001 I S. 512 sind Objekte im Sinne der Dreiobjektgrenze im Erwerbsfall nun Objekte jeder Art in einem geschlossenen Fonds.

Bei der Veräußerung von Immobilien aus einem Privatvermögen - wie es im Rahmen der rein vermögensverwaltenden Tätigkeit eines geschlossenen Immobilienfonds grundsätzlich der Fall wäre - kommt es für die Frage der gewerblichen Betätigung zunächst entscheidend auf die Dauer der Nutzung vor der Veräußerung an. In einem Zeitraum von fünf Jahren können bis zu drei Grundstücksveräußerungen getätigt werden, ohne dass hieraus auf einen gewerblichen Grundstückshandel zu schließen wäre. Zu dieser fünfjährigen Frist kann im Einzelfall eine Zehnjahresfrist weitere Bedeutung erlangen, falls Immobilien vor Ablauf von zehn Jahren veräußert werden, und dabei Umstände eintreten, die darauf schließen lassen, dass der Veräußerer bereits zum Zeitpunkt des Erwerbs die Absicht hatte, diese vor Ablauf von zehn Jahren zu veräußern. Diese Zehnjahresfrist hat mit derjenigen des § 23 EStG „Private Veräußerungsgeschäfte" nichts zu tun. Der Verkauf von mehr als drei Objekten führt - bei Vorliegen der übrigen Voraussetzungen des § 15 Abs. 2 EStG (Selbstständigkeit, Nachhaltigkeit, Gewinnerzielungsabsicht und Teilnahme am allgemeinen wirtschaftlichen Verkehr; s.o.) - zur Gewerblichkeit aller, also auch der ersten drei, Objektveräußerungen.

Als Folge der Gewerblichkeit der Fondsgesellschaft erzielt auch der Anleger nunmehr Einkünfte aus Gewerbebetrieb. Die vermieteten Immobilien wechseln vom Privat- ins Betriebsvermögen, somit unterliegen alle realisierten Wertsteigerungen der Einkommen- und der Gewerbesteuer. Ein derartiger Grundstückshandel würde u.a. die Buchführungspflicht sowie die Gewerbesteuerpflicht bewirken. Die vorstehenden Äußerungen werden durch eine Reihe weiterer Detaillierungen ergänzt, die allerdings hier deswegen nicht näher beleuchtet werden, weil nur in wenigen Ausnahmefällen Berührungspunkte mit geschlossenen Immobilienfonds bestehen[4].

---

[4] Siehe dazu im Detail: Fachinformation zur Kundenberatung „Steuerbegünstigte Anlagefonds", Deutscher Sparkassen Verlag, Art.-Nr. 304 130 545, Steuerbegünstigte Beteiligungsfonds, Loseblattwerk, Deutscher Sparkassen Verlag, Art.-Nr. 304 750 500.

Da die Beteiligung an einem geschlossenen Immobilienfonds im Regelfall eine Haltedauer der Fondsobjekte von über zehn Jahren vorsieht, erlangt die Frage des gewerblichen Grundstückshandels für längere Haltedauern als zehn Jahre derzeit keine Relevanz. Der zehnjährige Betrachtungshorizont gilt auch für vorzeitige Veräußerungen von Beteiligungen ohne Auflösung der Gesellschaft.

Gewerblich geprägte Personengesellschaften

Zwar existiert für geschlossene Immobilienfonds, die als Personengesellschaften ausgestaltet sind, keine quasi „automatische" Gewerblichkeitsannahme, wie dies gem. § 2 Abs. 2 GewStG grundsätzlich für Kapitalgesellschaften der Fall ist. Bei Vorliegen gewisser gesellschaftsrechtlicher Gestaltungsmerkmale wird jedoch auch für lediglich vermögensverwaltend tätige Personengesellschaften Gewerblichkeit angenommen. Die Voraussetzungen für diese so genannten „gewerblich geprägten Personengesellschaften" im Sinne des § 15 Abs. 3 Nr. 2 EStG sind erfüllt, wenn alle persönlich – also unbeschränkt – haftenden Gesellschafter Kapitalgesellschaften (GmbH, AG) sind und somit selbst nur einer beschränkten Haftung unterliegen und entweder diese Vollhafter oder ein fremder Dritter mit der Geschäftsführungsbefugnis ausgestattet sind. Die typische Gesellschaftskonstruktion stellt in diesem Zusammenhang die GmbH & Co. KG dar. Die Annahme der Gewerblichkeit lässt sich bei diesen GmbH & Co.-Konstruktionen relativ leicht dadurch vermeiden, dass nicht die vollhaftende Kapitalgesellschaft oder ein fremder Dritter zur Geschäftsführung bestellt wird, sondern explizit (also durch Regelung im Gesellschaftsvertrag) einer der Kommanditisten.

Eine sehr wesentliche Folge der gewerblichen Prägung ist die Nichtanwendung des § 23 EStG, der nur die privaten Veräußerungsgeschäfte regelt. Bedeutung erlangen hier im Gegenzug die Regelungen des § 16, 17 EStG. Die unmittelbare Auswirkung dieser Sachlage ist die Nichtanwendung der Zehnjahresfrist für Objektveräußerungen. Stattdessen erfolgt die Versteuerung jedes Veräußerungsgewinns unabhängig von der Haltedauer.

3.2.1.2 Einkünfteermittlung und -feststellung

Nach den bisherigen Ausführungen wird es sich bei den Einkünften, die die Fondsgesellschaft und somit auch der Anleger/Gesellschafter erzielt, in der Regel um Einkünfte aus Vermietung und Verpachtung gem. § 21 EStG handeln. Diese Haushaltseinkünfte werden gem. § 2 Abs. 2 Nr. 2 EStG als Saldogröße aus Einnahmen und Werbungskosten ermittelt. Mögliche Aufwendungen im Rahmen einer Beteiligung an einem geschlossenen Immobilienfonds können

- als Anschaffungskosten für den (nicht abnutzbaren) Grund und Boden steuerlich nicht verwertbar,
- als Anschaffungs- oder Herstellungskosten für Gebäude sukzessive über Abschreibungen absetzbar oder
- als Werbungskosten grundsätzlich sofort abzugsfähig

sein. Seit den Urteilen des Bundesfinanzhofes vom 8. 5. 2001 und vom 28. 6. 2001 (siehe Punkt „Nebenkostenerlass" und Anhang, Kapitel 7) vertritt die Finanzverwaltung die Auffassung (vgl. BMF-Schreiben vom 24. 10. 2001, Geschäftszeichen IV C 3 - S 2253a-15/01), die die Anlaufkosten im Rahmen der steuerlichen Gewinnermittlung nicht sofort als abzugsfähige Betriebsausgaben abziehbar, sondern in voller Höhe zu aktivieren sind.

Im Folgenden ist zu unterscheiden zwischen Einkünften in der Bau-/Investitionsphase des Projektes, die regelmäßig durch Werbungskostenüberschüsse charakterisiert ist, und Einkünfte in der Nutzungsphase, in der durch die zufließenden Mieteinnahmen sukzessive positive Einkünfte erwirtschaftet werden.

Einkünfteermittlung in der Investitionsphase

Nebenkostenerlass und Übergangsregelung

Die früher gültige Regel nach dem Nichtanwendungserlass vom 1.3.1995 (BStBl. I 1995 S. 167) als Folge des BFH-Urteils vom 11.1.1994 (siehe Kapitel 7) revidierte der BFH in seinen Urteilen vom 8.5.2001, IX R 10/96 und vom 28.6.2001, IV R 40/97 (siehe Kapitel 7) und gelangte zu der Auffassung, dass „modellbedingte Nebenaufwendungen" inklusive der Eigenkapitalvermittlungsprovision und sonstiger Nebenkosten der Fondserstellung keine Werbungskosten, sondern Anschaffungs- oder Herstellungskosten darstellen. Die beschriebenen Kosten müssen über die Abschreibungsdauer der Fondsobjekte verteilt werden. In früherer Zeit konnten die Eigenkapitalvermittlungsprovision in Höhe von sechs Prozent des vermittelten Eigenkapitals und ein wesentlicher Teil der sonstigen fondsbedingten Nebenkosten als sofort abzugsfähige Werbungskosten behandelt werden. Weiterhin können die Werbungskosten nur dann im bisherigen Umfang sofort abzugsfähig sein, wenn der Außenvertrieb der Fondsanteile vor dem 1.9.2002 begonnen hat und der Zeichner dem Fonds vor dem 1.1.2004 beitritt. Die Finanzverwaltung hat in dem mit Spannung erwarteten Erlass vom 20.10.2003 detailliert festgelegt, welche „modellbedingten Nebenaufwendungen" über die Abschreibungsdauer verteilt werden müssen.

Hat der Zeichner eines geschlossenen Immobilienfonds (analoge Handhabung bei allen geschlossenen Anlageformen) keine Möglichkeit, auf wesentliche Teile des Konzepts rechtlich und tatsächlich direkten Einfluss zu nehmen, werden grundsätzlich alle Eigenkapitalbeschaffungskosten zu Anschaffungskosten erklärt. Diese sind über die Abschreibungsdauer der Investition zu verteilen und führen daher nicht mehr zu anfänglichen steuerlichen Verlusten. Der Nebenkostenerlass nimmt immer dann keine Einflussnahmemöglichkeit an, wenn der Initiator der Gesellschaft ein einheitliches Vertragswerk vorgibt und hieran der nachfolgend eintretende Kommanditist keine Änderung vornehmen kann. Die Mitwirkungsrechte des Beitretenden müssen über das nach HGB festgelegte Ausmaß an Rechten hinausgehen. Die Vertretung durch Dritte aus dem Umfeld des Initiators (z.B. Treuhänder, Beiräte) reicht nicht aus. Über die Einrichtung und Zusammensetzung eines Beirats dürfen allein die Gesellschafter frühestens zu einem Zeitpunkt entscheiden, in dem mindestens 50 Prozent des prospektierten Kapitals eingezahlt sind. Erst bei Vorliegen dieser Voraussetzungen gilt die Einflussnahme als hinlänglich begründet und können die Nebenkosten wie bisher behandelt werden. Der genaue Wortlaut des Nebenkostenerlasses (5. Bauherrenerlass) ist dem Anhang, Kapitel 7 zu entnehmen.

Steuerliche Einordnung von Aufwendungen in der Investitionsphase

Die steuerliche Einordnung von Aufwendungen in der Investitionsphase richtet sich bei geschlossenen Fonds nach dem 5. Bauherrenerlass vom 20.10.2003 danach, ob – wie vorstehend dargestellt – der Fonds über wesentliche Einflussnahmemöglichkeiten verfügt oder nicht. Nachfolgend ist daher zu untersuchen, welche Konsequenzen das Vorliegen oder Fehlen hinreichender Einflussmöglichkeiten auf die steuerliche Qualifizierung der Aufwendungen entfaltet.

Kosteneinordnung bei Fehlen einer wesentlichen Einflussnahmemöglichkeit

Zu den Anschaffungskosten des Fonds gehören grundsätzlich alle Aufwendungen, die in wirtschaftlichem Zusammenhang mit der Abwicklung des Projekts in der Investitionsphase anfallen. Ohne Bedeutung ist in diesem Zusammenhang, ob diese Aufwendungen von dem Anleger unmittelbar geleistet werden oder ob ein Teil seiner Einlage mit oder ohne sein Wissen für diese Zahlungen verwendet wird. Zu den Anschaffungskosten gehören darüber hinaus stets Haftungs- und Geschäftsführungsvergütungen und Vergütungen für Treuhandkommanditisten, soweit sie auf die Investitionsphase entfallen.

Zu den sofort abzugsfähigen Betriebsausgaben oder Werbungskosten zählen Aufwendungen, die nicht auf den Erwerb des Fondsobjekts gerichtet sind und die auch der Erwerber außerhalb eines Fondsmodells als Betriebsausgaben oder Werbungskosten abziehen könnte. Hierzu können insbesondere Zinsen der Zwischen- und Endfinanzierung, wirtschaftlich begründete Zinsvorauszahlungen, Zinsfreistellungsgebühren, Damnum bis zu fünf Prozent der Darlehenssumme (ob ein Damnum von zehn Prozent sofort absetzbar ist, hängt von einem Nachweis der Marktüblichkeit ab, und ist deshalb nur im Einzelfall zu beurteilen), Kosten der Darlehenssicherung (Notariats- und Grundbuchkosten), angemessene Maklergebühren und Versicherungsbeiträge rechnen.

Kosteneinordnung bei Vorliegen einer wesentlichen Einflussnahmemöglichkeit

Selbst bei Vorliegen einer wesentlichen Einflussnahmemöglichkeit rechnen große Teile der Aufwendungen nicht zu den sofort abzugsfähigen Werbungskosten, sondern zu den aktivierungspflichtigen Anschaffungs- oder Herstellungskosten. Hierzu zählen beispielsweise Kosten für die Ausarbeitung der technischen, wirtschaftlichen und steuerlichen Grundkonzeption, für die Prospekterstellung und Prospektprüfung, Baubetreuungskosten oder Kosten für eine Fertigstellungsgarantie.

Zu den sofort abzugsfähigen Werbungskosten gehört bei Vorliegen einer wesentlichen Einflussnahmemöglichkeit insbesondere ein Teil der Eigenkapitalvermittlungsprovision im Zusammenhang mit der Einwerbung des Anlegerkapitals. Diese Eigenkapitalvermittlungsprovisionen sind bis maximal sechs Prozent des vermittelten Eigenkapitals sofort als Werbungskosten abzugsfähig. Übersteigende Beträge sind den Anschaffungs- oder Herstellungskosten zuzuordnen.

Späterer Beitritt von Gesellschaftern

Aufwendungen, die vor dem Beitritt eines Anlegers zu einer Fondsgesellschaft rechtlich entstanden und gezahlt worden sind, gehören bei diesem zu den Anschaffungskosten. Rechtlich entstandene Aufwendungen, die nach dem Beitritt des Anlegers zu der Fondsgesellschaft gezahlt werden und die bei der Ermittlung der Einkünfte auf der Ebene der Gesellschaft als Betriebsausgaben oder Werbungskosten zu qualifizieren sind, stellen auch für den betreffenden Anleger sofort abzugsfähige Betriebsausgaben oder Werbungskosten dar. Eine steuerliche Sofortabzugsfähigkeit stellt sich damit für den einzelnen Anleger nur für solche Werbungskosten ein, die nach seinem Beitritt bezahlt werden.

Berücksichtigung von Abschreibungen

Aufwendungen für die Anschaffung oder Herstellung von (abnutzbaren) Gebäuden werden über die betriebsgewöhnliche Nutzungsdauer der Bauten in Form von Absetzungen für Abnutzung (AfA) periodisiert und können auf diesem Wege als Werbungskosten steuerlich geltend gemacht werden. Nicht berücksichtigungsfähig sind dagegen Aufwendungen für den (nicht abnutzbaren) Grund und Boden. Im Folgenden werden die aktuell geltenden AfA-Möglichkeiten dargestellt.

Für Fondsobjekte gilt grundsätzlich folgende Regelung:

- Lineare Abschreibung gem. § 7 Abs. IV EStG:
  - 2,5 Prozent für Altbauten (Fertigstellung vor dem 1.1.1925)
  - 2 Prozent für Neubauten (Fertigstellung nach dem 31.12.1924)
- Für betrieblich genutzte Gebäude in einem Privatvermögen mit Bauantrag oder Kaufvertrag nach dem 31.12.1994 wurde die Möglichkeit der degressiven Abschreibung ersatzlos gestrichen.

Ihre gesetzliche Regelung erfahren die steuerlichen Gebäudeabschreibungen in § 7 Abs. IV und V EStG. Aus den bisherigen Ausführungen dürfte deutlich hervorgehen, dass bei der Ausgestaltung einer geschlossenen Immobilienfondskonstruktion vielfach auf die Realisierung einer privaten Vermögensverwaltung und die damit einhergehenden Einkünfte aus Vermietung und Verpachtung geachtet wird. Die Fondsgebäude erfüllen somit in aller Regel die Privatvermögenseigenschaft.

Berücksichtigung von Sonderwerbungskosten

Steuerlich abzugsfähig sind nicht nur die im Rahmen der Gesellschaft anfallenden Aufwendungen, sofern sie die Werbungskosteneigenschaft erfüllen, sondern auch Werbungskosten, die beim Anleger/Gesellschafter persönlich im Zusammenhang mit seiner Fondsbeteiligung entstanden sind. Typischerweise rechnen hierzu folgende Positionen:

- Gebühren für die Vermittlung einer Anteilsfinanzierung,
- Disagio,
- sonstige Finanzierungskosten,

- Honorare für Steuerberatung, sofern sie auf die Beratung des einzelnen Gesellschafters entfallen,
- Telefon- und Fahrtkosten, die im Zusammenhang mit der Anteilsfinanzierung oder der Vermietung des Objektes entstehen.

Diese Sonderwerbungskosten können nur auf Ebene der Fondsgesellschaft im Rahmen der einheitlichen und gesonderten Gewinnfeststellung im Sinne der §§ 179 ff. AO berücksichtigt werden. Auf diesem Wege sind sie quasi „automatisch" in der Ergebniszuweisung an den Einzelgesellschafter enthalten und können nicht mehr im Rahmen seiner persönlichen Einkommensteuererklärung separat geltend gemacht werden.

Einkünfteermittlung in der Nutzungsphase

Die Nutzungsphase einer Immobilie ist regelmäßig dadurch charakterisiert, dass die positiven Zahlungszuflüsse die Werbungskosten sukzessive zu übersteigen beginnen. In einer Einnahmen-Überschuss-Rechnung werden die Einnahmen und die Werbungskosten gegenübergestellt. Die Saldogröße dieser Gegenüberstellung wird dem Anleger/Gesellschafter entsprechend seiner Beteiligungshöhe als Einnahmenüberschuss oder als Werbungskostenüberschuss (Verlust) zugerechnet. Hinzu kommen auch hier die laufenden Sonderwerbungskosten des einzelnen Gesellschafters, die der Gesellschaft mitzuteilen und durch Belege nachzuweisen sind.

Zu den wichtigsten Einnahmenpositionen rechnen:

- Miet- und Pachtzuflüsse
- Zinsen aus der Anlage der Liquiditätsreserve
- Vorsteuererstattungen
- eventuell in Anspruch genommene Mietausgleichsgarantien

Die namhaftesten Werbungskosten während der Nutzungsphase des Objektes sind:

- zeitanteilige Gebühren aus Vorauszahlungen in der Investitions-/Bauphase (z.B. Zinsvorauszahlung)
- laufende Fremdkapitalzinsen
- laufende Abschreibungen
- Verwaltungs- und sonstige Fondskosten
- Umsatzsteuerzahlung

Steuerpflichtig beim Anleger sind auch in der Vermietungsphase nicht grundsätzlich die Ausschüttungen aus den Liquiditätsüberschüssen in voller Höhe. Diese werden als steuerlich unbeachtliche Entnahmen gewertet. Steuerpflichtig sind beim Anleger/Gesellschafter vielmehr die nach obigem Schema ermittelten Einnahmenüberschüsse.

Einheitliche und gesonderte Ergebnisfeststellung gem. §§ 179 ff. AO

Nach Maßgabe des § 180 Abs. I Nr. 2a AO werden einkommensteuerpflichtige Einkünfte gesondert festgestellt, wenn an ihrer Erzielung mehrere Personen beteiligt und sie diesen Personen steuerlich zuzurechnen sind. Für die Konstruktion eines geschlossenen Immobilienfonds in der Rechtsform einer Personengesellschaft (KG, GbR) bedeutet dies, dass vom zuständigen Betriebsfinanzamt die Steuerbemessungsgrundlagen im Rahmen eines von der persönlichen Veranlagung der einzelnen Gesellschafter abgetrennten, also „gesonderten" Verfahrens einheitlich festgestellt werden. Ermittelt werden hierbei vor allem Art und Höhe der gesamthänderisch erzielten Einkünfte sowie deren Verteilung auf die einzelnen Gesellschafter. Die Durchführung dieser einheitlichen und gesonderten Ergebnisfeststellung fällt für gewöhnlich in den Zuständigkeitsbereich des Finanzamtes, in dessen Bezirk die Fondsgesellschaft ihren Firmensitz oder ihre Geschäftsführung unterhält („Betriebsfinanzamt“). Vom Betriebsfinanzamt ergeht eine interne Mitteilung an das Wohnsitzfinanzamt jedes Gesellschafters über die getroffenen Feststellungen, insbesondere über Art und Höhe der positiven oder negativen Einkünfte. Zum Jahresende werden vom Steuerberater der Fondsgesellschaft eine Einnahmen-Überschuss-Rechnung und eine Erklärung zur einheitlichen und gesonderten Ergebnisfeststellung unter Einbeziehung der Sonderwerbungskosten der einzelnen Gesellschafter erarbeitet. Die hierin getroffenen Feststellungen, insbesondere der in aller Regel geltend gemachten negativen Ergebnisse, werden vom Betriebsfinanzamt mithilfe einer vorläufigen steuerlichen Betriebsprüfung festgestellt. Als Ergebnis dieser vorläufigen Prüfung – eine endgültige Prüfung erfolgt üblicherweise erst mit Beendigung der Investitionsphase – ergeht unter dem Vorbehalt der Nachprüfung gem. § 164 AO ein so genannter Feststellungsbescheid, in dem der Gewinn/Verlust sowie die Ergebnisanteile der Beteiligten ausgewiesen werden. Wie bereits erwähnt, geht der so festgestellte Gewinn-/Verlustanteil jedes einzelnen Gesellschafters durch eine interne Mitteilung auch dessen zuständigem Wohnsitzfinanzamt zu. Hier findet der Gewinn/Verlust im Rahmen seiner persönlichen Einkommensteuerveranlagung Berücksichtigung. Der Anleger/Gesellschafter reicht bei seinem Wohnsitzfinanzamt eine Einkommensteuererklärung ein. Hierin sind in der Anlage V (für Einkünfte aus Vermietung und Verpachtung) die auf den Einzelgesellschafter negativen Anlaufergebnisse inklusive seiner persönlichen Sonderwerbungskosten anzugeben, die mit positiven Erträgen anderer Einkunftsarten verrechnet werden. Die endgültige Höhe der zu entrichtenden Einkommensteuer ergeht an den Gesellschafter über den Einkommensteuerbescheid, der von seinem zuständigen Wohnsitzfinanzamt erlassen wird. Eine Sondersituation ergibt sich für Anleger/Gesellschafter, die Einkünfte aus Land- und Forstwirtschaft, aus Gewerbebetrieb oder aus selbstständiger Arbeit erzielen. Auf Basis der voraussichtlichen Einkommensteuerschuld des laufenden Veranlagungszeitraums leisten diese Steuerpflichtigen quartalsmäßige Einkommensteuervorauszahlungen gem. § 37 Abs. I EStG. Die Höhe dieser Zahlungen orientiert sich nach § 37 Abs. III EStG grundsätzlich an grundsätzlich an der Einkommensteuer, die sich aus der letzten Veranlagung ergeben hat. Eine Anpassung der Vorauszahlungsverpflichtung ist jedoch immer dann möglich, wenn der Steuerpflichtige bei seinem Wohnsitzfinanzamt glaubhaft machen kann, dass seine Einkommensteuerschuld des laufenden Jahres unter der der letzten Veranlagung liegen wird. Eine gewisse Einschränkung erfährt diese Regelung jedoch durch die Tatsache, dass negative Einkünfte aus Vermietung und Verpachtung grundsätzlich erst ab dem Zeitpunkt der Anschaffung oder Fertigstellung des Gebäudes für eine Herabsetzung der Vorauszahlungspflicht berücksichtigt werden können. Dies gilt gleichermaßen für die Vermietung oder Verpachtung einer Direktimmobilie wie auch für die Beteiligung an einem geschlossenen Immobilienfonds. Im Falle einer zeitlichen Diskrepanz zwischen Anschaffung oder Fertigstellung der Immobilie auf Ebene der Fondsgesellschaft und Anschaffung der Fondsbeteiligung auf Ebene des Gesellschafters ist zur Ermittlung des frühesten Berücksichtigungszeitpunktes der negativen Ergebnisse bei der Vorauszahlungsminderung regelmäßig auf den später eintretenden Tatbestand abzustellen. Negative Ergebnisse, die während der Vermietungsphase der Immobilie entstehen, können dagegen bei der Ermittlung der Vorauszahlungen uneingeschränkt geltend gemacht werden. Das eben geschilderte Nichtanerkennungsprinzip für Verluste der Investitionsphase hat für den Anleger/Gesellschafter zwar per saldo keine einkommensteuerliche Mehrbelastung zur Folge, da er die (vorläufig) nicht berücksichtigungsfähigen Werbungskostenüberschüsse spätestens im Rahmen seiner Einkommensteuerveranlagung steuermindernd geltend machen kann. Durch diese zeitliche Verzögerung entstehen ihm jedoch regelmäßig Zins- und Liquiditätsnachteile. Für nichtselbstständig Tätige ist unter bestimmten Umständen eine steuermindernde Eintragung von Werbungskosten auf der Lohnsteuerkarte möglich. Voraussetzung hierfür ist eine entsprechende Mitteilung des Betriebsfinanzamtes. Der Anleger/Gesellschafter hat seine persönlichen Anträge bei seinem Wohnsitzfinanzamt einzureichen. Der Antrag zur Eintragung eines Lohnsteuerfreibetrages muss spätestens bis zum 30. November des Kalenderjahres, für das die Lohnsteuerkarte gilt, gestellt werden.

3.2.1.3 Verlustausgleichsbeschränkung durch § 15a EStG

Um für Personengesellschafter mit beschränkter Haftung (Kommanditisten) bezüglich der Behandlung und steuerlichen Verwertbarkeit von zugewiesenen Verlusten aus betrieblichen und aus Haushaltseinkünften eine gewisse Gleichbehandlung zu erzielen, ordnet § 21 Abs. I Satz 2 EStG eine sinngemäße Anwendung des § 15a EStG auch auf (negative) Einkünfte aus Vermietung und Verpachtung an. Zielsetzung des § 15a EStG ist es, die Verlustausgleichsmöglichkeit grundsätzlich durch den vom Anleger/Gesellschafter geleisteten Kapitaleinsatz zu limitieren. Dies wird in der Grunddefinition dieser so genannten „Verlustausgleichsbeschränkung" dadurch erreicht, dass ein beschränkt haftender Gesellschafter einer Personengesellschaft ihm zugewiesene Verluste im Jahr ihrer Entstehung nur insoweit mit positiven Einkünften aus derselben oder anderen Einkunftsarten verrechnen kann (horizontaler/vertikaler Verlustausgleich), als hierdurch kein negatives Kapitalkonto im Rahmen seiner Beteiligung entsteht oder ein bereits bestehendes negatives Kapitalkonto erhöht wird. Die Verlustausgleichsmöglichkeit ist also auf die Höhe eines (positiven!) Kapitalkontos beschränkt.

Verlustzuweisungen, die ein positives Kapitalkonto übersteigen, gehen dem Anleger/Gesellschafter nicht grundsätzlich verloren. Sie werden vielmehr gem. § 15a Abs. 2 EStG als „verrechenbare Verluste" innerbetrieblich vorgetragen und können mit zukünftigen positiven Ergebniszuweisungen aus genau dieser Beteiligung verrechnet werden. Diese verrechenbaren Verluste werden vom Finanzamt festgestellt und fortgeschrieben.

Beispiel:

		ausgleichsfähiger - Verlust	verrechenbarer Verlust (vortragsfähig)
Kapitalkonto/Einlage des Gesellschafters Jahr 1	100 000 €		
Negatives steuerliches Ergebnis Jahr 1	120 000 €	100 000 €	20 000 €
Einnahmenüberschuss Jahr 2	17 000 €	17 000 €	3 000 €

Die Darstellung oben berücksichtigt keine eventuellen Beschränkungen der Ausgleichsfähigkeit negativer Anlaufergebnisse aufgrund der §§ 2b EStG und 10d EStG, die sinngemäß sowohl die Höhe der Ausgleichsfähigkeit als auch die Zeiträume der Verrechnung einschränken. In diesem Zusammenhang wird auf Punkt 3.2.1.4 und 3.2.1.6 verwiesen.

§ 15a EStG ist eine reine Verlustausgleichsbeschränkung, die gesellschaftsrechtliche Ergebnisverteilung wird hiervon nicht berührt. Verluste, die beim Gesellschafter ein negatives Kapitalkonto entstehen lassen oder ein bereits bestehendes erhöhen, werden ihm steuerlich durchaus zugerechnet, sie können jedoch nicht in den Verlustausgleich/-abzug einbezogen werden. Stattdessen sind sie intern unbegrenzt vortragsfähig.

Von den Bestimmungen des § 15a EStG sind vorrangig zwei Personenkreise betroffen:

- Gesellschafter einer Personengesellschaft, deren Haftung gesellschaftsrechtlich beschränkt ist. Das Vermögensrisiko ist hier auf die vereinbarte Einlage beschränkt, eine darüber hinausgehende Haftung besteht nicht. Typischerweise werden diese Voraussetzungen von Kommanditisten einer KG erfüllt.
- Gesellschafter einer Personengesellschaft, deren Haftung gesellschaftsrechtlich zwar unbeschränkt, faktisch jedoch beschränkt ist. Hierbei handelt es sich um die Komplementäre einer KG, um Gesellschafter einer OHG oder um Gesellschafter

einer GbR, deren Haftungsverpflichtungen entweder durch Vertrag eingeschränkt bzw. ausgeschlossen oder durch die Art des Geschäftsbetriebes unwahrscheinlich sind. In der Praxis ergeben sich in diesem Zusammenhang erhebliche Auslegungs- und Entscheidungsprobleme.

Probleme bei der sinngemäßen Anwendung des § 15a EStG auf negative Einkünfte aus Vermietung und Verpachtung ergeben sich vor allem im Zusammenhang mit dem Begriff des „Kapitalkontos". Wie bereits mehrfach dargestellt, wird die Einkunftsart „Vermietung und Verpachtung" als Saldogröße von Einnahmen und Werbungskosten ermittelt. Eine Steuerbilanz und somit auch ein Kapitalkonto im klassischen steuerlichen Sinne existieren nicht. Zur Bestimmung des steuerlichen Verlustausgleichspotenzials eines Anlegers/Gesellschafters muss also eine Hilfsgröße herangezogen werden. Nach Auffassung der Finanzverwaltung ist hierfür als fiktives Kapitalkonto die vom Gesellschafter tatsächlich geleistete Einlage zu verwenden.

Grundsätzlich ist also die sofortige Ausgleichsmöglichkeit für zugewiesene Verluste auf die Höhe der geleisteten Einlage beschränkt. Dieser Ausgangswert kann sich jedoch durch bestimmte Maßnahmen und Handlungen erhöhen oder vermindern. Eine Herabsetzung des Ausgleichsvolumens wird z.B. durch Kapitalentnahmen des Gesellschafters oder durch zugewiesene Verluste ausgelöst. Dagegen erhöht sich das steuerliche Verlustausgleichspotenzial durch einbehaltene Überschüsse, durch zusätzliche Einlagen oder durch eine Haftungserweiterung mittels Eintragung im Handelsregister. § 15a Abs. I Satz 2 EStG macht jedoch hierfür eine namentliche Eintragung des Kommanditisten unter Angabe der zusätzlichen Haftungseinlage im Handelsregister zur Bedingung. Die Eintragung eines Treuhandkommanditisten reicht nicht aus. Darüber hinaus darf die bestehende Haftung nicht durch Vertrag ausgeschlossen sowie durch die Art des Geschäftsbetriebes unwahrscheinlich sein.

Beispiel:

Beteiligung	100 000 €
Fremdfinanzierung	- 70 000 €
Eigenleistung (eingezahltes Eigenkapital)	30 000 €
Verlustzuweisung	- 40 000 €
(Verlustausgleichspotenzial	*100 000 €)*
Tatsächlicher Verlustausgleich	40 000 €

Eine Sondersituation ergibt sich für Komplementäre einer KG bzw. Gesellschafter einer GbR, die grundsätzlich unbeschränkt, persönlich, unmittelbar und gesamtschuldnerisch haften. Bezüglich der Beschränkung des Verlustausgleichspotenzials findet § 15a EStG jedoch auch auf diesen Personenkreis Anwendung, wenn ihre Haftungsverpflichtung der eines beschränkt haftenden Kommanditisten durch vertragliche Regelung oder durch Art des Geschäftsbetriebes gleichkommt. Gegen eine unbeschränkte Haftung sprechen beispielsweise Höchstkosten-, Miet- oder Zinsgarantien.

3.2.1.4 Negative Einkünfte aus der Beteiligung an Verlustzuweisungsgesellschaften und ähnlichen Modellen nach § 2b EStG

Durch das Steuerentlastungsgesetz 1999/2000/2002 wurde ein neuer § 2b EStG in das Einkommensteuergesetz aufgenommen. Er soll die Verlustverrechnungsmöglichkeiten bei „Verlustzuweisungsgesellschaften und ähnlichen Modellen" einschränken.

Die Finanzverwaltung hat mit ihrem Schreiben vom 22.8.2001, BStBl. 2001 I, S. 588 (siehe auch Abdruck im Anhang, Kapitel 7) zur Auslegung der Vorschrift Stellung genommen. Diese Ausführungen schreiben einen Prüfungsmechanismus vor, dessen Ziel es ist, zwischen Fondsbeteiligungen zu unterscheiden, deren negative steuerliche Anlaufergebnisse wie vorher unbeschränkt (lediglich durch die Regelungen des § 2 Abs. 3 EStG und § 10d EStG der Höhe nach beschränkt - siehe entsprechende Ausführungen) mit anderen positiven Einkünften gleich welcher Einkunftsart verrechnet werden dürfen, und solchen, bei denen eben diese Möglichkeit ausgeschlossen ist. Kommt es nach Durchlauf des in Abbildung 18 aufgeführten Prüfungsschemas zur Anwendung des § 2b EstG, sind negative steuerliche Anlaufergebnisse nur mit Gewinnen aus Beteiligungsmodellen auszugleichen, auf die § 2b EStG bereits Anwendung gefunden hat.

Sofern die prospektierten negativen steuerlichen Ergebnisse 50 Prozent des eingesetzten Eigenkapitals nicht übersteigen, können die entsprechenden Ergebnisse mit anderen positiven Einkünften verrechnet werden. Dies wird auch nicht dadurch verhindert, dass „Modellhaftigkeit" im Sinne des § 2b EStG bei geschlossenen Fondsmodellen als Vorliegen eines Prospektes interpretiert wird und dieser Prospekt schon aus den Erfordernissen des IWD-Standards S 4 (siehe Punkt 7.20) immer vorliegt.

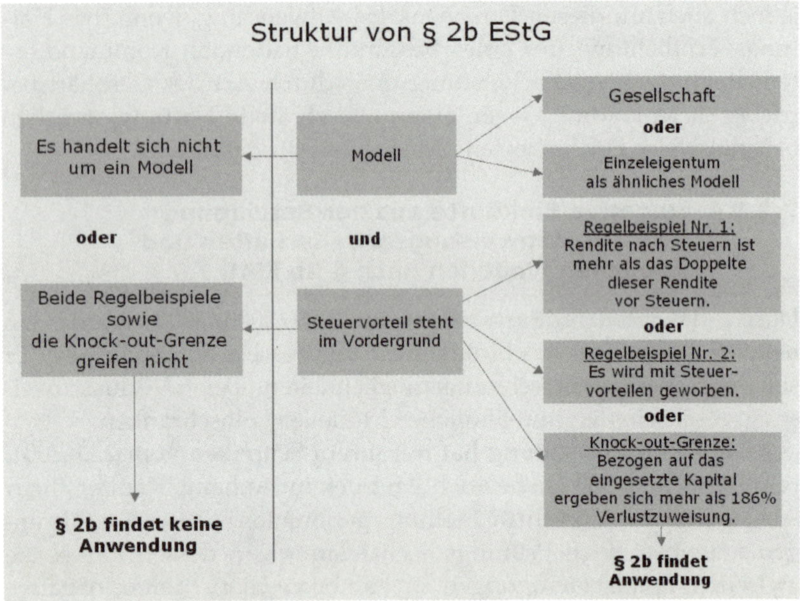

Abb. 18: Prüfungsschema des § 2b EStG

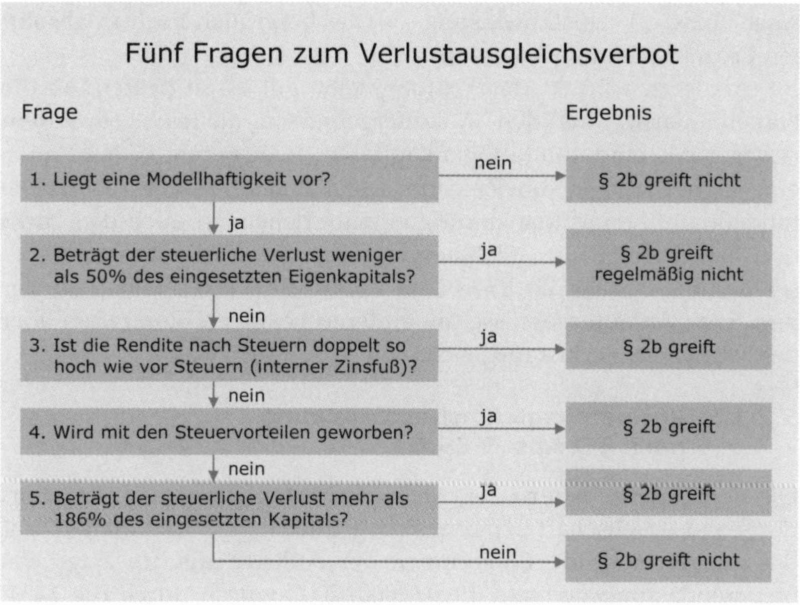

Abb. 19: Fünf Fragen zum Verlustausgleich

Die Erzielung eines steuerlichen Vorteils steht nach Ansicht der Finanzverwaltung im 1. Regelbeispiel zum § 2b EStG dann im Vordergrund, wenn die Rendite auf das einzusetzende Kapital nach Steuern (Nachsteuerrendite) mehr als das Doppelte dieser Rendite vor Steuern (Vorsteuerrendite) beträgt. Die hier verwendeten Renditebegriffe beruhen zum einen auf der Renditeberechnung nach internem Zinsfuß. Sodann definiert die Finanzverwaltung den Begriff Rendite vor Steuern als Rendite ohne Berücksichtigung eines Steuerabzugs - somit als Bruttorendite der Investition. Im Gegensatz hierzu stellt die Rendite nach Steuern die Aussage „Rendite nach Steuerabzug" dar.

Der Vermittler ist für die Einhaltung des 2. Regelbeispiels verantwortlich. Hierin wird die Frage aufgeworfen, ob steuerliche Vorteile werbemäßig im Prospekt hervorgehoben wurden. Aber auch außerhalb des Prospektes darf z.B. in Anschreiben des Vermittlers an Kunden der Begriff „Negative steuerliche Anlaufergebnisse“ bzw. „Verlustzuweisung“ weder begrifflich noch in absoluten Prozentsätzen vorkommen.

Als letzten Punkt der Prüfungsreihe gilt es zu prüfen, ob die Steuerersparnis aus den Anlaufergebnissen ausreicht, um dem Anleger das eingezahlte Eigenkapital zu finanzieren. Hier ist auch eine gegebenenfalls vom Zeichner selbst abgeschlossene zusätzliche modellhafte Fremdfinanzierung einzubeziehen. Ist auch dies nicht der Fall, erfolgt die Nichtanwendung der Verlustausgleichsbeschränkung nach § 2b EStG und damit die Verrechenbarkeit der negativen Anlaufergebnisse mit anderen positiven Einkünften über den vertikalen Verlustausgleich.

3.2.1.5 Verlustausgleichsbeschränkung nach § 2 Abs. 3 EStG

Die den Gesellschaftern zugerechneten Beteiligungen am Ergebnis der Fondsgesellschaft wirken sich grundsätzlich unmittelbar auf das zu versteuernde Einkommen der Anleger aus. Im Zuge des Steuerentlastungsgesetzes 1999/2000/2002 wurde durch die Neufassung des § 2 Abs. 3 EStG mit Wirkung ab dem 1.1.1999 die Verrechnung von Gewinnen und Verlusten zum Teil nicht unerheblich eingeschränkt

Zur Prüfung, inwieweit entstandene negative Ergebnisse mit positiven verrechnet werden können, ist ein mehrstufiges Verfahren anzuwenden. Die Verluste aus einer Einkunftsart sind zunächst, soweit möglich, mit Gewinnen aus derselben Einkunftsart verrechenbar. Diese Verrechnungsmöglichkeit, auch als horizontaler Verlustausgleich bezeichnet, wurde durch § 2 Abs. 3 EStG nicht beschränkt. Danach verbleibende negative Ergebnisse können bis zu einem Betrag von 51 500 Euro pro Person bzw. 103 000 Euro bei Verheirateten im Jahr mit beliebigen anderen Ergebnissen aus anderen Einkunftsarten verrechnet werden. Dieser Vorgang wird als vertikaler Verlustausgleich bezeichnet. Darüber hinausgehende negative Ergebnisse können nur noch mit 50 Prozent der verbliebenen positiven Einkünfte Verrechnung finden. Die danach verbleibenden noch nicht verrechneten negativen Ergebnisse werden nach Maßgabe des § 10d EStG verrechnet.

Mindestbesteuerung nach § 2 Abs. 3 EStG bei horizontalem Verlustausgleich

Ausgangslage

Unbeschränkt Steuerpflichtiger

Nicht verheiratet (Grundtabelle)

Einkünfte aus Kapitalvermögen: 250 000 €

Einkünfte aus Gewerbebetrieb: 500 000 €

Zeichnung eines geschlossenen Immobilienfonds mit negativen steuerlichen Anlaufergebnissen von 120 000 € (Einkünfte aus Gewerbebetrieb)

Berechnungsmodus	**Summe der Einkunftsart**	
	Horizontal	Vertikal
Einkünfte aus Kapitalvermögen	250 000 €	–
Einkünfte aus Gewerbebetrieb	–	–
Eigenes Unternehmen	500 000 €	–
Negative steuerliche Anlaufergebnisse	– 120 000 €	–
Somit Einkünfte aus Gewerbebetrieb nach Zeichnung	380 000 €	380 000 €
Summe der Einkünfte, ggf. Gesamtbetrag der Einkünfte		630 000 €

Mindestbesteuerung nach § 2 Abs. 3 EStG bei vertikalem Verlustausgleich

Ausgangslage

Unbeschränkt Steuerpflichtiger

Nicht verheiratet (Grundtabelle)

Einkünfte aus nichtselbstständiger Arbeit: 250 000 €

Einkünfte aus Vermietung und Verpachtung: 15 000 €

Zeichnung eines geschlossenen Immobilienfonds mit negativen steuerlichen Anlaufergebnissen von 120 000 €
(Einkünfte aus Vermietung und Verpachtung)

Berechnungsmodus		**Summe der Einkunftsart** positiv	negativ
Einkünfte aus nichtselbstständiger Arbeit		250 000 €	–
Einkünfte aus Vermietung und Verpachtung		–	–
Einkünfte ohne Zeichnung	15 000 €	–	–
Negative steuerliche Anlaufergebnisse	– 120 000 €	–	– 105 000 €
Summer der positiven und negativen Einkünfte		250 000 €	– 105 000 €
Unbeschränkt abzugsfähig nach § 2 Abs. 3 EstG		– 51 500 €	51 500 €
Verbleibende positive und negative Einkünfte		198 500 €	– 53 500 €
Von den verbleibenden positiven Einkünften sind maximal 50 % in diesem Veranlagungsjahr ausgleichsfähig: (50 % von 198 500 €)		–	99 250 €
Verbleibende Summe der positiven und negativen Einkünfte		145 000 €	0 €

3.2.1.6 Verlustabzug nach § 10d EStG

Negative Einkünfte, die bei der Ermittlung des Gesamtbetrags der Einkünfte nicht ausgeglichen werden konnten, sind bis zu einem Betrag von 511 500 Euro vom Gesamtbetrag der Einkünfte des vorangegangenen Jahres abzuziehen. Auch hier finden die Einschränkungen des § 2 Abs. 3 EStG Anwendung. Verbleibende negative Ergebnisse sind in den nachfolgenden Veranlagungszeiträumen vom Gesamtbetrag der Einkünfte abzuziehen. Es stellt sich die Frage nach dem Verfahrensweg bei bereits rechtskräftig gewordenen Steuerbescheiden im jeweiligen Rücktragsjahr. Diese werden von Amts wegen berichtigt.

Der Verlustvortrag bewirkt in den betreffenden Veranlagungszeiträumen die Verrechnung mit positiven Ergebnissen der gleichen Einkunftsart. Auch hierbei ist die Regelung zur Verlustausgleichsbeschränkung nach § 2 Abs. 3 EStG zu beachten.

3.2.2 Veräußerungsgewinne

Den Gegenpol zu den laufenden Einkünften bilden in der Systematik des Einkommensteuerrechts die so genannten Veräußerungsgewinne, die durch einen „außerordentlichen" Verkauf von Wirtschaftsgütern entstehen. Grundsätzlich sind nicht alle Veräußerungserfolge steuerpflichtig, sondern lediglich solche, die durch die Veräußerung von Wirtschaftsgütern des Betriebsvermögens (Gewinne sind hier unter der jeweils realisierten Einkunftsart steuerbar), durch den Verkauf von wesentlichen Beteiligungen an Kapitalgesellschaften im Privatvermögen sowie durch Veräußerungen im privaten Bereich (vormals Spekulationsgeschäfte) des Steuerpflichtigen innerhalb einer bestimmten Spekulationsfrist anfallen. Der gesamte Komplex der wesentlichen Beteiligungen ist im vorliegenden Sachverhalt unbeachtlich, da es sich bei geschlossenen Immobilienfonds regelmäßig um Personen-, nicht um Kapitalgesellschaften handelt. Geschlossene Immobilienfonds erzielen im Rahmen einer privaten Vermögensverwaltung praktisch ausschließlich Einkünfte aus Vermietung und Verpachtung im Sinne des § 21 EStG. Die gesamten Fondsobjekte und für gewöhnlich auch die Beteiligungen der einzelnen Anleger/Gesellschafter erfüllen daher die Privatvermögenseigenschaft. In der Folge ist zu prüfen, ob bei der Veräußerung einer Immobilie auf Ebene der Gesellschaft oder einer Beteiligung seitens des Anlegers die Voraussetzungen für eine (steuerpflichtige) Veräußerung im privaten Bereich (vormals Spekulationsgeschäft) im Sinne der §§ 22 Nr. 2, 23 Abs. 1 Nr. 1 EStG erfüllt sind.

Auf die Voraussetzungen und steuerlichen Konsequenzen eines gewerblichen Grundstückshandels auf Ebene der Fondsgesellschaft durch eine unterstellte planmäßige und nachhaltige Veräußerung mehrerer Fondsimmobilien wurde bereits ausführlich eingegangen. Die Finanzverwaltung hat ihre bis vor wenigen Jahren gültige Auffassung zum gewerblichen Grundstückshandel hinsichtlich einer zehnprozentigen Beteiligung eines Zeichners mit BMF-Schreiben vom 9.7.2001, BStBl. 2001 I, S. 512 dahingehend geändert, dass sämtliche Beteiligungen an Großobjekten wie Büro-, Hotel- oder Verwaltungsgebäuden, die ja überlicherweise Investitionsziel eines geschlossenen Immobilienfonds sind, bei der Veräußerung auch nur eines Objekts durch die Gesellschaft oder der Verkauf einer Beteiligung an einem solchen Objekt, als Zählobjekte zur Betrachtung der Dreiobjektgrenze rechnen. Zur Entspannung der geschilderten Situation trägt die in aller Regel für mehr als zehn Jahre geplante Halteabsicht der Fondsobjekte bei.

3.2.2.1 Veräußerungen im privaten Bereich (vormals Spekulationsgeschäfte)

Seit In-Kraft-Treten des Steuerentlastungsgesetzes 1999/2000/2002 am 1.1.1999 werden Spekulationsgeschäfte als „Private Veräußerungsgeschäfte" bezeichnet. Die Änderung in der Terminologie trägt der Tatsache Rechnung, dass durch die Ausweitung der so genannten Spekulationsfrist von zwei auf zehn Jahre von einer „Spekulation" nicht mehr gesprochen werden kann. Ein etwaiger Verlust kann nur bis zur Höhe eines Gewinns aus Veräußerungsgeschäften im selben Jahr verrechnet werden. Es ist jedoch ein (beschränkter) Verlustrücktrag (mit Verrechnung von Gewinnen aus Veräußerungsgeschäften des Vorjahres) und einem Verlustvortrag (Verrechnung von Gewinnen aus Veräußerungsgeschäften der folgenden Jahre) möglich.

Eine Veräußerung im privaten Bereich (Spekulationsgeschäft) kann sowohl auf Ebene der Gesellschaft als auch auf Ebene der Gesellschafter realisiert werden. Auf Ebene der Fondsgesellschaft ist eine Beurteilung der Sachlage relativ unproblematisch. Hier können Spekulationsgewinne im Sinne der §§ 22 Nr. 2, 23 Abs. 1 Nr. 1a EStG entstehen, wenn der Zeitraum zwischen Anschaffung und Veräußerung einer Immobilie weniger als zehn Jahre beträgt.

Schwierigkeiten können sich dagegen bei der Prüfung von Veräußerungen im privaten Bereich auf Ebene des Fondsgesellschafters ergeben. Hier gilt es zu entscheiden, ob im Verkauf der Anteile an der Gesellschaft entweder die Veräußerung eines selbstständigen Wirtschaftsgutes „Fondsbeteiligung" zu sehen ist oder ob auch auf Anlegerebene eine Veräußerung der durch die Beteiligung repräsentierten Immobilien angenommen wird. Im ersten Fall gälte eine Spekulationsfrist von zwölf Monaten, im zweiten Fall beträgt sie ebenfalls zehn Jahre. Die herrschende Meinung tendiert aktuell zur zweiten Auffassung, wobei hier als „Anschaffungszeitpunkt" der Beitritt zur Gesellschaft, als Zeitpunkt der Veräußerung die Übertragung der Anteile an einen Dritten bzw. das Ausscheiden aus der Gesellschaft oder deren Auflösung gelten.

Der zu versteuernde Spekulationsgewinn ergibt sich als Differenz zwischen dem Verkaufserlös für die Beteiligung abzüglich anfallender Veräußerungskosten und den Anschaffungskosten zuzüglich etwaiger Anschaffungsnebenkosten. Für die Beurteilung einer Veräußerung im privaten Bereich ist es steuerlich irrelevant, welche (persönlichen) Motive den Steuerpflichtigen zur Veräußerung veranlasst haben. So kann dieser beispielsweise nicht steuerlich begünstigend geltend machen, dass er den Verkauf zur finanziellen Überbrückung einer privaten Notlage (z.B. Krankheit) getätigt hat.

3.2.2.2 Steuerbegünstigte Veräußerungsgewinne im Sinne der §§ 16, 34 EStG

Problematisch erscheint die Tatsache, dass die Zehnjahrefrist rückwirkend zu laufen beginnt. Das Problem wurde auch vom Finanzgericht Münster gesehen, das in seinem Urteil vom 18.2.2001 (4 V 6735/00 E) die Rückwirkung als Verstoß gegen den Grundsatz des Vertrauensschutzes beurteilt. Auch der Bundesfinanzhof hat erhebliche verfassungsrechtliche Bedenken gegen die Rückwirkungsregelung geäußert (Beschluss vom 5.3.2001 - IX B 90/00). Wenn in diesem Streitfall im Hauptsacheverfahren die Bedenken aufrechterhalten bleiben, wird sich das Bundesverfassungsgericht damit beschäftigen müssen.

In besonderen Ausnahmefällen kann es sich beim Verkauf einer Fondsbeteiligung um einen steuerlich begünstigten Veräußerungsvorgang im Sinne der §§ 16, 34 EStG handeln. § 16 EStG legt fest, dass Gewinne, die bei der Veräußerung von Gesellschaftsanteilen an einer Mitunternehmerschaft entstehen, zu den Einkünften aus Gewerbebetrieb rechnen. Grundvoraussetzung für die Anwendbarkeit dieser Vorschrift ist die gesamthänderische Erzielung einer betrieblichen Einkunftsart (Einkünfte aus Land- und Forstwirtschaft, aus Gewerbebetrieb und aus selbstständiger Arbeit in Form einer Mitunternehmerschaft). Wie bereits oben dargelegt, kann die Tätigkeit eines geschlossenen Immobilienfonds unter bestimmten Vorgaben als Gewerbebetrieb einzustufen sein. Veräußert in diesem Fall ein Anleger seine Gesellschafts-(Kommandit-) Anteile, so kann er einen entstandenen Veräußerungsgewinn nicht durch die Einhaltung einer bestimmten Spekulationsfrist steuerfrei halten. Die steuerliche Begünstigung eines Veräußerungsgewinns berücksichtigt das Lebensalter des Veräußerers. Hier ist die Vollendung des 55. Lebensjahres von entscheidender Bedeutung.

Ohne Fondsbeteiligung		
Zu versteuerndes Einkommen		50 000 €
Summe		50 000 €
Einkommensteuer auf		
	50 000 €	9 514 €
	150 000 €	53 010 €
Differenz		43 496 €
5-facher Differenzbetrag		217 480 €
Zzgl. Steuer auf Normaleinkommen		9 514 €
Steuerlast 2002		226 994 €

Mit Fondsbeteiligung		
Zu versteuerndes Einkommen		50 000 €
Abzgl. neg. Anlaufergebnisse		50 000 €
Summe		0 €
Einkommensteuer auf 1/5 der Summe		
	100 000 €	28 880 €
5-facher Steuerbetrag		144 400 €
Steuerlast 2002		144 400 €

Gesamtsteuerersparnis im Jahr 2002: 82 594 €

Abb. 20: Anwendung der Fünftelregelung

Hat der Veräußerer die genannte Grenze noch nicht überschritten, bemisst sich die Steuer nach § 34 Abs. 1 EStG. Es kommt die so genannte „Fünftelregelung“ zur Anwendung. Die Funktionsweise der Fünftelregelung wird in Abbildung 20 dargestellt.

Sofern der Veräußerer das 55. Lebensjahr vollendet hat, kommt auf Antrag die zwischenzeitlich abgeschaffte Form des halben durchschnittlichen Steuersatzes nach § 34 Abs. 3 EStG zur Anwendung. Diese Vergünstigung kann der Steuerpflichtige nur ein Mal im Leben in Anspruch nehmen. Der halbe durchschnittliche Steuersatz beträgt mindestens 19,9 Prozent der steuerpflichtigen Einkünfte. Außerdem erhält der Veräußerer, der das 55. Lebensjahr vollendet hat, auf Antrag einen nur ein Mal im Leben verrechenbaren Freibetrag i.H.v. 51 200 Euro. Dieser ermäßigt sich um den Betrag, um den der Veräußerungsgewinn 154 000 Euro übersteigt.

3.3 Behandlung in anderen Steuerarten

3.3.1 Vermögensteuer

Mit Wirkung ab dem Veranlagungszeitraum 1997 wird die Vermögensteuer, die sich für Immobilienvermögen zuletzt auf 1 Prozent des um 40 Prozent erhöhten steuerlichen Einheitswertes belief, nicht mehr erhoben.

3.3.2 Erbschaft- und Schenkungsteuer

3.3.2.1 Darstellung der Sachlage

In der Erbschaft- und Schenkungsteuer ist die steuerliche Behandlung von unentgeltlichen Vermögensübertragungen geregelt. Eine (über weite Strecken rein begriffliche) Abgrenzung findet insofern statt, als auf Vermögensübertragungen von Todes wegen der Begriff der „Erbschaftsteuer“ Anwendung findet, während unter der Bezeichnung „Schenkungsteuer“ alle Vermögensübertragungen unter Lebenden subsumiert werden. In den Kernpunkten - wie z.B.

Steuerklasse, Steuersatz oder persönliche Freibeträge – kommen dagegen weitestgehend dieselben Grundsätze zum Tragen.

Das Erbschaft- und Schenkungsteuergesetz sieht grundsätzlich eine so genannte „Bedarfsbewertung" von Grundvermögen vor. Eine Wertermittlung hat damit nach den Bewertungsvorschriften stets „im Bedarfsfall", d.h. im Nachlass- oder Schenkungsfall, zu erfolgen. Die Bewertungsrichtlinien unterscheiden hierbei im Wesentlichen zwischen unbebauten und bebauten Grundstücken. Die nachfolgenden Gliederungspunkte zeigen kurz die maßgeblichen Bewertungsmaßstäbe nach dem seit Anfang 1996 geltenden Recht auf.

Bewertung von unbebauten Grundstücken

Unbebaute Grundstücke sind nach der Definition in § 145 des Bewertungsgesetzes (BewG) solche, auf denen sich keine benutzbaren Gebäude befinden oder zur Nutzung vorgesehene Gebäude noch im Bau befindlich sind. Die Benutzbarkeit beginnt erst im Zeitpunkt der tatsächlichen Bezugsfertigkeit. Die rein baurechtliche Bauabnahme hat hierbei keine Bedeutung. Der Wert unbebauter Grundstücke bestimmt sich nach ihrer Flächengröße und den um 20 Prozent geminderten, so genannten „Bodenrichtwerten". Letztere sind von den amtlichen Gutachterausschüssen für Grundstücksbewertung auf den 1.1.1996 zu ermitteln und den jeweiligen Finanzämtern bekannt zu geben. Die einschlägige Passage in § 145 Absatz 3 BewG lautet im Original:

„Der Wert unbebauter Grundstücke bestimmt sich nach ihrer Fläche und den um 20 vom Hundert ermäßigten Bodenrichtwerten (§ 196 des Baugesetzbuches ...). Die Bodenrichtwerte sind von den Gutachterausschüssen nach dem Baugesetzbuch auf den 1. Januar 1996 zu ermitteln und den Finanzämtern mitzuteilen. Weist der Steuerpflichtige nach, dass der gemeine Wert des unbebauten Grundstücks niedriger als der nach Satz 1 ermittelte Wert ist, ist der gemeine Wert festzustellen."

Beispiel:

Grundstücksgröße	600 qm	
Bodenrichtwert nach Gutachterausschuss	500 €/qm	
Erbschaftsteuerlicher Wert nach neuem Recht	(600 qm x 500 €)	300 000 €
Abzüglich Bewertungsabschlag (20 %)		- 60 000 €
Erbschaft- und schenkungsteuerlicher Wert		240 000 €

Bewertung von bebauten Grundstücken

Die Bewertung von bebauten Grundstücken erfolgt grundsätzlich nach einem so genannten „Ertragswertverfahren". Dabei ist von der durchschnittlichen Jahreskaltmiete der letzten drei Jahre vor dem Bewertungszeitpunkt auszugehen. Auf den Mieter umgelegte Betriebskosten sind nicht in die Ermittlung der maßgeblichen Jahresmiete einzubeziehen. Falls das betreffende Grundstück nur über einen kürzeren Zeitraum als drei Jahre vermietet wurde, so ist die durchschnittliche Jahresmiete dieser kürzeren Zeitspanne zugrunde zu legen. Wurde ein Grundstück nicht fremdvermietet, sondern z.B. vom Eigentümer selbst oder von Familienangehörigen genutzt oder auch mietfrei an andere Personen überlassen, so ist der Ertragswert der Immobilie anstelle der durchschnittlichen Jahresmiete durch Heranziehung der ortsüblichen Vergleichsmiete zu berechnen. Auch in diesem Fall bleiben Betriebskosten außer Ansatz.

Zur Ermittlung des erbschaft- und schenkungsteuerlichen Ertragswerts ist die durchschnittliche Jahreskaltmiete (bzw. die ortsübliche Vergleichsmiete) mit einem einheitlichen Faktor von 12,5 zu multiplizieren. Der sich hieraus errechnende Betrag darf um eine so genannte „Alterswertminderung" von 0,5 Prozent pro Altersjahr des Gebäudes - maximal jedoch 25 Prozent - gekürzt werden. Bei Ein- und Zweifamilienhäusern ist der auf diese Weise ermittelte Immobilienwert wieder um einen Zuschlag von 20 Prozent zu erhöhen. Diese Maßnahme gründet sich auf die Erkenntnis, dass die neuen Bewertungsvorschriften bei Ein- und Zweifamilienhäusern nach wie vor zu einem deutlich unter den tatsächlichen Verkehrswerten liegenden Wertansatz geführt hätten. Im Durchschnitt rechnen Sachverständige damit, dass sich die Ansätze dieser Immobilien nach neuem Bewertungsrecht bei rund 50 bis 60 Prozent der tatsächlichen Zeitwerte bewegen.

Beispiel:

Fremdvermietetes Einfamilienhaus; Alter seit Herstellung: zehn Jahre; Wohnfläche 150 qm; monatliche Kaltmiete 8 €/qm	
150 qm x 8 € x 12 Monate x 12,5	180 000 €
Alterswertabschlag 10 Jahre x 0,5 % = 5 %	- 9 000 €
	171 000 €
Zuschlag für Einfamilienhaus (20 %)	34 200 €
Ertragswert der Immobilie (abgerundet auf volle 1000 €)	205 000 €

Auch für bebaute Grundstücke besteht die Möglichkeit, durch Vorlage eines entsprechenden Gutachtens nachzuweisen, dass der tatsächliche Verkehrswert unter dem nach obigen Grundsätzen ermittelten Ertragswert liegt. In diesen Fällen ist auch hier der niedrigere Verkehrswert maßgebend.

3.3.2.2 Steuerklassen, Freibeträge, Steuersätze

Die Erbschaft- und Schenkungsteuer teilt die Erwerber abhängig von deren Verwandtschaftsverhältnis zum Erblasser bzw. Schenker gemäß § 15 ErbStG in drei Erbschaftsteuerklassen ein. Hohe Freibeträge erhalten die Ehegatten in Höhe von 307 000 Euro und die Kinder (205 000 Euro). Die exakten Werte sind den Tabellen unter Punkt 2.7.4.3 oder § 16 ErbStG zu entnehmen.

3.3.2.3 Behandlung von Verbindlichkeiten und ähnlichen Verpflichtungen

Im Rahmen einer unentgeltlichen Vermögensübertragung durch Erbfall oder Schenkung kann „negatives" Vermögen dadurch erzeugt werden, dass in der übertragenen Vermögensmasse auch Verbindlichkeiten oder ähnliche Verpflichtungen (Auflagen) enthalten sind. Die Systematik der Erbschaft- und Schenkungsteuer unterscheidet bei der Vermögensübertragung so genannte Duldungs- und Leistungsauflagen. Duldungsauflagen sind beispielsweise einzuräumende Nießbrauchsrechte, Leistungsauflagen können in der Übernahme von Verbindlichkeiten (z.B. Hypothekendarlehen) oder in Leibrentenverpflichtungen bestehen. Unter diesen Voraussetzungen können sich folgende Szenarien ergeben:

Übertragung von Todes wegen (Erbschaft):

- Nachlassübertragung: Im Nachlass ist eine Verbindlichkeit enthalten.

übertragenes Vermögen (z.B. Immobilie/ Fondsbeteiligung, Steuerwert)	500 000 €
mitübertragene Verbindlichkeit	- 200 000 €
erbschaftsteuerpflichtiger Erwerb (vor Berücksichtigung der persönlichen Freibeträge)	**300 000 €**

- Nachlassübertragung: Die Erbschaft erfolgt unter der Auflage, einem Dritten ein Nießbrauchsrecht an dem übertragenen Vermögen einzuräumen (Duldungsauflage).

übertragenes Vermögen (z.B. Immobilie/ Fondsbeteiligung; Steuerwert)	500 000 €
steuerlicher Wert des Nießbrauchs nach den Vorschriften des Bewertungsgesetzes	- 200 000 €
erbschaftsteuerpflichtiger Erwerb (vor Freibeträgen)	**300 000 €**

Es ergibt sich dieselbe Behandlung wie bei Übertragung einer Verbindlichkeit. Die Duldungsauflage wird mit ihrem Steuerwert vom Steuerwert des übertragenen Vermögens in Abzug gebracht.

- Nachlassübertragung: Die Erbschaft erfolgt unter der Auflage, ein Hypothekendarlehen für eine Immobilie oder eine Anteilsaußenfinanzierung einer Immobilienfondsbeteiligung zu übernehmen (Leistungsauflage).

übertragenes Vermögen (Immobilie/Fondsbeteiligung, Steuerwert)	500 000 €
Nennwert der übernommenen Hypothek/Außenfinanzierung	– 200 000 €
erbschaftsteuerpflichtiger Erwerb (vor Freibeträgen)	**300 000 €**

Die Behandlung einer Leistungsauflage unterscheidet sich nicht von den ersten beiden Szenarien.

Fazit:
Bei Erwerben von Todes wegen werden Verbindlichkeiten, Duldungs- und Leistungsauflagen mit ihrem Nenn- bzw. Steuerwert vom Nachlass in Abzug gebracht. Übersteigen die Verbindlichkeiten bzw. Auflagen den Steuerwert des übertragenen Vermögensteils, entsteht beim Begünstigten negatives Vermögen, das er mit positiven Vermögenswerten dieses Erbfalls verrechnen kann.

Beispiel:

Immobilienfondsbeteiligung (Steuerwert)	200 000 €
Anteilsfinanzierung	- 300 000 €
negatives Vermögen	- 100 000 €
sonstiges Nachlassvermögen	+ 200 000 €
erbschaftsteuerpflichtiger Erwerb (vor Freibeträgen)	**100 000 €**

Übertragungen unter Lebenden (Schenkung):

- Schenkung einer Immobilie/Fondsbeteiligung unter der Auflage, einem Dritten ein Nießbrauchsrecht einzuräumen (Duldungsauflage).

Schenkungsvermögen (Steuerwert)	500 000 €
Nießbrauchsrecht (Steuerwert)	- 200 000 €
schenkungsteuerpflichtiger Erwerb (vor Freibeträgen)	**300 000 €**

- Schenkung einer Immobilie/Fondsbeteiligung unter der Auflage, eine Hypothek bzw. eine Anteilsaußenfinanzierung zu übernehmen.

Zusatzinformation: Der Verkehrswert des übertragenen Vermögens beläuft sich auf 1 000 000 Euro. Für den Fall einer Leistungsauflage bei unentgeltlichen Vermögensübertragungen unter Lebenden weicht die steuerliche Behandlung von der bisher geschilderten Vorgehensweise ab. Hier wird steuerlich eine so genannte „gemischte Schenkung" angenommen. Die Schenkungsmasse wird hierbei in einen teilentgeltlichen (steuerfreien) und einen unentgeltlichen (steuerpflichtigen) Teil zerlegt. Diese Zerlegung des Steuerwertes erfolgt nach dem Verhältnis zwischen der Leistungsauflage und dem Verkehrswert des übertragenen Vermögens.

Schenkungsvermögen (Steuerwert)	500 000 €
Schenkungsvermögen (Verkehrswert)	1 000 000 €
übernommene Verbindlichkeit	200 000 €

$$\frac{\text{Leistungsauflage}}{\text{Verkehrswert}} = \frac{200\,000\ €}{1\,000\,000\ €} = \frac{1}{5} = 0{,}2$$

Diese Quote (0,2) wurde teilentgeltlich erworben und bleibt daher steuerfrei. Die Restquote (0,8) des Steuerwertes der Schenkung ist steuerpflichtig.

Hier:

0,2 x 500 000 €	= 100 000 € (steuerfrei)
0,8 x 500 000 €	= 400 000 € (steuerpflichtig)

Fazit:
Bei der unentgeltlichen Vermögensübertragung unter Lebenden findet eine unterschiedliche Behandlung von Duldungs- und Leistungsauflagen statt. Negatives Vermögen kann daher ausschließlich in Verbindung mit einer Duldungsauflage erzeugt werden.

3.3.2.4 Mittelbare Grundstücksschenkung

Einen Sonderaspekt im Bereich der Schenkungsteuer stellt die Tatsache dar, dass die schenkweise Hingabe eines Geldbetrages zum explizit vorzunehmenden Erwerb einer ganz bestimmten Immobilie nicht mit dem Nennwert des Geldbetrages, sondern vielmehr mit dem erbschaft- und schenkungsteuerlichen (Ertrags-)Wert des Grundstücks der Schenkungsteuer zu unterwerfen ist (so genannte „mittelbare Grundstücksschenkung“).

Dieser Grundsatz gilt nicht nur für eine Immobiliendirektinvestition, sondern auch für solche Geldschenkungen, die zum Zwecke des Erwerbs von Anteilen an einem geschlossenen Immobilienfonds ausgeführt werden.

3.3.3 Umsatzsteuer

Die Vermietung und Verpachtung von Grundstücken und Gebäuden ist gem. § 4 Nr. 12a UStG grundsätzlich von der Umsatzsteuer befreit. Im Ergebnis erteilt der Vermieter - hier also der geschlossene Immobilienfonds - seine „Mietrechnungen" netto, d.h. ohne Umsatzsteuer. Deshalb bleibt es ihm im Gegenzug auch verwehrt, sich die ihm selbst in Rechnung gestellte Umsatzsteuer, z.B. für an ihn erbrachte Bauleistungen, für Rechts- und Steuerberatung u.Ä., im Wege des so genannten Vorsteuerabzugsverfahrens beim Finanzamt anrechnen bzw. erstatten zu lassen. Lieferungen oder sonstige Leistungen an den geschlossenen Immobilienfonds belasten diesen daher kostenmäßig nicht mit dem Nettobetrag von 100 Prozent, sondern - aufgrund der fehlenden Vorsteuerabzugsmöglichkeit - effektiv mit 116 Prozent.

Beispiel:

1) Rechnung eines Steuerberaters an einen (vorsteuerabzugsberechtigten) Bauunternehmer

Nettobetrag	100
+ 16 Prozent USt.	16
= Rechnungsendbetrag	**116**

Kostenmäßige Erfassung beim Bauunternehmer

Rechnungsendbetrag	116
./. Vorsteuerabzug[5]	16
= Kostenbelastung	**100**

2) Rechnung eines Steuerberaters an einen (nicht vorsteuerabzugsberechtigten) geschlossenen Immobilienfonds

Nettobetrag	100
+ 16 Prozent USt.	16
= Rechnungsendbetrag	**116**

Kostenmäßige Erfassung beim geschlossenen Immobilienfonds

Rechnungsendbetrag	116
./. Vorsteuerabzug	-
= Kostenbelastung	**116**

Das Beispiel zeigt, dass bei fehlender Vorsteuerabzugsberechtigung die in Rechnung gestellte und bezahlte Umsatzsteuer tatsächlich nicht mehr nur „durchlaufender Posten" ist, sondern zum echten Kostenfaktor wird.

Um diese Problematik zu entschärfen und auch dem Immobilienvermieter die aufgezeigte Möglichkeit der Kostenreduktion zu eröffnen, bietet § 9 I UStG die Wahl der so genannten „Umsatzsteueroption". Gemäß der zitierten Vorschrift kann auch der Immobilienvermieter zur Umsatzsteuerpflicht seiner Vermietungsleistung optieren und auf diesem Wege die wesentlich günstigere kosten-

5 Anrechnung oder Erstattung durch Finanzamt

mäßige Situation der Alternative 1 des obigen Beispiels herbeiführen. An ihn erteilte Eingangsrechnungen belasten ihn effektiv folglich nur noch mit 100 und nicht mehr mit 116 Prozent. Diesen Kostenvorteil kann er entweder durch entsprechend niedrigere, zumeist konkurrenzfähigere Mieten an seine Mieter weitergeben oder in Form eines höheren Profits für sich selbst nutzbar machen. Nach § 9 II UStG kann der Vermieter nunmehr nur noch dann zur Umsatzsteuerpflicht und somit zur Vorsteuerabzugsberechtigung optieren, wenn der Mieter nicht nur die Räume für unternehmerische Zwecke nutzt, sondern gleichzeitig auch selbst in vollem Umfang zum Vorsteuerabzug berechtigt ist. Diese Voraussetzung ist beispielsweise bei Banken, Versicherungen, Ärzten oder Heilpraktikern nicht gegeben, weshalb eine Vermietung an die genannten Branchen die Optionsmöglichkeit stets ausschließt.

Die praktische Umsetzung dieser Gesetzesänderung gestaltet sich oftmals äußerst schwierig. Nach dem Wortlaut des Gesetzes ist der Vermieter verpflichtet, den Nachweis darüber zu führen, dass das Objekt ausschließlich an Parteien vermietet ist, deren unternehmerische Betätigung die eigene Umsatzsteueroption nicht ausschließt. Um dieser Nachweispflicht hinreichend nachkommen zu können, müsste der Vermieter also im Idealfall über detaillierte Kenntnisse der Umsatzstruktur seiner Mietparteien verfügen. Dass dies in der Praxis nur in den seltensten Fällen so sein dürfte, verwundert nicht. Im Ergebnis trägt dennoch der Eigentümer – also z.B. der geschlossene Immobilienfonds – das Risiko, die auf den Anschaffungs- oder Herstellungskosten für das Gebäude oder auf sonstigen Nebenleistungen lastende Umsatzsteuer, die ihm zwischenzeitlich im Wege des Vorsteuerabzugs angerechnet oder erstattet worden war, wieder an das Finanzamt zurückführen zu müssen. Zur Vermeidung von Extremfällen hat die Finanzverwaltung eine Unschädlichkeitsgrenze von fünf Prozent eingeführt (BMF-Schreiben vom 30.12.1994, nachzulesen im Anhang, Kapitel 7).

Zur Vermeidung unliebsamer Überraschungen wird dem umsatzsteueroptierenden Vermieter zukünftig nichts anderes übrig bleiben, als sich regelmäßig des Vorliegens einer steuerunschädlichen Verwendung der Räumlichkeiten durch den Mieter zu versichern. Zu diesem Zweck sollte zumindest einmal jährlich eine entsprechende Bestätigung seitens des Mieters eingeholt werden. Darüber hinaus erscheinen auch klare und eindeutige Regelungen in den Mietverträgen hilfreich und erforderlich.

4 Bewertung von geschlossenen Immobilienfonds

Die Flut der Angebote an geschlossenen Immobilienfonds macht die Wahl für den Anleger bzw. für den Vertrieb sehr schwer. Was kennzeichnet nun einen guten Fonds? Fragen wie „Stehen die Fondskosten in einem angemessenen Verhältnis zum Wert der Immobilie?“, „Sind die Mieten sicher?“, „Wie gut ist der Standort der Immobilie?“ und dergleichen mehr stellen die Grundpfeiler für eine qualifizierte Beurteilung eines interessierenden Beteiligungsobjektes dar. Deshalb ist es von entscheidender Bedeutung, sich die Eckdaten eines Fonds sehr genau anzusehen. Der Anleger muss vor allem auf die Qualität der Immobilie achten und darf nicht nur auf die Rendite und die Steuervorteile schielen. Die höchsten Renditen und die wohlklingendsten Prognoserechnungen helfen zwar dem Vertrieb, einen Fonds zu platzieren, aber der Anleger hat nur dann etwas davon, wenn er die versprochenen Renditen auch tatsächlich vereinnahmen kann und die Wertentwicklung des Objektes die in Aussicht gestellte Höhe erreicht.

Die nachfolgenden Eckdaten sollen den Anlegern, aber auch den Vertreibern dabei helfen, aus einer mittlerweile nahezu unüberschaubaren Flut von Angeboten die seriösen und werthaltigen Offerten herauszufiltern. Aus verständlichen Gründen sind seriöse Fondsanbieter und -vertrieb an einer langfristigen Kundenbindung interessiert und weniger an einem kurzfristigen, maximalprofitorientierten „Abzocken“.

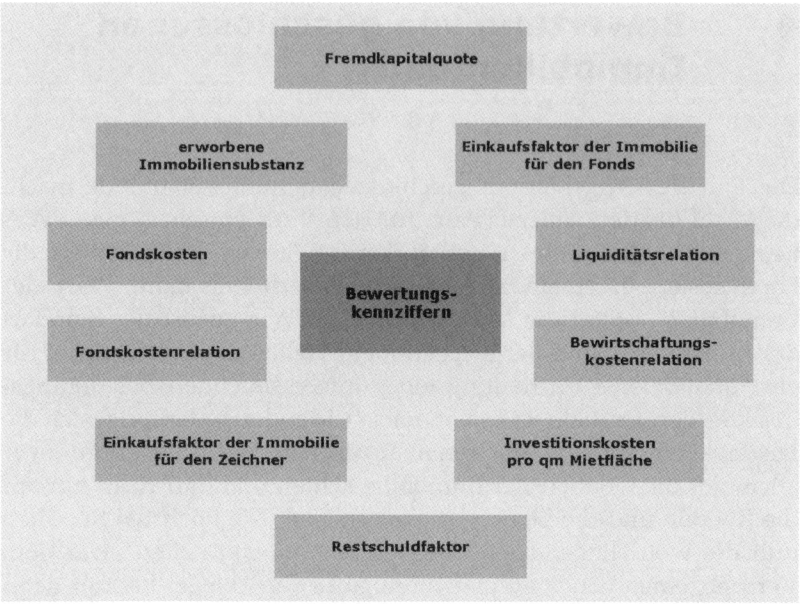

Abb. 21: Bewertungskennziffern

4.1 Grundfragen bei einer Investmententscheidung

An erster Stelle muss der Vermittler bzw. der Anleger selbst sich die Frage stellen, ob das Beteiligungsmodell nach Art und Risikoprofil überhaupt zum Anleger und zu seinem bereits vorhandenen Vermögensportfolio - im Hinblick auf Risikostreuung, Risikobereitschaft, Anlagedauer und Ziel des Investments - passt. Ebenso wichtig ist zu prüfen, ob auch die geforderte Mindestbeteiligungssumme für die Einkommenssituation des Anlegers geeignet ist.

Trifft dies für den Anleger zu, muss geprüft werden, ob auch die Konzeption des Beteiligungsmodells tatsächlich Aussicht auf Erfolg hat.

4.2 Prospekt und Prospektprüfungsgutachten

4.2.1 Prospekt

Der Prospekt ist meist die Grundlage für die Anlageentscheidung. Angebote seriöser Initiatoren werden nach den Grundsätzen der ordnungsgemäßen Durchführung von Prospektprüfungen, der IDW-Richtlinie S 4, erstellt (siehe auch nachfolgender Punkt 4.2.2. Die IDW-Richtlinie S 4 ist im Anhang, Kapitel 7, abgedruckt). Dies ist jedoch auf rein freiwilliger Basis. Es gibt für die Initiatoren keinerlei gesetzliche Pflicht, dies zu tun. Für den Anleger und Vermittler ergibt sich daher in der Konsequenz: Beteiligungsmodelle, die nicht nach der IDW-Richtlinie erstellt sind, müssen doppelt sorgfältig geprüft werden.

Weitere Kriterien sollten nicht außer Acht gelassen werden. Häufig versuchen Initiatoren durch Hochglanzprospekte und Fachchinesisch die Anleger von überzogenen Prognoserechnungen abzulenken. Zeichen für einen seriösen Anbieter ist daher auch ein verständlich geschriebener Prospekt, der nach den Kriterien der Vollständigkeit und der Richtigkeit aufgebaut ist. Bereits am Anfang muss er die Risikohinweise enthalten. Auch auf das 2b-Risiko im Hinblick auf die Fremdfinanzierung sollte hingewiesen sein. Für Schlüsselkennzahlen und verschiedene Steuerannahmen sollten Sensitivitätsanalysen im Hinblick auf den best und worst case erstellt sein, um dem Anleger die Bandbreite der Entwicklungsmöglichkeiten des Fonds klar vor Augen zu führen. Nach der Prospektlektüre hat ein sorgfältiger Prospekt dem Anleger und Vermittler alle Informationen gegeben, die er zur Beurteilung der Qualität des Investments braucht.

4.2.2 Prospektprüfungsgutachten

Bei jedem seriösen geschlossenen Immobilienfonds muss ein Prospektprüfungsgutachten in Auftrag gegeben worden sein. Das Prospektprüfungsgutachten muss nach den Grundsätzen der ordnungsgemäßen Durchführung von Prospektprüfungen nach der Stellungnahme S 4 des Wohnwirtschaftlichen Fachausschusses (WFA) des Instituts der Wirtschaftsprüfer in Deutschland e.V. (IDW) durchgeführt werden (siehe Anhang, Kapitel 7). Im Sinne dieser Stellungnahme sind die Angaben eines Prospektes vollständig, wenn keine Anhaltspunkte für das Fehlen wesentlicher Informationen vorliegen. Sie sind richtig, wenn angegebene Tatsachen zutreffend, Annahmen als solche gekennzeichnet und glaubhaft sowie Folgerungen schlüssig sind.

Die Gliederung eines umfangreichen Prospektprüfungsgutachtens könnte wie folgt aufgebaut sein:
– Auftragsinhalt und Auftragsdurchführung
– Prüfungsgrundlagen
– Prüfungsdurchführung und Prüfungsergebnisse
– Herausgeber des Prospekts
– Beschreibung der Kapitalanlage
– Entstehung der Gesellschaft
– Beschreibung der Beteiligung
– Beschreibung des Anlageobjekts
– Angaben zur Nutzung des Immobilienobjekts
– Angaben zur wirtschaftlichen Beurteilung der Kapitalanlage
– Investitionsphase
– Nutzungsphase
– Steuerliche Angaben
– Angaben zur Rückabwicklung
– Wirtschaftliche Folgen der Beendigung der Kapitalanlage
– Rechtliche Verhältnisse
– Angaben über die wesentlichen Vertragspartner
– Kapitalmäßige und/oder personelle Verflechtungen
– Sonstige Vereinbarungen
– Formelle Erfordernisse
– Zusammenfassung der Prüfungsergebnisse

Die Aufgabe einer Prospektprüfung besteht in der Feststellung, ob der Prospekt die für die Entscheidung eines Kapitalanlegers wesentlichen, verifizierbaren Angaben vollständig und richtig enthält. Das Hauptaugenmerk bei der Darstellung der Prüfungsergebnisse liegt in der Überprüfung der Vollständigkeit und Richtigkeit dieser Angaben nach Maßgabe der „Anforderungen an den Inhalt von Prospekten zu Angeboten über Kapitalanlagen". Dabei sollte die Prüfung über die bloße Feststellung der Richtigkeit der Einzelangaben hinausgehen. Zielsetzung einer Prüfung ist vielmehr festzustellen, ob die im Prospekt abgegebene Gesamtdarstellung kein falsches Bild des Anlageangebotes vermittelt. Darüber hinaus sollte geprüft werden, ob sich Anhaltspunkte dafür ergeben, dass Angaben erforderlich gewesen wären, die zwar nicht in der Liste der Mindestanforderungen enthalten, für die Beurteilung der Kapitalanlage aber von wesentlicher Bedeutung sind.

Die Prüfungsgrundlagen sind im Prospektprüfungsgutachten aufzulisten. Die Geschäftsleitung des Fondsinitiators sollte in einer Vollständigkeitserklärung versichern, dass die vorgelegten Verträge und Dokumente die im Prüfungszeitraum bestehenden rechtlichen und wirtschaftlichen Verhältnisse wiedergeben. Bei der Prüfungsdurchführung müssen die im Prospekt enthaltenen Ausführungen gemäß der Stellungnahme S 4 des IDW (siehe Kapitel 7.20) auf die geforderten Mindestangaben und ihre Vollständigkeit hin untersucht und anhand der vorgelegten Unterlagen und Nachweise auf sachliche Übereinstimmung und Richtigkeit überprüft werden.

Soweit es sich bei den Angaben um Annahmen handelt, müssen diese einer kritischen Betrachtung unterzogen und auf ihre Plausibilität geprüft werden. Es ist zu untersuchen, ob sie nicht in einem erkennbaren Widerspruch zu den vorgelegten Unterlagen, den erteilten Auskünften, den sonstigen Prospektangaben sowie zu allgemein bekannten wirtschaftlichen Gegebenheiten stehen. Handelt es sich um Schlussfolgerungen, muss geprüft werden, ob sie aus den vorliegenden Tatsachen oder Annahmen rechnerisch und sachlich korrekt entwickelt wurden. Die Darstellung der rechtlichen und wirtschaftlichen Verhältnisse darf in keinem erkennbaren Widerspruch zu den vorgelegten Verträgen stehen. Zudem müssen die Modellrechnungen auf Basis der getroffenen Prämissen auf ihre rechnerische Schlüssigkeit untersucht werden. Hält ein geschlossener Immobilienfonds einer solchen Prospektprüfung stand, darf der Anleger in der Regel mit einer gewissen Seriosität der Initiatorgesellschaft rechnen. Das isolierte Gutachten sagt allerdings nichts über die Qualität der Immobilie und deren Preisgestaltung aus. Es stellt aber einen guten Anhaltspunkt für den Anleger dar, um sich ein Bild von der Korrektheit und Lückenlosigkeit der Prospektangaben zu verschaffen. Die Erfahrung zeigt jedoch, dass sich ein Großteil der Anleger, ja sogar der Vermittler nicht oder nicht eingehend mit dem Prospektprüfungsgutachten auseinander gesetzt haben. Gleiches gilt bedauerlicherweise oftmals auch für das Steuer- und das Standortgutachten.

4.3 Die Vertragspartner – personelle und kapitalmäßige Verflechtung

Wie bei jedem Vertrag ist es auch hier wichtig, erfahrene, verlässliche und vor allem bonitätsstarke Vertragspartner zu haben, die auch im Schadensfall umsichtig reagieren und ihre Garantien einlösen. In der Regel kennt der Anleger die Vertragspartner aber nicht und kann sich so nicht einmal einen persönlichen Eindruck von ihnen verschaffen. Hinter einer trügerischen Fassade viel versprechender Attribute und Geschäftsnamen verbirgt sich nur allzu oft eine eher ernüchternde Realität. Daher ist es zweifellos besser, auf einen starken, großen und bekannten Partner als Initiator zurückgreifen zu können, der selbst einen guten Ruf zu verlieren hat und den es auch morgen noch geben wird, als auf einen kleinen, noch unbekannten Anbieter. Um als erfahren zu gelten, sollte das Management mindestens fünf bis zehn Jahre in diesem Segment tätig sein. Wichtig im Hinblick auf die Seriosität ist auch die Prüfung der Haftung, die der Initiator selbst und die Partner übernehmen und inwieweit sie eingegrenzt ist. Aber nicht alle seriösen Angebote sind notwendigerweise wirklich gut und rechnen sich für den Anleger. Im Folgenden soll nun kurz auf möglicherweise zu enge und dadurch für den gutgläubigen Anleger eventuell nachteilige Beziehungen zwischen den mit der Organisation und Realisation des

Projektes betrauten Personen- oder Gesellschaftskreisen eingegangen werden.

Eine personelle und kapitalmäßige Verflechtung zwischen den einzelnen Vertragspartnern sollte stets mit großer Aufmerksamkeit beachtet werden. Ist der Verkäufer des Objektes mit der Initiatorin des geschlossenen Immobilienfonds eng verbunden, so steht zu befürchten, dass der Kaufpreis für das Objekt vielleicht nicht ganz marktgerecht, sondern vielmehr ein wenig zu hoch angesetzt wurde. Hier können Kosten in die Kaufsumme mit einfließen, die sonst an anderer Stelle aufgeführt werden müssten und so einige Bewertungsfaktoren in einem günstigeren Licht erscheinen lassen. Ähnlich kann es sich verhalten, falls der Bauträger sehr eng mit dem Initiator verbunden ist. Die Fondsverwaltung wird häufig von den Prospektherausgebern und Initiatoren übernommen. Auch hier ist auf marktgerechte Preise zu achten.

Vorsicht geboten ist darüber hinaus, wenn Abhängigkeiten zwischen den mit Kontrollfunktionen beauftragten Personen und den Prospektherausgebern und/oder den Vertragspartnern erkennbar sind. Die Liste der Mindestanforderungen der Stellungnahme S 4 des IDW (siehe Anhang, Kapitel 7) konstatiert, dass immer dann eine kapitalmäßige Verflechtung gegeben ist, wenn eine Beteiligung alleine oder zusammen mit Beteiligungen der anderen Vertragspartner oder von nahen Angehörigen im Sinne des § 15 Abs. I Nr. 2–4 AO direkt oder indirekt mindestens 25 Prozent des Nennkapitals der Gesellschaft beträgt oder Stimmrechte oder Gewinnbeteiligungen in diesem Umfang gewährt.

Personelle Verflechtungen sind gegeben, wenn mehrere wesentliche Interessen des gesamten Projektes durch dieselbe Person, durch nahe Angehörige im Sinne des § 15 AO oder durch dieselbe Gesellschaft wahrgenommen werden. Dies gilt auch, wenn eine solche Funktion durch einen mit mindestens 25 Prozent beteiligten Gesellschafter oder durch Geschäftsleiter wahrgenommen wird.

Treuhänder, Mitglieder von Aufsichtsorganen, Gutachter und Prospektprüfer zählen zu den mit einer Kontrollfunktion beauftragten Personen. Es ist anzugeben, wenn diese Personen in naher Beziehung gesellschaftlicher Art zu dem Prospektherausgeber, Treuhänder usw., also den wesentlichen Vertragspartnern stehen.

4.4 Die Fondskonstruktion

Nach den Vertragspartnern werden nun die wichtigsten Punkte einer Fondskonstruktion etwas genauer unter die Lupe genommen.

4.4.1 Rechtsform

Unterschieden wird im Wesentlichen zwischen der Rechtsform einer BGB-Gesellschaft und der einer Kommanditgesellschaft (KG). Der Anleger sollte diese Unterscheidung genau im Auge behalten, da dies für die Haftung aus dem Fonds von wesentlicher Bedeutung sein kann. Denn bei der BGB-Gesellschaft (Ähnliches gilt für die sehr selten vorkommende OHG) haftet der Anleger voll mit seinem Privatvermögen für Verbindlichkeiten der Fondsgesellschaft. Bei der Kommanditgesellschaft (oft auch als GmbH & Co. KG ausgestaltet) haftet der Anleger nur mit seiner Haftungssumme, die üblicherweise der Zeichnungssumme entspricht.

4.4.2 Mindestzeichnungssumme und Einzahlungstermine

Die Mindestzeichnungssumme ist für den Anleger insofern von Bedeutung, als diese, wie der Name schon aussagt, die Mindesthöhe einer Beteiligung festlegt. Die meisten Fonds gehen von einer Mindestzeichnungssumme von 10 000 Euro aus. In Einzelfällen gibt es aber auch geschlossene Immobilienfonds, an denen sich der Anleger schon mit 5000 Euro beteiligen kann oder erst ab 50 000 Euro oder gar 250 000 Euro. Bei Fonds mit einer sehr niedrigen Mindestzeichnungssumme könnten sich die Verwaltungsgebühren, die der Anleger tragen muss, prozentual unverhältnismäßig hoch niederschlagen, da es natürlich aufwendiger ist, einen sehr großen Anlegerkreis zu verwalten als einen kleinen. Informationen sollten auch darüber vorliegen, ob „ungerade" Beteiligungssummen, wie z.B. 30 000 Euro oder 55 000 Euro, möglich sind, da der Anleger so eine ganz individuelle Feinabstimmung durchführen kann.

Bei den Einzahlungsterminen sind viele Varianten denkbar. Die Volleinzahlung zu einem bestimmten Zeitpunkt ist ebenso gebräuchlich wie eine Aufteilung auf zwei oder mehr Termine. Oft liegt der Einzahlungstermin zumindest für einen Großteil der Zeichnungssumme am Ende des Jahres, mit der Wirkung, dass für dieses Jahr noch die steuerlichen Anfangsverluste geltend gemacht werden können.

4.4.3 Agio

Das Agio bezeichnet den Aufschlag auf die Beteiligungshöhe, den der Anleger bezahlen muss. Dieses Aufgeld wird zugunsten des Vertriebs vereinnahmt. In der Regel beträgt es fünf Prozent. Bei geschlossenen Immobilienfonds mit einer Mindestbeteiligung von 100 000 Euro oder mehr kann es auch niedriger sein, z.B. 2,5 Prozent. Das Agio zählt zu den Kapitalbeschaffungskosten und deckt damit die Vertriebskosten teilweise ab. Bei der Beurteilung eines geringen bzw. fehlenden Agios muss allerdings beachtet werden, dass dadurch nicht zwingend eine geringere Kostenbelastung vorliegt. Üblicherweise wird zusätzlich eine Innenprovision in Rechnung gestellt. Aussagekräftig ist also nur die Gesamtkostenbelastung.

4.4.4 Fondsvolumen/Gesamtinvestition

Das Fondsvolumen der einzelnen geschlossenen Immobilienfonds bewegt sich etwa zwischen 5 000 000 Euro und 250 000 000 Euro. Beachten sollte der Anleger hier eine mögliche inverse Kostendegression bei kleinem Fondsvolumen. Es fallen z.B. fixe Kosten bei der Konzeption, Steuerberatung, Fondsverwaltung und dergleichen mehr an. Bei zu kleinem Fondsvolumen entsteht hier ein Fixkostenblock, der stark zu Buche schlägt und sowohl die Kosten im Verhältnis zum Fondsvolumen in die Höhe treibt als auch die Bewirtschaftungskosten im Verhältnis zu den Mieteinnahmen ungünstig beeinflusst.

Da fast alle Initiatoren andere Definitionen für das Fondsvolumen verwenden, wird für alle nachfolgenden Bewertungskennzahlen die Gesamtinvestition als Basisgröße wie folgt definiert:

Gesamtinvestition = Fondsvolumen inklusive Agio auf die Zeichnungssumme, aber ohne Damnum und Zinsvorauszahlungen für die Innenfinanzierung. Sollte in dem Fondsvolumen noch ein Vorsteuererstattungsanspruch an das Finanzamt enthalten sein, so ist auch dieser in die Gesamtinvestition nicht einzubeziehen.

4.4.5 Fondsschließung

Im Gegensatz zu offenen Immobilienfonds hat der geschlossene Immobilienfonds ein begrenztes Volumen, an dem sich die Anleger beteiligen können. Dieses Fondsvolumen soll bis zu einem bestimmten Zeitpunkt, nämlich der Fondsschließung, platziert sein. Hieraus ergibt sich ein limitierter Anlegerkreis. Wenn also genügend Anleger gefunden worden sind, die das gesamte Fondsvolumen abdecken, wird der Fonds geschlossen und eine weitere Beteiligung ist nicht mehr möglich.

Einige Fonds behalten sich allerdings das Recht vor, die Zeichnungsfrist zu verlängern, falls nicht das gesamte Volumen zu dem geplanten Termin der Fondsschließung untergebracht ist. Andernfalls wäre das Objekt aufgrund eklatanter Finanzierungslücken möglicherweise zum Scheitern verurteilt.

Bereits durch ein Hinauszögern der Fondsschließung z.B. ins nächste Jahr wird sich aber zumeist schon die steuerliche Konzeption verschieben, d.h. die Verlustzuweisungen für die einzelnen Jahre können sich ändern. Grundsätzlich muss die Gewinnverteilungsabrede im Gesellschaftsvertrag geregelt werden. Die Anerkennung der vereinbarten Regelung vonseiten der Finanzbehörden ist allerdings unsicher. Eine von der Gewinnverteilungsabrede abweichende Entscheidung würde einen negativen Einfluss auf die Prognoserechnung des Anlegers haben.

4.4.6 Platzierungsgarantie

Eine Platzierungsgarantie wird üblicherweise vom Initiator abgegeben. Es wird dadurch sichergestellt, dass das geplante Objekt im prognostizierten Zeitraum realisiert werden kann bzw. dass es überhaupt verwirklicht wird. Der Anleger kann dadurch nicht durch eine maßgebliche Änderung oder ein völliges Umstoßen seiner steuerlichen Planung überrascht werden. Eine Platzierungsgarantie leistet auf diese Weise einen wichtigen Beitrag zur Planungssicherheit des Anlegers. Ebenso entscheidend ist, dass der Garantiegeber diese auch tatsächlich einhalten kann und in der Lage ist, die nötigen finanziellen Mittel bereitzustellen, um einen vorhandenen Angebotsüberschuss vom Markt zu absorbieren. Dies verdeutlicht einmal mehr die immense Wichtigkeit, die der Auswahl des richtigen Vertragspartners beizumessen ist.

4.4.7 Rückabwicklung

Ist keine Platzierungsgarantie vorhanden, ist wichtig zu prüfen, wie im Falle eines Falles die Rückabwicklung gehandhabt wird und wie die Bedingungen dafür lauten. Im günstigsten Fall erhält der Anleger das eingesetzte Kapital zuzüglich erwirtschafteter Zinsen wieder zurück. Es kann aber auch sein, dass bereits Teile des Geldes für Fondszwecke wie z.B. Vertrieb und Marketing eingesetzt wurden und der Anleger nicht mehr die komplette Summe rückerstattet bekommt. Damit eine vertraglich vereinbarte Klausel aber im schlimmsten Falle auch greift, sollte unbedingt durch den Mittelverwendungskontrolleur eine entsprechende Einhaltung kontrolliert werden.

4.4.8 Sonstige Garantien und Gewährleistungen

Auch bei den sonstigen Garantien wie Miet-, Fertigstellungs-, Baupreis-, Fremdwährungskursgarantien ist auf die Bonität des Garantiegebers und seine kapitalmäßige Ausstattung zu achten.

4.4.9 Laufzeit/Laufzeitende

Bei einem geschlossenen Immobilienfonds handelt es sich um ein langfristiges Investment. Dem Anleger muss klar sein, dass sein Kapital für diese Zeit festgelegt ist, da der Zweitmarkt bei Beteiligungsmodellen oft schwierig ist.

Das Laufzeitende eines geschlossenen Immobilienfonds darf nicht verwechselt werden mit dem Ende des Prognosezeitraumes. Der Prognosezeitraum erstreckt sich meist auf 15 bis 20 Jahre, in manchen Fällen sogar darüber. Der geschlossene Immobilienfonds hat in den meisten Fällen kein Laufzeitende. Die Gesellschafterversammlung kann aber mit bestimmten Mehrheitsverhältnissen beschließen, das dem Fonds zugrunde liegende Objekt zu verkaufen und die Anteilseigner entsprechend ihrer Gesellschaftsanteile auszuzahlen. Bei einigen Fonds ist das Laufzeitende festgelegt. Der Fondsanteil wird dann vom Mieter zu einem Festpreis oder zu einem vereinbarten Ertragswertfaktor zurückgekauft. So wird z.B. festgelegt, dass die Immobilie nach 20 Jahren zum 14-fachen der dann erzielbaren Jahresmiete veräußert wird.

Der Anleger sollte darauf achten, ob das Grundstück, auf dem die Immobilie gebaut ist, auf Basis eines Erbbaurechtes erworben wurde. Für einen späteren Verkauf der Immobilie bzw. eines Anteils ist dieser Aspekt von wesentlicher Bedeutung. Ist nämlich der Zeitpunkt, zu dem das Erbbaurecht zurückfällt, nicht mehr in allzu weiter Ferne, wird für das gesamte Objekt bzw. für einen Anteil kein guter Preis mehr erzielbar sein.

Bei einigen Fonds ist ein „Quasilaufzeitende“ vereinbart, zu dem der Anleger der Gesellschaft seine Anteile andienen kann, ohne auf einen funktionierenden Zweitmarkt angewiesen zu sein. Der Anteilswert wird in diesem Fall sehr oft durch ein Gutachten, das den Verkehrswert der Immobilie ermittelt, festgelegt. Wichtig ist dabei aus Sicht der Anleger, wer das Gutachten in Auftrag gibt und wie die Regelung aussieht, falls das Gutachten unbefriedigend ausfällt.

4.4.10 Kündigung

Neben dem Laufzeitende ist auch der erstmalige Kündigungszeitpunkt von Bedeutung. Hierbei sollte der Anleger bzw. Vermittler auch darauf achten, wie die Abfindungsguthaben der Gesellschafter im Gesellschaftervertrag definiert sind. Anlegerfreundliche Regelungen sehen z.B. eine Abfindung zum steuerlichen Buchwert vor. Eine faire Vereinbarung wäre z.B. die Abfindung ausscheidender Anleger zum Verkehrswert. Allerdings ist auch hierbei entscheidend, wer für die Feststellung verantwortlich ist.

4.4.11 Sonstige Gestaltung des Vertragswerkes

Sehr häufig wird die Ausgestaltung des Vertragswerkes (Gesellschaftsvertrag, Treuhandvertrag, Mittelverwendungskontrollvertrag) als unbedeutend eingestuft. Dies ist aber absolut falsch. Im Gegenteil: Gerade das Vertragswerk liefert eine sehr gute Indikation dafür, ob ein Initiator wirklich das Wohl der Anleger verfolgt, oder ob es ihm nur um eine kurzfristige Profitmaximierung für sich selbst geht. Deshalb können - das bestätigen die jahrelangen Erfahrungen aus sehr vielen Prospektstudien - mit einer sehr hohen Wahrscheinlichkeit ein Fonds und der dazugehörige Anbieter als völlig uninteressant bis unseriös eingestuft werden, wenn zu viele der nachfolgenden Punkte zulasten der Anleger gelöst wurden.

Fragenkatalog zum Vertragswerk
– Wer wird im Prospekt als Prospektherausgeber angegeben?
– Ist bei den Fonds ein Anlegerbeirat vorgesehen? Wer stellt wie viele Beiratsmitglieder?
– Welcher Gerichtsstand ist im Prospekt definiert?
– Gibt es einen unabhängigen Treuhänder/Registertreuhänder? Ist dieser berechtigt, Rechtsberatungen durchzuführen?
– Kann der Treuhänder oder jemand anderer die Stimmen der Anleger ohne Weisung auf einer Gesellschafterversammlung ausüben?
– Wie viele Stimmen sind notwendig, um eine außerordentliche Gesellschafterversammlung einzuberufen?

Fragenkatalog zum Vertragswerk

- Von wem kann sich ein Gesellschafter auf einer Gesellschafterversammlung vertreten lassen?
- Welche Kosten sind über die kalkulierten Aufwendungen hinaus von der Fondsgesellschaft zu tragen?
- Wie wird das Abfindungsguthaben beim Ausscheiden eines Gesellschafters berechnet?
- Bestehen Einschränkungen beim Verkauf einer Beteiligung (Vorkaufsrechte, Übertragung nur auf andere Gesellschafter usw.)?
- Wird der Jahresabschluss von einem Wirtschaftsprüfer testiert?
- Sind die Stimmrechte exakt nach den Kapitalanteilen verteilt?
- Können Anleger einem Umlaufverfahren als Ersatz für Gesellschafterversammlungen widersprechen?
- Welche wichtigen Maßnahmen bedürfen nicht der Zustimmung der Gesellschafterversammlung?
- Werden die Anleger zur Abgabe eventueller Sonderwerbungskosten extra aufgefordert?

4.4.12 Anlegerinformation

Überschlagen sich Initiatoren oft vor Unterzeichnung des Vertrages mit Informationen und Hilfestellungen, sieht es nach der Zeichnung oft mager aus. Daher empfiehlt es sich, sich bereits im Vorfeld kundig zu machen, wie sich die Anlegerinformation während der Fondslaufzeit gestaltet, d.h. ob es z.B. regelmäßige Schreiben über die Fondsentwicklung seitens des Anlegers gibt.

Das wichtigste Informationsmedium für einen Anleger sind dabei die jährlichen Geschäftsberichte. Die Qualität dieser Schreiben hat allerdings nicht nur informativen Wert. Denn letztlich ist es für einen Anleger so gut wie unmöglich, seinen Fondsanteil zu verkaufen, wenn er einem potenziellen Käufer nicht aussagekräftige Geschäftsberichte vorlegen kann, aus denen dieser dann wiederum einen fairen Zweitmarktpreis ableitet.

Vollständige und gute Geschäftsberichte enthalten verständliche Ausführungen zu folgenden Themen:
- Aktuelle Beschreibung der Einnahmesituation
- Technischer Zustand der Immobilie(n) und vorgenommene Instandhaltungsmaßnahmen
- Soll/Ist-Vergleich aller Einnahmen- und Ausgabepositionen mit Begründungen für Abweichungen
- Übersichten Kapitalrückfluss, Bewirtschaftungsergebnis oder ähnlicher Kennzahlen
- Aktualisierte Vorschaurechnung
- Angaben zur steuerlichen Situation
- Jahresabschluss und Einnahmen-Überschussrechnung
- Informationen zu Zweitmarktaktivitäten einschließlich der Kurse und Umsätze

4.5 Das Beteiligungsobjekt

Ein wesentlicher Faktor für die Bewertung eines geschlossenen Immobilienfonds sind die Nutzungsart der Immobilie und deren Konzeption. Daraus resultieren die erzielbaren Renditen und die Sicherheit in der Renditeerwartung. Hier unterscheiden sich natürlich Wohnimmobilien sehr deutlich von Objekten wie SB-Märkten oder Bürozentren. Ein weiteres entscheidendes Kriterium stellt die Konzeption des Objektes dar. Gemeint ist hier die Qualität der zugrunde gelegten Architektur. Ist das Gebäude als Ganzes ansprechend? Kann es geänderten Ansprüchen angepasst werden?

4.5.1 Portfolio

Bei geschlossenen Immobilienfonds wird meist in ein Objekt investiert, manchmal handelt es sich aber auch um ein ganzes Portfolio aus Gebäuden. Dann ist wichtig abzuklären, ob diese Bündelung einen strategischen Nutzen oder einen Synergieeffekt hat. Es kann nämlich auch sein, dass durch die Bündelung die Gewinnaussichten guter Objekte durch die Hinzunahme weniger guter Objekte geschmälert werden. Um aus Anlegersicht den Überblick zu behalten, sollte auch die Objektzahl nicht zu groß sein.

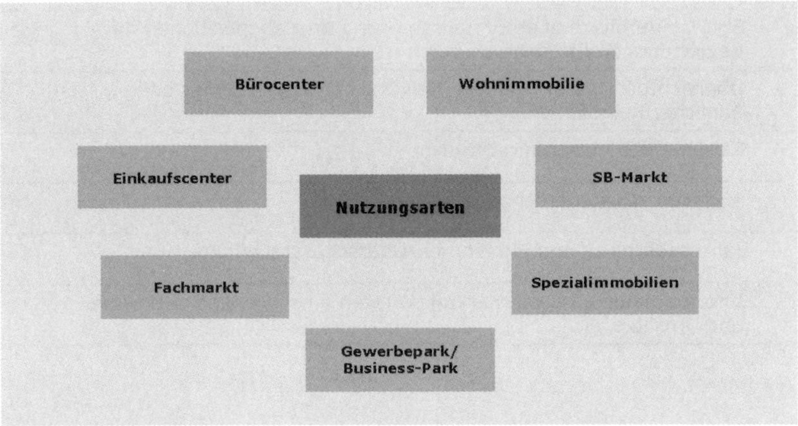

Abb. 22: Darstellung der wichtigsten Nutzungsarten

4.5.2 Nutzungsart

Es werden Immobilien unterschiedlichster Nutzungsarten angeboten. Manche geschlossene Immobilienfonds beinhalten mehrere Objekte, die unterschiedliche Nutzungsarten aufweisen können. Hier muss zur Beurteilung des Projektes der Anteil der jeweiligen Nutzungsart am gesamten Fondsvolumen betrachtet werden. Die Attraktivität der Architektur und die Konzeption der Immobilie spielen eine wichtige Rolle. Entscheidend ist hierfür die Aufteilungsmöglichkeit der verschiedenen Räumlichkeiten, was mit einer Erhöhung der Flexibilität bei einer eventuellen Anschlussmietersuche verbunden ist. Der Standort ist natürlich ebenfalls von großer Bedeutung. Hierauf wird jedoch noch an späterer Stelle eingegangen. Im Einzelnen findet bei den wichtigsten Nutzungsarten folgende Differenzierung statt:

Wohnimmobilien

Sie sind mit der geringsten erzielbaren Rendite ausgestattet, da die zu erwartende Miete im Verhältnis zu den Baukosten pro qm relativ gering ist. Nicht zu unterschätzen ist auch die Prognoseunsicherheit bezüglich der realisierbaren Mietsteigerungen. Neben der Attraktivität des Standortes ist hier die Mieterqualität ein besonders wichtiges Kriterium.

Gegen eine gewerbliche Nutzung wird immer wieder das Argument einer leichter und sicherer vermietbaren Wohnung vorgebracht. Ein Hauptmanko der Vermietung von Objekten für private Wohnwecke sind dagegen die Mieterschutzgesetze. Sie schützen mittlerweile schlechte Mieter unverhältnismäßig gut in puncto Mieterhöhungen oder sogar bei Nichtbezahlung der Miete. Gerät hingegen ein gewerblicher Mieter mit seinen Mietzinsen in Verzug, so kann ihm ohne weiteres gekündigt werden. Auch sind die Mietverträge bei gewerblich genutzten Immobilien vermieterfreundlicher gestaltbar. So sind beispielsweise eine 100-prozentige Mietindexierung und so genannte Double-Net- bzw. Triple-Net-Verträge bei der Nebenkostenregelung bei der Gewerbeimmobilie realisierbar. Dies wird im Unterpunkt „Vermietung“ noch ausführlicher diskutiert.

Bürocenter

Bürocenter zählen bei isolierter Betrachtung des Baupreises pro Quadratmeter zu den teuersten Immobilien. Wird aber die erzielbare Miete berücksichtigt, so relativiert sich das Bild.

Die erhöhte Rendite im Vergleich zur Wohnimmobilie spiegelt die erhöhte Abhängigkeit der erzielbaren Einnahmen von der Konjunktur wider. Bei neutraler Beurteilung ist diese Art der gewerblichen Nutzung einer Wohnimmobilie vorzuziehen.

Bei der Wohnimmobilie spielt als direkt im Grundbuch eingetragener Eigentümer zusätzlich noch ein psychologisches Moment mit: Sie ist quasi ein Objekt „zum Anfassen“. Der Anleger kann sie besichtigen und weiß dabei in der Regel exakt, welcher Gebäudeteil, welche Wohneinheit ihm zugeordnet ist.

Dagegen ist eine Gewerbeimmobilie, die als geschlossener Fonds platziert wird, deutlich größer und der Anleger besitzt nur einen Teil am ganzen Objekt. Eine Zuordnung einzelner Gebäudeteile eines Bürohochhauses zum individuellen Eigentum eines Anteilseigners ist für gewöhnlich ausgeschlossen.

Gewerbepark/Business-Park

Für Gewerbeparks und Businessparks stellt sich das Verhältnis Baukosten zur erzielbaren Miete günstig dar. Entscheidend sind hier neben dem Standort die Aufteilung der Gewerbeflächen und die Entwicklung des Gewerbegebietes. Entsteht das Objekt in einem bereits gut funktionierenden Gewerbegebiet oder ist es das erste bzw. eines der ersten in einem geplanten Gewerbeareal? Letztere Möglichkeit beinhaltet zusätzliche Risiken. Entwickelt sich ein florierendes Gewerbegebiet oder bleiben es die ersten und einzigen Projekte? Es ergeben sich jedoch auch zusätzliche Chancen, da das Objekt bei einem erst zu erstellenden Gewerbepark wesentlich günstiger eingekauft werden kann.

Einkaufscenter/Fachmarktcenter

Unter einem Einkaufscenter wird ein Geschäftshaus mit ein bis drei großen Mietern als Zugpferden und verschiedenen kleineren gewerblichen Nutzungen unterschiedlicher Branchen verstanden. Kleinere Filialisten können sich in ein Center einmieten, vom Friseur bis zum Elektrogeschäft, von der Bank bis zum Bäcker. Fachmarktzentren sind noch größer konzipiert, mit mehreren großen Mietern und einer Vielzahl von Filialisten, die auch aus gleichen Branchen stammen können. Die entscheidende Frage in diesem Zusammenhang ist, wie gut die Konzeption von der Bevölkerung angenommen wird. Wichtig für die spätere Verwertbarkeit ist vor allem die erwartete, zukünftige Akzeptanz. Wie ändert sich die Bevölkerungsstruktur in den nächsten Jahren? Bleibt die soziale Struktur erhalten oder ändert sie sich wesentlich?

Für gewöhnlich ist auch das Konsumverhalten der Kunden einem Zeitzyklus von maximal 15 bis 20 Jahren unterworfen. Das bedeutet, dass sehr viel geändert und umgebaut werden müsste.

Hierdurch entstehen hohe Revitalisierungskosten. Die drängendsten Fragen, die sich in diesem Zusammenhang stellen, sind: Wer trägt diese Kosten? Sind sie in der Kalkulation enthalten? Ist das Objekt entsprechend bewertet?

SB-Markt

Die Relation der Baukosten zur erzielbaren Miete gestaltet sich beim SB-Markt sehr günstig. Der Chancenaspekt ist hier sehr ausgeprägt. Doch das Risiko ist durch die Prognoseunsicherheit ebenfalls sehr hoch. Die vermeintlich günstige Lage kann sich durch den Bau eines Konkurrenz-Marktes sehr schnell ändern und die prognostizierten Mieteinnahmen werden erheblich unterschritten. Die bereits beim Einkaufscenter angesprochene Veränderung des Konsumverhaltens spielt hier eine mindestens ebenso große Rolle. Die genannten Aspekte erhöhen das Risiko dieser Immobilienbeteiligung und sollten nicht unterschätzt werden. Auch lässt die Bauqualität bei solchen Projekten oft zu wünschen übrig, was zu relativ hohen Folgekosten führen kann. Diese können in der Prognoserechnung nur mangelhaft berücksichtigt sein und somit die Renditeerwartung nachhaltig schmälern. Das Mietausfallrisiko ist beim SB-Markt besonders groß, da er in der Regel von einem großen Mieter allein betrieben wird.

Spezialimmobilien

Zunehmend werden auch Spezialimmobilien wie Hotels, Kinos oder Seniorenresidenzen als Investitionsobjekte gewählt. Mit durchschnittlich rund sechs bis sieben Prozent Ausschüttungsprognose stellen sie eine durchaus rentable Anlagemöglichkeit dar. Leider gibt es einen Haken: Viele Initiatoren können ihre Renditeversprechen nicht einhalten. Der Grund dafür liegt vor allem an der extremen Komplexität dieser Objektvarianten. Ausschlaggebend für den Erfolg ist daher neben den klassischen Faktoren wie Standort und Ausstattung das fundierte Fachwissen, die Branchenkenntnisse und die Praxiserfahrung der Betreiber. Nur wenn er sein Geschäft versteht, wird er auch Lösungen für ungünstige Rahmenbedingungen wie zum Beispiel den derzeitigen Wettbewerbsdruck und Übernachtungsrückgang in der Hotellerie finden. Gelingt ihm das nicht, schlägt die Spezialimmobilienproblematik doppelt hart durch. Die genau für den bestimmten Bedarf gebaute Immobilien lassen sich nicht so leicht in eine andere Nutzungsart überführen. Wird kein Anschlusspächter gefunden und ein Umbau ist unabwendbar, sind erhebliche Kosten einzukalkulieren. Sind dafür nicht rechtzeitig Rückstellungen gemacht worden, kann es schnell zu Problemen führen. Daher ist es bei Spezialimmobilien besonders wichtig, den Fonds einer gründlichen Analyse zu unterziehen. Selbst dann sollte das Spezialimmobilienengagement nur eine kleine Depotbeimischung darstellen.

4.5.3 Baujahr bzw. vorgesehenes Bauzeitende

Die Mehrzahl der angebotenen geschlossenen Immobilienfonds konzentriert sich auf Objekte, die fertig gestellt sind. Projektentwicklungen sind mittlerweile in der Minderzahl. Bei Projekten ist das vorgesehene Bauzeitende für das Fließen der ersten Mieteinnahmen ausschlaggebend. Wird ein Fonds zum Beispiel Ende 2003 geschlossen, so kann es sein, dass er erst in 2004 oder sogar in 2005 völlig fertig gestellt wird. Die Mieteinnahmen fließen dann in 2004 bzw. 2005, werden aber an den Anleger erst in 2005 bzw. 2006 ausgeschüttet. Der Anleger muss darauf achten, dass erst zwei oder drei Jahre später ein erster Rückfluss seiner Investition einsetzt. Bei geschlossenen Immobilienfonds, die bereits bestehende Objekte enthalten, ist auf das Baujahr dieser Objekte zu achten. Für einen Neubau ist üblicherweise wesentlich mehr Miete erzielbar als für einen Altbau. Bei Altbauten und Sanierungsobjekten ist auch darauf zu achten, ob ein Substanzwertgutachten vorliegt.

Der Vorteil bei bereits bestehenden und vermieteten Gebäuden gegenüber Entwicklungsprojekten ist, dass dem Anleger die Mieter bekannt sind und die Mieterträge schon jetzt fließen. Für den Anleger werden die prognostizierten Mieterträge zumindest für den Augenblick auch tatsächlich erreicht.

4.5.4 Fertigstellungsgarantien, Festpreise und vereinbarte Vertragsstrafen

Um einen geschlossenen Immobilienfonds überhaupt kalkulieren zu können, sind genaue Angaben zu den Ausgaben erforderlich. Die wichtigste Position hierbei stellen die Baukosten bzw. der Kaufpreis des Objektes dar. Wird das Grundstück von der Fondsgesellschaft bebaut, so ist eine schlüsselfertige Errichtung zu einem Festpreis ratsam, um möglichen Kostenexplosionen vorzubeugen. In der Regel wird das Objekt aber vom Bauträger erstellt und nach Fertigstellung an die Fondsgesellschaft verkauft. Der Kaufpreis muss unbedingt bereits vor Erteilung des Auftrages fest vereinbart werden. Damit im Falle größerer Probleme während der Bauphase nicht der etwaige Konkurs der Baugesellschaft die gesamte Konzeption zerstört, ist eine Fertigstellungsgarantie unerlässlich. Der Anleger sollte aber darauf achten, wie glaubwürdig eine solche Garantie ist. Die Bonität des Garantiegebers und eine mögliche Absicherung, beispielsweise durch Bankbürgschaften, dürften bei der Meinungsbildung hier die wesentlichsten Faktoren sein.

Für den Anleger ist aber nicht nur die Frage, ob die betreffende Immobilie fertig gebaut wird, interessant, sondern die Einhaltung des Zeitplanes. Der Zeitpunkt der Fertigstellung entscheidet über das Einsetzen des Mietflusses. Dieser wiederum wirkt sich direkt auf die erzielbare Rendite aus. Daher müssen die vereinbarten Vertragsstrafen bei Überschreiten der vorgesehenen Bauzeit im Idealfall die entgangene Mieteinnahme abdecken, um die Prognoserechnung nicht zu beeinträchtigen.

4.5.5 Vermietbare Fläche

Die vermietbare Fläche sollte möglichst genau aufgegliedert werden. Denkbar wäre hier eine Aufteilung in:
- Wohnfläche,
- Bürofläche,
- Einzelhandelsfläche,
- Lagerfläche,
- Sonstige Nutzfläche,
- Tiefgaragenfläche (mit Anzahl der Stellplätze).

Dabei ist stets die kalkulierte Miete mit anzugeben. Für die jeweiligen Flächen muss der Anleger auf Mietpreise, die in der Realität nachhaltig erzielbar sind, achten. Für die Beurteilung der Erzielbarkeit der Mietpreise sind Fachkenntnisse über den Standort nötig. Die Makro- und die Mikrolage sowie die Nutzungsart entscheiden über die Höhe der Mieteinnahmen.

Bei der Mietfläche ist zu beachten, ob Brutto- oder Nettoflächen angegeben wurden. Bruttoflächen berechnen sich aus den Außenmaßen, was zu einer kosmetischen Erhöhung der vermietbaren Fläche führt. Im Gegensatz dazu bezeichnen die Nettoflächen die wirklich nutzbare Quadratmeterzahl. Der Unterschied zwischen Netto- und Bruttoangaben beträgt oft bis zu 20 Prozent. Deshalb sind natürlich auch Quadratmeterpreise und Quadratmetermieten auf Bruttobasis nicht vergleichbar mit den allgemein erhältlichen Marktdaten, die überwiegend auf Nettobasis angegeben werden.

4.5.6 Die Faktorregelung/Kaufpreisanpassungsklausel

Unvermietete Gewerbeimmobilien sind zwischenzeitlich eher die Ausnahme. Trotzdem versuchen Initiatoren aber auch heute noch unvermietete Objekte in den geschlossenen Immobilienfonds zu verkaufen, indem sie dem Anleger eine Vermietungssicherheit über beispielsweise eine Mietgarantie geben. Diese Mietgarantien werden aber häufig am oberen Rand oder teilweise darüber kalkuliert. Dadurch ist ein höherer Kaufpreis darstellbar und eine etwas überteuerte Immobilie erscheint oft noch rentabel und viel versprechend. Da die Mietgarantien durch den Missbrauch von einigen „Schwarzen Schafen" immer mehr in Verruf gekommen sind, werden unvermietete Immobilien zum Teil über eine Faktorregelung in einen geschlossenen Immobilienfonds eingekauft. Dabei wird der endgültige Kaufpreis über einen bestimmten Faktor zu dem in der Zukunft erzielten Mietertrag bestimmt.

Wenn der Initiator seriös und das Fondsangebot konservativ kalkuliert ist, eröffnet sich für den Anleger wie bei einer konservativ angesetzten Mietgarantie ein interessantes Beteiligungsangebot. Die Gefahr eines Missbrauchs ist bei einer Faktorregelung aber noch deutlich höher als bei einer unrealistischen Mietgarantie. Bei einer Mietgarantie kann ein Anleger überprüfen, ob der Fonds fair oder zu überteuerten Konditionen angeboten wird. Bei einer Faktorregelung wird im Prospekt alles anhand eines beispielhaften Vermietungsszenarios vorgerechnet. Zu welchem Preis am Ende aber vermietet wird und zu welchem Preis in Folge die Immobilie eingekauft wird, ist dem Anleger bei Zeichnung noch nicht bekannt. Wie bei einem Blind Pool ist besonders großes Vertrauen zu einem Initiator notwendig. Der einzige Unterschied zu einem Blind Pool ist, dass der Anleger wenigstens weiß, welche Immobilie er sich über das Fondsangebot einkauft.

Diese Faktorregelung soll angeblich die Anleger vor unrealistischen Mietpreisen schützen. Da sich aber nur in den seltensten Fällen eine Anpassung des Kaufpreises nach unten ergeben wird, ist im Grunde kein Schutz für den Anleger gegeben. Die Unwahrscheinlichkeit einer Anpassung nach unten ist in der Regel bereits dadurch gegeben, dass die mit der Vermietung beauftragte Person und der Verkäufer identisch sind. In diesem Fall wäre die Subventionierung der Mietverträge sogar sehr lukrativ. Beispielsweise würde bei einem Faktor von 17 bereits eine Verzinsung von 6 Prozent reichen, um die Subventionierung des Mietvertrages alleine aus dem Zins des erhöhten Kaufpreises bestreiten zu können. Nach Ablauf der Subventionsphase verbleibt der höhere Kaufpreis voll beim Verkäufer.

Wie ein höherer absoluter Kaufpreis in Verbindung mit einem höheren Mietertrag langfristig die Chance-Risiko-Relation negativ beeinflusst, ist aus der in Abbildung 23 gepunktet dargestellten Linie zur Mietrentabilität ersichtlich. Solange der Anfangsmietvertrag läuft, verändert sich die Mietrentabilität nicht, da der erhöhte Kaufpreis im gleichen Verhältnis mit erhöhten Mieterträgen verbunden ist.

Steht aber zum Beispiel nach fünf Jahren eine Anschlussvermietung an, wird zu den dann gültigen Konditionen weitervermietet. Ein bestimmter Mietpreis pro Quadratmeter bedeutet aber bei einem höheren Einkauf vor fünf Jahren eine schlechtere Rentabilität der Investition.

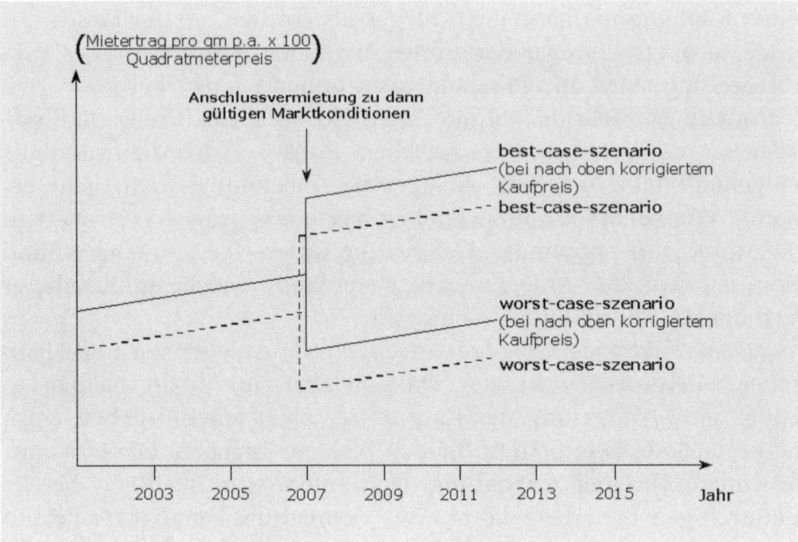

Abb. 23: Mietrentabilität

An einem Beispiel wird die Verschlechterung des Chance-Risiko-Verhältnisses deutlich: Bei Mieteinnahmen von 30 Euro pro Quadratmeter und einer vermietbaren Fläche von 10 000 Quadratmetern errechnet sich bei einem Faktor von 17 ein Kaufpreis in Höhe von 61,2 Millionen Euro. In diesem Fall würde sich ein Quadratmeterpreis von 6120 Euro ergeben. Kommt es nun in Verbindung mit einer Faktorregelung zu Mieteinnahmen von 35 Euro pro Quadratmeter, resultiert daraus ein Kaufpreis von 71,4 Millionen Euro. Durch die Anpassung hat sich eine Erhöhung des Kaufpreises pro Quadratmeter von 6120 Euro auf 7140 Euro ergeben. Das bedeutet eine Erhöhung von 1020 Euro pro Quadratmeter oder 16,7 Prozent. Anders ausgedrückt ist der im Prospekt zugrunde gelegte Kaufpreis um 14,3 Prozent günstiger als der angepasste Kaufpreis. Diese Relation drückt sich exakt in gleicher Höhe auch in der Mietrentabilitätsverschlechterung nach einer Anschlussvermietung aus. Bei einer Anschlussvermietung von nur 25 Euro pro Quadratmeter ergäbe sich ohne Anpassung des Kaufpreises eine Mietrentabilität von 4,90 Prozent. Durch die Anpassung des Kaufpreises verschlechtert sich die Mietrentabilität auf 4,20 Prozent. Weitere Szenarien sind Abb. 24 zu entnehmen.

Auch die Wertsteigerungschance wird durch einen höheren Kaufpreis negativ beeinflusst. Der Verkaufspreis in 20 Jahren wird in beiden Fällen in der Regel identisch sein, die Steigerung ist bei einem höheren Einstandspreis aber geringer. Falls der Verkauf in 20 Jahren zum 17-fachen der dann gültigen Jahresmiete vorgenommen werden könnte, errechnet sich in dem Beispiel bei einem Mietertrag von 40 Euro pro Quadratmeter ein Verkaufspreis von 81,6 Millionen Euro. Ohne Anpassung hätte der Anleger 33 Prozent Wertsteigerung mit dieser Beteiligung erreicht. Durch die Anpassung hat sich die Wertsteigerung aber auf 14 Prozent reduziert. Bei noch höheren Verkaufspreisen wird die Differenz sogar noch größer, wie ebenfalls aus Abbildung 24 ersichtlich ist.

Beispiel für die Auswirkung einer Anpassung des Kaufpreises

Ursprüngliche Angaben	
Mieteinnahmen pro Quadratmeter (€/Monat)	30
Vermietbare Fläche (qm)	10 000
Mieteinnahmen insgesamt p.a.	3 600 000
Vereinbarter Kaufpreisfaktor	17
Resultierender Kaufpreis (€)	61 200 000
Daraus erreichter Quadratmeterpreis	6 120

Angenommene Anpassung des Kaufpreise bei Mehrmietertrag	
Mieteinnahmen pro Quadratmeter (€/Monat)	35
Vermietbare Fläche (qm)	10 000
Mieteinnahmen insgesamt p.a.	4 200 000
Vereinbarter Kaufpreisfaktor	17
Resultierender Kaufpreis (€)	71 400 000
Daraus errechneter Quadratmeterpreis	7 140

Abb. 24: Beispiel zur Kaufpreisanpassung

Insgesamt hat sich durch eine Anpassung des Kaufpreises in Verbindung mit einem höheren Mietansatz die Chance/Risiko-Relation der Investition verschlechtert. Anders ausgedrückt bedeutet dies, dass dem auf Basis des Emissionsprospektes beigetretenen Anleger ein suggeriertes Schnäppchen verloren geht und langfristig die Rentabilität seiner Investition verschlechtert wird. Damit der Anleger nicht zu große Überraschungen mit solchen Angeboten erleben kann, sollte in das Angebot ein maximaler Kaufpreis eingebaut sein. Teilweise wird von manchen Initiatoren eine Begrenzung bei dem maximal anrechenbaren Mietertrag vorgenommen. Sollten darüber hinaus Mieteinnahmen erzielt werden, wird der Kaufpreis nur bis an die vereinbarte Grenze angepasst. Angebote mit geteilten Faktorregelungen sind besonders kritisch zu betrachten. Hier wird teilweise eine Anpassung nach unten mit einem geringeren Faktor vorgenommen als eine Anpassung nach oben. Am erstaunlichsten ist aber die Kombination einer Faktorregelung mit einer Mietgarantie. Ist die Mietgarantie auf dem Niveau der im Prospekt dargestellten Mieteinnahmen angesetzt, ist eine Anpassung nach unten unmöglich. Einer Anpassung nach oben steht aber nichts im Wege. Was diese Konstellation noch mit Anlegerschutz zu tun haben soll, ist sehr fragwürdig.

4.5.7 Baubeschreibung

Die Baubeschreibung gibt dem Anleger einen kurzen Überblick über die Qualität der Immobilie hinsichtlich der Baumaterialien und der Ausstattung.

In einer Baubeschreibung sollten mindestens die folgend aufgeführten Merkmale angesprochen werden:

- Rohbaukonstruktion
- Fassade mit Fenstern, Sonnenschutz, Dachkonstruktion, Flachdachbereiche
- Ausbau: Aufzüge, Bodenbeläge in den unterschiedlichen Nutzungsbereichen, Deckenverkleidungen, Malerarbeiten
- Sanitärinstallationen
- Wasserversorgung

- Sanitärobjekte
- Heizungsanlagen
- Heizungsfläche
- Lüftungsanlagen
- Elektroinstallationen
- Blitzschutz
- Brandmeldeanlagen
- Sicherheitsleuchten
- Gebäudetechnik
- Außenanlagen

Mithilfe der Informationen über die aufgeführten Teilbereiche kann sich der Anleger ein relativ genaues Bild über die Bauqualität und die Ausstattung der Immobilie machen. Außerdem kann er möglicherweise auftretende Folgekosten besser abschätzen und beurteilen.

4.5.8 Bauzustand

Bei Bestandsobjekten ist auf den technischen und optischen Zustand der/des Beteiligungsobjekt(s) zu achten. Wichtig sind dabei auch der Zustand und der Zeitpunkt einer Sanierung/Renovierung. Diese sollte - gerade auch bei Auslandsobjekten - dem deutschen Standard entsprechen. Auch zu prüfen ist die Frage, ob es an dem Gebäude Belastungen oder Auflagen von Behörden wie z.B. Hypotheken, Wegerechte, Denkmalschutz gibt.

4.5.9 Gewährleistung

Die Gewährleistungsfristen sind im BGB und in der Verdingungsverordnung für Bauleistungen (VOB) geregelt. Grundsätzlich gilt nach BGB für Bauwerke und bestimmte feste Bestandteile eine Frist von fünf Jahren. Ausgenommen sind maschinentechnische Teile (z.B. Heizung, Klimaanlagen, Alarmanlagen, Aufzüge usw.), für die nur sechs Monate gelten.

Nach VOB greift nur eine Gewährleistungsfrist von zwei Jahren. Ausgenommen sind auch hier maschinentechnische Teile mit einer Frist von sechs Monaten. Darüber hinausgehende Gewährleistungsfristen für bestimmte Gebäudeteile sind zusätzlich frei verhandelbar (z.B. zehn Jahre für Dach).

4.5.10 Querschnittszeichnungen und/oder Modellansicht

Eine Modellansicht des Objektes hilft dem Anleger dabei, eine Vorstellung von dem tatsächlichen Gegenstand des geschlossenen Immobilienfonds zu gewinnen. Querschnittszeichnungen verdeutlichen die mögliche Aufteilung der verschiedenen Räumlichkeiten. Der Vertriebsfachmann weiß von der Schwierigkeit, ein Objekt „vom Plan weg" zu verkaufen. Ein realitätsgetreues Modell kann hier sehr hilfreich sein. Ein anschaulicherer Eindruck kann ebenfalls durch das Vorlegen eines Farbbildes vermittelt werden. Viele Initiatoren nutzen inzwischen auch die multimediale Darstellung und legen CD-ROMs/DVDs mit Filmen oder 360-Grad-Ansichten bei. Auch auf den Internetseiten der Anbieter findet man inzwischen aussagekräftiges Bildmaterial.

4.6 Standort

Bei der Beteiligung an einer Immobilie sind die Immobilie und ihr Standort der Dreh- und Angelpunkt des Anlageerfolges. Die prognostizierte Rendite und die Steuervorteile sollten daher nicht den Ausschlag zum Kauf geben. Der Standort entscheidet letztlich über die Höhe der Mieteinnahmen und damit über die Rendite. Aber nicht nur für die Bewertung zum jetzigen Zeitpunkt ist der Standort ausschlaggebend, sondern auch für die zukünftige Wertentwicklung des Fondsobjektes. Selbst für den Fachmann ist es schwierig, den Standort und – was entscheidend ist – dessen zukünftige Entwicklung zu beurteilen. Wie ungleich schwieriger muss dies für den Laien sein. Eine gute Hilfestellung bei der Entscheidung ist aber zuerst einmal die Frage, ob er das Objekt auch selbst mieten würde. Die Höhe der erzielbaren Miete stellt ein weiteres Hilfskriterium zur Bewertung der Immobilie dar. Der Anleger kann sich bei einem Immobilienspezialisten vor Ort über das zu erzielende Mietniveau informieren. Bei den Immobilienabteilungen von Banken und freien Immobilienmaklern kann sich der Anleger sowohl über die erzielbaren Mieten als auch über die Quadratmeterpreise und/oder Einkaufsfaktoren eines vergleichbaren Projekts in ähnlicher Lage Auskunft geben lassen. Ein sehr wertvolles Instrument, um sich über den Standort und seine Entwicklung zu informieren, ist auch das Internet.

4.6.1 Die Makrolage: Lage und Verkehrsanbindung

Für die Wertentwicklung des Beteiligungsobjektes ist die Makrolage ein wichtiger Faktor. Wo liegt die Immobilie? Unter dem „Wo" werden vor allem das Land, Bundesland und die Region verstanden. Wie wird die zukünftige Entwicklung des Landes, Bundeslandes bzw. der Region eingeschätzt? Ist die Stadt, in der das Objekt liegt, eine Landeshauptstadt mit den entsprechenden Aufgaben und Entwicklungsmöglichkeiten? Ist die Stadt ein wirtschaftliches und kulturelles Zentrum? Wie ist die wirtschaftliche Entwicklung des Umlandes und der angrenzenden Regionen zu bewerten? Dies alles sind Aspekte, die bei der Beurteilung der Lage einer Immobilie entscheidende Rückschlüsse zulassen. Sehr wichtig ist in diesem Zusammenhang die Verkehrsanbindung. Ist die Stadt ein Verkehrsknotenpunkt? Welche Anbindungen an Autobahnen, Bundesstraßen und Zugverbindungen (ICE, IC-, EC-Züge) bestehen? Ist sogar ein Binnenwasserstraßennetz vorhanden? Wie weit ist der nächste Flughafen entfernt und über welches Passagier- und Frachtaufkommen verfügt dieser? Dieser kurze Katalog gibt nur einen ersten Einblick, welche Fragen sich eine gewissenhafter Vermittler und auch die Anleger stellen sollten.

4.6.2 Sozioökonomische Rahmenbedingungen

Für die künftige Entwicklung einer Stadt oder einer Region sind die Bevölkerungsentwicklung und die Bevölkerungsstruktur von Bedeutung. Informationen über die Einwohnerzahl der Stadt inklusive ihres Einzugsgebietes spielen eine Rolle. Doch nicht nur der gegenwärtige Stand der Dinge fließt in die Beurteilung ein, mindestens ebenso großer Wert ist vielmehr auch auf die Abschätzung zukünftiger Entwicklungen und Trends zu legen. Gemeint ist das Erkennen von Abwanderungs- und Zuwanderungsströmen. Der Saldo und die damit verbundene Veränderung in der Altersstruktur dieser Bevölkerungsbewegungen sind wichtige Ansatzpunkte für eine Prognose der demographischen Situation und für eine Vorhersage der zukünftigen Entwicklung des Standortes.

Die wirtschaftsstrukturellen Rahmenbedingungen werden von der Beschäftigungsquote und deren Entwicklung mitbestimmt. Ein weiterer Faktor ist die Verteilung einzelner Wirtschaftsbereiche, wie z.B.:

- Elektronik,
- Feinmechanik und Optik,
- Spezialmaschinenbau,
- Metallverarbeitung,
- Medizintechnik,
- Elektrotechnik, IT, Telekommunikation,
- Energie- und Kraftwerksanlagen,
- Steuerungs- und Regelungstechnik,
- Kälte-, Heizungs-, Vakuums- und Lufttechnik,
- Flugzeugbau,
- Nahrungs- und Genussmittelherstellung,
- Textilverarbeitung,
- Druckerei, Verlagswesen,
- Pharmazie-, Kosmetik-, Farben- und Agrarchemie,
- Keramik und Baumaterialien,
- Bauwirtschaft, Möbelindustrie.

Wo liegen hier die Schwerpunkte und sind zukunftsträchtige Industrien angesiedelt? Sind Bereiche wie Forschung und Entwicklung gut ausgebaut? Beachtenswert ist darüber hinaus die Verteilung der Gewerbestruktur zwischen

- Handwerk,
- Industrie,
- Handel,
- Dienstleistungen.

Die beiden zuerst angesprochenen Faktoren, also die Bevölkerungsentwicklung und die wirtschaftsstrukturellen Rahmenbedingungen, beeinflussen direkt die Einkommenssituation und damit die Kaufkraft. Hier gilt es zu untersuchen, wie sich die Kaufkraftkennziffern im Vergleich zu anderen Städten und zur gesamten Region verhalten.

4.6.3 Zukünftige Perspektiven des Standortes

Die zukünftigen Perspektiven eines Standortes hängen im Wesentlichen von der Einbindung in die überregionalen und internationalen Entwicklungen sowie der Verbesserung der eigenen Standortfaktoren ab. Eine überregionale Reputation als Wirtschafts- und Wissenschaftsstandort, als Verwaltungs- und Bildungszentrum oder als Kunst- und Kulturmetropole wird sehr positive Impulse vermitteln. Auch eine über lange Jahre hinweg feste und konstante Wirtschaftsgröße „Tourismus" verbessert ohne Frage die Attraktivität des betreffenden Standortes. Weitere Charakteristika in diesem Zusammenhang sind:

- die Attraktivität des Stadtbildes,
- das kulturelle Angebot,
- der landschaftliche Reiz des Umlandes,
- der Freizeitwert (Schlösser, Seen, Gebirge, Sportmöglichkeiten).

4.6.4 Bedarfsprognose, Angebots- und Konkurrenz-situation

Die zukünftige Entwicklung des Wertes eines Immobilienfonds hängt in erster Linie von der Vermietbarkeit des Objekts und den erzielbaren Mietpreisen ab. Sowohl bei Bürozentren und Gewerbeparks als auch bei SB-Märkten, Einkaufszentren oder Fachmärkten wird zunächst versucht, eine Bedarfsprognose zu erstellen. Dabei werden Annahmen über die vermutete Nachfrage nach Büro-, Dienstleistungs- und Verkaufsflächen getroffen. Es wird häufig auf Erfahrungswerte bei anderen vergleichbaren Standorten zurückgegriffen. So wird bei Büroflächen der zukünftige Bedarf z.B. über die Quote der Bürobeschäftigten und der Büroflächeninanspruchnahme pro Beschäftigten und der Beschäftigtenquote prognostiziert. Die Bevölkerungsentwicklung wird hier natürlich ebenso stark berücksichtigt wie die Entwicklung der Kaufkraft und der Einkaufsgewohnheiten bei SB-Märkten und Fachmärkten.

Wie stellt sich die Angebots- und Konkurrenzsituation dar? Es wird errechnet, welches Flächenangebot bereits vorhanden ist und welche Flächen schon genehmigt sind, also in nächster Zeit fertig gestellt werden. Auch laufende Planungen und Projekte mit Vorhaben und Erschließungsplänen, die sich in Bearbeitung befinden, müssen berücksichtigt werden. Bauvoranfragen und laufende Anträge, also Vorhaben in der Diskussion, finden ebenfalls Eingang in die Angebotsanalyse.

4.6.5 Bewertung des Mikrostandortes

Wie gesehen, ist das wichtigste Beurteilungskriterium einer Immobilie ihre Lage. Der Standort eines Objektes in der City, einer Cityrandlage, einer Nebenlage oder sogar „auf der grünen Wiese" verleiht der aktuellen, vor allem aber der zu erwartenden Wertentwicklung eine starke Schwankungsbreite. Die Lage des Objektes ist entscheidend für das Risiko, das ein Anleger eingeht. Ein Objekt in einer Citylage bietet eine signifikant höhere Sicherheit für den Anleger als ein Projekt „auf der grünen Wiese". So ist beispielsweise die Wahrscheinlichkeit für den Erfolg eines Gewerbeobjektes in einem bereits vorhandenen, gut funktionierenden Gewerbepark erheblich größer, als dies bei einem erst in Planung befindlichen Gewerbegebiet der Fall ist. Dabei muss aber auch geprüft werden, ob sich nicht bereits ein Konkurrenzobjekt in der Nähe befindet oder in Planung ist. Ebenfalls wichtig ist die Verkehrsanbindung, d.h. der öffentliche Personennahverkehr (U-Bahn- und S-Bahn-Anschlüsse, Bushaltestellen, Straßenbahn) und die vorhandenen Hauptverkehrsachsen (Autobahn, Hauptverkehrsstraßen). Die Frage nach ausreichenden Parkplätzen und Stellplätzen fließt zusätzlich in die Bewertung der Attraktivität mit ein. Schließlich wirkt sich eine gute Anbindung an einen Flughafen oder einen Großbahnhof auf die Beurteilung der Mikrolage positiv aus.

4.6.6 Lagepläne und Standortgutachten

Der Anleger sollte sich aus den oben genannten Gründen genau über die Lage des Objektes informieren. Wenn er das Projekt und dessen Umgebung nicht persönlich begutachten kann, sollte er sich wenigstens anhand von Lageplänen ein Bild verschaffen.

Ein sehr gutes Mittel, um sich über den Standort eine zutreffende Meinung zu bilden, stellt das Standortgutachten dar. Bei guten Fonds ist ein unabhängiges Gutachten in Auftrag gegeben worden und kann von Interessenten angefordert werden. Hierin werden alle bereits angeschnittenen Aspekte diskutiert und fein aufgegliedert. Dabei sollte – wie bei allen Gutachten aber darauf geachtet werden, dass sie aktuell, d.h. nicht älter als ein Jahr sind.

4.7 Vermietung

Die nachhaltige Vermietung des Objektes zu den prognostizierten Preisen entscheidet über das Zutreffen der Prognoserechnung. Fallen Mieter ganz aus oder werden die Anschlussmietverträge aufgrund der konjunkturellen Lage oder der Konkurrenzsituation niedriger abgeschlossen als geplant, sind die Einnahmen geringer und die prognostizierte Rendite verringert sich. Die Folge ist, dass die vorausgesagte Ausschüttung nicht mehr erreicht werden kann.

Dadurch vermindert sich nicht nur die aktuelle Rendite der Beteiligung, sondern auch der Wiederverkaufswert des Immobilienanteils. Da der Wert einer Gewerbeimmobilie nach der Ertragswertmethode, d.h. vereinfacht als x-faches der Jahresmiete (genauere Ergebnisse liefert die Disconted-Cash-Flow-Methode, bei der die zukünftigen Einnahmen und Ausgaben mit einem bestimmten Zinssatz auf den heutigen Tag abdiskontiert werden) berechnet wird, sinkt der Gesamtwert, falls die erzielbaren Jahresmieten nach unten korrigiert werden müssen. Wird zum Beispiel ein Bürocenter mit dem 14fachen einer hypothetischen Jahresmiete von 1 000 000 Euro bewertet, ergibt sich ein Objektwert von 14 000 000 Euro. Werden nunmehr nur noch 900 000 Euro erzielt, sinkt der Wert der Immobilie auf 12 600 000 Euro. Hieraus ist ersichtlich, wie der kalkulierte Mietpreis den Verkaufserlös und somit die Rendite der Prognoserechnung beeinflusst. Ein Vorteil, den die Gewerbeimmobilie im Vergleich zur Wohnimmobilie besitzt, ist der fehlende Mieterschutz. Zahlt ein Gewerbetreibender seine Miete nicht mehr, wird ihm gekündigt und er muss sofort die Geschäftsräume bzw. Lager freistellen, um einem neuen Mieter Platz zu machen. Ganz anders verhält sich dies bei wohnwirtschaftlicher Nutzung. Ist hier ein Mieter in Zahlungsrückstand bzw. zahlt er überhaupt nicht mehr, ist eine Räumung der Wohnung in vielen Fällen mit großen Schwierigkeiten verbunden. Dies kostet Geld, Zeit und Nerven des Vermieters. Der Mieter kommt in den Genuss des so genannten Mieterschutzes. Es kann oft Jahre dauern, bis ein unerwünschter Mieter seine Wohnung räumen muss. Diese Mieterschutzgesetze führen zu erheblicher Prognoseunsicherheit. Auch das Argument, dass eine Wohnung im Vergleich zur Gewerbeimmobilie immer zu vermieten sei, entbehrt jeglicher Grundlage. Richtig sind die Schwankungen der erzielbaren Mieten, die in der Regel wesentlich stärker als bei Mieten der Wohnimmobilie auftreten. Trotzdem wird die durchschnittliche Rendite, die eine Gewerbeimmobilie erbringt, in der Regel immer über der einer Wohnimmobilie liegen. Hierin ist der Preis für die relative Konjunkturunempfindlichkeit von Wohnraum zu sehen.

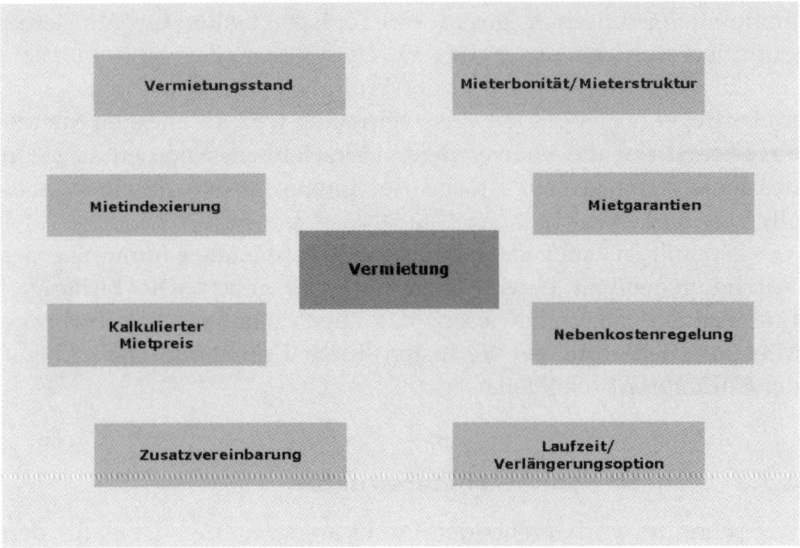

Abb. 25: Wichtige Einflussfaktoren bei der Vermietung

4.7.1 Vermietungsstand

Der Vermietungsstand gibt dem Anleger ein zusätzliches Sicherheitsgefühl. Am besten ist natürlich ein bereits vollständig vermietetes Objekt. Der Vermieter, also der Anteilseigner, kann sich ein umfassendes Bild von der Mieterstruktur machen. Er kann sich über die Bonität der Mieter informieren. Als Richtwert kann gelten, dass zum Investitionszeitpunkt mindestens schon 80 Prozent der Gesamtfläche vermietet sein sollte. Manche angebotenen Objekte sind aber erst teilweise bzw. nicht vermietet. Solche Angebote sind meist mit einer Mietausfall- und einer Erstvermietungsgarantie ausgestattet. Fondsangebote ohne Mietausfall- und Erstvermietungsgarantie sind einer besonders sorgfältigen Prüfung zu unterziehen. Das Fehlen dieser Garantien könnte unter Umständen als Indiz für überhöhte Mietansätze gewertet werden. Nachhaltig erzielbare Mieten können von der mit der Vermietung beauftragten

Immobiliengesellschaft gegen eine entsprechende Gebühr leicht garantiert werden.

Ein Gebäude, das sich in der Frühphase des Baus befindet, ist in der Regel höchstens teilweise vermietet, weil die meisten Mietinteressenten erst die Mietverträge unterzeichnen, wenn ein Großteil des Baus fertig gestellt ist und der Einzugstermin damit in nicht allzu weiter Ferne liegt.

Generell ist einer idealerweise voll vermieteten Immobilie der Vorzug gegenüber einer Mietgarantie zu geben. Die bisherigen Erfahrungen haben bewiesen, dass auch qualitativ hochwertige Mietgarantien nicht vor Verlusten durch Leerstände nach Ablauf der Garantiezeit schützen.

4.7.2 Mieterbonität/Mieterstruktur

Wie schon im vorhergehenden Punkt angeschnitten, ist es für den Anleger vorteilhaft, über die Mieterstruktur informiert zu sein: Die Bonität sollte einwandfrei sein, der Mix gut gemischt nach Vertragslänge und Branche der Unternehmen. Wurde das ganze Objekt von einem Großmieter angemietet, so ist zu überprüfen, um wen es sich dabei handelt. Hieraus lassen sich Rückschlüsse auf Sicherheit und Chancen des Investors ziehen. Hat sich z.B. eine Körperschaft des öffentlichen Rechts über die nächsten 10, 15 oder gar 20 Jahre eingemietet, so besteht eine große Prognosesicherheit hinsichtlich der Rendite für den Anleger. Das Mietausfallsrisiko kann hier nahezu vernachlässigt werden. Ähnliches gilt für Unternehmen mit herausragender Bonität. Dennoch sollte dieser Punkt sorgfältig geprüft werden, denn wie die jüngste Vergangenheit zeigte, kann es auch bei bekannten Namen unerwartet zu Einbrüchen kommen. Mit der hohen Sicherheit und den langen Mietverträgen nimmt sich der Anleger aber auch gleichzeitig die Chance auf überproportionale Mieterhöhungen, falls sich das Objekt hervorragend entwickelt und bei anstehenden Mietverlängerungen die Konjunktur boomt. Mit einem großen, potenten Mieter gestalten sich Verhandlungen immer eher schwierig und bei der Ausgestaltung von Mietverträgen und der ausgehandelten Miete müssen oft leichte Abstriche hingenommen werden.

Auch hier zeigt sich wieder: Sicherheit kostet Rendite! Kleine Mieter bzw. Mieter mit schlechter Qualität haben bei der Mietvertragsgestaltung die schlechteren Karten. Es sind hier höhere Mieten durchsetzbar, es darf jedoch nie das erhöhte Risiko außer Acht gelassen werden.

Die Mietvertragsdauer kann sich als wichtiger Aspekt erweisen. Dieser Gefahr ist durch die Konzeption des Objektes und die Ausgestaltung der Verträge zu begegnen. So müssen kleinere Mieter in angrenzenden Geschäftsräumen größeren Klienten weichen, wodurch ein expandierender Mieter mit hervorragender Qualität nicht zum Ausziehen gezwungen wird. Damit dies realisiert werden kann, sollten die Mietverträge bei kleineren Mietern nur über kürzere Laufzeiten vereinbart werden. Auch den Sonderkündigungsklauseln ist - besonders bei großen Mietern - Beachtung zu schenken.

4.7.3 Mietgarantien

Zu den Mietgarantien gehören die Erstvermietungsgarantie und die Mietausfallsgarantie. Die Erstvermietungsgarantie stellt sicher, dass die Mietflächen tatsächlich vermietet werden, und zwar zu bestimmten, festgesetzten Preisen. Die Mietausfallsgarantie stellt die Mieteinnahmen bei einem Mieterausfall sicher. Der Mietzins wird in diesem Fall von dem Garantiegeber weitergezahlt. Beide Garantien stellen für den Anleger sicher, in einem festgelegten Zeitraum eine gewisse Prognosesicherheit zu erhalten. Der Anleger hat auf die Höhe und die Qualität der Garantie zu achten sowie auf die Bonität des Garantiegebers. Die Höhe sollte die prognostizierte Mieteinnahme erreichen und durch die Qualität wird sichergestellt, dass der Garantiegeber über den nötigen finanziellen Rückhalt verfügt. Dem Investor ist eine eingehende Information bezüglich der erzielbaren Miete bei ähnlichen Objekten in vergleichbarer Lage zu raten. Eine zu hoch kalkulierte Miete hebt zwar kurzfristig die Rendite der Prognoserechnung, ist aber nach Ablauf der Mietgarantie meist nicht mehr zu erzielen. Das wohlklingende Zahlenwerk der Prognoserechnung fällt dann in sich zusammen. Unseriöse Initiatoren subventionieren anfangs die Mieterträge, damit - wie schon oben erwähnt – die Rendite des Objektes in äußerst positivem Licht erscheint. Nach Ablauf der Mietgarantien stellt sich bei diesen Anlegern jedoch die große Ernüchterung ein.

Die Mietgarantie kann unterschiedlich ausgestaltet sein. Der günstigste Fall für den Interessenten ist die Garantie einer bestimmten Höhe, die in der Prognoserechnung zum Ansatz kommt. Sollten die tatsächlichen Abschlüsse der Miete über der garantierten Miete liegen, wird diese dem Anleger voll weitergegeben. Er kommt also in diesen Fällen in den Genuss der vollen Mehreinnahme. Eine andere Regelung sieht vor, dass der Anleger nur zum Teil oder überhaupt nicht an der höher ausfallenden Mieteinnahme partizipiert. Ein drittes Modell ist so ausgestaltet, dass der Mieter sowohl ein Risiko trägt, soweit ein Teil der Mindereinnahmen nicht durch die Garantie geschützt ist, als auch eine Chance besitzt, bei Mehreinnahmen teilweise mitzuverdienen. Der Anleger sollte auf jeden Fall die Ausgestaltung der Mietgarantien sehr genau prüfen, um keine unliebsame Überraschung zu erleben. Die Erstvermietungsvereinbarung kann auch durch eine Kaufpreisreduzierung auf Basis der tatsächlich erzielten Miete abgesichert sein, falls der prognostizierte Mietansatz nicht erreicht wird.

4.7.4 Mietindexierung

Die Mieten bei geschlossenen Immobilienfonds sind in der Regel indexiert, d.h. der Mietzins der Verträge wird automatisch der Entwicklung des Lebenshaltungskostenindex angepasst. Ein solcher Index ist z.B. der für 4-Personen-Arbeitnehmerhaushalte von Arbeitern und Angestellten mit mittleren Einkommen (Basisjahr 1995 = 100 Prozent). Steigt die Inflationsrate um 2,5 Prozent, so wird der Mietzins entsprechend nach oben angepasst, und zwar um genau 2,5 Prozent, falls die Indexierung 100 Prozent beträgt. Ist nur eine Indexierung von 80 Prozent festgeschrieben, so wird die Miete nur um 2,0 Prozent erhöht. Es kommt also bei der Indexierung entscheidend auf die festgelegte Höhe an. Die beste Ausgestaltung aus Sicht des Anlegers ist selbstverständlich die 100-Prozent-Indexierung. Niedriger vereinbarte Sätze sind dementsprechend ungünstiger. Die inflationsbedingte Anpassung der Mietzahlungen erfolgt normalerweise zeitverzögert.

Üblich bei gewerblichen Mietverträgen ist die 10-Prozent-Klausel. Danach muss die Summe der Jahresinflationen 10 Prozent des Basis- bzw. des letzten Anpassungswertes übersteigen. Dann wird jedoch entsprechend der vereinbarten Indexierung angepasst. Beträgt der Lebenshaltungskostenindex z.B. im Jahr der letzen Anpassung 120 Prozent, dann werden bei der 10-Prozent-Klausel ab Überschreiten der Marke von 132 Prozent die Mieten erhöht. Bei der selteneren 10-Punkte-Klausel erfolgt die Anpassung jeweils bei Überschreitung von 10 Punkten bezogen auf den Basisindex. In unserem Beispiel erfolgt die Anpassung bereits bei Überschreiten der Marke von 130 Prozent. Dies ist für den Anleger eine vorteilhaftere Regelung.

Bei der Höhe der Mietindexierung können in der Regel nicht bei jeder zugrunde liegenden Nutzungsart die vollen 100 Prozent erzielt werden. Dieser Maximalwert ist meistens nur bei Bürogebäuden und Gewerbeparks erreichbar. Bei Einkaufszentren und SB-Märkten werden nur selten mehr als 80 Prozent realisiert. Als zusätzlicher Bonus ist bei Einkaufszentren und Fachmärkten teilweise eine Umsatzklausel mit eingebaut, die immer dann greift, wenn sich höhere als die erwarteten Umsätze beim Mieter einstellen. Die Miete wird dann wie vereinbart nach oben angepasst. Dies beinhaltet eine zusätzliche Chance für den Investor.

Ein wichtiger Punkt, der die Höhe der erwarteten Mieteinnahmen zum Teil erheblich schmälern kann, sind die so genannten Freijahre. Diese verhindern eine sofortige Angleichung des Mietzinses entsprechend der vereinbarten Indexierung. Je mehr Freijahre bei der Ausgestaltung der individuellen Mietverträge vereinbart werden können, desto ungünstiger ist dies für den Vermieter. Bei Objekten, die schon vermietet sind oder bei denen die Mietverträge bereits geschlossen sind, weiß der Anleger, ob überhaupt und, wenn ja, wie viele Freijahre ausgehandelt wurden. Bei noch leer stehenden Objekten können mit Einzelpersonen oder Gesellschaften, die bevorzugt als Mieter gewonnen werden sollen, häufig überdurchschnittlich viele Freijahre vereinbart werden. Dieser Sachverhalt ist in der Prognoserechnung oft nicht berücksichtigt, was zwangsläufig zu einer relativen Verschlechterung der prognostizierten Miete führt. Auch andere Anpassungsmodelle sind denkbar. Daher sollte sich der Anleger genau darüber informieren, was vereinbart wurde bzw. vereinbart werden kann.

Ein zusätzlicher Sicherheitsaspekt für den Anleger stellt die Indexierung der Mietgarantie dar. Ist dies nicht vereinbart, würde sich im Falle des Greifens der Mietgarantie eine Lücke zwischen den in der Prognoserechnung angesetzten Mieteinnahmen und den tatsächlich über die Mietgarantie erhaltenen Mieterträgen ergeben.

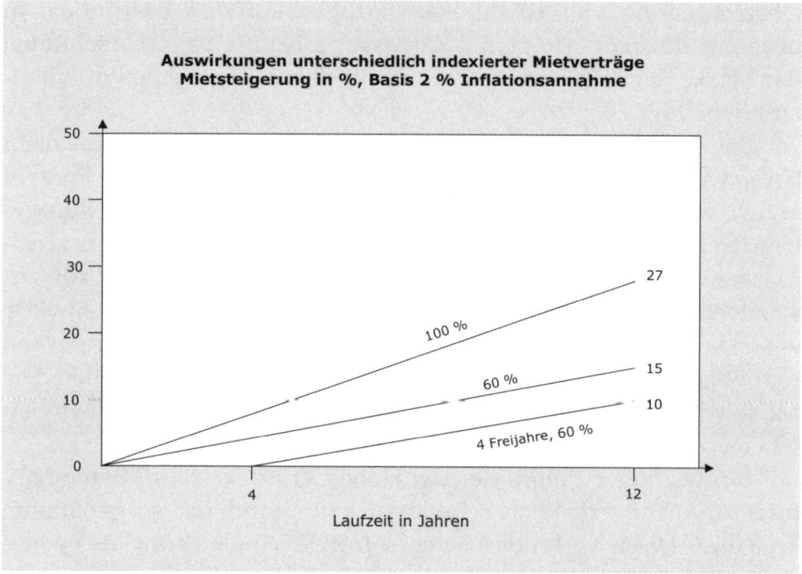

Abb. 26: Darstellung der Mietpreisentwicklung bei unterschiedlich indexierten Mietverträgen und Vereinbarung von Freijahren, in denen die Miete nicht nach oben angepasst wird

4.7.5 Nebenkostenregelung

Für die Sicherheit der Prognoserechnung ist die Ausgestaltung der Nebenkostenregelung eine wichtige Einflussgröße. Je weniger der Vermieter, also der Anleger, von den eventuell anfallenden Kosten tragen muss, desto günstiger ist dies für seine Rendite, da mehr ausgeschüttet werden kann.

Zu den Mietnebenkosten zählen in der Praxis folgende Positionen:
- Stromversorgung der Gemeinschaftsanlagen und Einrichtungen
- Heizung, Belüftung, Klimatisierung der Gemeinschaftseinrichtungen
- Wasserversorgung
- Bewachung, Betreuung, Verwaltung und Management des Objektes einschließlich der Bezahlung des dafür zuständigen Personals
- Kosten der Kanal- und Straßenreinigung
- Müllabfuhr
- Kehr- und Sielbenutzungsgebühren
- Betriebspflege, Wartung, Instandhaltung, Instandsetzung sonstiger Gemeinschaftsanlagen und Einrichtungen wie Rolltreppen, Aufzüge, Klimaanlagen, Eingangsanlagen etc.
- Instandhaltung und Instandsetzung, Reinigung, Schneeräumung sowie Streuen von Parkflächen, Verkehrswegen oder sonstigen Außenanlagen
- Instandhaltung und Instandsetzung sowie Reinigung und Wartung einer nicht innerhalb des Mietobjektes enthaltenen Fläche
- Grundsteuer und sonstige das Objekt betreffende öffentliche Abgaben
- Versicherungsprämien
- Einrichtung, Pflege, Wartung, Instandhaltung und Instandsetzung möglicher gewerblicher Einrichtungen für das Objekt

Bei so genannten Double-Net-Verträgen trägt der Fonds, also der Anleger, lediglich die Instandhaltung für Dach und Fach (Fassade), der Mieter übernimmt infolgedessen alle anderen Mietnebenkosten in unbegrenzter Höhe.

Des Weiteren sind die Kosten für die Mietflächen wie z.B. Heizung, Wasser, Klimatisierung direkt zwischen Mieter und Lieferant abzurechnen. Da die genaue Ausgestaltung von Double-Net-Verträgen nicht verbindlich geregelt ist, finden verschiedene Interpretationen in der Praxis Anwendung. Teilweise werden Höchstgrenzen für die vom Mieter zu tragenden Nebenkosten vereinbart bzw. werden bestimmte Mietnebenkosten ausgeklammert. Die Durchsetzung dieser Vertragsgestaltung ist jedoch nicht immer möglich. Deshalb wird oft eine abgeschwächte Form gewählt. Als Grundlage für diese Verträge wird häufig eine Nebenkostenumlage nach der II. Berechnungsverordnung vereinbart.

Zu den Betriebs- und Nebenkosten entsprechend der II. Berechnungsverordnung gehören lediglich folgende Positionen:
– Laufende Kosten des Grundstücks (Grundsteuer)
– Wasserversorgung
– Entwässerung
– Stromversorgung
– Straßenreinigung
– Müllentsorgung
– Heizungsanlage (Energie, Wartung)
– Aufzug (Strom, Wartung)
– Hausreinigung, Hauswart
– Gartenpflege/Außenanlagen
– Beleuchtung
– Schornsteinreinigung
– Versicherungen (Haftpflicht-, Glas-, Leitungswasser/Sturmschaden-, Gewässerschadenhaftpflicht-, Feuerversicherung)
– Gemeinschaftsantenne, Kabelanlage
– Sonstige Betriebskosten

Der Unterschied zu den Double-Net-Verträgen liegt darin, dass die Verwaltungsgebühren und sämtliche Reparaturkosten nicht umgelegt werden. Weiterhin wird in der Praxis häufig für die Instandhaltungs- und Instandsetzungsarbeiten eine vom Mieter zu tragende Kostenbeteiligung von 250 Euro pro Reparatur festgelegt. Die über die II. Berechnungsverordnung hinausgehende Übernahme von Grundsteuer, Versicherungen oder gar von Schönheitsreparaturen zulasten des Vermieters erfordert im Gegenzug schwierig zu kalkulierende, wesentlich höhere Instandhaltungs- bzw. Reserverückstellungen und renditeschwächende laufende Aufwendungen. Eine Steigerung der Double-Net-Verträge wären noch die Tripple-Net-Verträge. Hier muss der Mieter sogar für Reparaturen an Dach und Fach aufkommen.

Sind die Mietverträge bereits abgeschlossen, so hat der Anleger auf diesem Gebiet eine sichere Kalkulationsbasis. Falls diese dagegen noch nicht abgeschlossen sind, sollte er auf die entsprechenden Klauseln in den Verträgen achten. Oft zu finden ist die Regelung: „Von den vorstehenden Bedingungen kann abgewichen werden, wenn ein besonderes Interesse an dem Abschluss mit einem bestimmten Mietinteressenten besteht." Solche Vorbehalte können ebenfalls in anderen Vertragsteilen enthalten sein. Die Fondsgesellschaft bekundet zwar die Absicht, bestimmte Verträge durchzusetzen, aber der Anleger hat keinerlei Gewähr, dass die in Aussicht gestellten Zusagen tatsächlich eingehalten werden.

4.7.6 Laufzeiten und Verlängerungsoptionen

Die Prognosesicherheit ist sehr stark mit der Laufzeit der Mietverträge korreliert. Mieten sich in einem Objekt Personen oder Gesellschaften von guter Bonität ein und schließen diese gleichzeitig langfristige Mietverträge von zehn Jahren oder mehr ab, so genießt der Anleger große Sicherheit bezüglich der prognostizierten Rendite. Bei weniger potenten Mietern, die Verträge über lange Laufzeiten geschlossen haben, kann der Anleger nur mit einer geringeren Sicherheit mit der Erfüllung ihrer Verpflichtungen rechnen.

Manche Mietverträge sind mit Verlängerungsoptionen versehen, beispielsweise über weitere fünf oder zehn Jahre. Für den Investor ist dies allerdings von Nachteil. Gestaltet sich der geschäftliche Erfolg des Mieters eher schleppend, wird er die Option auf eine Verlängerung nicht wahrnehmen. Ist die Lage am Immobilienmarkt dagegen nachfrageüberhängend, werden die Mietverträge vielleicht verlängert, dann jedoch zu den bereits bisher vereinbarten Konditionen, die unter den aktuell am Markt erzielbaren liegen.

4.7.7 Kalkulierter Mietpreis pro Quadratmeter

Der kalkulierte Mietpreis pro Quadratmeter muss marktüblich angesetzt sein, d.h. er sollte sich in seiner Kalkulation an anderen Objekten in vergleichbarer Lage und gleicher Nutzungsart orientieren. Höher angesetzte Mieten werden zumeist nicht erzielt und führen zwangsläufig zu schlechteren als den prognostizierten Renditen. Auch Nebenflächen wie Parkplätze müssen zu marktüblichen Preisen angesetzt sein. Liegen die Mieten deutlich über den marktüblichen Vergleichsmieten, müssen beim Anleger die Alarmglocken läuten. Entweder sind die Mieten nicht realistisch mit der Konsequenz, dass die Prognoserechnung erheblich unterschritten wird, oder die Mieten sind nicht erzielbar, aber es greift eine Mietgarantie. In diesem Fall stimmt die Prognoserechnung für die ersten Jahre. Falls sich aber der Gesamtmarkt nicht positiv entwickelt, bleiben im Anschluss die Mieteinnahmen hinter den gesteckten Erwartungen zurück. Beide Szenarien stellen sich für den Anteilseigner negativ dar.

Eine Methode, um den kalkulierten Quadratmeterpreis zu verbilligen, ist die Einrechnung der Nutzflächen bzw. die Zugrundelegung der Außenmaße bei der Berechnung der Quadratmeterzahl. Dadurch erhöht sich zumindest auf dem Papier die vermietbare Fläche. Bei unverändertem Gesamtmietertrag liegt die Miete pro Quadratmeter niedriger und scheint so nicht überzogen. Auch hierbei handelt es sich jedoch um Tricks, auf die nur unseriöse oder vermeintlich vertrauenserweckende Initiatoren zurückgreifen. Der Anleger sollte sich genau erkundigen, mit welchen Berechnungsgrundlagen gearbeitet wurde.

4.7.8 Zusatzvereinbarungen

Grundsätzlich gibt es eine Vielzahl von Zusatzvereinbarungen bei Mietverträgen. Sind solche integriert, muss sie der Anleger genau betrachten. Ein Beispiel dafür ist die Umsatzklausel, auf die oben bereits eingegangen wurde und die im günstigsten Fall die Mieteinnahmen steigern kann. Eine andere Zusatzvereinbarung ist z.B. die so genannte Betriebspflicht, die den Mieter verpflichtet, seinen

Geschäftsbetrieb tatsächlich auszuüben. Es kann also nicht passieren, dass in einem Einkaufscenter ein bekannter Mieter angekündigt wird, der als Zugpferd gilt, später aber wieder abspringt. Dieses Zugpferd dient nur dazu, kleinere Mieter in ausreichender Anzahl anzulocken. Hierbei handelt es sich jedoch um Praktiken, derer sich seriöse Anbieter nicht bedienen.

4.8 Steuerliche Eckdaten

4.8.1 Einkommensteuer

Einkunftsart

Bei der Auswahl einer Fondsanlage ist darauf zu achten, dass es sich bei den Einkünften, die der Immobilienfonds erzielt und die dem Anleger steuerlich zugerechnet werden, um Einkünfte aus Vermietung und Verpachtung gem. § 21 EStG handelt. Unter gewissen Voraussetzungen und unter Berücksichtigung veränderter steuerlicher Gegebenheiten kann auch die Konzipierung des Fonds als Gewerbebetrieb gem. § 15 EStG sinnvoll sein. Probleme bei der gewünschten Einkünftequalifikation können unter Umständen bei Zwischenschaltung eines Treuhänders auftreten. Hier ist zu beachten, dass der Treuhänder ausschließlich auf Rechnung und Gefahr des Treugebers handelt, andernfalls könnte es sich bei den Erträgen aus der Fondsbeteiligung um Einkünfte aus Kapitalvermögen im Sinne des § 20 EStG handeln.

4.8.2 Gewerbesteuer

Grundsätzlich unterliegen nur Kapitalgesellschaften und gewerblich tätige Personengesellschaften der Gewerbesteuerpflicht. Geschlossene Immobilienfonds in der Rechtsform einer KG oder GbR können nur durch eine originäre gewerbliche Tätigkeit, durch gewerblichen Grundstückshandel oder eine gesellschaftsrechtlich bedingte gewerbliche Prägung zu Subjekten der Gewerbesteuer werden. Sind diese Voraussetzungen nicht erfüllt, werden die Erträge und das Vermögen der Fondsgesellschaft nicht der Gewerbesteuer unterworfen.

4.8.3 Erbschaft- und Schenkungsteuer

Die Bemessungsgrundlage für Zwecke der Erbschaft- und Schenkungsteuer wird in Kapitel 3 beschrieben. Im Erbfall kann stets durch Mitübertragung von Verbindlichkeiten „negatives" Vermögen erzeugt werden, im Schenkungsfall ist dies nur ausnahmsweise durch Übertragung einer so genannten „Duldungsauflage" (z.B. Nießbrauchsrecht) oder bei Einkünften aus Gewerbebetrieb möglich.

4.9 Finanzierung

Es gibt zwei Gruppen von geschlossenen Immobilienfonds: reine Eigenkapitalfonds und Fonds, die sich zum Teil über Bankkredite finanzieren. Bei reinen Eigenkapitalfonds kann der Anleger die Höhe seiner Außenfinanzierung (Finanzierung, die ein Anleger selbst aufnimmt, um Teile der Zeichnungssumme zu bezahlen) selbst bestimmen. Allerdings nicht nur die Höhe, sondern auch die Laufzeit und die genauen Fremdkapitalkonditionen. Anders ist dies hingegen bei den innenfinanzierten Fonds, bei denen der Fonds Kreditnehmer ist. Die Mindesthöhe der Fremdfinanzierung ist hier bereits durch den kreditfinanzierten Anteil innerhalb des Fonds festgelegt. Der Anleger kann aber den Fremdfinanzierungsgrad seiner Beteiligung selbst noch weiter steigern. Die Grenzen liegen zum einen in der Beleihbarkeit der Anteile bzw. der Bonität des Anlegers und zum anderen auf der steuerlichen Seite, die wiederum vom Finanzierungsplan abhängig ist (so genannte Gesamtgewinnerzielungsabsicht und § 2b EStG). Der Vorteil des Eigenkapitalfonds liegt in der Möglichkeit des individuellen Zuschnittes auf die Bedürfnisse des Anlegers hinsichtlich der Fremdfinanzierungsquote. Nachteil einer vom Anleger vorgenommenen Außenfinanzierung ist ganz klar die Pflicht, Zins- und Tilgungsleistungen auch dann bezahlen zu müssen, wenn die Ausschüttung aus dem Fonds aufgrund eines schlechteren wirtschaftlichen Verlaufs zum Teil oder sogar vollständig ausfällt. Viele Initiatoren bieten deshalb oft fremdfinanzierte Fonds an, weil die prognostizierten Renditen und die Verlustzuweisungen höher ausfallen. Seit der Einführung des § 2b EStG jedoch wird dem Fremdfinanzierungsgrad indirekt ein Riegel vorgeschoben. Zum einen darf nicht mehr offen mit den negativen steuerlichen Ergebnissen geworben werden, zum anderen kann die Verlustzuweisung durch die Gesetzesvorgabe nicht mehr beliebig hoch geschraubt werden (siehe dazu Kapitel 3).

4.9.1 Konditionen des Fremdkapitals

Bei Fremdkapitalfonds ist es wichtig, auf die Konditionen der Finanzierung zu achten. Als Erstes ist zu prüfen, ob die Darlehensverträge bereits fest abgeschlossen sind. Im zweiten Schritt sind die Konditionen zu kontrollieren. Der zugrunde gelegte, effektive Jahreszins sollte mit den marktüblichen Konditionen verglichen werden, um festzustellen, ob hier nicht deutliche Abweichungen auftreten. Zu prüfen ist ebenfalls, ob es ein Disagio gibt. Ist dies der Fall, kann durch diese Zinsvorauszahlung nämlich ein wesentlich niedrigerer Nominalzins vereinbart werden. Auch Kosten des Fonds können in der Finanzierung versteckt werden. Bei guten Angeboten sollte der effektive Jahreszins eher unter den marktüblichen Sätzen liegen, da es sich hier um Größenordnungen handelt, die der Fondsgesellschaft zu einer günstigen Verhandlungsposition gegenüber dem jeweiligen Kreditinstitut verhelfen. Die Konditionen können sich aber im Laufe der Zeit ändern. Es müssen daher bei einem Vergleich die Größen zu Rate gezogen werden, die im Zeitpunkt des Kreditabschlusses Gültigkeit hatten.

Die Zinsbindung und die zugrunde gelegte Kondition nach Ablauf der Zinsbindung wären der zweite Punkt, der für den Anleger eine bedeutende Rolle spielt. Bei zu kurzer Zinsfestschreibung sollte der Anleger auf eine erhebliche Verschlechterung der Prognoserechnung bei ungünstiger Entwicklung des Zinsniveaus gefasst sein. Im gegenläufigen Fall darf er jedoch mit deren Verbesserung rechnen. Er muss sich des Zinsänderungsrisikos und der Auswirkungen auf die Anschlussfinanzierung und damit der prognostizierten Rendite bewusst sein.

Fremdwährungsfinanzierungsrisiko:
FWRis = FW x 100/GI
FWRis : Fremdwährungsfinanzierungsrisiko
FW : Fremdkapital in Fremdwährung
GI : Gesamtinvestition

4.9.2 Darlehensaufnahme in Fremdwährung

Ein derzeit sehr beliebte Möglichkeit, die Ausschüttung attraktiver darzustellen, ist die Darlehensaufnahme in einer Fremdwährung. Dadurch kann der Zinsvorteil von günstigeren Darlehenskonditionen im Ausland wie z.B. derzeit in der Schweiz und in Japan genutzt werden. Dieser Zinsvorteil verbessert natürlich die Ausschüttung, die in der Regel mit gleich bleibendem Währungskurs gerechnet wird. In Wirklichkeit ergibt sich aber das Risiko der Währungsschwankungen, die bei steigenden Kursen der Kreditwährung zu Verlusten für den Anleger führen. Sicherlich bietet diese Finanzierungsform auch Chancen, die aber nicht dazu benützt werden sollten, die Rendite aus einer Investition in eine Immobilie aufzupäppeln, indem zusätzlich ein Ertrag über ein Zinsdifferenzgeschäft kalkuliert wird. Idealerweise sollte die komplette Zinsersparnis für Währungsrückstellungen verbucht werden, da nur dann keine Subventionierung der Ausschüttung erfolgt.

4.9.3 Zwischenfinanzierungsgarantie

Die Zwischenfinanzierungsgarantie kann zu einem wichtigen Bestandteil des Vertragswerkes eines geschlossenen Immobilienfonds werden. Bei der Konstruktion und Abwicklung eines Fondsprojektes fallen Kosten an, die aufgrund der zeitlichen Verzögerung des Einlageneingangs vorübergehend fremdfinanziert werden. Hierfür wird eine Zwischenfinanzierungsgarantie benötigt. Sie schützt den

Anleger wirksam vor dem Scheitern der Gesamtkonzeption in diesem Bereich. Stets zu beachten und zu überprüfen ist die Bonität des Garantiegebers.

4.9.4 Fremdkapitalrisiko in Prozent

Je höher der Fremdkapitalanteil an der Gesamtinvestition ist, desto höher ist auch das Risiko für den Anleger.

Formelmäßige Darstellung des Fremdkapitalrisikos:

FKRis = FK x 100/GI

FKRis : Fremdkapitalrisiko
FK : Fremdkapital
GI : Gesamtinvestition

Beispiel für die Auswirkungen des Leverage-Effekts:

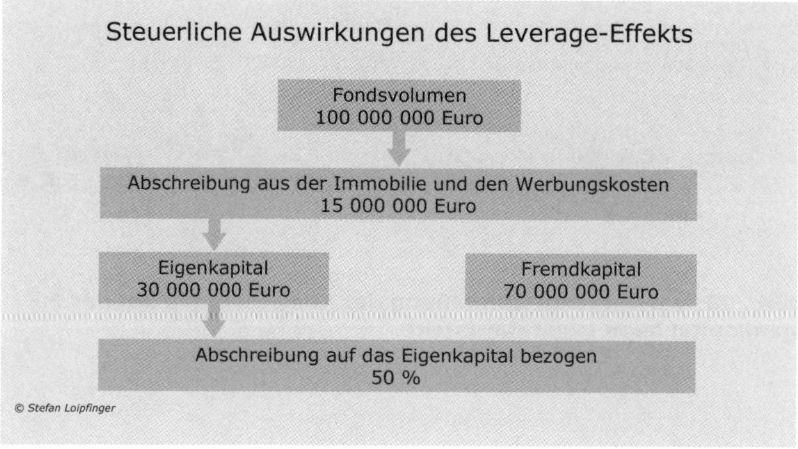

Abb. 27: Steuerliche Auswirkungen des Leverage-Effekts

Bei einem Eigenkapitalfonds führt ein 20-prozentiger Immobilienpreisrückgang zu einem Wertverlust der Beteiligung eines Anlegers in genau dieser Höhe. Bei einem Fremdkapitalfonds, der zu

80 Prozent fremdfinanziert ist, führt hingegen ein 20-prozentiger Immobilienpreisrückgang zu einem vollständigen Verlust des Eigenkapitalanteils. Das Fremdkapitalrisiko sollte zur Risikobeschränkung auf der Anlegerseite daher nicht wesentlich über 50 Prozent liegen. Andernfalls können schon relativ geringe Wertschwankungen zu erheblichen Einbußen für den Anleger führen. Nachfolgendes Beispiel verdeutlicht das Problem zusätzlich vor dem Hintergrund einer Tilgung der Fremdfinanzierung sowie im Hinblich auf die Zahlungsfähigkeit eines Fonds.

Leverage-Effekt
Auswirkungen auf das Eigenkapital

Ein Fonds wurde zu 80 Prozent innenfinanziert. Es wurden also von beispielsweise 100 Mio. Euro Fondsvolumen 80 Mio. Euro über Kredit erbracht. Nur 20 Prozent des Fondsvolumens leisten Anleger.
Folgende Szenarien sollen die positiven und negativen Auswirkungen des Leverage-Effektes hinsichtlich der Wertentwicklung der Fondsanteile verdeutlichen:

	bad-case	good-case
Wert des Immobilienvermögens (€)	80 000 000	120 000 000
./. Restschuld des Darlehens	75 000 000	75 000 000
Wert der Kundeneinlagen	5 000 000	45 000 000
bezogen auf die Anfangseinlage (%)	25	225

Abb. 28: Vereinfachte Darstellung der Auswirkungen auf das Eigenkapital beim Leverage-Effekt

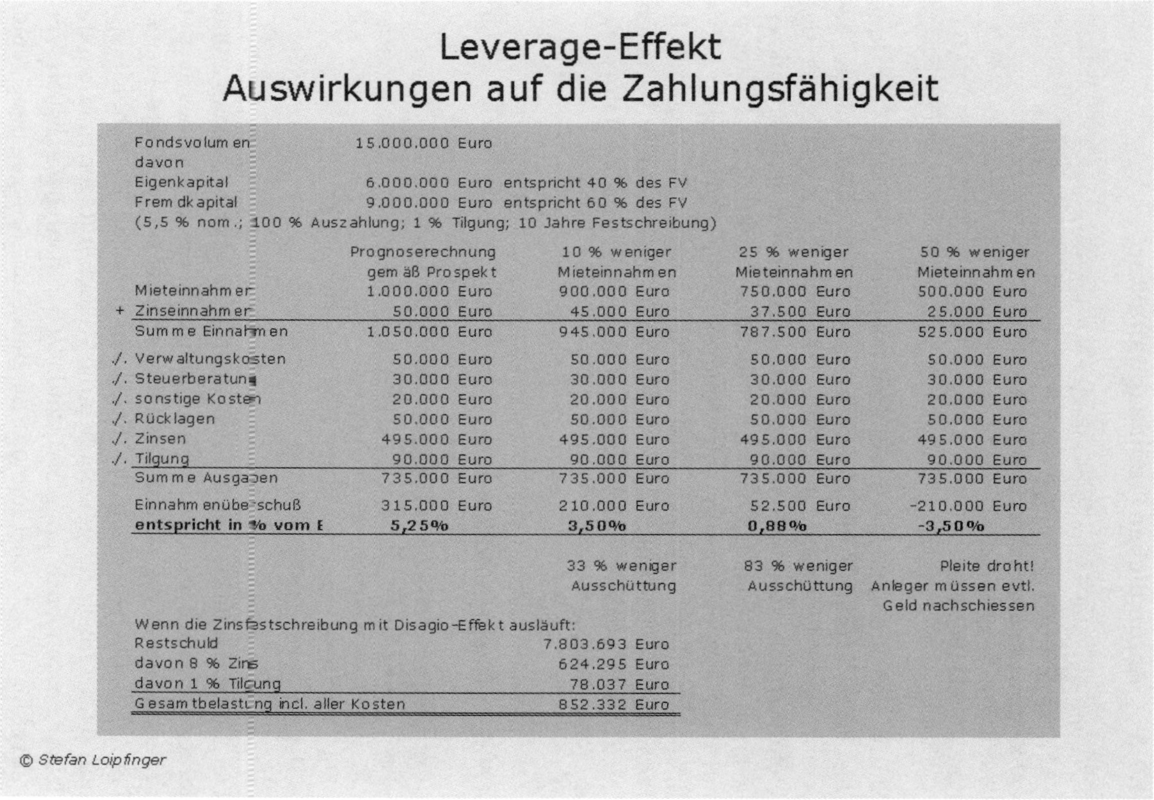

Leverage-Effekt
Auswirkungen auf die Zahlungsfähigkeit

Fondsvolumen	15.000.000 Euro	
davon		
Eigenkapital	6.000.000 Euro	entspricht 40 % des FV
Fremdkapital	9.000.000 Euro	entspricht 60 % des FV

(5,5 % nom.; 100 % Auszahlung; 1 % Tilgung; 10 Jahre Festschreibung)

	Prognoserechnung gemäß Prospekt	10 % weniger Mieteinnahmen	25 % weniger Mieteinnahmen	50 % weniger Mieteinnahmen
Mieteinnahmen	1.000.000 Euro	900.000 Euro	750.000 Euro	500.000 Euro
+ Zinseinnahmen	50.000 Euro	45.000 Euro	37.500 Euro	25.000 Euro
Summe Einnahmen	1.050.000 Euro	945.000 Euro	787.500 Euro	525.000 Euro
./. Verwaltungskosten	50.000 Euro	50.000 Euro	50.000 Euro	50.000 Euro
./. Steuerberatung	30.000 Euro	30.000 Euro	30.000 Euro	30.000 Euro
./. sonstige Kosten	20.000 Euro	20.000 Euro	20.000 Euro	20.000 Euro
./. Rücklagen	50.000 Euro	50.000 Euro	50.000 Euro	50.000 Euro
./. Zinsen	495.000 Euro	495.000 Euro	495.000 Euro	495.000 Euro
./. Tilgung	90.000 Euro	90.000 Euro	90.000 Euro	90.000 Euro
Summe Ausgaben	735.000 Euro	735.000 Euro	735.000 Euro	735.000 Euro
Einnahmenüberschuß	315.000 Euro	210.000 Euro	52.500 Euro	-210.000 Euro
entspricht in % vom E	**5,25%**	**3,50%**	**0,88%**	**-3,50%**
		33 % weniger Ausschüttung	83 % weniger Ausschüttung	Pleite droht! Anleger müssen evtl. Geld nachschiessen

Wenn die Zinsfestschreibung mit Disagio-Effekt ausläuft:

Restschuld	7.803.693 Euro
davon 8 % Zins	624.295 Euro
davon 1 % Tilgung	78.037 Euro
Gesamtbelastung incl. aller Kosten	852.332 Euro

Abb. 29: Leverage-Effekt, Auswirkungen auf die Zahlungsfähigkeit

4.9.5 Anfänglicher Fremdkapitalfaktor

Der anfängliche Fremdkapitalfaktor ist definiert als:

AFKF = FK/JM

AFKF : anfänglicher Fremdkapitalfaktor
FK : Fremdkapital
JM : Jahresmiete

Durch den anfänglichen Fremdkapitalfaktor wird das Verhältnis des Fremdkapitals zur Jahresmiete dargestellt. Der Anleger gewinnt einen Eindruck, wie viele Jahresmieten zur Tilgung des Fremdkapitals nötig wären. Das Risiko des Investors steigt sukzessive mit wachsendem Fremdkapitalfaktor. Ein erhöhter Faktor ist nur dann akzeptabel, wenn eine langfristige Finanzierung zu günstigen Konditionen ausgehandelt werden konnte. Der anfängliche Fremdkapitalfaktor hilft dem Anleger, den Einfluss einer Variation der Zinssätze bzw. die Konsequenzen der Änderung der Jahresmiete abzuschätzen.

4.9.6 Restschuldfaktor

Der Restschuldfaktor ist definiert als:

RSF = FKLP/JMLP

RSF : Restschuldfaktor
FKLP : Fremdkapital im letzten Prognosejahr
JMLP : Jahresmiete im letzten Prognosejahr

Der Restschuldfaktor ist ähnlich dem anfänglichen Fremdkapitalfaktor definiert, es werden hier lediglich die Daten des letzten Prognosejahres verwendet. Immobilienfonds mit geringer Fremdkapitaltilgung weisen in der Regel einen hohen Restschuldfaktor auf, da bei ihnen für gewöhnlich die Ausschüttungen zulasten der Tilgungsraten hoch angesetzt sind. Von einem potenziellen Verkaufserlös im letzten Prognosejahr muss der Anleger den Fremdkapitalanteil in Abzug bringen.

4.10 Investitionsrechnung

Die Investitionsrechnung beschreibt die wirtschaftlichen Rahmendaten der Fondsbeteiligung. Es wird sowohl auf die Mittelherkunft als auch auf die Mittelverwendung eingegangen. Der Anleger kann sich hieraus ein genaues Bild über die Kosten der Beteiligung wie auch über die zugrunde liegende Immobiliensubstanz verschaffen.

4.10.1 Mittelherkunft

Unter der Rubrik Mittelherkunft sind die einzelnen Gesellschafter mit ihrem jeweiligen Kapitalanteil aufgelistet. Separat angegeben werden die Anteile des Komplementärs und die der Kommanditisten. Bei diesen erfolgt eine detaillierte Aufspaltung nach Gründungs-, geschäftsführenden, Treuhand- und übrigen Kommanditisten. Letztere repräsentieren die große Schicht der Fondszeichner.

In dieser Aufstellung ist das Agio – also das Aufgeld, das die Anteilszeichner leisten müssen – ebenso enthalten wie das Fremdkapital, das dem Fonds aus einer möglichen Finanzierung zugeflossen ist. Die Summe all dieser Einzelpositionen stellt das Gesellschaftskapital dar.

4.10.2 Mittelverwendung

Hier wird dem Investor die genaue Verwendung des Gesellschaftskapitals belegt. Im Einzelnen kann die Mittelverwendung wie folgt untergliedert werden:
- Kaufpreis,
- Grunderwerbsteuer,
- Notar-, Grundbuch- und Gerichtskosten,
- Maklergebühren,
- Fondskosten,
- Liquiditätsreserve,
- Zinsen und Sonstiges.

Die größte Position stellt der Kaufpreis des Fondsobjektes dar. Die Angemessenheit dieses Betrages ist nach Maßgabe der oben in diesem Kapitel dargestellten Bewertungskriterien zu beurteilen und zu überprüfen. Die Grunderwerbsteuer ist eine institutionalisierte Größe, also vom Fondsinitiator nicht beeinflussbar. Sie beträgt 3,5 Prozent vom Kaufpreis. Die Notar-, Grundbuch- und Gerichtskosten sind eng mit der Höhe der Kaufsumme für die Immobilie verbunden und sollten sich in einer Größenordnung von ca. 0,50 Prozent bewegen. Dagegen stellen die Maklergebühren einen von Fall zu Fall sehr variablen Kostenfaktor dar, der drei Prozent zuzüglich Mehrwertsteuer des Bruttokaufpreises keinesfalls überschreiten sollte. Die Maklergebühren verhalten sich bei größeren Fondsobjekten allerdings stark degressiv, sodass oft auch nur 1 bis 1,5 Prozent bezahlt werden.

Unter dem Oberbegriff „Fondskosten“, auch bekannt als „Dienstleistungshonorare“, lassen sich folgende Aufwandspositionen subsumieren:

- Komplementärvergütung,
- Treuhandvergütung,
- Baucontrolling,
- Gesellschaftsgründung,
- Kapitalbeschaffung,
- Platzierungsgarantie,
- Objektaufbereitung,
- Konzeption,
- Fondsverwaltung,
- Steuerberatung,
- Finanzierungsgarantien,
- Finanzierungsvermittlung,
- nicht abzugsfähige Vorsteuer.

Die Komplementärvergütung erhält der persönlich haftende Gesellschafter für seine Geschäftsführungstätigkeit. Die Treuhandvergütung ist oft prozentual an die treuhänderisch verwalteten Kapitaleinlagen exklusive des Agios gekoppelt. Der regelmäßig größte Block im Rahmen der Fondskosten besteht in den Aufwendungen für die Kapitalbeschaffung. Hierfür ist üblicherweise ein fester Betrag zuzüglich eines Aufgeldes vereinbart. Zusammen können diese Positionen bis zu zehn Prozent der Kaufsumme erreichen.

Die Platzierungsgarantie gewährleistet, dass das für die Durchführung der geplanten Investition erforderliche Eigenkapital innerhalb eines festgelegten zeitlichen Rahmens beschafft wird. Die Objektaufbereitung umfasst Ausgaben für Objektauswahl und Objektprüfung sowie die Durchführung und Feinabstimmung aller Verkaufsverhandlungen. Die Kosten der Konzeption fallen für die Ausarbeitung der rechtlichen und steuerlichen Konstruktion, die Prospekt- und Vertragsgestaltung und die Erstellung der Emissionsunterlagen an.

Die Fondsverwaltungskosten entstehen durch die Besorgung der laufenden Geschäfte. Für die Wahrnehmung dieser Aufgabe wird häufig ein anfänglicher Fixkostenblock vereinbart, der im weiteren Verlauf an die Mieterträge gekoppelt ist. Ähnlich wird mit den Honoraren für die Steuerberatung verfahren. Auch hier wird ein zunächst gültiger Fixbetrag später in eine prozentuale Abhängigkeit von den jährlichen Mieterträgen umgewandelt.

Bei Fremdkapitalfonds fallen meist zwei weitere Kostenfaktoren an: der für die Finanzierungsgarantie und der für die Finanzierungsvermittlung. Die Finanzierungsgarantie gewährleistet die geplante Finanzierung des Objekts und sichert somit die Durchführung des Fondskonzepts. Für die Vermittlung der Finanzierung fallen bei verschiedenen Fonds nochmals zum Teil erhebliche Kosten an.

Der letzte zu nennende Kostenfaktor ist die nicht abzugsfähige Vorsteuer. Soweit die in Rechnung gestellte Umsatzsteuer als Vorsteuer abzugsfähig ist, werden die Beträge netto angesetzt. Vergütungen im Zusammenhang mit steuerfreien Leistungen, wie z.B. der Ausgabe der Gesellschaftsanteile, ist die in Rechnung gestellte Umsatzsteuer nicht als Vorsteuer abzugsfähig. Betroffen sind in der Regel die Leistungen der Konzeption und Treuhandvergütung. Hieraus werden 16 Prozent Umsatzsteuer berechnet, die die nicht abzugsfähige Vorsteuer bilden.

Der gesamte Block der Fondskosten sollte möglichst niedrig gehalten werden. Die einzelnen Kostenfaktoren können sehr unterschiedlich ausfallen. 15 Prozent Fondskosten im Verhältnis zur

Gesamtinvestition stellen einen noch realistischen Wert dar. Darüber hinausgehende Größen sind als zunehmend problematisch anzusehen.

Jeder geschlossene Immobilienfonds sollte mit einer Liquiditätsreserve in ausreichender Höhe ausgestattet sein. Abweichungen der tatsächlichen von den antizipierten Kosten gehen stets zugunsten oder zulasten dieses finanziellen Polsters. Der Posten „Zinsen und Sonstiges" aus der langen Liste der Mittelverwendungen umfasst schließlich Aufwendungen im Zusammenhang mit Ausgaben, die vor der Einzahlung des Kommanditkapitals getätigt werden mussten. Hierzu rechnen unter anderem auch Zinsen, die aus Krediten zur temporären Überbrückung der zeitlich verschobenen Vorsteuererstattung resultieren. Die Liquiditätsreserve ist der Puffer für kurzfristige Einnahme-/Ausgabeinkongruenzen. Auf keinen Fall dürfen die Bestände der Liquiditätsreserve zur Ausschüttungssubventionierung Verwendung finden.

4.10.3 Einkaufsfaktor der Immobilie für den Fonds

Der Einkaufsfaktor der Immobilie für den Fonds wird definiert als:

EKF = (KP + ENK)/AJM

EKF : Einkaufsfaktor für den Fonds
KP : Kaufpreis
ENK : Erwerbsnebenkosten
AJM : anfängliche Jahresmiete

Üblicherweise werden Immobilien nach der Ertragswertmethode, d.h. vereinfacht nach dem x-fachen der Jahresmiete, bewertet. Dieser Multiplikator wird im Fachjargon als Einkaufsfaktor oder Ertragswertfaktor bezeichnet. Abgeleitet wird dieser vereinfachte Faktor aus den zukünftigen Zahlungsströmen, die über eine Discounted-Cash-Flow-Betrachtung noch genauere Aussagen zum Verkehrswert ermöglichen. Je nach Nutzungsart und Standort des Objektes ist dieser unterschiedlich hoch. Er bringt zum Ausdruck, ob die Immobilie vergleichsweise teuer oder eher billig gekauft wurde. Der Einkaufsfaktor stellt ein wichtiges Beurteilungskriterium für den Anleger dar. Hierzu muss allerdings die entsprechende Bewertungskennziffer eines vergleichbaren Objektes bekannt sein. Als isolierte Größe ist diese Kennziffer folglich nur bedingt aussagekräftig.

Zur korrekten Einordnung des Einkaufsfaktors ist stets zu prüfen, wie realistisch die angesetzte Miete pro Quadratmeter kalkuliert wurde. Hier hat der Fondsinitiator einen sehr großen Spielraum, die Kennziffer in seinem Sinne zu beeinflussen, bedeutet doch eine 20-prozentige Erhöhung der Miete eine entsprechende Ermäßigung des Einkaufsfaktors. Faktor 18, der für viele Objekte einen überteuerten Anschaffungspreis signalisiert, würde so in etwa zu Faktor 16, der dem Anleger plötzlich eine gute Kaufgelegenheit mit realistischen Wertsteigerungschancen suggeriert. Nach Ablauf der Mietgarantie wäre diese Rechnung jedoch nur bei einer überdurchschnittlich positiven Entwicklung des Gesamtmarktes zu halten.

Wie gezeigt, lassen überzogen kalkulierte Mieteinnahmen und die dafür in Anspruch genommene Garantieleistung leicht einen überhöhten Kaufpreis in einem besseren Licht erscheinen, ohne dass der Einkaufsfaktor das nötige Warnsignal gibt. Diese, wie auch die folgende Bewertungskennziffer, kann also nur bei einer integrierten Betrachtung im Kontext der gesamten Fondskonzeption zu einem richtigen und zuverlässigen Ergebnis führen.

Kaufpreise von Investments als Vielfaches der Jahresnettomiete (DB Immobilien 2. Qu. 2003)
Berechnung: (Nettokaufpreis + Erwerbsnebenkosten)/Anfangsjahresnettomiete

		Großstädte/Investmentzentren								Sonstige Städte								Gesamt	
Lage	Objektart	Berlin	Frankfurt	Hamburg	Köln	Stuttgart	Durchschnitt	Änderung	Proz. Änderung	Freiburg	Karlsruhe	Mannheim	Wiesbaden	Chemnitz	Dresden	Potsdam	Bad Homburg	Durchschnitt	Änderung
1a	Büro-/Geschäftshaus	19,0	18,0	19,0	18,0	20,0	18,8	-0,5	-2,6	18,0	16,0	16,0	16,0	12,0	16,0	15,0	16,0	16,2	-0,4
1b	Büro-/Geschäftshaus	15,0	15,5	17,0	14,5	16,5	15,7	-0,6	-3,7	16,0	14,0	14,5	14,5	10,0	14,0	13,0	14,0	14,1	-0,5
2er	Büro-/Geschäftshaus	12,0	13,5	13,5	12,5	15,5	13,4	-0,8	-5,6	15,0	12,0	12,5	13,0	9,0	12,5	12,0	13,0	12,5	-0,6
2er	Wohn-/Geschäftshaus	11,0	12,5	13,5	13,5	15,5	13,2	-0,8	-5,7	15,0	13,0	13,0	13,0	9,0	12,0	12,0	13,0	12,8	-0,5
Stadtteil	Büro-/Geschäftshaus	10,0	12,5	13,0	12,0	13,0	12,1	-0,9	-6,9	14,0	11,5	12,0	11,0	8,5	12,0	11,5	11,5	11,6	-0,6
Stadtteil	Wohn-/Geschäftshaus	10,0	12,5	13,0	12,5	13,0	12,2	-1,0	-7,6	14,0	12,0	12,5	11,0	9,0	11,0	12,0	11,5	11,8	-0,6
Stadtteil	Nahversorgungszentrum	10,0	11,5	11,5	10,5	11,5	11,0	-0,4	-3,5	12,0	10,5	11,0	10,0	9,0	11,0	11,0	11,0	10,8	-0,5
Stadtteil	SB-/Fachmarkt	10,0	11,0	11,0	10,5	11,5	10,8	-0,5	-4,4	11,5	10,0	10,5	9,5	9,0	11,0	10,5	10,0	10,4	-0,6
Peripherie	Bürohaus	10,0	11,0	11,0	10,5	12,5	11,0	-0,5	-4,3	12,0	11,0	10,5	10,0	8,5	10,0	10,0	10,5	10,4	-0,4
Peripherie	Wohn-/Geschäftshaus	10,0	11,5	12,0	11,5	12,5	11,5	-0,6	-5,0	13,0	11,5	11,0	10,0	9,0	10,0	10,0	11,0	10,8	-0,6
Peripherie	Büro- und Gewerbe	8,0	10,0	10,0	9,5	10,5	9,6	-1,1	-10,3	11,0	10,0	10,0	9,0	28,5	10,0	9,0	9,5	9,5	-0,6
Peripherie	Gewerbe/Industrie/Hallen	8,0	10,0	9,5	8,5	9,0	9,0	-0,6	-6,3	10,0	9,0	8,0	10,0	8,0	9,5	9,0	9,0	8,8	-0,4
Peripherie	SB-/Fachmarkt	9,0	10,0	10,5	10,0	11,0	10,1	-0,6	-5,6	11,0	9,5	10,0	11,0	9,0	10,0	10,0	10,0	9,9	-0,4

Abb. 30: Kaufpreis von Investments (DB Immob.)

4.10.4 Einkaufsfaktor der Immobilie für den Zeichner

Der Einkaufsfaktor der Immobilie für den Zeichner wird definiert als:

EKFZ = (GI - L)/AJM

EKFZ : Einkaufsfaktor für den Zeichner
GI : Gesamtinvestition
L : Liquidität
AJM : anfängliche Jahresmiete

Diese Bewertungskennziffer zeigt, zu welchem Einkaufsfaktor der Zeichner eines geschlossenen Immobilienfonds die Immobilie erwirbt. In dieser Kennziffer sind auch die so genannten „weichen Kosten", also die reinen Fondskosten, enthalten. Hierdurch gewinnt der Anleger einen Anhaltspunkt, welche Wertsteigerung das Objekt erfahren muss bzw. wie weit sich die Mieterträge nach oben entwickeln müssen, bis das erworbene Vermögen auch tatsächlich dem verausgabten Investitionsvolumen entspricht. Bei Büroimmobilien in guter Lage liegt der durchschnittliche Richtwert beim 14- bis 17fachen der Nettojahresmiete.

Da die Liquiditätsreserve aber die Rentabilität der Gesamtinvestition beeinflusst, sollte gerade bei Fonds mit höherer Liquiditätsreserve der Einkaufsfaktor für die Gesamtinvestition ermittelt werden:

EKFZ = GI/AJE

EKFZ : Einkaufsfaktor für den Zeichner
GI : Gesamtinvestition
AJE : anfängliche Jahresgesamteinnahmen (inkl. Bruttozinseinnahmen)

4.10.5 Investitionskosten pro Quadratmeter Mietfläche

Die Investitionskosten pro Quadratmeter Mietfläche stellen eine weitere wichtige Kennziffer für die Beurteilung der Höhe des Kaufpreises dar. Unterschieden werden hier die Investitionskosten pro Quadratmeter Mietfläche für den Fonds und die für den Zeichner. Anhand der Kosten für den Fonds kann der Anleger beurteilen, ob das Objekt günstig eingekauft wurde. In den Investitionskosten pro Quadratmeter für den Zeichner sind sämtliche Kosten berücksichtigt, und der Anleger kann feststellen, wie viel ihn der Quadratmeter über die Fondsbeteiligung kostet. Für eine zutreffende Beurteilung, ob die Investitionskosten pro Quadratmeter als „eher hoch" oder „niedrig" einzustufen sind, bedarf es fundierter Standortkenntnisse sowie des Zugangs zu Vergleichsdaten von Objekten korrespondierender Nutzungsart und Lage. Eine verlässliche Möglichkeit der Gewinnung objektiver Informationen besteht in der eigenen Recherche vor Ort und der Konsultierung unabhängiger, möglichst ortsansässiger Fachleute. Diese verfügen in der Regel über die notwendige Erfahrung, um überteuerte Angebote zu lokalisieren. Inzwischen sind aber auch über das Internet eine Fülle von Vergleichsdaten zu erhalten. Wichtig dabei ist allerdings, deren Aktualität und die Verlässlichkeit der Quelle zu prüfen.

4.10.6 Erworbene Immobiliensubstanz in Prozent

Diese Kennzahl wird definiert als:

EIS = (KP + L) x 100/GI

EIS : erworbene Immobiliensubstanz
KP : Kaufpreis ohne Erwerbsnebenkosten
L : Liquidität
GI : Gesamtinvestition

Ergibt sich bei der Immobiliensubstanz ein Wert von 85 Prozent, so bedeutet dies einen wirklichen Substanzerwerb eben in dieser Höhe. Die restlichen 15 Prozent entfallen auf Kosten, die der Anleger zu tragen hat. Eine Beteiligung in Höhe von 100 000 Euro würde also einen substanziellen Gegenwert von 85 000 Euro repräsentieren, die im Falle eines Anteilsverkaufs einen ersten Anhaltspunkt für den erzielbaren Veräußerungserlös darstellen könnten.

Emissionen mit einer relativen Immobiliensubstanz von mehr als 85 Prozent sind in diesem Beurteilungskriterium als gut einzustufen. Werte von unter 80 Prozent sind dagegen problematisch, da die zugrunde liegende Substanz eine Wertsteigerung von 25 Prozent und mehr erfahren müsste, um wenigstens eine Eins-zu-Eins-Relation zwischen dem eingesetzten Investitionsvolumen und dem erworbenen Vermögen herzustellen.

4.10.7 Fondskostenrelation

Die Fondskostenrelation ist definiert als:
FKR = FK x 100/GI
FKR : Fondskostenrelation
FK : Fondskosten
GI : Gesamtinvestition

Wie bereits ausführlich dargestellt, zählen zu den Fondskosten die Komplementärvergütung, die Treuhandvergütung, das Baucontrolling, die Gesellschaftsgründungskosten, die Kapitalbeschaffungskosten inkl. Agio, die Platzierungsgarantie, die Objektaufbereitung, die Konzeption, die Fondsverwaltung, die Steuerberatung, die Kosten für Finanzierungsgarantie und -vermittlung und die Sonstigen Kosten. Die Erwerbsnebenkosten zählen nicht zu den Fondskosten, da sie bei jeder Immobilieninvestition anfallen.

Häufig wird diese Kennziffer von den Initiatoren dadurch geschönt, dass Teile der oben aufgeführten Kostenträger nur partiell den Fondskosten zugerechnet werden. Es wird argumentiert, dass bestimmte Kosten - wie z.B. Aufwendungen für das Baucontrolling - unmittelbar den Baukosten und damit dem Objekt zuzurechnen sind. Sie erhöhen auf diesem Wege indirekt die Immobiliensubstanz und erfüllen nicht mehr das Hauptcharakteristikum „weicher Kosten".

Die Fondskostenrelation bringt den Anteil der weichen Kosten, die der Anleger quasi ohne substanziellen Gegenwert zu entrichten hat, an der Gesamtinvestition zum Ausdruck. Werte von unter 12 Prozent charakterisieren ein auf diesem Gebiet sehr gutes

Fondsprojekt. Dagegen sollte der Anleger auf Anteile von über 15 Prozent mit Misstrauen und Zurückhaltung reagieren. Allgemein bleibt festzuhalten, dass weiche Kosten das Risiko der Investition erhöhen und deren Rentabilität mindern.

Wichtig:
Liegt zwischen dem Initiator und Verkäfer/Generalunternehmer der Immobilie eine Verflechtung vor, ist diese Kennzahl nicht aussagekräftig, da über einen höheren Kaufpreis jederzeit ein Teil der weichen Kosten versteckt werden kann.

4.10.8 Liquiditätsrelation in Prozent

Die Liquiditätsrelation ist definiert als:

LR = L x 100/GI

LR : Liquiditätsrelation
L : Liquidität
GI : Gesamtinvestition

Eine Liquiditätsreserve in ausreichender Höhe ist für den langfristigen Erfolg eines geschlossenen Immobilienfonds unabdingbar. Die Liquiditätsrelation stellt dar, wie hoch diese Reserve im Verhältnis zum Fondsvolumen ist. Ein Minimalwert von einem Prozent wäre stets erforderlich, höhere Anteilswerte beugen dem Risiko der Prognoseverschlechterung wirksam vor. Treten nämlich unvorhergesehene Kosten auf der Ausgaben- bzw. kurzfristige Mieteinbußen, die über die Rücklagen hinausgehen, auf der Einnahmenseite auf, so kann problemlos auf die vorhandene Reserve zurückgegriffen werden. Unvorhergesehene Kosten sind z.B. höhere als erwartete und damit kalkulierte Instandhaltungsaufwendungen oder notwendige Revitalisierungsaufwendungen. Bei ausreichender Liquidität hätten die oben beschriebenen Szenarien keine negativen Effekte auf die geplante Höhe der Ausschüttungen.

Bei einigen Fonds wird ein Teil der Ausschüttungen aus der Liquiditätsreserve finanziert. Bei diesen Fonds wird die Pufferfunktion der Liquiditätsreserve beeinträchtigt. Auch die Nutzungsart einer Immobilie sollte auf die Höhe der Liquiditätsreserve Einfluss nehmen. So muss bei SB-Märkten oder Kaufhäusern für spätere Jahre eine erhöhte finanzielle Reserve für eine notwendige Revitalisierung angesammelt werden, da sich das Kundenverhalten innerhalb von 15 bis 20 Jahren derart drastisch ändern kann, dass eine kostenintensive Um- oder gar Neuplanung des gesamten Projektes notwendig wird. Auch bei anderen Nutzungsarten kann aufgrund von rasantem technischem Fortschritt eine Revitalisierung nötig werden. Mangelnde Vorsorge auf diesem Gebiet hat in der Regel ein Sinken des möglichen Verkaufserlöses für die betreffende Immobilie zur Folge.

4.10.9 Bewirtschaftungskostenrelation in Prozent

Die Bewirtschaftungskostenrelation ist definiert als:

BKR = (BK - R) x 100/(JM + Z)

BKR : Bewirtschaftungskostenrelation
BK : Bewirtschaftungskosten
R : Rücklagen für Instandhaltung und Mietausfallwagnis
JM : Jahresmiete
Z : Bruttozinserträge

Die Bewirtschaftungskosten setzen sich im Einzelnen zusammen aus:

Vergütungen

- Komplementärvergütung,
- Treuhändervergütung,
- Kosten für die laufende Geschäftsbesorgung,
- Steuerberatungskosten,
- Sonstige Kosten.

Rücklagen

- Rücklagen für Instandhaltung,
- Rücklagen für Mietausfall.

Die Vergütung des Komplementärs kann in Form einer Pauschale unter Einbeziehung eines Inflationsausgleichs geregelt sein. Dieselbe Vereinbarung könnte auch auf das Honorar des Treuhänders Anwendung finden, möglich ist jedoch auch eine Ankoppelung an die Höhe des verwalteten Fondsvolumens. Für beide Größen ist die Festlegung von Maximal- und Minimalbeträgen denkbar. Sowohl die Kosten für die laufende Geschäftsbesorgung als auch die Steuerberatungshonorare können als Pauschalbeträge oder in Abhängigkeit der Mieterträge ausgestaltet sein.

Dieser erste Komplex stellt für den Anleger „echte", also quasi „verlorene" Kosten dar. Dagegen werden die letzten beiden Positionen der Bewirtschaftungskosten, die Berücksichtigung von Instandhaltung und Mietausfallswagnis, in die Rücklagen eingestellt.

Ein Inflationsausgleich von mindestens zwei Prozent in Anlehnung an die zu planenden Kostensteigerungen sollte enthalten sein. Dem eventuellen Mietausfallsrisiko ist durch Einkalkulierung eines Satzes von 2 bis 3 Prozent der Mieterträge im Durchschnitt über die gesamte Prognoselaufzeit sinnvoll Rechnung zu tragen. Selbst wenn eine Körperschaft des öffentlichen Rechts einen Mietvertrag über z.B. 15 oder 20 Jahre abgeschlossen hat, sollten entsprechende Rücklagen für das Mietausfallrisiko angesetzt werden, da auch nach Ablauf dieses Vertrages ein entsprechendes Anschlussvermietungsrisiko besteht.

Hinter den „Sonstigen Kosten" verbergen sich Aufwendungen für Beirat, Wirtschaftsprüfung, Sachverständige und unvorhersehbare Ereignisse.

Eine Bewirtschaftungskostenrelation von zehn Prozent stellt einen guten Wert dar.

4.11 Prognoserechnung

Das Herzstück eines Fondsprospektes und das zugleich überzeugendste Verkaufsargument ist die Prognoserechnung. Sie stellt die jährlichen Ausschüttungen und somit die laufende Rendite für den Anleger dar. Daher sollte sie auch zwingenderweise der Fondslaufzeit entsprechen und keinesfalls nur einen kürzeren Zeitraum abbilden. Die Entwicklung der Einnahmen und der Kosten sind für die Prognoserechnung entscheidend. Bezüglich der zugrunde liegenden Annahmen sei auf die vorhergehenden Kapitel verwiesen.

Die Prognoserechnung sollte betont konservativ gehalten sein. Hierdurch stellt sich tendenziell eher ein Über- als ein Unterschreiten der abgegebenen Vorhersagen ein, für den Anleger wie auch für den Initiator und Vermittler ein durchwegs begrüßenswerter Aspekt.

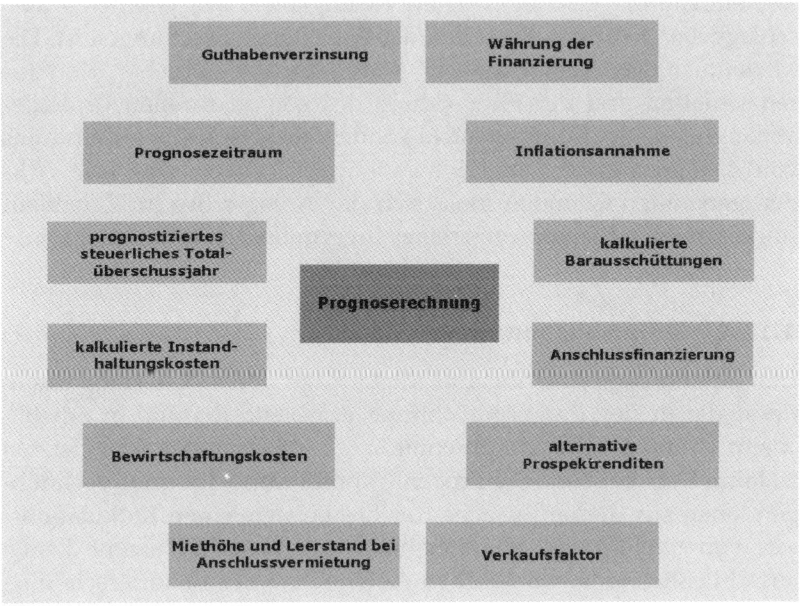

Abb. 31: Einflussfaktoren auf die Prognoserechnung

Bei unseriösen Angeboten liegen die in Abbildung 31 herausgestellten Kalkulationsgrößen, wie z.B. Zinssätze und Inflationsraten, grundsätzlich am oberen, gewollt optimistischen Rand eines möglichen Wertebereichs.

4.11.1 Prognosezeitraum

Der Prognosezeitraum steckt den zeitlichen Horizont der Prognoserechnung ab. Er erstreckt sich in der Regel über 15 bis 20 Jahre. Es ist ohne Zweifel sehr schwierig, alle Parameter einer Prognoserechnung über ein derart langes Zeitintervall präzise abzuschätzen. Daher sichert die Wahl eher konservativer Ansätze sowohl den Anleger wie auch den Fondsinitiator gegen ein allzu signifikantes Unterschreiten der Voraussagen ab.

Mit am schwierigsten dürfte sich die langfristige Prognose der Mieteinnahmen gestalten, deren Richtigkeit - wie gesehen - ausschlaggebend für das Zutreffen der Renditeversprechungen ist. Die Mieteinnahmen sind in hohem Maße von der aktuellen Konkurrenzsituation und der Entwicklung des konjunkturellen Umfeldes abhängig. Beide Komponenten können während eines Zeitraums von 20 Jahren erheblichen Schwankungen unterworfen sein. Aus den genannten Gründen muss sich der Anleger des im Zeitablauf stark variablen Risikoprofils seines Investments stets bewusst sein.

4.11.2 Inflationsannahme

Die Inflationsrate, an die die Mieterträge gekoppelt sind, beeinflusst die in der Prognoserechnung ermittelte Rendite in erheblichem Umfang. Die durchschnittliche Inflationsrate der letzten 20 Jahre liegt bei rund 2,1 Prozent. Konservative Prognoserechnungen leiten aus dieser Tatsache für ihre Belange einen Kalkulationssatz von zwei Prozent ab. Annahmen von über 2,5 Prozent dienen ausschließlich einer künstlichen Aufwertung der Renditerechnung. Im Sog hoher unterstellter Preissteigerungsraten steigen - zumindest auf dem Papier - auch die indexierten Mieteinnahmen und somit die prognostizierten Ausschüttungen für den Anleger.

Gleichzeitig erhöht sich hierdurch der Wiederverkaufswert der Immobilie, der sich bekanntlich aus dem Produkt von Verkaufsfaktor und Mieteinnahme ergibt. Illusorisch kalkulierte Fondsprojekte sind also relativ leicht an den überhöhten Inflationsannahmen zu erkennen. Wichtig auch im Zusammenhang mit der Inflationsannahme: Nicht nur die Einnahmen sollen um die Inflationsannahme steigen, auch die Kosten müssen mindestens um diesen Faktor zunehmen, um eine möglichst realitätsnahe Prognoserechnung zu erstellen. Dies wird leider bei manchen Initiatoren vergessen.

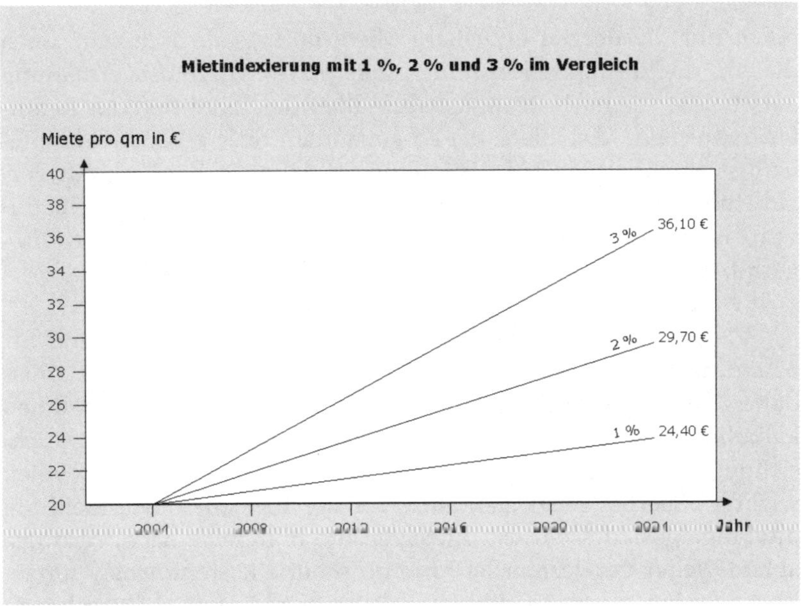

Abb. 32: Darstellung der Mietpreisentwicklung bei unterschiedlichen Inflationsannahmen

4.11.3 Mietausfallwagnis

Für den Fall, dass der Mieter ausfällt, sollten - je nach Bonität - entsprechende Vorkehrungen getroffen werden. Dabei ist auch hier wie bei allen anderen Rückstellungen wichtig, die Rücklagen lange vor Auslaufen der Mietverhältnisse einzustellen und nicht erst kurz vor dem Schadensfall. Als Richtwert kann hier im Durchschnitt über die gesamte Prognoselaufzeit eine Größe von zwei bis drei Prozent angenommen werden.

4.11.4 Anschlussvermietung

Nicht nur die derzeit erzielbare Miete muss realistisch sein, auch die in der Prognoserechnung angesetzte Anschlussvermietung entscheidet - je nach Realitätsnähe - über das Eintreffen der Renditeversprechen. Vor allem bei so genannten overrenteden Immobilien ist ein Abschlag auf die kalkulierte Miete in der Zukunft vorzunehmen, da hier der Mietansatz über dem nachhaltigen Mietniveau liegt. Die Wahrscheinlichkeit, dass auch bei der Anschlussvermietung wieder ein überdurchschnittlich hoher Mietansatz erzielt werden kann, ist als gering einzustufen.

Vielfach werden außerdem die Kosten für Umbauten und Erneuerungen bei der Anschlussvermietung unterschätzt. Es muss daher mit realistischen, kaufmännisch-vorsichtigen Annahmen kalkuliert werden und auch entsprechende Kosten müssen berücksichtigt sein. Dies ist gerade im Hinblick auf Spezialimmobilien wichtig - hierbei muss sich auch vor der Investmententscheidung die Frage gestellt werden, inwieweit die Immobilie nach Vertragsablauf weiter verwertbar ist bzw. ob sie erst kostenintensiv umgebaut werden muss. In diesem Falle müssen dann entsprechende Rücklagen rechtzeitig einkalkuliert sein.

4.11.5 Guthabenverzinsung

Neben der für seriöse Immobilienfonds unumgänglichen Liquiditätsreserve bildet sich gewöhnlich ein zusätzlicher positiver Kapitalsockelbetrag aus dem nicht zeitkongruenten Anfallen von Erträgen und Aufwendungen. Diese beiden Habenpositionen werden renditeorientiert angelegt. Für die antizipative Kalkulation der entsprechenden Erträge wird ein bestimmter Zinssatz unterstellt, der bei zurückhaltender Prognoserechnung einen Wert von drei Prozent für kurzfristige Anlagen, fünf Prozent für festverzinsliche Wertpapiere und sieben bis acht Prozent bei Anlagen in Aktien nicht überschreiten sollte. Diese Größe hat sich in der Vergangenheit als über einen längeren Zeitraum maximal realisierbar herauskristallisiert. Höhere Ansätze dienen auch hier nur der Manipulation der Prognoserechnung zugunsten des Fondsinitiators. Der zu erwartende Effekt fällt allerdings deutlich geringer aus als bei überzogenen Inflationsunterstellungen, da in der Regel nur geringe Beträge zur zinsbringenden Anlage zur Verfügung stehen.

4.11.6 Anschlussfinanzierung

Eine Größe, die je nach Fremdfinanzierungsquote und anfänglicher Zinsfestschreibung großen Einfluss auf die Prognoserechnung und die Rendite des Immobilienfonds ausübt, ist die Ausgestaltung der Konditionen der unterstellten Anschlussfinanzierung. Der Zinssatz dieser Anschlussfinanzierung ist mit wenigstens 7,5 Prozent zu kalkulieren, da die Kreditzinsen in den letzten 20 Jahren im Durchschnitt in dieser Höhe angefallen sind. Sollten in der Realität bessere Sätze ausgehandelt werden, steigt automatisch die Rendite des Fonds zur Zufriedenheit des Anlegers. Zu niedrige Zinsannahmen dienen lediglich der theoretischen Aufwertung des Zahlenmaterials. Dagegen bleiben durch vorsichtige Kalkulation auch hier Anleger und Fondsgesellschaft von unangenehmen Überraschungen höchstwahrscheinlich verschont.

4.11.7 Tilgung

Auch die Tilgung stellt einen wichtigen Parameter in der Prognoserechnung. Hier ist zu prüfen, ab wann getilgt wird. Idealerweise ist dies ab dem ersten Jahr der Fall, da dadurch die Darlehensschuld und damit auch das Anlegerrisiko sinkt. Bei einer Inanspruchnahme eines Damnums muss auch die Tilgung entsprechend höher ausfallen. Tilgungsaussetzer sind kritisch zu betrachten. Sie sollten nicht länger als zwei Jahre sein. Nach Ablauf der Prognosezeit sollte sich auf alle Fälle einen nennenswerte Entschuldung im Vergleich zu den Nettodarlehen ergeben.

4.11.8 Verkaufsfaktor

Zum Ende des Prognosezeitraumes wird eine Veräußerung der Immobilie fingiert. Berechnungsgrundlage ist die zu diesem Zeitpunkt kalkulierte jährliche Mieteinnahme, die mit dem Verkaufsfaktor multipliziert einen Näherungswert für den voraussichtlichen Verkaufserlös ergibt. Hieraus und aus den prognostizierten Ausschüttungen während der gesamten Laufzeit ermittelt sich die Rendite für den Anleger. Eine Prognostizierung des Verkaufsfaktors über eine Zeitspanne von 20 Jahren ist jedoch praktisch unmöglich. Aus diesem Grund und unter Beachtung des Prinzips der kaufmännischen Vorsicht sollte er höchstens mit dem Wert des Einkaufsfaktors der Immobilie angesetzt werden. Bei Einkaufszentren, SB-Märkten, Fachmärkten und Hotels ist der unterstellte Verkaufsfaktor sogar noch deutlich niedriger anzusetzen, da diese Nutzungsarten nach einer gewissen Zeit mit hohem Renovierungs- und Umgestaltungsbedarf verbunden sind. Diese Revitalisierungskosten finden in der Prognoserechnung für gewöhnlich keinen Eingang. Beim Erwerb einer Immobilie an einem zukunftsträchtigen Standort birgt dieser konservative Bewertungsansatz oftmals ein ganz erhebliches Chancenpotenzial. Die Anwendung der so genannten Ertragswertmethode, also der Multiplikation der geschätzten Jahresmiete mit dem Verkaufsfaktor, zur Ermittlung des Objektwertes führt sowohl bei steigenden Mieteinnahmen als auch bei Erhöhung des Verkaufsfaktors direkt zu einer Anhebung der Vermögenssubstanz des Anteilseigners. Dies verdeutlicht erneut, dass vorrangig auf die Qualität der Immobilie zu achten ist, weniger auf „Nebenaspekte“ wie die steuerlichen Gestaltungs- und Verwertungsmöglichkeiten.

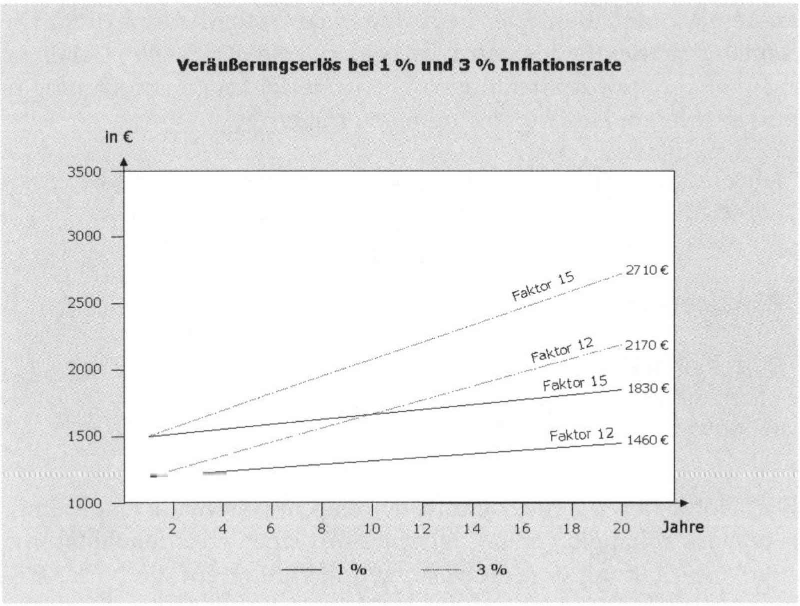

Abb. 33: Darstellung des Verkaufserlöses bei unterschiedlichen Inflationsannahmen und verschiedenen Verkaufsfaktoren

4.11.9 Kalkulierte Instandhaltungskosten

Die kalkulierten Instandhaltungskosten und der Erneuerungsaufwand sind unter Berücksichtigung der branchenüblichen Erfahrungswerte zu ermitteln. Wichtig dabei ist - wie bei allen anderen Rücklagen auch -, dass nicht erst kurz vor Eintritt des „Schadensfalles", sondern lange vorher mit der Einstellung begonnen wird. Bei Neubauten ist dieser Aufwand verständlicherweise wesentlich geringer als bei älteren Immobilien. Außerplanmäßige Instandhaltungsaufwendungen und zusätzliche Werterhaltungsmaßnahmen, beispielsweise aufgrund einer geänderten Wettbewerbssituation oder eines zunehmenden technischen Fortschritts, können schon nach zehn Jahren zu erheblichen Zusatzbelastungen führen. Diese Aufwendungen werden entweder aus einer vorhandenen Liquiditätsreserve bestritten oder bedürfen einer Fremdfinanzierung. Die Rentabilität des Fonds wird in beiden Fällen belastet. Daher ist diesen Eventualverpflichtungen bereits in der Prognoserechnung in ausreichendem Umfang Rechnung zu tragen.

Für die Instandhaltung haben sich unter Beachtung des Grundsatzes der kaufmännischen Vorsicht folgende Richtwerte herausgebildet:

Bürogebäude	7,50–12 €/qm p.a.
Einzelhandelsfläche	4–8 €/qm p.a.
Wohnwirtschaftliche Nutzung	8–12 €/qm p.a.

Die Höhe der kalkulierten Instandhaltungskosten ist allerdings sehr stark abhängig von der Nutzungsart, der Gebäudequalität und der Ausgestaltung des Mietvertrags in Hinblick auf die Nebenkostenregelung. Da bei Double-Net-Verträgen den Großteil der Nebenkosten der Mieter tragen muss, kann die Instandhaltungskostenrücklage wesentlich niedriger kalkuliert werden als bei Mietverträgen mit einer Nebenkostenvereinbarung nach der II. Berechnungsverordnung. Außerdem ist innerhalb der Gewährleistungsfristen eine geringere Zuführung zu der Instandhaltungsrücklage gerechtfertigt. Dabei muss aber auch die Bonität des Garantiegebers einwandfrei sein.

4.11.10 Kalkulierte Barausschüttungen

Die kalkulierten Barausschüttungen ergeben sich als Differenz der kalkulierten Einnahmen und Ausgaben abzüglich der Zuführungen zur Liquiditätsreserve. Die Einnahmen setzen sich dabei aus den Mieteinnahmen und den Zinserträgen zusammen, während die Ausgaben aus den Aufwendungen für den Komplementär, den Treuhänder, die laufende Geschäftsbesorgung, die Steuerberatung, die Instandhaltung, das Mietausfallwagnis und die Sonstigen Kosten bestehen. Änderungen der prognostizierten Werte greifen unmittelbar auf die Höhe der Ausschüttung durch. Daher ist ein realistischer, eher zu vorsichtiger Ansatz der einzelnen Soll- und Habenpositionen anzuraten.

Wird in beiden Rubriken zu optimistisch kalkuliert, reagiert die Renditerechnung schon auf die geringsten ungünstigen Abweichungen mit negativen Ausschlägen. Doch oft sind nur durch diese zweifelhaften Vorgehensweisen einiger Initiatoren, wie z.B. der Unterstellung unrealistisch hoher Mietsteigerungen, kontinuierlich wachsende „Traumausschüttungen" von über zehn Prozent des Beteiligungsvolumens p.a. darstellbar. Das Erreichen der prognostizierten Barausschüttungen wird zusätzlich erschwert, wenn bereits die kalkulierten Anfangsmieten oberhalb des marktüblichen Niveaus angesiedelt sind. Die Realisierung der nach oben indexierten Anschlussmieten wird hierdurch immer unwahrscheinlicher. Die grundsätzliche Prognoseunsicherheit bei Mieterträgen und deren starke Abhängigkeit vom konjunkturellen Umfeld und von der individuellen Standortentwicklung wurde bereits an anderer Stelle gewürdigt.

Weitere Gründe für eine bewusst höhere Kalkulation der Barausschüttungen aus Sicht des Fondsanbieters sind in der späteren Veräußerbarkeit der Anteile und in gewissen einkommensteuerlichen Konsequenzen zu suchen. Zum einen verbessern hohe Ausschüttungen unter Renditegesichtspunkten die Attraktivität eines Investments für einen potenziellen Zweitanleger im Vergleich zu alternativen Anlageformen. Dies unterstützt die Wertentwicklung der Beteiligung bei möglichen Transaktionen am Zweitmarkt. Zum anderen fallen die permanent steigenden Ausschüttungsbeträge mit ihrer Kulminationsphase möglicherweise bereits in das Rentenalter des Anlegers. Das in diesem Lebensabschnitt regelmäßig geringere zu versteuernde Einkommen führt über die dann anzuwendenden günstigeren Steuertarife zu höheren Nettoerträgen bei der betrachteten Fondsanlage.

Schöngerechnet?

Kalkulierte Inflationsrate bei den Einnahmen
→ Durchschnitt der letzten 20 Jahre war 2,1 Prozent

Kalkulierte Inflationsrate bei den Ausgaben
→ mindestens die gleiche Annahme wie bei den Einnahmen

Mietausfall
→ mindestens 2 Prozent der Einnahmen

Instandhaltung
→ mindestens 3 Prozent der Einnahmen oder mindestens 7,5 Euro pro qm im Jahr

Guthabenverzinsung
→ höchstens 3 Prozent p.a.

Zinssatz für die Anschlussfinanzierung
→ mindestens 7,5 Prozent bei Eurodarlehen
(Achtung: Plausibilität zur Inflationsrate prüfen)

Erwarteter Wiederveräußerungswert
→ höchstens (besser weniger) als Einkauf für den Fonds (gemessen am Ertragswertfaktor)

Damnum/Zinsvorauszahlung
→ 10 Prozent Damnum sind in Ordnung; zusätzliche Zinsvorauszahlungen sind bedenklich
→ Damnum ist während der Festzinsbindung abzutilgen

Währung der Fremdfinanzierung (daraus entsteht ein - hohes Zusatzrisiko)
→ häufig wird in Schweizer Franken oder Yen finanziert; Zinsvorteil sollte größtenteils in eine Rücklage fließen

Tilgungsverzögerung
→ die Tilgung sollte spätestens nach 2 Jahren einsetzen

Anfänglicher Tilgungssatz
→ mindestens 1 Prozent sollte anfänglich getilgt werden, wenn ein Damnum vereinbart wurde

Entwicklung der Liquiditätsreserve
→ über die Fondslaufzeit sollte die Liquiditätsreserve aufgebaut werden

4.11.11 Bewirtschaftungskosten

Zu den Bewirtschaftungskosten zählen die Komplementär- und Treuhandvergütung, die laufende Geschäftsbesorgung und Steuerberatung. Diese Komponenten sind präzise abschätzbar und sollten im Sinne einer anlegerfreundlichen Geschäftspolitik möglichst niedrig ausgehandelt sein. Einmal festgelegt, können sie relativ sicher in die Zukunft projiziert werden. Die Rücklagen für Instandhaltung, Mietausfallwagnis und Sonstige Kosten sollten aus Vorsichtsüberlegungen konservativ, d.h. höher veranschlagt sein. Im Gegensatz zur ersten Gruppe sind diese Vorsorgeposten an Eventualereignisse geknüpft, die nicht oder nicht in der unterstellten Höhe auftreten müssen. Eine zuverlässige Prognose ist daher nur schwer abzugeben.

4.11.12 Renditeberechnungsmethoden

Grundsätzlich stellt sich die Frage, ob eine Renditeangabe bei einem Immobilienprodukt überhaupt sinnvoll ist. Wohnwirtschaftliche Objekte werden in der Regel ohne Renditeangaben verkauft. Als Anhaltspunkt dient dem Käufer die Mieteinnahme im Verhältnis zum Kaufpreis oder ein Liquiditätsüberschuss bzw. eine Liquiditätsunterdeckung.

Bei geschlossenen Immobilienfonds wird die Rendite üblicherweise bis zu zwei Stellen hinter dem Komma angegeben. Dadurch wird dem Anleger eine Scheingenauigkeit suggeriert. Die Rendite ist die Verzinsung des vom Anleger eingesetzten Kapitals unter Berücksichtigung der Kapitalflüsse, ohne aber dem wirtschaftlichem Risiko einer Beteiligung Rechnung zu tragen. Außerdem ist die Vergleichbarkeit von Renditen verschiedener Fonds nicht nur durch die völlig unterschiedlichen Prognoseannahmen der Berechnungsfaktoren stark eingeschränkt. Darüber hinaus werden bei der Berechnung der Renditen verschiedene Berechnungsmethoden angewandt. In das Ergebnis muss die Situation in der Investitionsphase, die Verlaufsbetrachtung in der Ertragsphase und der Restwert am Ende des Prognosezeitraums mit einbezogen werden.

Bei den Renditeberechnungsmethoden werden das statische und das dynamische Verfahren unterschieden. Das statische Verfahren beruht auf der Renditeermittlung nach Durchschnittswerten. Dieses Verfahren ist von großen Ungenauigkeiten geprägt, da die Zahlungsströme zeitlich nicht bewertet werden, d.h. es wird keine Abzinsung vorgenommen. Dadurch fallen die Ergebnisse deutlich zu hoch aus.

Zu den dynamischen Verfahren zählt die Kapitalwertmethode. Hierbei wird ein fester Zinssatz vorgegeben, mit dem alle Erträge in der Zukunft auf die Gegenwart abgezinst werden. Als Zinssatz wird der Satz der besten Alternativanlage vorgegeben. Dieses Verfahren entstammt der Methodik der Investitionsrechnung, ist aber für den Vergleich von Immobilienfonds nicht geeignet, da das Ergebnis in Eurobeträgen ausgewiesen wird und der zugrunde gelegte Zinssatz von der Alternative abhängig ist. Genauere Resultate liefert die interne Zinsfußmethode. Der interne Zinsfuß ist der Zins, bei dem die mit ihm diskontierten Zahlungen einer Investition einen Kapitalwert von 0 ergeben. Unter Zugrundelegung aller Investitionen, Ausschüttungen, Steuererstattungen und -zahlungen zu den Zeitpunkten des Zu- bzw. Abflusses ergibt sich in einer komplexen mathematischen Berechnung als Ergebnis der Renditewert.

Beim Vergleich mehrerer Investitionsobjekte nach der beschriebenen Methode wird dasjenige mit dem höchsten internen Zinsfuß als das vorteilhafteste angesehen. Die interne Zinsfußmethode wäre prinzipiell für den Vergleich unterschiedlicher Immobilienfondsangebote durchaus geeignet. Ein regelmäßig hierbei auftretendes Problem ist die realistische Herstellung auch nur annähernd gleicher Prämissen.

Weit wichtiger für eine solide Anlageentscheidung eines Fondszeichners sollte daher immer der Vergleich von Lage, Konzeption und Bauqualität des Objektes und weniger der oftmals künstlich geschönte Nachkommabereich der Investitionsrendite sein.

4.11.13 Exkurs: Vorsicht bei Renditevergleichen

Die Möglichkeiten der Geldanlage werden immer vielfältiger. Um verschiedene Angebote zu vergleichen, ziehen deshalb Anlagesuchende gerne die Renditekennzahl als Vergleichsmaßstab heran. Doch Rendite ist nicht gleich Rendite. Unabhängig von der bei verschiedenen Anlageprodukten nicht vergleichbaren Risikostruktur machen oftmals unterschiedliche Bezugsgrößen, auf die die Rendite bezahlt wird, einen Vergleich so gut wie unmöglich. Absurd wäre in diesem Zusammenhang daher auch die Gegenüberstellung von Immobilienfondsobjekten und Alternativanlagen, wie beispielsweise festverzinslichen Wertpapieren, unter dem Maßstab der internen Zinsfußmethode, da hier Berechnungssicherheit und Kalkulierbarkeit auf völlig unterschiedlichen Ebenen gelagert sind. Der interne Zinsfuß gibt nicht die Verzinsung der Anfangszahlungen über alle Zahlungsperioden, sondern die Verzinsung des jeweils effektiv eingesetzten Kapitals in der ersten, der zweiten und jeder weiteren Periode an. Der Begriff der internen Verzinsung ist daher nicht mit der Rendite gleichzusetzen. Auch aus diesem Grund sollte der interne Zinsfuß nur einer unter vielen Entscheidungsparametern bei der Investitionsauswahl des Anlegers sein.

Selbst wenn die Prognose für die Entwicklung der steuersparenden Kapitalanlage vom Anleger als realistisch angesehen und für das höhere Risiko ein ausreichender Mehrertrag in Aussicht gestellt wird, können die Renditeangaben dennoch nicht problemlos miteinander verglichen werden. Denn bei steuersparenden Kapitalanlagen wird aufgrund der oftmals sehr hohen Steuerrückflüsse durch die anfängliche Verlustzuweisung nur ein deutlich geringeres Kapital verzinst. Einem Anleger darf deshalb bei Steuersparanlagen nicht der Fehler unterlaufen, dass er bei einer Renditeprognose von beispielsweise acht Prozent nach Steuern auch eine

Verzinsung seiner Zeichnungssumme eben in dieser Höhe erwartet. Die Renditekennzahl von acht Prozent drückt immer nur die Verzinsung des jeweils eingesetzten Kapitals aus. Beläuft sich also das durchschnittlich gebundene Kapital bei 100 000 Euro Zeichnungssumme aufgrund gewisser Steuerrückflüsse zu Beginn auf nur 70 000 Euro, dann wird auch nur das durchschnittlich gebundene Kapital mit diesen acht Prozent verzinst (unter der Annahme, dass die Prognoserechnung auch in der erwarteten Größenordnung tatsächlich eintrifft). Da aber die Anfangsverluste bei geschlossenen Immobilienfonds mittlerweile auf unter 30 Prozent im Durchschnitt gefallen sind, spielt das Problem des geringen verzinsten Kapitals bei der Methode interner Zinsfuß fast keine Bedeutung mehr. Jetzt ist für die Vergleichbarkeit also in erster Linie eine ähnliche Risikostruktur maßgeblich.

4.11.14 Prognostiziertes steuerliches Total-Überschussjahr

Das prognostizierte steuerliche Totalüberschussjahr wird in dem Jahr erreicht, in dem das kumulierte steuerliche Ergebnis erstmals positiv wird. Diese Rechnung ist auf Ebene der Gesellschaft und auf Ebene des Gesellschafters unter Berücksichtigung der Sonderwerbungskosten durchzuführen. Ab diesem Zeitpunkt ist eine Veräußerung der Fondsanteile unter dem Aspekt der Überschusserzielungsabsicht problemlos möglich.

4.11.15 Alternative Prospektrenditen

Um dem Anleger einen Eindruck über den Einfluss der der Prognoserechnung zugrunde gelegten Annahmen zu verschaffen, sollte auch ein bewusst negatives Szenario theoretisch durchgespielt werden. Die maßgeblichen Faktoren werden unter den hypothetisch schlechten Vorgaben kalkuliert und münden in eine neue „Worst-Case-Szenario"-Rendite für den Interessenten. Die variierten Faktoren sind zumeist die unterstellte Inflationsrate und der Verkaufsfaktor. Falls alternative Prospektrenditen angegeben sind, kann der Anleger das Gewicht dieser Parameter abschätzen und auf diese Weise sein Risiko etwas besser beurteilen.

Wichtig bei fremdfinanzierten Fonds wäre ein Szenario, das höhere als die unterstellten Fremdkapitalzinsen berücksichtigt. Auf diese Hypothese muss der Interessent aber in der Regel verzichten. Das größte Abweichungspotenzial für die Rendite verursacht schließlich die Entwicklung der Mieteinnahmen. Aufgrund der engen Bindung an die Inflationsrate kann das Renditeprofil des Investors durch die Variabilität dieser beiden Komponenten eine starke Dynamisierung in beide Richtungen erfahren.

4.12 Chancen-Risiko-Raster

Die Beteiligung an einem geschlossenem Immobilienfonds bedeutet ein wirtschaftliches Engagement. Der Anleger ist an einer Gesellschaft beteiligt, die Immobilien vermietet und verwaltet. Wie bei allen Beteiligungen besteht auch bei dieser Anlageform die Möglichkeit, dass unvorhersehbare rechtliche, steuerliche und wirtschaftliche Entwicklungen die prognostizierten Ergebnisse negativ beeinflussen können. Solche Entwicklungen können zur Verschlechterung künftiger Erträge wie auch zu Vermögensverlusten führen. Es bestehen jedoch ebenfalls Chancen, Ergebnisse zu erzielen, die über den erwarteten liegen. Sämtliche Risiken und Chancen, die eine Beteiligung an einem geschlossenen Immobilienfonds beinhaltet, müssen detailliert am Prospektanfang dargestellt sein. Ein Angebot, das keine ausführliche Risikobeschreibung bereits am Anfang des Prospektes liefert, kann getrost als uninteressant eingestuft werden.

4.13 Leistungsnachweise/Leistungsbilanzen

4.13.1 Allgemeines

Die Leistungsnachweise von Initiatoren, oft auch als Leistungsbilanzen bezeichnet, sind ein Instrument zur Überprüfung der Solidität und Seriosität von Initiatoren und dienen so dem Anlegerschutz. Initiatoren, die keine Leistungsbilanz vorlegen können, oder vorwiegend negative Ergebnisse in der Vergangenheit erzielt haben, sollten von Anlegern und Vermittlern/Beratern mit besonders aufmerksamen Augen betrachtet werden.

Positive Leistungsbilanzen sind gute Indikatoren für die korrekte Abwicklung eines geschlossenen Immobilienfonds. Sie dienen gleichzeitig der Überprüfung, ob die im Prospekt abgegebenen Prognosen und Angaben eingehalten wurden. Zwar kann der Anleger nicht davon ausgehen, dass gute Fondsprojekte in der Vergangenheit eine Gewähr für gute Angebote in der Zukunft sind, doch die Wahrscheinlichkeit hierfür ist deutlich größer. Dem Anleger kommt hier die stets langfristig orientierte Planung eines seriösen Initiators zugute, der im Misserfolgsfall seinen guten Ruf aufs Spiel setzt. Die Leistungsbilanzen verschaffen dem Anleger einen Überblick über frühere geschlossene Immobilienfonds und deren Entwicklung und vermitteln eine gewisse Transparenz und Klarheit über das gesamte Angebotsspektrum eines bestimmten Initiators. Die Leistungsnachweise müssen, um Aussagekraft zu haben, alle platzierten geschlossenen Immobilienfonds der Vergangenheit enthalten.

4.13.2 Leistungsbilanzcheck

4.13.2.1 Leistungsbilanzkontrolle

Da es für geschlossene Fonds - anders als bei offenen Immobilienfonds, wo das Gesetz für Kapitalanlagegesellschaften greift - keine gesetzlichen Regelungen gibt, kann sich in Deutschland faktisch jeder als Initiator betätigen. Weder Initiatoren noch Fondsgesellschaften werden von einer staatlichen Aufsichtsbehörde überwacht. Auch die Prospekterstellung unterliegt keiner gesetzlichen Verordnung. Zwar richten sich seriöse Initiatoren dabei nach den Richtlinien des IDW Standards (Richtlinie S 4), doch verpflichtend ist dies nicht. Die Konsequenz daraus ist das schwer überschaubare Dickicht des Beteiligungsmarktes - schwarze Schafe inklusive. Daher kommt der Leistungsbilanz im Hinblick auf mehr Transparenz nicht nur auf Anlegerseite, sondern auch für die Initiatoren selbst eine hohe Bedeutung zu. Derzeit ist die Leistungsbilanzerstellung eine freiwillige Angelegenheit.

4.13.2.2 Allgemeine Prüfkriterien

Aussagekraft

Je mehr Fonds in der Vergangenheit aufgelegt wurden, d.h. je länger die Historie eines Initiators ist, desto aussagekräftiger ist seine Leistungsbilanz. Allerdings sollte in die Analyse mit einfließen, wie lange der Initiator auf dem Markt tätig ist, denn für junge Initiatoren ist es in Ermangelung einer Historie schwierig, eine Leistungsbilanz vorzulegen.

Lückenlosigkeit

Wichtig für den Anleger ist die Lückenlosigkeit bei der Darstellung: Nicht nur die positiven Ergebnisse dürfen aufgeführt sein, sondern auch die sich negativ entwickelten bzw. rückabgewickelten Fonds müssen enthalten sein.

Verhalten bei Problemfällen

Ein ganz wichtiger Aspekt ist auch die Frage, ob und wie es dem Initiator bei Problemfällen gelungen ist, diese zu beheben und den Schaden für die Anleger zu begrenzen.

4.13.2.3 Anforderungsprofil für Leistungsbilanzen

Auf der Basis des DFI-Leistungsbilanz-Fragekatalogs entstand ein brancheneinheitlicher Idealfragebogen. Der folgende Kriterien- und Fragenkatalog stellt das optimale Anforderungsprofil einer Leistungsbilanz dar. Da die Aufbereitung dieser Daten - vor allem bei großen Initiatoren mit vielen Fonds - zu aufwändig und zeitintensiv wäre, wurde daraus eine verkürzte Version entwickelt. Sie bietet für die Anleger aber immer noch sehr aussagekräftiges Zahlenmaterial und ist gleichzeitig für die Initiatoren praktikabel.

(Die für das optimale Anforderungsprofil zusätzlich möglichen Kriterien sind durch ein Sternchen * gekennzeichnet).

Allgemeine Angaben zum Initiator sowie zu jedem Unternehmen der Firmengruppe

- Voller Firmenname mit Rechtsform und Anschrift
- Gegenstand des Unternehmens
- Gründungsjahr der Firma und Umfirmierungen
- Liste der Gesellschafter
- Name und Anschrift der Geschäftsführer
- Lebenslauf der Gesellschafter*
- Tabellarischer Lebenslauf der Geschäftsführer und deren Erfahrung auf dem Fondssektor
- Zahl der fest angestellten Mitarbeiter
- Allgemeine Angaben und Fragen zu den einzelnen Fondsprodukten
- Kurzname des Fonds
- Voller Name des Fonds
- Emissionsjahr
- Rechtsform
- Sitz der Fondsgesellschaft
- Steuerliche Einkunftsart
- Ist diese Emission noch in Platzierung?

Wichtigste Vertragspartner

- Aufzählung mit Firmennamen, Adresse und Telefonnummer
- Prospektherausgeber
- Initiator
- Vertriebskoordinator
- Komplementär(e) der Fondsgesellschaft
- Fondsgeschäftsführer
- Treuhänder
- Fondsverwalter
- Objektverwalter
- Wesentliche Garanten
- Generalüber-/-unternehmer
- Gewährleister
- Grundstücks-/Objektverkäufer
- Anlegerbeirat
- Sonstige wichtige Vertragspartner
- Verflechtungen

Angaben und Fragen zu den Investitionsobjekten (jeweils für jedes Fondsobjekt)

- Standort mit genauer Adresse
- Wertminderungen
- Nutzungsarten mit der jeweiligen Nettogesamtfläche
- Baujahr und ggf. Jahr der Modernisierung/Renovierung
- Vermietungsstand, durchschnittliche Restlaufzeit
- Liste der Endmieter* mit genauer Firmenbezeichnung, angemieteter Nettogeschossfläche pro Nutzungsart, Mietpreis pro Quadratmeter, Indexierung, Mietvertragslaufzeit, Optionen, Sonderkündigungsrechte, Patronatserklärungen, sonstige wichtige Klauseln
- Hat sich die Standortqualität in den letzten Jahren verändert?*
- Sind Mieter mit den Mietzahlungen in Rückstand?*
- Hat sich die Bonität eines oder mehrerer Mieter im letzten Jahr erkennbar verschlechtert?*
- Welche Mietgarantien/Generalmietverträge liegen eventuell noch vor?*

Bei Betreiberimmobilien:

- Wurde die Pacht vom Pächter auch wirklich erwirtschaftet?*
- Wie wäre das aktuelle Mietniveau bei Neuvermietungen?*
- Sind in den nächsten Jahren größere Veränderungen bei den Mieterträgen zu erwarten?*
- Sind in den nächsten Jahren größere Instandhaltungs-, Modernisierungs- und/oder Revitalisierungsmaßnahmen von Fonds durchzuführen?*

Angaben und Fragen zum Finanz- und Investitionsplan

Investition:

- Gesamtkosten für den Substanzerwerb
- Summe Erwerbsnebenkosten wie Grunderwerbsteuer, Notar
- Finanzierungskosten in der Investitionsphase ohne Damnen
- Damnen und Zinsvorauszahlungen
- Sonstige Kosten wie Makler, Steuer und Rechtsberatung
- Agio auf das Eigenkapital
- Wertpapierdepot, Liquiditätsreserve oder andere Geldanlagen

Finanzierung:

- Gesellschaftskapital der Anleger ohne Agio
- Einlagen sonstiger Gesellschafter
- Agio auf Eigenkapital
- Summe der Bruttodarlehen
- Sonstige Mittel wie Mieterträge in der Investitionsphase
- Zu welchen Konditionen wurden Fremdmittel eingedeckt?*
- Betrag brutto, Nettobetrag, Währung, Nominalzins, Zinsfestschreibung, Effektivzins, Sonderklauseln wie z.B. Swaps, Eindeckungsdatum

Insgesamt:
- Wurde der prospektierte Investitionsplan (Mittelherkunft, Mittelverwendung) eingehalten und, wenn nicht , warum wurde er überschritten?
- Sind alle Positionen des Investitionsplanes im Soll-Ist-Vergleich beziffert?*
- In welcher Höhe fallen weiche Kosten an?*
- Gibt es Tilgungsaussetzungen?*

Angaben und Fragen zur Prognoserechung (wenn möglich, getrennt nach Fonds- und Objektgesellschaft)

- Summe der laufenden Nettoeinnahmen ohne Garantien
- Garantiezahlungen wie z.B. Mietgarantie
- Summe der laufenden sonstigen Erträge
- Ausgaben für Zinsaufwendungen
- Ausgaben für Tilgungsleistungen
- Einnahmeausfälle und sonstige Aufwendungen wie z.B. Mietausfallwagnis
- Rücklagen für Instandhaltungen
- Kosten für Fonds- und Objektverwaltung, Treuhänder und Komplementäre
- Sonstige Laufende Kosten wie Steuer- und Rechtsberatung
- Einnahmeüberschüsse
- Gewinnbeteiligungen und Ausschüttung an sonstige Gesellschafter
- Ausschüttung an Anleger in absoluten Zahlen und in Prozent
- Sofort ausgleichsfähige steuerliche Ergebnisse für Anleger in absoluten Zahlen und in Prozent
- Veränderungen des Gesellschaftskapitals durch Einzahlungen von Anleger oder Rückzahlungen an Anleger
- Substanzveränderungen, z.B. Zukäufe, noch ausstehende Zahlungen für Investitionen aus der Investitionsphase oder nachträglich vereinbarten Zinszahlungen
- Stand des Fremdkapitals und der Liquiditätsreserve zum 31.12. eines Jahres

Ergänzende Fragen

- Ist die komplette Prognoserechnung aus dem Prospekt über die gesamte Laufzeit abgebildet?*
- Sind jedes Jahr die Prognosewerte um die tatsächlichen Werte ergänzt worden?*
- Wie konservativ sind die Prognoseparameter?*
- Werden nicht beeinflussbaren Risiken vermieden?*
- Wie sieht es mit der aktiven Managementleistung aus?*
- Idealerweise sollte aus der Prospektprognose und den tatsächlichen sowie den vorhersehbaren Veränderungen eine neue, aktuelle Prognoserechung abgeleitet werden. Ist dies der Fall?*
- Ableitbar daraus sind die Soll-Ist-Vergleiche für die Summe der steuerlichen Ergebnisse/der Ausschüttungen/der Tilgung/der Bewirtschaftungsergebnisse/den Stand des Fremdkapitals/den Stand der Liquiditätsreserve.*

Steuerliche Kriterien und Fragen

- Bis zu welchem Jahr sind die Fonds betriebsgeprüft?
- Wie ist der steuerliche Anerkennungsstand (vorläufig oder endgültig)?
- Gibt es Nachforderungen seitens der Finanzverwaltung?*
- Liegen noch Verlustvorträge aus nicht sofort verrechenbaren Steuerergebnissen vor?*
- Wann wird der steuerliche Totalüberschuss nach den Prospektannahmen erreicht?*
- Wie hoch ist der schenkungsteuerliche Wert einer Beteiligung?*
- Wie hoch ist der erbschaftsteuerliche Wert einer Beteiligung? *

Rechtliche Fragen und Prüfkriterien

- Gerichtsstand
- Höhe der Haftungseinlage
- Kann der Treuhänder Stimmen ohne Weisung des Gesellschafters ausüben?

- Können Beschlüsse auch in einem schriftlichen Umlaufverfahren herbeigeführt werden?
- Welche Maßnahmen bedürfen der Zustimmung der Gesellschafterversammlung z.B. zusätzliche Kreditaufnahme?
- Welches Stimmengewicht ist notwendig, um eine außerordentliche Hauptversammlung einzuberufen?
- Sind die Stimmrechte parallel den Kapitalanteilen verteilt?
- Verfügt jemand über Stimmenmehrheit?*
- Von wem kann sich ein Anleger auf der Hauptversammlung vertreten lassen?
- Wann können die Anleger erstmals ihre Geschäftsanteile kündigen?*
- Welche Kosten sind über die kalkulierten Aufwendungen hinaus von der Fondsgesellschaft zu tragen, z.B. Prozess- und Gerichtskosten?
- Wie wird das Abfindungsguthaben berechnet?
- Bestehen Einschränkungen bezüglich eines Verkaufs oder einer Übertragung der Fondsanteile?
- Wird der Jahresabschluss von einem Wirtschaftsprüfer testiert?

Fragen und Kriterien zur Endwertbetrachtung per Prognoseende – trennbar nach Fonds – und Objektgesellschaft

- Liegt der Exit in überschaubaren Zeitrahmen?*
- Zweitmarktaktivitäten
- Wie sieht die Beteiligung des Initiators am Gewinn beim Verkauf aus?*
- Ist die Endwertbetrachtung aus dem Prospekt abge bildet?*
- Wurden die Daten um die tatsächliche Entwicklung korrigiert?*

Auskünfte über die Anlegernachbetreuung

- Werden Sonderwerbungskosten vom Treuhänder/Steuerberater individuell abgerufen?
- Was umfasst der jährliche Geschäftsbericht genau?
- Welche Angaben macht der Initiator im Internet ohne Zugangsbeschränkung?

Angaben zu aufgelösten und rückabgewickelten Fonds

- Voller Name der Fondsgesellschaft
- Kurzname des Fonds
- Emissionsjahr
- Steuerliche Einkunftsart
- Rechtsform der Fondsgesellschaft
- Auflösungsjahr
- Beschreibung der Fondsinvestition
- Angaben gemäß Prospekt und tatsächlich erzielten Beträgen für Gesellschaftskapital (ohne Agio), Summe der Ausschüttungen inklusive Liquidationserlös, Summe der steuerlichen Ergebnisse.

4.13.2.4 Aktuelle Probleme mit Leistungsbilanzen und ihre Lösungsmöglichkeiten

Zwar kennen die meisten Initiatoren die Wunschkriterien und wissen um die Wichtigkeit einer Leistungsbilanz, dennoch enthalten viele Leistungsbilanzen nicht alle geforderten Informationen. Durch nachfolgende Problemkreise führt die Erstellung einer Leistungsbilanz zu einem enorm hohen Arbeitsaufwand. Dadurch hat die Leistungsbilanz heute leider nicht einmal ansatzweise die Bedeutung, die sie eigentlich haben müsste. Die Hauptprobleme können auf folgende Punkte reduziert werden:

Zu wenig Leistungsbilanzen

Da die Erstellung der Leistungsbilanzen viel Arbeit macht und zum Teil auch unvorteilhafte Sachverhalte an den Tag bringt, verzichten viele Initiatoren auf die Erstellung einer Leistungsbilanz. Wird eine abgeliefert, ist sie oft wenig aussagekräftig oder unvollständig.

Möglicher Lösungsansatz:

Leistungsbilanzverweigerer sollten auf einer regelmäßig publizierten „Schwarzen Liste" veröffentlicht werden. Dies müsste dann auch für Journalisten, Analysten und Berater als K.-o.-Kriterium gelten.

Fehlende Standardisierung

Um Leistungsbilanzen kontrollieren und vergleichen zu können, müssen sie standardisiert sein. Der meist zur Leistungsbilanzerstellung verwendete DFI-Fragenkatalog weist zudem viele offene Fragen auf und lässt den Initiatoren viel Spielraum bei der Beantwortung. Dies macht die Vergleichbarkeit schwierig.

Möglicher Lösungsansatz:

Durch standardisierte Fragen mit weitgehend vorgegebenen Antwortmöglichkeiten wird der Arbeitsaufwand reduziert.

Fehlende Kontrolle durch neutralen Sachverständigen

Leistungsbilanzen müssen von einem unabhängigen Wirtschaftsprüfer kontrolliert sein. Das ist bisher nicht immer der Fall.

Möglicher Lösungsansatz:

Wäre es Pflicht, ein Leistungsbilanzauszug in jeden Prospekt zu integrieren, würde die Überprüfung der Angaben im Rahmen der Prospektprüfung erfolgen.

Veraltete Leistungsbilanzen

Leistungsbilanzen müssen zeitnah sein. Bisher erstellen viele Initiatoren ihre Leistungsbilanzen oft sehr spät. Zum Zeitpunkt der Prospektherausgabe sollte die Leistungsbilanz aber nicht älter als zwei Jahre sein, um noch genügend Aussagekraft für den Anleger zu besitzen.

> Möglicher Lösungsansatz:
>
> Durch die Vereinbarung eines einheitlichen Stichtages wäre dieses Problem aus der Welt geschafft.

Fehlende Zusammenfassung oder Hinweis in Prospekten auf Leistungsbilanz

In den aktuellen Fondsprospekten sollte ein Hinweise auf die Leistungsbilanz gegeben werden oder eine Zusammenfassung direkt in den Prospekt eingebunden sein.

> Lösungsansatz:
>
> Die Leistungsbilanz muss verbindlicher Prospektinhalt sein. Dabei müssen allerdings auch einheitlich definierte Inhalte angegeben werden.

> **Fazit**
> Um sich im undurchsichtigen Fondsmarkt zurechtzufinden, stellen Leistungsbilanzen ein wichtiges Hilfsmittel für den Anleger dar, da sie ein relativ objektives Bild von der Leistungsfähigkeit des Initiators vermitteln. Es ist daher auch an den Anlegern, dieses wichtige Informationsmaterial einzufordern.

4.13.3 VGI-Leistungsbilanzkatalog

Im Herbst 2003 hat der VGI Verband der Initiatoren geschlossener Immobilienfonds einen Fragenkatalog zur standardisierten Abgabe von Leistungsbilanzen vorgelegt. Dieser ist im Umfang nicht ganz dem DFI-Fragenkatalog entsprechend. Allerdings erleichtert der vorgegebene Antwortbogen die Vergleichbarkeit von Leistungsbilanzen verschiedener Initiatoren. Viel entscheidender im Hinblick auf mehr Transparenz ist allerdings die verpflichtende Abgabe für alle VGI-Mitglieder. Der Fragebogen ist im Anhang, Kapitel 7 angeführt. Weitere Informationen dazu sind im Interent unter www.vgi-online.de zu finden.

4.14 Zweitmarktpflege

„Last but not least!" Diese geflügelten Worte sollten stets auch bei der Zeichnung eines geschlossenen Immobilienfonds für die Entscheidungseinbeziehung und Wertung der Zweitmarktpflege durch den federführenden Fondsinitiator gelten. Grundsätzlich stellt eine Beteiligung an einem geschlossenen Immobilienfonds eine langfristige Kapitalanlageform dar. Zum Ausdruck kommt dies auch in den Prognoserechnungen der Initiatoren, die sich meist über Zeiträume von 20 Jahren und mehr erstrecken.

Die spätere Liquidierbarkeit spielt bei der Anlageentscheidung für eine Immobilie oder einen geschlossenen Immobilienfonds zumeist eine vielfach untergeordnete Rolle. Entscheidend sind hier zunächst primär die klassischen Anlagekriterien Rendite und Sicherheit. Schlussendlich muss aber auch bei Direktimmobilien und bei Fondsanteilen eine praktikable, in einen angemessenen zeitlichen und preislichen Rahmen eingebundene Veräußerungsmöglichkeit gewährleistet sein.

Die Motive für den Verkauf eines Fondsanteils durch den Erstzeichner können ebenso vielseitig sein wie diejenigen, die zum Erwerb eines „gebrauchten" Fondsanteils führen. Für beide Marktseiten - also sowohl für den Veräußerer wie auch für den Käufer des Fondsanteils - ist in diesem Moment ein funktionierender

Zweitmarkt von erheblicher Bedeutung. Der Verkauf eines Fondsanteils durch den Erstzeichner ist vielfach eng verknüpft mit dem Auslaufen der steuerlichen Vergünstigungen. Hierbei ist jedoch stets auf das unbedingte Einhalten und Vorliegen der in Kapitel 3 eingehend diskutierten Gewinn- oder Überschusserzielungsabsicht zu achten. Eine zu frühe Veräußerung noch innerhalb der Verlustphase wird regelmäßig den Unmut des veranlagenden Wohnsitzfinanzamtes erwecken und in ganz überwiegendem Maße die Nichtanerkennung sämtlicher bis dato geltend gemachten steuerlichen Verluste nach sich ziehen. Die Gründe für den Erwerb eines „gebrauchten" Zweitmarktanteils lassen sich zumeist an zwei Parametern festmachen: das Bestreben nach einer sicheren, substanzerhaltenden und doch hochrentierlichen Anlageform – oftmals in Phasen bereits ermäßigter Steuerprogression – sowie die Nutzbarmachung der attraktiven steuerlichen Bemessungsgrundlage von Immobilien für eine steuersparende Übertragung von Vermögenswerten auf nachfolgende Generationen. Beide Aspekte lassen sich durch Anteile an geschlossenen Immobilienfonds vielfach gut kombinieren. Die renditestarken, aufgrund der lang laufenden linearen Gebäudeabschreibung sogar teilweise steuerfreien Ausschüttungen aus „gebrauchten" Fondsanteilen können bei einer entsprechenden Ausgestaltung des Anschaffungszeitpunkts in Phasen niedriger Steuerprogression (z.B. nach Abschluss des Erwerbslebens) verlagert werden. Zum anderen profitieren sowohl Erblasser/Schenker wie auch Erbe/Beschenkter von der niedrigen steuerlichen Bemessungsgrundlage von Immobilienvermögen i.H.v. oftmals nur 50 bis 60 Prozent des tatsächlichen Verkehrswertes. Zusätzliche Vorteile lassen sich hier durch die Einbeziehung und Mitübertragung von Fremdkapital erzielen.

Sind die Ziele eines Eigentumswechsels an „gebrauchten" Fondsanteilen erst einmal klar umrissen, schließt sich in einem zweiten Schritt unmittelbar die Frage nach einem praktikablen Weg für diesen Veräußerungs-/Erwerbsvorgang an. Es existiert kein geregelter Markt für Anteile an geschlossenen Immobilienfonds, wie es ihn beispielsweise für Aktien und festverzinsliche Wertpapiere in Form einer Börse gibt. Doch größere Fondsgesellschaften versuchen, einen funktionierenden Zweitmarkt zu installieren. Sie haben selbst großes Interesse daran, da Kunden nur langfristig treu bleiben, wenn sie entsprechend gut betreut und beraten werden, d.h. in letzter Konsequenz ihre Anteile zu akzeptablen Preisen verkaufen können. Deshalb sollte sich ein Interessent einen möglichst großen und starken Partner auswählen, der diese Anforderungen hinreichend erfüllen kann und der in Zukunft voraussichtlich noch am Markt vertreten sein wird.

Auch ein Verkauf der Fondsanteile mittels Zeitungsinseraten oder Immobilienmaklern gestaltet sich aufgrund der Komplexität vieler Fondskonstruktionen häufig recht schwierig. Eine Möglichkeit, die gesamten Fondsanteile zu Geld zu machen, stellt die gesamthänderische Veräußerung der Immobilie mit anschließender Auflösung der Gesellschaft dar. Diese Entscheidung wird allerdings niemals von einem Gesellschafter alleine getroffen, sondern muss von einer entsprechenden Mehrheit auf der Gesellschafterversammlung mitgetragen werden. Oft ist die Auflösung der Gesellschaft erst nach einer aus steuerlichen Gründen sinnvollen und unerlässlichen Mindestbestandsdauer möglich. Neben der Veräußerung der Immobilie auf Fondsebene bietet sich dem Anleger die zumeist wesentlich leichter realisierbare Möglichkeit eines separaten Verkaufs seiner ganz persönlichen Fondsanteile am so genannten „Zweitmarkt". Hierzu muss ein Anleger gefunden werden, der den Fondsanteil übernimmt und gegebenenfalls bis zur Abwicklung und Auflösung der Gesellschaft hält.

Die absolut zentrale Funktion bei sämtlichen Zweitmarkttransaktionen fällt stets dem Fondsinitiator zu. Er ist es, der dem Anleger bei der Veräußerung und dem Erwerb von Gebrauchtanteilen hilfreich zur Seite stehen muss, der gegebenenfalls mit einer Anteilsvermittlung zur Stelle sein sollte. Um dies gewährleisten zu können, muss der Initiator jedoch einige wichtige Voraussetzungen mitbringen. So muss er zunächst Wert auf eine langfristige Kundenbindung und -betreuung legen. Davon ist bei Initiatoren mit entsprechendem institutionellem Hintergrund (z.B. Banken, Versicherungen) regelmäßig auszugehen, da diese nicht ihren guten Ruf aufs Spiel setzen werden. Zu dieser verlässlichen Initiatorengruppe rechnen weiterhin auch große, bereits langjährig am Markt tätige Initiatorengesellschaften. Vorsicht ist dagegen bei kleineren Projektanbietern geboten, deren Hauptaugenmerk vielfach nur auf schnelle Erstabschlüsse gerichtet ist. Aufschlussreich sind in diesem Zusammenhang Informationen über die in der Vergangenheit von bestimmten Fondsprojekten am Zweitmarkt umgesetzten Volumina, wenn möglich mit Preisangaben. Für erfahrene Initiatoren dürfte die entsprechende Informationsbeschaffung kein allzu großes Problem darstellen. Bedeutsam bei einer wirkungsvollen Zweitmarktinstitution und -pflege sind auch die vom Initiator zu treffenden Vorsorgemaßnahmen, wie z.B. regelmäßige und qualifizierte Vertriebsschulungen.

Das letzte Beurteilungskriterium für die Angemessenheit einer Zweitmarktveräußerung ist schließlich der Preis, zu dem die Transaktion abgewickelt wird. Die entscheidende Rolle fällt dabei stets der Entwicklung der Mieteinnahmen zu. Die Höhe des zukünftigen Mietzinses wird von folgenden Faktoren maßgeblich beeinflusst und determiniert:

- Inflationsrate (Mietpreisindexierung!),
- Entwicklung der Mikro- und Makrolage des Objekts,
- Erwartete Konkurrenzsituation und Akzeptanz der Immobilie,
- Konjunkturelle Entwicklung.

All diese Faktoren prägen über ihren Mietpreiseinfluss den Ertragswert und damit die gesamte Wertentwicklung des Fondsobjekts. Die enge Anknüpfung der Zweitmarktpreise für „gebrauchte" Fondsanteile an die erzielbare Miethöhe und die hiermit darstellbaren Ausschüttungen ist offensichtlich. Inwieweit auch der Substanzwert der Immobilie in die Ermittlung des Anteilspreises eingeht, hängt vorrangig von der Berechnungsmethode ab, die der Initiator seiner Preisfindung zugrunde legt.

Die Bewährungsprobe für den Zweitmarkt wird in den nächsten Jahren anstehen, wenn die erste große Welle an Verkäufen von Fondsbeteiligungen auf den Markt schwappt. Denn die Mitte der Neunzigererjahre in großem Volumen gezeichneten Fonds laufen bald zehn Jahre. Sobald die Spekulationsfrist verstrichen ist, werden sicherlich einige Anleger darüber nachdenken, ihre Fondsanteile zu verkaufen. Ob diesem Angebot dann aber auch entsprechende Nachfrage gegenübersteht, hängt sehr stark von der Qualität der Fonds ab. Schlechte und überteuerte Objekte werden sicherlich sehr starke Abschläge in Kauf nehmen müssen und die überzogenen Renditeversprechungen vieler Initiatoren dürften sich nicht erfüllen. Dadurch werden die Preise einzelner Anteile stark unter Druck geraten. Andererseits werden sich auf einem deutlich ermäßigten Preisniveau die Anbieter, also die Erstzeichner, mit ihren Verkaufsabsichten eher zurückhalten, da sie sich von ihren Anteilen sicher nicht zu jedem Kurs trennen wollen. Gute Objekte von Initiatoren mit einem starken Vertriebssystem im Rücken dürften allerdings ohne Probleme abzusetzen sein. So könnte es durchaus zu einer Bewegung sehr großer Volumina im Zweitmarkt kommen, wodurch die Fungibilität der Anteile erheblich zunehmen dürfte. Was diese Fungibilität jedoch immer etwas einschränken wird, ist die relativ schwierige Bewertung einer Gewerbeimmobilie. Eine neutrale Beurteilung und die faire Preisfestsetzung wird zweifellos schwer sein. Wie gut sich der Zweitmarkt in Zukunft etablieren wird, hängt sicherlich auch davon ab, ob sich „neutrale" Instanzen etablieren, die Objekte bewerten, die Angebote veröffentlichen und schließlich für ein Zusammentreffen von Angebot und Nachfrage sorgen. Die Institutionalisierung und Etablierung eines großen Marktes, der fähig und in der Lage ist, auch größere Volumina zu bewältigen, und dies nicht nur unter günstigen Voraussetzungen wie niedrigen Zinsen, wird sich in der Zukunft als die herausragende Aufgabe der Initiatoren erweisen.

4.15 Beispiel für eine Zweitmarktkursermittlung auf Basis der DC-Methode

4.15.1 Kurzüberblick

Fondsart:
Geschlossener Immobilienfonds in der Rechtsform einer vermögensverwaltenden GmbH & Co. KG mit Einkünften aus Vermietung und Verpachtung

Gesellschaft:
Beispielfonds GmbH & Co. KG

Initiator:
Beispielinitiator

Objekte:
1 Bürogebäude in X,
mit 9861 Quadratmeter Gesamtfläche

- 7309 Quadratmeter vermietet an Firma A bis 12/2008
- 2125 Quadratmeter vermietet an Firma B bis 12/2003
- kleinere Restflächen zum Teil leer stehend

1 Bürogebäude in Y,
mit 10 319 Quadratmeter Gesamtfläche

- vollständig vermietet an Firma C bis 08/2011

Fondsfinanzierung

Plan:	Eigenkapital:	24,03 Mio. Euro
	Fremdkapital:	24,03 Mio. Euro
Ist:	Eigenkapital:	24,03 Mio. Euro
	Fremdkapital:	24,03 Mio. Euro

Zusammenfassung

Annahmen zur Discounted-Cash-Flow-Bewertung

	bad case	mid case	good case
Inflation	1,60 %	2,10 %	2,60 %
Liquidation	14 x	13 x	12 x
FK-Prolongation	7,75 %	7,25 %	6,75 %
DCF-Rendite	9,00 %	8,00 %	7,00 %
Ergebnisse	45,00 %	62,00 %	91,00 %
Empfehlung	75,00 %		

Unterlagen

Um die Analyse vornehmen zu können, wurden bei diesem Beispielfonds folgende Unterlagen herangezogen:

- Emissionsprospekt (Ausgabe 19xx)
- Geschäftsbericht 1999
- Geschäftsbericht 2000
- Geschäftsbericht 2001

4.15.2 Angaben zur Gesellschaft

Die einzuschätzende Gesellschaft ist ein geschlossener Immobilienfonds in Form einer vermögensverwaltenden KG. Der Name lautet: Beispielfonds.

Initiator dieser Gesellschaft ist die X Fondsgesellschaft, die Verwaltung wird durch die Fondsmanagement durchgeführt.

Die Gesellschaft wurde 19XX aufgelegt und das Eigenkapital ist voll platziert.

Es wurden zwei Büroobjekte in X und Y erworben. Die Nutzflächen betragen in X ca. 9880 qm und in Y ca. 10 319 qm. Hauptmietverträge laufen bis 2008 und 2011. Die Mieter zu den Hauptmietverträgen sind als bonitätsmäßig einwandfrei einzuordnen. Erste nennenswerte Flächen (ca. 2125 qm) werden Ende 2003 frei bzw. es sind Optionen auszuüben.

Die Gesellschaft wurde finanziert durch 50 Prozent Eigen- und 50 Prozent Fremdkapital. In Zahlen bedeutet dies bei einem Gesamtinvestitionsvolumen von 48,06 Mio. €:

Ein Eigenkapital von 24,03 Mio. € und aufgenommenes Fremdkapital von ursprünglich 24,03 Mio. €.

Das Fremdkapital wurde rein in Euro aufgenommen.

Über die Anzahl der Kommanditisten, auf die sich das Eigenkapital verteilt, sind keine Angaben zu finden.

4.15.3 Allgemeine Angaben zur DCF-Bewertung

Entscheidend zur Verkehrswertermittlung sind neben der aktuellen wirtschaftlichen Situation des Fonds auch das allgemeine Zinsniveau für langfristige Kapitalanlagen. In der Praxis ist eine neue Prognoserechung auf Fondsebene aus heutiger Sicht anzufertigen. Neben den laufenden Ergebnissen ist auch ein Verkauf des Investitionsgegenstandes zu einem späteren Zeitpunkt zu unterstellen. Dabei wird ein Substanzaufbau im Fonds durch Tilgung oder Bildung einer Liquiditätsreserve ebenso berücksichtigt wie realistische Kosten für Instandhaltung, Verwaltung usw. Dieser so ermittelte Cashflow wird dann mit einem um X Basispunkte über dem allgemeinen Zinssatz liegenden Diskontierungswert abgezinst. Die Höhe des Aufschlages auf das allgemeine Zinsniveau hängt dabei vom Risikograd der Investition ab. Je sicherer der Fonds konzipiert wurde (z.B. gute Lage bei einer Immobilie in Verbindung mit konservativer Finanzierung und langfristigem Mietvertrag), desto geringer ist der Zinsaufschlag. Durch diese Methode wird ein Kurswert ermittelt, auf dessen Basis sich für den Käufer eine risikoadäquate Renditechance ergibt.

Risiko-klasse	**aktueller Langfristzins**	**Basispunkte Aufschlag**	**anzuwendender Diskontierungs-zinssatz**
AAA	4,25 %	200	6,25 %
AA	4,25 %	250	6,75 %
A	4,25 %	300	7,25 %
BBB	4,25 %	375	8,00 %
BB	4,25 %	450	8,75 %
B	4,25 %	550	9,75 %
CCC	4,25 %	650	10,75 %
CC	4,25 %	800	12,25 %
C	4,25 %	950	13,75 %
D	4,25 %	1100	15,25 %

Um gleichzeitig noch der Unsicherheit einer Prognoserechnung gerecht zu werden, wird nicht nur eine realistische Berechnung angestellt. Wie stark die Auswirkungen abweichender Prognoseparameter auf den heutigen Kurswert eines Fonds sind, wird zusätzlich eine Berechnung mit vorsichtigen Annahmen (bad case) und mit optimistischen Annahmen (good case) durchgeführt.

relativ vorsichtige Annahmen, **bad case (1)**

relativ optimistische Annahmen, **good case (2)**

relativ neutrale Annahmen, **mid case (3)**

4.15.4 Spezielle Vorgehensweise bei dieser Gesellschaft

Allgemeines

- Bei der Umsetzung von Bilanz und GuV wurden keine nennenswerten Abweichungen vorgenommen.
- Der Ansatz der Vermögenswerte, insbesondere der Wertpapiere des Anlagevermögens, wurde nicht überprüft.

Einnahmen

Die Entwicklung der Mieteinnahmen wurde möglichst realistisch angepasst. So ist z.B. eine Mieterhöhung beim Objekt X zwar in voller Höhe der Veränderung der Inflationsrate möglich, kann jedoch erst nach einer Erhöhung von mindestens zehn Prozent vorgenommen werden. Nicht ganz so gravierend sind die Auswirkungen durch eine 5-Punkte-Klausel beim Hauptmietvertrag des Objektes in X. Es wurde bei der Analyse berücksichtigt, dass zum Stichtag 31.12.2001 bereits stille Reserven auf der Einnahmenseite (= noch nicht angepasste Erhöhung mangels Erreichung der Anpassungsgrenze) vorhanden sind. Es wurde aber ebenfalls in 2004 ein Mietrückgang einer Fläche in X berücksichtigt, auf die in einem Schreiben an die Gesellschafter aus Januar 2003 hingewiesen wird. Ebenso wurde bei den Prognosen (1) und (3) Mietrückgänge bei Auslauf der momentan gültigen Mietverträgen angenommen. Trotz der noch bis 2008 und 2011 laufenden Hauptmietverträge erschien diese Vorgehensweise als notwendig, da im Schreiben aus Januar 2003 darauf hingewiesen wird, dass die abgeschlossenen Mietverträge derzeit nicht marktkonform sind. Von daher ist mit einem Rückgang zur Prognosemiete bei Mietvertragsauslauf zu rechnen.

Die Zinseinnahmen wurden in Höhe von drei Prozent für eine Liquiditätsreserve sowie von vier Prozent für Anlagevermögen angenommen.

Grundsätzlich wurde von einer Liquidierung der Gesellschaft in 2013 ausgegangen. Gemäß Prospekt ist diese ab 2010 möglich. Bei der Liquidierung wurden vier Prozent Kosten berücksichtigt.

Ausgaben

- Fondskosten wurden nach Inflationserwartung in die Zukunft prognostiziert.
- Instandhaltungsaufwendungen wurden gem. einer Empfehlung der GIF Gesellschaft für immobilienwirtschaftliche Forschung e.V. mit anfänglich 7,50 Euro/qm (15 DM/qm) angenommen und mit zwei Prozent p.a. angehoben.
- Konditionen der Fremdfinanzierung wurden, soweit vertraglich vereinbart, berücksichtigt und nach Auslauf zu neuen, veränderten Konditionen angenommen.
- Die Ausschüttungen wurden nach Abgleich mit der Liquiditätsreserve in möglichst prospektgemäßer Höhe vorgenommen bzw. angepasst. Sofern notwendig, wurden dabei Anlagevermögen sowie Forderungen langfristig aufgelöst.

Einstufung in die Risikoklasse

Der Fonds wurde in die Risikoklasse BBB eingestuft. Gegenüber der höchsten Einstufung für einen geschlossenen Immobilienfonds mit AA wurden zwei Risikoklassen dazugegeben, da es sich bei den Standorten um keine 1a-Lagen handelt und die Objekte derzeit über Markt vermietet sind. Folglich sind derzeit gewisse Abstriche bei der Nachhaltigkeit der Mieten zu machen. Eine kleinere Fläche bei dem Objekt in X steht auch Ende des Jahres zur Nachvermietung an.

Prognosedaten	(1) bad case	(2) good case	(3) mid case
Inflation	1,60 %	2,60 %	2,10 %
Faktor Veräußerung	12 x	14 x	13 x
Anschlussfinanzierung	7,75 %	6,75 %	7,25 %
DCF-Zins	9,00 %	7,00 %	8,00 %
Mietrückgang 08/11	je minus 10 %	–	je minus 5 %

4.15.5 Ergebnisse und Empfehlung

Nach den angegebenen Prämissen ergeben sich folgende Werte:

bad case 45 %
good case 91 %
mid case 62 %

Je nach Grundlage der Prognoserechnung lassen sich für jeden Wert Argumente finden.

Da es sich bei den Hauptmietern um bonitätsmäßig einwandfreie öffentliche Institutionen handelt und es sich bei den Objekten um relativ modern errichtete Büroimmobilien handelt, halten wir eine Empfehlung im Bereich zwischen (2) und (3) für sinnvoll.

Auf die grundsätzlichen Risiken einer Investition in einen geschlossenen Immobilienfonds weisen wir ausdrücklich hin.

Eine Empfehlung für eine Fondsbewertung könnte folglich mit 75,0 Prozent gegeben werden.

4.15.6 Allgemeine Hinweise

Kündigungs- und Übertragungsmöglichkeiten bei der zu analysierenden Gesellschaft wurden geprüft. Die Kündigung ist bis Dezember 2010 nicht möglich (Gesellschaftsvertrag § 14). Eine Übertragung gegen Gebühr ist aber grundsätzlich möglich (Gesellschaftsvertrag § 15).

Steuerliche Auswirkungen einer Veräußerung oder eines Erwerbes im Zweitmarkt sollten mit einem Steuerberater besprochen werden.

Es kann sinnvoll sein, die weitere Vorlage von Fakten abzuwarten. So ist in Kürze mit dem Geschäftsbericht 2002 zu rechnen. Ferner liegen wohl demnächst Erkenntnisse zur Anschlussvermietung einer Fläche im Objekt in X vor. Erst nach Kenntnis dieser Fakten kann die derzeitige Prognoserechnung angepasst werden und sich dadurch eine verbesserte Datensicherheit ergeben.

Detaillierte Berechnungen zu den Kursempfehlungen entnehmen Sie bitte dem Anhang, Kapitel 7.

4.16 Checkliste zur Beurteilung von geschlossenen Immobilienfonds

Geschlossene Immobilienfonds mit deutschen Objekten

Wichtigste Vorteile:

- Sicherheit durch Wertbeständigkeit der Immobilien
- Finanzierbarkeit
- Relativ sichere Renditen
- Inflationsschutz
- Einfache administrative Handhabung
- Möglichkeit, sich an höher rentierenden Gewerbeimmobilien zu beteiligen

Wichtigste Nachteile:

- Lange und hohe Kapitalbindungsdauer
- Unwägbarkeiten des Standortes wegen der langen Anlagedauer
- Relativ hohe Mindestbeteiligung im Vergleich zum offenen Immobilienfonds

Geschlossene Immobilienfonds mit ausländischen Objekten

Wichtigste Vorteile:
- Streuung und Risikodiversifizierung
- Unterschiedliche Immobilienmarktzyklen
- Niedrigere Einkaufspreise
- Höhere Mieten
- Weniger Mietrechte
- Währungschancen
- Steuervorteile aus den Doppelbesteuerungsabkommen: Geringere Eingangssteuersätze und Freibeträge

Wichtigste Nachteile:
- Andere, oft schnellere und volatilere Marktzyklen
- Höheres Risiko
- Währungsrisiken
- Anderes Rechtssystem
- Kosten für ausländische Steuererklärung
- Politisches Risiko

Checkliste: Wirtschaftliche Kriterien

1. Grundfragen
- Passt das Modell nach Art und Risikoprofil auch tatsächlich zum Anleger und in das bereits vorhandene Vermögensportfolio (im Hinblick auf Risikostreuung, Risikobereitschaft, Ziel der Anlage, z.B. Altersvorsorge)?
- Ist die geforderte Mindestbeteiligungssumme für die Einkommenssituation des Anlegers geeignet?
- Hat das Modell aufgrund seiner Konzeption auch tatsächlich Aussicht auf Erfolg?

2. Prospekt
- Ist der Prospekt für einen durchschnittlich gebildeten Anleger verständlich?
- Wurde er nach den Grundsätzen des IDW nach den Kriterien Vollständigkeit und Richtigkeit aufgebaut?
- Enthält er ausführliche Hinweise auf die möglichen Risiken bereits am Anfang des Prospektes?

- Ist eine teilweise Fremdfinanzierung der Beteiligung im Prospekt angeboten?
- Wird dabei auf die Risiken im Hinblick auf den § 2b EStG hingewiesen?
- Gibt es Sensitivitätsanalysen/unterschiedliche Szenarien, z.B. für die Renditeentwicklung, abhängig von den jeweiligen Steuersätzen des Anlegers?
- Werden auch die anderen Schlüsselkriterien der Prognoserechnung auf Best und Worst Case Szenarien geprüft und dargestellt?
- Enthält der Prospekt wirklich alle zur Beurteilung notwendigen Informationen?

3. Anbieter/Partner

Initiator:
- Welche Erfahrung hat der Anbieter im Bereich geschlossener Immobilienfonds?
  Das Management sollte mindestens fünf bis zehn Jahre auf diesem Segment tätig sein, um als erfahren zu gelten.
- Welche bisherigen Erfolge kann der Anbieter aufweisen? Welche Misserfolge gab es in seiner Historie?
- Gibt es eine Leistungsbilanz des Anbieters?
- Wurde sie vom DFI-report für gut befunden?
- Laufen die bisherigen Fonds gemäß der Prognoserechnungen?
- Übernimmt der Initiator selbst die Haftung für die Prospektangaben?
- Inwieweit ist seine Haftung begrenzt?
- Welche Bonität hat der Initiator?
- Hat der Initiator eventuell einen institutionellen Hintergrund (z.B. eine Bank)?

Partner bei Immobilienfonds mit ausländischen Objekten:
- Sind das Managementteam und/oder die Partner auf dem lokalen Markt erfahren?
- Gibt es Niederlassungen und Netzwerke zu Experten vor Ort?
- Wo ist die Objektverwaltung? Auch hier ist es wichtig, dass sie vor Ort ist, um bei Problemen schnell reagieren zu können.

Treuhänder:

- Wer ist der Treuhänder?
- Über welche Erfahrung verfügt er bei Beteiligungsmodellen?
- Bestehen Verflechtungen zwischen den Vertragsparteien, z.B. Verkäufer, Käufer, Treuhänder?
- Ist er von den finanzierenden Banken und dem Initiator unabhängig?
- Welche Kontrollpflichten hat er?
- Ist seine Haftung begrenzt?
- Wann kann er über welche Mittel des Fonds verfügen?

Verkäufer:

- Wer veräußert das Objekt?
- Warum verkauft er es?
- Ist er selbst auch am Fonds beteiligt?
- Gibt es Verflechtungen mit dem Initiator oder anderen Partnern, da ansonsten der Kaufpreis eventuell zu hoch ausgefallen ist?

Sonstige Partner:

Der Anleger sollte auch hier die Bonität, die Eigenkapitalausstattung und die Erfahrung aller am Fonds beteiligten Partner prüfen.

- Können sie ihre Garantien auch im Schadensfall einlösen?

4. Fondskonstruktion

Gesellschaftsform:

- Um welche Gesellschaftsform handelt es sich bei der Fondsgesellschaft?

Nur bei einer KG ist die Haftung beschränkt. Bei der auch auftretenden Gesellschaft bürgerlichen Rechts (GbR) haftet der Anleger voll mit seinem Privatvermögen.

Mindestzeichnungssumme und Einzahlungstermine:

- Wie hoch ist die Mindestzeichnungssumme?
- Wann muss das Kapital eingezahlt werden?

Gesamtinvestition:
- Wie hoch ist die Gesamtinvestition?
- Wie hoch ist das Agio?
- Wann und in welchen Raten ist die Einzahlung fällig?

Fondsschließung:
- Wann wird der Fonds geschlossen?
- Gibt es eine Verlängerung der Zeichnungsfrist?
- Ändern sich dadurch die steuerlichen Aspekte?

Garantien/Gewährleistungen:
- Gibt es eine Platzierungsgarantie?
  Hier ist auch die Werthaltigkeit der Garantie zu prüfen (Bonität, Kapitalausstattung des Garanten).
- Welche Garantien werden noch gegeben (Miet-, Fertigstellungs-, Baupreis- Fremdwährungskursgarantie)?
- Wie ist ihre Werthaltigkeit (Eigenkapital des Garantiegebers, Bürgschaft)?

Rückabwicklung:
- Gibt es Vereinbarungen für die Rückabwicklung?
- Falls keine Platzierungsgarantie vorliegt:
  Wie lauten die Bedingungen für eine Rückabwicklung, sollte das nötige Eigenkapital nicht komplett eingesammelt werden können?

Laufzeit:
- Wie lange ist die vertragliche Laufzeit?

Dem Anleger muss klar sein, dass sein Kapital für diese Zeit festgelegt ist, da der Zweitmarkt bei Beteiligungsmodellen oft schwierig ist.

Kündigung:
- Ist eine Mindestdauer vorgeschrieben?
- Wann kann erstmals gekündigt werden?
- Wie ist das Abfindungsguthaben für einen kündigenden Gesellschafter definiert?

Anlegerinformation:

- Wie gestaltet sich die Information des Anlegers während der Fondslaufzeit?
- Werden die Investoren regelmäßig über die Entwicklung des Fonds informiert?

5. Beteiligungsobjekt

Portfolio:

- Welche und wie viele Objekte wurden gebündelt?

Hier sollte geprüft werden, ob die Objektbündelung strategisch sinnvoll ist oder ob sie die Gewinnaussichten guter Einzelobjekte durch Hinzufügen von weniger guten Objekten eher schmälert. Die Objektzahl sollte nicht zu groß sein um den Überblick zu behalten.

Nutzungsart:

- Welche Nutzungsart liegt vor?
- Ist das Konzept dementsprechend aufgebaut?
- Gibt es auch die Möglichkeit einer multifunktionalen Nutzung?
- Wann ist Nutzungsbeginn?

Baujahr/vorgesehenes Bauzeitende:

- Wann wurde das Objekt gebaut und eventuell saniert?
- Wann wird das Objekt fertig gestellt sein?
- Entspricht die Sanierung dem deutschen Standard?

Baubeschreibung/Bauzustand:

- Wie aussagekräftig ist die Baubeschreibung?
- Fehlen wichtige Aspekte?
- Gibt es Querschnittszeichnungen oder Modellansichten?
- Gibt es Infomaterial wie CD-ROM mit Videoausschnitten, 360-Grad-Ansichten, Infos auf der Internetseite etc., die dem Anleger helfen, sich das Objekt besser vorstellen zu können?
- Wie ist der technische und optische Zustand des Objektes?

Fertigstellungsgarantie:

- Wurde eine Fertigstellungsgarantie vereinbart?
- Wie sind die Vertragsstrafen geregelt?

Dies ist besonders bei Altbauten oder denkmalgeschützten Objekten zu beachten, da ein Überschreiten der Baukosten, nicht nur Mehrkosten, sondern eine Verzögerung des Zeitpunktes der Nutzungsaufnahme auch Mietausfall bedeutet.

Gutachten:
- Liegen ein Wertgutachten und ein Steuergutachten vor?
- Gibt es ein Standortgutachten?
- Gibt es ein Substanzgutachten?
- Wann wurden sie erstellt?

Die Gutachten sollten unbedingt aktuell und keinesfalls älter als ein Jahr sein.

Auflagen:
- Gibt es Belastungen oder Auflagen von Behörden wie z.B. Hypotheken, Wegerecht etc.?

Vermietbare Fläche:
- Handelt es sich bei der vermietbaren Fläche um die Brutto- oder Nettomietfläche?

6. Standort

Makrolage:
- Wie ist die Makrolage zu beurteilen?
- Wo liegen die Schwerpunkte?
- Sind zukunftsträchtige Industrie- und Dienstleistungszweige angesiedelt?
- Wie ist die Verkehrsanbindung?

Zukünftige Perspektiven des Standortes:
- Wie sieht das Entwicklungspotenzial aus?
- Welche Prognosen gibt es?

Konkurrenzsituation:
- Gibt es bereits ein Konkurrenzobjekt in der Nähe, z.B. bei Einkaufszentren?
- Was ist in Planung?

Mikrostandort:

- Ist die Mikrolage der Immobilie viel versprechend?
  Eine gute Hilfe ist die Frage, ob der Anleger sie auch selbst mieten würde. Bei ausländischen Objekten ist die Qualität des Standortes aufgrund anderer Marktgegebenheiten schwerer zu beurteilen. Der Initiator sollte daher unbedingt vor Ort sein.
- Verfügt die Immobilie über eine gute Verkehrsanbindung?
- Wie ist das Umfeld?
- Befindet sich die Immobilie in einem entwicklungsfähigen, wachstumsstarken Umfeld?

7. Vermietung

Vermietungsstand:

- Wie viel Prozent der Gesamtfläche sind zum Zeitpunkt der Prospektierung vermietet?

Zum Investitionszeitpunkt sollten mindestens schon 80 bis 90 Prozent fest vermietet sein.

Mieter/Mieterstruktur:

- Ist die Bonität aller Mieter einwandfrei?
- Geprüft werden sollte auch die Zusammensetzung der Mieter: Sind sie in unterschiedlichen Branchen tätig?
- Gibt es Sonderkündigungsklauseln?

Nebenkostenregelung:

- Wer trägt welche Kosten?
- Sind zum Beispiel die Instandhaltungskosten bis auf Dach und Fach vom Mieter zu tragen?

Laufzeiten und Verlängerungsoptionen:

- Wie hoch ist die durchschnittliche Restmietdauer?
  Je länger die Verträge laufen, desto höher ist die Einnahmesicherheit.
- Wie sieht der Mix aus?
  Es ist von Vorteil, wenn die Laufzeiten von unterschiedlicher Länge sind und nicht alle gleichzeitig enden. So können Wirtschaftsflauten ohne allzu große Einbußen überbrückt werden. Bei Einmieterobjekten kommt der Langfristigkeit und der Mie-

terbonität ein noch wichtigerer Part zu als bei breit gestreuterem Mieterportfolio.

- Wie sehen die Verlängerungskonditionen aus?
  Verlängerungsoptionen sind eigentlich nur für den Mieter positiv, da sie ihm die Wahl lassen, bei guter Marktlage zu verlängern, bei günstiger Situation aber zu kündigen und niedriger abzuschließen.

Kalkulierter Mietpreis pro Quadratmeter:

- Sind die Mietverträge marktgerecht?
  In der Prognoserechnung werden die Mieten oft viel zu hoch angesetzt, um die Kalkulation zu schönen. Ein Vergleich mit ähnlichen Objekten sollte der Anleger daher immer durchführen. Aktuelle Werte sind über örtliche Mietervereine, Makler, Mietspiegel, Internet einfach zu beschaffen. Bei überhöhten Mieten sind die Risiken für die Anschlussvermietung sehr hoch.
- Wann und in welcher Höhe erfolgt die erste Mietanpassung?

Mietgarantien:

- Gibt es Mietgarantien?
  Sie sichern die Mieteinnahmen unabhängig von der tatsächlichen Mietsituation. Der Anleger sollte aber auf die Werthaltigkeit der Garantien und den tatsächlichen Stand der Untervermietung achten. Vor allem sollte der Preis für die Endvermietung auch nicht unter der Garantie liegen, da dann das Objekt zu teuer eingekauft wurde.
- Welches Unternehmen gibt die Mietgarantie?
- Wie ist dessen Bonität und finanzielle Situation des Garantiegebers (besonders in der Gesellschaftsform einer GmbH, da hier die Haftung auf das Stammkapital beschränkt ist)?

Dies spielt besonders bei Problemfällen eine wichtige Rolle. Auf der sicheren Seite ist der Anleger, wenn eine Bankbürgschaft vorliegt.

8. Steuerliche Eckdaten

Allgemein:

- Passt das Modell zur Steuersituation des Anlegers?
- Sind Beteiligungsmodelle für die Einkommensteuersituation des Anlegers überhaupt eine sinnvolle Investitionsvariante?

Einkommensteuer:

- Welche Einkunftsart liegt bei dem Konzept vor (Vermögensverwaltend, Einkünfte aus Vermietung und Verpachtung oder gewerblich)?

Liebhaberei:

- Besteht die Gefahr der Liebhaberei?

Kommt die Finanzverwaltung zur Auffassung, die angegebene Prognoserechnung ist geschönt und daher unrealistisch, kann Liebhaberei unterstellt werden. Die bereits gewährten Steuervorteile müssten dann zurückgezahlt werden.

§ 2b EstG:

- Fließen die BFH-Urteile vom Sommer 2001 in die Prospektkonzeption ein?

Bei allen ab 1.1.2002 aufgelegten Fonds sind Funktionsträgerkosten wie Eigenkapitalvermittlung jetzt den Anschaffungs- oder Herstellungskosten und nicht mehr den sofort absetzbare Werbungskosten zuzurechnen.

Besonderheiten bei Auslandsimmobilienfonds

Kosten Steuererklärung:

- Welche Kosten fallen an?
- Bietet der Initiator an, die Steuererklärung für ein pauschales Honorar zu übernehmen?

Doppelbesteuerungsabkommen:

- Welche Methode findet Anwendung?

Günstiger für den Anleger ist die Freistellungsmethode. Hier zahlt der Anleger die Steuer im Belegenheitsland seiner Immobilie nach dem dort geltenden Steuerrecht. Von der deutschen Steuer ist er freigestellt. Nur der Progressionsvorbehalt ist zu beachten. Diese Form gilt z.B. für die USA und die Niederlande.

Eingangssteuersätze/Freibeträge:
- Wie sind die Eingangssteuersätze und Freibeträge im Belegenheitsland?

Progressionsvorbehalt:
- Ist der Progressionsvorbehalt richtig dargestellt?

§ 2b EStG:

Da keine anfänglichen Verluste anfallen, gilt dieser Paragraph bei Auslandsinvestments nicht.

Erbschaft- und Schenkungsteuer:
- Wird dieser Punkt genau erklärt?

Die Erbschaft und Schenkungsteuer kann schnell zum Renditevernichter werden, da in manchen Ländern dafür sehr hohe Steuern anfallen.

9. Finanzierung

Konditionen des Fremdkapitals:
- Sind die Darlehensverträge bereits fest abgeschlossen?
- Wie sehen die Konditionen aus?
- Entsprechen sie den marktüblichen Werten?
- Welche Zinsbindung wurde vereinbart?
  Gerade in Niedrigzinszeiten sollte eine langfristige Zinsbindung (mindestens zehn Jahre) vereinbart werden.
- Gibt es ein Disagio bei der Fremdfinanzierung?
  Durch diese Zinsvorauszahlung kann nämlich ein wesentlich niedriger Nominalzins vereinbart werden.

Darlehensaufnahme in Fremdwährung:
- Welche Fremdwährungen wurden gewählt?
- Passt die Anlagewährung in das Gesamtportfolio des Anlegers?
- Ist die Fremdfinanzierung in der gleichen Währung eingedeckt?
- Wie hoch ist ihr Anteil an der Gesamtinvestition?
- Sind die Währungsrisiken akzeptabel?

- Wurden überhaupt und, wenn ja, in welcher Höhe und ab wann Rückstellungen für Fremdwährungsrisiken eingestellt?

Idealerweise sollte die komplette Zinsersparnis als Rücklage für Währungsrisiken verbucht werden, da nur dann keine Subventionierung der Ausschüttung erfolgt.

Zwischenfinanzierungsgarantie:
- Gibt es eine Zwischenfinanzierungsgarantie?
- Wie ist die Bonität des Garantiegebers?

Fremdkapitalrisiko:
- Wie setzt sich das Gesamtinvestitionsvolumen zusammen?

Je höher der Fremdkapitalanteil am Gesamtinvestitionsvolumen ist, desto höher ist auch das Risiko für den Anleger. Werden nämlich nicht die prognostizierten Erträge erreicht, gerät ein Fonds mit Fremdkapitalüberhang schnell in Liquiditätsengpässe, denn Zins und Tilgung werden dennoch nach Prognosewerten fällig.

10. Investitionsrechnung

Gesamtinvestition:
- Sind in den Gesamtaufwendungen alle Kosten/Nebenkosten, z.B. auch Agio, sonstige Provisionen, enthalten?

Einkaufsfaktor des Objektes:
- Wie hoch ist der Einkaufsfaktor?

Zur Berechnung des Einkaufsfaktors wird der Kaufpreis ins Verhältnis zur Nettojahresmiete gesetzt. Je niedriger der Faktor, desto günstiger der Kauf. Je nach Standort, Nutzungsart und Alter der Immobilien muss jedoch eine unterschiedliche Messlatte angelegt werden.

Einkaufsfaktor für den Zeichner:
- Zu welchem Faktor wird der Fonds dem Anleger angeboten? Diese Kennzahl ist für den Anleger noch wichtiger als der Einkaufsfaktor, da hier nämlich noch die weichen Kosten, also die fondsbezogenen Kosten, einkalkuliert werden.

- Berechnung:
  Kaufpreis zuzüglich der weichen Kosten und dem Agio. Davon werden die Liquiditätsreserve und das Disagio abgezogen. Dieser Betrag wird wieder ins Verhältnis zur ersten vollen Nettojahresmiete gesetzt. Dabei ist aber auch wieder zu beachten: Der Ertragswertfaktor muss neben dem Standort auch der Nutzungsart entsprechen. Bei guten Büroimmobilien liegt der durchschnittliche Richtwert bei guter Lage beim 14- bis 17-fachen der Nettojahresmiete.

Kennzahlen:

- Wie sehen die Investitionskosten pro Quadratmeter aus?
- Wie hoch ist der Prozentsatz der erworbenen Immobiliensubstanz?
- Wie lautet die Fondskostenrelation?
- Wie hoch sind die weichen Kosten?
  Als weiche Kosten gelten alle fondsbezogenen Kosten wie z.B. für Eigenkapitalbeschaffung. Sie werden ins Verhältnis zu der Gesamtinvestitionssumme gesetzt. Sie sollten 15 Prozent nicht überschreiten.
- Wie ist die prozentuale Liquiditätsrelation?
- Ist die Liquiditätsreserve in ausreichender Höhe vorhanden? Diese sollte ein bis zwei Prozent der Gesamtinvestitionssumme betragen.
- Ist die Liquiditätsreserve überdotiert, um sie wieder an die Anleger auszuschütten und damit eine höhere Wirtschaftlichkeit der Investition vorzugaukeln?
- Wie ist die prozentuale Bewirtschaftungskostenrelation?

11. Prognoserechnung

Prognosezeitraum:

- Entspricht die Prognoserechnung auch der Fondslaufzeit?

Inflationsrate:

- Welche Inflationsrate wird genommen?
  Die Inflationsrate beeinflusst die Prognoserechnung erheblich.

Die durchschnittliche Inflationsrate der letzten 20 Jahre liegt bei 2,1 Prozent. Vertretbare Ansätze gehen von maximal diesem Wert bei ihrer Prognoserechnung aus. Werte daüber dienen einer künstlichen Renditeaufblähung.

Wichtig: Nicht nur die Erträge, sondern auch die Kosten sollten mindestens um den gleichen Wert steigen.

Mietsteigerungen:
- Wie wurden die Mietsteigerungen kalkuliert?
  Je höher die Mietsteigerungen, desto höher die Ausschüttung. Daher sollte geprüft werden, ob die angenommenen Mietsteigerungen auch realistisch sind. Können die prognostizierten Mietsteigerungen nicht erreicht werden, fällt auch die Ausschüttung geringer aus.

Indexierung:
- Inwieweit sind die Mietverträge indexiert, d.h. an die Preissteigerungsrate gekoppelt?
  Ideal ist eine 100-prozentige Koppelung der Mieten an die Inflationsrate. Dies sichert auf Dauer eine stabile Wertentwicklung.

Mietausfallwagnis:
- Ist ein Mietausfallwagnis einkalkuliert?
- Ab wann und in welcher Höhe werden dafür Rücklagen gebildet?
  Wichtig ist hierbei auch, dass die Rücklagen lange vor dem Auslaufen der Mietverhältnisse eingestellt werden. Als Richtwert sind zwei bis drei Prozent der Mieteinnahmen zu nehmen.

Anschlussvermietung:
- Wie sieht es mit der Anschlussvermietung aus?
- Wie ist die Verwertbarkeit der Immobilie - besonders bei Spezialimmobilien - nach Beendigung des Mietverhältnisses?
- Ist der dann erwartete Mietzins realistisch?

Guthabenverzinsung:

- Welche Zinserträge wurden angenommen?
  Es sollte dabei für kurzfristig verfügbare Liquidität ein Maximalwert von drei Prozent nicht überschritten werden. Bei längerfristig zur Verfügung stehenden Mitteln sollten bei Anlagen in festverzinslichen Wertpapieren nicht mehr als fünf Prozent und bei Anlagen in Aktien nicht mehr als sieben bis acht Prozent angenommen werden.

Anschlussfinanzierung:

- Wie teuer ist die unterstellte Anschlussfinanzierung?
  Es sollte mindestens mit 7,5 Prozent Effektivzins gerechnet werden. Darunter liegende Werte schönen die Ausschüttung, da sie die Kostenseite der Prognoserechnung weniger belasten.

Tilgung:

- Ab wann wird getilgt?
  Die Tilgungsleistungen sollte idealerweise ab dem ersten Jahr erfolgen, da sie die Darlehensschuld und damit das Anlegerrisiko mindern. Bei Inanspruchnahme von einem Damnum muss die Tilgung entsprechend höher ausfallen.
- Sind Tilgungsaussetzungen vereinbart?
  Sie sollten nicht länger als zwei Jahre sein.

Verkaufsfaktor:

- Wie hoch ist der Verkaufsfaktor?
  Probleme kann es geben, wenn er zu hoch, z.B. über Einkaufsfaktor, angesetzt wird. Sinnvoll ist ein Ansatz unter dem Einkaufsfaktor.

Kalkulierte Instandhaltungskosten:

- Wurden für Umbauarbeiten Rückstellungen gemacht? Wenn ja, in welcher Höhe?
- Werden die Rücklagen für Instandhaltung und Reparatur von Anfang an gebildet oder erst kurz vor Einsetzen des „Schadensfalles"?

Dabei sollte bei Neubauten mindestens 7,50 Euro, bei Altbauten mindestens zwölf Euro pro Quadratmeter angesetzt werden.

Kalkulierte Barausschüttung:
- Wie hoch ist die Ausschüttung?
- Wann erfolgt die erste Zahlung?
- Welche Steigerung wurde prognostiziert?

12. Rechtliche Kriterien

Rechtsform:
- Welche Rechtsform wurde gewählt?

Objektverkauf:
- Ist der Objektverkauf ohne die Zustimmung eines Komplementärs möglich? Ist er finanziell beteiligt?
- Besteht ein wirtschaftliches Interesse, das Objekt zum richtigen Zeitpunkt zu verkaufen (Gewinnbeteiligung)?

Verträge:
- Welche Verträge liegen vor (Gesellschaftsvertrag, Treuhandvertrag, sonstige Partnerverträge wie Generalübernehmervertrag, Finanzvermittlungsvertrag, Bürgschaftsverträge, Garantieverträge, Beratungsverträge, Verwaltungsverträge)?

Vertragspartner:
- Gibt es personelle oder kapitalmäßige Verflechtungen?
- Welche Leistungen müssen die Partner erbringen?
- Wie werden sie vergütet? Entspricht dies der Marktlage?
- Sind die kompletten Vertragstexte - bei ausländischen Verträgen auch in deutscher Übersetzung - von Gesellschafts- und Treuhandvertrag im Prospekt abgedruckt?
  Die anderen Verträge müssen mit ihren wesentlichen Inhalten beschrieben sein.

Rechte und Pflichten des Anlegers:
- Welche Rechte und Pflichten hat der Anleger?
- Sind Fragen wie Haftung und Nachschusspflicht des Anlegers geregelt?
- Ist eine Nachschusspflicht ausgeschlossen?
- Ist ggf. auf eine Resthaftung hingewiesen?
- Gibt es Haftungsbeschränkungen - insbesondere bei GbR? Wenn ja, welche?

Kündigung/vorzeitiger Verkauf:

- Wie ist der Fall einer Kündigung des Anlegers geregelt?
- Wie sind die Kündigungsmodalitäten?
- Besteht die Möglichkeit einer vorzeitigen Kündigung oder des Verkaufs von Beteiligungsanteilen vor Fondsende?
- Bietet der Initiator dabei Hilfestellung bei der Vermittlung an?

Kontrollen:

- Wie sind sie geregelt?
- Gibt es einen unabhängigen Beirat, eine neutrale Mittelverwendungskontrolle, unabhängige Gutachten?
- Welchen Einfluss und Kontrollmöglichkeiten haben die Gesellschafter?
- Haben sie ein Mitspracherecht bei wichtigen Entscheidungen, z.B. über den Beirat?
- Wie wird die Geschäftsführung kontrolliert?

Sonstige Fondsmodalitäten:

- Sind außerordentliche Gesellschafterversammlungen möglich?
- Gibt es eine Regelung über die Vertretung bei Gesellschafterversammlungen?

Mittelfreigabe:

- Erfolgt die Freigabe der Anlegergelder durch einen unabhängigen Dritten?
- Ist geregelt, dass die Anlegergelder erst freigegeben werden, wenn der Fonds voll platziert ist?

Rechtliche Besonderheiten bei ausländischen Immobilienfonds:

Bei Auslandsfonds gelten meist andere Rechtssysteme und Gesellschaftsformen. Daher ist es wichtig sich gründlich zu informieren (Steuerberater, Rechtsanwalt, Außenhandelskammer etc.) und bei der Auswahl vor allem auf die Seriosität des Initiators zu achten. Auch der im Gesellschaftsvertrag vereinbarte Gerichtsstand könnte vor allen in Störsituationen zu einem entscheidenden Kriterium werden. Wer zum Beispiel die Cayman Islands als Gerichtsstand vorsieht, sollte eher gemieden werden.

5 Auslandsimmobilienfonds – dargestellt am Beispiel US-Immobilienfonds

5.1 Spezielle Chancen und Risiken von US-Immobilienfonds

Traditionell wird eine Vermögensanlage in Immobilien als eine der sichersten Möglichkeiten angesehen, Kapital langfristig zu erhalten und zu vermehren. Das gilt vor allem deshalb, weil es sich dabei um ein sachwertunterlegtes Realinvestment handelt, dessen Anlageobjekt nicht nur in Büchern oder Bilanzen existiert und sich folglich nicht in Luft auflösen kann. Dieser Grundgedanke ist gleichermaßen auf Beteiligungen an Immobilien übertragbar, so auch auf geschlossene Immobilienfonds. Hat sich ein Anleger grundsätzlich für ein Investment in geschlossene Immobilienfonds entschieden, sollte er sich der weiteren Überlegung nicht verschließen, sein Engagement möglicherweise nicht nur auf Deutschland zu beschränken, sondern daneben auch einen Blick auf Auslandsangebote zu werfen. Das kann er entweder alternativ oder, aus dem Gesichtspunkt der Risikominimierung wesentlich besser, zusätzlich durch eine Beimischung zum Depot tun.

Die wichtigsten Vorteile einer ausländischen Investition liegen in der Risikodiversifizierung durch die geographische Streuung des eingesetzten Kapitals. Dadurch kann der Anleger von Immobilienmarktzyklen profitieren, die sich unabhängig von den deutschen Verhältnissen entwickeln. Differenziert man den Auslandsbegriff - etwa in EU-Staaten einerseits und in Staaten, die einer fremden Wirtschaftsordnung angehören, andererseits –, so rücken die USA automatisch in die nähere Betrachtung. Insoweit wird die Entwicklung der jeweiligen Immobilienmärkte noch weiter voneinander abgekoppelt. Daneben ergibt sich häufig auch eine attraktivere Renditechance als in Deutschland, die in der Regel aus einer günstigeren Relation von Baukosten und erzielbaren Mieten resultiert. Zudem können sich steuerliche Vorteile ergeben, soweit Deutschland mit dem Staat, in dem das Investitionsobjekt belegen ist, ein Abkommen zur Vermeidung einer Doppelbesteuerung (Doppelbesteuerungsabkommen oder kurz DBA) geschlossen hat und der Investor damit von höheren Freibeträgen und etwaigen niedrigeren Steuersätzen des Auslands profitiert. Ein derartiges DBA besteht zwischen Deutschland und den Vereinigten Staaten. Zudem besteht ein DBA ErbSt USA, das eine Doppelbesteuerung auf dem Gebiet der Nachlass-, Erbschaft- und Schenkungsteuer vermeiden will. Davon profitieren schließlich die Rechtsnachfolger des Anlegers.

Allen Chancen stehen regelmäßig Risiken gegenüber. Der Anteilszeichner eines Fonds muss sich vor allem der Tatsache bewusst sein, dass er sich quasi als Unternehmer an einer oder mehreren Immobilien beteiligt und insofern auch die damit verbundenen Risiken zu tragen hat. Diese Gefahren kann er minimieren, indem er die Beteiligung vorher sorgfältig unter die Lupe nimmt. Der Gesellschaftsvertrag ist von wesentlicher Bedeutung, weil darin unter anderem die Wahl der Gesellschaftsform fixiert ist. Diese ist hauptsächlich ausschlaggebend für den Haftungsumfang und für die steuerliche Behandlung des Anlegers. Außerdem werden eine sorgfältige Auswahl und Prüfung der Immobilie hinsichtlich guter Bauqualität, günstiger Lage, nachhaltig guter Vermietungssituation und einiger anderer relevanter Gesichtspunkte helfen, die Gefahr dauerhaften Ärgers und wirtschaftlichen Misserfolgs bereits im Vorfeld möglichst klein und kalkulierbar zu halten. Diese Kriterien werden in ihrer US-spezifischen Ausprägung in den nachfolgenden Darstellungen der gesellschaftsrechtlichen Fondskonstruktion bzw. der Immobilienbewertung näher erläutert. Soweit die Beteiligung in der Landeswährung, also z.B. in US-Dollar, zu erbringen ist, müssen Kursschwankungen, die im Falle einer Veräußerung der Gesellschaftsanteile gleichermaßen zu Gewinnen, aber eben auch zu Verlusten führen können, mit einkalkuliert werden.

Fonds mit Auslandsimmobilien
Chancen und Risiken aus Anlegersicht

+ **höhere Mietrentabilität**
+ **Währungschance (Euro)**
+ **Steuervorteile aus Doppelbesteuerungsabkommen**
  Aufgrund vieler Doppelbesteuerungsabkommen müssen in der Regel die Erträge aus Immobilien im jeweiligen Investitionsland versteuert werden. Dadurch können noch nicht genutzte Freibeträge und niedrigere Steuersätze genutzt werden (aber: Progressionsvorbehalt).
+ **Risikodiversifizierung**
  Durch die internationale Streuung wird das Risiko bei gleich bleibender Chance gesenkt bzw. die Chance bei unverändertem Risiko erhöht (Asset Allocation).
+ **unterschiedlicher Immobilienmarktzyklus**
+ **allgemeine Vorteile eines Fonds**
  + Beteiligungsmöglichkeit mit überschaubaren Beträgen
  + kein Verwaltungsaufwand usw.
+ **private Altersvorsorgemöglichkeit**
  Hierbei muss allerdings die Einschränkung gemacht werden, dass ausreichend andere, sichere Altersvorsorgemöglichkeiten ausgeschöpft sind.
+ **geringere Mieterrechte (Wohnen)**

- **Währungsrisiko**
- **Progressionsvorbehalt**
  Die Erträge aus Auslandsimmobilien unterliegen nicht der deutschen Einkommensteuer, aber dem so genannten Progressionsvorbehalt.
  Je nach Steuersatz in Deutschland wirkt sich dieser unterschiedlich aus.
- **schnelllebigere und volatilere Immobilienmarktzyklen**
  In den USA liegt die durchschnittliche Haltedauer einer Immobilie bei ca. 4 Jahren. In Deutschland bei 20 Jahren.
- **allgemeine Risiken eines Fonds**
  -Fungibilität
  -Wertzuwachs
  -Mietverträge/Anschlussvermietung
  -Finanzierung/Anschlussfinanzierung (Leverage-Effekt)
  -Instandhaltung/Revitalisierung
  -steuerliche Risiken usw.
- **Kosten für ausländische Steuererklärung**
- **politisches Risiko**
- **ausländisches Recht**
  Eventuell höhere Kosten bei der Geltendmachung von Ansprüchen gegenüber ausländischen Firmen und Personen.

Abb. 34: Chancen und Risiken von Auslandsimmobilienfonds

Neben diesen auslandsspezifischen Beispielen von Chancen und Risiken bei US-Immobilienbeteiligungen sind die in Kapitel 2 bis 4 beschriebenen allgemeinen Chancen und Risiken für Immobilienfonds zu beachten.

5.2 Investitionen in US-Objekte

Wie auf vielen anderen Gebieten auch, ob nun immer positiv zu beurteilen oder nicht, bieten die Vereinigten Staaten von Amerika als derzeit größte Volkswirtschaft der Welt ein immenses Betätigungsfeld für den Anleger, das man unter gewissen Risiken, aber auch mit vielerlei guten Chancen bestellen kann. Besonders interessant scheint ein Engagement vor dem Hintergrund internationaler Risikostreuung als Vorbeugung gegen unerkannte oder drohende Vermögensnachteile, die mit der in jüngerer Vergangenheit recht dynamischen politischen und wirtschaftlichen Entwicklung in der Alten Welt einhergehen könnten. Die weitgehende wirtschaftliche und politische Stabilität in den USA macht den US-Dollar zu einer interessanten, währungsdiversifizierenden Anlagealternative. Die amerikanische Gesetzgebung ist grundsätzlich sehr eigentums- und eigentümerfreundlich. Weiter kann der Anleger in den Genuss für ihn günstiger amerikanischer Steuerfreibeträge und Einkommensteuersätze kommen, wenn bestimmte gesetzliche Kriterien erfüllt werden oder eine entsprechende gesellschaftsrechtliche Gestaltung dazu führt, dass er durch das zwischen Deutschland und den USA bestehende Doppelbesteuerungsabkommen der Besteuerung nach amerikanischem Steuerrecht unterworfen wird.

Klargestellt werden muss an dieser Stelle, dass es „den" Immobilienmarkt in den USA nicht gibt, auch wenn diese Verallgemeinerung weitgehend üblich ist. Vielmehr hat sich über die Jahre eine ganze Reihe eigenständiger Teilmärkte herauskristallisiert, die weitgehend autonom selbstständiges Entwicklungspotenzial aufweisen. Zwar befindet sich die Mehrheit dieser Teilimmobilienmärkte Ende des Jahres 2003 noch in einer schwierigen Situation, einige davon weisen sogar in eigentlich bevorzugten Lagen deutliche Überkapazitäten auf. Das mag zum einen der gesamtwirtschaftlichen Situation zuzuschreiben sein und zum anderen einer kurzsichtigen, giergesteuerten Investitionspolitik in der Vergangenheit. Doch scheinen die amerikanischen Immobilienmanager ihre Lehren daraus gezogen zu haben. Auch andere Entwicklungen geben Anlass zu vorsichtigem Optimismus. So werten die Manager etwa das rasche Ende des Krieges im Irak als ein Signal, das eine nachhaltige Erholung der von der Angst gelähmten Wirtschaft ankündigen soll. Über diese überwiegend emotionale Argumentation hinaus versuchen Experten aus Politik und Wissenschaft, den Optimismus mit belegbaren Zahlen und Fakten auf eine solide Basis zu stellen. Demnach soll eine dauerhaft positive Entwicklung aus einem demographischen Prozess heraus entstehen, der zwingend für einen Nachfragezuwachs in allen Immobiliensegmenten sorgen soll. Begründet wird diese Annahme einerseits mit einer Bevölkerungszunahme der USA durch eine verstärkte Zuwanderung und andererseits mit dem so genannten „Echo Boom", ein Phänomen, das den Berufseintritt der zahlreichen Nachkommen aus den geburtenstarken Jahrgängen beschreibt und dem eine entsprechende Finanzkraft beigemessen wird. Historisch wird schließlich weiter ins Feld geführt, dass während der vergangenen zehn Jahre eine solide Aufwärtsbewegung den amerikanischen Immobilienmarkt prägt und es sich bei der zwischenzeitlichen Schwäche lediglich um eine normale Marktkonsolidierung handle.

Insgesamt scheinen für den Anleger die Chancen eines Investments in einem gesunden Verhältnis zu den allgegenwärtigen Risiken, die mit einer derartigen Vermögensanlage verbunden sind, zu stehen, sofern der Fonds sorgfältig ausgewählt wurde.

5.3 Unterteilung der US-Immobilienmärkte in Nutzungsarten

Bevor die Investition selbst in den Mittelpunkt der Darstellung rückt, ist es sinnvoll, vorab die amerikanischen Immobilienmärkte nach ihren Nutzungsarten zu differenzieren. Dieses Wissen ist von großer Bedeutung dafür, dass der Anleger das konkrete Investment auf dessen Potenzial hin möglichst zutreffend einschätzen kann.

Ganz allgemein wird nach der Art der Nutzung des Objektes unterschieden, also z.B. in Büroimmobilien, Einzelhandelsobjekte und einen Wohnungsmarkt. Diese drei Sparten stellen den Löwenanteil auf den für Investitionen vorwiegend interessanten Immobilienmarktsparten dar. In den folgenden Passagen soll nun eine grundsätzliche Definition für die jeweilige Gattung gefunden und eine Vision entwickelt werden, wie sich die derzeitige Marktsituation darstellt und sich künftig entwickeln könnte.

5.3.1 Büroimmobilien

Die Nutzungsart ergibt sich schon aus dem Begriff selbst. Büroimmobilien sind demnach Gebäude, deren Bestimmung in der Beherbergung von Arbeitsstätten liegt, in denen sich der Tätigkeitsradius überwiegend auf den Schreibtisch beschränkt. Speziell Berufe der Verwaltung oder sonstige geistige Tätigkeiten sind typisch dafür. Als Konsequenz der schweren Krise auf dem amerikanischen Immobilienmarkt Ende der Achtziger-, Anfang der Neunzigerjahre, waren durchschnittliche Leerstandsraten von über 30 Prozent auf dem Büroimmobilienmarkt zu verzeichnen, verbunden mit einem sehr niedrigen Mietzinsniveau in Folge des Überangebotes. Gemessen an den Preisen, die pro Quadratmeter beim Bau zu veranschlagen sind, gehören Büroobjekte zu den kostenintensivsten Immobilien. Dementsprechend sind auch höhere Mieten erzielbar, doch darf dies nicht darüber hinweg täuschen, dass diese Mehreinnahmen in erster Linie eine Prämie für die signifikant höhere Konjunktursensibilität darstellen und die damit verbundenen relativ hohen Vermietungsrisiken abzufedern haben.

Die Büroimmobilien, so genannte Offices, werden nach ihrer Lage noch zweimal unterteilt. Zum einen in Objekte der Central Business District Office (CBD Office), d.h. sie befinden sich immer Downtown in einer sehr zentralen und damit meist äußerst günstig gelegenen Geschäftslage. Zum anderen in die Suburban Office-Klasse, die sich tendenziell in preisgünstigeren Randbezirken ansiedelt. Dabei kann nicht pauschal in besser oder schlechter geteilt werden. Vielmehr entscheiden wesentlich die wirtschaftlichen Rahmenbedingungen darüber, welche Lage gerade die besseren

Renditen verspricht. Auch hier kommt es bei einem Investment auf eine gesunde Gewichtung an.

Hinsichtlich der Mieterstruktur ist in diesem Zusammenhang eine ausgewogene Mischung anzustreben. Zwar ist ein Single Tenant, also ein Alleinmieter so lange ein Garant für eine stabile Rendite, wie der Mietvertrag läuft und der Mieter seine Miete bezahlen kann. In dem Fall aber, dass keine attraktive Anschlussvermietung mit diesem Mieter zustande kommt, setzt dessen Auszug mit einem Mal die gesamte Fläche frei. Für den Vermieter und damit letztlich für den Anleger ist das eine äußerst schlechte Voraussetzung für Verhandlungen mit potenziellen Nachmietern, da sie in der Regel unter großem zeitlichem und wirtschaftlichem Druck stattfinden werden. Der oder die neuen Mieter sitzen insoweit am längeren Hebel und man muss davon ausgehen, dass sie diesen Umstand zu ihren Gunsten nutzen. So attraktiv sich also ein derartiger „Machtmieter" im Idealfall präsentiert, so ist er doch letztlich aufgrund der dargestellten Problematik im Sinne einer erfolgreichen Investition durch Risikostreuung zu vermeiden. Weitsichtige Immobilienunternehmer werden sich daher eher darum bemühen, eine solvente und seriöse Mieterschaft aus unterschiedlichen Branchen zu rekrutieren, die einerseits nachhaltig gute Rendite versprechen und andererseits durch unterschiedlich lange Vertragslaufzeiten das Problem der Anschluss- bzw. der Nachvermietung zu entschärfen. Vom Mieter einseitig konditionierte Spezialimmobilien werden dadurch von Anfang an ausgeschlossen.

5.3.2 Einzelhandelsobjekte

Neben den Büroimmobilien sind die Einzelhandelsobjekte, so genannte Retailobjekte, klassische Immobilienfondsbestandteile. Auch hier erklärt sich die Nutzungsart wieder von selbst. Typische Einzelhandelsobjekte sind etwa klassische Einkaufscenter oder, eine neuere Sparte, so genannte Factory Outlets, die sich auch in der Bundesrepublik immer größerer Bekanntheit und Beliebtheit erfreuen und durch günstige Preise auf sich aufmerksam machen. Vornehmlich große Discounterketten wie etwa Albertsons oder Wal-Mart, eine Handelsorganisation, die auch in Deutschland seit einigen Jahren Fuß fasst, sind die Triebfedern dieser Entwicklung. Von essenzieller Bedeutung für den wirtschaftlichen Erfolg des Anlegers ist auch im Fall der Investition in Einzelhandelsimmobilien wieder eine Ausgewogenheit der Mieterstruktur. Insofern gelten die Ausführungen zu den Büroimmobilien entsprechend. Weiter muss gerade in Amerika das Geschäft sehr gut, bequem und schnell mit dem Automobil erreichbar sein. Einzelhandelsimmobilien gehören zu den Nutzungsarten, die eine günstige Relation zwischen Baukosten und erzielbaren Mieten vorweisen können, was sie für Anleger interessant macht. Problematisch beim Handel ist aber, dass er, ebenso wie andere Sektoren, neben der Konjunktur auch maßgeblich vom Konsumverhalten der Bevölkerung abhängt. Dies wiederum lässt sich recht gut und zuverlässig angesichts der privaten Kaufkraft vorhersagen. Erfahrungsgemäß wechseln diese Umstände etwa alle fünfzehn bis zwanzig Jahre und sind vom Anleger zu berücksichtigen. Häufig führt auch ein geändertes Verbraucherverhalten, das die individuelle Vorstellung von Mode und Geschmack betrifft, zu veränderten Anforderungen an den Einzelhandel und dessen Immobilien. Eine derartige Entwicklung führt regelmäßig zu so genannten Revitalisierungskosten, die für die Anpassung des Objektes an das Konsumverhalten entstehen. Diesem Phänomen muss der Anleger bei seinen Investitionsüberlegungen ebenfalls Rechnung tragen.

5.3.3 Objekte aus dem Bereich Logistik und Lagerhaltung

Eine den Einzelhandelsimmobilien vergleichbare Chancen- und Risikostruktur mit den entsprechenden Bewertungskriterien bieten Investitionen, die Gebäude aus der Logistik- und Lagerhaltungsbranche zum Gegenstand haben. Insofern wird hier auf die vorangegangenen Ausführungen verwiesen.

5.3.4 Wohnungsmarkt

Wohnimmobilien dienen der Beherbergung ihrer Eigentümer oder von privaten Mietern. Aus Sicht eines Investors zählen sie alleine unter Renditegesichtspunkten nicht zur ersten Wahl, weil in den USA der Markt für Wohnimmobilien durch die hohe Bereitschaft umzuziehen sehr volatil ist. Zu bevorzugen sind hier eher Objekte in zumindest guter Lage, da sie für gewöhnlich eher langfristig und von solventen und zahlungswilligen Mietern genutzt werden. Grundsätzlich ist festzustellen, dass vornehmlich die Lage des Objektes und die Solvenz und Zahlungsmoral des Mieters über Erfolg oder Misserfolg des Anlegerengagements entscheiden.

Gerade bei den Wohnimmobilien ist die Weichenstellung für ein wirtschaftliches Gelingen der Investition in besonders hohem Maße schon auf die Auswahl der Mieter vorverlagert.

Fazit
Zusammenfassend ist festzuhalten, dass sich eine risiko- und renditeoptimierte Anlagestrategie durch eine ausgewogene Diversifizierung in die auf dem Markt befindlichen Nutzungsarten auszeichnet. Auch hier hat die Handlungsmaxime eines vernünftigen Anlegers, nicht alle Eier in einen Korb zu legen, uneingeschränkte Gültigkeit.

5.4 Spezielle Investitionsmöglichkeiten in US-Immobilien

Im Wesentlichen bieten sich dem interessierten Anleger vier Möglichkeiten, Kapital in US-amerikanische Immobilien einzubringen. Der Direkterwerb und das Konstrukt der offenen Immobilienfonds stellen zwei davon dar, die an dieser Stelle zwar erwähnt, jedoch nicht vertieft werden. Das eine der beiden übrigen Instrumente ist der Real Estate Investment Trust (REIT).

Dieser erfährt nachfolgend eine Darstellung, weil er in seinem Wesen eine nicht unerhebliche Ähnlichkeit zu dem Investitionsmodell aufweist, dem dieses Buch eigentlich gewidmet ist und damit die vierte Alternative darstellt, nämlich der geschlossener Immobilienfonds.

5.4.1 Real Estate Investment Trusts (REIT, Reit)

Eine Möglichkeit der Immobilieninvestition, die in den Vereinigten Staaten weite Verbreitung gefunden hat, ist die Anlage in so genannte Real Estate Investment Trusts, abgekürzt REIT oder Reit. Soweit es sinnvoll übersetzt werden kann, bedeutet dieses Kürzel Immobilien Investment Gesellschaft. Es handelt sich also um Gesellschaften, die an amerikanischen Börsen Kapital aufnehmen und in Immobilien investieren. In rudimentärer Form entstanden die Reits schon in den Sechzigerjahren. Ursprünglich sollten sie in den Vereinigten Staaten ein Instrument zur Belebung des Immobilienmarktes sein und den amerikanischen Banken helfen, wieder aus ihrer Krise Ende der Achtzigerjahre herauszufinden. Auch waren sie am Anfang lediglich passive Immobilienverwaltungsgesellschaften, die sich erst durch eine Gesetzesänderung im Jahr 1986, die ihnen ein eigenes Management erlaubte, zu wertschöpfenden Immobilienunternehmen mit einem leistungsfähigen Immobilienmanagement bis hin zur Projektkonzeption entwickelten. Ideeller Dreh- und Angelpunkt einer modernen Reit-Philosophie ist die Steigerung des Wertes der Gesellschaft durch ein aktives Management. Die Wertentwicklung soll und kann nicht nur in einer Erwartungshaltung dem Immobilienmarkt gegenüber gedeihen, sondern muss aktiv durch strategische und operative Managementleistungen mit gestaltet werden. Allein schon das Ansehen und der erwartete Qualifikationsgrad der Geschäftsleitung beeinflussen die Bewertung der Gesellschaft in den Augen der fachkundigen Öffentlichkeit. Anders als die dem Grundgedanken nach verwandten geschlossenen Immobilienfonds, deren Charakteristika in den vorangegangenen Kapiteln bereits dargestellt wurden, sind diese Fonds an der Börse notiert. Folglich wird deren Kurs von Angebot und Nachfrage gebildet. Durch die Spezialisierung der Reits auf verschiedene Immobilientypen und Regionen in den Vereinigten Staaten ist eine hohe Kompetenz im Verwaltungsmanagement entstanden. Für einen Anleger, der in derartige Immobilienaktien investieren möchte, sind daher die jeweiligen marktbezogenen Charakteristika und Entwicklungsstufen der diversen Nutzungsarten, z.B. als Hotels, Einzelhandelsgebäude, Bürokomplexe, Ferienwohnanlagen oder Appartements, von Bedeutung.

Der besondere Vorteil der Reits aus steuerlicher Sicht liegt darin, dass die für amerikanische Unternehmen eigentlich unvermeidbare Doppelbesteuerung auf der Ebene der Körperschaft einerseits und auf der Ebene der Gesellschafter bzw. der Anleger andererseits durch die privilegierte steuerliche Stellung dieser Anlageform nicht zum Tragen kommt. Die Gewinne können so fast vollständig an die Anleger ausgeschüttet werden, die Reits haben lediglich die Quellensteuer für ausländische Investoren abzuführen.

Um jedoch in den Genuss dieser steuerlichen Privilegierung zu kommen, muss die Qualifikation als Reit durch die Erfüllung mehrerer Voraussetzungen zuerkannt werden. So hat z.B. die Anlagegesellschaft die Pflicht, mindestens 95 Prozent aller Unternehmenserträge an die Anleger auszuschütten. Weiter müssen mindestens 75 Prozent des Vermögens der Gesellschaft in Immobilien investiert sein. Schließlich haben auch die Einkünfte der Reits zu mindestens drei Viertel aus Einnahmen aus Mietverhältnissen oder Verkaufsgewinnen von Immobilien zu bestehen.

Insgesamt werden drei Grundtypen von Reits unterschieden, von denen jedoch nur die erste Kategorie, die so genannten Equity Reits mit einem Gesamtmarktanteil von 90 Prozent praktische Bedeutung erlangt. Diese Gattung investiert langfristig in Immobilien und erzielt in erster Linie Mieterträge. Die Relevanz der anderen beiden Formen, die so genannten Mortgage Reits und die Hybrid Reits, eine Mischung aus Equity und Mortgage Reits, ist dagegen verschwindend gering und somit auch nicht weiter erwähnenswert. Seit relativ kurzer Zeit gibt es auch Reits Funds, d.h. Investmentfonds, die ausschließlich in Reits investieren und dadurch Risikostreuung erreichen, indem sie in verschiedene Reits investieren. Oberste Priorität für den Anleger sollte in jedem Falle die

Auswahl eines möglichst seriösen und fachlich kompetenten Fondsmanagers haben, da der Erfolg von Reits mit der Auswahl der zugrunde liegenden Immobilien steht und fällt. Gerade in den Vereinigten Staaten ist aber der Immobilienmarkt sehr breit in Bezug auf die Nutzungsarten aufgefächert, zusätzlich abhängig von der geographischen Lage. Auch ist er im Vergleich zum deutschen Markt wesentlich dynamischer und volatiler. Damit können ihn nur qualifizierte Spezialisten wenigstens halbwegs verlässlich beurteilen.

Auch diese Anlageform ist wie jede andere keine gewinntechnische Einbahnstraße und sollte daher nur einen kleinen Teil einer gut durchdachten Gesamtanlagestrategie darstellen. Eine Risikodiversifizierung, die grundsätzlich für alle Arten einer Investition gleichermaßen gilt, ist gerade vor dem historischen Hintergrund des gewaltigen Immobiliencrashs zu Anfang der Neunzigerjahre angemahnt.

Werden die essenziellen Auswahl- und Anlagekriterien aber beachtet, sind Reits eine hervorragende Ergänzung in einem ausgewogenen und den individuellen Anforderungen angepassten Gesamtportfolio.

Zum Abschluss dieser Darstellung sollen hier noch Kriterien Erwähnung finden, die für bzw. gegen eine Anlage in Reits oder in Reit Funds sprechen können.

Vorteile lassen sich in mehreren Umständen erkennen. Aufgrund der Börsennotierung etwa ist immer eine gute Fungibilität gegeben, da die Anteile jederzeit verkauft werden können. Dem Erfordernis der Risikostreuung wird dadurch Rechnung getragen, dass im Rahmen der Konstruktion der Reits in diverse Immobilienobjekte investiert wird. Auch erfolgt eine Überwachung im Wege der Beobachtung durch US-Marktteilnehmer.

Nachteilig dagegen kann die mögliche Intransparenz sein, welche die unternehmensinternen Vorgänge betrifft und auch eine Einwirkungs- bzw. Mitbestimmungsmöglichkeit ausschließt. Wie alle anderen Anlageformen, die auf Immobilienbasis operieren, sind auch Reits sensibel für steigende Zinsen. Die Tragweite dieses Effekts, des so genannten Leverage-Effekts, hängt darüber hinaus erheblich vom Grad der Fremdfinanzierung ab. Auch die Möglichkeit, durch Währungsschwankungen Gewinne zu erzielen, kann ins Gegenteil umschlagen, was dann entsprechend zu Verlusten führt. Schließlich ist die Marktbreite nicht mit dem immensen Angebot an Aktien zu vergleichen und die Auswahl des richtigen Reits für den unerfahrenen Anleger schwierig. Für diesen Typus wird dann eher die Investition in Reit-Funds geeignet sein, da ihm hier die Entscheidung, auf welche Reits er bauen soll, vom Fondsmanagement abgenommen wird. Allerdings wird hier die grundsätzliche Problematik der Auswahl des geeigneten Reits lediglich verlagert auf die Auswahl eines guten und seriösen Managements und bleibt insoweit bestehen.

5.4.2 Geschlossene US-Immobilienfonds

Geschlossene US-Immobilienfonds rangieren in der Beliebtheitsskala deutscher Anleger mittlerweile sehr weit oben. Im Jahr 2002 investierten sie 2,07 Milliarden Euro über diese Konstruktion in amerikanische Immobilien. Soweit es sich bisher beobachten lässt, hält diese Entwicklung auch im Jahr 2003 weiter an. Entscheidend zu dieser Situation hat generell die Eigenschaft der Fonds als sachwertunterlegte und somit inflationsgeschützte Vermögensanlage beigetragen, die sich sehr gut dazu eignet (sofern die Auswahl sorgfältig durchgeführt wurde), Vermögen steueroptimierend zu investieren und zu streuen. Der Umstand, dass Anleger ihr Geld nicht nur in Deutschland, sondern darüber hinaus vermehrt auch z.B. in den Vereinigten Staaten von Amerika investieren, lässt sich, neben den allgemein gültigen Vorteilen, mit den oben erläuterten auslandsspezifischen Erwägungen begründen.

Das Grundprinzip eines Fonds ist grundsätzlich immer identisch, egal ob sich das Anlageobjekt nun in Deutschland, den USA oder in einem anderen ausländischen Staat befindet. Insofern wird, was die Beschreibung des geschlossenen Immobilienfonds an sich betrifft, auf die Kapitel 2 bis4 verwiesen.

Die Unterschiede zwischen einem deutschen und einem amerikanischen geschlossenen Immobilienfonds liegen im Wesentlichen in der gesellschaftsrechtlichen Konstruktion und den wirtschaftlichen Unterschieden.

Gesellschaftsrechtliche Konzeption geschlossener US-Immobilienfonds

Geschlossene Immobilienfonds mit Sitz und Vermögen in den Vereinigten Staaten sind meistens in Form einer so genannten Limited Partnership konzipiert. Diese Konstruktion ist in ihrer gesellschaftsrechtlichen Struktur und in der rechtlichen Gewichtung der Anleger im Grunde mit einer deutschen Kommanditgesellschaft vergleichbar. Die Rechtsbeziehungen zwischen den Beteiligten erfahren darüber hinaus ihre detaillierte Regelung im Gesellschaftsvertrag, dem so genannten Limited Partnership Agreement. Der Grund, warum gerade diese Rechtsform bei geschlossenen Immobilienfonds Anwendung findet, ist die Möglichkeit einer Haftungsbeschränkung der Anleger auf die Höhe ihrer Einlage einerseits und deren bevorzugter steuerlicher Behandlung als Limited Partner andererseits. In den USA ist die Gesetzessouveränität der einzelnen Bundesstaaten sehr weit entwickelt. Daher werden die Immobilienfondsgesellschaften auf Grundlage des im jeweils zuständigen Staat einschlägigen Revised Uniform Limited Partnership Act, eine Art KG-Gesetz, gegründet.

Damit ein Investor aus Deutschland in den Genuss der bestmöglichen rechtlichen Sicherheit und Transparenz kommt, unterwerfen sich seriöse amerikanische Fondsgesellschaften oder deutsche Initiatoren geschlossener amerikanischer Immobilienfonds durch eine entsprechende Vereinbarung im Gesellschaftsvertrag bezüglich sämtlicher Streitigkeiten, die den Gesellschaftsvertrag selbst betreffen oder damit in Zusammenhang stehen, einem deutschen Gerichtsstand. Das hat für den deutschen Anleger den immensen Vorteil, dass einige Streitigkeiten hierzulande entschieden werden können.

Ähnlich dem deutschen Modell weist auch die Limited Partnership in den Vereinigten Staaten eine gewisse Zweitklassigkeit der Gesellschafter auf. Sie unterteilt sich in General Partner und Limited Partner. Der erste nimmt eine Rechtsstellung ein, die dem des deutschen Komplementärs gleichkommt. Somit haftet er grundsätzlich unbeschränkt mit seinem ganzen privaten bzw. betrieblichen Vermögen für die Verbindlichkeiten der Gesellschaft. Im Regelfall wird diese Stellung von dem bzw. den Initiatoren des geschlossenen Immobilienfonds sowie gegebenenfalls von sachverständigen Marktteilnehmern vor Ort besetzt. In diesen Händen liegen schließlich zumeist auch die Geschäftsführung und die Vertretung der Gesellschaft nach außen. Zu den Hauptaufgabengebieten derer, die diese Position innehaben, zählen z.B. die Berichterstattung über die derzeitigen Aktivitäten der Gesellschaft, das Anberaumen von Gesellschafterversammlungen, die Sicherstellung einer ordnungsgemäßen Buchführung und Jahresabschlusserstellung sowie schließlich eine saubere, übersichtliche steuerliche Führung und Abwicklung der Fondsgesellschaft. Aufgrund dieser und vieler weiterer Befugnisse des General Partners ist sehr stark auf dessen Seriosität zu achten.

Weiter gibt es außer den General Partners die Gesellschafter in Form von Limited Partners. Sie lassen sich bezüglich ihrer Rechte und Pflichten weitgehend mit deutschen Kommanditisten einer KG vergleichen. Erst die große Zahl an Kommanditisten mit ihren gezeichneten und in die Gesellschaft eingezahlten Eigenkapitalanteilen ermöglicht überhaupt, dass derartige Fondsprojekte realisiert werden können. Dafür erhalten die Limited Partners im Gegenzug, entsprechend ihrer jeweiligen Beteiligungsquote, Überschüsse oder Verluste aus dem laufenden Betrieb bzw. der endgültigen Veräußerung des Fondsvermögens als Gewinn- oder Verlustzuweisung. Nicht anders als bei einem deutschen Kommanditisten beschränkt sich auch die Haftung des Limited Partners auf seine gezeichnete und geleistete Eigenkapitaleinlage. Eine Nachschusspflicht im Fall eines Verzehrs an Eigenkapital besteht nicht. Eine solche Pflicht kann auch nicht durch einen Gesellschafterbeschluss begründet werden, der den Gesellschaftsvertrag ändern würde. Die Haftung, jedoch maximal in Höhe der Einlage, könnte lediglich dann wieder aufleben, soweit der Anleger seine Einlage entweder noch nicht oder nicht in voller Höhe oder nicht mehr in voller Höhe, etwa aufgrund von Kapitalrückflüssen an ihn, erbracht hat.

Der Beitritt zur Gesellschaft geschieht üblicherweise dadurch, dass der General Partner die vom Limited Partner abgegebene Beitrittserklärung genehmigt und der Limited Partner die seiner Eigenkapitalquote entsprechende Summe an die Gesellschaft leistet. Dabei ist unbedingt zu beachten, dass meist sehr restriktive Bestimmungen für die Weitergabe und Übertragung von Gesellschaftsanteilen bestehen. Der Grund dafür liegt darin, dass die Anteile an der Gesellschaft, so genannte Units, weder bei der Wertpapier- und Börsenaufsichtsbehörde der USA, der Securities and Exchange Commission (SEC) gemäß dem amerikanischen Wertpapiergesetz von 1933, dem Securities Act of 1933, noch nach den bundesstaatenspezifischen Wertpapiergesetzen registriert werden. Grundlegende Restriktionen bestehen dahin gehend, dass die Anteile entweder nicht oder zumindest erst nach dem Ablauf festgelegter Fristen und unter penibler Beachtung von strengen Bestimmungen und Regelungen des U.S. Securities Act of 1933 nur auf dem Territorium der Vereinigten Staaten sowie nur an eine amerikanische natürliche oder juristische Person verkauft oder sonst übertragen werden dürfen. Hinsichtlich dieser Beschränkungen sichern die Immobilienfondsgesellschaften ihre eigenen Rechts- und Sorgfaltspositionen ab, indem sie die wirksame Übertragung von Anteilen an der Limited Partnership an eine unabdingbare Zustimmung des oder der General Partner knüpfen. Eine entsprechende Vereinbarung findet sich üblicherweise im Gesellschaftsvertrag. Die Identität des potenziellen Anteilserwerbers und die Übertragungsmodalitäten müssen daher der Gesellschaft zur Wahrung ihrer Rechte und Pflichten zur Anzeige gebracht werden. Oft hat sich die Gesellschaft für solche Fälle im Gesellschaftsvertrag ein Vorkaufsrecht zusichern lassen.

Zusätzlich zu der bereits von deutschen Fondsprodukten bekannten reduzierten Fungibilität, d.h. die Handel- und Weiterveräußerbarkeit von Anteilen an geschlossenen Immobilienfonds, sieht sich der deutsche Investor am amerikanischen Immobilienfondsmarkt mit weitergehenden Veräußerungsbeschränkungen konfrontiert, die entweder einem US-Gesetz oder aber dem Gesellschaftsvertrag entstammen. Im vertraglichen Fall sind es nicht selten steuerliche Gründe, die eine Übertragung nicht ohne weiteres zulassen wollen, da der Wechsel eines Limited Partners steuerrechtliche Konsequenzen für die gesamte Fondsgesellschaft haben könnte.

Es ist daher unbedingt erforderlich, dass sich der deutsche Anleger umfassende Kenntnis über die einschlägigen Bestimmungen im Gesellschaftsvertrag und in den staatenspezifischen Gesetzen verschafft, um den tatsächlichen Umfang seiner Eigentumsrechte und deren Verwertbarkeit zu ermitteln.

5.5 Steuerliche Besonderheiten von US-Immobilienfonds

Die nachfolgenden Ausführungen zum US-amerikanischen Steuerrecht ergänzen die steuerrechtlichen Darstellungen, die bereits an anderer Stelle im Buch Eingang gefunden haben. Sie stellen einen auszugsweisen Überblick über das amerikanische Steuerrecht dar, insbesondere über die Teilbereiche, die für den Anleger im Rahmen einer US-Immobilienbeteiligung von Bedeutung sind.

5.5.1 Die allgemeine Finanzverfassung

In den Vereinigten Staaten können Steuern auf mehreren Ebenen erhoben werden: einmal durch den Bund in Form von Federal Taxes, dann von den Bundesstaaten durch State Taxes und schließlich von den lokalen Körperschaften wie z.B. den Bezirken als Local Taxes. Vor allem auf dem Gebiet des Steuerrechts ist diese föderalistische Struktur der Vereinigten Staaten für eine erhebliche Unübersichtlichkeit verantwortlich. Eine einheitliche rechtliche Basis für das Steuerrecht des Bundes findet sich im so genannten Internal Revenue Code (IRC) aus dem Jahr 1986, in dem neben dem vollständigen materiellen Steuerrecht auch die einschlägigen, zugehörigen Verwaltungs- und Strafvorschriften normiert sind. Ergänzt wird dieses Gesetz durch die Richtlinien des Bundesfinanzministeriums, so genannte Regulations. Sie dienen dazu, den IRC auszulegen, und erlangen entweder vorläufige Wirkung als Temporary Regulations oder endgültige Wirkung als Final Regulations.

Für die Ausführung der Steuergesetze auf der Ebene des Bundes ist eine dafür zuständige Behörde geschaffen worden. Sie wurde aus dem Bundesfinanzministerium extrahiert, nennt sich Office of the Commissioner of Internal Revenue bzw. Internal Revenue Service (IRS) und ist mit weit reichenden Kompetenzen ausgestattet. Lediglich durch einige wenige gesetzliche Vorgaben wird die Finanzsouveränität der Bundesstaaten in geringem Ausmaß beschnitten, die im Rahmen der Bundesverfassung und in den jeweiligen Staatsverfassungen geregelt sind. In der Praxis ist das einzelstaatliche Besteuerungsrecht aber äußerst frei gestaltet und lässt entsprechend viel Handlungsspielraum für den bundesstaatlichen Gesetzgeber bestehen. Besonders deutlich wird dieser Umstand auf dem Gebiet der Einkommensteuer, wo die Mehrheit der fünfzig amerikanischen Einzelstaaten von ihrem Steuererhebungsrecht Gebrauch machen. Nur sechs davon verzichten auf eine einzelstaatliche Einkommensteuer, State Income Tax on Individuals, die zusätzlich zur Bundeseinkommensteuer, Federal Income Tax, erhoben werden kann. Namentlich handelt es sich bei den Ausnahmen um Alaska, Florida, Nevada, South Dakota, Texas und Wyoming. Die in den restlichen Staaten erhobene Bundesstaateneinkommensteuer ist nach einem Progressionsmodell mit zusätzlichen Freibeträgen gestaffelt und bewegt sich innerhalb einer Bandbreite von ca. vier bis acht Prozent, abhängig von der Gesamthöhe des steuerpflichtigen Einkommens. Die einzelstaatliche Einkommensteuer ist im Rahmen der Ermittlung der Bundeseinkommensteuer als Sonderausgabe abzugsfähig und vermeidet dadurch eine Mehrbelastung.

Hinsichtlich der Steuerveranlagung zur Einkommensteuer ergeben sich ebenfalls Unterschiede zum deutschen Steuerrecht und dessen praktischer Ausführung. So wird der Steuerpflichtige in den USA nicht durch die Finanzbehörden veranlagt, sondern muss sich, sofern er steuerbare Einkommensgrenzen überschreitet, selbst veranlagen. Dazu muss er in eigener Verantwortung die relevanten Sachverhalte wie etwa die Steuerbarkeit, die Einnahmen und die Abzugsfähigkeit von Ausgaben und damit seine Steuerschuld ermitteln. Die Einkommensteuererklärung wird elektronisch erfasst und lediglich auf die Plausibilität hin überprüft. Damit ergeht auch kein Steuerbescheid.

Im Falle einer Fondsbeteiligung sollte der Anleger darauf achten, dass im Gesellschaftsvertrag die Möglichkeit eingeräumt wird, diese Steuererklärung durch den Steuerberater der Fondsgesellschaft erstellen und einreichen zu lassen, da damit der Verwaltungsaufwand für den Anleger erheblich vereinfacht wird. Die Kosten dafür können etwa zwischen 50 und 100 US-Dollar betragen. Ausländische verheiratete Anleger können sich in den USA nicht zusammen veranlagen. Somit können sich die entsprechenden Kosten verdoppeln.

Seit 1997 muss jeder Gesellschafter eines US-Immobilienfonds eine neue amerikanische Steuernummer (ITIN) zugeteilt bekommen haben. Üblicherweise ist der Fondsinitiator bzw. der General Partner bei der Beantragung behilflich und ein entsprechendes Formular den Fondsprospekten mit den Beitrittsvordrucken angefügt.

5.5.2 Ertragsteuern

Ertragsteuern sind auf erzielte Einnahmen zu entrichten. Typisch hierfür sind die Steuern auf die unten dargestellten Einkunftsarten, wobei erwähnt werden muss, dass es in den Vereinigten Staaten keine exakte, eindeutige und einheitliche Definition des Einkommensbegriffs gibt. Entsprechend fehlt eine abschließende, enumerative Auflistung der steuerpflichtigen Einkunftsarten. Auch wird, anders als in Deutschland, nicht zwischen Einkommen und Einkünften unterschieden. Aus Sec. 61 IRC ergibt sich, dass unter dem Begriff Income jegliche Art von Einnahmen aus einer zunächst unbegrenzten Anzahl von Einnahmequellen zu verstehen ist. Daher werden grundsätzlich sämtliche laufenden oder einmaligen Einnahmen einschließlich so genannter Kapitalgewinne (Capital Gains) steuerlich erfasst. Als Veranlagungszeitraum ist jeweils das zwölf Monate dauernde Steuerjahr festgelegt, das in der Regel mit dem Kalenderjahr identisch ist.

5.5.2.1 Die Besteuerung laufender Vermietungseinnahmen

Wie oben erläutert, beteiligt sich ein deutscher Anleger in der Regel im Rahmen einer Limited Partnership an einem geschlossenen amerikanischen Immobilienfonds. Der Verfahrensweise einer deutschen Personengesellschaft entsprechend erfolgt die tatsächliche Versteuerung von Einkünften in diesem Fall nicht auf der Gesellschaftsebene. Vielmehr werden die Einkünfte, die der Besteuerung unterliegen, entsprechend ihrer Höhe auf der Ebene der Gesellschaft ermittelt und danach dem einzelnen Anleger prozentual steuerlich zugerechnet. Gegenwärtig beträgt der Freibetrag für einen beschränkt haftenden Anleger 3050 US-Dollar. Erst über diesen Betrag hinaus sind die Einnahmen steuerpflichtig. Weitere Abzugspositionen werden den Mieteinnahmen auch in Amerika in Form von steuerlich zulässigen Betriebsausgaben, Abschreibungen und darüber hinaus bei der Objektfinanzierung eventuell anfallenden Fremdkapitalzinsen gegenübergestellt. Zinsen für eine Anteilsfinanzierung (Außenfinanzierung) durch den Anleger selbst sind in den USA dagegen nicht abzugsfähig.

Der größte Vorteil eines deutschen Anlegers für seine Einkünfte aus einer Vermietung in den Vereinigten Staaten, die er gemäß dem DBA nach dem Belegenheitsprinzip ausdrücklich nicht mehr in der Bundesrepublik versteuern muss, liegt im Wesentlichen in den gebotenen Steuerfreibeträgen auf der einen Seite sowie in den im Vergleich mit Deutschland deutlich günstigeren Steuersätzen auf der anderen Seite.

5.5.2.2 Die Besteuerung von Veräußerungsgewinnen

Abweichend von der deutschen Praxis, Gewinne aus privaten Immobilienverkäufen dann nicht einer Besteuerung zu unterwerfen, wenn zwischen dem Ankauf und dem Verkauf eine Zeitspanne von wenigstens zehn Jahren liegt, werden derartige Kapitalgewinne (Capital Gains) in den Vereinigten Staaten regelmäßig der Steuer unterworfen. Art. 13 des DBA USA weist den Vereinigten Staaten das Besteuerungsrecht für einen steuerlichen Gewinn aus der Veräußerung einer US-Immobilie oder eines Fondsanteils daran zu. Dieser steuerliche Veräußerungsgewinn errechnet sich aus dem

Verkaufserlös abzüglich des Grundstücksanteils, der Vertriebskosten und dem aktuellen Buchwert des Gebäudes im Verkaufszeitpunkt. Durch den Tax Relief Act von August 1997 wurden die Haltedauern für Grundstücke sehr stark verändert und verschiedene Steuersätze, abhängig von der Haltedauer, vorgesehen.

Die Besteuerung von Veräußerungsgewinnen greift auch bei einem Verkauf von Anteilen an Personengesellschaften entsprechend ein. Folglich sind auch die Anteile an geschlossenen Immobilienfonds, die in Form einer Limited Partnership errichtet sind, erfasst. Die Haltedauern bemessen sich in diesem Fall nach der Besitzdauer des Gesellschaftsanteils. Wurde die Beteiligung länger als zwölf Monate gehalten, gelten Veräußerungsgewinne aus der Veräußerung von Gesellschafteranteilen als langfristige Capital Gains. Auch der Veräußerungsgewinn berechnet sich hier aus der Differenz zwischen dem steuerlichen Kapitalkonto, so genannte Tax Basis, und dem durch die Veräußerung erzielten Preis. Dieser Betrag wird den entsprechenden Steuersätzen unterworfen. Zusätzlich zu den Bundessteuern können noch staatenspezifische Steuern für den Veräußerungsgewinn fällig werden. Eine Besonderheit für den ausländischen Verkäufer einer US-Immobilienbeteiligung ist eine zehnprozentige Abzugsteuer nach Sec. 897 FIRPTA (Foreign Investment in Real Property Tax Act) und Sec. 1445 IRC. Demnach hat der Anteilskäufer ein Zehntel des Kaufpreises direkt an das amerikanische Finanzamt abzuführen. Somit erhält der Verkäufer lediglich 90 Prozent des Verkaufspreises. Diese Steuer hat keine Abgeltungswirkung, sondern stellt vielmehr eine Steuervorauszahlung des ausländischen Verkäufers dar.

5.5.3 Substanzsteuern

Substanzsteuern sind grundsätzlich auf bereits bestehende Vermögenswerte und vermögensgleiche Rechte zu entrichten. Typisch hierfür sind die Grundsteuer (Real Estate Tax), die Erbschaftsteuer, die Schenkungsteuer und die Vermögensteuer.

5.5.3.1 Grundsteuern/Real Estate Tax

Grundstücke, die in den USA belegen sind, begründen dort eine grundsteuerrechtliche Verpflichtung des Grundstückseigentümers. Diese Steuern sind aber gegebenenfalls nach Maßgabe der entsprechenden Mietverträge von den Mietern der Immobilie zu tragen. Eine Besteuerung in Deutschland erfolgt nicht, da die Immobilien auf dem Territorium der Vereinigten Staaten liegen.

5.5.3.2 Erbschaft- und Schenkungsteuer

Nach deutschem Steuerrecht wird ein erbschaft- und schenkungsteuerlicher Tatbestand immer dann verwirklicht, soweit entweder der Erblasser bzw. der Schenkungsgeber oder aber der Erbe bzw. der Beschenkte in der Bundesrepublik Deutschland ansässig ist oder das übertragene Vermögen im Inland, sprich in Deutschland belegen ist. Denkbar ist eine doppelte Steuerbelastung in dem Fall, wenn ein ausländischer Staat, etwa der Belegenheitsstaat einer übertragenen Immobilie, unter ähnlichen wie den oben genannten Vorgaben ebenfalls von seiner einschlägigen Steuerhoheit Gebrauch macht.

Das Doppelbesteuerungsabkommen zwischen der Bundesrepublik und den Vereinigten Staaten vermeidet aber eine doppelte Belastung im Falle einer Erbschaft- und Schenkungsteuerschuld. Nach der für die Erbschaft- und Schenkungsteuer einschlägigen Passage im DBA ErbSt USA wird das entsprechende Recht der Besteuerung für amerikanische Immobilien den Vereinigten Staaten in ihrer Eigenschaft als Belegenheitsland zuerkannt. Letztlich wird einer Doppelbesteuerung dadurch ein Riegel vorgeschoben, dass die eventuell in den Vereinigten Staaten entrichtete Nachlasssteuer in Deutschland auf die hiesige Erbschaftsteuer angerechnet wird. Eine Anrechnung erfolgt jedoch nur bis höchstens zur Höhe der deutschen Steuer. Sollte der Betrag der amerikanischen Steuer diese Grenze überschreiten, so geht er zulasten des Steuersubjektes. Grundsätzlich werden in den USA diese Steuerarten vom Bund erhoben. Soweit sie ebenfalls von Einzelstaaten erhoben werden, resultiert aus dieser Doppelbesteuerung keine Mehrbelastung, weil diese Staatensteuern voll auf die entsprechenden Bundessteuern angerechnet werden.

Die Bemessungsgrundlage für die amerikanische Nachlass- und Schenkungsteuer ist, ebenso wie in der Bundesrepublik bei der Erbschaft- und Schenkungsteuer, die Höhe der jeweils anteiligen Verkehrswerte der übertragenen Immobilie. Deren Bewertung richtet sich in Deutschland nach dem Bewertungsgesetz (BewG). Steuerliche Einheitswerte werden in Deutschland nicht für ausländisches Grundvermögen herangezogen.

Im Erbfall sind die Bundessteuersätze progressiv gestaffelt und vom Verwandtschaftsgrad unabhängig. Sie reichen für das Jahr 2003 von 18 Prozent bei einem Vermögenswert von nicht mehr als 10 000 US-Dollar bis zu 49 Prozent bei einem Vermögen, das 2 Mio. US-Dollar überschreitet. Allerdings gibt es Vergünstigungen für Ehegatten. In diesem Fall sind zunächst 50 Prozent des US-Vermögens aufgrund des DBA ErbSt USA von der Besteuerung in Deutschland freigestellt. Darüber hinaus gewähren für 2003 die Vereinigten Staaten Ehegatten einen Freibetrag in Höhe von 1 Mio. US-Dollar. Generell gilt für jeden Anleger ein Freibetrag von 60 000 US-Dollar für US-Nachlassvermögen. Im Erbschaftsteuerrecht der USA wird nicht zwischen materiellen und immateriellen Vermögenswerten differenziert, sodass insoweit jede Form von Vermögen steuerpflichtig ist. Bei der Ermittlung des Vermögenswertes wird der Verkehrswert, nicht ein Einheitswert angesetzt. Davon können lediglich abzugsfähige Aufwendungen subtrahiert werden. Nach dem US-Steuerreformgesetz von 2001 soll ab dem Jahr 2010 keine Erbschaftsteuer mehr erhoben werden.

Im Falle einer Schenkung steht für 2003 jedem einzelnen Beschenkten ein jährlicher Freibetrag in Höhe von 11 000 US-Dollar zu, der sich für Ehegatten auf 112 000 US-Dollar erhöht. Hinsichtlich amerikanischer immaterieller Vermögensgegenstände wie z.B. Aktien oder anderer Wertpapiere unterliegt ein US-Ausländer keiner Besteuerung. Diese ist lediglich auf materielle Vermögenswerte beschränkt. Ob Fondsanteile materiellen Charakter haben und somit steuerpflichtig wären, ist immer noch nicht von höchster Instanz entschieden. Sollten sie steuerpflichtig sein, käme auch bei schenkweiser Übertragung das DBA ErbSt USA entsprechend zur

Anwendung. Im Übrigen gelten für eine Schenkung hinsichtlich des Besteuerungsrechts, des Steuersubjekts, der Steuersätze und der Bemessungsgrundlage Grundsätze, die weitgehend mit denen des Nachlasssteuerrechts vergleichbar sind. Anders als bei der Nachlasssteuer soll die Schenkungsteuer nicht im Jahr 2010 aufgehoben werden, sondern lediglich der Spitzensteuersatz auf 35 Prozent sinken.

5.5.4 Vermögensteuer

Die Vereinigten Staaten von Amerika erheben auf Bundesebene keine Steuern, die der ehemaligen deutschen Vermögensteuer entspricht.

5.5.5 Der Progressionsvorbehalt in Deutschland

Grundsätzlich werden zwei verschiedene Typen von Doppelbesteuerungsabkommen unterschieden: das Anrechnungsverfahren und das Freistellungsverfahren. Bei Ersterem werden die im Ausland auf die Immobilieneinkünfte bezahlten Steuern auf die Steuerschuld in Deutschland angerechnet. Sind die Zahlungen im Ausland geringer als die in Deutschland fälligen Steuern, dann muss der Anleger nur noch den Differenzbetrag nachversteuern. Im sehr seltenen umgekehrten Fall fällt für den Bundesfinanzminister kein Obolus mehr an, da die ohnehin höhere Steuerlast im Ausland voll auf die im Inland zu zahlenden Steuern angerechnet wird. Als Konsequenz muss also der Anleger immer die Steuerlast tragen, die am höchsten ist.

Deutlich besser ist die Freistellungsmethode. Auch hier muss zwar der Anleger seine Einkünfte im jeweiligen Investitionsland versteuern. Da in den meisten Ländern aber die Steuersätze deutlich niedriger sind als in Deutschland, ergeben sich entscheidende Vorteile. Der Anleger zahlt nämlich nur diese Steuern. Die Finanzverwaltung im Inland stellt die Einkünfte aus diesen Auslandsimmobilien von der Steuer frei. Solch vorteilhafte Regelungen finden sich beispielsweise im Doppelbesteuerungsabkommen mit den

Niederlanden oder den USA. Diese zwei Länder sind deshalb derzeit die beliebtesten Investitionsländer.

Doch einen Wermutstropfen hat auch diese Konstruktion: Die Bundesrepublik erhebt zwar keine Steuern auf die Einnahmen. Doch über den Progressionsvorbehalt werden die anderen Einnahmen in Deutschland etwas höher besteuert.

Beispiel für die Auswirkungen des Progressionsvorbehalts

Wie das funktioniert, wird am besten an einem Beispiel deutlich: Ein Verheirateter hat in Deutschland ein zu versteuerndes Einkommen von 100 000 Euro. Laut Steuertabelle muss er für dieses Jahr darauf 28 800 Euro Einkommensteuer zahlen. Inklusive Solidaritätszuschlag ergibt sich eine Steuerlast von 30 468 Euro oder durchschnittlich 30,47 Prozent. Die weiteren Einkünfte aus dem Ausland in Höhe von 10 000 Euro erhöhen sein Einkommen nicht auf 110 000 Euro. Allerdings wendet die Finanzverwaltung für das zu versteuernde Einkommen in Deutschland den Durchschnittssteuersatz an, der für 110 000 Euro fällig wäre. In diesem Beispiel sind dies 32,22 Prozent. Das heißt, der Anleger muss am Ende auf seine 100 000 Euro Einkommen den erhöhten Steuersatz von 32,22 Prozent bezahlen. Im Endeffekt also 1750 Euro mehr.

In den Prospekten der zahlreichen Auslandsfonds wird dieser Effekt meist so beschrieben: „Die Einkünfte aus diesem Fonds sind nur im Ausland zu versteuern. In Deutschland greift lediglich der Progressionsvorbehalt." Diese Aussage ist zwar richtig, verharmlost aber die Auswirkungen. Deshalb sollte sich jeder Anleger vor seiner Anlageentscheidung genau die seiner individuellen Steuersituation entsprechenden Auswirkungen aufzeigen lassen. Je nachdem wie hoch sein zu versteuerndes Einkommen ist, wirken die Nachteile aus dem Progressionsvorbehalt. Allerdings ist der Einfluss der deutschen Steuerlast nicht so wie oft beschrieben: „Die Auswirkungen des Progressionsvorbehalts wird mit zunehmender Steuerprogression geringer. Im Bereich des deutschen Spitzensteuersatzes wirkt sich der Progressionsvorbehalt nur noch sehr gering aus."

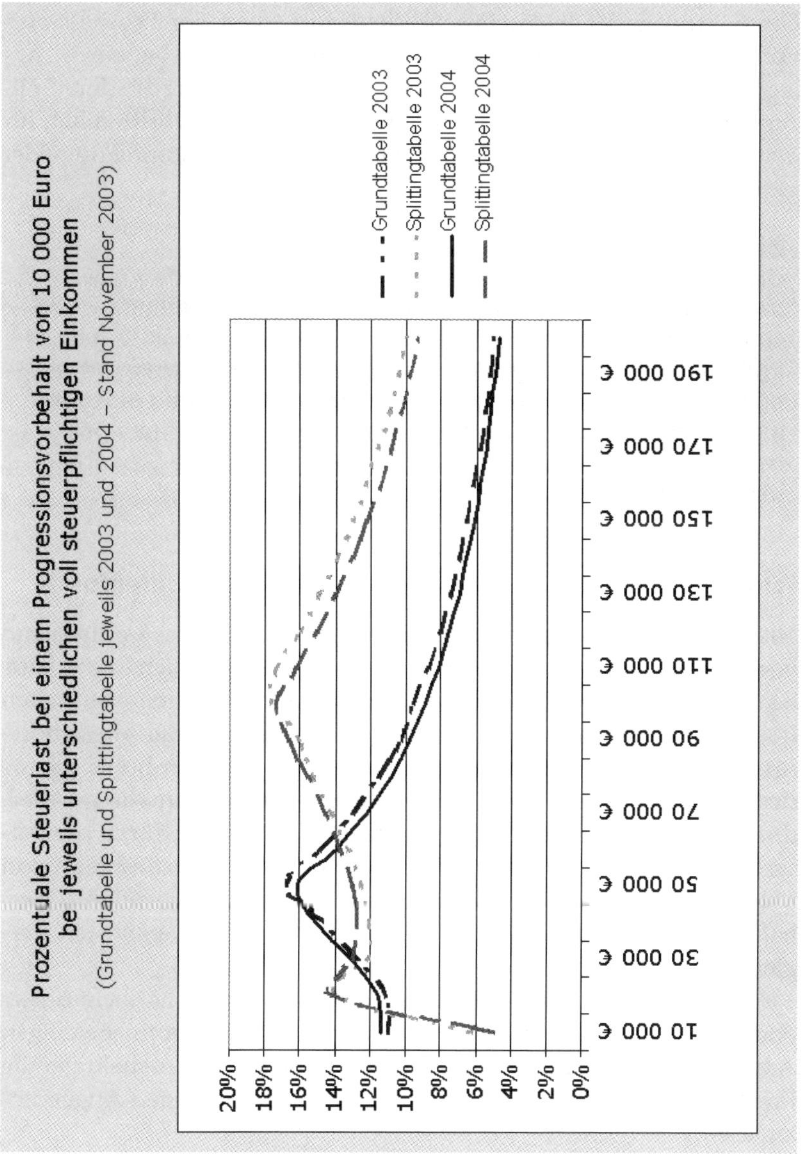

Abb. 35: Beispiel für die Auswirkungen des Progressionsvorbehaltes

Diese Aussage ist leider falsch. Richtig ist, dass der Progressionsvorbehalt bei niedrigen Steuersätzen geringer ist als bei einem Anleger, der mit seiner letzten verdienten Euro gerade den Spitzensteuersatz erreicht. Wer dann diesen Zenit überschritten hat, für den fällt der Nachteil mit jedem weiteren Euro Einkommen wieder geringer aus.

Zusammenfassung
Dieser steuerrechtliche Überblick stellt lediglich eine Auswahl der wichtigsten, nicht aber aller für den Investor möglicherweise relevanten US-Steuerarten dar. Zudem ergeben sich gerade in diesem Bereich sehr häufig Änderungen, deren Unkenntnis oder Nichtbeachtung die Wirtschaftlichkeitsrechnung eines Anlegers nachhaltig negativ beeinflussen kann. Daher ist vor einer konkreten Anlageentscheidung der persönliche Steuerberater dringend zu konsultieren.

Wirtschaftliche Besonderheiten von US-Immobilienfonds

Nicht nur steuerlich und rechtlich existieren zwischen Deutschland und den USA zum Teil erhebliche Unterschiede, auch wirtschaftlich ist ein US-Immobilienfonds nur bedingt mit einem deutschen Immobilienfonds vergleichbar. So ist zum Beispiel die Mietrendite für US-Immobilien an sehr guten Standorten deutlich höher als für deutsche Immobilien mit vergleichbarer Standortqualität. Allerdings wird dieser positive Umstand stark relativiert durch die Tatsache, dass die Volatilität bei US-Immobilien - also die Preis- und Mietschwankungen - deutlich höher sind als in Deutschland. Deshalb ist das Risiko aus einem US-Investment bei ansonsten vergleichbaren Bedingungen sehr viel höher einzustufen.

Inwiefern einzelne US-Fonds ansonsten wirtschaftlich besser oder schlechter beurteilt werden können, hängt vom jeweiligen Angebot ab. Es empfiehlt sich deshalb immer, den Prospekt gerade im Hinblick auf die Chancen und Risiken des jeweiligen Angebotes zu lesen.

5.6 Bewertung von Immobilien (Appraisal)

Wie bereits bei der Beschreibung der inländischen geschlossenen Fonds erläutert, ist auch und gerade die realistische Begutachtung und Bewertung des Anlageobjektes von entscheidender Bedeutung für den wirtschaftlichen Erfolg. Zwar bestehen bei der Bewertung in den Grundzügen Parallelen zwischen dem Verfahren in Deutschland und den USA. Doch sind das System und die Vorgehensweise in den Vereinigten Staaten derart perfektioniert, dass darin ein Vorbild auch für die Bundesrepublik gesehen werden kann, das den Anlegerinteressen umfassend Rechnung trägt. Die amerikanische Bewertungsmethode soll daher nachfolgend aus zwei Gründen eine ausführliche Darstellung erfahren: zum einen, weil sie speziell für die Beurteilung eines Immobilieninvestments in den USA bzw. in US-amerikanische Immobilien von grundlegender Bedeutung ist. Zum anderen, weil sie den Blick und das Gespür des Anlegers auch für Investitionen in Deutschland sensibilisiert, wo häufig identische Prüfungspunkte zu beachten sind.

5.6.1 Kurzdarstellung und Bewertungsrichtlinien

Das Appraisal ist ganz allgemein gesagt das amerikanische Pendant zum deutschen Wertgutachten einer Immobilie. Wesentlich weiter entwickelt als in der Bundesrepublik, ist in den USA die Erstellung eines solchen Appraisals durch den Gutachter, einen so genannten Appraiser, im Laufe der Zeit eine immer weiter perfektionierte Wissenschaft für sich geworden. Selbst durchschnittliche Englischkenntnisse reichen aus, um bereits beim Durchblättern der schriftlichen Abfassung des Gutachtens (Appraisal Report) festzustellen, dass die Arbeit von einer klaren, logischen und nachvollziehbaren Gliederung geprägt ist. Der Report fasst beinahe lehrbuchartig alle wertbildenden Faktoren zusammen, die für die Bewertung von Bedeutung sind. Dabei hängt dessen Umfang vom beschriebenen Objekt ab und kann entsprechend stark schwanken. Grundsätzlich ist ein derartiger Appraisal Report aber sehr ausführlich und folglich immer recht umfangreich und gut illustriert.

Für eine weitgehende Einheitlichkeit und Verbindlichkeit der Systematik und der Bewertungskriterien bei der Erstellung eines Gutachtens bürgen die Uniform Standards of Professional Appraisal Practice (USPAP). Dabei handelt es sich um eine Regelung, an die sich der erstellende Gutachter bei seiner Arbeit halten muss. Diese Vereinheitlichung wird ständig überwacht und weitergeführt durch die Appraisal Foundation, eine Art Dachverband bzw. Innung der Immobiliengutachter. Diese Vereinigung arbeitet entsprechend den Grundsätzen des Code of Professional Ethics and Standards of Professional Practice of the Appraisal Institute und ergänzender Richtlinien. Das hat für den Auftraggeber den großen Vorteil, dass er nicht der Willkür des Gutachters oder dessen subjektiven Bewertungskriterien ausgesetzt ist. Außerdem wird so ein hohes Maß an Konformität der Bewertung gewährleistet, verbunden mit einer guten Vergleichbarkeit verschiedener Gutachten von verschiedenen Objekten. Im Einzelnen wird nun exemplarisch der typische Aufbau nach Kapiteln eines Appraisals dargestellt. Dazu finden sich jeweils erläuternde Hinweise zum Inhalt der einzelnen Kapitel.

5.6.1.1 Deckblatt, allgemeine Angaben

Auf dem Deckblatt sind in der Regel der Name des beschriebenen Objektes, die Nutzungsart und die Klassifizierung nach dem amerikanischen Standard angegeben sowie die vollständige Adresse. Danach folgen die Angabe der Person oder der Gesellschaft, in deren Auftrag das Gutachten erstellt wurde, der Stichtag, der für die Bewertung maßgeblich ist, und die Bezeichnung des Appraisers oder der Appraisal Company mit Adresse. Der Report unterliegt amerikanischem Urheberrecht und darf somit nicht ohne Erlaubnis des Berechtigten, in diesem Fall des Gutachters selbst, in irgendeiner Form genutzt werden.

5.6.1.2 Anschreiben, allgemeine Erklärungen des Gutachters

Zu Anfang ist in der Regel ein so genannten Letter of Transmittal abgedruckt, ein Anschreiben des Appraisers oder der Appraisal Company an den Auftraggeber, in dem unter anderem mitgeteilt wird, an welchem Maßstab der Bewertung sich der Gutachter orientiert hat, z.B. an den USPAP, und dass er kein wirtschaftliches Interesse am geprüften Objekt hat, etwa in Form einer Kaufabsicht. Schließlich wird versichert, dass vertragsgemäß gearbeitet und nach dem anerkannten Stand der Wissenschaft und Technik bewertet wurde. Die Angabe des Schätzpreises zum bezeichneten Stichtag schließt diesen Abschnitt ab.

5.6.1.3 Tatsächliche und rechtliche Ausgangspunkte des Gutachters – Beschränktes Nutzungsrecht des Auftraggebers hinsichtlich Gutachten

Danach folgt ein Kapitel Assumptions and Limiting Conditions, in dem dargestellt wird, welche Annahmen der Gutachter der Bewertung zugrunde gelegt hat. Das können z.B. rechtliche Umstände sein, etwa dass der Appraiser bei der Bewertung dem Objekt unterstellt, es sei frei von Umwelt- oder Altlasten oder finanziellen Belastungen wie Hypotheken oder sonstigen dinglichen Rechten. Weiter wird er davon ausgehen, dass das Gebäude im Einklang mit sämtlichen relevanten gesetzlichen Bestimmungen bezüglich der Baugenehmigung, der Bauausführung und der ordnungsgemäßen Baunutzung steht. Auch setzt er voraus, dass alle Angaben in jeder denkbaren Form, die nicht aus seinem Verantwortungsbereich stammen, der Wahrheit und der Richtigkeit entsprechen, soweit sie für seine Arbeit von Relevanz sind. Die (General) Assumptions sind quasi die faktische Ausgangs- und Operationsbasis für den Appraiser, die ihm von fremder Seite als Datenbasis seiner Tätigkeit dient.

Die so genannten (General) Limiting Conditions schränken die Rechte des Auftraggebers in Bezug auf den Appraisal Report dergestalt ein, dass es ihm nicht gestattet ist, das Werk ohne weiteres zu veröffentlichen oder die Ergebnisse zum Zweck der Werbung bekannt zu geben, ohne eine entsprechende Vereinbarung mit dem

Gutachter getroffen zu haben. Aus dem Bericht sollen grundsätzlich nur Vorteile bezüglich Managemententscheidungen des Auftraggebers gezogen werden, jedoch keine darüber hinausgehenden Nutzungen, die vorher nicht mit dem Appraiser einvernehmlich verhandelt wurden.

5.6.1.4 Konformitätserklärung und Kurzdarstellung der Person des Gutachters

Im nächsten Abschnitt folgt eine Zusicherung seitens des Gutachters, welche die Wertermittlung der Immobilie nach bestem Wissen und Gewissen und unter Anwendung aller einschlägigen Standards und Normen, etwa der USPAP, garantiert. Darüber hinaus wird nicht selten kurz die Person des Gutachters selbst beschrieben, so z.B. seine Qualifikationen und die Dauer seiner Berufserfahrung. Dieses Kapitel steht, salopp formuliert, unter dem Gesichtspunkt der Schaffung von Vertrauen in die Zuverlässigkeit und Glaubhaftigkeit des Gutachtens und seines Erstellers.

5.6.1.5 Datenblatt der Immobilie

Anschließend werden steckbriefartig alle Daten aufgelistet, die geeignet sind, die Immobilie durch Zahlen und in Kurzform zu beschreiben. Auf ein Auto übertragen, würde dieser Teil in etwa das Datenblatt darstellen und die besonderen Merkmale herausstellen. Angegeben werden unter anderem der Name des Objektes, die Klassifizierung nach amerikanischem Standard, die Anschrift, die Größe und Form, die Topographie, die Anbindung an die öffentlichen Versorgungseinrichtungen, das Baujahr, die Qualität der Bausubstanz, die Auslastung entsprechend dem Nutzungszweck, der Stichtag der Bewertung und der Wert, anteilig aufgeschlüsselt nach Gebäude, Grund und Boden, Zubehör und weiteren wertbildenden Faktoren.

5.6.1.6 Hauptteil des Gutachtens

Im diesem Kapitel endlich beginnt der eigentliche Appraisal Report als der Hauptteil der Arbeit. Dieser Teil kann wiederum aus bis zu zwanzig Unterabschnitten bestehen. Im Teil Identification of Property wird wieder das Objekt namentlich und postalisch beschrieben, die gesamte und die vermietbare Größe angegeben und der Eigentümer bezeichnet. Der nächste Teil streift kurz die Historie der Immobilie und die wesentlichen Eckdaten wie z.B. Erhaltungsmaßnahmen oder Verbesserungen. In den folgenden Abschnitten wird der Zweck des Wertgutachtens in knappen Zügen skizziert sowie die Zielsetzung bzw. der Bereich konkretisiert, auf den sich das Appraisal bezieht. Zielsetzung kann etwa sein, den Marktwert der Vermietbarkeit zu schätzen. Ein Abschnitt des Hauptteils definiert maßgebliche, der Bewertung zugrunde liegende Begriffe wie etwa den Market Value, also den Marktwert.

Nach herrschender Meinung gilt als Marktwert einer Eigentumsposition oder eines Rechtes der Preis, der nach den Gesetzen einer freien Marktwirtschaft zu einem Stichtag erzielt wird.

5.6.1.7 Steuerliche Bemessungsgrundlagen

Ein eigenes Kapitel ist den Bemessungsgrundlagen für Steuern gewidmet, die auf das Eigentum oder damit verbundene Rechte oder Zubehör anfallen, z.B. für die Grundsteuer.

5.6.1.8 Standortgutachten

Einen großen Umfang nimmt die Beschreibung der geographischen Lage der Immobilie ein, wobei am Anfang der Makrostandort im Mittelpunkt steht. Üblicherweise werden umfassend alle grundsätzlichen Daten des Bundesstaates, in dem sich das Objekt befindet, erläutert, um sich ein fundiertes und ganzheitliches Bild machen zu können.

Das Raster verengt sich auf die Stadt, in der die Immobilie belegen ist und schließlich auf den Mikrostandort, der die unmittelbare Umgebung beschreibt. In diesem Rahmen werden z.B. die Pendlerbewegungen erfasst, die gerade im automobilistisch geprägten Amerika so wichtige Verkehrsanbindung, die soziale Schichtung der Nachbarschaft, der Arbeitsmarkt, das Freizeitangebot, die Infrastruktur, der Immobilien- und Mietmarkt, die innere Sicherheit und vieles mehr. Zu diesem Zweck werden anschauliche Skizzen, Fotografien, Grafiken und Tabellen mit den einschlägigen

Daten und Informationen beigefügt und erläutert. Die Darstellungen sind dabei nicht nur auf den Staat, die Stadt oder den Mikrostandort bezogen, sondern werden meist in einen geographisch und chronologisch sehr weit reichenden Vergleich eingestellt. Aus den genauen und umfangreichen Angaben können leicht die einschlägigen Kennzahlen errechnet werden.

Ein gewisses Talent und ein hoher Grad an Erfahrung im Umgang mit Tabellen, Statistiken und Zahlen sind allerdings erforderlich, wenn diese Parameter durch die richtigen Schlussfolgerungen die gewünschte Aussagekraft erreichen sollen.

5.6.1.9 Detaillierte Beschreibung der Immobilie und ihrer Anlagen

Im Anschluss daran folgt eine Beschreibung des Gebäudes und der zugehörigen Anlagen, die im Wesentlichen an eine Bauausschreibung erinnert. Analysiert werden z.B. die Beschaffenheit und der Zustand der Bausubstanz und der sonstigen Gebäudeeinrichtung. Dazu zählen das Mauerwerk, das Dach, die Klimaanlage, die komplette Heizung, die Brand- und Gefahrenvorsorge bzw. -abwehr, die sanitären und elektrischen Installationen, Fenster und Türen, die sonstigen technischen Einrichtungen und die Anlagen rund um das Gebäude. Zu diesen gehören neben Freizeiteinrichtungen wie Schwimmbäder, Tennisplätze, Kinderspielplätze auch weitere Anlagen und Zubehör wie Bewässerungssysteme, Brunnen sowie Vorrichtungen zur Grundstückssicherung und -überwachung. Ebenso werden mögliche wertmindernde Umwelt- und Gesundheitsgefährdungen im und um das Objekt festgestellt. Gerade bei älteren Gebäuden ist dies nicht selten durch Verwendung von Asbest oder Holzschutzmitteln der Fall oder durch Altlasten im Boden gegeben. Durch diese Beurteilung soll unter anderem festgestellt werden, ob und gegebenenfalls in welcher Höhe sich voraussichtlich Erhaltungs- oder Erneuerungsaufwendungen bewegen werden, die den Wert oder die Tauglichkeit des Objektes für den Investor mindern könnten. Gerade in den neuen deutschen Bundesländern stellte die Altlastensituation immer wieder ein massives Problem dar, das mit zum Teil immensen Kostenfolgen verbunden war. Der Prüfungsumfang ist sehr umfangreich und fein gegliedert.

Ergänzt werden diese Daten zumeist durch Lage-, Bau- und Installationspläne des Objektes sowie zahlreiche Fotografien des Gebäudes von innen und außen aus jeder Perspektive. Auch hier ist ein gewisses Maß an Fachwissen und Erfahrung vonnöten, um die richtigen Schlüsse aus den Darstellungen zu ziehen.

5.6.1.10 Nutzungsempfehlungen, Herleitung des Schätzwertes

Basierend auf den vorangegangenen Erkenntnissen spricht der Gutachter Empfehlungen bezüglich der bestmöglichen Nutzung aus. Weiter stellt er ausführlich und nachvollziehbar die Bewertungsmethode dar, indem er alle Schritte von der Zielsetzung der gutachterlichen Tätigkeit bis zur endgültigen Angabe eines Schätzwertes aufzeigt. Auch dieser Teil ist lehrbuchmäßig strukturiert.

5.6.1.11 Wirtschaftlichkeitsrechnung, Wirtschaftlichkeitsparameter

Den Abschluss des Gutachtens bilden Darstellungen über die wesentlichen Kriterien, die für eine Kosten-Nutzen-Rechnung von Bedeutung sind, also etwas über die Rendite des Objektes aussagen.

Unter anderem wird dabei das zu bewertende Gebäude in einen ausführlichen Vergleich, den so genannten Sales Comparison Approach, mit anderen Immobilien desselben Mikrostandortes eingestellt.

Der Teil Income Capitalization Approach trägt dem Anlegerinteresse Rechnung, durch die Investition in ein Gebäude zukünftig auch Einnahmen zu erzielen. Daher werden in diesem Abschnitt sowohl das bereits erkannte als auch das künftige Potenzial der Immobilie dargestellt. Der Vergleich erstreckt sich auch auf andere Objekte in der nahen und nächsten Umgebung.

Eine weitere Einschätzung, diesmal zur Kostenintensität des Objektes, z.B. für den Unterhalt und sonstige laufende bzw. regelmäßig wiederkehrende Ausgaben, wird dem Anleger im Abschnitt Cost Approach dargeboten. Wesentlich dabei ist eine vergleichende Gegenüberstellung zwischen der Planungs-, Entwicklungs- und

Herstellungskosten des Gebäudes einerseits und dem Wert der fertigen Immobilie andererseits. Diese Erkenntnisse werden wiederum in Relation zu vergleichbaren anderen Objekten gesetzt.

Das Kapitel mit diesen Kriterien ist für den Käufer bzw. Anleger mit der wichtigste Abschnitt des gesamten Gutachtens.

5.6.1.12 Anlagen zum Gutachten

Am Ende des Appraisal Reports werden noch Anlagen, so genannte Attachments beigefügt. Das können z.B. Landkarten mit der Lage der betreffenden Immobilie und der Vergleichsobjekte sein oder Zusatzvereinbarungen, die den Kaufvertrag bzw. die Vertragsbedingungen betreffen.

Insgesamt ist das amerikanische System der Immobilienbewertung äußerst vorbildlich, weil es sehr einheitlich, umfangreich, ausführlich, aufschlussreich und relativ leicht nachvollziehbar ist.

6 Immobilien-Glossar

Agio

Ein Agio ist der Aufschlag, der vom Initiator als zusätzlicher Betrag zur Finanzierung der Vertriebskosten erhoben wird. Bei den meisten geschlossenen Immobilienfonds wird ein Agio von fünf Prozent erhoben.

Abschreibung (steuerlich)

Gleich bleibender, jährlicher, vom Gesetzgeber vorgegebener Betrag, um den sich der Buchwert abnutzbarer Gegenstände mindert. In Deutschland 50 Jahre. In den USA nach Sec. 168 (c) IRC bei Gebäuden nur noch linear zulässig. Abschreibungszeitraum bei Wohngebäuden 27,5 Jahre, bei gewerblich genutzten Immobilien 39 Jahre. In Deutschland und den USA gleichermaßen muss ein Regelsatz von mindestens 20 Prozent der Anschaffungskosten auf Grund und Boden entfallen.

Altlasten

Problematik kontaminierter überplanter oder bebauter Flächen mit oftmals immensen Folgekosten. Noch vor wenigen Jahren in den neuen Bundesländern an der Tagesordnung. In den USA wird die Altlastenfreiheit eines Grundstücks durch den so genannten Environmental Report gutachterlich zugesichert. Dies ist sehr wichtig aus Haftungsgesichtspunkten.

Andienungsrecht

Immobilienengagements bergen grundsätzlich das Risiko einer unerwartet schlechten Wertentwicklung des Objektes. Um dieses Risiko aber vom Anleger fern zu halten, bieten einige Fondsanbieter die Möglichkeit eines Andienungsrechtes. Hierbei kann der Zeichner seinen Fondsanteil zu einem bestimmten Zeitpunkt zu einem bereits heute festgelegten Preis an den Garanten abgeben.

Anschlussfinanzierung

Nach Ablauf der so genannten Zinsbindungsdauer, das heißt des Zeitraums, für den die Verzinsung eventueller Fremdkapitalmittel der Fondsgesellschaft festgeschrieben ist, sind Neuverhandlungen über die Konditionen, vor allem über den Zinssatz der Anschlussfinanzierung erforderlich. Im Falle einer teureren Eindeckung der Anschlussfinanzierung wird das Ergebnis des Fonds niedriger ausfallen, da die Aufwendungen für Zins und Tilgung entsprechend stärker durchschlagen. Im umgekehrten Fall hat ein Anleger aber auch die Chance auf eine Anschlussfinanzierung zu günstigeren als den kalkulierten Konditionen, wodurch sich das Fondsergebnis verbessert. In der Prognoserechnung sollte deshalb aufgrund kaufmännisch vorsichtiger Ansätze die Anschlussfinanzierung mit einem Zinssatz von mindestens 7,5 Prozent kalkuliert werden. Dies entspricht in etwa dem langfristigen Durchschnitt für Finanzierungen.

Anschlussvermietung

Nachdem bei einer Immobilie die ersten Mietverträge auslaufen, muss ein Anschlussmieter gesucht werden, sofern der bisherige Mieter seinen Mietvertrag nicht verlängert. In den Prognoserechnungen der Fonds wird normalerweise bei der Anschlussvermietung davon ausgegangen, dass der bestehende Mieter oder ein anderer die Flächen zu den Konditionen des Altvertrages übernimmt. Dabei sind die Mietentwicklungen aufgrund der Indexierungen berücksichtigt. Sollte nun eine Anschlussvermietung nicht zu den Prognosemieten möglich sein, dann wirkt sich dies unmittelbar auf die Ausschüttung und damit die Rendite des Fonds aus. Bessere als die geplanten Anschlussvermietungen bewirken eine positive Entwicklung. Leider werden in den Prognoserechnungen üblicherweise keine Beträge für eventuelle Revitalisierungskosten eingerechnet, die fällig werden, wenn der Nachmieter Veränderungen an der Immobilie verlangt, damit er sie anmietet.

Anteilsfinanzierung

Sofern ein Anleger nicht die volle Zeichnungssumme aus Eigenmitteln erbringt, wird ein teilweise dazu benützter Bankkredit als Anteilsfinanzierung bezeichnet. Dabei ist aber unbedingt die so genannte Gewinnerzielungsabsicht zu beachten. Seit Einführung des § 2b EStG ist außerdem darauf zu achten, dass bei einer modellhaften Anteilsfinanzierung aus Sicht des Anlegers unter Berücksichtigung von anfänglichen Steuereffekten immer noch effektives Kapital vom Anleger erbracht wird.

Ausschüttung

Ausschüttungen aus einem geschlossenem Immobilienfonds oder anderen Beteiligungsmodellen werden regelmäßig aus den vorhandenen Liquiditätsüberschüssen, d.h. aus den jährlichen Überschüssen der Einnahmen über die entstandenen Ausgaben, getätigt. Die Einnahmen bestehen hierbei im Wesentlichen aus den monatlichen Mieterträgen sowie zu einem geringeren Teil aus den Zinseinnahmen aus der Anlage der vorhandenen Barmittel. Zu den Ausgaben rechnen vor allem die Zins- und Tilgungsleistungen für eventuelle Darlehensaufnahmen (Innenfinanzierung), die Reservezuführungen zur Instandhaltungsrücklage und zum Mietausfallwagnis, die laufenden Vergütungen für Komplementäre, Treuhänder, Geschäftsführer und -besorger sowie die sonstigen Fondskosten. Die positive Differenz dieser beiden Einnahmen- und Ausgabenblöcke – vermindert oder vermehrt um eine etwaige Entnahme oder Zuführung zur Liquiditätsreserve – steht schließlich für die Bedienung einer Barausschüttung an die Fondsgesellschafter zur Verfügung.

Ein reiner Vergleich von Ausschüttungen verschiedener Fonds ist nur vorsichtig möglich. Je nach Tilgungshöhe, in Verbindung mit Disagio, Zinsvorauszahlung und Währung der Finanzierung sowie Liquiditätszuführungen bzw. -abbau muss die Ausschüttung bereinigt betrachtet werden, um einen Vergleichsmaßstab zu erhalten. Viele Initiatoren verwenden die konzeptionell möglichen Gestaltungsformen, um optisch höhere Ausschüttungen bereits von Anfang an darstellen zu können. Eine nur ebenfalls beschränkt einsetzbare Kennzahl ist die Summe der Ausschüttungen über einen bestimmten Zeitraum, da in diesem Betrag, neben der bereits vorher aufgeführten Bereinigungsnotwendigkeit, der wichtige Zeitfaktor keine Beachtung findet. Nur über eine summierte, bereinigte Barwertausschüttung wäre eine sinnvolle Vergleichsgröße geschaffen, die aber auch wiederum nur unter Beachtung der sonstigen Risikostruktur des Fonds eine Vergleichsmöglichkeit bietet.

Außenfinanzierung

Eine Außenfinanzierung ist immer dann gegeben, wenn der Gesellschafter eines geschlossenen Immobilienfonds die von ihm zu leistende Eigenkapitaleinlage durch Aufnahme eines persönlichen Darlehens bei einer Bank refinanziert. Zur Absicherung dieses Darlehens kann wohl der damit erworbene Anteil an dem geschlossenen Immobilienfonds herangezogen werden, nicht jedoch die im Gesamthandsvermögen der Fondsgesellschaft befindliche Fondsimmobilie. Eine Haftung der übrigen Anleger für die persönliche Außenfinanzierung eines einzelnen Gesellschafters kann damit nicht entstehen. Außerdem werden über eine Außenfinanzierung die steuerlichen Einschränkungen des § 15a Einkommensteuergesetz umgangen (siehe auch Anteilsfinanzierung).

Blind Pool

Beim Blind Pool handelt es sich um eine gestaltungstechnische Sonderform eines Beteiligungsmodells. Hauptbesonderheit dieser Fondsart ist, dass der einzelne Anleger im Zeitpunkt seiner Anlageentscheidung, d.h. letztlich auch im Moment seiner Eigenkapitaleinzahlung, noch nicht abschließend darüber informiert ist, in welches Objekt er tatsächlich investiert. Die Kapitaleinlagen der Gesellschafter werden im Falle eines Blind Pool von der Fondsgesellschaft gesammelt und zu kurzen Kündigungsfristen verzinslich angelegt. Erst nach Schließung des Fonds, d.h. nach Volleinzahlung des gesamten Fondskapitals, entscheidet die Geschäftsführung über die endgültige Auswahl und den Erwerb der Fondsimmobilie mit den vorhandenen Mitteln. Um den Unsicherheitsfaktor, welche Immobilien oder welches Wirtschaftsgut das Management einkauft, etwas zu verringern, sollten klare Investitionskriterien definiert sein. Da auch bei genauen Investitionskriterien das Risiko von überteuerten und/oder nicht vielversprechenden Einkäufen noch sehr groß ist, muss ein Anleger schon sehr großes Vertrauen einem Initiator entgegenbringen.

Broker

Makler

Bruttogeschossfläche

Die nach DIN 277 definierte Bruttogeschossfläche (BGF) ist die Summe der Grundflächen einer Immobilie auf der Basis der äußeren Maße. Zum Vergleich von Quadratmeterpreisen oder Mietpreisen pro Quadratmeter verschiedener Immobilien muss unbedingt die Definition der Flächen identisch sein. Nicht zu verwechseln ist die BGF mit der Nettogeschossfläche (ohne Wände, Aufzugsschächte u.v.m.), die oft um bis zu 20 Prozent niedriger ausfällt.

Bruttomiete

In der Bruttomiete für eine Immobilie sind sämtliche Betriebskosten, die für das Objekt entstehen (z.B. Strom, Heizung, Wasser, Müllabfuhr etc.), enthalten. Die Betriebskosten wurden also in den Mietzins eingerechnet. Steigende Betriebskosten gehen – bis zur nächsten Mieterhöhung – zulasten des Vermieters.

Disagio (Damnum)

Als Disagio oder Damnum wird das Abgeld im Rahmen eines Darlehensvertrages bezeichnet. Zwischen Kreditgeber und Kreditnehmer wird häufig vereinbart, dass nicht der volle Nominalbetrag des Darlehens, sondern nur beispielsweise 95 oder 90 Prozent hiervon zur Auszahlung gelangen sollen. Der vom Kreditgeber einbehaltene Differenzbetrag stellt das Disagio oder Damnum dar. Aus rein betriebswirtschaftlicher Sicht ist das Disagio als Zinsvorauszahlung zu werten. Durch Berücksichtigung des Disagios ist es möglich, einen deutlich niedrigeren Nominalzinssatz für das Darlehen zu vereinbaren. Das Disagio als bereits vorab mit Darlehensauszahlung geleisteter „Zinsblock“ nähert den Nominalzinssatz sodann dem tatsächlich am Markt realistischen Effektivzinssatz an. Aus steuerlicher Sicht wird das Disagio innerhalb bestimmter Grenzen vom Finanzamt ebenfalls als Zinsvorauszahlung anerkannt. Im Jahr der Darlehensauszahlung, das aufgrund des gleichzeitigen Disagioeinbehalts mit dem Jahr der gesamten Zinsvorauszahlung gleichzusetzen ist, kann daher der Betrag des Damnums im Rahmen der persönlichen Einkommensteuererklärung als sofort abzugsfähige Werbungskostenposition steuermindernd berücksichtigt werden.

Diversifizierung

Diversifizierung beschreibt im vorliegenden Zusammenhang im Wesentlichen die Vermögensdiversifizierung, d.h. Vermögensstreuung durch den Anleger. Unter dem Aspekt einer weitgehenden Risikominimierung sollte die Vermögensstruktur eines Anlegers aus mehreren Einzelkomponenten zusammengesetzt sein, beispielsweise aus Aktien, festverzinslichen Wertpapieren, Barmitteln oder Immobilien. Aber nicht nur im Bereich der unterschiedlichen Anlagemedien sollte ein Anleger eine Streuung vornehmen. Auch innerhalb des Immobilienportfolios bewirkt eine Diversifizierung eine Senkung des Risikos bei gleichzeitiger Erhaltung der Chancen bzw. eine Steigerung der Chance bei gleich bleibendem Risiko.

Diesen Portfoliogedanken, der im Wertpapierbereich bereits weit verbreitet ist, hat Henry M. Markowitz in seiner mit dem Nobelpreis ausgezeichneten Portfoliotheorie bewiesen. Innerhalb der Immobilien sollten deshalb Streuungen im Bereich der Nutzungsarten, Objektgrößen und der Standorte, national und international, vorgenommen werden. Im Rahmen einer qualifizierten Anlageberatung ist die Beachtung des Portfoliogedankens im Sinne einer Haftungsminimierung unerlässlich.

Doppelbesteuerungsabkommen

Zur Vermeidung der internationalen Doppelbesteuerung hat die Bundesrepublik mit der überwiegenden Mehrheit aller Staaten völkerrechtliche Verträge, die so genannten Abkommen zur Vermeidung der Doppelbesteuerung (kurz: Doppelbesteuerungsabkommen oder DBA) abgeschlossen. Diese bilateralen, d.h. beidseitig verpflichtenden Vertragswerke haben es sich zum Ziel gesetzt, das Besteuerungsrecht für ganz bestimmte Einkunftsarten zwischen den beiden am Doppelbesteuerungsabkommen beteiligten Staaten aufzuteilen. Stark vereinfacht formuliert wird also im Rahmen eines DBA das Besteuerungsrecht für eine bestimmte Einkunftsart grundsätzlich entweder dem Wohnsitzstaat des Steuerpflichtigen oder dem Quellenstaat der Einkünfte zuerkannt. Ob diese beiden Staaten im Anschluss auch tatsächlich von ihrem DBA-gemäßen Besteuerungsrecht Gebrauch machen, ist stets nach den einschlägigen gesetzlichen Vorschriften des jeweiligen nationalen Steuerrechts zu überprüfen. In den Doppelbesteuerungsabkommen wird hierüber keine Aussage getroffen. Durch eine klare Zusortierung des Besteuerungsrechts für eine bestimmte Einkunftsart an den einen oder den anderen Staat des einzelnen DBA soll somit die Gefahr einer internationalen Doppelbesteuerung, das heißt einer gleichzeitigen Steuererhebung sowohl im Wohnsitzstaat als auch im Quellenstaat der Einkünfte, im Grundsatz von vorne herein ausgeschlossen werden.

Drittverwendungsfähigkeit

Als Drittverwendungsfähigkeit bei Immobilien wird die Frage nach einer eventuellen Einschränkung der Weiternutzung bezeichnet. Büroflächen sind z.B. drittverwendungsfähig, da diese an sehr viele potenzielle Nutzer vermietet werden können. So genannte Spezialimmobilien sind hingegen in ihrer Drittverwendungsfähigkeit stark eingeschränkt, da oftmals nur sehr wenige Nutzer oder Betreiber dieses Objekt anmieten könnten. Insofern müssen interessierte Anleger bei Spezialimmobilien wie beispielsweise Hotels, Seniorenimmobilien oder Kinos besonders vorsichtig agieren.

Effektiver Kapitaleinsatz

Der Gesellschafter eines geschlossenen Immobilienfonds hat der Fondsgesellschaft zunächst die von ihm übernommene Zeichnungssumme, d.h. den von ihm zugesagten Eigenkapitalanteil, zur Realisierung des Investitionsvorhabens zur Verfügung zu stellen. In den Anfangsjahren erhält er im Gegenzug aufgrund der auf ihn entfallenden Verlustzuweisungen mehr oder minder umfangreiche Einkommensteuererstattungen vom Finanzamt. Die Differenz zwischen seiner eigentlichen Beteiligungssumme (Eigenkapitalbeteiligung zzgl. Agio) und den Steuererstattungen der Anfangsjahre verbleibt schließlich als effektiver Kapitaleinsatz eines Anlegers. Dieser hängt somit ganz entscheidend von der Höhe der Verlustzuweisungen in der Anlaufphase und von der individuellen Grenzsteuerprogression des Gesellschafters ab. In die Berechnungen des internen Zinsfußes fließen die Auswirkungen des effektiven Kapitaleinsatzes massiv mit ein.

Beispiel zur Berechnung des effektiven Kapitaleinsatzes:

Ein Anleger mit einer Steuerprogression von 50 Prozent zeichnet 100 000 Euro von einem Fonds mit 50 Prozent Verlustzuweisung für dieses Jahr.

Zeichnungssumme	100 000 €
+ 5 % Agio	5 000 €
zu zahlender Betrag	105 000 €
- Steuererstattung *	25 000 €
effektiver Kapitaleinsatz	**80 000 €**

* 50 % von 50 000 € Verlustzuweisung

Effektivzins

Der Effektivzins ist mit das bedeutendste Kriterium zur Beurteilung der Vorteilhaftigkeit von Darlehenskonditionen. Der Effektivzins, also der „tatsächliche" Zins für einen Kredit, wird unter Berücksichtigung der vereinbarten Nominalverzinsung, des Disagios, einer eventuellen Bearbeitungs- und/oder Vermittlungsgebühr und der zeitlichen Abwicklung der Annuitäten (Zeitpunkt von Zinszahlung und Tilgungsverrechnung) berechnet. Die genauen Berechnungsparameter sind in der Preisangabenverordnung definiert. Zu beachten ist bei einem reinen Vergleich der Effektivzinssätze, dass bestimmte Kostenpositionen wie zum Beispiel Bereitstellungszinsen, Kontoführungsgebühren und Ähnliches nicht bei der Berechnung berücksichtigt werden. Ein absolut fairer Vergleich ist deshalb nur unter Berücksichtigung auch dieser Positionen möglich.

Eigenkapital

Der Finanzierungsplan eines Fonds besteht aus zwei wesentlichen Positionen: Eigenkapital und Fremdkapital. Das Eigenkapital stellt dabei die Beträge dar, die von den Gesellschaftern aus eigenen Mitteln erbracht werden. Dabei kann es sich um Gelder der Kommanditisten, der BGB-Gesellschafter, des Komplementärs oder von stillen oder atypisch stillen Gesellschaftern handeln. Es ist dabei nicht von Bedeutung, ob diese das Geld effektiv aus eigenen Mitteln oder durch persönliche Kreditaufnahme erbringen. Auf Ebene der Gesellschaft handelt es sich um Eigenkapital, für das der Anleger das jeweilige Haftungsrisiko übernimmt.

Eigenkapitaleinzahlungsgarantie

Sofern in eine Konzeption eines Fonds eine werthaltige Platzierungsgarantie eingearbeitet ist, sind die Anleger diesbezüglich sehr weitreichend abgesichert. Wenn aber einige Anleger ihrer Verpflichtung aus der Unterzeichung der Beitrittserklärung nicht nachkommen können oder wollen, könnte wiederum eine Lücke in der Finanzierungsrechnung entstehen. Um auch dieses Risiko abzusichern, gewähren einige Initiatoren neben der Platzierungsgarantie zusätzlich die Eigenkapitaleinzahlungsgarantie. Hier tritt der Garant, sofern er finanziell dazu in der Lage ist, in die Verpflichtungen der säumigen Anleger ein.

Einkunftsart

Erstrebenswert für einen Anleger in geschlossene Fondsprojekte ist in aller Regel die steuerliche Qualifizierung der Fondsaktivitäten und damit der Beteiligungserträge als Einkünfte aus Vermietung und Verpachtung im Sinne des § 21 des Einkommensteuergesetzes. Sofern der geschlossene Fonds und damit auch der einzelne Anleger Einkünfte aus Vermietung und Verpachtung erzielt, unterliegen die Gewinne und das Vermögen der Fondsgesellschaft nicht der Gewerbesteuer. Sonderfälle können sich hier nur ausnahmsweise ergeben, wenn nämlich vonseiten des Fiskus gewerblicher Grundstückshandel angenommen würde. Hierbei ist die so genannte Dreiobjekteregel maßgeblich. Danach wird von der Finanzverwaltung ein gewerblicher Grundstückshandel regelmäßig unterstellt, wenn innerhalb eines Zeitraumes von bis zu fünf Jahren mehr als drei Immobilien veräußert werden, deren jeweilige Haltedauer nicht länger als zehn Jahre betragen hat.

Ein erheblicher Vorteil aus der Realisierung von Vermietungseinkünften ergibt sich im Zuge einer möglichen, späteren Veräußerung des Fondsprojektes. Die Erzielung von Einkünften aus Vermietung und Verpachtung gilt aus steuerlicher Sicht als Form der privaten Vermögensverwaltung. Die im Fondseigentum befindlichen Immobilien stellen daher steuerliches Privatvermögen dar, dessen Veräußerung außerhalb der so genannten Spekulationsfrist von zehn Jahren (bei Immobilien) völlig steuerfrei bleibt. Im Gegensatz zu den Fonds mit Einkünften aus Vermietung und Verpachtung existieren in selteneren Fällen auch geschlossene Fondskonzeptionen, bei denen dem beteiligten Gesellschafter Einkünfte aus Gewerbebetrieb zusortiert werden. Im Wesentlichen handelt es sich hierbei um Mobilien-Leasingfonds, Immobilien-Leasingfonds oder in ganz seltenen Ausnahmefällen um geschlossene Immobilienfonds. Die Gewinne und das Vermögen dieser Fondstypen sind grundsätzlich gewerbesteuerpflichtig. Darüber hinaus unterliegen Gewinne aus der Veräußerung des Fondsvermögens sowie aus dem Verkauf der Fondsbeteiligung auch außerhalb der Spekulationsfrist der Einkommensteuer. Bei gleichzeitiger Auflösung der Fondsgesellschaft ist die Höhe der Steuer auf den Veräußerungsgewinn nach der Fünftelregelung zu ermitteln. Unter ganz speziellen Bedingungen kann ein Anleger aber auch einmalig die günstigere Besteuerung mit dem halben durchschnittlichen Steuersatz wählen. Bei vermögensverwaltenden Fonds mit Einkünften aus Vermietung und Verpachtung können auf den einzelnen Gesellschafter zusätzlich u.U. auch Einkünfte aus Kapitalvermögen – namentlich in Form von Zinsen auf die angelegte Liquiditätsreserve – entfallen. Bei gewerblich tätigen geschlossenen Fondskonzeptionen werden auch vereinnahmte Zinsen zu Einkünften aus Gewerbebetrieb umqualifiziert und unterliegen damit ebenfalls der Gewerbesteuer.

Auch in den USA sind Steuern auf bestimmte Einnahmen zu entrichten, doch muss in diesem Zusammenhang erwähnt werden, dass es keine exakte und einheitliche Definition des Einkommensbegriffs gibt. Insofern fehlt es auch an einer enumerativen Aufzählung von steuerpflichtigen Einkunftsarten. Auch wird, anders als in Deutschland, nicht zwischen Einkommen einerseits und Einkünften andererseits differenziert. Im Bundessteuergesetz findet sich unter Sec. 61 IRC die Formulierung, dass unter dem so genannten Income grundsätzlich jede Art von Einnahmen aus einer zunächst beliebigen Anzahl von Einnahmequellen zu verstehen ist. Aus diesem Grund werden grundsätzlich sämtliche einmaligen oder laufenden Einnahmen einschließlich so genannter Kapitalgewinne (Capital Gains) steuerlich erfasst. Der Veranlagungszeitraum ist das zwölf Monate dauernde Steuerjahr, das in der Regel mit dem Kalenderjahr identisch ist.

Ertragswert

Der Ertragswert ist die Summe der Reinerträge eines Unternehmens oder einer Investition zu einem bestimmten Zeitpunkt. Mithilfe eines bestimmten Kalkulationszinsfußes können sie entsprechend abgezinst werden. Dieses Verfahren bildet auch die Grundlage bei der Bewertung von Gewerbeimmobilien und somit auch des Vermögens eines Immobilienfonds. Ausgehend von den nachhaltig erzielbaren Mieteinnahmen werden die regelmäßigen Verwaltungskosten, die Bewirtschaftungskosten, die Instandhaltungsaufwendungen sowie das (kalkulatorische) Mietausfallrisiko in Abzug gebracht. Die hiernach verbleibende Nettomiete wird mit einem Faktor multipliziert, der sich stark an der marktüblichen Rendite für die infrage stehenden Immobilien unter besonderer Berücksichtigung von Lage, Größe, Nutzungsart, Nutzungsdauer und Gebäudezustand des Objektes orientiert. Endergebnis dieses Berechnungsverfahrens ist schließlich der Ertragswert.

Fertigstellungsgarantie

Die Gewährung einer Fertigstellungsgarantie soll dazu dienen, eine Beendigung des Fondsprojektes auch dann sicherzustellen, wenn beispielsweise während der Bauphase die beauftragte Bauträgergesellschaft in wirtschaftliche Schwierigkeiten oder gar in Konkurs geht. Je nach Umfang und Größe des Bauvorhabens ist hierbei allerdings verstärkt auf die Bonität, die Solvenz und die Seriosität des Garantiegebers zu achten.

Festpreis oder Festpreisgarantie

Die Einräumung einer Festpreisgarantie gewährleistet, dass das geplante Objekt zu eben diesem von vornherein fixierten Preis schlüsselfertig an die Fondsgesellschaft übergeben wird. Vor allem unter dem Aspekt der Kosten- und Kalkulationssicherheit ist die Gewährleistung eines Festpreises von großer Bedeutung.

Finanzierungsgarantie

Um sichergehen zu können, dass das zur Realisierung eines Fondsprojektes erforderliche Fremdkapital auch tatsächlich zur Verfügung gestellt wird, sollte ein seriöses Fondsangebot auch eine entsprechende Finanzierungsgarantie enthalten, sofern nicht bereits entsprechend Finanzierungszusagen in Verbindung mit Konditionszusagen von Kreditinstituten vorhanden sind (siehe hierzu auch Zinsgarantie). Wie bei allen Garantieleistungen ist vor allem auf Bonität und Zuverlässigkeit des Garantiegebers zu achten.

Freijahre

Als Freijahre wird der Zeitraum bezeichnet, in dem bei einem - grundsätzlich indexierten, d.h. inflationsgekoppelten - Mietvertrag auf eine Anpassung der Miete an die Inflationsentwicklung zugunsten des Mieters verzichtet wird. Bei einem indexierten Mietvertrag mit beispielsweise drei Freijahren erfolgt also in den ersten drei Jahren des Mietverhältnisses keine Anpassung an die allgemeine Preisentwicklung.

Fremdkapital

Die Beschaffung von Geldmitteln, die neben dem Eigenkapital zur Finanzierung bestimmter Vorhaben dienen. Fremdkapitalgeber sind in der Regel Banken. Die Absicherung erfolgt zum Beispiel über Grundschulden, Hypotheken oder durch Abtretung und Verpfändung von Rechten oder anderen Werten.

Fungibilität

Als Fungibilität bezeichnet man die Handelbarkeit, d.h. die Weiterveräußerbarkeit von Anteilen an geschlossenen Immobilienfonds. Die Fungibilität dieser Anteile ist derzeit noch relativ eingeschränkt, da für Beteiligungen an geschlossenen Immobilienfonds – anders als bei Aktien oder Anteilen an offenen Immobilienfonds – noch kein geregelter Markt im Sinne einer Börse existiert. Im Rahmen der Weiterveräußerung geschlossener Fondsanteile ist daher noch immer ein hohes Maß an Eigeninitiative seitens des Anlegers (z.B. durch Inserate in Wirtschaftszeitungen) bzw. die Hilfestellung des Projektinitiators erforderlich.

Generalmietvertrag

In einem Generalmietvertrag wird ein ganzes Objekt oder Teile davon fest an einen Generalmieter weitervermietet, der es dann selbst an einen oder mehrere Endmieter weitervermietet. Der Generalmieter nutzt also in der Regel das Objekt nicht selbst. Sinn eines Generalmietvertrages ist es, für einen Fonds entsprechende Vermietungssicherheit ähnlich einer Mietgarantie zu geben. Bei einem Generalmietvertrag ist genau zu prüfen, ob im Falle eines tatsächlichen Mehrertrages aus der Endvermietung auch teilweise der Anleger profitiert. Weiterhin muss bei Generalmietverträgen wie bei Mietgarantien die Höhe der Generalmiete mit der tatsächlichen Marktmiete verglichen werden.

Von unseriösen Marktteilnehmern werden solche Konstruktionen nämlich gerne genutzt, um überhöhte Ertragswerte und damit überhöhe Kaufpreise zu vertuschen.

Generalübernehmer

Als Generalübernehmer fungiert ein Unternehmer, der selbst keinerlei unmittelbare Bauleistungen erbringt, sondern die Ausführung aller notwendigen Arbeiten vielmehr an mehrere Subunternehmer vergibt. Die Verträge mit diesen Subunternehmern werden vonseiten des Generalübernehmers in eigenem Namen und auf eigene Rechnung abgeschlossen.

Generalunternehmer

Der Generalunternehmer führt, im Gegensatz zum Übernehmer, alle erforderlichen Bauarbeiten an einem Gebäude grundsätzlich selbst aus. Er kann sich allerdings in Teilbereichen auch einer Nachschaltung von Subunternehmern bedienen.

Gesellschaftsvertrag

Der Gesellschaftsvertrag, auch als Satzung bezeichnet, bildet die privatrechtliche Grundlage eines geschlossenen Immobilienfonds oder anderer Beteiligungsmodelle. Der Gesellschaftsvertrag regelt die wesentlichen Aspekte im Zusammenhang mit Gründung, laufendem Fortgang und Beendigung der Fondsgesellschaft. Maßgebliche Regelungspunkte sind beispielsweise:

- Name und Sitz der Gesellschaft,
- Gesellschaftszweck, Rechtsform,
- Dauer der Gesellschaft (bei geschlossenen Immobilienfonds regelmäßig unbegrenzt),
- Gesamtsumme des Eigenkapitals der Gesellschaft,
- Namen der Gründungsgesellschafter,
- Einlagenhöhe der Gründungsgesellschafter,
- Stückelung des Eigenkapitals (Mindestzeichnungssumme),
- Einzahlungstermine, Investitionsplan (Mittelverwendungsrechnung),
- Gewinn- und Verlustverteilungsmodus,

- Vereinbarungen zur Gesellschafterversammlung (Häufigkeit, Einberufung, Stimmrechte, Mehrheitserfordernisse bei Abstimmungen),
- Geschäftsführung,
- Vereinbarungen über das Ausscheiden von Gesellschaftern (Abfindungsguthaben),
- Haftungsvereinbarungen (eventuelle Nachschusspflichten auch bei grundsätzlich beschränkter Haftung).

Der Gesellschaftsvertrag enthält damit wichtige Regelungen und Informationen über die rechtliche Konstruktion und Grundlage der Fondsgesellschaft sowie über das Zusammenwirken zwischen Gesellschaft und Gesellschafter. Er ist daher stets Bestandteil des Fondsprospektes und sollte von einem potenziellen Fondszeichner bzw. von einem beauftragten Sachverständigen (z.B. vom persönlichen Steuerberater) einer eingehenden Prüfung unterzogen werden. Mit seiner Unterschrift auf der Beitrittserklärung erkennt der einzelne Anleger die Vereinbarungen des zugrunde liegenden Gesellschaftsvertrages an. Er ist damit an die ihm hieraus erwachsenden Pflichten (z.B. Erbringen der Einlage, Haftung mit der Einlage, eventuelle Nachschusspflichten) gebunden und kann sich im Gegenzug auf die ihm zuerkannten Rechte (z.B. Gewinnbezugsrecht, Stimmrecht in Gesellschafterversammlungen) berufen.

Ein Zeichner, der als Limited Partner an einem geschlossenen US-Immobilienfonds beteiligt ist, der in der Rechtsform einer Limited Partnership konstruiert wurde, kann auch durch einen entsprechenden, den Gesellschaftsvertrag ändernden Gesellschafterbeschluss nicht zum Nachschuss verpflichtet werden.

Gewinnerzielungsabsicht

Das Vorliegen und die Verwirklichung der von Finanzamtsseite geforderten Gewinnerzielungsabsicht sind unabdingbare Voraussetzung für eine dauerhafte Anerkennung der steuerlichen Verlustzuweisungen und der damit einhergehenden Einkommensteuerersparnisse. Die Gewinnerzielungsabsicht gilt dann als erfüllt, wenn für das Finanzamt anhand objektiver Kriterien nachvollziehbar ist, dass der Anleger aus seiner Fondsbeteiligung einen so genannten steuerlichen Totalüberschuss erzielen wird. Ein steuerlicher Totalüberschuss wird genau dann realisiert, wenn die kumulierten steuerlichen Jahresüberschüsse (Einnahmenüberschüsse) die kumulierten steuerlichen Jahresfehlbeträge (Ausgabenüberschüsse) betragsmäßig übersteigen. Anders ausgedrückt muss eine Verlustzuweisung in der Investitionsphase mit positiven steuerlichen Ergebnissen in der Vermietungsphase aufgeholt werden. Die Periode, in der die kumulierten steuerlichen Gewinne die kumulierten steuerlichen Verluste erstmalig übersteigen, wird als so genanntes steuerliches Totalüberschussjahr bezeichnet. Im Immobilienbereich hält die Finanzverwaltung die Gewinnerzielungsabsicht nach derzeitigem Stand dann für gewahrt, wenn nach wenigstens 100 Jahren ein steuerlicher Totalüberschuss erzielt werden kann, sofern nicht von einer kürzeren Nutzungsdauer auszugehen ist.

Im amerikanischen Bundessteuergesetz IRC gibt es zwar zahlreiche Vorschriften, welche die steuerliche Geltendmachung bestimmter Verluste ablehnen, soweit ein Steuervorteil das vorrangige und offensichtliche Ziel des Steuersubjektes ist. Doch existiert kein allgemeiner Grundsatz, wonach die Finanzbehörden den Verlustausgleich bei einem fehlenden Nachweis der Gewinnerzielungsabsicht zwingend verbieten würden. Diese Praxis lässt sich aus dem Umstand erklären, dass es in den USA mit wenigen Ausnahmen ohnehin keine steuerfreien Veräußerungsgewinne gibt. Das gilt gleichermaßen für gewerbliche und private Veräußerungen. Da deutsche Anleger aber ohnehin nicht Auslandsverluste mit deutschen Einkünften verrechnen könnten, spielt dieses Thema für Auslandsimmobilienfonds keine Rolle.

Grundbuch

Das Grundbuch wird beim Grundbuchamt (häufig dem örtlich zuständigen Amtsgericht angeschlossen) geführt und stellt ein öffentliches Verzeichnis aller Grundstücke des betreffenden Amtsgerichtsbezirks dar. Es enthält die wesentlichen rechtlichen Daten zu jedem Grundstück, so. z.B. den Eigentümer, etwaige Belastungen/Besicherungen oder eingeräumte Rechte (z.B. Erbbaurecht, Nießbrauchsrecht). Damit bietet es eine sichere Rechtsgrundlage im Grundstücksverkehr und eröffnet die Möglichkeit eines Erwerbs kraft guten Glaubens. Bei berechtigtem Interesse ist die (kostenpflichtige) Anfertigung von Grundbuchauszügen zulässig.

Im Gegensatz zum deutschen Grundbuch kann das amerikanische Pendant keinen Schutz guten Glaubens gewähren. Ein eigentlich gutgläubiger Erwerb scheitert demnach, wenn der Nachweis erbracht wird, dass ein Eintrag unwahr ist. Dieser Umstand führt dazu, dass sich Käufer bzw. Hypothekengeber gegen Bezahlung einer einmaligen Versicherungsprämie die Richtigkeit des Grundbuches zusichern lassen. Anders als in Deutschland ist zur Grundbucheinsicht jedermann berechtigt und nicht nur der, der ein berechtigtes Interesse nachweisen kann.

Grunderwerbsteuer

Die Grunderwerbsteuer ist eine so genannte Verkehrsteuer, die im Zuge des Erwerbs von Grundstücken fällig wird. Sie entsteht in Höhe von 3,5 Prozent auf die erbrachte Gegenleistung, regelmäßig also auf den vereinbarten Kaufpreis. Im Rahmen der notariellen Urkunde kann die tatsächliche Übernahme der Grunderwerbsteuer zwischen den Parteien frei vereinbart werden. Erbschaften oder Schenkungen von Grundstücken unterliegen ebenso wenig der Grunderwerbsteuer wie Veräußerungsvorgänge zwischen Ehegatten oder zwischen Eltern und Kindern.

In den USA existiert eine Grunderwerbsteuer ähnlicher Höhe, sie wird aber in einigen wenigen Staaten nicht erhoben.

Grundschuld

Die im Grundbuch eingetragene Grundschuld wird, wie die Hypothek, regelmäßig zur Sicherung einer persönlichen Forderung zugunsten eines Gläubigers herangezogen. Anders als die Hypothek ist sie nicht streng akzessorisch, d.h. sie ist nicht an den Bestand einer Forderung gebunden.

Im amerikanischen Kreditsicherungsrecht gibt es nur die Hypothek, jedoch keine Grundschuld.

Grundsteuer

Diese Steuerart wird in den USA in der Regel von diversen örtlichen Behörden, von Körperschaften, den Kommunen oder dem so genannten School District erhoben. Die Grundlage der Bemessung ist der Einheitswert des Grundstücks. In Deutschland wird ebenfalls eine Grundsteuer von den Kommunen erhoben. Für die Gemeinden und Landkreise stellt diese Steuer eine wesentliche Einnahmequelle dar. Mit ihr werden etwa der Unterhalt bzw. der Neubau kommunaler Straßen, öffentliche Krankenhäuser, Schulen oder die Polizei finanziert. Für die Steuerschuld haftet neben dem Eigentümer auch das Grundstück selbst.

Haftung

Das Haftungsprofil für den Anleger in einer geschlossenen Fondskonstruktion ist im Wesentlichen abhängig von der gesellschaftsrechtlichen Rechtsform, in der die betreffende Fondsgesellschaft organisiert ist, sowie von den einschlägigen Regelungen in dem abgeschlossenen Gesellschaftsvertrag. Ein für den Anleger weitgehend limitiertes Haftungsrisiko zeigen grundsätzlich die Gesellschaftsformen der Kommanditgesellschaft (KG) bzw. deren Spezialform der GmbH & Co. KG. In beiden Fällen beteiligt sich der einzelne Fondsanleger als Kommanditist.

Die Haftung des Kommanditisten ist grundsätzlich auf die von ihm übernommene und auch tatsächlich in die Gesellschaft geleistete Eigenkapitaleinlage beschränkt. In Ausnahmefällen kann es durch eine teilweise Rückzahlung von Eigenkapitaleinlagen an die einzelnen Gesellschafter zu einem so genannten Wiederaufleben der Außenhaftung kommen. Dies ist regelmäßig dann der Fall, wenn während der anfänglichen Verlustjahre tatsächlich entstandene Liquiditätsüberschüsse sofort an die Anleger ausgeschüttet werden, ohne dass gleichzeitig ein entsprechender handelsrechtlicher Gewinn entstanden ist. In Ausnahmefällen kann im Rahmen des für die KG oder die GmbH & Co. KG abgeschlossenen Gesellschaftsvertrages eine Nachschusspflicht für die Kommanditisten verankert sein (Kommanditgesellschaft mit erweiterter Haftung). Etwa im Falle unerwarteter und voraussichtlich nicht aus den laufenden Einnahmen des geschlossenen Fonds abzudeckender Verluste kann der einzelne Kommanditist gesellschaftsvertraglich verpflichtet werden, auf Anforderung der Gesellschaft einen zusätzlichen, über seine ursprüngliche Einlage hinausgehenden Kapitalnachschuss zu erbringen. Auf diese Weise kann sich das tatsächliche Haftungspotenzial eines - grundsätzlich nur beschränkt haftenden - Kommanditisten u.U. drastisch erhöhen.

Die Gesellschafter eines geschlossenen Fonds in der Rechtsform einer Gesellschaft bürgerlichen Rechts (GbR, BGB-Gesellschaft) sind grundsätzlich einem deutlich erhöhten Haftungsrisiko ausgesetzt. GbR-Gesellschafter haften im Grundsatz unbeschränkt, d.h. mit ihrem gesamten betrieblichen oder privaten Vermögen. Auch hier ist jedoch eine abweichende Regelung im Gesellschaftsvertrag zulässig. Eine gesellschaftsvertragliche Haftungsbeschränkung - etwa auf die geleistete Einlage oder nur quotal der Einlage - ist allerdings den Geschäftspartnern und Gläubigern der Fondsgesellschaft stets und in jedem Einzelfall erneut anzuzeigen und von diesen zu akzeptieren. Zur Haftung eines US-Fondszeichners siehe Gesellschaftsvertrag.

Haftpflichtversicherung

Gerade in den Vereinigten Staaten ist dieses Thema geradezu legendär wichtig. Fast täglich kann man in deutschen Zeitungen von absurd anmutenden Schadenersatzforderungen lesen. Die Gründe dafür liegen im amerikanischen Prozess- und Schadenersatzrecht, wonach Anwälte, anders als in Deutschland, auf Erfolgsbasis bezahlt werden können. Daher wird in Amerika fast immer jeder verklagt, der auch nur im Entferntesten zur Schadenentstehung beigetragen haben könnte. Gerade solvente oder gut versicherte Parteien, trefflich als so genannte Deep Pockets bezeichnet, sollen vornehmlich in die Haftung genommen werden. Naturgemäß weisen gerade Gewerbeimmobilien ein hohes Schädigungspotenzial auf und eben diese Immobilien sind zumeist Gegenstand von Immobilienfonds. Eine ausreichende Haftpflichtversicherung ist daher unbedingt vorzuweisen, um die Wirtschaftlichkeitsrechnung des Investments nicht in Gefahr zu bringen.

Hamburger Modell

Das Hamburger Modell stellt nur im weiteren Sinne eine Unterform eines geschlossenen Immobilienfonds dar. Ein von einer Personengesellschaft (GbR, KG, GmbH & Co. KG, oHG) erworbenes Grundstück wird von der Gesellschaft bebaut. Bereits in der Gesellschaftssatzung ist die spätere Aufteilung des Gebäudes in Sondereigentum (z.B. Eigentumswohnungen) fixiert, wobei jeder Gesellschafter eine seiner Kapitalbeteiligung entsprechende (Wohn-) Einheit zugesprochen erhält (so genannte „Realbeteiligung"). Die Aufteilung der Gebäudeeinheiten und die Bemessung des jeweiligen Eigenkapitalanteils eines Gesellschafters sind also exakt aufeinander abgestimmt.

Herstellungskosten

Unter den Begriff Herstellkosten fallen alle Aufwendungen, die durch den Verbrauch von Gütern und Dienstleistungen zur Herstellung eines Vermögensgegenstandes aufgewendet werden. Dazu zählen Materialkosten, Fertigungskosten und Sonderkosten der Fertigung.

Höchstkostengarantie

Um die Einhaltung des im Prospekt dargestellten Finanzierungs- und Investitionsplanes sicherzustellen, ist in einigen Konzeptionen eine Höchstkostengarantie eingebaut. Dabei ist garantiert, dass die Summe des Investitionsplanes nicht überschritten wird, wodurch zusätzliche Mittelaufnahmen notwendig werden würden. Dabei ist darauf zu achten, ob die Summe des Investitionsplanes oder der Betrag jeder einzelnen Position des Investitionsplanes garantiert ist. Ist nur die Summe garantiert, können eventuelle Überdeckungen mit anderen Unterdeckungen ausgeglichen werden. Sind die Einzelpositionen garantiert, ist dies nicht möglich, wodurch sich leichter ein Vorteil für die Anleger ergeben kann. Außerdem ist wie bei jeder anderen Garantie auf die Bonität des Garanten zu achten.

Innenfinanzierung

Als Innenfinanzierung wird jede Darlehensaufnahme auf Ebene der Gesellschaft eines geschlossenen Immobilienfonds zum Zweck der (teilweisen) Finanzierung des Fondsprojektes bezeichnet. Eine Innenfinanzierung ist bei so genannten Fremdkapitalfonds stets in dem Umfang erforderlich, in dem die Kapitaleinlagen der Gesellschafter/Anleger nicht zur Realisierung des Projektes, d.h. zur Herstellung oder zum Erwerb der Fondsimmobilie, ausreichen. Die Absicherung dieser Innenfinanzierung erfolgt regelmäßig durch eine grundpfandrechtliche Sicherung an der Fondsimmobilie zugunsten der darlehensgewährenden Bank. Der Kapitaldienst (Zins/Tilgung) für die Innenfinanzierung ist aus den Einnahmen der Fondsgesellschaft zu bestreiten.

Instandhaltungsrücklage

Eine seriöse und konservative Prognoserechnung eines geschlossenen Immobilienfonds sollte in jedem Fall eine Instandhaltungsrücklage in ausreichendem Umfang enthalten. Aus den laufenden Einnahmen der Fondsgesellschaft (Mieteinnahmen, Zinseinnahmen) werden in diesem Fall bestimmte Beträge in diese so genannte Instandhaltungsrücklage eingestellt, aus deren Mittel zu einem späteren Zeitpunkt die zu erwartenden Aufwendungen für Instandhaltungen und Reparaturen bestritten werden können. Die zur Sicherheit zurückbehaltenen Einnahmen werden auf diesem Wege zwar einerseits einer sofortigen Ausschüttung entzogen. Für die später anfallenden Instandhaltungs- oder Reparaturaufwendungen wurde andererseits bereits frühzeitig Vorsorge getroffen, sodass diese Ausgaben die spätere Ausschüttungsentwicklung des Fondsobjektes nicht mehr beeinflussen sollten.

Investitionsphase

Als Investitionsphase wird der Zeitraum bezeichnet, in dem die Investitionsentscheidung getroffen und umgesetzt wird. In der Regel entspricht die Investitionsphase dem Jahr des Beitritts. Im Gegensatz dazu wirft in der darauf folgenden Bewirtschaftungsphase das angeschaffte Wirtschaftsgut bereits Erträge ab.

Kapitaldienst

Unter Kapitaldienst versteht man die Tilgungs- und Zinszahlungen für aufgenommene Kredite.

Kapitalanlagegesellschaften

In Deutschland gibt es mit dem Gesetz über die Kapitalanlagegesellschaften KAGG ein eigenes Regularium, dem unter anderem das Prinzip der transparenten Besteuerung und der risikogemischten Anlage zugrunde liegt. Allerdings ist dieses Gesetz nicht auf die geschlossenen Immobilienfonds anwendbar. Deren rechtliches Gerüst wird durch die Wahl der Gesellschaftsform und die entsprechenden Gesetze einerseits und den Gesellschaftsvertrag andererseits gebildet.

Kapitalanlagegesellschaften in den USA, die ähnlich dem obigen Prinzip gestaltet werden und verfahren, sind zum einen die Regulated Investment Company (RIC) für Wertpapiere gemäß Sec. 851 IRC und der Real Estate Investment Trust (REIT, Reit) für Immobilien nach Sec. 856 IRC zum anderen.

Leerstand

Leerstände, d.h. unvermietete Flächen, wirken sich stets höchst negativ auf die Liquiditäts- und Renditesituation eines Vermietungsobjektes aus. Eine zumindest zeitlich begrenzte Abhilfe kann durch die Einräumung verschiedener Garantien (z.B. Erstvermietungsgarantie, Mietausfallgarantie) zugunsten des Vermieters, d.h. des Anlegers geschaffen werden. Siehe dazu auch oben Generalmietvertrag.

Leverage-Effekt

Der Leverage-Effekt beschreibt die Hebelwirkung einer hohen Fremdfinanzierungsquote innerhalb eines geschlossenen Immobilienfonds auf die anfänglichen steuerlichen Negativergebnisse bezogen auf das tatsächliche Eigenkapital. Durch eine hohe Fremdfinanzierung innerhalb eines geschlossenen Immobilienfonds lassen sich, bezogen auf das geringe Eigenkapital, vergleichsweise hohe steuerliche Negativergebnisse für den Anleger darstellen. Die Höhe der steuerlichen Negativergebnisse wird auf diese Weise gehebelt. Als Konsequenz aus dem Einsatz von Fremdkapital muss dem Anleger aber auch klar sein, dass das Risiko der Investition mit der Fremdkapitalquote mitsteigt. Schließlich ist der zu erbringende Kapitaldienst immer unabhängig von den Einnahmen zu leisten. Das heißt negative - sowie natürlich auch positive - Abweichungen von den Planzahlen wirken überproportional auf den Anleger. Als Faustformel kann die Höhe der Hebelwirkung über das Verhältnis zwischen Fremdkapital und Eigenkapital angesetzt werden. 50 Prozent Fremdkapital bedeuten also eine Verdoppelung von Einnahmeabweichungen. Zum Beispiel wirken sich in diesem Fall 20 Prozent weniger Mieteinnahmen in Form einer Reduzierung der Ausschüttung in Höhe von 40 Prozent aus.

Die Hebelwirkung kann nochmals umso weiter gesteigert werden, je hoher das Fremdkapital durch eine Fremdwährung dargestellt wird.

Liebhaberei

Das Vorliegen und die Verwirklichung der von Finanzamtsseite geforderten Gewinnerzielungsabsicht sind unabdingbare Voraussetzung für eine dauerhafte Anerkennung der anfänglichen steuerlichen Negativergebnisse und der damit einhergehenden Einkommensteuerersparnisse. Falls dies nicht gegeben ist, nimmt die Finanzverwaltung Liebhaberei an mit der Konsequenz, dass die anfänglichen Verluste sowie die späteren Gewinne nicht steuerbar sind. Die Gewinnerzielungsabsicht gilt dann als erfüllt, wenn für das Finanzamt anhand objektiver Kriterien nachvollziehbar ist, dass der Anleger aus seiner Fondsbeteiligung einen so genannten steuerlichen Totalüberschuss erzielen wird. Ein steuerlicher Totalüberschuss wird genau dann realisiert, wenn die kumulierten steuerlichen „Jahresüberschüsse" (Einnahmenüberschüsse) die kumulierten steuerlichen „Jahresfehlbeträge" (Ausgabenüberschüsse) betragsmäßig übersteigen. Anders ausgedrückt muss eine Verlustzuweisung in der Investitionsphase mit positiven steuerlichen Ergebnissen in der Vermietungsphase aufgeholt werden. Eventuell entstandene Sonderwerbungskosten wie zum Beispiel Zinsen für eine Anteilsfinanzierung müssen hierbei ebenfalls berücksichtigt werden. Die Periode, in der die kumulierten steuerlichen Gewinne die kumulierten steuerlichen Verluste erstmalig übersteigen, wird als so genanntes steuerliches Totalüberschussjahr bezeichnet. Im Immobilienbereich hält die Finanzverwaltung die Gewinnerzielungsabsicht nach derzeitigem Stand dann für gewahrt, wenn nach wenigsten 100 Jahren ein steuerlicher Totalüberschuss erzielt werden kann, sofern nicht von einer kürzeren Nutzungsdauer auszugehen ist.

Liquiditätsreserve

Eine Liquiditätsreserve wird im Rahmen konservativer Angebote für geschlossene Immobilienfonds oder anderer Beteiligungsmodelle stets in die Fondskonzeption und in die Prognoserechnung eingearbeitet. Ein Teil der laufenden Überschüsse aus dem Vermietungsgeschäft wird nicht an die Fondsgesellschafter ausgeschüttet, sondern vielmehr als „Sicherheitspolster" der Liquiditätsreserve zugeführt. Hieraus können in der Folge beispielsweise unvorhergesehene Reparaturen bestritten werden, ohne dass sich eine unmittelbare, negative Auswirkung auf die prognostizierten Ausschüttungen ergibt.

Magnetmieter

Ein Magnetmieter ist der Mieter, mit dem andere Mieter angezogen werden sollen. Bei Einkaufszentren sind dies zum Beispiel die großen Lebensmittelfilialisten, die mit ihrer hohen Kundenfrequenz für eine Belebung des gesamten Einkaufszentrums sorgen. Die kleineren Mieter, die um den Magnetmieter herum anmieten, profitieren von der hohen Kundenfrequenz des Größeren, da die Leute neben den Lebensmitteln auch bei ihnen Kleidung und vieles mehr einkaufen. Teilweise werden größere Einkaufszentren auch mit mehreren Magnetmietern aus verschiedenen Branchen ausgestattet, um auch die wiederum von den hohen Kundenfrequenzen der anderen profitieren zu lassen. Die sinnvolle Struktur eines Einkaufszentrums hinsichtlich der räumlichen Anordnung und der Zusammenstellung des angebotenen Warenkorbes trägt entscheidend zum Erfolg eines Einkaufszentrums bei. Auch bei anderen

Nutzungsarten können Magnetmieter zum Erfolg beitragen. Ein Gewerbepark oder ein Bürozentrum mit mehreren namhaften Firmen als Nutzer ist oft auch für kleinere Unternehmen ein Grund, sich dort einzumieten.

Makler

Ähnlich wie in Deutschland müssen sich auch in den USA Immobilienmakler einem entsprechenden Zulassungsverfahren in Form einer Prüfung unterziehen. In zahlreichen Bundesstaaten sind darüber hinaus Rechtsanwälte auch ohne eine derartige Prüfung berechtigt, die Zulassung zum Immobilienmakler zu beantragen. Soweit keine anderweitige Regelung getroffen wurde, muss die Partei den Makler bezahlen, die ihn beauftragt hat. In zahlreichen amerikanischen Bundesstaaten sind Maklerverträge zwingend in schriftlicher Form abzufassen.

Mietausfallgarantie

Durch eine Mietausfallgarantie wird gewährleistet, dass die vereinbarten und kalkulierten Mieteinnahmen auch dann fließen, wenn der Mieter mit seinen Zahlungen in Rückstand gerät oder vollständig ausfällt.

Mietausfallwagnis

Ein gewisses Mietausfallwagnis für die vermietende Fondsgesellschaft besteht stets dergestalt, dass bei dem Mieter das Risiko einer vorübergehenden Zahlungsschwierigkeit bzw. einer anschließenden Insolvenz gegeben ist. Die in diesem Fall ausbleibenden Mieteinnahmen hätten grundsätzlich höchst negative Auswirkungen auf die Renditesituation des Fondsobjektes. Ebenso kann unter dem genannten Szenario auch die kurzfristige Liquiditätslage der Fondsgesellschaft stark leiden, da die ausbleibenden Mieteinnahmen bei der Bedienung einer möglicherweise in Anspruch genommenen Fremdfinanzierung fehlen. Eine - allerdings regelmäßig zeitlich auf einige Jahre begrenzte - Absicherung bieten so genannte Mietausfallgarantien, bei denen die ausbleibenden Mieteinnahmen durch den Garantiegeber an den Fonds geleistet werden. Für den Zeitraum nach Ablauf einer Mietausfallgarantie sind unter dem Aspekt kaufmännischer Vorsicht in jedem Fall entsprechende Rücklagen - d.h. Sicherheitsreserven - in das Fondskonzept einzuarbeiten und in der Prognoserechnung darzustellen. Der tatsächliche Eintritt eines Mietausfalls kann dann zumindest in einem gewissen Rahmen und für eine gewisse Dauer abgefedert werden.

Mietgarantien

Als wesentlichste Formen von Mietgarantien sind die Erstvermietungsgarantie und die Mietausfallgarantie zu nennen. Durch die Erstvermietungsgarantie wird sichergestellt, dass die Objekte auch tatsächlich vermietet werden. Die Erstvermietungsgarantie enthält auch die wichtigsten Konditionen der anfänglichen Vermietung (Mietpreis, Dauer, Indexierung, Nebenkostenregelung usw.). Durch die Mietausfallgarantie wird gewährleistet, dass die vereinbarten und kalkulierten Mietzinsen einem geschlossenen Immobilienfonds auch dann zufließen, wenn der Mieter in Zahlungsschwierigkeiten oder gar in die Insolvenz gerät. Die Mieten werden dann von dem Garantiegeber weitergezahlt. In beiden Fällen, der Erstvermietungs- wie auch der Mietausfallgarantie, ist für den Anleger die Seriosität und Bonität des Garantiegebers von ganz entscheidender Bedeutung für den Sicherheitsgewinn, der durch derartige Garantieleistungen erzielt werden soll.

Mietvertrag

Der Mietvertrag ist die jedem Mietverhältnis zugrunde liegende, privatrechtliche Rechtsgrundlage. Als wesentlichste Regelungspunkte eines Mietvertrages wären zu nennen: Mietobjekt, Mietdauer, Mietzinshöhe, Zahlungsmodalitäten des Mietzinses, Mietanpassungsvereinbarungen (Indexierung, Freijahre), Kündigungsregelungen, Nebenkostenregelung. Der Mietvertrag ist grundsätzlich schriftlich zu fixieren und von beiden Parteien zu unterzeichnen. Nach dem im Bürgerlichen Gesetzbuch verankerten Rechtsgrundsatz „Kauf bricht nicht Miete" bleibt ein vorhandenes Mietverhältnis auch im Falle einer Veräußerung des Mietobjektes weiter bestehen.

Mittelherkunft

Die Mittelherkunft bei einem geschlossenen Immobilienfonds kann im Wesentlichen aus drei Quellen stammen: aus den Eigenkapitaleinlagen der Fondsgesellschafter, aus dem auf die Eigenkapitaleinlagen zu leistenden Agio (= Aufgeld) und aus eventuell auf Fondsebene aufgenommenen Fremdkapitalmitteln (Innenfinanzierung, jedoch exklusive eines etwaigen Disagios).

Mittelverwendungskontrolle

Dadurch soll sichergestellt werden, dass die Geldmittel dem Investitionsplan entsprechend verwendet werden und eine Zweckentfremdung ausgeschlossen ist. Damit die Mittelverwendungskontrolle auch wirklich funktioniert, muss ein unabhängiger Berater als Mittelverwendungskontrolleur oder am besten eine Bank eingesetzt sein. Mit der Einhaltung des Investitionsplanes ist nach Ablauf der Investitionsphase die Aufgabe des Mittelverwendungskontrolleurs beendet. Für eine seriöse Fondskonzeption ist die Mittelverwendungskontrolle unabdinglich.

Nachschusspflicht

Die Nachschusspflicht für den Anleger bei einem geschlossenen Fonds ist im Wesentlichen abhängig von der gesellschaftsrechtlichen Rechtsform, in der die betreffende Fondsgesellschaft organisiert ist, sowie von den einschlägigen Regelungen in dem abgeschlossenen Gesellschaftsvertrag. Ein für den Anleger weitgehend limitiertes Haftungsrisiko zeigen grundsätzlich die Gesellschaftsformen der Kommanditgesellschaft (KG) bzw. deren Spezialform der GmbH & Co. KG. In beiden Fällen beteiligt sich der einzelne Fondsanleger als Kommanditist. Die Haftung des Kommanditisten ist grundsätzlich auf die von ihm übernommene und auch tatsächlich in die Gesellschaft geleistete Eigenkapitaleinlage beschränkt, eine Nachschusspflicht besteht, sofern nicht anders im Gesellschaftsvertrag geregelt, nicht.

In Ausnahmefällen kann es durch eine teilweise Rückzahlung von Eigenkapitaleinlagen an die einzelnen Gesellschafter zu einem so genannten Wiederaufleben der Außenhaftung kommen. Dies ist regelmäßig dann der Fall, wenn während der anfänglichen Verlustjahre tatsächlich entstandene Liquiditätsüberschüsse sofort an die Anleger ausgeschüttet werden, ohne dass gleichzeitig ein entsprechender handelsrechtlicher Gewinn entstanden ist. In Ausnahmefällen kann im Rahmen des für die KG oder die GmbH & Co. KG abgeschlossenen Gesellschaftsvertrages eine Nachschusspflicht für die Kommanditisten verankert sein (Kommanditgesellschaft mit erweiterter Haftung). Etwa im Falle unerwarteter und voraussichtlich nicht aus den laufenden Einnahmen des geschlossenen Fonds abzudeckender Verluste kann der einzelne Kommanditist gesellschaftsvertraglich verpflichtet werden, auf Anforderung der Gesellschaft einen zusätzlichen, über seine ursprüngliche Einlage hinausgehenden Kapitalnachschuss zu erbringen. Auf diese Weise kann sich das tatsächliche Haftungspotenzial eines - grundsätzlich nur beschränkt haftenden - Kommanditisten u.U. drastisch erhöhen.

Die Gesellschafter eines geschlossenen Fonds in der Rechtsform einer Gesellschaft bürgerlichen Rechts (GbR, BGB-Gesellschaft) sind grundsätzlich einem deutlich erhöhten Haftungsrisiko ausgesetzt. GbR-Gesellschafter haften im Grundsatz unbeschränkt, d.h. mit ihrem gesamten betrieblichen oder privaten Vermögen. Auch hier ist jedoch eine abweichende Regelung im Gesellschaftsvertrag zulässig. Eine gesellschaftsvertragliche Haftungsbeschränkung - etwa auf die geleistete Einlage oder nur quotal der Einlage - ist allerdings den Geschäftspartnern und Gläubigern der Fondsgesellschaft stets und in jedem Einzelfall erneut anzuzeigen.

Nettomiete

Die Nettomiete für eine Immobilie enthält keinerlei Betriebskosten für das Objekt wie zum Beispiel Strom, Heizung, Wasser, Müllabfuhr etc. Die Betriebskosten werden dem Mieter gegebenenfalls gesondert in Rechnung gestellt. Die Handhabung erfolgt in der Praxis regelmäßig durch Vereinbarung von Vorauszahlungen mit abschließender, einmal jährlicher Schlussabrechnung. Überzahlungen werden an den Mieter zurückerstattet, Unterzahlungen sind an den Vermieter nachzuentrichten.

Nominalzins

Dabei handelt es sich um den Zinssatz, den der Darlehensnehmer dem Darlehensgeber monatlich, vierteljährlich oder jährlich im Voraus oder im Nachhinein auf die Darlehensschuld bezahlen muss. Je nach Zahlungsmodus und den sonstigen Einflussparametern errechnet sich daraus ein Effektivzins. Ein solcher Einfluss, durch den der Nominalzins während der Zinsfestschreibungsdauer künstlich niedriger gehalten wird, kann ein Disagio oder eine Zinsvorauszahlung sein.

Notar

In Deutschland ist ein Notar notwendig, um rechtsverbindlich Kaufverträge oder andere Verträge Immobilien betreffend abzuschließen. In den USA existiert ein Beruf, gemessen an den sehr hohen Anforderungen, die in Deutschland an diesen Beruf gestellt werden, in dieser Form nicht. In Amerika beschränkt sich der Aufgabenkreis eines Notary Public lediglich auf die Beglaubigung von Unterschriften. Wichtig ist das vor allem bei Urkunden, mit denen eine Eigentumsübertragung bewirkt werden oder durch die eine Hypothek bestellt oder ein anderes Recht an einem Grundstück begründet werden soll. Für derartige Vorgänge ist ein Beglaubigungsvermerk eines zuständigen Notary Public unbedingt notwendig. In manchen Bundesstaaten genügt zur Wirksamkeit aber bereits eine Unterschrift, die vor Zeugen stattfindet.

Zum Notary Public kann sich jedermann bestellen lassen, der nicht vorbestraft ist. Häufig übernehmen diese Aufgabe Sekretärinnen von Anwaltskanzleien.

Notarielle Beurkundung

Ähnlich liberal wie die Bestellung zum Notary Public, vgl. oben Notar, gehen in den USA auch der Abschluss von Immobilienkaufverträgen, die Bestellung von Hypotheken oder andere Grundstücksgeschäfte, die in Deutschland der notariellen Form bedürfen, vonstatten. Allein die Schriftform reicht aus. Eine notarielle oder sonst öffentliche Beurkundung ist nicht nötig.

Offener Immobilienfonds

Ihre rechtliche Grundlage findet sich im Gesetz über Kapitalanlagegesellschaften KAGG. Steuerliche Behandlung: offene Immobilienfonds halten ihr gesamtes Fondsvermögen (Immobilien, Bankguthaben, Anleihen, Geldmarktpapiere) als so genanntes „Sondervermögen". Sie sind selbst nicht körperschafts-, gewerbe- oder vermögensteuerpflichtig.

Erträge (Ausschüttungen) aus den Anteilen an einem offenen Immobilienfonds hat der Anleger stets als Einkünfte aus Kapitalvermögen gem. § 20 EStG zu versteuern, sofern er die Anteile in seinem steuerlichen Privatvermögen hält. Veräußerungsgewinne, die der offene Immobilienfonds durch den Verkauf von Grundstücken und Gebäuden erwirtschaftet, bleiben selbst dann sowohl auf Fonds- wie auch auf Anlegerebene steuerfrei, wenn sie innerhalb der so genannten Spekulationsfrist für Immobilien von zehn Jahren zwischen An- und Verkauf des Objektes erzielt werden. Gewinne aus der Veräußerung von Fondsanteilen durch den Anleger sind immer dann steuerpflichtig, wenn sie innerhalb der hier geltenden Spekulationsfrist für Wertpapiere von zwölf Monaten realisiert werden. Erträge und Zwischengewinne aus offenen Immobilienfonds unterliegen der Zinsabschlagsteuer.

Preisanpassungsklausel

Mietverträge bei Gewerbeflächen werden in der Regel bezüglich der Miethöhe an die Inflationsrate gekoppelt. Diese Mietpreisanpassungsklausel wird in der Fachsprache auch Indexierung genannt. Dabei wird der von dem jeweiligen Mieter an die Fondsgesellschaft zu entrichtende Mietzins im Zeitablauf in Abhängigkeit von der Entwicklung der allgemeinen Preissteigerungsrate (Inflation) sukzessive erhöht. Als Inflationsmaßstab wird dabei regelmäßig die preismäßige Entwicklung des vom Statistischen Bundesamt typisierend ermittelten Warenkorbes für einen 4-Personen-Arbeitnehmerhaushalt herangezogen (so genannter Lebenshaltungskostenindex). Art und Umfang der Indexierung sind dabei von den Parteien frei verhandelbar. Für den Vermieter (Fondsgesellschaft) und somit auch für den einzelnen Anleger am günstigsten wäre fraglos eine 100-Prozent-Indexierung. Hierbei würde sich der Mietzins nach Überschreiten einer bestimmten Inflationsgrenze (z.B. zehn Prozent oder 10 Punkte) um den vollen Zuwachs der Preissteigerungsrate erhöhen.

Beispiel zur Preisanpassungsklausel:

Anfänglicher Stand des Lebenshaltungskostenindices: 130 Punkte.

Inflation 1. Jahr: 3,0 %	→ Stand Index: 133,90 Punkte
Inflation 2. Jahr: 4,0 %	→ Stand Index: 139,26 Punkte
Inflation 3. Jahr: 2,5 %	→ Stand Index: 142,74 Punkte
Inflation 4. Jahr: 3,5 %	→ Stand Index: 147,74 Punkte

- Bei 100-%-Indexierung und 10-%-Grenze: Mieterhöhung nach dem 4. Jahr um 13,65 %
- Bei 80-%-Indexierung und 10-%-Grenze: Mieterhöhung nach dem 4. Jahr um 10,92 %
- Bei 60-%-Indexierung und 10-%-Grenze: Mieterhöhung nach dem 4. Jahr um 8,19 %
- Bei 100-%-Indexierung und 10-Punkte-Klausel: Mieterhöhung nach dem 3. Jahr um 9,8 %

Hinweis: Bei der 10-Punkte-Klausel ergibt sich bei diesem Beispiel eine Anpassung der Miete bereits nach dem 3. Jahr, was zu entsprechenden Vorteilen bei den Mieteinnahmen führt.

Eine 100-Prozent-Indexierung ist regelmäßig nur im Bürosektor durchsetzbar. Im Einzelhandelsbereich sind je nach Mieterbonität und Begehrtheit des Standortes Abschläge auf 60 bis 70 Prozent hinzunehmen.

Publikumsfonds

Diese Fondsart wird einem breit gestreuten Publikum angeboten. In der Regel werden bei diesen Publikumsfonds die Zeichnungssummen niedrig gestaltet, damit entsprechend viele Anleger als Zeichner dafür infrage kommen. Im Gegensatz zum Private Placement besteht aber bei Mindestzeichnungssummen von oft 10 000 Euro eine noch größere Gefahr, dass das Produkt an eine nicht dafür geeignete Zielgruppe verkauft wird. Dazu zählen zum Beispiel Personen, die eigentlich keine langfristige Anlageform suchen.

Rendite

Die Rendite einer geschlossenen Fondskonstruktion bildet sich grundsätzlich aus den anfänglichen positiven und späteren negativen Steuereffekten, den prognostizierten Ausschüttungen und dem erwarteten Erlös aus der Fondsgesellschaftsauflösung jeweils unter Berücksichtigung der individuellen Einkommensteuerlasten. Als Methode zur Berechnung einer prognostizierten Gesamtrendite wird häufig der interne Zinsfuß verwendet.

Renditeberechnungsmethoden

Die Rendite einer Anlage ist die letztliche Verzinsung des eingesetzten Kapitals. Dem tatsächlich in der Beteiligung liegenden wirtschaftlichen Risiko des Engagements wird bei der reinen Renditeberechnung allerdings nicht Rechnung getragen. Die Gegenüberstellung der prognostizierten Renditen unterschiedlicher Angebote auf dem geschlossenen Fondssektor ist in aller Regel nur wenig sinnvoll. Hauptgrund für diese Einschätzung sind vor allem die bei jedem individuellen Fonds höchst unterschiedlichen Prämissen und Annahmen in der Prognoserechnung (z.B. Inflationsrate, kalkulierte Fremdkapital- und Guthabenverzinsung, Instandhaltungskosten u.v.m.).

Die verschiedenen Renditeberechnungsmethoden sind grundsätzlich in statische und in dynamische Berechnungsverfahren eingeteilt. Das statische Verfahren stützt sich auf eine Renditeberechnung nach Durchschnittswerten. Da bei diesem Verfahren keinerlei Abzinsung der erwarteten Überschüsse in der Zukunft erfolgt, also keine Berücksichtigung des zeitlichen Anfalls der Einnahmen und Ausgaben stattfindet, fallen die nach der statischen Berechnungsmethode ermittelten Renditen insgesamt zu hoch aus.

Die gängigsten dynamischen Renditeberechnungsverfahren sind die Kapitalwertmethode einerseits und die Interne Zinsfußmethode andererseits. Bei der Kapitalwertmethode werden alle Zahlungsströme der Zukunft mit einem bestimmten Zinssatz auf die Gegenwart abgezinst. Als Ergebnis stellt sich der Gegenwartswert aller zukünftig erwarteten Überschüsse ein. Dieses aus dem Bereich der Investitionsrechnung stammende Berechnungsverfahren wird in Genauigkeit und Praxisnähe allerdings deutlich übertroffen von der Internen Zinsfußmethode. Der Interne Zinsfuß ist genau der Zinssatz, bei dem die mit ihm abgezinsten Zahlungsströme der Zukunft einen gegenwärtigen Kapitalwert von exakt 0 ergeben. Unter Berücksichtigung sämtlicher Zahlungsströme der Zukunft (Investitionen, Ausschüttungen, Steuerzahlungen, Steuererstattungen) errechnet sich nach einem komplexen mathematischen Schema der Renditewert. Der Interne Zinsfuß stellt allerdings nicht die Verzinsung des zu Beginn eingesetzten Kapitals, sondern vielmehr die Verzinsung des in jeder einzelnen Periode effektiv in der Fondsbeteiligung gebundenen Kapitals quasi „in einer Zahl" dar. Eine Vergleichbarkeit der Internen Verzinsungen unterschiedlicher Fondsangebote ist wiederum eher mit Vorsicht zu genießen, da von weitgehend individuellen Grundannahmen und Prognoseprämissen ausgegangen wird.

Risikostruktur

Jede Fondskonzeption hat aufgrund ihrer „Einzigartigkeit" eine nur individuell beurteilbare Risikostruktur. Jeder Anleger muss deshalb vor Zeichnung einer Fondsbeteiligung sehr genau die Risikostruktur dieses Angebotes analysieren, um sich ein Urteil über die damit verbundenen Risiken bilden zu können. Erst im zweiten Schritt muss dieser Anleger entscheiden, ob er diese Risikostruktur für sich vertreten kann. Eine Hilfestellung bietet dabei das in den meisten Prospekten enthaltene Chancen-Risiko-Profil. In diesem Kapitel sollten vom Initiator alle denkbaren Risiken angesprochen und ihre Auswirkungen verdeutlicht werden.

Spekulationsgeschäft

Unter einem Spekulationsgeschäft versteht man im Steuerrecht ein im Privatvermögen stattgefundenes Veräußerungsgeschäft, bei dem der Zeitraum zwischen Kauf und Verkauf eines Grundstückes oder eines Wertpapiers die gesetzlich festgelegte Spekulationsfrist unterschritten hat. Die derzeitigen Spekulationsfristen betragen zwölf Monate für Wertpapiere und zehn Jahre für Immobilien.

In den USA ist es gleichgültig, ob ein derartiges Geschäft im Rahmen des Privatvermögens einer Person stattgefunden hat oder von einem Unternehmen getätigt wurde, da grundsätzlich jeder Veräußerungsgewinn steuerlich relevant ist. Allerdings kommen natürliche Personen nach Maßgabe von Sec. 1221 IRC dann in den Genuss eines deutlich privilegierten Steuersatzes, wenn die Spekulationsfrist zwischen der Anschaffung und der Veräußerung länger als zwölf Monate beträgt und damit ein so genannter Long Term Capital Gain vorliegt. Spekulationsverluste werden in den Vereinigten Staaten zuerst gegen Spekulationsgewinne verrechnet. Für den Fall, dass danach immer noch ein Verlust übrig bleibt, ist dieser Rest weiter vom anderen Einkommen abzugs- und vortragsfähig. Dieser Rest ist größenmäßig begrenzt und für zusammen veranlagte Ehegatten doppelt so hoch wie bei Einzelveranlagten.

Standortgutachten

Seriöse geschlossene Immobilienfonds haben in der Regel die Anfertigung eines Standortgutachtens bei einem unabhängigen Immobiliensachverständigen in Auftrag gegeben. Dieses sollte vor allem die Makro- und Mikrolage des betreffenden Objektes näher untersuchen, die Angebots- und Konkurrenzsituation für den infrage kommenden Teilmarkt (Wohnimmobilien, Bürogebäude, Gewerbeobjekte) analysieren und letztlich eine Informationsquelle für den potenziellen Anleger darstellen, auf der die Investitionsentscheidung aufgebaut werden kann.

In den USA ist ein Standortgutachten im Rahmen eines so genannten Appraisals in sehr ausführlicher Form vorhanden. Siehe dazu die entsprechende Darstellung im Kapitel US-Immobilienanlagen.

Treugeber/Treuhänder/Treuhandkommanditist

Im Rahmen einer geschlossenen Fondskonstruktion in der Rechtsform einer Kommanditgesellschaft sind sowohl die Gesellschaft selbst als auch die Gesellschafter (Komplementäre, Kommanditisten) in das Handelsregister einzutragen. Vor allem zum Zwecke einer weitgehenden Verwaltungsvereinfachung wird dabei häufig von einer Direkteintragung jedes einzelnen Kommanditisten abgesehen. Ersatzweise schließt jeder Kommanditist einen Treuhandvertrag mit einem so genannten „Treuhandkommanditisten" ab, der dann seinerseits quasi „stellvertretend" für die einzelnen Kommanditisten in das Handelsregister eingetragen wird. Der Treuhandkommanditist fungiert hierbei als so genannter „Treuhänder", jeder einzelne Kommanditist nimmt die Stellung eines so genannten „Treugebers" ein. Auch im Bereich der Gesellschaft bürgerlichen Rechts wird in der Regel über den so genannten Grundbuchtreuhänder eine entsprechende Verwaltungsvereinfachung in die Fondskonzeption eingebaut. Vor allem aus steuerlichen Gründen ist bei der Detailausgestaltung des Treuhandvertrages unbedingt darauf zu achten, dass alle wesentlichen Rechte und Pflichten aus der Fondsbeteiligung weiterhin uneingeschränkt dem jeweiligen Treugeber zufallen. Der Treuhänder darf die Beteiligung zwar im eigenen Namen (Handelsregistereintrag!), jedoch nur auf Rechnung des Treugebers innehalten.

Nach neuester Rechtsprechung muss ein Treuhänder immer ein Rechtsanwalt sein, da er ansonsten nicht in der Lage ist, rechtsverbindlich Geschäfte für den Anleger abzuschließen.

Verlustausgleichsverbot nach § 2b EStG

Mit Verabschiedung des Steuerentlastungsgesetzes 1999/2000/2002 im März 1999 wurde auch eine steuerliche Einschränkung für so genannte Verlustzuweisungsgesellschaften eingeführt. Danach können vom Verlustausgleichsverbot betroffene Modelle ihre anfänglichen steuerlichen Verluste nicht mehr auf andere positive Einkunftsarten übertragen. Unklar aufgrund des Gesetzestextes ist allerdings, bei welchen Modellen diese Vorschrift angewandt werden muss. Erst ein im Juni 2000 verabschiedetes Anwendungsschreiben des Bundesministeriums der Finanzen hat weitgehende Klarheit in diese Fragestellung gebracht. Danach kann eine Beteiligung anhand von fünf Fragen auf die Anwendung des § 2b abgeklopft werden.

In erster Linie muss geprüft werden, ob bei dem jeweiligen Angebot eine Modellhaftigkeit vorliegt. Denn nur in diesem Fall greift der § 2b EStG. Für Fondsangebote wie geschlossene Immobilienfonds, Schiffsbeteiligungen und Leasingfonds trifft dies, anders als bei Eigentumswohnungen, immer zu. Ist dieser Tatbestand geklärt, ist für Modelle zu hinterfragen, ob die Steuervorteile der Hauptgrund für die Anlageentscheidung darstellen. Dafür gibt die Verwaltungsanweisung die zwei Regelbeispiele aus dem Gesetzestext und zwei Verlustzuweisungsgrenzen vor. Regelmäßig keine Verlustzuweisungsgesellschaft liegt vor, wenn das steuerliche Ergebnis anfänglich 50 Prozent Minus nicht überschreitet. Maßgeblich für die Einhaltung dieser Nichtaufgriffsgrenze ist das vom Anleger eingesetzte Kapital. Wird eine vom Initiator oder Vertrieb standardisiert angebotene, so genannte modellhafte Anteilsfinanzierung in Anspruch genommen, ist dieser Grenzwert schnell überschritten, da die Verluste dann auf die geringere Bareinlage bezogen werden.

Modellhafte Anteilsfinanzierungen sind auch beim 1. Regelbeispiel zu berücksichtigen. Hier muss geprüft werden, ob die Rendite nach Steuern mehr als das Doppelte der Rendite vor Steuern beträgt. Dazu sind finanzmathematische Berechnungen nach der Methode des internen Zinsfußes anzustellen. Angebote, die auch diese Hürde genommen haben, müssen noch die Frage nach dem 2. Regelbeispiel überstehen. Ein Steuervorteil steht auch dann immer im Vordergrund bei der Anlageentscheidung, wenn mit diesen geworben wird.

Die letzte Verlustgrenze ist die so genannte Knock-out-Grenze. Diese wird üblicherweise nur im Zusammenhang mit modellhaften Anteilsfinanzierungen relevant. Immer wenn der Anleger seine komplette Bareinlage über Steuererstattungen zurückerhält, steht in den Augen der Finanzverwaltung der Steuervorteil im Vordergrund. Unter Berücksichtigung des derzeitigen Spitzensteuersatzes und des Solidaritätszuschlages trifft dies bei 195 Prozent Verlustzuweisung auf die Bareinlage des Anlegers zu. Trifft dies zu, dann sind die Verluste nicht mehr mit anderen Einkünften verrechenbar.

Falls aber auch diese Hürde erfolgreich genommen werden kann, steht einem Verlustausgleich grundsätzlich nichts mehr entgegen (Ausnahme könnte nur noch die Mindestbesteuerung nach § 2 Abs. 3 EStG sein).

Verlustzuweisung

Verlustzuweisungen in der Anlaufphase eines geschlossenen Immobilienfonds entstehen dadurch, dass die steuerlichen Aufwendungen der Fondsgesellschaft (Abschreibungen inkl. Sonderabschreibungen, Finanzierungszinsen, Bewirtschaftungskosten, Verwaltungskosten) die steuerlichen Einnahmen (Mieterträge, Guthabenzinsen) übersteigen (so genannter Werbungskostenüberschuss). Die steuerlichen Verluste werden zunächst auf Ebene der Fondsgesellschaft betragsmäßig ermittelt und anschließend jedem einzelnen Gesellschafter gesondert zugewiesen. Diese Verlustzuweisungen können auf Ebene des einzelnen Anlegers mit anderen, positiven Einkünften verrechnet werden. Die hieraus resultierenden Einkommensteuerersparnisse mindern im Ergebnis den effektiven Eigenkapitaleinsatz des Anlegers. Wichtig für die Anlageentscheidung ist allerdings, dass die Verlustzuweisung nicht im Vordergrund stehen darf. Das heißt, ein Anbieter darf zum Beispiel nicht mit Verlustzuweisungen werben, da ansonsten das Verlustausgleichsverbot nach § 2b EStG zur Anwendung kommt.

Verlustzuweisungsgesellschaft

Fondsgesellschaften, deren primäres Ziel es ist, steuerlich negative Ergebnisse an die Anleger weiterzugeben, werden grundsätzlich als Verlustzuweisungsgesellschaft betrachtet. Seit dem Steuerentlastungsgesetz 1999/2000/2002 greift allerdings nach § 2b EStG ein Verrechnungsverbot für steuerlich negative Ergebnisse aus Verlustzuweisungsgesellschaften mit anderen positiven Einkünften.

Währungsrisiko

Bei Auslandsimmobilienfonds besteht ein Währungsrisiko, sofern nicht entsprechende Vorkehrungen zur Vermeidung dieses Risikos getroffen wurden. Der Verkaufspreis in US-Dollar muss zu dem dann gültigen Wechselkurs umgerechnet werden. Dieser wird üblicherweise in etwa auf dem heutigen Niveau kalkuliert. Einige Fondsinitiatoren rechnen aber auch hier die Anleger reich. Ansätze von unter 1,10 US-Dollar pro Euro kommen durchaus vor. Sollte sich der Euro nach oben entwickeln, ist der in Euro umgerechnete Einnahmeerlös oder der spätere Verkaufspreis entsprechend niedriger. Welches Wechselkursrisiko, beziehungsweise welche Kurschance, besteht, muss im Detail je nach Ausgestaltung der Konzeption sehr sorgfältig abgewägt werden.

Wertpapierdepot

Die in einem Fonds aus Sicherheitsgründen eingebaute Liquiditätsreserve kann auch in Form eines Wertpapierdepots geführt werden. Zu achten ist hierbei auf den Spekulationsgrad der Wertpapiere. Aufgrund der kaufmännischen Vorsicht sollten keine spekulativen Anlageformen gewählt werden. Außerdem muss eine gewisse Verfügbarkeit gegeben sein, damit eventuelle Instandhaltungsmaßnahmen damit bezahlt werden könnten. Aus Gründen der Renditeoptimierung sollte die Liquiditätsreserve nicht nur in Form von reinen Kurzfristanlagen geführt werden.

Wertsicherungsklausel

Die Indexierung eines Mietvertrages als wichtigste Wertsicherungsklausel, d.h. die Festlegung der Anpassungsmodalitäten des monatlichen Mietzinses an die allgemeine Preisentwicklung, trägt maßgeblich zu der kontinuierlichen Wertentwicklung einer Immobilieninvestition sowie zu dem erhöhten Inflationsschutz der laufenden Einnahmen bei.

Zinsänderungsrisiko

Das Zinsänderungsrisiko stellt einen nicht unerheblichen Faktor bei der Beurteilung und Einschätzung eines geschlossenen Immobilienfondsangebotes für den Anleger dar. Es besteht in der Gefahr, dass im Falle einer möglichen Innenfinanzierung des Fondsobjektes die nach Ablauf der festen Zinsbindungsdauer zu realisierenden Konditionen der Anschlussfinanzierung deutlich schlechter ausfallen, als dies im Rahmen der Prognoserechnung antizipiert worden war. Die Prognoserechnung ist damit von allzu günstigen Rahmenbedingungen in der Zukunft ausgegangen und überzeichnet die tatsächlichen wirtschaftlichen Erfolgsaussichten mehr oder weniger stark. Die höheren Anschlusszinsen für das Fremdkapital führen zu höheren, so nicht geplanten Zinsaufwendungen und reduzieren auf diesem Wege die Ausschüttungs- und damit die Renditeaussichten für den Anleger.

Zinsfestschreibung

Die Zinsfestschreibung/Zinsbindung bezeichnet den Zeitraum, während dessen die Zinskonditionen für eine Darlehensaufnahme vertraglich fixiert und unabänderbar sind. Auch ist während der Zinsfestschreibungsdauer in den meisten Fällen keine Sondertilgung auf das Darlehen zulässig. Nach Ablauf der Zinsfestschreibung trägt der Darlehensnehmer das Zinsänderungsrisiko, d.h. die Gefahr, dass eine Anschlussfinanzierung nur zu schlechteren Konditionen mit einem höheren Zinssatz möglich ist.

7 Anhang

7.1 Zur Körperschaft-/Gewerbesteuerpflicht bei einer GmbH & Co. KG

(BFH-Urteil vom 25. Juni 1984, BStBl. II 1984, 751 ff. - Auszug)

1. Eine GmbH & Co. KG, deren alleiniger persönlich haftender Gesellschafter eine GmbH ist, ist keine Kapitalgesellschaft i. S. von § 1 Abs. 1 Nr. 1 KStG und nicht als eine solche körperschaftsteuerpflichtig.

2. Eine Publikums-GmbH & Co. KG ist weder als nichtrechtsfähiger Verein i. S. von § 1 Abs. 1 Nr. 5 KStG noch als nichtrechtsfähige Personenvereinigung nach § 3 Abs. 1 KStG körperschaftsteuerpflichtig.

3. Bei einer GmbH & Co. KG, deren alleiniger persönlich haftender und geschäftsführender Gesellschafter eine GmbH ist, sind nicht allein wegen dieser Rechtsform alle Einkünfte i. S. des § 2 Abs. 3 EStG mit Wirkung für alle Gesellschafter (Mitunternehmer) als Einkünfte aus Gewerbebetrieb zu qualifizieren (Aufgabe der Gepräge-Rechtsprechung).

4. Eine Personengesellschaft, insbesondere eine GmbH & Co. KG, ist nicht mit Gewinnabsicht i. S. von § 1 Abs. 1 GewStDV tätig und betreibt demgemäß kein gewerbliches Unternehmen i. S. des § 15 Nr. 1 Satz 1 i.V.m. Nr. 2 EStG, wenn sie lediglich in der Absicht tätig ist, ihren Gesellschaftern eine Minderung der Steuern vom Einkommen dergestalt zu vermitteln, dass durch Zuweisung von Verlustanteilen andere an sich tariflich zu versteuernde Einkünfte nicht und die Verlustanteile letztlich nur in Form buchmäßiger Veräußerungsgewinne tarifbegünstigt versteuert werden müssen (Änderung der Rechtsprechung).

5. Ein Gesellschafter einer Personengesellschaft, insbesondere ein Kommanditist einer KG, die ein gewerbliches Unternehmen i. S. des § 15 Nr. 1 Satz 1 EStG betreibt, ist nicht Mitunternehmer i. S. des § 15 Nr. 2 EStG, wenn seine Beteiligung an der Gesellschaft rechtlich oder tatsächlich befristet ist und wegen der befristeten Zugehörigkeit zur Gesellschaft keine Teilhabe an einer von der Gesellschaft erstrebten Betriebsvermögensmehrung in der Form eines entnahmefähigen laufenden Gewinns oder eines die Einlage übersteigenden Abfindungsguthabens oder eines Gewinns aus der Veräußerung des Gesellschaftsanteils zu erwarten ist.

C. Entscheidung des Großen Senats über die vorgelegten Rechtsfragen

I. Rechtsfrage Nr. 1 – Körperschaftsteuerpflicht der GmbH & Co. KG als Kapitalgesellschaft

1. Die Vorlage der Rechtsfrage Nr. 1 ist zulässig.

Die Rechtsfrage Nr. 1 wäre dann nicht entscheidungserheblich, wenn die in einem Teil des Schrifttums vertretene Ansicht zuträfe, dass eine verschärfende Rechtsprechung nicht rückwirkend angewendet werden dürfe (vgl. Tipke, Steuerrecht, 9. Aufl. Köln 1983, S. 47 f., mit weiteren Nachweisen). Diese Auffassung ist nicht etwa so zu verstehen, dass der Große Senat zwar in dem Anrufungsfalle in der Entscheidung frei sei und dass nur die Verwaltungsbehörden und - diesen folgend - die anderen Gerichte die neue Rechtsprechung nicht rückwirkend anwenden dürften. Vielmehr geht sie dahin, schon der Große Senat dürfe keine solchen neuen Rechtsprechungsgrundsätze entwickeln (so ausdrücklich Tipke, a.a.O., S. 48).

Der vorstehenden Rechtsansicht ist nicht zu folgen. Wäre sie richtig, dann müsste jeder einschlägige Rechtsfall nach den bisherigen Grundsätzen entschieden werden und alle weiteren Erwägungen des Gerichts hinsichtlich einer Fortbildung des Rechts dürften nicht den Streitfall betreffen, wären also obiter dicta, dürften damit gar nicht in die Entscheidung eingehen. Eine Rechtsfortbildung, welche gerade die Aufgabe der obersten Gerichtshöfe, namentlich des Großen Senats ist (§ 11 Abs. 4 FGO, § 137 des Gerichtsverfassungsgesetzes - GVG), wäre versperrt. Wenn ausgeführt wird (Tipke, a.a.O., S. 48), jene Rechtsauffassung führe nicht zu einer Erstarrung der Rechtsprechung, weil eine geänderte Rechtsprechung in Zukunft angewendet werden könne, so wird dabei übersehen, dass es - da die Gerichte keine Rechtsgutachten erstatten dürfen - gar nicht erst zu einer solchen geänderten Rechtsprechung kommen könnte. Rechtsfortbildung aber kann immer nur am einzelnen Fall und mit verbindlicher Wirkung für diesen geschehen (§ 11 Abs. 5 Satz 2 FGO).

Der Große Senat hat zu dieser Frage einer rückwirkenden verschärfenden Rechtsprechung bisher nicht ausdrücklich Stellung genommen. Er hat stillschweigend die Zulässigkeit angenommen.

Für den Bereich des Steuerrechts ist der Gesetzgeber ersichtlich von der Zulässigkeit einer „rückwirkenden" verschärfenden Rechtsprechung ausgegangen, wie § 176 AO 1977 zeigt. Nach dieser Vorschrift wird bei einer solchen Änderung der Rechtsprechung das Vertrauen des Steuerpflichtigen in Fällen der Aufhebung und Änderung von Steuerbescheiden geschützt. Das Gesetz erwähnt die geänderte Rechtsprechung „eines obersten Gerichtshofes des Bundes" in diesem Zusammenhang zweimal, in Abs. 1 Nr. 3 allgemein und in Abs. 2 im Hinblick auf die rechtliche Beurteilung von allgemeinen Verwaltungsvorschriften durch einen obersten Gerichtshof.

Nach geltendem Recht ist die Streitfrage für den Bereich des Steuerrechts dahin gelöst, dass die Rechtsprechung nicht gehindert ist, auch steuerverschärfende Änderungen zu entwickeln, und dass es dann Sache der obersten Verwaltungsbehörden ist, auf der Grundlage des § 163 AO 1977 (früher § 131 der Reichsabgabenordnung - AO -) durch Übergangsregelungen unbillige Auswirkungen - auch unter dem Gesichtspunkt des Vertrauensschutzes - zu vermeiden (vgl. BFH-Beschluss am 8. November 1972 II B 24/72, BFHE 107, 315, BStBl II 1973, 94, mit weiteren Nachweisen; BVerfGE 27, 375). Solche Übergangs- und Billigkeitsregelungen sind dann auch von den Steuergerichten grundsätzlich zu beachten (vgl. statt aller BFH-Urteile vom 28. November 1980 VI R 226/77, BFHE 132, 264, BStBl II 1981, 319, mit weiteren Nachweisen).

Nach alledem wäre der Große Senat nicht gehindert, über die Rechtsfrage Nr. 1 auch im Sinne einer Bejahung der Körperschaftsteuerpflicht zu entscheiden.

2. Die vom IV. Senat vorgelegte Rechtsfrage, ob eine GmbH & Co. KG, deren alleiniger persönlich haftender Gesellschafter eine GmbH ist, zu den Kapitalgesellschaften i. S. des § 1 Abs. 1 Nr. 1 KStG gehört und als solche körperschaftsteuerpflichtig sein kann, wird in der Rechtsprechung des BFH und von den Behörden der Finanzverwaltung sowie im Schrifttum verneint.

a) Nach der Rechtsprechung des BFH ist der Begriff Kapitalgesellschaften für den Bereich der Körperschaftsteuer in § 1 Abs. 1 Nr. 1 KStG nach der zivilrechtlichen Rechtsform zu bestimmen. Deshalb wird eine GmbH & Co. KG nicht als Kapitalgesellschaft i. S. des § 1 Abs. 1 Nr. 1 KStG, sondern als Personengesellschaft i. S. des § 15 Nr. 2 EStG behandelt (vgl. BFH-Beschluss vom 10. November 1977 IV B 33–34/76, BFHE 123, 412, BStBl II 1978, 15). Im BFH-Urteil vom 13. November 1980 IV R 86/79 (BFHE 132, 186, BStBl II 1981, 272) bleibt die Frage nach der Körperschaftsteuerpflicht allerdings offen.

b) Der BMF vertritt die Auffassung, eine GmbH & Co. KG mit Sitz oder Geschäftsleitung im Inland sei selbst dann nicht als Kapitalgesellschaft i. S. des § 1 Abs. 1 Nr. 1 KStG zu werten und unter diesem Gesichtspunkt unbeschränkt körperschaftsteuerpflichtig, wenn die GmbH die alleinige persönlich haftende Gesellschafterin der KG sei und deren Geschäfte führe.

c) Im Schrifttum wird die Körperschaftsteuerpflicht einer GmbH & Co. KG als Kapitalgesellschaft i. S. des § 1 Abs. 1 Nr. 1 KStG ebenfalls verneint (vgl. Greif/Schuhmann, Kommentar zum Körperschaftsteuergesetz, § 1 Rz. 26; Herrmann/Heuer/Raupach, Einkommensteuer- und Körperschaftsteuergesetz mit Nebengesetzen, Kommentar, 19. Aufl., § 1 KStG Anm. 25; Jurkat, GmbH-Rundschau - GmbHR - 1983, 224).

3. Der Große Senat teilt die Auffassung, dass eine GmbH & Co. KG, deren alleiniger persönlich haftender Gesellschafter eine GmbH ist, keine Kapitalgesellschaft i. S. des § 1 Abs. 1 Nr. 1 KStG und daher nicht als solche körperschaftsteuerpflichtig ist, aus folgenden Gründen:

a) Nach § 1 Abs. 1 Nr. 1 KStG sind „Kapitalgesellschaften" (Aktiengesellschaften, Kommanditgesellschaften auf Aktien, Gesellschaften mit beschränkter Haftung, Kolonialgesellschaften, bergrechtliche Gewerkschaften) mit Geschäftsleitung oder Sitz im Inland unbeschränkt körperschaftsteuerpflichtig.

Der Begriff der Kapitalgesellschaft ist für den Bereich des Körperschaftsteuerrechts in § 1 Abs. 1 Nr. 1 KStG abschließend bestimmt und einer erweiternden Auslegung nicht zugänglich (BFH-Urteil vom 2. Dezember 1970 I R 122/68, BFHE 101, 79, BStBl II 1971, 187). Die Vorschrift des § 1 Abs. 1 Nr. 1 KStG knüpft die Steuerpflicht für Kapitalgesellschaften an ihre Rechtsform. Entscheidend für die Einordnung eines Rechtsgebildes in die Gruppe der Kapitalgesellschaften des § 1 Abs. 1 Nr. 1 KStG ist allein, ob es die zivilrechtliche Rechtsform einer AG, einer KGaA, einer GmbH oder einer anderen der dort aufgeführten Kapitalgesellschaften hat (RFH-Urteil vom 21. März 1944 I 216/43, RStBl 1944, 396; BFH-Urteile vom 4. November 1958 I 141/57 U, BFHE 68, 130, BStBl III 1959, 50; vom 16. September 1958 I 351/56 U, BFHE 67, 492, BStBl III 1958, 462, und vom 14. März 1961 I 224/60 U, BFHE 73, 263, BStBl III 1961, 363). Die verfassungskonforme Auslegung des § 1 Abs. 1 Nr. 1 KStG gebietet es, diese Ordnungsstruktur des Zivilrechts durchgehend zu wahren (BFH-Urteil vom 20. Oktober 1976 I R 139–140/74, BFHE 120, 236, BStBl II 1977, 96). Fehlt einer Personenvereinigung die zivilrechtliche Rechtsform einer Kapitalgesellschaft, dann besteht auch keine Körperschaftsteuerpflicht nach § 1 Abs. 1 Nr. 1 KStG. Es widerspräche der im Körperschaftsteuerrecht getroffenen gesetzgeberischen Entscheidung, an die zivilrechtliche Rechtsform anzuknüpfen, wenn bei den in § 1 Abs. 1 Nr. 1 KStG aufgezählten juristischen Personen durch die Rechtsform hindurch auf den wirtschaftlichen Gehalt des Rechtsgebildes abgestellt und diese als natürliche Person oder als nichtrechtsfähige Personenvereinigung zur Einkommensteuer herangezogen würde.

b) Eine GmbH & Co. KG ist zivilrechtlich keine Kapitalgesellschaft und damit keine juristische Person. Eine GmbH & Co. KG, bei der alleiniger persönlich haftender Gesellschafter eine GmbH ist, wird zivilrechtlich als KG und damit als Personenhandelsgesellschaft angesehen (Beschluss des Reichsgerichts – RG – vom 4. Juli 1922 II

B 2/22, RGZ 105, 101; Urteil des Bundesgerichtshofs - BGH - vom 28. September 1955 VI ZR 28/53, Wertpapier-Mitteilungen - WM - 1956, 61). Dies kommt auch in der Regelung von Teilbereichen des Rechts der GmbH & Co. KG durch das Gesetz zur Änderung des Gesetzes betreffend die Gesellschaften mit beschränkter Haftung und anderer handelsrechtlicher Vorschriften vom 4. Juli 1980 (BGBl I 1980, 836) in §§ 19 Abs. 5, 125 a, 129 a, 172 Abs. 6, 172 a und 177 des Handelsgesetzbuches (HGB) zum Ausdruck.

4. Die vorstehenden Erwägungen gelten auch für eine KG, deren persönlich haftender Gesellschafter nicht eine GmbH, sondern eine GmbH & Co. KG ist (doppelstöckige GmbH & Co. KG) und für eine Schein-GmbH & Co. KG.

a) Eine doppelstöckige GmbH & Co. KG gehört nicht zu den Kapitalgesellschaften i. S. des § 1 Abs. 1 Nr. 1 KStG, weil auch sie zivilrechtlich eine KG und damit eine Personenhandelsgesellschaft ist (vgl. Entscheidung des Landgerichts Bremen vom 3. August 1971 14-T-Nr. 10/1971, Betriebs-Berater - BB - 1971, 1121; Baumbach/Duden/Hopt, Handelsgesetzbuch, 25. Aufl., § 161 Anm. 2) C., Anh. § 177 a Anm. VIII). Die für die Gesellschaftsteuer bestehende Sonderregelung in § 5 Abs. 2 Nr. 3 KVStG lässt sich auf das von anderen Grundsätzen beherrschte Körperschaftsteuerrecht nicht entsprechend anwenden.

b) Eine GmbH & Co. KG, die als solche im Handelsregister eingetragen ist, jedoch keine vollkaufmännische Betätigung ausübt (Schein-KG), ist gleichfalls keine Kapitalgesellschaft i. S. des § 1 Abs. 1 Nr. 1 KStG. Zivilrechtlich ist sie eine Gesellschaft des bürgerlichen Rechts (GdbR) und damit eine Personengesellschaft (BGH-Urteil vom 13. November 1961 II ZR 202/60, BB 1962, 349), auf die lediglich im Innenverhältnis und aufgrund der Rechtsscheinhaftung nach außen die für die KG maßgebenden Regeln des Handelsrechts anwendbar sind (BFH-Urteil vom 12. Oktober 1983 II R 55/81, BFHE 139, 426, BStBl II 1984, 144, mit weiteren Nachweisen).

II. Rechtsfrage Nr. 2 – Körperschaftsteuerpflicht der Publikums-GmbH & Co. KG als nichtrechtsfähige Personenvereinigung

1. Die Vorlage der Rechtsfrage Nr. 2 ist aus den gleichen Gründen wie zu Rechtsfrage Nr. 1 zulässig.

2. Die Frage, ob eine Publikums-GmbH & Co. KG ein nichtrechtsfähiger Verein i. S. des § 1 Abs. 1 Nr. 5 KStG und als solcher körperschaftsteuerpflichtig sein kann, wird in der Rechtsprechung des BFH, von den Behörden der Finanzverwaltung und im Schrifttum unterschiedlich beurteilt.

a) Die Rechtsprechung des BFH sieht die Publikums-GmbH & Co. KG nicht als nichtrechtsfähigen Verein i. S. des § 1 Abs. 1 Nr. 5 KStG, sondern als Personengesellschaft an (Beschluss in BFHE 123, 412, BStBl II 1978, 15). Im BFH-Urteil in BFHE 132, 186, BStBl II 1981, 272 bleibt die Frage, ob eine Publikums-GmbH & Co. KG als nichtrechtsfähiger Verein i. S. des § 1 Abs. 1 Nr. 5 KStG zu qualifizieren ist, jedoch offen.

b) Die Finanzverwaltung behandelt zwar die Frage in den KStR nicht, lässt aber in Abschn. 28 Abs. 2 EStR 1981 und in Abschn. 16 Abs. 2 der Gewerbesteuer-Richtlinien (GewStR) 1978 erkennen, dass sie das Rechtsgebilde als Personengesellschaft ansieht.

Der BMF hat allerdings in dem Verfahren IV R 86/79 (a.a.O.) sowie in dem vorliegenden Verfahren die Auffassung vertreten, eine Publikums-GmbH & Co. KG sei zwar keine Kapitalgesellschaft i. S. des § 1 Abs. 1 Nr. 1 KStG und als solche auch nicht körperschaftsteuerpflichtig. Unter dem Blickwinkel der Körperschaftsteuerpflicht einer Personenvereinigung könne jedoch eine Publikums-GmbH & Co. KG als nichtrechtsfähige, körperschaftlich verfasste Personenvereinigung zu werten und als solche nach § 1 Abs. 1 Nr. 5 i.V.m. § 3 Abs. 1 KStG unbeschränkt körperschaftsteuerpflichtig sein. § 15 Nr. 2 EStG greife nur ein, wenn tatsächlich eine Mitunternehmerschaft vorliege. Bei einer Publikums-KG, bei der der Kommanditist ein Treuhänder für zahlreiche Treugeber sei, könne auch, wenn die KG insgesamt nicht körperschaftsteuerpflichtig sei, die Vereinigung der Treugeber als solche körperschaftsteuerpflichtig sein.

c) Die überwiegende Meinung im Schrifttum verneint eine Körperschaftsteuerpflicht der Publikums-GmbH & Co. KG als nichtrechtsfähiger Verein (vgl. Herrmann/Heuer/Raupach, a.a.O., § 1 KStG Anm. 40 und 25; Tipke, a.a.O., S. 164; Knobbe-Keuk, Bilanz- und Unternehmensteuerrecht, 4. Aufl., Köln 1983, S. 227 ff.; Quast, Finanz-Rundschau - FR - 1981, 26; Klein, GmbHR 1982, 281; Jurkat, a.a.O.). Einige Autoren bejahen indes die Frage (vgl. Uelner, Jahrbuch der Fachanwälte für Steuerrecht 1980/1981, 359; Walz, Steuergerechtigkeit und Rechtsanwendung, 1980 S. 345 ff.).

3. Der Große Senat ist der Auffassung, dass eine Publikums-GmbH & Co. KG weder als nichtrechtsfähiger Verein i. S. des § 1 Abs. 1 Nr. 5 KStG noch als nichtrechtsfähige Personenvereinigung nach § 3 Abs. 1 KStG körperschaftsteuerpflichtig ist.

a) Nach § 1 Abs. 1 Nr. 5 KStG sind „nichtrechtsfähige Vereine" mit Geschäftsleitung oder Sitz im Inland unbeschränkt körperschaftsteuerpflichtig. Nach § 3 Abs. 1 KStG sind „nichtrechtsfähige Personenvereinigungen" körperschaftsteuerpflichtig, „wenn ihr Einkommen weder nach diesem Gesetz noch nach dem Einkommensteuergesetz unmittelbar bei einem anderen Steuerpflichtigen zu versteuern ist".

Die Begriffe des nichtrechtsfähigen Vereins in § 1 Abs. 1 Nr. 5 KStG und in § 54 des Bürgerlichen Gesetzbuches (BGB) sind identisch. Demzufolge knüpft § 1 Abs. 1 Nr. 5 KStG die Körperschaftsteuerpflicht formell und strukturell an die zivilrechtliche Rechtsform einer Personenvereinigung (BFH-Urteil in BFHE 68, 130, BStBl III 1959, 50). Andere Rechtsgebilde sind nach dieser Vorschrift mangels einer ausdrücklichen Erwähnung nicht körperschaftsteuerpflichtig. Es gelten insoweit die gleichen Erwägungen wie für die Körperschaftsteuerpflicht von Kapitalgesellschaften nach § 1 Abs. 1 Nr. 1 KStG (oben unter C.I.3.a).

b) § 1 Abs. 1 Nr. 5 KStG enthält allerdings keine abschließende Regelung der Körperschaftsteuerpflicht nichtrechtsfähiger Personenvereinigungen, wie sich aus § 3 Abs. 1 KStG ergibt. § 3 Abs. 1 KStG ist aber nur ein Auffangtatbestand für Personenvereinigungen und Vermögensmassen, wofür auch die Aufzählung von Realgemeinden in § 3 Abs. 2 KStG spricht. Zweck des § 3 KStG mit seinen beiden Absätzen ist es, das in bestimmten Personenvereinigungen und Vermögensmassen erzielte Einkommen jeweils einmal entweder bei dem Rechtsgebilde selbst oder bei den dahinter stehenden Personen der originären Besteuerung zu unterwerfen (vgl. Herrmann/Heuer/Raupach, a.a.O., § 3 KStG Anm. 3). Nach § 3 Abs. 1 KStG besteht Körperschaftsteuerpflicht für andere nichtrechtsfähige Personenvereinigungen als die in § 1 Abs. 1 Nr. 5 KStG erwähnten nichtrechtsfähigen Vereine nur, wenn „ihr Einkommen weder nach diesem Gesetz" – dem KStG – „noch nach dem Einkommensteuergesetz bei einem anderen Steuerpflichtigen zu versteuern ist". Bei diesen anderen nichtrechtsfähigen Personenvereinigungen muss geprüft werden, ob ihr Einkommen unmittelbar bei den Mitgliedern zu versteuern ist und damit die Körperschaftsteuerpflicht der Vereinigung als solcher ausscheidet. Dies bedeutet indessen nicht, dass im Einzelfall tatsächlich eine Versteuerung bei den Mitgliedern stattfinden müsste, um die Körperschaftsteuerpflicht auszuschließen. Die Voraussetzungen des § 3 Abs. 1 KStG mit der Folge einer Körperschaftsteuerpflicht liegen bereits dann nicht vor, wenn die rechtliche Möglichkeit der Versteuerung des Einkommens der Personenvereinigung bei einem anderen Steuerpflichtigen gegeben ist. Ob es tatsächlich zu einer unmittelbaren Versteuerung bei allen oder einzelnen oder keinem Mitglied der Personenvereinigung kommt, ist unerheblich. Denn die nach § 3 Abs. 1 KStG erforderliche sachliche Voraussetzung der Versteuerung bei einem anderen als der Personenvereinigung bedeutet steuerrechtliche Einkommenszurechnung und nicht tatsächliche Versteuerung bei einem anderen (vgl. Herrmann/Heuer/Raupach, a.a.O., § 3 KStG Anm. 16, 19 und 21).

c) Gesetzliche Regelungen über die Versteuerung des Einkommens von nichtrechtsfähigen Personenvereinigungen, wie sie § 3 Abs. 1 KStG voraussetzt, enthält das EStG.

aa) Nach § 15 Nr. 2 EStG gehören zu den Einkünften aus Gewerbebetrieb (§ 2 Abs. 3 Nr. 2 EStG) bei Gesellschaftern einer OHG, einer KG oder einer anderen Gesellschaft, bei der der Gesellschafter als Mitunternehmer anzusehen ist, die Gewinnanteile. Diese Gewinnanteile sind „Einkommen" der Personenvereinigung, das nicht bei ihr, sondern bei den Gesellschaftern unmittelbar zu versteuern ist. Entsprechendes gilt nach klarstellenden (BFH-Urteil vom 2. Dezember 1982 IV R 72/79, BFHE 137, 323, BStBl II 1983, 215) Ergänzungen des EStG in § 13 Abs. 5 für Einkünfte aus Land- und Forstwirtschaft (§ 2 Abs. 3 Nr. 1 EStG) und in § 18 Abs. 5 für Einkünfte aus selbstständiger Arbeit (§ 2 Abs. 3 Nr. 3 EStG), mithin für den gesamten Bereich der Gewinneinkünfte.

bb) Für die Überschusseinkünfte, die von nichtrechtsfähigen Personenvereinigungen erzielt werden können (§ 2 Abs. 3 Nrn. 5–7 EStG), ist anerkannt, dass das „Einkommen" der Personenvereinigung i. S. des § 3 Abs. 1 KStG bei den Mitgliedern zu versteuern ist (BFH-Urteil vom 27. Juni 1978 VIII R 168/73, BFHE 125, 532, BStBl II 1978, 674, betr. Einkünfte aus Vermietung und Verpachtung).

d) Für eine Publikums-GmbH & Co. KG besteht keine Körperschaftsteuerpflicht nach § 1 Abs. 1 Nr. 5 oder § 3 Abs. 1 KStG, weil sie weder ein nichtrechtsfähiger Verein noch eine Personenvereinigung ohne unmittelbare Versteuerung ihres Einkommens bei anderen Steuerpflichtigen ist.

aa) Zivilrechtlich ist die Publikums-GmbH & Co. KG eine Personengesellschaft, die zur Kapitalsammlung eine unbestimmte Vielzahl rein kapitalistisch beteiligter Kommanditisten als Anlagegesellschafter aufgrund eines fertig vorformulierten Vertrags aufnehmen soll (vgl. Baumbach/Duden/Hopt, a.a.O., Anh. § 177a Anm. VIII). Ihre beiden Erscheinungsformen sind die Massengesellschaft, an der die Kapitalanleger unmittelbar beteiligt sind und bei der meist im Statut eine Beirats-, seltener eine Repräsentativverfassung vorgesehen ist, und die mittelbare Anlagegesellschaft, bei der an die Stelle einer Vielzahl von Kommanditisten ein Treuhänder-Kommanditist tritt, der den Kommanditanteil vermittelt. Nach der Rechtsprechung des BGH hat sich zwar für die Publikums-KG in Anlehnung an bestimmte Grundsätze des Rechts der Kapitalgesellschaften ein insbesondere dem Anlegerschutz der Gesellschafter und der Funktionsfähigkeit der Gesellschaft dienendes Sonderrecht herausgebildet; gleichwohl ist dieses Rechtsgebilde eine Personengesellschaft (z.B. BGH-Urteile vom 4. Juli 1977 II ZR 150/75, NJW 1977, 2311; vom 12. Juli 1982 II ZR 201/81, BB 1982, 1400; weitere Nachweise zur BGH-Rechtsprechung bei Wiedemann, Gesellschaftsrecht, Bd. I, S. 502–505).

bb) Steuerrechtlich gehört die Publikums-GmbH & Co. KG als Personengesellschaft zu den nichtrechtsfähigen Personenvereinigungen, deren Einkommen unmittelbar bei den Mitgliedern zu versteuern ist. Das gilt, wie bemerkt, für jede Tatbestandsverwirklichung des Erzielens von Einkünften im Rahmen der Einkunftsarten des § 2 Abs. 3 EStG. Werden die Tatbestandsmerkmale einer Einkunftsart von der Publikums-GmbH & Co. KG oder von ihren Gesellschaftern nicht erfüllt, besteht ohnehin weder Körperschaftsteuer- noch Einkommensteuerpflicht.

Schließlich ist noch darauf hinzuweisen, dass die Annahme eines nichtrechtsfähigen Vereins zu so schwierigen Abgrenzungsfragen führen würde, dass dem Gesetzgeber schwerlich unterstellt werden könnte, er habe eine solche Subsumtion gewollt. Insbesondere kann die Grenze zwischen einer „normalen KG" und einer „Publikums-KG" für die Zwecke einer unterschiedlichen körperschaftsteuerrechtlichen Behandlung nicht in befriedigender Weise gezogen werden. Weder die Zahl der Kommanditisten noch bestimmte Gestaltungsmöglichkeiten innerhalb einer Vielzahl von Satzungsvorschriften betreffend die Rechtsstellung der Gesellschafterversammlung (Kommanditistenversammlung) lassen eine klare Abgrenzung zu. Die Verwaltungspraxis und die Rechtsprechung würden hierdurch vor Auslegungsfragen gestellt, die leicht zu uneinheitlicher Rechtsanwendung führen können und die daher mit dem Sinn und Zweck des § 1 KStG, über den Anwendungsbereich des Körperschaftsteuerrechts Klarheit zu schaffen, unvereinbar wären.

4. Die vorstehenden Gründe einer Verneinung der Körperschaftsteuerpflicht gelten auch für eine Publikums-GmbH & Co. KG mit wenigen Kommanditisten, wenn diese ihrerseits Treuhänder für zahlreiche Treugeber sind.

a) Die zivilrechtlich als Personengesellschaft zu wertende Publikums-GmbH & Co. KG mit Treuhänder-Kommanditisten ist unter dem körperschaftsteuerlichen Blickwinkel nach § 3 Abs. 1 KStG ebenfalls eine nichtrechtsfähige Personenvereinigung mit der Möglichkeit einer unmittelbaren Versteuerung ihres „Einkommens" bei einem anderen Steuerpflichtigen und damit nicht körperschaftsteuerpflichtig. Es gelten die Ausführungen oben unter C. II. 3 mit der Maßgabe, dass das „Einkommen" einer Publikums-GmbH & Co. KG mit Treuhänder-Kommanditisten bei Gewinneinkünften in Gestalt von Gewinnanteilen und bei Überschusseinkünften in Gestalt von Überschussanteilen den Treugebern zur Versteuerung zuzurechnen ist, wenn diese einen Tatbestand der Einkünfteerzielung nach § 2 Abs. 3 EStG verwirklichen.

b) Die Frage der Körperschaftsteuerpflicht einer Publikums-GmbH & Co. KG mit Treuhänder-Kommanditisten wäre im gleichen Sinne zu beantworten, wenn man mit dem BMF annehmen wollte, dass zwischen dem einzelnen Treuhänder-Kommanditisten und seinen Kapital-Treugebern eine körperschaftsteuerpflichtige Personenvereinigung bestehen könne. Eine Körperschaftsteuerpflicht der Publikums-GmbH & Co. KG selbst wäre zu verneinen, weil bei einer Tatbestandsverwirklichung von Gewinn- oder Überschusseinkünften das „Einkommen" der Gesellschaft deren Gesellschaftern, nämlich dem persönlich haftenden Gesellschafter und der - unterstellt - körperschaftsteuerpflichtigen Personenvereinigung in der Kommanditistenstellung zur Versteuerung zuzurechnen wäre.

III. Rechtsfrage Nr. 3 – Gewerbliche Einkünfte kraft Rechtsform (Gepräge-Rechtsprechung)

1. Die Zulässigkeit der Anrufung wird - entgegen der Meinung der Klägerin - nicht dadurch berührt, dass die vorgelegte Rechtsfrage Nr. 3 inhaltsgleich ist mit der Rechtsfrage Nr. 1, die der I. Senat mit seinem Beschluss in BFHE 135, 78, BStBl II 1982, 295 dem Großen Senat vorgelegt hat (Verfahren GrS 1/82). Die allgemeinen prozessrechtlichen Grundsätze über die Rechtshängigkeit können auf Anrufungsverfahren vor dem Großen Senat nicht angewendet werden.

Der Große Senat des BFH hat im Beschluss vom 28. November 1977 GrS 2-3/77 (BFHE 124, 43, BStBl II 1978, 105) entschieden, dass er mehrere bei ihm anhängige Verfahren unabhängig von der Reihenfolge ihrer Vorlage zu gemeinsamer Verhandlung und Entscheidung verbinden kann. Dieser Entscheidung liegt die auch von anderen obersten Gerichtshöfen des Bundes (z.B. BVerwG-Beschluss vom 16. März 1964 GrS 1/63, Buchholz, Sammel- und Nachschlagewerk der Rechtsprechung des Bundesverwaltungsgerichts, § 11 VwGO, Nr. 6; Beschluss des BSG vom 10. Dezember 1974 GS 2/73, BSGE 38, 248, 250 ff.) geteilte Auffassung zugrunde, dass der Große Senat wegen derselben Rechtsfrage von mehreren Senaten angerufen werden kann. Hat ein Senat dem Großen Senat eine Rechtsfrage vorgelegt, so ist eine nachfolgende Vorlage durch einen anderen Senat nicht unzulässig. Nach dem Sinn und Zweck des § 11 FGO sind Entscheidungen des Großen Senats auf eine möglichst breite Grundlage zu stellen und dabei die Erfahrungen derjenigen Senate nutzbar zu machen, die die gleiche Rechtsfrage zu entscheiden haben.

Die Entscheidungserheblichkeit der vorgelegten Rechtsfragen ergibt sich aus den zutreffenden Ausführungen dazu im Vorlagebeschluss des IV. Senats, auf die verwiesen wird.

2. Die Frage, welcher Einkunftsart i. S. des § 2 Abs. 3 EStG die Einkünfte der Gesellschafter einer GmbH & Co. KG, deren alleiniger persönlich haftender und geschäftsführender Gesellschafter eine GmbH ist, zuzuordnen sind, wird in der Rechtsprechung des BFH, von den Behörden der Finanzverwaltung und im Schrifttum unterschiedlich beurteilt.

a) Nach der Rechtsprechung des BFH setzt die Annahme von Einkünften aus Gewerbebetrieb i. S. des § 2 Abs. 3 Nr. 2 EStG bei den Gesellschaftern einer Personengesellschaft grundsätzlich voraus, dass die Gesellschaft ein gewerbliches Unternehmen betreibt und die Gesellschafter als Mitunternehmer anzusehen sind (Urteil vom 22. November 1972 I R 252/70, BFHE 108, 208, BStBl II 1973, 405; Beschluss vom 21. Februar 1974 IV B 28/73, BFHE 112, 51, BStBl II 1974, 404, m.w.N.). Bei der Gesellschaft müssen alle Merkmale eines gewerblichen Unternehmens i. S. des § 15 Nr. 1 Satz 1 EStG und bei dem Gesellschafter die Merkmale eines Mitunternehmers i. S. des § 15 Nr. 2 EStG vorliegen. Einkünfte aus Tätigkeiten oder Vermögensnutzungen durch Personengesellschaften ohne die allgemeinen Merkmale einer gewerblichen Betätigung fallen grundsätzlich nicht unter § 15 Nr. 2 EStG (BFH-Urteil vom 9. Juli 1964 IV 427/62 U, BFHE 80, 154, BStBl III 1964, 530); ebenso wenig Einkünfte eines Gesellschafters ohne die typischen Wesenszüge eines Mitunternehmers (BFH-Beschluss in BFHE 112, 51, BStBl II 1974, 404).

Ausnahmsweise sieht die Rechtsprechung des BFH Tätigkeiten oder Vermögensnutzungen durch eine Personengesellschaft sowohl für die Einkommensteuer als auch für die Gewerbesteuer als gewerbliches Unternehmen an, wenn an der Gesellschaft nur Kapitalgesellschaften beteiligt sind (Urteil in BFHE 108, 208, BStBl II 1973, 405) oder wenn an der Gesellschaft neben natürlichen Personen eine Kapitalgesellschaft beteiligt ist, die der Personengesellschaft das Gepräge gibt und ihre Tätigkeit entscheidend bestimmt (so insbesondere die Urteile in BFHE 84, 471, BStBl III 1966, 171; vom 3. August 1972 IV R 235/67, BFHE 106, 331, BStBl II 1972, 799). Letzteres soll bei einer GmbH & Co. KG, bei der die GmbH der einzige persönlich haftende und geschäftsführende Gesellschafter ist, immer der Fall sein, nicht aber bei einer vermögensverwaltenden OHG, an der eine GmbH und eine natürliche Person je zur Hälfte beteiligt sind (BFH-Urteil in BFHE 118, 559, BStBl II 1976, 480). Das BFH-Urteil in BFHE 84, 471, BStBl III 1966, 171 betrifft die einheitliche Gewinnfeststellung von Einkünften aus Gewerbebetrieb der Gesellschafter einer Personengesellschaft und enthält damit eine einkommensteuerrechtliche Beurteilung.

b) Die Behörden der Finanzverwaltung folgen der Rechtsprechung des BFH (Abschn. 28 Abs. 2 EStR 1981, Abschn. 16 Abs. 2 GewStR 1978).

Der BMF hat jedoch in dem vorliegenden Verfahren grundsätzliche Bedenken gegen die Aufrechterhaltung der Gepräge-Rechtsprechung geäußert. Die in § 1 Abs. 1 GewStDV – jetzt auch in § 15 Abs. 2 EStG 1984 – enthaltene Definition des Gewerbebetriebs gelte unabhängig von der Rechtsform, in welcher der Steuerpflichtige sich betätige.

c) Das Schrifttum folgt zum Teil der bisherigen Rechtsprechung des BFH (vgl. Klein/Flockermann/Kühr, Einkommensteuergesetz, 3. Aufl., § 15 Anm. 3 a; Lademann/Söffing/Brockhoff, Kommentar zum Einkommensteuergesetz, § 15 Anm. 4; Littmann, Das Einkommensteuerrecht, 13. Aufl., § 15 Rdnr. 103; Frotscher, Einkommensteuergesetz, Anhang zu § 15 Anm. 23). Überwiegend findet die Gepräge-Rechtsprechung jedoch Widerspruch (vgl. Blümich/Falk, Einkommensteuergesetz, 11. Aufl., § 15 Anm. 202; Hartmann/Böttcher/Nissen/Bordewin, Kommentar zum Einkommensteuergesetz, § 15 Rdnr. 415; Herrmann/Heuer/Raupach, a.a.O., § 15 EStG Anm. 13c 2; Schmidt, Einkommensteuergesetz, 3. Aufl., § 15 Anm. 42 und 111; Knobbe-Keuk, a.a.O., 455; Tipke, a.a.O., 167).

3. Der Große Senat ist der Auffassung, dass bei einer GmbH & Co. KG, deren alleiniger persönlich haftender und geschäftsführender Gesellschafter eine GmbH ist, nicht allein wegen dieser Rechtsform alle Einkünfte mit Wirkung für alle Gesellschafter (Mitunternehmer) als Einkünfte aus Gewerbebetrieb zu qualifizieren sind.

Der Große Senat folgt damit nicht der Gepräge-Rechtsprechung. Diese Rechtsprechung ist mit den neueren Erkenntnissen zur steuerrechtlichen Behandlung der Personengesellschaften und ihrer Gesellschafter nicht mehr vereinbar.

a) Nach § 2 Abs. 3 Nr. 2 EStG unterliegen der Einkommensteuer Einkünfte aus Gewerbebetrieb. Das sind nach § 15 Nr. 1 Satz 1 EStG „Einkünfte aus gewerblichen Unternehmen". Dazu gehören nach § 15 Nr. 2 EStG „auch die Gewinnanteile der Gesellschafter einer OHG, einer KG und einer anderen Gesellschaft, bei der der Gesellschafter als Unternehmer (Mitunternehmer) anzusehen ist, und die Vergütungen, die der Gesellschafter von der Gesellschaft für seine Tätigkeit im Dienst der Gesellschaft oder für die Hingabe von Darlehen oder für die Überlassung von Wirtschaftsgütern bezogen hat". Gemäß § 2 Abs. 4 Nr. 1 EStG sind Einkünfte aus Gewerbebetrieb „der Gewinn" (§§ 4–7 e EStG). Nach § 16 KStDV sind bei Körperschaften, die Bücher nach den Vorschriften des HGB zu führen verpflichtet sind, „alle Einkünfte als Einkünfte aus Gewerbebetrieb zu behandeln".

Die Gesellschafter einer Personengesellschaft in der Rechtsform einer KG haben Einkünfte einer bestimmten Einkunftsart i. S. des § 2 Abs. 3 EStG bezogen (§ 2 Abs. 1 EStG 1968) – „erzielt" (§ 2 Abs. 1 Satz 1 EStG 1984) –, wenn die Gesellschafter gemeinsam einen der Einkünftetatbestände der §§ 13–24 EStG erfüllen (BFH-Urteil vom 14. November 1979 I R 123/76, BFHE 130, 254, BStBl II

1980, 432, betr. Einkünfte aus Gewerbebetrieb). Die Art der Einkünfte der Gesellschafter einer Personengesellschaft wird in erster Linie durch die Tätigkeit der Gesellschafter in ihrer gesamthänderischen Verbundenheit, mithin durch die Tätigkeit der Gesellschaft, bestimmt.

Eine Personengesellschaft unterliegt zwar als solche nicht der Einkommensteuer und ist insoweit nicht Steuersubjekt. Steuerpflichtig und damit Steuerschuldner sind die Gesellschafter als natürliche Personen (§ 1 EStG). Ist eine juristische Person Gesellschafter, so ist diese körperschaftsteuerpflichtig (§ 1 KStG). Zur einheitlichen Besteuerung werden die Einkünfte gesondert und einheitlich festgestellt, auf die Gesellschafter verteilt und diesen bei ihrer Einkommensbesteuerung zugerechnet (§§ 179, 180 Abs. 1 Nr. 2 a, § 182 Abs. 1 AO 1977).

Eine Personengesellschaft ist jedoch für die Einkommensteuer oder Körperschaftsteuer insoweit Steuerrechtssubjekt, als sie in der Einheit ihrer Gesellschafter Merkmale eines Besteuerungstatbestandes verwirklicht, welche den Gesellschaftern für deren Besteuerung zuzurechnen sind. Solche Merkmale sind insbesondere die Verwirklichung oder Nichtverwirklichung des Tatbestands einer bestimmten Einkunftsart und das Erzielen von Gewinn oder Überschuss im Rahmen dieser Einkunftsart. Dies gilt gleichermaßen für alle in § 2 Abs. 3 Nrn. 1–7 EStG aufgeführten und nach §§ 13–24 EStG zu bestimmenden Einkunftsarten mit Gewinn- oder Überschusseinkünften, soweit sie bei der Tätigkeit oder der Vermögensnutzung einer Personengesellschaft anfallen können.

aa) Davon, dass eine Personengesellschaft in begrenztem Umfang Steuerrechtssubjekt ist, geht die Rechtsprechung des BFH bereits seit längerem aus, wenn als Einkünfte die Gewinn- oder Überschussanteile der Gesellschafter einer Personengesellschaft in der Rechtsform der KG zu ermitteln sind, die bei den Gesellschaftern als Einkünftebestandteile von der Einkommensteuer oder Körperschaftsteuer erfasst werden.

(1) Für Einkünfte aus Gewerbebetrieb und damit für den Bereich der Gewinneinkünfte ist im Beschluss des Großen Senats vom 10. November 1980 GrS 1/79 (BFHE 132, 244, BStBl II 1981, 164) ausgeführt, dass zu den Einkünften einer gewerblich tätigen KG die Gewinnanteile der Gesellschafter und die Vergütungen gehören, welche die Gesellschafter für die Überlassung von Arbeitskraft, Kapital oder Wirtschaftsgütern vor der Gesellschaft beziehen (§ 2 Abs. 4 Nr. 1, § 15 Nr. 2 EStG). Die Gewinnanteile sind die Anteile am Gewinn der KG. Dieser ist auf der Grundlage der aus der Handelsbilanz abgeleiteten Steuerbilanz der KG zu ermitteln und nach dem handelsrechtlichen Gewinnverteilungsschlüssel den Gesellschaftern (Mitunternehmern) zuzurechnen. Gleiches gilt für die Verlustanteile der Gesellschafter einer gewerblich tätigen KG.

(2) Für Einkünfte aus Vermietung und Verpachtung und damit für den Bereich der Überschusseinkünfte wird im BFH-Beschluss vom 5. Mai 1981 VIII B 26/80 (BFHE 133, 285, BStBl II 1981, 574) ausgesprochen, dass zu den Einkünften der Gesellschafter einer Immobilien-KG die Anteile am Überschuss der Einnahmen über die Werbungskosten gehören, welche die KG erzielt (§ 2 Abs. 4 Nr. 2, § 21 EStG). Hinzu kommen Sondereinnahmen und Sonderwerbungskosten einzelner Gesellschafter. Grundlage für die Ermittlung dieses Überschusses ist nicht die Handelsbilanz der KG, sondern eine Zusammenstellung der Einnahmen und der Werbungskosten, welche bei der KG zu- und abgeflossen sind (§§ 8, 9, 11 EStG). Der Überschuss ist den einzelnen Gesellschaftern zuzurechnen. Dazu bedarf es keiner Zurechnung der einzelnen Geschäftsvorfälle der KG an die Gesellschafter. Für die Besteuerung erforderlich ist nur die Zurechnung der steuerrechtlich erheblichen Merkmale, welche die KG verwirklicht hat, an ihre Gesellschafter. Das ist der Überschuss zugeflossener Einnahmen über abgeflossene Werbungskosten. Gleiches gilt für die Anteile eines Gesellschafters am Verlust der Immobilien-KG in Gestalt eines Überschusses abgeflossener Werbungskosten über zugeflossene Einnahmen.

bb) Dass eine Personengesellschaft auch Steuerrechtssubjekt bei der Feststellung der Einkunftsart ist, ergibt sich aus ihrer begrenzten Steuerrechtsfähigkeit bei der Gewinn- oder Überschussermittlung des von ihr erwirtschafteten Ergebnisses. Denn die Feststellung der Einkunftsart ist Voraussetzung dafür, ob das Ergebnis der Personengesellschaft, dessen Anteile den Gesellschaftern zuzurechnen sind, als Gewinn (§ 2 Abs. 3 Nrn. 1–3, Abs. 4 Nr. 1 EStG) oder als Überschuss (§ 2 Abs. 3 Nrn. 4–7, Abs. 4 Nr. 2 EStG) zu ermitteln ist.

b) Ob die Gesellschafter einer Personengesellschaft Einkünfte der Einkunftsart Einkünfte aus Gewerbebetrieb bezogen haben (§ 2 Abs. 1 EStG 1968) – „erzielen" (§ 2 Abs. 1 Satz 1 EStG 1984) –, hängt von einer Tatbestandsverwirklichung des § 15 EStG ab. Voraussetzung dafür ist zum einen, dass die Gesellschafter in ihrer Verbundenheit als Personengesellschaft ein gewerbliches Unternehmen betreiben (§ 15 Nr. 1 Satz 1 EStG), zum anderen, dass sie als Mitunternehmer anzusehen sind (§ 15 Nr. 2 EStG). Dass es die Gesellschaft ist, die ein gewerbliches Unternehmen haben muss, um ihren Gesellschaftern gewerbliche Einkünfte vermitteln zu können, ergibt sich aus den Ausführungen unten.

aa) Eine Personengesellschaft hat ein gewerbliches Unternehmen, wenn sich ihre Gesellschafter gemeinsam mit den in § 1 Abs. 1 GewStDV aufgeführten Merkmalen betätigen und ihre Tätigkeit keine private Vermögensverwaltung ist.

(1) Eine Legaldefinition des Gewerbebetriebs wurde für das Einkommensteuerrecht erstmals durch das Steuerentlastungsgesetz vom 22. Dezember 1983 – StEntlG 1984 – (BGBl I 1983, 1583, BStBl I 1984, 14) in § 15 Abs. 2 EStG 1984 aufgenommen. Diese Begriffsbestimmung entspricht im Wesentlichen der in § 1 Abs. 1 GewStDV enthaltenen Erläuterung des Begriffs des Gewerbebetriebs i. S. des § 2 Abs. 1 GewStG, die für die Zeit vor dem Geltungsbereich des § 15 Abs. 2 EStG 1984 auch zur Bestimmung des in § 15 Satz 1 EStG enthaltenen Begriffs des gewerblichen Unternehmens herangezogen werden kann. Dabei ist allerdings zu beachten, dass die Begriffe des gewerblichen Unternehmens in § 15 Nr. 1 Satz 1 EStG und des Gewerbebetriebs in § 2 Abs. 1 GewStG in zeitlicher Hinsicht Unterschiede aufweisen. Das einkommensteuerrechtlich relevante gewerbliche Unternehmen und damit das Erzielen von einkommensteuerpflichtigen Einkünften nach § 2 Abs. 3 Nr. 2 EStG kann früher beginnen und später enden als der Gewerbebetrieb mit sei-

ner Gewerbesteuerpflicht nach § 2 Abs. 1 GewStG (BFH-Urteil vom 19. August 1977 IV R 107/74, BFHE 123, 352, BStBl II 1978, 23). Beim Rückgriff auf § 1 Abs. 1 GewStDV ist außerdem die Unvollständigkeit der darin enthaltenen Begriffsbestimmung zu beachten, die das nach der Rechtsprechung des BFH (Urteil vom 17. März 1981 VIII R 149/78, BFHE 133, 44, BStBl II 1981, 522, m.w.N.) zur Kennzeichnung eines gewerblichen Unternehmens notwendige Negativmerkmal des Nichtvorliegens einer privaten Vermögensverwaltung unerwähnt lässt.

(2) Ist mit den vorerwähnten Einschränkungen die Frage, ob ein gewerbliches Unternehmen i. S. des § 15 Nr. 1 EStG und ein stehender Gewerbebetrieb i. S. des § 2 Abs. 1 Satz 2 GewStG vorliegt, nach übereinstimmenden Grundsätzen zu entscheiden (BFH-Urteil vom 21. Februar 1980 I R 95/76, BFHE 130, 403, BStBl II 1980, 465), so ist ein Gewerbebetrieb anzunehmen, wenn eine Tätigkeit („Unternehmen" im funktionellen Sinne) die Voraussetzungen des § 1 GewStDV erfüllt und sich die Tätigkeit nach den Umständen des Einzelfalls nicht als private Vermögensverwaltung darstellt (BFH-Entscheidungen vom 4. März 1980 VIII R 150/76, BFHE 130, 157, BStBl I 1980, 389; vom 25. Februar 1982 IV R 25/78, BFHE 135, 316; BStBl II 1982, 461; vom 6. Oktober 1982 I R 7/79, BFHE 136, 497, BStBl II 1983, 80). Nach § 1 Abs. 1 GewStDV ist Voraussetzung für einen Gewerbebetrieb eine selbstständige nachhaltige Betätigung, die mit Gewinnabsicht unternommen wird, sich als Beteiligung am allgemeinen wirtschaftlichen Verkehr darstellt und weder als Ausübung von Land- und Forstwirtschaft noch als Ausübung eines freien Berufs oder einer anderen selbstständigen Arbeit anzusehen ist. Bei der Abgrenzung zwischen Gewerbebetrieb und privater Vermögensverwaltung ist auf das Gesamtbild der Verhältnisse und die Verkehrsanschauung abzustellen (BFH-Urteil in BFHE 133, 44, BStBl II 1981, 522).

bb) Die vorstehenden Grundsätze zur Bestimmung eines gewerblichen Unternehmens i. S. von § 15 Nr. 1 Satz 1 EStG gelten gleichermaßen für die Tätigkeiten von Einzelpersonen und von Personengesellschaften sowie bei Personengesellschaften unabhängig davon, welche Rechtsform ein Gesellschafter hat. Eine Personengesellschaft betreibt nicht schon deshalb ein gewerbliches Unternehmen i. S. des § 15 Nr. 1 Satz 1 EStG, weil ein Gesellschafter oder mehrere oder alle Gesellschafter die Rechtsform einer Kapitalgesellschaft haben.

(1) Die Rechtsform einer Kapitalgesellschaft bewirkt beim Gesellschafter einer Personengesellschaft, dass der Anteil am Gewinn oder Überschuss der Personengesellschaft so, wie er bei der Gesellschaft ermittelt wurde, beim Gesellschafter immer als Einkünfte aus Gewerbebetrieb „zu behandeln" ist (§ 16 KStDV - jetzt § 8 Abs. 2 KStG 1977 -) und bei ihm der Körperschaftsteuer unterliegt. Entsprechendes gilt bei Gewinnermittlung für andere mit den Anteilen zusammenhängende Einkunftsbestandteile wie Sondervergütungen i. S. von § 15 Nr. 2 Halbsatz 2 EStG oder bei Überschussermittlung auch für Gewinne aus der Veräußerung von Wirtschaftsgütern, wie unten ausgeführt wird.

Die Beteiligung einer Kapitalgesellschaft an einer Personengesellschaft führt für sich gesehen nicht dazu, dass die Personengesellschaft ein gewerbliches Unternehmen hat. Dabei ist es gleichgültig, ob die Kapitalgesellschaft alleiniger persönlich haftender oder beschränkt haftender Gesellschafter ist. Ebenso wenig ist von Belang, ob die Kapitalgesellschaft Geschäftsführer ist oder ob ihr oder ihre Gesellschafter mit den übrigen Personengesellschaftern identisch sind. Bei der Frage nach dem Vorliegen eines gewerblichen Unternehmens der Personengesellschaft ist allein auf deren Tätigkeit, wie sie sich in der gemeinschaftlichen Betätigung ihrer Gesellschafter darstellt, abzustellen. Diese Tätigkeit muss die Merkmale eines gewerblichen Unternehmens erfüllen. Auch wenn die geschäftsleitende Kapitalgesellschaft mit dieser Funktion in ihrem Bereich unternehmerisch (gewerblich) tätig wird, so vermag sie hierdurch nicht der Gesamttätigkeit der KG einen unternehmerischen Charakter zu geben. Ebenso wird eine private Vermögensverwaltung nicht dadurch zu einem gewerblichen Unternehmen, dass die Verwaltungsgeschäfte von einer Person geführt werden, die Geschäfte dieser Art gewerbsmäßig betreibt.

(2) An dieser Beurteilung ändert nichts, dass nach § 2 Abs. 2 Nr. 2 GewStG die Tätigkeit einer Kapitalgesellschaft „stets und in vollem Umfang“ als Gewerbebetrieb gilt. Die Vorschrift fingiert lediglich für Gewerbesteuerzwecke die Tätigkeit einer Kapitalgesellschaft als Gewerbebetrieb, soweit diese Gesellschaft tätig ist. § 2 Abs. 2 Nr. 2 GewStG enthält jedoch keine Aussage für den Fall, dass eine Kapitalgesellschaft Gesellschafter einer Personengesellschaft ist und nur die Tätigkeit der Personengesellschaft für die Einordnung in eine der Einkunftsarten nach § 2 Abs. 3 EStG qualifiziert werden muss. Etwas anderes ist auch nicht aus § 2 Abs. 2 Nr. 1 GewStG zu entnehmen. Diese Vorschrift setzt eine mindest teilweise gewerbliche Tätigkeit der Personengesellschaft voraus und gilt nur für die Gewerbesteuer.

(3) Gegen die Auffassung, dass für die Einkommensteuer die Einkunftsart und die Ergebnisermittlungsart durch die Tätigkeit der Personengesellschaft bestimmt werden, könnte nicht eingewendet werden, dass als Folge dieser Betrachtungsweise bei einer vermögensverwaltenden Personengesellschaft mit Überschussermittlung bei dem Gesellschafter, dessen Gesellschaftsanteil zu seinem Betriebsvermögen gehört, weil seine Einkünfte als gewerblich zu behandeln (§ 16 KStDV – § 8 Abs. 2 KStG 1977 –) oder die Einkünfte den gewerblichen Einkünften zuzurechnen sind (§ 20 Abs. 3, § 21 Abs. 3 EStG), eine sachgerechte Besteuerung von Veräußerungsgewinnen nicht mehr möglich sei. Denn die Zugehörigkeit des Gesellschaftsanteils zu einem Betriebsvermögen wegen der gesetzlich angeordneten „Behandlung“ von Einkünften als Einkünfte aus Gewerbebetrieb oder „Zurechnung“ von Einkünften zu den Einkünften aus Gewerbebetrieb bei dem einzelnen Gesellschafter einer vermögensverwaltenden Personengesellschaft bewirkt, dass dieser Gesellschafter vermittels seines Gesellschaftsanteils anteilig an den Wirtschaftsgütern der Gesellschaft beteiligt ist und diese bei ihm Betriebsvermögen sind. Insoweit ist die getrennte Zurechnung der Wirtschaftsgüter der Gesellschaft erforderlich, um zu einer sachlich zutreffenden Besteuerung zu gelangen. Dies hat zur Folge, dass auch Veräußerungsgewinne aus der Veräußerung von Wirtschaftsgütern durch die Personengesellschaft anteilig bei diesem Gesellschafter als gewerbliche Einkünfte zu erfassen sind.

cc) Entgegen der Meinung der Klägerin gibt es im Hinblick auf die Gepräge-Rechtsprechung keine ungeschriebene Rechtsnorm, nach der alle Gesellschafter einer GmbH & Co. KG mit einer GmbH als alleinigem persönlich haftenden Gesellschafter und Geschäftsführer wegen der Rechtsform dieses Gesellschafters Einkünfte aus Gewerbebetrieb hätten.

Die Möglichkeit von Gewohnheitsrecht für Steuerbelastungen oder Steuervergünstigungen ist umstritten. Sie wird in der Rechtsprechung des BFH nur dann angenommen, wenn sich zu einer bestimmten Rechtsfrage ein Rechtsbewusstsein der beteiligten Kreise gebildet hat und die Gerichte diese Rechtsüberzeugung teilen (BFH-Entscheidungen vom 27. Juni 1963 IV 111/59 U, BFHE 77, 586, BStBl III 1963, 534; vom 15. Januar 1969 I 18/65, BFHE 95, 92, BStBl II 1969, 310; vom 22. Januar 1980 VIII R 74/77, BFHE 129, 485, BStBl II 1980, 244; vom 23. November 1983 I R 216/78, BFHE 139, 398, BStBl II 1984, 277). Im Schrifttum gibt es keine einheitliche Meinung (vgl. Tipke, a.a.O., S. 84 f., m.w.N.).

Der Große Senat kann die Frage der Bildung von Gewohnheitsrecht im Steuerrecht offen lassen, weil es für die hier zu beurteilende Rechtsfrage bereits an den vorerwähnten Voraussetzungen fehlt. Von einem allgemeinen Rechtsbewusstsein der beteiligten Kreise und einer Billigung durch die Gerichte kann keine Rede sein, da die Gepräge-Rechtsprechung von Anfang an umstritten war und vom BFH selbst inzwischen in Zweifel gezogen wurde (BFH-Beschluss in BFHE 123, 412, BStBl II 1978, 15).

4. Die vorstehenden Erwägungen zur Bestimmung der Einkunftsart gelten auch für eine mehrstöckige GmbH & Co. KG und für eine Schein-GmbH & Co. KG.

a) Für eine Personengesellschaft in der Rechtsform einer KG, bei der persönlich haftender Gesellschafter nicht eine GmbH, sondern wiederum eine GmbH & Co. KG ist, richtet sich die Bestimmung der Einkunftsart bei den Einkünften der einzelnen Gesellschafter der KG ebenfalls zunächst nach der Tätigkeit der gesamten KG. Diese KG muss ein gewerbliches Unternehmen i. S. des § 15 Nr. 1 EStG betreiben, damit ihre Gesellschafter gewerbliche Einkünfte haben können, es sei denn, bei einzelnen oder allen Gesellschaftern sind Einkünfte anderer Einkunftsarten kraft Gesetzes als Einkünfte aus Gewerbebetrieb zu behandeln oder solchen Einkünften zuzurechnen, z.B. nach § 16 KStDV - jetzt § 8 Abs. 2 KStG 1977 - oder nach § 20 Abs. 3, § 21 Abs. 3 EStG.

b) Auch bei einer Schein-GmbH & Co. KG, d.h. einer richtigerweise als Gesellschaft bürgerlichen Rechts anzusehenden Vereinigung, bestimmt nicht die Rechtsform oder die Tätigkeit eines einzelnen Gesellschafters die Qualifikation der Einkünfte der übrigen Gesellschafter, sondern die Tätigkeit der Personengesellschaft als solche.

5. Die vorstehenden Grundsätze führen zu einer Änderung der Rechtsprechung des BFH zur einkommensteuerrechtlichen Qualifizierung von Einkünften der Gesellschafter einer Personengesellschaft, an der eine GmbH als alleiniger persönlich haftender und geschäftsführender Gesellschafter beteiligt ist.

a) Der Große Senat hat stets die Bedeutung einer Kontinuität der Rechtsprechung betont. Er hat indes auch mehrfach ausgesprochen, dass unter bestimmten Voraussetzungen eine ständige Rechtsprechung geändert werden muss. Ein solcher wichtiger Grund kann darin liegen, dass sich die tatsächlichen Verhältnisse gewandelt haben oder dass sich zu sachlich zusammenhängenden Fragen die Gesetzeslage oder die Rechtsprechung geändert hat (vgl. BFH-Beschluss vom 26. November 1973 GrS 5/71, BFHE 111, 242, BStBl II 1974, 132, m.w.N.. Hinsichtlich der hier umstrittenen Rechtsfrage ist eine Änderung der Rechtsprechung geboten, weil die neuere Judikatur des BFH zur einkommensteuerrechtlichen Behandlung der Personenhandelsgesellschaft und ihrer Gesellschafter bei der Ermittlung der Einkünfte von der Einheit der Gesellschafter in ihrer gesamthänderischen Verbundenheit - Rechtszuständigkeit der Gesamthand - ausgeht (z.B. Urteile vom 4. April 1974 I R 73/72, BFHE 112, 351, BStBl II 1974, 645; vom 28. Januar 1976 I R 84/74, BFHE 119, 234, BStBl II 1976, 744; vom 21. Oktober 1976 IV R 210/72, BFHE 120, 239, BStBl II 1977, 145; sowie Beschluss in BFHE 132, 244, BStBl II 1981, 164). Dagegen beruht die Gepräge-Rechtsprechung ebenso wie die frühere von der Rechtsprechung inzwischen aufgegebene so genannte Bilanzbündeltheorie noch auf dem Prinzip der Vielheit der Gesellschafter, welches allein die

Möglichkeit hat, Besteuerungsmerkmale, die nur bei einem der Gesellschafter - hier bei der GmbH - vorliegen, der Gesellschaft als Ganzes zuzurechnen. Das Prinzip der Vielheit der Gesellschafter hat im Gesetz nur vereinzelt Ausdruck gefunden und bleibt regelmäßig ohne Auswirkung auf die Qualifikation der Einkünfte der Gesellschaft.

Die Aufgabe der Gepräge-Rechtsprechung führt zu einer einheitlichen Bestimmung der Einkunftsart bei Einzelpersonen und bei Gesellschaftern von Personengesellschaften. Sie kann sich auch zugunsten von Steuerpflichtigen auswirken. Denn sie erlaubt bei Gesellschaftern einer Personengesellschaft die Qualifizierung von Einkünften als Überschusseinkünfte statt als Einkünfte aus Gewerbebetrieb mit den bei dieser Einkunftsart höheren steuerlichen Belastungen.

b) Die Rechtsfolgen einer solchen Änderung der Rechtsprechung ergeben sich bei Aufhebung oder Änderung von Steuerbescheiden aus § 176 Abs. 1 Nr. 3, Abs. 2 AO 1977. Ob daneben im Einzelfall oder allgemein Vertrauensschutz durch Übergangsregelungen zu gewähren ist, entscheiden die Behörden der Finanzverwaltung (§ 163 Abs. 1, § 227 Abs. 1 AO 1977 i.V.m. Art. 108 Abs. 7 GG).

IV. Rechtsfrage Nr. 4 –
Gewinnabsicht bei Verlustzuweisungs-KG

1. Die Vorlage der Rechtsfrage Nr. 4 ist zulässig.

a) Soweit die Klägerin Bedenken gegen die Zulässigkeit aus der Anhängigkeit einer inhaltsgleichen Rechtsfrage beim Großen Senat in einem anderen Vorlageverfahren herleitet, gelten die Ausführungen oben unter C.III.1 entsprechend.

b) Die Rechtsfrage wurde nicht bereits früher vom Großen Senat entschieden.

Nach dem BFH-Beschluss vom 18. Januar 1971 GrS 4/70 (BFHE 101, 13, BStBl II 1971, 207) ist die erneute Vorlage einer bereits vom Großen Senat entschiedenen Rechtsfrage nur dann zulässig, wenn in der Zwischenzeit neue rechtliche Gesichtspunkte aufgetreten sind, die bei der ursprünglichen Entscheidung nicht berücksichtigt werden konnten und/oder neue Rechtserkenntnisse eine andere Beurteilung rechtfertigen können.

Es kann hier offen bleiben, ob die Rechtsfrage Nr. 4 insoweit als inhaltsgleich mit der im BFH-Beschluss in BFHE 106, 84, BStBl II 1972, 700 entschiedenen Rechtsfrage nach dem Merkmal der Gewinnabsicht i. S. des § 1 Abs. 1 GewStDV anzusehen ist, als es um eine Definition des Begriffs der Gewinnerzielungsabsicht geht. Beide Rechtsfragen sind jedenfalls nicht insoweit deckungsgleich, als sich die Rechtsfrage Nr. 4 auf die Gewinnerzielungsabsicht als Merkmal des gewerblichen Unternehmens einer Personengesellschaft bezieht, während es bei der früher entschiedenen Frage um die Gewinnabsicht als Merkmal eines Einzelunternehmens ging. Im vorliegenden Verfahren handelt es sich deshalb nicht um die erneute Vorlage einer bereits vom Großen Senat entschiedenen Rechtsfrage, sondern um eine besonders gelagerte Rechtsfrage, die schon im Hinblick auf die neuere BFH-Rechtsprechung zur ertragsteuerrechtlichen Behandlung der Personengesellschaft und ihrer Gesellschafter der Entscheidung bedarf.

2. Die Frage, welche Bedeutung die Gewinnerzielungsabsicht (Gewinnabsicht) als Merkmal des Gewerbebetriebs - gewerblichen Unternehmens - i. S. des § 15 Nr. 1 Satz 1 EStG bei Einkünften der Gesellschafter einer Personengesellschaft, insbesondere einer GmbH & Co. KG hat, wird in der Rechtsprechung des BFH, von den Behörden der Finanzverwaltung und im Schrifttum unterschiedlich beurteilt.

a) Die Rechtsprechung des BFH fasst Gewinnerzielungsabsicht als Streben nach Gewinn auf. Gewinn wird als eine Vermögensmehrung angesehen, die sich in einer nach steuerrechtlichen Grundsätzen ermittelten Betriebsvermögensmehrung (z.B. BFH-Urteile vom 28. Oktober 1970 I R 72/69, BFHE 101, 108, BStBl II 1971, 247; sowie in BFHE 88, 450, BStBl III 1967, 467) oder in einem allgemeinen wirtschaftlichen Vorteil (Beschluss in BFHE 106, 84, BStBl II 1972, 700) zeigen kann. Deshalb fehlt nach dieser Rechtsprechung die Gewinnabsicht, wenn mit den Einnahmen lediglich die Selbstkosten gedeckt werden sollen, wobei zur Kostendeckung neben der Erwirtschaftung der laufenden Kosten auch die Erhaltung des der gewerblichen Tätigkeit dienenden Vermögens gehört (vgl. BFH-Urteil vom 15. Dezember 1976 I R 58/75, BFHE 121, 78, BStBl II 1977, 250).

Für das Vorliegen einer Gewinnabsicht wird darauf abgestellt, ob nach den objektiven Verhältnissen auf Dauer gesehen damit gerechnet werden kann, dass sich nachhaltig nicht nur ein Ausgleich zwischen Ausgaben und Einnahmen, sondern auch ein Überschuss (Gewinn) ergibt (BFH-Urteil vom 14. April 1974 IV R 172/69, BFHE 105, 360, BStBl II 1972, 599). Der BFH-Beschluss in BFHE 123, 412, BStBl II 1978, 15 hält bei einer Verlustzuweisungs-KG die Absicht, Steuervergünstigungen in Anspruch zu nehmen, die eine gewerbliche Tätigkeit voraussetzen, nicht für Gewinnabsicht.

b) Die Finanzverwaltung sah bisher in der Gewinnabsicht ein Streben des Steuerpflichtigen, durch seine Betätigung einen Überschuss der Betriebseinnahmen über die Betriebsausgaben zu erzielen; Gewinnabsicht sei auch das Streben nach Vermögensmehrung (Abschn. 12a Abs. 1 GewStR). Unerheblich sei, ob tatsächlich ein Gewinn erzielt worden sei (Abschn. 12a Abs. 2 GewStR).

Der BMF hat jedoch im vorliegenden Verfahren die Meinung vertreten, dass für die Gewinnabsicht als Merkmal eines Gewerbebetriebs für Einzelunternehmen und Mitunternehmerschaften gleichermaßen eine auf Mehrung des Betriebsvermögens gerichtete Tätigkeit erforderlich sei. Eine Tätigkeit, die nur auf Erzielung von Verlusten zur Minderung der steuerlichen Belastung gerichtet sei, genüge nicht.

c) Das Schrifttum stimmt teilweise mit der Rechtsprechung zur Frage der Gewinnabsicht beim Streben nach Steuervorteilen überein (vgl. Blümich/Falk, a.a.O., § 15 Anm. 33–37; Klein/Flockermann/Kühr, a.a.O., § 15 Anm. 2b; Littmann, a.a.O., § 15 Rdnr. 29; Schmidt, a.a.O., § 15 Anm. 8b; Tipke, a.a.O., S. 165; Walz, Steuerrechtsprechung in Karteiform – StRK –, Anmerkungen EStG [bis 1974] § 15 Ziff. 1, Rechtsspruch 95; Bordewin, StbJb 1982/83, 181;

Hartmann/Böttcher/Nissen/Bordewin, a.a.O., § 15 Anm. 21–22; Herrmann/Heuer/Raupach, a.a.O., § 15 EStG Anm. 11b; Lademann/Söffing/Brockhoff, a.a.O., § 15 Anm. 19 und 10d; Kruse, JbFfStR 1980/81, 198).

3. Der Große Senat ist der Auffassung, dass eine Personengesellschaft, insbesondere eine GmbH & Co. KG, nicht mit Gewinnabsicht tätig ist, wenn sie keine Betriebsvermögensmehrung beabsichtigt. Eine Personengesellschaft ist in Gewinnabsicht nur dann tätig, wenn sie einen betrieblichen Totalgewinn erstrebt.

a) Nach § 15 Nr. 1 Satz 1 EStG sind Einkünfte aus Gewerbebetrieb „Einkünfte aus gewerblichen Unternehmen". Gemäß § 15 Nr. 2 EStG gehören dazu auch „die Gewinnanteile der Gesellschafter" einer Personengesellschaft, bei der der Gesellschafter Mitunternehmer ist, „und die Vergütungen, die der Gesellschafter" für die Überlassung von Arbeit, Kapital und Wirtschaftsgüter von der Gesellschaft „bezogen hat".

Nach § 1 Abs. 1 GewStDV 1968 – jetzt § 15 Abs. 2 EStG 1984 – ist Gewerbebetrieb eine Betätigung unter den Voraussetzungen der Selbstständigkeit, der Nachhaltigkeit, der „Gewinnerzielungsabsicht" und der Beteiligung am allgemeinen wirtschaftlichen Verkehr. Außerdem darf es sich nicht um Land- und Forstwirtschaft, um selbstständige Arbeit oder um Vermögensverwaltung handeln. Die „Gewinnabsicht (das Streben nach Gewinn)" kann Nebenzweck der Betätigung sein.

Ob eine Personengesellschaft ein gewerbliches Unternehmen i. S. des § 15 Nr. 1 Satz 1 EStG betreibt, ist nach der Tätigkeit – dem Unternehmen – der Personengesellschaft selbst zu beurteilen. Bei ihr müssen alle ein gewerbliches Unternehmen kennzeichnenden Merkmale gegeben sein. Dementsprechend muss auch die Gewinnerzielungsabsicht gerichtet sein auf eine Mehrung des Betriebsvermögens der Gesellschaft, welches allerdings in Gestalt von Sonderbetriebsvermögen der Gesellschafter (Mitunternehmer) dadurch erweitert wird, dass § 15 Nr. 2 EStG die Vergütungen für die Überlassung von Diensten, Kapital oder Wirtschaftsgütern den Gewinnanteilen gleichstellt.

Außerdem muss das Merkmal der Gewinnerzielungsabsicht vom Beginn bis zum Ende der steuerrechtlich relevanten Tätigkeit der Personengesellschaft vorliegen; auf den Beitritt oder das Ausscheiden eines Gesellschafters kommt es in diesem Zusammenhang nicht an.

b) Der Begriff der Gewinnerzielungsabsicht als Merkmal des gewerblichen Unternehmens i. S. des § 15 Nr. 1 Satz 1 EStG ist weder im EStG noch im GewStG oder in der GewStDV definiert. Lediglich eine Legaldefinition des Begriffsbestandteils „Gewinn" ist erstmals in § 15 Abs. 2 Satz 2 EStG 1984 dahingehend enthalten, dass eine durch die Betätigung i. S. von § 15 Abs. 2 Satz 1 EStG 1984 verursachte Minderung der Steuern vom Einkommen kein Gewinn im Sinne der Abgrenzungsmerkmale des Gewerbebetriebs ist. Außerhalb des zeitlichen Anwendungsbereichs von § 15 Abs. 2 EStG 1984 ist deshalb der Begriff der Gewinnerzielungsabsicht, wie er in § 1 Abs. 1 GewStDV aufgeführt ist, durch Auslegung des Tatbestandteils „gewerbliches Unternehmen" in § 15 Nr. 1 Satz 1 EStG zu ermitteln.

c) Gewinnerzielungsabsicht (Gewinnabsicht) als Merkmal des gewerblichen Unternehmens i. S. des § 15 Nr. 1 Satz 1 EStG ist Streben nach Betriebsvermögensmehrung in Gestalt eines Totalgewinns.

aa) Der Ausdruck Gewinn in § 1 Abs. 1 GewStDV ist mehrdeutig. Er kann als ein nach steuerrechtlichen Merkmalen zu qualifizierendes Betriebsergebnis oder als ein sonstiger wirtschaftlicher Vorteil außerhalb eines bereits als betrieblich qualifizierten Bereichs verstanden werden. Zu den Vorteilen in diesem weiteren Sinne rechnet auch die planmäßig betriebene Minderung von Personensteuern (vgl. Beschluss des Großen Senats in BFHE 106, 84, BStBl II 1972, 700, betr. Baupaten-Verfahren). Gewinn als Betriebsergebnis kann zu verstehen sein als Periodengewinn (§ 4 Abs. 1, § 5 EStG) oder als Totalgewinn, d.h. als Gesamtergebnis des Betriebes von der Gründung bis zur Veräußerung oder Aufgabe oder Liquidation (§ 16 Abs. 2, 3 i.V.m. § 4 Abs. 1, § 5 EStG).

(1) Dass Gewinn im Begriff Gewinnabsicht als Kennzeichen eines gewerblichen Unternehmens als Totalgewinn (zum Begriff BFH-Urteil vom 24. Oktober 1979 VIII R 49/77, BFHE 129, 334, BStBl II 1980, 186) aufzufassen ist, ergibt sich aus der Funktion des Merkmals. Mit diesem Merkmal sollen Tätigkeiten als Grundlagen für Einkünfte im Rahmen der Einkunftsarten i. S. des § 2 Abs. 3 Nrn. 1–3 EStG von anderen Tätigkeiten mit nicht einkommensteuerbaren Einkünften – Vermögensmehrungen, die keiner der sieben Einkunftsarten zuzuordnen sind (BFH-Urteil vom 4. März 1970 I R 123/68, BFHE 98, 259, BStBl II 1970, 470) – abgegrenzt werden. Dazu ist ein Abstellen auf den Periodengewinn i. S. des § 4 Abs. 1 EStG nicht geeignet und ein Abstellen auf den wirtschaftlichen Vorteil im Sinne einer Minderung der steuerlichen Belastung nicht ausreichend. In dem einen Fall wird ein abschnittsbezogenes und damit nur begrenzt aussagekräftiges Ergebnis und in dem anderen Fall ein Ergebnis außerhalb einer steuerrechtlich bedeutsamen Tätigkeit, eine Folge im Bereich der Einkommensverwendung, betrachtet. Zur Charakterisierung der in § 2 Abs. 3 Nrn. 1–3 EStG aufgeführten Gewinneinkünfte ist es erforderlich, auf den Totalgewinn abzustellen, weil nur so eine Abgrenzung von Tätigkeiten innerhalb und außerhalb einer der im EStG bezeichneten Einkunftsarten möglich ist.

Bei der Ermittlung des Einkommens für die Einkommensteuer sind nur solche positiven oder negativen Einkünfte anzusetzen, die unter die Einkünfte des § 2 Abs. 3 Nrn. 1–7 EStG fallen. Kennzeichnend für diese Einkunftsarten ist, dass die ihnen zugrunde liegenden Tätigkeiten oder Vermögensnutzungen auf eine größere Zahl von Jahren gesehen der Erzielung positiver Einkünfte oder Überschüsse dienen. Fehlt es an dieser Voraussetzung, so fallen die wirtschaftlichen Ergebnisse auch dann nicht unter eine Einkunftsart, wenn sie sich ihrer Art nach unter § 2 Abs. 3 EStG einordnen ließen. Verluste, die dem Steuerpflichtigen durch ein solches unter keine Einkunftsart fallendes Verhalten – auch als „Liebhaberei" bezeichnet – entstehen, wirken sich ebenso wenig einkommensmindernd aus, wie etwaige Gewinne oder Überschüsse daraus das steuerpflichtige Einkommen erhöhen. Dies folgt aus dem Zweck des EStG, Mittel für die öffentliche Hand zu beschaffen und dabei den Steuerpflichtigen entsprechend seiner Leistungsfähigkeit heranzuziehen. Dieser Zweck ist nur zu erreichen, wenn auf Dauer gesehen positive Einkünfte für die Besteuerung erfasst werden können. Dass Steuergesetze auch durch nicht an die Leistungsfähigkeit anknüpfende finanzpolitische, volkswirtschaftliche, sozialpolitische, steuertechnische oder andere Erwägungen motiviert sein können (BVerfG-Beschluss vom 6. Dezember 1983 2 BvR 1275/79, BVerfGE 65, 325), steht dem nicht entgegen. Auch solche Erwägungen sind letztlich von der Absicht auf Einnahmeerzielung durch die öffentliche Hand getragen.

(2) Dieser Beurteilung für den Bereich der Gewinneinkünfte (§ 2 Abs. 3 Nrn. 1–3 EStG) entspricht es, wenn die neuere Rechtsprechung des BFH bei Überschusseinkünften (§ 2 Abs. 3 Nrn. 4–7 EStG) eine einkommensteuerrechtlich relevante Betätigung oder Vermögensnutzung nur dann als gegeben ansieht, wenn die Absicht besteht, auf Dauer gesehen nachhaltig Überschüsse zu erzielen (BFH-Urteile vom 21. Juli 1981 VIII R 154/76, BFHE 134, 113, BStBl II 1982, 37; vom 23. März 1982 VIII R 132/80, BFHE 135, 320, BStBl II 1982, 463, betr. Einkünfte aus Kapitalvermögen, vom 21. Oktober 1980 VIII R 81/79, BFHE 132, 518, BStBl II 1981, 452, betr. Einkünfte aus Vermietung und Verpachtung). Auch dabei wird nicht auf das Ergebnis der Vermögensnutzung eines oder weniger Jahre oder auf einen Vorteil durch Steuerminderung abgestellt, sondern auf das positive Gesamtergebnis der voraussichtlichen Vermögensnutzung, wobei allerdings steuerfreie Veräußerungsgewinne nicht in diese Betrachtung einzubeziehen sind (BFH-Urteil in BFHE 135, 320, BStBl II 1982, 463).

bb) Absicht zur Gewinnerzielung i. S. des § 1 Abs. 1 GewStDV ist eine innere Tatsache, der wie alle sich in der Vorstellung von Menschen abspielenden Vorgänge nur anhand äußerlicher Merkmale beurteilt werden kann (BFH-Beschluss vom 12. Juni 1978 GrS 1/77, BFHE 125, 516, BStBl II 1978, 620). Aus objektiven Umständen muss auf das Vorliegen oder Fehlen der Absicht geschlossen werden, wobei einzelne Umstände einen Anscheinsbeweis (prima-facie-Beweis) liefern können, der vom Steuerpflichtigen entkräftet werden kann (BFH-Beschluss in BFHE 125, 516, BStBl II 1978, 620).

In diesem Falle bleibt es bei der objektiven Beweislast des FA (BFH-Urteil vom 13. November 1979 VIII R 93/73, BFHE 129, 53, BStBl II 1980, 69).

(1) Beweisanzeichen für das Vorliegen einer Gewinnerzielungsabsicht kann eine Betriebsführung sein, bei der der Betrieb nach seiner Wesensart und der Art seiner Bewirtschaftung auf die Dauer gesehen dazu geeignet und bestimmt ist, mit Gewinn zu arbeiten (BFH-Urteile in BFHE 121, 78, BStBl II 1977, 250; vom 29. Oktober 1981 IV R 138/78, BFHE 134, 339, BStBl II 1982, 381). Dies erfordert eine in die Zukunft gerichtete und langfristige Beurteilung, wofür die Verhältnisse eines bereits abgelaufenen Zeitraums wichtige Anhaltspunkte bieten können. Alle Umstände des Einzelfalles sind zu berücksichtigen. Wenn dauernde Verluste auf das Fehlen einer Gewinnabsicht hindeuten, kann dies allein nicht ausschlaggebend sein. Bei längeren Verlustperioden muss aus weiteren Beweisanzeichen die Feststellung möglich sein, dass der Steuerpflichtige die verlustbringende Tätigkeit nur aus im Bereich seiner Lebensführung liegenden persönlichen Gründen oder Neigungen ausübt (BFH-Urteil in BFHE 132, 518, BStBl II 1981, 452). Dabei ist auch zu bedenken, dass bei einer Tätigkeit Gewinnabsicht später einsetzen oder wegfallen kann mit den Folgen, dass eine einkommensteuerrechtlich relevante Tätigkeit entsprechend später beginnt oder wegfällt (BFH-Urteile in BFHE 134, 339, BStBl II 1982, 381, für Gewinneinkünfte; in BFHE 135, 320, BStBl II 1982, 463, für Überschusseinkünfte).

(2) Ein objektives Beweisanzeichen für das Fehlen der Gewinnerzielungsabsicht bei der Tätigkeit einer Personengesellschaft kann es sein, wenn die Gesellschaft nach Art ihrer Betriebsführung keine Mehrung ihres Gesellschaftsvermögens in Gestalt eines positiven Totalergebnisses erreichen kann und ihre Tätigkeit nach der Gestaltung des Gesellschaftsvertrags allein darauf angelegt ist, ihren Gesellschaftern Steuervorteile dergestalt zu vermitteln, dass durch Verlustzuweisungen andere an sich zu versteuernde Einkünfte nicht und die Verlustanteile letztlich nur in Form buchmäßiger Veräußerungsgewinne versteuert werden müssen. Der Grund für die Fortführung der verlustbringenden Tätigkeit liegt dann allein

im Lebensführungsbereich der Gesellschafter, die nur ihre persönliche Steuerbelastung aus anderen Tätigkeiten oder Vermögensnutzungen vermindern oder vermeiden wollen.

4. Mit der sich aus der neueren Rechtsprechung ergebenden Erkenntnis, dass Gewinnerzielungsabsicht das Streben nach Betriebsvermögensmehrung im Sinne eines Totalgewinns ist, ändert der Große Senat seine dem Beschluss in BFHE 106, 84, BStBl II 1972, 700 zugrunde liegende Auffassung, dass die Absicht, unter Ausnutzung der Steuervergünstigung des § 7b EStG im so genannten Baupaten-Verfahren Steuern zu sparen, eine Gewinnabsicht i. S. des § 1 Abs. 1 GewStDV sei. Diese Entscheidung erging zwar zu einer Steuervergünstigung, deren Inanspruchnahme keine gewerbliche Tätigkeit voraussetzte. Gleichwohl enthält sie eine allgemeine Aussage über das Merkmal der Gewinnerzielungsabsicht als Kennzeichen eines gewerblichen Unternehmens, die indes nicht unterschiedlich ausfallen kann, je nachdem, ob eine Steuervergünstigung eine gewerbliche Tätigkeit voraussetzt oder nicht.

Insoweit ist daher eine Fortentwicklung der Rechtsprechung zur Auslegung des Begriffs der Gewinnerzielungsabsicht als Merkmal eines gewerblichen Unternehmens geboten (BFH-Beschluss in BFHE 111, 242, BStBl II 1974, 132). Nach den Ausführungen oben unter C.IV.3a) bis c), die auch die neuere Rechtsprechung des BFH zur ertragsteuerrechtlichen Behandlung der Personengesellschaft und ihrer Gesellschafter berücksichtigen, ist Gewinnerzielungsabsicht im Sinne einer bloßen Steuerersparnisabsicht nicht zur Kennzeichnung eines gewerblichen Unternehmens geeignet, weil sich mit einem so verstandenen Merkmal eine Abgrenzung zwischen steuerbaren und nichtsteuerbaren Einkünften im Sinne des EStG nicht erreichen lässt.

Aus der Änderung der Rechtsprechung können sich die gleichen Rechtsfolgen bei der Änderung oder Aufhebung von Steuerbescheiden oder für den Erlass von Billigkeitsmaßnahmen ergeben.

V. Rechtsfrage Nr. 5 – Mitunternehmer bei befristeter Gesellschafterstellung

1. Die Rechtsfrage ist zulässig.

Die Bedenken der Klägerin gegen die Zulässigkeit wegen der Anhängigkeit einer inhaltsähnlichen Rechtsfrage in einem anderen Vorlageverfahren beim Großen Senat greifen nicht durch.

2. Die Frage, ob der Gesellschafter einer gewerblich tätigen Personengesellschaft, insbesondere der Kommanditist einer KG, Mitunternehmer i. S. des § 15 Nr. 2 EStG ist, wenn die Beteiligung befristet ist und der Gesellschafter wegen dieser Befristung nicht an einer Betriebsvermögensmehrung der Gesellschaft teilnehmen kann, findet in der Rechtsprechung, bei den Behörden der Finanzverwaltung und im Schrifttum unterschiedliche Antworten.

a) Der IV. Senat des BFH hat die Frage verneint (BFH-Beschluss in BFHE 123, 412, BStBl II 1978, 15). Danach genügt es auch nicht, wenn der Gesellschafter zwar keinen Anteil am Gewinn der Personengesellschaft, wohl aber einen eigenen „Gewinn" in Form von Steuervorteilen erstrebt.

b) Die Finanzverwaltung folgt dieser Ansicht (Abschn. 137 a Abs. 2 EStR 1981). Nach der vom BMF im vorliegenden Verfahren vertretenen Auffassung müsse die Absicht der Gewinnerzielung im Sinne einer Betriebsvermögensmehrung nicht nur auf der Ebene der Gesellschaft, sondern auch bei den einzelnen Gesellschaftern bestehen.

c) Das Schrifttum teilt überwiegend die Ansicht des IV. Senats (vgl. Blümich/Falk, a.a.O., § 15 Anm. 209; Klein/Flockermann/Kühr, a.a.O., § 15 Anm. 3b; Hartmann/Böttcher/Nissen/Bordewin, a.a.O., § 15 Anm. 212; Ladmann/Söffing/Brockhoff, a.a.O., § 15 Anm. 115; Schmidt, a.a.O., § 15 Anm. 110; Schulze-Osterloh in Kruse – Herausgeber. Die Grundprobleme der Personengesellschaft im Steuerrecht, Köln 1979, 131; Bordewin, BB 1980, 348; Klein, GmbHR 1982, 281). Nach anderer Auffassung soll eine Mitunternehmerstellung nur dann nicht gegeben sein, wenn bei Prüfung der Gewinnerzielungsabsicht auf der Gesellschaftsebene unter Berücksichtigung von Steuervorteilen beim einzelnen Gesellschafter insgesamt ein positives Ergebnis vernünftigerweise nicht zu erwarten sei (vgl. Herrmann/Heuer/Raupach, a.a.O., § 15 EStG Anm. 29a, § 15a EStG Anm. 203, m.w.N.).

3. Der Große Senat folgt der Rechtsauffassung des IV. Senats, dass der Gesellschafter einer Personengesellschaft, insbesondere der Kommanditist einer KG mit einem gewerblichen Unternehmen, dann nicht Mitunternehmer i. S. des § 15 Nr. 2 EStG ist, wenn wegen der rechtlichen oder tatsächlichen Befristung seiner gesellschaftlichen Beteiligung eine Teilhabe an der von der Gesellschaft beabsichtigten Betriebsvermögensmehrung in Form eines entnahmefähigen laufenden Gewinns oder eines die Einlage übersteigenden Abfindungsguthabens oder eines Gewinns aus der Veräußerung des Gesellschaftsanteils nicht zu erwarten ist. Er lässt sich dabei von folgenden Erwägungen leiten.

a) Nach § 15 Nr. 1 i.V.m. Nr. 2 EStG gehören zu den Einkünften aus gewerblichen Unternehmen auch die Gewinnanteile und bestimmte Vergütungen der Gesellschafter einer Personengesellschaft, „bei der der Gesellschafter als Unternehmer (Mitunternehmer) anzusehen ist".

Nach § 15 Nr. 2 EStG kann der Gesellschafter einer Personengesellschaft nur unter der Voraussetzung Einkünfte aus Gewerbebetrieb beziehen, dass die Gesellschaft ein gewerbliches Unternehmen i. S. des § 15 Nr. 1 Satz 1 EStG betreibt und er Mitunternehmer ist. Ist der Gesellschafter nicht zugleich Mitunternehmer, so kann er allenfalls - bei entsprechender Tatbestandsverwirklichung - Einkünfte im Rahmen einer nichtbetrieblichen Einkunftsart beziehen oder erzielen (z.B. BFH-Urteil vom 29. April 1981 IV R 131/78, BFHE 133, 392, BStBl II 1981, 663).

b) Mitunternehmer i. S. des § 15 Nr. 2 EStG kann nur sein, wer zivilrechtlich Gesellschafter einer Personengesellschaft ist oder - in Ausnahmefällen - eine diesem wirtschaftlich vergleichbare Stellung innehat.

aa) § 15 Nr. 2 EStG setzt nach seinem Wortlaut als Tatbestandsmerkmal voraus, dass der Mitunternehmer „Gesellschafter" ist. In der Rechtsprechung des BFH wurde ausgeführt, dass in atypischen Fällen einkommensteuerrechtlich nicht alle Personen, die zivilrechtlich Gesellschafter einer Personengesellschaft sind, deshalb auch schon Mitunternehmer des zivilrechtlich der Personengesellschaft zuzurechnenden gewerblichen Unternehmens sind und dass umgekehrt Personen, die nicht Gesellschafter einer Personengesellschaft sind, gleichwohl Mitunternehmer des zivilrechtlich der Personengesellschaft zuzurechnenden Unternehmens sein können (BFH-Urteil in BFHE 130, 403, BStBl II 1980, 465 m.w.N.). Dies ist dahin zu verstehen, dass es für das Erfordernis der Gesellschaftereigenschaft nicht auf formale Bezeichnungen für Rechtsbeziehungen, sondern auf den wirklichen Inhalt dieser Rechtsbeziehungen ankommt. In der Regel kann bei Bejahung der Mitunternehmereigenschaft auf eine besondere Prüfung des Gesellschaftsverhältnisses verzichtet werden. Ist eine Person Mitunternehmer, weil sie die Voraussetzungen dafür erfüllt, wie sie unten beschrieben sind, dann ist sie regelmäßig auch zivilrechtlich Gesellschafter. Voraussetzungen für das Vorliegen einer Gesellschaft ist nach § 705 BGB nur, dass sich mehrere Personen zur Erreichung eines gemeinsamen Zwecks vertraglich verbinden und sich verpflichten, diesen zu fördern (BFH-Beschluss vom 11. Dezember 1980 IV R 91/76, BFHE 132, 278, BStBl II 1981, 310, m.w.N.). Wer Mitunternehmer ist, erfüllt regelmäßig diese Voraussetzungen, weil der Begriff des Mitunternehmers auch gemeinsames Handeln zu einem gemeinsamen Zweck von einander gleichgeordneten Personen zum Inhalt hat.

bb) Sinn und Zweck des § 15 Nr. 2 EStG, Einkünfte beim gemeinschaftlichen Bezug von Einkünften aus einem gewerblichen Unternehmen zu bestimmen, erlauben es jedoch, als Mitunternehmer auch solche Personen anzusehen, die nicht in einem zivilrechtlichen Gesellschaftsverhältnis einer Außen- oder Innengesellschaft, sondern in einem wirtschaftlich vergleichbaren Gemeinschaftsverhältnis zueinander stehen. In Betracht kommen hierfür z.B. Gesamthandsgemeinschaften in der Form von Erben- oder Gütergemeinschaften sowie Bruchteilsgemeinschaften (BFH-Urteile vom 17. September 1970 IV R 178/67, BFHE 100, 360, BStBl II 1971, 87; vom 7. Oktober 1976 IV R 50/72, BFHE 121, 21, BStBl II 1977, 201; vom 11. November 1982 (IV R 117/80, BFHE 137, 357, BStBl II 1983, 299). Von dem Grundgedanken, dass nicht nur Gesellschafter, sondern auch Gemeinschafter an Einkünften aus Gewerbebetrieb beteiligt sein können, geht für das Verfahrensrecht § 352 Abs. 1 AO 1977 aus, weil in dieser Vorschrift den Beteiligten beider Arten von Gemeinschaftsverhältnissen eine Rechtsbehelfsbefugnis eingeräumt wird. Etwas anderes, als dass § 15 Nr. 2 EStG Gesellschafter und wirtschaftlich diesen gleichgestellte Personen meint, ist auch nicht aus § 20 Abs. 1 Nr. 4 EStG (seit 1980) zu entnehmen. Wenn dort ein „Darlehensgeber", der „als Mitunternehmer anzusehen ist", erwähnt wird, dann ist dies nicht notwendig ein Darlehensgeber i. S. des § 607 BGB, sondern ein Kapitalgeber mit den Merkmalen des Mitunternehmers, wie sie unten beschrieben sind, und damit wirtschaftlich vergleichbar einem Gesellschafter i. S. des § 705 BGB.

cc) Bei einem Treuhandverhältnis, dessen Gegenstand die Mitgliedschaft in einer Personengesellschaft ist, kann auch der Treugeber Mitunternehmer i. S. des § 15 Nr. 2 EStG sein. Zwar ist in einem solchen Fall der Treugeber an der Gesellschaft zivilrechtlich nicht beteiligt (BFH-Urteil vom 24. Mai 1977 IV R 47/76, BFHE 122, 400, BStBl II 1977, 737, m.w.N.). Der Treuhänder als Gesellschafter und Träger aller Rechte und Pflichten aus dem Gesellschaftsverhältnis handelt aber für Rechnung des Treugebers und ist aufgrund des Treuhandvertrags dem Treugeber weisungsunterworfen. Da der Treugeber infolge seines Weisungsrechts gegenüber dem Treuhänder auch bei der Willensbildung der Gesellschaft mitwirken kann und er über den Treuhänder einen Gesellschaftsbeitrag leistet, ist es gerechtfertigt, ihn bei der Entscheidung über das Vorliegen einer Mitunternehmerschaft einem Gesellschafter gleichzustellen. Die eine Mitunternehmerstellung kennzeichnenden Merkmale müssen deshalb in der Person des Treugebers vorliegen, damit dieser einkommensteuerrechtlich als Zurechnungssubjekt angesehen werden kann.

c) Der Begriff des Mitunternehmers ist im Gesetz nicht erläutert und deshalb durch Auslegung zu ermitteln.

aa) Mitunternehmer ist nach ständiger Rechtsprechung nicht bereits jeder Gesellschafter einer Personenhandelsgesellschaft in der Rechtsform einer OHG oder KG, wie bei einer grammatikalischen Auslegung des § 15 Nr. 2 EStG nahe liegen könnte, der in seinem Relativsatz den Begriff des Mitunternehmers nur mit dem Gesellschafter einer „anderen Gesellschaft" als der OHG und der

KG verbindet. Zum einen führt die systematische Auslegung zu einer anderen Interpretation, weil nach § 16 Abs. 1 Nr. 2 EStG mit seiner Regelung der Veräußerung eines Gesellschaftsanteils die Mitunternehmerstellung des Gesellschafters erforderlich ist – „Anteil eines Gesellschafters, der als Unternehmer (Mitunternehmer)... anzusehen ist (§ 15 Nr. 2)" –. Zum anderen kann es nicht Zweck des § 15 Nr. 2 EStG sein, jeden Gesellschafter einer Personenhandelsgesellschaft als Mitunternehmer zu behandeln, wenn die Stellung eines solchen Gesellschafters vertraglich der eines stillen Gesellschafters angeglichen werden kann, der nach § 20 Abs. 1 Nr. 2 EStG Einkünfte aus Kapitalvermögen hat. Auch ist weder aus § 15 noch aus anderen Vorschriften des EStG ersichtlich, dass die Gesellschafter von Personenhandelsgesellschaften selbst dann als Mitunternehmer zu gelten hätten, wenn die Gesellschaft tatsächlich kein gewerbliches Unternehmen, sondern Vermögensverwaltung betreibt und nur wegen der Eintragung im Handelsregister zum Schutz Dritter als Personenhandelsgesellschaft anzusehen ist.

bb) § 15 Nr. 2 EStG verwendet mit dem Ausdruck „Mitunternehmer" keinen Begriff, der einer abschließenden Definition durch eine begrenzte Zahl von Kriterien zugänglich ist, sondern der nur durch eine unbestimmte Zahl von Merkmalen beschrieben werden kann (BFH-Beschluss in BFHE 112, 51, BStBl II 1974, 404). Kennzeichnend für den Mitunternehmer i. S. des § 15 Nr. 2 EStG ist, dass er zusammen mit anderen Personen eine Unternehmerinitiative (Mitunternehmerinitiative) entfalten kann und ein Unternehmerrisiko (Mitunternehmerrisiko) trägt (BFH-Beschluss in BFHE 123, 412, BStBl II 1978, 15, m.w.N.; BFH-Urteil vom 28. Oktober 1981 I R 25/79, BFHE 134, 421, BStBl II 1982, 186; BFH-Beschluss in BFHE 132, 278, BStBl II 1981, 310; BFH-Urteil vom 28. Januar 1982 IV R 197/79, BFHE 135, 297, BStBl II 1982, 389).

cc) Beide Hauptmerkmale der Mitunternehmerstellung (Mitunternehmerinitiative und Mitunternehmerrisiko) können zwar im Einzelfall mehr oder weniger ausgeprägt sein. Sie müssen jedoch beide vorliegen. Ob dies zutrifft, ist unter Berücksichtigung aller die rechtliche und wirtschaftliche Stellung einer Person insgesamt bestimmenden Umstände zu würdigen. Geht es um die Mitunternehmereigenschaft eines Kommanditisten, dann muss der Gesellschafter nach dem Gesellschaftsvertrag und der tatsächlichen Durchführung zumindest eine Stellung haben, die nicht wesentlich hinter derjenigen zurückbleibt, die handelsrechtlich das Bild des Kommanditisten bestimmt (BFH-Urteil vom 30. Juli 1975 I R 174/73, BFHE 116, 497, BStBl II 1975, 818). Dies gilt auch für Gesellschafter von Publikums-Personengesellschaften.

Ob ein Gesellschafter Mitunternehmer durch Erfüllung beider die Mitunternehmerstellung begründenden Merkmale ist, kann in besonders gelagerten Fällen in den einzelnen Jahren der Beteiligung unterschiedlich zu beurteilen sein. So kann bei einem Kommanditisten auch bei bestehender Möglichkeit, Mitunternehmerinitiative zu entfalten, am Anfang seiner Beteiligung sein Risiko so stark eingeschränkt sein, dass er lediglich die Stellung eines Kreditgebers hat, dass sich aber allmählich wegen der Entwicklung des gewerblichen Unternehmens der Gesellschaft das Risiko zu einem Mitunternehmerrisiko verdichtet und er damit in die Stellung eines Mitunternehmers hineinwächst (BFH-Urteil vom 21. Februar 1980 I R 193/77 - nicht veröffentlicht). Entsprechendes gilt bei einer umgekehrten Fallgestaltung.

(1) Mitunternehmerinitiative bedeutet vor allem Teilhabe an unternehmerischen Entscheidungen, wie sie z.B. Gesellschaftern oder diesen vergleichbaren Personen als Geschäftsführern, Prokuristen oder anderen leitenden Angestellten obliegen (BFH-Urteile vom 23. Januar 1974 IR 206/69, BFHE 112, 254, BStBl II 1974, 480; sowie in BFHE 135, 297, BStBl II 1982, 389). Ausreichend ist indes schon die Möglichkeit zur Ausübung von Gesellschafterrechten, die wenigstens den Stimm-, Kontroll- und Widerspruchsrechten angenähert sind, die einem Kommanditisten nach dem HGB zustehen (BFH-Urteil in BFHE 133, 392, BStBl II 1981, 663 m.w.N.) oder die den gesellschaftsrechtlichen Kontrollrechten nach § 716 Abs. 1 BGB entsprechen (BFH-Urteil vom 19. Februar 1981 IV R 152/76, BFHE 133, 180, BStBl II 1981, 602).

(2) Mitunternehmerrisiko bedeutet gesellschaftsrechtliche oder eine dieser wirtschaftlich vergleichbare Teilnahme am Erfolg oder Misserfolg eines gewerblichen Unternehmens. Dieses Risiko wird regelmäßig durch Beteiligung am Gewinn und Verlust sowie an den

stillen Reserven des Anlagevermögens einschließlich eines Geschäftswerts vermittelt (BFH-Urteil in BFHE 133, 180, BStBl II 1981, 602). Ein Kommanditist trägt ein solches Risiko, indem er einerseits am laufenden Gewinn, im Falle seines Ausscheidens und der Liquidation auch an den stillen Reserven (§§ 168, 161 Abs. 2, 138, 155 HGB, §§ 738 ff. BGB), andererseits nach Maßgabe des § 167 Abs. 3 HGB am Verlust beteiligt ist (BFH-Urteil in BFHE 133, 392, BStBl II 1981, 663).

In diesem Zusammenhang ist es unerheblich, ob neben einer Gewinnabsicht „auf der Ebene der Gesellschaft" auch eine Gewinnerzielungsabsicht „auf der Ebene des Gesellschafters" vorliegt. Das Merkmal Gewinnerzielungsabsicht ist erforderlich, um ein gewerbliches Unternehmen annehmen zu können (§ 15 Nr. 1 Satz 1 EStG). Das Merkmal Mitunternehmerrisiko ist zusätzlich notwendig, um einem Gesellschafter aus seiner Beteiligung an diesem Unternehmen Einkünfte zurechnen zu können (§ 2 Abs. 1, Abs. 3 Nr. 2, § 15 Nr. 2 EStG). Dieses Merkmal wird allein durch die objektive Möglichkeit zur Teilhabe an einer Betriebsvermögensmehrung ausgefüllt. Ein subjektives Element ist darin nicht enthalten.

dd) Mitunternehmerrisiko fehlt, wenn der Kommanditist einer gewerblich tätigen KG nach dem Inhalt und nach der tatsächlichen Durchführung des Gesellschaftsvertrags rechtlich oder tatsächlich nicht in der Lage ist, während seiner Zugehörigkeit zur Gesellschaft an einer Betriebsvermögensmehrung des gewerblichen Unternehmens teilzunehmen, sei es in Gestalt eines Anteils am entnahmefähigen laufenden Gewinn, sei es durch eine seine Einlage übersteigende Abfindung beim Ausscheiden aus der Gesellschaft oder durch einen Gewinn aus der Veräußerung seines Gesellschaftsanteils.

(1) Ein Anteil am laufenden Verlust des Unternehmens der Gesellschaft ohne Aussicht auf einen Gewinnanteil oder der Verlust der Einlage des Kommanditisten bei seinem Ausscheiden aus der Gesellschaft reicht allein nicht aus, um Mitunternehmerrisiko annehmen zu können. Denn notwendiger Inhalt dieses Merkmals ist die objektive Möglichkeit des Gesellschafters zur Teilnahme am laufenden Gewinn oder an einer Betriebsvermögensmehrung beim Ausscheiden. Verlustbeteiligung allein ist kein Kennzeichen mitun-

ternehmerischen Verhaltens, weil eine Gewinnchance fehlt, die sich auf Betriebsvermögensmehrungen beziehen muss und deren Vorhandensein erst für unternehmerisches Handeln charakteristisch ist.

Zutreffend wird im Vorlagebeschluss darauf hingewiesen, dass hinsichtlich einer Gewinnbeteiligung bei einem Kommanditisten zumindest die gleichen Anforderungen zu stellen sind wie bei einem stillen Gesellschafter i. S. des § 335 HGB und des § 20 Abs. 1 Nr. 2 EStG – § 20 Abs. 1 Nr. 4 EStG 1977 –. Für den stillen Gesellschafter ist wesentlich, dass er an dem vom tätigen Teilhaber erstrebten Gewinn teilhaben will und vertraglich auch teilhat (BFH-Urteile vom 9. Juli 1969 I R 188/67, BFHE 96, 397, BStBl II 1969, 690; vom 22. Januar 1970 IV R 178/68, BFHE 98, 405, BStBl II 1970, 416). Die ausschließliche Beteiligung am Verlust steht nach § 336 Abs. 2 HGB der Annahme einer stillen Gesellschaft entgegen. Sie reicht dann auch nicht aus, um Mitunternehmerschaft durch eine atypische stille Gesellschaft oder durch eine andere Gesellschaftsform annehmen zu können.

(2) Auch der beim Wegfall eines negativen Kapitalkontos des Kommanditisten zu erfassende Gewinn erlaubt allein nicht, Teilnahme an einer Betriebsvermögensmehrung und damit Mitunternehmerrisiko als gegeben anzusehen. Der Gewinn aus dem Wegfall eines negativen Kapitalkontos ist kein Gewinn aus einer Betriebsvermögensmehrung, sondern die rechtlich notwendige Folge aus früheren Verlustzurechnungen, die nachträglich zu korrigieren sind, wenn eine Verlusthaftung mit künftigen Gewinnanteilen entfällt (BFH-Beschluss in BFHE 132, 244, BStBl II 1981, 164).

D. Der Große Senat entscheidet damit wie folgt:

1. Eine GmbH & Co. KG, deren alleiniger persönlich haftender Gesellschafter eine GmbH ist, ist keine Kapitalgesellschaft i. S. von § 1 Abs. 1 Nr. 1 KStG und nicht als eine solche körperschaftsteuerpflichtig.

2. Eine Publikums-GmbH & Co. KG ist weder als nichtrechtsfähiger Verein i. S. von § 1 Abs. 1 Nr. 5 KStG noch als nichtrechtsfähige Personenvereinigung nach § 3 Abs. 1 KStG körperschaftsteuerpflichtig.

3. Bei einer GmbH & Co. KG, deren alleiniger persönlich haftender und geschäftsführender Gesellschafter eine GmbH ist, sind nicht allein wegen dieser Rechtsform alle Einkünfte i. S. des § 2 Abs. 3 (a.f.) EStG mit Wirkung für alle Gesellschafter (Mitunternehmer) als Einkünfte aus Gewerbebetrieb zu qualifizieren.

4. Eine Personengesellschaft, insbesondere eine GmbH & Co. KG, ist nicht mit Gewinnabsicht i. S. von § 1 Abs. 1 GewStDV tätig und betreibt demgemäß kein gewerbliches Unternehmen i. S. des § 15 Nr. 1 Satz 1 i.V.m. Nr. 2 EStG, wenn sie lediglich in der Absicht tätig ist, ihren Gesellschaftern eine Minderung von Steuern vom Einkommen dergestalt zu vermitteln, dass durch Zuweisung von Verlustanteilen andere an sich tariflich zu versteuernde Einkünfte nicht und die Verlustanteile letztlich nur in Form buchmäßiger Veräußerungsgewinne tarifbegünstigt versteuert werden müssen.

5. Ein Gesellschafter einer Personengesellschaft, insbesondere ein Kommanditist einer KG, die ein gewerbliches Unternehmen i. S. des § 15 Nr. 1 Satz 1 EStG betreibt, ist nicht Mitunternehmer i. S. des § 15 Nr. 2 EStG, wenn seine Beteiligung an der Gesellschaft rechtlich oder tatsächlich befristet ist und wegen der befristeten Zugehörigkeit zur Gesellschaft keine Teilhabe an einer von der Gesellschaft erstrebten Betriebsvermögensmehrung in der Form eines entnahmefähigen laufenden Gewinns oder eines die Einlage übersteigenden Abfindungsguthabens oder eines Gewinns aus der Veräußerung des Gesellschaftsanteils zu erwarten ist.

7.2 Anwendungsschreiben zu § 2 EStG

Durch das Steuerentlastungsgesetz 1999/2000/2002 vom März 1999, BGBI. l S. 402, wurde § 2b EStG in das Einkommensteuergesetz eingefügt. Die Grundsätze zur Anwendung des § 2b EStG sind in dem Schreiben des Bundesministeriums der Finanzen - IV A 5 - S 2118b - 111/00 - vom 5. Juli 2000, BStBI l S. 1148 und den darauf beruhenden Erlassen der obersten Finanzbehörden der Länder dargestellt. Unter Bezugnahme auf das Ergebnis der Erörterungen mit den obersten Finanzbehörden der Länder gelten die vorstehend genannten Weisungen ab sofort und in allen noch offenen Fällen mit folgenden Änderungen bzw. Ergänzungen fort:

1. Allgemeines

§ 2b EStG gilt für negative Einkünfte aus Verlustzuweisungsmodellen.

a) Die Anwendung des § 2b EStG setzt eine einkommensteuerlich relevante Tätigkeit voraus. Daher ist das Vorliegen einer Gewinn- bzw. Überschusserzielungsabsicht vorrangig zu prüfen (BFH vom 12. Dezember 1995, BStBI II 1996 S. 219; BMF-Schreiben vom 23. Juli 1992, BStBI l S. 434 und vom 4. November 1998, BStBI l S. 1444).

b) Für die Anwendung des § 2b EStG ist es ohne Belang, auf welchen Ursachen die negativen Einkünfte aus dem Verlustzuweisungsmodell beruhen.

c) Prüfungsreihenfolge

aa) Nichtaufgriffsgrenze: Das Vorliegen eines Verlustzuweisungsmodells i.S.d. § 2b EStG ist regelmäßig dann nicht zu prüfen, wenn nach der Ergebnisvorschau das Verhältnis der kumulierten Verluste während der Verlustphase zur Höhe des gezeichneten und nach dem Betriebskonzept in der Verlustphase auch aufzubringenden Kapitals 50 Prozent nicht übersteigt. Bei der Ermittlung des gezeichneten Kapitals sind solche Beträge nicht zu berücksichtigen, die erst aufgrund einer späteren Entscheidung zu erbringen sind. Vom gezeichneten Kapital sind solche Beträge abzuziehen, die auf der Ebene der Gesellschafter modellhaft fremdfinanziert werden.

Zu den kumulierten Verlusten gehören auch die modellhaft vorgesehenen Sonderwerbungskosten und Sonderbetriebsausgaben. Als Ausschüttungen gestaltete planmäßige Eigenkapitalrückzahlungen sind von dem in RdNr. 4 bezeichneten Kapital abzuziehen, soweit sie die aus dem normalen Geschäftsbetrieb planmäßig erwirtschafteten Liquiditätsüberschüsse übersteigen.

bb) Vorliegen einer modellhaften Gestaltung: § 2b EStG erfasst nach seinem Sinn und Zweck nur modellhafte Gestaltungen (vgl. RdNrn. 17 ff. im Anwendungsschreiben.). Dies folgt aus der Verwendung des Begriffs „ähnliche Modelle". Eine Beteiligung an einer Gesellschaft oder Gemeinschaft ist für sich genommen nicht als „Modell" anzusehen. Erst wenn besondere Umstände hinzutreten, kann von einer modellhaften Gestaltung ausgegangen werden. Liegt eine modellhafte Gestaltung nicht vor, so ist kein Fall des § 2b EStG gegeben.

cc) Prüfung, ob ein steuerlicher Vorteil im Vordergrund steht: § 2b EStG setzt voraus, dass bei Erwerb oder Begründung der Einkunftsquelle die Erzielung eines steuerlichen Vorteils im Vordergrund steht (vgl. RdNrn. 14 ff.).

Ob dies der Fall ist, ist in erster Linie anhand des ersten und zweiten Regelbeispiels (RdNrn. 28 ff. und RdNrn. 42 f.) zu prüfen. Sind die Voraussetzungen der Regelbeispiele nicht gegeben, ist in Fällen, in denen dennoch Anhaltspunkte dafür vorliegen, dass die Erzielung eines steuerlichen Vorteils im Vordergrund steht, eine Überprüfung unmittelbar anhand des Grundtatbestands vorzunehmen.

2. Grundtatbestand (§ 2b Satz 1 EStG)

§ 2b EStG beschränkt nur den Ausgleich negativer Einkünfte aufgrund von modellhaft gestalteten Beteiligungen an Gesellschaften oder Gemeinschaften oder Beteiligungen an ähnlichen Modellen, bei deren Erwerb oder Begründung die Erzielung eines steuerlichen Vorteils im Vordergrund steht.

a) Gesellschaften oder Gemeinschaften

Unter dem Begriff der Gesellschaften oder Gemeinschaften i.S.d. § 2b EStG sind alle modellhaften Gestaltungen zu verstehen, bei denen mehrere Personen in gesellschafts- oder gemeinschaftsrechtlicher Verbundenheit tätig werden.

§ 2b EStG gilt grundsätzlich für alle Beteiligungen an Verlustzuweisungsgesellschaften im Sinne der bisherigen Rechtsprechung und Verwaltungsanweisungen (BFH vom 12. Dezember 1995, BStBI II 1996 S. 219; BMF-Schreiben vom 13. Juli 1992, BStBI. l S. 404, RdNr. 44), bei denen die Vermutung, dass sie bei ihrer Gründung keine Einkünfteerzielungsabsicht haben, widerlegt ist. Darüber hinaus können aber auch Beteiligungen an anderen Gesellschaften und Gemeinschaften als Verlustzuweisungsmodell i.S.d. § 2b EStG anzusehen sein.

b) Ähnliche Modelle

§ 2b EStG erfasst auch alle modellhaften Anlage- bzw. Investitionstätigkeiten einzelner Steuerpflichtiger (= ähnliche Modelle) außerhalb einer Gesellschaft oder Gemeinschaft. Es ist nicht erforderlich, dass mehrere Steuerpflichtige im Hinblick auf die Einkünfteerzielung im weitesten Sinn gemeinsam tätig werden, also eine einer Gesellschaft oder Gemeinschaft ähnliche Verbundenheit besteht.

Beispiel:

Ein Anbieter vertreibt Renten- oder Lebensversicherungen gegen Einmalbeitrag. Nach dem Modellkonzept wird der Beitrag inklusive eines Damnums von 10 Prozent vollständig bei einem vorgegebenen Kreditinstitut fremdfinanziert. Die Rückzahlungsmittel für das Darlehen sollen über einen ebenfalls vorher festgelegten Aktienfonds angespart werden. Die gesamte Gestaltung ermöglicht es dem Anleger, hohe Werbungskosten teils sofort, teils über die Laufzeit verteilt, abzuziehen. Der Modellerfolg wird mittels einer zwingenden Verknüpfung verschiedener Verträge sichergestellt.

Es handelt sich dabei um ein ähnliches Modell i.S.d. § 2b EStG. Die Verlustverrechnungsbeschränkung greift ein, wenn die Erzielung eines steuerlichen Vorteils im Vordergrund steht.

c) Gesamtobjekte

Gesamtobjekte i.S.d. RdNr. 1.3 des BMF-Schreibens vom 13. Juli 1992, (BStBI. l S. 404) fallen grundsätzlich (vgl. RdNr. 17 ff.) unter den Begriff des Verlustzuweisungsmodells, sofern einkommensteuerrechtlich relevante Verluste erzielt werden. Modelle mit nur einem Kapitalanleger kommen als ähnliches Modell im Sinne des § 2b EStG in Betracht (vgl. RdNr. 1.4 des BMF-Schreibens vom 13. Juli 1992, a.a.O.). Dies ist z.B. der Fall, wenn ein Anleger alle Anteile eines geschlossenen Immobilienfonds übernimmt.

d) Unterbeteiligungen

Bei einer Beteiligung an Gesellschaften oder Gemeinschaften, die wiederum an einer oder mehr als einer Gesellschaft oder Gemeinschaft beteiligt sind, sind die Voraussetzungen des § 2b EStG bei den jeweiligen Unterbeteiligungen direkt zu prüfen. Eine Prüfung saldierter Beträge auf der Ebene der Obergesellschaft kommt nicht in Betracht.

Bei Gesellschaften, Gemeinschaften oder ähnlichen Modellen, die selbst mehrere Einkunftsarten bzw. -quellen beinhalten, sind bei der Prüfung des § 2b EStG die Einkünfte zusammengefasst zu betrachten.

e) Erzielung eines steuerlichen Vorteils

§ 2b EStG setzt voraus, dass bei Erwerb oder Begründung der Einkunftsquelle die Erzielung eines steuerlichen Vorteils im Vordergrund steht. Unter dem Begriff des steuerlichen Vorteils ist jegliche Minderung der Ertragsteuerbelastung einschließlich Steuerstundungseffekte auf der Ebene der an einem Verlustzuweisungsmodell Beteiligten zu verstehen.

Ist das Modellkonzept so gestaltet, dass die daraus resultierenden Verluste zum Ende eines Jahres in der Verlustphase zu Steuerermäßigungen führen, die insgesamt höher sind als das bis dahin einzusetzende Kapital, so ist davon auszugehen, dass die Erzielung des steuerlichen Vorteils im Vordergrund steht. Modellhaft fremdfinanziertes Eigenkapital gehört nicht zum einzusetzenden Kapital; in diesem Fall sind Zahlungen für Sonderwerbungskosten bzw. Sonderbetriebsausgaben und Tilgungen modellhaft fremdfinanzierten Eigenkapitals als Zuführung zum einzusetzenden Kapital zu rechnen. Bei der Ermittlung des einzusetzenden Kapitals sind auch die übrigen Zahlungsströme, die zu dessen Erhöhung oder Minderung führen, zu berücksichtigen, z.B. weitere modellhafte Zahlungen oder Ausschüttungen. Für die Berechnung der Steuerermäßigung gilt RdNr. 37 S. 1 entsprechend.

Auf besonders risikoreiche Anlagen (z.B. Venture Capital Fonds) findet § 2b EStG nur Anwendung, wenn ausnahmsweise die Erzielung eines steuerlichen Vorteils im Vordergrund steht.

Für die Frage, ob ein steuerlicher Vorteil im Vordergrund steht, ist auf den Zeitpunkt des Erwerbs oder der Begründung der Einkunftsquelle abzustellen. Spätere Änderungen sowohl in der Motivation des Anlegers als auch im Betriebskonzept bleiben während des Bestehens der Einkunftsquelle ohne Auswirkungen auf die ursprüngliche Beurteilung hinsichtlich § 2b EStG.

f) Modellhafte Gestaltungen

Für die Frage der Modellhaftigkeit sind folgende Kriterien maßgeblich:

- vorgefertigtes Konzept sowie
- gleichgerichtete Leistungsbeziehungen, die im Wesentlichen identisch sind.

a) Für die Modellhaftigkeit erforderlich ist das Vorhandensein eines vorgefertigten Konzepts, das auf die Erzielung steuerlicher Vorteile aufgrund negativer Einkünfte ausgerichtet ist. Typischerweise, wenn auch nicht zwingend, wird das Konzept mittels eines Anlegerprospekts oder in vergleichbarer Form (z.B. Katalog, Verkaufsunterlagen, Beratungsbögen usw.) vermarktet.

Für die Modellhaftigkeit typisch ist die Bereitstellung eines Bündels an Haupt-, Zusatz- bzw. Nebenleistungen, wodurch das Risiko des Anlegers minimiert und der Steuerspareffekt gesichert werden soll.

Zusatz- oder Nebenleistungen führen dann zur Modellhaftigkeit einer Vertragskonstruktion, wenn sie nach dem zugrunde liegenden Betriebskonzept dazu bestimmt und geeignet sind, den sofort abziehbaren Aufwand zu erhöhen, um den Anlegern ein höheres Verlustverrechnungsvolumen zu verschaffen, und wenn ein an wirtschaftlicher Rentabilität orientierter Anleger derartige Kosten nicht oder nur im Hinblick auf den damit verbundenen steuerlichen Vorteil des Sofortabzugs als Werbungskosten hinnehmen würde. In Betracht kommen hierfür grundsätzlich alle im BMF-Schreiben vom 31. August 1990 (BStBI I S. 366) unter Werbungskosten einzuordnenden Aufwendungen.

Stellt ein Anbieter ein Bündel von Haupt- und Nebenleistungen zur Verfügung, verzichtet ein Anleger jedoch auf wesentliche Teile der angebotenen Neben- bzw. Zusatzleistungen, liegen unterschiedliche Vertragskonstruktionen vor, die jeweils für sich auf ihre Modellhaftigkeit geprüft werden müssen.

bb) Gleichgerichtete Leistungsbeziehungen liegen vor, wenn gleichartige Verträge mit mehreren identischen Vertragsparteien abgeschlossen werden, z.B. mit demselben Treuhänder, demselben Vermittler, derselben Finanzierungsbank usw. Werden Zusatz- und Nebenleistungen, die den Steuerspareffekt sichern sollen, unmittelbar vom Modellinitiator angeboten, so kann dies ebenfalls zur Anwendung des § 2b EStG führen.

cc) Der Erwerb einer Eigentumswohnung vom Bauträger zum Zwecke der Vermietung stellt keine modellhafte Gestaltung dar, es sei denn, es werden modellhafte Zusatz- oder Nebenleistungen i.S.d. RdNr. 20 vom Bauträger selbst oder auf dessen Vermittlung von Dritten in Anspruch genommen, die den Steuersparerfolg der Anlage sichern sollen.

Der Abzug eines Damnums oder die Inanspruchnahme der erhöhten Absetzungen nach §§ 7h oder 7i EStG führen für sich genommen nicht zur Anwendung des § 2b EStG. Ebenso wenig schädlich ist eine hundertprozentige Fremdfinanzierung, sofern diese nicht Teil des Steuersparkonzepts ist. Gleiches gilt auch für Maklergebühren und u.a. für Aufwendungen für die Hausverwaltung.

Beispiel:

Ein Bauträger veräußert an ein Ehepaar eine denkmalgeschützte Wohnung zu Vermietungszwecken. Gleichzeitig verpflichtet er sich, die Wohnung zu sanieren. Die Eheleute nehmen hierfür erhöhte Absetzungen nach § 7i EStG in Anspruch. Im Rahmen einer Gesamtfinanzierung vermittelt der Bauträger eine günstige Baufinanzierung.

Es liegt kein Fall des § 2b EStG vor. Der Erwerb durch das Ehepaar als Gemeinschaft ist für sich genommen nicht als modellhafte Gestaltung zu werten, ebenso wenig die nachfolgende Sanierung oder die Inanspruchnahme erhöhter Absetzungen. Die Finanzierungsvermittlung stellt eine wirtschaftlich sinnvolle Zusatzleistung dar, die nicht den Zweck hat, den Steuerspareffekt der Anlage zu erhöhen, sondern im Gegenteil zur Minderung der zukünftigen Zinsbelastung beiträgt.

dd) Auf Existenz- und Firmengründer findet § 2b EStG keine Anwendung, wenn nicht ausnahmsweise die Erzielung steuerlicher Vorteile im Vordergrund steht (vgl. RdNrn. 27 ff.).

3. Regelbeispiele in § 2b Satz 3 EStG

Für die Feststellung, ob die Erzielung eines steuerlichen Vorteils im Vordergrund steht, enthält § 2b Satz 3 EStG zwei Regelbeispiele, die eine unwiderlegbare Vermutung aufstellen.

a) Das erste Regelbeispiel betrifft Fälle, in denen nach dem Betriebskonzept der Gesellschaft, Gemeinschaft oder des ähnlichen Modells die Rendite auf das einzusetzende Kapital nach Steuern (= Nachsteuerrendite) mehr als das Doppelte dieser Rendite vor Steuern (= Vorsteuerrendite) beträgt und die Betriebsführung überwiegend auf diesem Umstand beruht.

Die Bezugnahme auf das Betriebskonzept und die Betriebsführung bedeutet nicht, dass das erste Regelbeispiel nur für betriebliche Einkunftsarten anzuwenden ist. Es gilt - wie § 2b EStG insgesamt - für alle Einkunftsarten.

Das Betriebskonzept im Sinne der Vorschrift ergibt sich im Regelfall aus dem Prospekt oder sonstigen Unterlagen, die dem Anleger für seine Investitionsentscheidung vom Modellinitiator oder von dem bzw. den mit dem Vertrieb beauftragten Unternehmen zur Verfügung gestellt werden.

Ob das erste Regelbeispiel vorliegt, ist auf der Ebene der Gesellschaft ohne Rücksicht auf die besonderen persönlichen Verhältnisse des Steuerpflichtigen zu beurteilen.

Die Renditeberechnung ist nach der Methode des internen Zinsfußes vorzunehmen; dies entspricht der für die Ermittlung des Effektivzinses nach der Preisangabeverordnung anzuwendenden Methode. Danach ist die Rendite so zu bestimmen, dass zu Beginn des Betrachtungszeitraums die Summe der mit der Rendite abgezinsten Einzahlungen identisch ist mit der Summe der mit der Rendite abgezinsten Auszahlungen.

Die Ein- und Auszahlungen sind jeweils aus der Sicht des Modellanlegers zu erfassen. Die Gleichung hierzu lautet:

$$\sum_{t=0}^{T} \frac{Einzahlung_t}{(1+Rendite)^t} = \sum_{t=0}^{T} \frac{Auszahlung_t}{(1+Rendite)^t}$$

dabei ist:

- **T** = der Betrachtungszeitraum in Jahren;
- **Einzahlung$_t$** = die Einzahlungen im Jahr t (Ausschüttungen, unabhängig davon, ob sie Kapitalrückzahlungen darstellen oder aus Gewinnen/Überschüssen stammen einschließlich der Veräußerungserlöse; bei modellhafter Fremdfinanzierung auch die Auszahlung des Darlehens; bei der Ermittlung der Nachsteuerrendite auch die Ertragsteuerminderungen aus den prognostizierten (anteiligen) steuerlichen Verlusten),
- **Auszahlung$_t$** = die Auszahlungen im Jahr t (Einlagen; bei modellhafter Fremd-(Außen-)finanzierung des Eigenkapitals auch der darauf entfallende Aufwand und die Tilgung der Fremdfinanzierungsmittel; bei der Ermittlung der Nachsteuerrendite auch die Ertragsteuerbelastung auf den prognostizierten Gewinn/Überschuss/(-anteil)).

Für den Renditevergleich sind grundsätzlich die in den Betriebskonzepten prognostizierten Zahlungsströme und die dort beispielhaft getroffenen Annahmen hinsichtlich der Verhältnisse des Anlegers (z.B. Fremdfinanzierungsquote) von der Finanzverwaltung zugrunde zu legen.

Dies gilt auch für den Betrachtungszeitraum. Sofern im Betriebskonzept unterschiedliche Prognosezeiträume dargestellt bzw. verschiedene Optionen für die Dauer des Engagements angeboten werden, ist vom jeweils kürzesten Zeitraum auszugehen.

Sieht das Modellkonzept eine zeitliche Befristung vor und steht am Ende ein prognostizierter Wert, ist dieser grundsätzlich zu übernehmen, wenn er wirtschaftlich nicht unbegründet ist. Ist das Modellkonzept zeitlich unbefristet, aber besteht eine Option, die den Eigentumsübergang der wesentlichen Anlagegegenstände der Modellkonzeption zur Grundlage hat, ist die Option mit allen Zahlungsströmen zu berücksichtigen. Bestehen verschiedene Optionen, ist der jeweils kürzeste Zeitraum zu Grunde zu legen.

Bestehen keine Optionen, ist zum Ende des Betrachtungszeitraums zu schätzen, welche Zahlungsströme sich durch eine Beendigung der Modellkonzeption zu diesem Zeitpunkt ergeben würden. Dabei wären grundsätzlich ebenfalls die prognostizierten Werte des Prospekts anzusetzen (z.B. in Fortsetzung der prognostizierten Renditeerwartung). Anhaltspunkte wären z.B.

- bei beweglichen Wirtschaftsgütern die Anschaffungs- oder Herstellungskosten abzüglich AfA auf die betriebsgewöhnliche Nutzungszeit lt. amtlicher AfA-Tabelle,
- bei Gebäuden die Anschaffungs- oder Herstellungskosten zuzüglich prognostizierter Wertsteigerung abzüglich lineare AfA lt. § 7 Abs. 4 EStG auf den um die Wertsteigerung erhöhten Gesamtwert.

Die Rendite nach Steuern ist mit der Einkommensteuerbelastung zu ermitteln, die sich mit dem jeweils aktuellen Höchstsatz der Einkommensteuer zuzüglich Solidaritätszuschlag - aber ohne Kirchensteuer - ergibt; hierbei ist § 2b EStG nicht anzuwenden. Die Ermittlung der Rendite vor Steuern hat ohne ertragsteuerliche Auswirkungen zu erfolgen.

§ 2b EStG ist anzuwenden, wenn

- der Wert für die Rendite nach Steuern mehr als das Doppelte der Rendite vor Steuern beträgt, oder
- der Wert für die Rendite vor Steuern Null oder negativ und die Rendite nach Steuern positiv ist.

Sofern das Modellkonzept eine Fremdfinanzierung der Anlage durch den Steuerpflichtigen vorsieht, ist als einzusetzendes Kapital i.S.d. Regelbeispiels sowohl das Eigen- als auch das Fremdkapital anzusehen. Die Schuldzinsen sind ebenso wie die Auszahlung bzw. Tilgung des Darlehens in die Renditeermittlung einzubeziehen.

Beispiel:

Das Prospekt eines Medienfonds sieht folgende modellhafte Anlage vor:

Anlagebetrag:	100 000 DM
davon modellhaft fremdfinanziert:	20 v.H.
jährliche Darlehenstilgung	10 v.H.
Darlehens-Zinssatz	7,0 v.H.
Abschlusszahlung	nach 10 Jahren
	zu 100 v.H. steuerpflichtig

Die prognostizierten Verlustzuweisungen, Ausschüttungen, Tilgungs- und Zinszahlungen sowie die Abschlusszahlung ergeben sich aus nachstehender Tabelle 17[6], wobei der Darlehensstand und die Bemessung für ESt und SolZ nur nachrichtlich aufgeführt sind.

Die Vor- bzw. Nachsteuerrendite ergibt sich aus der Anwendung der Formel zur Berechnung des internen Zinsfußes auf die ausgewiesenen Zahlungsströme.

Bei den Zahlungsströmen sind als Zufluss zu berücksichtigen:

- die Auszahlung der Darlehensvaluta
- evtl. Ausschüttungen aus dem Fonds
- die Abschlusszahlung/ggf. Veräußerungserlös des Fondsanteils
- Minderungen der Ertragsteuerbelastung (ESt und SolZ), soweit durch die Anlage bedingt (nur bei der Nachsteuerrendite)

---

6 Die Tabelle wurde gegenüber dem BGH-Schreiben vom 5.7.2000 an die neuen Steuersätze angepasst.

Tabelle 17: prognostizierte Verlustzuweisungen, Ausschüttungen Tilgungs- und Zinszahlungen, Abschlusszahlung

	(Basis)-Jahr 0 01.01.00	Jahr 1 31.12.00	Jahr 2 31.12.01	Jahr 3 31.12.02	Jahr 4 31.12.03	Jahr 5 31.12.04
Darlehensstand Jahresanfang		20 000	18 000	16 000	14 000	12 000
Veränderung Darlehensstand	20 000	- 2.000	- 2 000	- 2 000	- 2 000	- 2 000
Darlehensstand Jahresende		18 000	16 000	14 000	12 000	10 000
Darlehenszinsen		- 1 400	- 1 260	- 1 120	- 980	- 840
Fondseinlage	- 100 000					
Erlös aus Verkauf des Fondsanteils						
Verlust-zuweisung Fondsanteil		- 100 000				
Fondsausschüttungen			25 000	23 000	19 000	14 000
Bemessung für ESt		- 101 400	23 740	21 880	18 020	13 160
Einkommensteuer v.H.		51,0 %	48,5 %	48,5 %	47,0 %	47,0 %
Solidaritätszuschlag		5,5 %	5,5 %	5,5 %	5,5 %	5,5 %
Entlastung ESt + SolZ		54 558	- 12 147	- 11 195	- 8 935	- 6 525
vor Steuern Zahlungsstrom	00 000	- 3 400	21 740	19 880	16 020	11 160
nach Steuern Zahlungsstrom	- 80 000	51 158	9 593	8 685	7 085	4 635

	Jahr 6 31.12.05	Jahr 7 31.12.06	Jahr 8 31.12.07	Jahr 9 31.12.08	Jahr 10 31.12.09
Darlehensstand Jahresanfang	10 000	8 000	6 000	4 000	2 000
Veränderung Darlehensstand	- 2 000	- 2 000	- 2 000	- 2 000	- 2 000
Darlehensstand Jahresende	8 000	6 000	4 000	2 000	0
Darlehenszinsen	- 700	- 560	- 420	- 280	- 140
Fondseinlage					
Erlös aus Verkauf des Fondsanteil					10 000
Verlust-Zuweisung Fondsanteil					
Fondsausschüttungen	10 000	8 000	6 000	3 000	2 000
Bemessung für ESt	9 300	7 440	5 580	2 720	11 860
Einkommensteuer v.H.	42,0 %	42,0 %	42,0 %	42,0 %	42,0 %
Solidaritätszuschlag	5,5 %	5,5 %	5,5 %	5,5 %	5,5 %
Entlastung ESt + SolZ	- 4 121	- 3 297	- 2 472	- 1 205	- 5 255
vor Steuern Zahlungsstrom	7 300	5 440	3 580	720	9 860
nach Steuern Zahlungsstrom	3 179	2 143	1 108	- 485	4 605

Rendite vor Steuern	3,14 %
Rendite nach Steuern	5,89 %
Verhältnis der Renditen vor und nach Steuern	1,88

Als Abfluss gehen in die Berechnung ein:

- die geleistete Fondseinlage sowie evtl. Nachschusszahlungen
- Darlehenstilgung und -zins
- Erhöhungen der Ertragsteuerbelastung infolge der Anlage (nur bei der Nachsteuerrendite)

Die Rendite vor Steuern beträgt im Beispiel unter Berücksichtigung der ausgewiesenen Zahlungsströme 3,14 v.H., die Rendite nach Steuern 5,89 v.H. und damit nicht mehr als das Doppelte der Vorsteuerrendite. Die Voraussetzungen des ersten Regelbeispiels sind daher hier nicht erfüllt.

Wird das Betriebskonzept tatsächlich zu einem wesentlichen Teil umgesetzt, so beruht die Betriebsführung hierauf und damit auch auf dem Umstand, dass die Rendite auf das einzusetzende Kapital nach Steuern mehr als das Doppelte dieser Rendite vor Steuern beträgt. Davon kann im Regelfall ausgegangen werden.

b) Nach dem 2. Regelbeispiel steht die Erzielung eines steuerlichen Vorteils auch dann im Vordergrund, wenn Kapitalanlegern Steuerminderungen durch Verlustzuweisungen in Aussicht gestellt werden.

Das ist dann der Fall, wenn über die aus Gründen der Prospekthaftung bestehende Aufklärungspflicht hinaus auf die mögliche Steuerminderung infolge der anlagebedingten Verluste besonders hingewiesen wird. Hiervon ist insbesondere dann auszugehen, wenn eine werbemäßige Hervorhebung erfolgt. Die bloße Nennung der Steuerwirkungen und der Nachsteuerrendite (z.B. im Text oder in einer Tabelle) ist kein besonderer Hinweis.

4. Anwendungsregelung (§ 52 Abs. 4 EStG)

a) § 52 Abs. 4 Satz 2 EStG enthält eine Übergangsregelung für negative Einkünfte im Sinne des § 2b EStG aus einer Beteiligung an einer Gesellschaft oder Gemeinschaft. Danach ist § 2b EStG nicht anzuwenden, wenn die Gesellschaft oder Gemeinschaft in den Fällen der Herstellung vor dem 5. März 1999 mit der Herstellung des Wirtschaftsguts der Einkunftserzielung begonnen hat, in den Fällen der Anschaffung das Wirtschaftsgut der Einkunftserzielung aufgrund eines vor dem 5. März 1999 rechtswirksam abgeschlossenen obligatorischen Vertrags oder gleichstehenden Rechtsakts angeschafft hat und der Steuerpflichtige der Gesellschaft oder Gemeinschaft vor dem 1. Januar 2001 beigetreten ist oder beitritt.

§ 52 Abs. 4 Satz 4 EStG regelt den Zeitpunkt des Beginns der Herstellung bei Bauvorhaben. R 42a Abs. 4 EStR gilt dabei entsprechend.

Voraussetzung für die Anwendung des § 52 Abs. 4 Satz 2 EStG ist, dass die Gesellschaft, die vor dem Stichtag (= 5. März 1999) das Wirtschaftsgut angeschafft oder hergestellt hat, mit der Gesellschaft identisch ist, der der Steuerpflichtige später beitritt. Änderungen im Gesellschafterbestand sind dabei unschädlich, sofern die zivilrechtliche Identität der Gesellschaft gewahrt bleibt.

b) Hat eine Gesellschaft oder Gemeinschaft vor dem 5. März 1999 das Wirtschaftsgut der Einkunftserzielung i.S.d. § 52 Abs. 4 EStG angeschafft bzw. mit der Herstellung begonnen, und wird nach dem 4. März 1999 ein weiteres Wirtschaftgut als selbstständiges Verlustzuweisungsobjekt angeschafft bzw. hergestellt, so beschränkt sich die Anwendung des § 52 Abs. 4 EStG auf das erste Wirtschaftsgut. Für später angeschaffte bzw. hergestellte Wirtschaftsgüter gilt § 2b EStG uneingeschränkt.

c) Das bestellte und das gelieferte Wirtschaftsgut müssen funktionell identisch sein; unwesentliche Abweichungen sind unschädlich. Das gilt insbesondere bei einer Änderung der Bestellung. Ein Wechsel des Lieferanten führt dazu, dass das bestellte und das gelieferte Wirtschaftsgut nicht mehr identisch sind und dass daher als Anschaffungszeitpunkt der Zeitpunkt der Bestellung beim neuen Lieferanten anzusehen ist.

d) Nach § 52 Abs. 4 Satz 5 EStG finden die Sätze 2–4 entsprechende Anwendung auf ähnliche Modelle. Für die Frage des Zeitpunkts der Anschaffung bzw. des Beginns der Herstellung kommt es auf die Investitionsentscheidung des Modellinitiators an. Er muss vor dem 5. März 1999 das Wirtschaftsgut angeschafft bzw. mit dessen Herstellung begonnen haben. Erwirbt der Anleger in diesem Fall bis zum 31. Dezember 2000 die Kapitalanlage, ist § 2b EStG für daraus entstehende negative Einkünfte nicht anzuwenden.

Beispiel:

Ein Anleger erwirbt zum Zwecke der Vermietung vom Bauträger eine Eigentumswohnung, wobei wegen der modellhaften Einschaltung Dritter dem Grunde nach ein Fall des § 2b EStG vorliegt. Der Bauträger hat den Bauantrag für die Wohnanlage jedoch vor dem 5. März 1999 gestellt. Der Kauf durch den Anleger erfolgt vor dem 1. Januar 2001. Aufgrund der Anwendungsregelung in § 52 Abs. 4 Satz 5 EStG kommt § 2b EStG für den Anleger hier nicht zur Anwendung.

e) Tritt einer Personengesellschaft, die die Voraussetzungen für die Übergangsregelung gemäß § 52 Abs. 4 Satz 2 EStG erfüllt, nach dem 4. März 1999 eine weitere Personengesellschaft bei, an der natürliche Personen beteiligt sind, gilt Folgendes:

Die an der weiteren Personengesellschaft beteiligten Personen sind nicht der ersten Gesellschaft beigetreten. Steuerpflichtig ist nicht die beigetretene zweite Gesellschaft, sondern steuerpflichtig sind deren Gesellschafter. Diese können daher die Übergangsregelung gemäß § 52 Abs. 4 Satz 2 EStG nicht in Anspruch nehmen.

f) Für die Anwendung der Regelung in § 52 Abs. 4 EStG ist eine Gesamtrechtsnachfolge (Erbfall: Erwerb durch den Erblasser vor Stichtag, Erbfall nach dem Stichtag) unbeachtlich. Dagegen sind Schenkungen als rechtsgeschäftlicher Erwerb einer neuen Einkunftsquelle aufgrund eines zweiseitigen Vertrages anzusehen.

5. Rechtsfolgen

Unterliegt eine Beteiligung an einem Verlustzuweisungsmodell § 2b EStG, so kommt eine Verrechnung der daraus resultierenden negativen Einkünfte nach Maßgabe des § 2 Abs. 3 bzw. § 10d EStG nur mit positiven Einkünften aus Verlustzuweisungsmodellen in Betracht, auf die § 2b EStG tatsächlich Anwendung gefunden hat. Eine Verrechnung mit positiven Einkünften aus Verlustzuweisungsmodellen, bei denen die Beteiligung schon vor 1999 erfolgt ist, oder die unter die Anwendungsregelung in § 52 Abs. 4 EStG fallen, ist nicht möglich.

6. Maßgeblicher Zeitpunkt

Für die Entscheidung über die Einordnung einer Gesellschaft, Gemeinschaft oder eines ähnlichen Modells als Verlustzuweisungsmodell im Sinne des § 2b EStG kommt es auf den Zeitpunkt des Beitritts des Anlegers (= Erwerb der Beteiligung an der Gesellschaft, Gemeinschaft oder an dem ähnlichen Modell) an.

Eine einmal getroffene Entscheidung über die Anwendung des § 2b EStG gilt für die gesamte Dauer der Einkünfteerzielung aus dieser Quelle, weil später eintretende Änderungen die Situation zum Zeitpunkt des Erwerbs bzw. der Begründung der Einkunftsquelle nicht mehr beeinflussen können. Es handelt sich dabei aber nur um eine faktische, nicht um eine rechtliche Bindungswirkung. Stellt sich in einem späteren Veranlagungszeitraum heraus, dass die Voraussetzungen für die ursprüngliche Entscheidung hinsichtlich der Einstufung als Verlustzuweisungsmodell i.S.d. § 2b EStG nicht vorlagen, so kann diese auch bei Eintritt der Bestandskraft für den ersten Veranlagungszeitraum für alle noch nicht bestandskräftig veranlagten Folgejahre berichtigt werden. Dies wirkt sowohl zugunsten als auch zuungunsten des Steuerpflichtigen.

7. Mitwirkungspflichten und Feststellungslast

Die Verpflichtung des Modellinitiators zur Mitwirkung (z.B. Vorlage von Unterlagen für Renditeberechnungen) richtet sich nach den allgemeinen Vorschriften (§ 93 Abs. 1 AO).

Handelt es sich bei dem Anlagemodell um ein Gesamtobjekt i.S.d. § 1 Abs. 1 Satz 1 V zu § 180 Abs. 2 AO, ist der Modellinitiator Verfahrensbeteiligter i.S.d. § 78 AO, wenn er bei der Planung, Herstellung, Erhaltung, dem Erwerb, der Betreuung, Geschäftsführung oder Verwaltung des Gesamtobjekts für die Feststellungsbeteiligten gehandelt hat.

In diesem Fall ergibt sich die Verpflichtung zur Mitwirkung aus § 90 Abs. 1 AO. Die Feststellungslast dafür, dass die Erzielung eines steuerlichen Vorteils nicht im Vordergrund steht, trifft den Steuerpflichtigen.

7.3 Zurechnung von Einkünften aus Vermietung und Verpachtung bei Treuhandverhältnissen

(BUNDESFINANZHOF; Urteil vom 27. Januar 1993, StRK EStG 1975 § 21, R. 47)

Tatbestand:

Die Kläger und Revisionsbeklagten (Kläger) und die Beigeladenen sind Gesellschafter eines Immobilienfonds mit der Bezeichnung X-Fonds..., der 1975 in Form einer Gesellschaft des bürgerlichen Rechts (GdbR) errichtet worden ist. Die Gründungsgesellschafter schieden bis auf zwei bis zum 31. Dezember 1976 aus; ab April 1977 traten zweiundachtzig neue Fonds-Gesellschafter (Kläger und Beigeladene) der Gesellschaft durch vorgedruckte Übernahmeerklärungen bei. In diesen verpflichten sie sich, den Zeichnungsbetrag zuzüglich Agio zu zahlen. Treuhänderin für den Fonds ist die X-AG (Treuhänderin), die auch Geschäftsführerin des Fonds ist und für zahlreiche Immobilienfonds als Treuhänderin tätig ist. Der Gesellschaftsvertrag des Fonds und die Rechtsbeziehungen zwischen den Fonds-Gesellschaftern und der Treuhänderin sind in den von dieser vorformulierten „allgemeinen Vertragsbedingungen zu den X-Fonds" (AVB) und in den auf der Rückseite der Übernahmeerklärung zum X-Fonds... abgedruckten „Besonderen Vertragsbedingungen" (BVB) geregelt. Danach erwirbt die Treuhänderin das bürgerlich-rechtliche Eigentum an einem oder mehreren Grundstücken, die für die Zuordnung zu einem X-Fonds vorgesehen sind. Die Fonds-Gesellschaft beauftragt die Treuhänderin, im eigenen Namen, jedoch für Rechnung der Fonds-Gesellschaft Grundstücke aufzukaufen, zu bebauen, zu vermieten und nach Weisung der GdbR zu verwalten.

Die Treuhänderin erwarb 1976 ein Grundstück, das sie am 20. Juni 1977 gegen ein Entgelt von 1,5 Mio. DM dem Fonds „zuordnete". Auf diesem Grundstück errichtete sie im öffentlich geförderten Wohnungsbau ein Mehrfamilienhaus, das im November 1978 bezugsfertig war. Die Gesamtkosten sind in den BVB mit 18 Mio. DM beziffert, das Fonds-Kapital ist dort auf 4,78 Mio. DM festgesetzt. Im Zusammenhang mit dem Erwerb des Grundstücks und der Errichtung des Gebäudes schloss die Treuhänderin im Februar und März 1977 im eigenen Namen eine Reihe von Verträgen, u.a. Verträge über die Beschaffung des Fonds-Kapitals und des Fremdkapitals, Darlehensverträge, einen Baubetreuungsvertrag, Garantie- und Bürgschaftsverträge und einen Vertrag über die Vermietung. Auf der Grundlage dieser Verträge hatte die Treuhänderin erhebliche Aufwendungen, die sie den Fonds-Gesellschaftern in Rechnung stellte (insgesamt geltend gemachte Gebühren 1977 und 1978 3,8 Mio. DM).

In ihren Erklärungen zur gesonderten und einheitlichen Feststellung der Einkünfte aus Vermietung und Verpachtung für die Streitjahre 1977 und 1978 wiesen die Kläger und die Beigeladenen die Aufwendungen für die von der Treuhänderin geschlossenen Verträge einschließlich der Darlehenszinsen als vorab entstandene Werbungskosten aus. Dadurch ergaben sich Werbungskostenüberschüsse von 3,8 Mio. DM für 1977 und 2,5 Mio. DM für 1978. Der Beklagte und Revisionskläger (das Finanzamt - FA -) erließ im Anschluss an eine Außenprüfung Feststellungsbescheide, in denen er die Werbungskostenüberschüsse aus Vermietung und Verpachtung auf 2,04 Mio. DM für 1977 sowie auf 1,6 Mio. DM für 1978 feststellte und den Klägern und Beigeladenen zurechnete. Nicht als sofort abziehbare Werbungskosten, sondern als Herstellungskosten beurteilte das FA dabei ganz oder zum Teil das Entgelt für die Garantie der Erlangung von Förderungsmitteln durch die Wohnungsbau-Kreditanstalt (WBK), das Entgelt für die Übernahme einer Ausfallbürgschaft für die Zwischenfinanzierung (Aval-Gebühren), das an die Treuhänderin zu zahlende Entgelt für die Übernahme der Haftung bezüglich des Aufwendungsdarlehens der WBK und die Vergütung für die „Primärhaftung" der Treuhänderin sowie das Entgelt für die Erstvermietung. Bei der Verteilung der Werbungskostenüberschüsse rechnete das FA die Anteile an den laufenden Kosten den 1977 neu eingetretenen Gesellschaftern nur insoweit zu, als sie auf den Zeitraum nach ihrem Eintritt entfielen; die zuvor angefallenen Aufwendungen behandelte es als Anschaffungskosten der neu eingetretenen Fonds-Gesellschafter.

Die nach erfolglosem Vorverfahren erhobene Klage, mit der die Kläger begehrten, die Werbungskostenüberschüsse zu erhöhen und erklärungsgemäß zu verteilen, hatte im Wesentlichen Erfolg. Das Finanzgericht (FG) ging davon aus, dass die Einkünfte aus Vermietung und Verpachtung den Klägern und Beigeladenen als Treugebern nach § 39 der Abgabenordnung (AO 1977) zuzurechnen und die umstrittenen Aufwendungen dem Grunde und der Höhe nach angemessen seien.

Dagegen richtet sich die vom FG zugelassene Revision, mit der das FA Verletzung des § 9 des Einkommensteuergesetzes (EStG) rügt. Das FG habe die umstrittenen Aufwendungen zu Unrecht als angemessen anerkannt.

Das FA beantragt, das angefochtene Urteil aufzuheben und die Klage abzuweisen.

Die Kläger beantragen, die Revision zurückzuweisen.

Gründe:

Die Revision ist begründet. Sie führt zur Aufhebung der Vorentscheidung und zur Abweisung der Klage. Das FG ist zu Unrecht davon ausgegangen, dass die von der Treuhänderin erwirtschafteten negativen Einkünfte aus der Vermietung des dem Fonds zugeordneten Grundstücks den Klägern und Beigeladenen als Treugebern zuzurechnen seien. Sie haben den Tatbestand der Einkunftsart Vermietung und Verpachtung (§§ 2 Abs. 1 Satz 1 Nr. 6, 21 Abs. 1 Nr. 1 EStG) nicht verwirklicht und können deshalb die umstrittenen Aufwendungen nicht als Werbungskosten dieser Einkunftsart abziehen.

I.

1. Den Tatbestand der Einkunftsart Vermietung und Verpachtung verwirklicht, wer die rechtliche oder tatsächliche Macht hat, eines der in § 21 Abs. 1 EStG genannten Wirtschaftsgüter anderen entgeltlich auf Zeit zur Nutzung zu überlassen. Er muss Träger der Rechte und Pflichten aus dem Mietvertrag oder Pachtvertrag sein. Schließen sich mehrere Personen zusammen, um Einkünfte aus Vermietung und Verpachtung zu erzielen, sind die Einkünfte ihnen zuzurechnen, wenn sie in gesamthänderischer Verbundenheit den

Tatbestand der Einkunftsart verwirklichen (Senatsurteil vom 3. Dezember 1991 IX R 155/89, BStBl. II 1992, 459 m.w.N.). Der Bundesfinanzhof (BFH) hat bisher grundsätzlich denjenigen als Träger der Rechte und Pflichten aus dem Mietvertrag angesehen, der zivilrechtlich Vermieter ist. Er hat deshalb den Gesellschaftern einer GdbR die Einkünfte nur dann zugerechnet, wenn die Gesellschaft Vertragspartner des Mietvertrags war (Urteil vom 15. April 1986 IX R 69/81, BStBl. II 1986, 792). Der Nießbraucher erzielt Einkünfte aus Vermietung und Verpachtung nur, wenn die nach Bestellung des Nießbrauchs geschlossenen Mietverträge in seinem Namen abgeschlossen wurden (BFH-Urteil vom 13. Mai 1980 VIII R 128/78, BStBl. II 1981, 299). Zuletzt hat der Senat im Urteil in BStBl. II 1992, 459 ausgesprochen, dass der Unterbeteiligte keine Einkünfte aus Vermietung und Verpachtung hat, weil er nicht Gesellschafter ist und nicht nach außen als Vermieter auftritt. Legt man diese Rechtsprechung zugrunde, haben die Kläger keine Einkünfte aus Vermietung und Verpachtung erzielt, weil die Treuhänderin zivilrechtlich Vermieterin (und Eigentümerin des Grundstücks) ist.

2. Allerdings kann ein Treugeber Einkünfte aus Gewerbebetrieb oder aus Kapitalvermögen erzielen, wenn für ihn ein Treuhänder im eigenen Namen, aber für Rechnung des Treugebers handelt (für Treuhandkommanditisten Beschluss des Großen Senats des BFH vom 25. Februar 1991 GrS 7/89, BStBl. II 1991, 691 und BFH-Urteil vom 21. April 1988 IV R 47/85, BStBl. II 1989, 722, m.w.N.; für Einkünfte aus Kapitalvermögen: Urteile vom 30. Januar 1986 IV R 125/83, BStBl. II 1986, 404 und vom 28. November 1990 X R 109/89, BStBl. II 1991, 327, 331; vgl. auch Lang/Seer, Finanz-Rundschau – FR – 1992, 637; Wolff-Diepenbrock in: Handelsrecht und Steuerrecht, Festschrift für Georg Döllerer, S. 757, jeweils m.w.N.). Der erkennende Senat schließt sich dieser Rechtsprechung an. Den Tatbestand der Einkunftsart Vermietung und Verpachtung kann unter bestimmten Voraussetzungen ein Treugeber verwirklichen, wenn für ihn ein Treuhänder den Mietvertrag im eigenen Namen abschließt.

a) Die Voraussetzungen für die Zurechnung der Einkünfte aus Vermietung und Verpachtung beim Treugeber ergeben sich nicht aus § 39 Abs. 2 Nr. 1 Satz 2 AO 1977. Die Vorschrift betrifft unmittelbar nur die Zurechnung von Wirtschaftsgütern. Bei den Einkünften aus Vermietung und Verpachtung ist die Zurechnung der Einkünfte nicht von der Zurechnung des vermieteten Wirtschaftsguts abhängig, wie die Untervermietung oder die unberechtigte Vermietung zeigen. Es kommt hinzu, dass der Begriff des Treuhandverhältnisses sich nicht eindeutig umschreiben lässt. Weder im bürgerlichen Recht noch im Steuerrecht gibt es einen typischen Treuhandvertrag, sondern eine Vielzahl von Formen der Treuhandschaft (vgl. BFH-Urteil vom 21. Mai 1971 III R 125–127/70, BStBl. II 1971, 721; Gernhuber, Juristische Schulung - JuS - 1988, 355; MünchKomm-Thiele, vor § 164 Rdnr. 27; Fischer in Hübschmann/Hepp/Spitaler, § 39 AO Rz. 161 ff.; Tipke/Kruse, AO, 14. Aufl., § 39 AO Tz. 16 ff). Wegen der vielfältigen Möglichkeiten der Ausgestaltung des Treuhandverhältnisses im Einzelfall können Einkünfte aus Vermietung und Verpachtung dem Treugeber nicht allein wegen des Bestehens eines Treuhandverhältnisses zugerechnet werden.

b) Die Zurechnung der Einkünfte beim Treugeber setzt vielmehr voraus, dass der Treuhänder ausschließlich auf Rechnung und Gefahr des Treugebers handelt und dieser nach der Ausgestaltung des Treuhandverhältnisses und nach den sonstigen Umständen gegenüber dem Treuhänder eine derart beherrschende Stellung einnimmt, dass er wirtschaftlich die Rechte und Pflichten aus dem Mietverhältnis trägt. Maßgebend sind danach die Kriterien, die für die Zurechnung der Einkünfte nach einkommensteuerrechtlichen Grundsätzen allgemein gelten (ebenso Fischer, a.a.O., § 39 AO Anm. 10; im Ausgangspunkt auch Erlass des Senators für Finanzen Berlin vom 15. Juli 1987 III B 3 - S-2253 - 11/86, Steuererlasse in Karteiform - StEK -, Einkommensteuergesetz, § 21, Nr. 208 = Deutsches Steuerrecht - DStR - 1987, 663 = Betriebs-Berater - BB - 1987, 2080). Den Tatbestand einer Einkunftsart erfüllt, wer die Leistungsbeziehungen beherrscht und die Möglichkeit hat, Wirtschaftsgüter und Nutzungsmöglichkeiten am Markt zu verwerten (Ruppe, Möglichkeiten und Grenzen der Übertragung von Einkunftsquellen als

Problem der Zurechnung von Einkünften, in Tipke - Herausgeber - Übertragung von Einkunftsquellen im Steuerrecht, S. 12, 18 ff.; Biergans, Einkommensteuer, 6. Aufl., S. 1054; Lang/Seer, a.a.O., 637, 638; Raupach/Schencking in Herrmann/Heuer/Raupach, § 2 EstG Anm. 130, m.w.N.).

Werden Vermietungsleistungen über einen im eigenen Namen handelnden Treuhänder angeboten, so muss der Treugeber über den unmittelbar Handelnden das Marktgeschehen beherrschen. Das ist nur dann der Fall, wenn der Treugeber wesentlichen Einfluss auf die vertragliche Ausgestaltung des Treuhandverhältnisses hat, dem Treuhänder Weisungen für die Begründung und Ausgestaltung des Mietverhältnisses geben kann und tatsächlich gibt, und wenn er das Treugut, das Grundlage des Mietverhältnisses ist, entweder dem Treuhänder überträgt oder die Auswahl des Treuguts bestimmt und das Treugut jederzeit - ohne wesentliche wirtschaftliche Einbußen - herausverlangen kann (vgl. auch BFH-Urteil vom 29. Oktober 1991 VIII R 51/84, BStBl. II 1992, 512; Lang/Seer, a.a.O., 645). Nicht ausreichend für die Zurechnung der Einkünfte beim Treugeber ist, dass ihm das wirtschaftliche Ergebnis der Vermietung zugute kommt (Senatsurteil in BStBl. II 1992, 459). Gegen eine beherrschende Stellung des Treugebers spricht es, wenn der Treuhänder ein eigenes wirtschaftliches Interesse an der Treuhandstellung hat (BFH-Beschluss vom 31. März 1981 VIII B 53/80, BFHE 133, 331, 337, BStBl. II 1981, 696).

II.

Die Anwendung dieser Grundsätze auf den Streitfall ergibt, dass die Kläger und Beigeladenen den Tatbestand der Einkunftsart Vermietung und Verpachtung nicht verwirklicht haben. Sie können deshalb keine Werbungskosten dieser Einkunftsart abziehen. Nicht die Kläger und Beigeladenen, sondern die Treuhänderin beherrschte das Treuhandverhältnis und die Vermietung. Die Treuhänderin war auch nicht ausschließlich auf Rechnung und Gefahr der Treugeber tätig. Trägerin der Rechte und Pflichten aus dem Mietverhältnis waren deshalb auch in wirtschaftlicher Hinsicht nicht die Fonds-Gesellschafter, sondern die Treuhänderin.

1. a) Der Senat hat bereits im Urteil vom 14. November 1989 IX R 197/84 (BStBl. II 1990, 299, Abschn. II 1 b) darauf hingewiesen, dass Anleger im Bauherrenmodell, dessen Grundlage eine Vielzahl von vorformulierten Verträgen ist, das Baugeschehen regelmäßig nicht beherrschen können. Der Sachzwang, eine Vielzahl von Wohnungen oder gleichförmig ausgestalteten Wohngebäuden nach einem bereits vor Beitritt der Anleger ausgearbeiteten Konzept zu errichten, führt dazu, dass die Anleger weder die Vertragsgestaltung noch die Vertragsdurchführung wesentlich beeinflussen können, zumal wenn sie durch die Projektanbieter vertreten werden. Der Anleger hat in der Regel nur die Wahl, entweder die Gesamtheit der Verträge unverändert zu übernehmen oder sich nicht zu beteiligen. Derartige Verhältnisse liegen im Streitfall vor. Die Treuhänderin hatte gegenüber den Treugebern schon dadurch eine beherrschende Stellung, dass sie die vertragliche Gestaltung des Treuhandverhältnisses in den AVB und BVB bestimmte. Die Auswahl der Anleger, die sich nach dem Vortrag des Geschäftsführers der Treuhänderin darum bemühten, sich an den einzelnen Fonds beteiligen zu dürfen, war Sache des von der Treuhänderin mit der Eigenkapitalbeschaffung beauftragten Unternehmens. Die Treuhänderin bestimmte das dem Fonds zuzuordnende Grundstück, legte die Bauplanung und Baufinanzierung in allen Einzelheiten fest und beauftragte ein anderes Unternehmen mit der Erstvermietung der Wohnungen. Alle diese Maßnahmen waren abgeschlossen oder in die Wege geleitet, bevor die Kläger und Beigeladenen die vorgedruckte Beitrittserklärung zum Fonds unterschrieben.

Die Anleger hatten aufgrund des wirtschaftlichen Sachzwangs zur Durchführung des Projekts in der vorgesehenen Weise keine Möglichkeit, wesentlichen Einfluss auf irgendeine Maßnahme im Zusammenhang mit der Bildung des Fonds, dem Erwerb und der Bebauung des Grundstücks und dessen Vermietung zu nehmen. Da außerdem die angestrebten Steuervorteile und Zuschüsse der öffentlichen Hand nur dann nicht gefährdet waren, wenn das in allen Einzelheiten ausgearbeitete Modell ohne wesentliche inhaltliche Änderungen durchgeführt wurde, ist den Anlegern keine in irgendeiner Hinsicht beherrschende Stellung zuzubilligen. Es kommt hinzu, dass die Treuhänderin als Geschäftsführerin des

Fonds ihrerseits auf den Fonds maßgebenden Einfluss ausüben konnte. Bestimmungen in den AVB, nach denen die Fonds-Gesellschaft die Treuhänderin beauftragt, den dem Fonds zugeordneten Grundbesitz nach ihren Weisungen zu verwalten (§ 11 Nr. 2 AVB) oder nach denen die Fondsinhaber über einen Beirat die Treuhänderin überwachen und beraten (§ 22 Nr. 2 Buchst. a AVB), betreffen nur Mitwirkungsrechte in unbedeutenden Angelegenheiten, wenn sie nicht überhaupt leerlaufen.

b) Die Kläger hatten auch nicht die Möglichkeit, das Treuhandverhältnis jederzeit ohne erhebliche wirtschaftliche Nachteile zu beenden. Der Treuhänderin steht nach § 27 AVB bei Kündigung des Treuhandverhältnisses eine Entschädigung von 5 v.H., berechnet vom Verkehrswert des Grundstücks am Tage der Kündigung, zu. Bei der Höhe der Entschädigung ist davon auszugehen, dass die Fonds-Beteiligten das Treuhandverhältnis auch bei Unstimmigkeiten mit der Treuhänderin nicht kündigen werden, zumal sie dann die Treuhänderin auch von den Verbindlichkeiten zu befreien hatten. Bei Herstellungskosten von etwa 12 Mio. DM und Grundstückskosten von 1,5 Mio. DM beträgt die Entschädigung etwa 600 000–700 000 DM, wenn man davon ausgeht, dass der Grundstücks-Verkehrswert in etwa diesem Aufwand entspricht.

2. Die Treuhänderin wurde nicht ausschließlich auf Rechnung und Gefahr der Treugeber tätig.

a) Die Treuhänderin und die mit ihr verbundenen Unternehmen hatten ein erhebliches eigenes wirtschaftliches Interesse an der Durchführung des Projekts. Sieht man von den Steuervorteilen ab, die die Treugeber anstrebten, waren es zunächst ausschließlich die Treuhänderin und die mit ihr verbundenen Unternehmen der Initiatorengruppe, die wirtschaftliche Vorteile hatten. Die Initiatoren einschließlich der Treuhänderin erhielten für die Entwicklung des „Modells", die Werbung der Treugeber, für den Kauf des Grundstücks und die Errichtung des Gebäudes von dem Immobilienfonds insgesamt ein Entgelt, das das Fondskapital – also die von den Klägern zur Verfügung gestellten Geldmittel – im Wesentlichen aufzehrte. Im Streitfall betragen die 1977 und 1978 gezahlten Gebühren und Entgelte der Initiatoren 3,8 Mio. DM, das sind bei einem

Fondskapital von 4,8 Mio. DM rd. 80 v.H. Die Treuhänderin erhielt - neben einer Verwaltungsgebühr in branchenüblicher Höhe - eine Betreuungsgebühr von 1 v.H. der Gesamtkosten, nach Bezugsfertigkeit eine Treuhandgebühr von mindestens 0,5 v.H. des Nominalkapitals der jeweils aufgenommenen Fremdmittel (im Streitfall bei Gesamtkosten von 18 Mio. DM und Hypothekendarlehen von 13 Mio. DM jährlich 180 000 DM bzw. 65 000 DM). Darüber hinaus hatte sie als Darlehensschuldnerin Anspruch auf eine einmalige Vergütung von 3 v.H. der Hypothekendarlehen (Gebühr: 382 500 DM); außerdem ist sie bei Kündigung des Treuhandverhältnisses mit 5 v.H. am Grundstückswert beteiligt. Die Treugeber werden dagegen angesichts der außerordentlich hohen Anfangsaufwendungen - wenn überhaupt - erst in ferner Zukunft aus der Vermietung einen Gesamt-Überschuss erwirtschaften können.

b) Die Treuhänderin ist überdies auch auf eigene Gefahr tätig. Da die Treugeber während des Bestehens des Treuhandverhältnisses nicht nachschusspflichtig sind, trägt die Treuhänderin in dieser Zeit die Risiken, die sich aus der Vermietung ergeben; außerdem ist sie persönlich Schuldnerin der zur Finanzierung aufgenommenen Darlehen. Sie kann erst nach Beendigung des Treuhandverhältnisses Befreiung von etwaigen Verbindlichkeiten verlangen. Inwieweit ein solcher Anspruch realisierbar sein wird, hängt von der Entwicklung des Verkehrswerts des Grundstücks und der Zahlungsfähigkeit der dann noch beteiligten Fonds-Mitglieder ab.

3. Demgegenüber sind die Bestimmungen der AVB, die für eine Zurechnung der Einkünfte bei den Treugebern sprechen könnten, nicht von entscheidender Bedeutung.

a) Nach §§ 27, 28 AVB ist das dem Fonds zugeordnete Grundstück nach Beendigung des Treuhandverhältnisses auf den Fonds zu übertragen oder für ihn zu verwerten. Diese Bestimmungen geben den Treugebern - Vertragstreue der Treuhänderin vorausgesetzt - lediglich die Möglichkeit eines zukünftigen Zugriffs auf das Grundstück bzw. räumen ihnen eine Verwertungsbefugnis ein (vgl. BFH-Urteil vom 25. November 1992 II R 122/89, nicht veröffentlicht - NV -). Den Klägern und Beigeladenen wird damit lediglich die Chance eingeräumt, in Zukunft Eigentümer des Grundstücks und Vermieter zu werden (§ 571 des Bürgerlichen Gesetzbuches - BGB), falls sie nicht den Verkauf vorziehen. Auf die Entscheidung der Frage, ob die Kläger bereits in den Streitjahren Einkünfte aus Vermietung und Verpachtung erzielen, hat dies keine Auswirkung.

b) Nach § 20 Nr. 3 AVB hat die Treuhänderin einen jährlichen Überschuss, den sie mit dem Fonds-Grundstück erwirtschaftet, an die Zertifikatsinhaber abzuführen. Die Treuhänderin hat für Einnahmen und Ausgaben ein besonderes Treuhandkonto einzurichten und den Zertifikatsinhabern jährlich zu berichten (§§ 11 Nr. 2, 12 AVB). Diese Bestimmungen geben den Klägern und Beigeladenen nicht mehr Rechte, als sie gewöhnlich ein stiller Gesellschafter oder der Gläubiger eines partiarischen Darlehens (zur Abgrenzung BFH-Urteil vom 25. März 1992 I R 41/91, BStBl. II 1992, 889) hat. Die Treugeber erhalten - wenn die Treuhänderin aus der Vermietung des Grundstücks einen Überschuss erwirtschaftet - Ausschüttungen. Verluste treffen sie - solange das Treuhandverhältnis besteht - nicht, weil sie nicht nachschusspflichtig sind (§ 6 Nr. 2 AVB).

4. Die Kläger und Beigeladenen stellten der Treuhänderin danach lediglich einen Teil des Kapitals zur Nutzung zur Verfügung, das diese für den Erwerb, die Bebauung des Grundstücks sowie insbesondere für die Bezahlung der Entgelte für die Initiatoren benötigte. Dass die Kläger und Beigeladenen nicht Vermieter, sondern nur Geldgeber waren, kommt auch im Wortlaut der AVB und in den von der Treuhänderin abgeschlossenen Verträgen zum Ausdruck. Danach hat die Treuhänderin z.B. mit einem Finanzmakler einen Vertrag über die „Fonds-Kapitalbeschaffung" abgeschlossen, durch den sie sich gegen eine Gebühr von 700 000 DM die Fondsgesellschafter als Kapitalanleger vermitteln ließ. Die Gesellschaftsanteile der Fondsgesellschaft sind in „Zertifikaten" verbrieft, die wie Wertpapiere gehandelt werden können (§§ 9, 23 AVB). Die Treuhänderin hat den Anlegern „Ausschüttungsgarantien" gegeben und sich in zahlreichen Fällen zum Rückkauf der Fondsanteile nach Ablauf einer bestimmten Zeit bereit erklärt.

Diese Umstände sprechen zusätzlich dafür, dass die Anleger bei den hier in Rede stehenden Fonds lediglich Kapitalgeber und nicht Vermieter im einkommensteuerrechtlichen Sinne sind.

III.

1. An der Entscheidung, die Kläger und Beigeladenen hätten keine Einkünfte aus Vermietung und Verpachtung erzielt, ist der Senat nicht deshalb gehindert, weil der angefochtene Feststellungsbescheid diese Einkunftsart ausweist und die Kläger den Bescheid insoweit nicht angefochten haben. Nach der höchstrichterlichen Rechtsprechung können einzelne Feststellungen im Feststellungsbescheid gesondert angefochten und bestandskräftig werden (vgl. Senatsurteil vom 12. November 1991 IX R 31/90, BFH/NV 1992, 436, m.w.N.). Zu diesen Feststellungen gehört auch die Feststellung der Einkunftsart (BFH-Urteil vom 18. August 1992 VIII R 22/91, BFH/NV 1993, 225, m.w.N.). Die Bestandskraft dieser Feststellungen hat indes lediglich zur Folge, dass das FA den Feststellungsbescheid insoweit nur noch unter den besonderen Voraussetzungen der §§ 181 Abs. 1 Satz 1, 172 ff. AO 1977 ändern und der Betroffene diese Feststellungen nicht mehr anfechten kann.

Sie bedeutet nicht, dass das Gericht bei der Entscheidung über die Höhe abziehbarer Werbungskosten, die das FA nicht anerkannte, insoweit gebunden und deshalb unterstellen müsste, die Feststellungsbeteiligten hätten Einkünfte aus Vermietung und Verpachtung erzielt.

2. Die Kläger können sich auch nicht mit Erfolg darauf berufen, sie hätten aufgrund des Schreibens der Oberfinanzdirektion (OFD) vom 19. August 1975, das an ein mit der Treuhänderin verbundenes Unternehmen gerichtet ist, darauf vertraut, dass sie (negative) Einkünfte aus Vermietung und Verpachtung erzielen. Dieses Schreiben besagt unmittelbar nur, dass der so genannte 100-Prozent-Erlass (Erlass des Senators für Finanzen Berlin vom 23. Januar 1975 III B 1 - S-2241-2/74, Steuer- und Zollblatt für Berlin 1975 S. 411, gleich lautend mit dem Erlass des Finanzministers des Landes Nordrhein-Westfalen vom 2. Januar 1975, abgedruckt in Der Betrieb - DB - 1975, 128) auf die Fonds der Treuhänderin nicht

anzuwenden ist. Es geht zwar davon aus, dass die von der Treuhänderin gebildeten Fonds Einkünfte aus Vermietung und Verpachtung erzielen. Ein Vertrauenstatbestand, der es dem Gericht verwehren könnte, die Frage der Einkunftsart und Einkünftezurechnung bei Streit um die Höhe der abziehbaren Werbungskosten zu prüfen, wird damit nicht geschaffen. Der Senat lässt offen, welchen Rechtscharakter derartige Mitteilungen von Mittel- und Oberbehörden an Dritte haben und ob sie die gleiche Bindungswirkung entfalten wie Zusagen der dafür zuständigen FÄ im Einzelfall (vgl. dazu Hauber, DB 1991, 1640). Er braucht auch nicht abschließend zu entscheiden, ob sich die Kläger schon deshalb nicht auf Vertrauensschutz berufen können, weil die Treuhänderin bzw. die Unternehmen der Initiatorengruppe, die mit der OFD und dem Senator für Finanzen verhandelt haben, den Sachverhalt nicht vollständig offenbart haben, indem sie verschwiegen, dass die Treuhänderin den Inhabern von Fondsanteilen in zahlreichen Fällen den Rückkauf der Fondsanteile nach einer bestimmten Frist zu einem bestimmten Kaufpreis zugesagt hat. Jedenfalls konnten die Teilnehmer an den Immobilienfonds aufgrund des Schreibens der OFD vom 19. August 1975 nur darauf vertrauen, dass die der OFD unterstehenden FÄ sich an die Auskunft der OFD und deren Weisung, entsprechend der Auskunft zu verfahren, halten würden. Das ist geschehen.

IV.

Da die Kläger und Beigeladenen den Tatbestand der Einkunftsart Vermietung und Verpachtung nicht verwirklicht haben, können sie die umstrittenen Aufwendungen schon aus diesem Grunde nicht als Werbungskosten abziehen. Es braucht deshalb nicht entschieden zu werden, ob – wenn die Kläger und Beigeladenen Einkünfte aus Vermietung und Verpachtung erzielt hätten – der Revision des FA jedenfalls deshalb stattzugeben wäre, weil es sich bei dem Immobilienfonds um eine so genannte Verlustzuweisungsgesellschaft handelt, bei der zu vermuten ist, dass es an der Absicht fehlt, einen positiven Gesamt-Überschuss zu erzielen (BFH-Urteile vom 21. August 1990 VIII R 25/86, BStBl. II 1991, 564 und vom

10. September 1991 VIII R 39/86, BStBl. II 1992, 328). Offen bleiben kann auch, ob die Kläger und Beigeladenen als Erwerber des bebauten Grundstücks zu beurteilen und dann die Grundsätze des Senatsurteils in BFHE 158, 546, BStBl. II 1990, 299 anzuwenden wären.

V.

Die Vorentscheidung, die von einem anderen Rechtsstandpunkt ausgegangen ist, kann danach keinen Bestand haben. Die Sache ist spruchreif. Da die Kläger und Beigeladenen keine Einkünfte aus Vermietung und Verpachtung erzielt haben, hätte das FA zu ihren Gunsten für die Streitjahre keine Werbungskostenüberschüsse als Einkünfte aus Vermietung und Verpachtung feststellen dürfen. Das Gericht darf allerdings insoweit die Rechtsstellung der Kläger und Beigeladenen nicht verschlechtern, sodass es im Ergebnis bei den angefochtenen Feststellungsbescheiden verbleiben muss. Eine Erhöhung der Werbungskostenüberschüsse über die festgestellten Beträge hinaus ist jedoch ebenso ausgeschlossen wie eine anderweitige Verteilung der festgestellten Werbungskostenüberschüsse. Dem Senat ist verwehrt, zu der Frage Stellung zu nehmen, ob und in welcher Höhe die Kläger in den Streitjahren Einkünfte einer anderen Einkunftsart erzielt haben. Insoweit bedarf es zunächst einer Feststellung von Einkünften einer anderen Einkunftsart durch das FA.

7.4 Modellbedingte Nebenaufwendungen als Anschaffungskosten des Grundstücks bei einem Geschlossenen Immobilienfonds

(BUNDESFINANZHOF, Urteil vom 11. Januar 1994, BStBl. II 1995, S. 166)

Tatbestand:

Die Klägerin und Revisionsklägerin (Klägerin) ist ein geschlossener Immobilienfonds in der Rechtsform einer KG. Sie ist – mit der laufenden Nummer 22 – einer von 29 Fonds, die nach gleichem

Konzept und von derselben Personengruppe gegründet wurden. Nach dem Gesellschaftsvertrag sind persönlich haftende Gesellschafter der Beteiligte zu 1 und Rechtsanwalt X. Kommanditisten sind die L.-KG und die Beteiligte zu 2, eine Treuhandgesellschaft mbH. Gesellschaftszweck ist es, ein Einkaufscenter von der L.-KG zu erwerben und das Objekt langfristig zu vermieten und zu verwalten. Dafür waren nach dem Wirtschaftsplan rund 35 Mio. DM Gesamtausgaben vorgesehen, von denen rund 27,3 Mio. DM auf den Erwerb des bebauten Grundstücks und die Errichtung der Außenanlagen entfiel, der Rest auf Disagio sowie auf Gebühren und Ver-mittlungsprovisionen an die Initiatoren. Die Gesamtausgaben sollten durch ein Bankdarlehen von 18 Mio. DM sowie durch die Einlagen der dem Immobilienfonds beitretenden Kommanditisten (16,88 Mio. DM) aufgebracht werden. Bis Ende 1983 waren 346 weitere Kommanditisten der Gesellschaft beigetreten. Zur Durchführung des Gesellschaftszwecks schloss die Klägerin zahlreiche Verträge, u.a. den Kaufvertrag mit der L.-KG über ein mit einem Einkaufszentrum bebautes Grundstück sowie die für einen Immobilienfonds üblichen Nebenverträge. Als Entgelt für die Nebenleistungen waren vereinbart: Für Marketing und Werbung 460 000 DM, für die Vermittlung der Finanzierung 360 000 DM, für die Vermittlung der Mietgarantie 300 000 DM, für die Mietgarantie 820 000 DM, für die Erarbeitung einer betriebswirtschaftlichen Konzeption 700 000 DM, für die Haftungsübernahme und Geschäftsführung 30 000 DM, als Vorabvergütung für die Eigenkapitalvermittlung durch den Treuhänder 1 350 000 DM, für die Platzierungsgarantie 530 000 DM, für die Durchführung der Konzeption 640 000 DM und für Verwaltungskosten 490 000 DM.

Der Beklagte und Revisionsbeklagte (das Finanzamt - FA-) stellte nach einer Außenprüfung den Werbungskosten-Überschuss für das Streitjahr 1983 auf 5 573 299 DM fest. Dabei erkannte das FA die von der Klägerin geltend gemachten Gebühren und Provisionen für Nebenleistungen im Wesentlichen als sofort abziehbare Werbungskosten an. Vom Abzug schloss es die Aufwendungen für die Erarbeitung und die Durchführung der Konzeption (700 000 DM und 640 000 DM), anteilige Kosten für die Steuerberatung (90 000 DM von insgesamt 140 000 DM) und für die Vermittlung der Fremdfinanzierung (180 000 DM von 360 000 DM) – insgesamt 1 610 000 DM – aus, weil dieser Aufwand nicht durch die Einkunftsart veranlasst und deshalb nicht abziehbar sei.

Einspruch und Klage blieben ohne Erfolg. Das FG führt zur Begründung der Klageabweisung im Wesentlichen aus: Nach der neueren Rechtsprechung des Bundesfinanzhofs (BFH) stellten grundsätzlich alle Aufwendungen, die ein Anleger im Rahmen eines Bauherrenmodells an die Anbieterseite leistet, Anschaffungskosten dar (Urteil vom 14. November 1989 IX R 197/74, BFHE 158, 546, BStBl II 1990, 299). Diese Grundsätze seien auch auf die Klägerin als geschlossenen Immobilienfonds anwendbar. Sämtliche Aufwendungen (Gebühren, Provisionen), die die Klägerin aus den Nebenerträgen zu entrichten hatte, seien durch den Erwerb des Fondsobjekts verursacht. Die Fondsgesellschaft habe in unlösbarem Zusammenhang mit dem Grundstückserwerb zahlreiche Dienstleistungsverträge mit Gesellschaften abgeschlossen, die von den Initiatoren personell und kapitalmäßig beherrscht worden seien. Die zwischen den genannten Personen und den von ihnen beherrschten Gesellschaften bestehenden personellen und kapitalmäßigen Verflechtungen, die das FG im Einzelnen darlegt, vermittelten ihm die Überzeugung, dass es sich bei den einzelnen Verträgen nicht um gegenläufige Interessen der Parteien ausgleichende, nach betriebswirtschaftlichen Gesichtspunkten eingegangene und eigenständig zu beurteilende Vereinbarungen handele, sondern lediglich um rechnerische Verteilungsgrößen eines von vornherein festgelegten Gesamtaufwands.

Dagegen wendet sich die Klägerin mit ihrer Revision. Die Entscheidung der Vorinstanz verletze §§ 21 und 9 des Einkommensteuergesetzes (EStG) i.V.m. § 180 Abs. 1 Nr. 2 Buchst. a der Abgabenordnung (AO 1977); außerdem habe das FG den Sachverhalt unzureichend aufgeklärt und damit gegen § 76 der Finanzgerichtsordnung (FGO) verstoßen.

Die Klägerin beantragt, die Vorentscheidung aufzuheben und die Sache zur anderweitigen Verhandlung und Entscheidung an das FG zurückzuverweisen, hilfsweise die Einkünfte aus Vermietung und Verpachtung für das Streitjahr 1983 auf ./. 7 183 299 DM festzusetzen.

Das FA beantragt, die Revision zurückzuweisen.

Gründe:

Die Revision ist unbegründet. Das FG hat zu Recht entschieden, dass die umstrittenen Aufwendungen im Streitjahr nicht sofort als Werbungskosten abziehbar sind. Die Aufwendungen gehören zu den Anschaffungskosten für das bebaute Grundstück.

Sie können deshalb nur im Rahmen des § 9 Abs. 1 Satz 3 Nr. 7 i.V.m. § 7 Abs. 1 EStG im Wege der Absetzungen für Abnutzung (AfA) - auf die Nutzungsdauer verteilt - abgezogen werden.

1. Das FG ist zutreffend davon ausgegangen, dass die vom erkennenden Senat zu den so genannten Bauherrenmodellen entwickelten Grundsätze bezüglich der einkommensteuerrechtlichen Beurteilung der modellbedingten Provisionen und Gebühren grundsätzlich auch auf Immobilienfonds der hier zu beurteilenden Art anzuwenden sind. Der Senat hat im Urteil in BFHE 158, 546, BStBl II 1990, 299 entschieden, dass Anleger im Bauherrenmodell einkommensteuerrechtlich regelmäßig nicht als Bauherren, sondern als Erwerber des bebauten Grundstücks zu beurteilen sind, wenn sie sich aufgrund eines von dem Projektanbieter vorformulierten Vertragswerks beteiligen und sich bei den damit zusammenhängenden Rechtsgeschäften durch den Projektanbieter vertreten lassen.

Alle von den Anlegern geleisteten Aufwendungen, die auf den Erwerb des Grundstücks mit dem bezugsfertigen Gebäude gerichtet sind, stellen Anschaffungskosten dar. Zur Begründung dieser Rechtsansicht wird zur Vermeidung von Wiederholungen auf dieses Urteil Bezug genommen. Die Grundsätze dieser Entscheidung sind auch anzuwenden, wenn sich die Anleger zu einer Gesellschaft bürgerlichen Rechts (GbR) zusammenschließen, ein Bauvorhaben durchführen und die Initiatoren zu den Gesellschaftern gehören (Urteil vom 7. August 1990 IX R 70/86, BFHE 161, 526, BStBl II 1990, 1024). In Fortentwicklung dieser Rechtsprechung hat der

Senat zwischenzeitlich überdies entschieden, dass dies auch bei den so genannten Modernisierungsmodellen gilt, bei denen ein Immobilienfonds ein mit einem Altbau bebautes Grundstück erwirbt und den Altbau im Anschluss an den Erwerb grundlegend saniert (Beschlüsse vom 4. Februar 1992 IX B 39/91, BFHE 167, 102, BStBl II 1992, 883, und vom 4. März 1992 IX B 24/91, BFH/NV 1992, 648).

Der Senat hat deshalb die Provision für die Vermittlung des Eigenkapitals bzw. des Beitritts von Anlegern zu Modernisierungsfonds als Anschaffungskosten des bebauten Grundstücks beurteilt.

2. Die diese Entscheidungen tragende Erwägung, es mache für die Beurteilung des gesamten Aufwands als Anschaffungskosten keinen Unterschied, ob der Aufwand aufgrund eines einzigen Vertrages in einer Summe gezahlt wird oder ob er aufgrund mehrerer Verträge, in die der einheitliche Vorgang nicht zuletzt aus steuerrechtlichen Gründen aufgespalten wird, in Teilbeträgen zu zahlen ist, hat auch für Immobilienfonds in der Rechtsform einer KG Bedeutung, deren Vermögen im Wesentlichen in einem erworbenen Grundstück besteht. Sämtliche Verträge, die der Errichtung des Immobilienfonds zugrunde liegen, bilden auch hier eine Einheit. Sie führen erst in ihrer Zusammenfassung zu dem erstrebten Zweck, ein bebautes Grundstück zu erwerben, um mit ihm Einkünfte aus Vermietung und Verpachtung und Steuervorteile zu erzielen. Der einzelne Vertrag über die Nebenleistungen hat – wie auch das FG festgestellt hat – im Rahmen dieses Gesamtvertragswerks keine selbstständige Bedeutung. Die gebotene einheitliche Beurteilung sämtlicher Aufwendungen des Immobilienfonds schließt es aus, einen Teil der Aufwendungen als Anschaffungskosten, einen anderen Teil als sofort abziehbare Werbungskosten zu beurteilen.

Allerdings spielt – im Gegensatz zu den Bauherrengemeinschaften – bei einem Immobilienfonds wie dem der Klägerin die Abgrenzung zwischen Bauherren und Erwerbern keine Rolle, weil der Fonds von vornherein und unbestritten Erwerber eines bebauten Grundstücks ist. Die Rechtsprechung des Senats zu den Bauherrengemeinschaften ist aber insofern anwendbar, als auch hier die systembedingten Nebenaufwendungen einheitlich zu beurteilen und den Anschaffungskosten des Grundstücks zuzurechnen sind. Wenn man die Nebenaufwendungen zu den Anschaffungskosten rechnet, obwohl umstritten war, ob die Anleger Erwerber eines bebauten Grundstücks oder Bauherren des auf dem unbebauten Grundstück zu errichtenden Gebäudes sind, muss diese einheitliche Beurteilung erst recht gelten, wenn von vornherein kein Streit darüber besteht, dass die Anleger bzw. der von ihnen getragene Fonds Erwerber des bebauten Grundstücks sind. Da bei der im Streitfall zu beurteilenden Art von Immobilienfonds die Abgrenzung zwischen Bauherren und Erwerbern keine Rolle spielt, ist es unerheblich, ob und inwieweit der Fonds bzw. dessen Vertreter Einfluss auf die Vertragsgestaltung und auf das Baugeschehen nehmen können. Es kommt deshalb auch im Streitfall – entgegen der Ansicht der Revision – nicht darauf an, ob die vertretungsberechtigten Gesellschafter des Fonds Einfluss auf die Vertragsgestaltung und das Baugeschehen hatten.

3. Allerdings hat der Senat im Urteil vom 1. Dezember 1987 IX R 170/83 (BFHE 152, 101, 107) entschieden, dass Aufwendungen einer Immobilien-KG nicht abziehbar sein können, wenn und weil sie nicht in wirtschaftlichem Zusammenhang mit der Erzielung von Einkünften, sondern mit der Erzielung von Steuervorteilen und sonstigen Vermögensmehrungen der Anleger und Initiatoren stehen. Diese Beurteilung einzelner Aufwendungen als steuerrechtlich weder zu den sofort abziehbaren Werbungskosten noch zu den Anschaffungskosten gehörend kann bei Berücksichtigung der zwischenzeitlich ergangenen Rechtsprechung zu den Bauherrengemeinschaften indes nur noch in Ausnahmefällen in Betracht kommen, etwa dann, wenn die Vertreter des Fonds mit den Initiatoren bewusst und gewollt zusammenwirken, um Zahlungen des Fonds zu erlangen, die auch nicht mittelbar mit dem Erwerb des Grundstücks zusammenhängen (vgl. Grube, Finanz-Rundschau – FR – 1989, 29, 34). Geht man mit der neueren Rechtsprechung des Senats zu den Bauherrengemeinschaften davon aus, dass die Aufwendungen, die aufgrund eines „Modells“ zu entrichten sind, untrennbar miteinander verknüpft und darauf gerichtet sind, ein bebautes Grundstück zu erwerben bzw. ein unbebautes Grundstück zu erwerben und zu bebauen, ist es regelmäßig nicht gerechtfertigt, einzelne Aufwendungen auszusondern und als insgesamt nicht ab-

ziehbar zu behandeln. Das gilt auch dann, wenn einzelne Aufwendungen bei Zugrundelegung des Vertragswortlauts keine oder keine angemessene Gegenleistung gegenübersteht oder der Einzelvertrag – wie im Streitfall die Verträge über die Konzeptionskosten und die Vermittlung der Fremdfinanzierung – nicht mehr erfüllbar sind, weil bei ihrem Abschluss die vertragsgemäß zu erbringende Leistung bereits erbracht war.

4. Die Anwendung dieser Grundsätze im Streitfall führt dazu, sämtliche Nebenaufwendungen, soweit sie mit dem Erwerb des bebauten Grundstücks im Zusammenhang stehen, als Anschaffungskosten des bebauten Grundstücks zu beurteilen. Anhaltspunkte für ein kollusives Zusammenwirken der Vertreter der Klägerin und der Initiatoren zur Erlangung von Leistungen, die nicht im Zusammenhang mit dem Erwerb des bebauten Grundstücks stehen, ergeben sich aus den Feststellungen des FG nicht.

Dass die Klägerin die modellbedingten Gebühren und Provisionen nicht gegenüber der Grundstücksverkäuferin, sondern gegenüber Dritten erbracht hat, steht der Zurechnung zu den Anschaffungskosten nicht entgegen. Zu den Anschaffungskosten gehören auch die Nebenkosten des Erwerbs (Senatsurteil vom 14. Januar 1992 IX R 226/87, BFHE 166, 553, BStBl II 1992, 464). Solche Anschaffungskosten leistet der Erwerber regelmäßig nicht an den Veräußerer, sondern an Dritte. Ob und wie diese Dritten miteinander verbunden sind, ist für die Zurechnung zu den Anschaffungskosten ohne Bedeutung. Es kommt deshalb entgegen der Ansicht der Revision nicht darauf an, wer im Streitfall die Empfänger-Gesellschaften der modellbedingten Gebühren und Provisionen beherrschte, wie sie miteinander verbunden waren und ob das Entgelt den Initiatoren über die Empfänger-Gesellschaften mittelbar zufloss. Unerheblich ist auch, ob die modellbedingten Aufwendungen vor oder nach Abschluss des Grundstückskaufvertrages vereinbart und gezahlt wurden. Anschaffungskosten können auch nach Abschluss des Kaufvertrages anfallen (nachträgliche Anschaffungskosten, vgl. Senatsurteil vom 15. Dezember 1992 IXR 323/87, BFHE 169, 386, BStBl II 1993, 488).

Damit folgt der Senat im Grundsatz der Rechtsansicht der Klägerin insoweit, als er den Gesamtaufwand im Ergebnis als Werbungskosten beurteilt. Die Werbungskosten dürfen allerdings nicht sofort, sondern erst – auf die Nutzungsdauer verteilt – im Wege der AfA abgezogen werden.

5. a) Der Senat setzt sich mit seiner Entscheidung nicht in Widerspruch zu den Urteilen des II. Senats des BFH vom 13. Dezember 1989 II R 115/86 (BFHE 159, 362, BStBl II 1990, 440) und vom 12. Februar 1992 II R 20/91 (BFHE 167, 193, BStBl II 1992, 422). Der II. Senat führt in diesen Entscheidungen aus, dass die für Bauherrenmodelle geltenden Grundsätze über die Abgrenzung der bloßen Offenlegung von Kalkulationsbestandteilen gegenüber einem eigenständigen Leistungsaustausch auf Erwerbermodelle nicht ohne weiteres anwendbar seien. Er geht dabei davon aus, dass zur Gegenleistung im grunderwerbsteuerlichen Sinne modellbedingte Aufwendungen bei einem Erwerbermodell nur dann gehören, wenn sich der Erwerber gegenüber dem Veräußerer verpflichtet, in einen gegenseitigen Vertrag mit einem Dritten einzutreten oder einen solchen nur abzuschließen, sofern der Erwerber nicht einen Dritten mit seiner Vertretung beim Kaufvertragsabschluss beauftragt oder wenn mit Wissen und Wollen des Verkäufers dem potenziellen Erwerber der Vertragsschluss versperrt ist, sofern er nicht auch die Nebenverträge schließt, weil dann die Veranlassung zum Abschluss von Verträgen mit diesem Dritten oder weiteren von diesem eingeschalteten Vertragspartnern dem Veräußerer zuzurechnen ist. Im Gegensatz zu dieser grunderwerbsteuerlichen Beurteilung kommt es bei der einkommensteuerrechtlichen Zurechnung von einzelnen Aufwendungen zu den Anschaffungskosten – wie dargelegt – nicht darauf an, ob die Empfänger mit dem Veräußerer verbunden sind und deshalb der Aufwand dem Grundstücksveräußerer wirtschaftlich zugerechnet werden kann. Im Übrigen rechnet auch der II. Senat des BFH zur grunderwerbsteuerlichen Gegenleistung – wie sich aus Abschn. II 4 des Urteils in BFHE 167, 193, BStBl II 1992, 422, und aus Abschn. 2b des Urteils in BFHE 159, 362, BStBl II 1990, 440 ergibt – die Aufwendungen für die Erstellung der Konzeption und des Marketings.

Ob Aufwendungen für die Vermittlung des Eigenkapitals und für eine Platzierungsgarantie zur Gegenleistung gehören, hat der II. Senat nicht entschieden.

b) Der erkennende Senat weicht auch nicht von dem Urteil des XI. Senats vom 10. Dezember 1992 XI R 45/88 (BFHE 170, 487, 494, BStBl II 1993, 538) ab. Bei dem vom XI. Senat entschiedenen Fall handelte es sich nicht - wie im Streitfall - um ein Bauherren- oder Erwerbermodell mit einer Vielzahl von unselbstständigen Nebenverträgen. Außerdem hält es auch der XI. Senat für möglich, dass Konzeptionskosten, wenn sie nicht zu den Anschaffungskosten eines immateriellen Wirtschaftsgutes gehören, zu den Anschaffungs- bzw. Herstellungskosten des erworbenen Wirtschaftsguts gehören können.

c) Der Senat befindet sich hinsichtlich der Konzeptionskosten in Übereinstimmung mit dem Schreiben des Bundesministers der Finanzen vom 31. August 1990 IV B 3 - S-2253a - 49/90 (BStBl I 1990, 366, Tz. 4.1.3 i.V.m. Tz. 7). Danach gehören Konzeptionskosten auch bei einem Immobilienfonds zu den Anschaffungskosten des Grundstücks. Soweit nach diesem Schreiben insbesondere Aufwendungen für die Vermittlung des Eigenkapitals bei Immobilienfonds zu den sofort abziehbaren Werbungskosten gerechnet werden sollen (Tz. 7.1), folgt der Senat dieser Rechtsauffassung nicht, wie er bereits in seinen Beschlüssen in BFHE 167, 102, BStBl II 1992, 883, und BFH/NV 1992, 648 ausgeführt hat.

6. Der Senat braucht nicht abschließend zu entscheiden, welche der modellbedingten Nebenaufwendungen, die die Klägerin geleistet hat, im Einzelnen ausnahmsweise zu den sofort abziehbaren Werbungskosten gehören, weil sie nicht mit dem Erwerb des Grundstücks, sondern mit dessen anschließender Vermietung zusammenhängen. Es liegt nahe, insoweit die Abgrenzungsmerkmale anzuwenden, die der Senat in dem Urteil in BFHE 158, 546, BStBl II 1990, 299 (Abschn. V) entwickelt hat. Zu den Anschaffungskosten des bebauten Grundstücks gehören jedenfalls die Aufwendungen der Klägerin für:

- die Erarbeitung einer betriebswirtschaftlichen Konzeption (700 000 DM),
- die Durchführung der Konzeption (640 000 DM),
- die Vermittlung des Eigenkapitals in Höhe von 1 350 000 DM,
- die Platzierungsgarantie (530 000 DM),
- Marketing und Werbung (460 000 DM).

Die Zurechnung dieser Aufwendungen zu den Anschaffungskosten des bebauten Grundstücks würde insgesamt zu einem geringeren Werbungskosten-Überschuss führen, als vom FA im Feststellungsbescheid anerkannt. Da dem Gericht eine Verböserung verwehrt ist, muss der Revision jedenfalls im Ergebnis der Erfolg versagt bleiben.

7.5 Verjährung der Prospekthaftungsansprüche beim Bauherrenmodell

(BUNDESGERICHTSHOF, Urteil vom 1. Juni 1994, ZIP 1994, S. 1115)

Leitsatz:

a) Prospekthaftungsansprüche beim Bauherrenmodell verjähren nach der allgemeinen Frist des § 195 BGB.

b) Wird ein Wirtschaftsprüfer als Initiator eines Bauherrenmodells in Anspruch genommen, ist § 51a WPO nicht anwendbar.

Tatbestand:

Die Beklagte zu 1, deren persönlich haftender Gesellschafter der Beklagte zu 2 ist, brachte im Oktober 1982 einen Prospekt heraus, in dem für das Bauherrenmodell „R.-Passage“ in H. geworben wurde. In dem Prospekt, dem eine Wirtschaftlichkeitsberechnung für die einzelnen Einheiten des zu errichtenden Wohn- und Geschäftshauses beigefügt war, waren die Beklagte zu 1 als Baubetreuerin und die Beklagte zu 4 als Treuhänderin aufgeführt.

Die Kläger zeichneten Ende 1982 den im zweiten Stock des Anwesens ausgewiesenen Sondereigentumsanteil Nr. 28 (Gewerbeeinheit TE 30), für den bei einem nach der Investitionsrechnung zu leistenden Gesamtaufwand von 742 723 DM in der Wirtschaftlichkeitsberechnung bei einer vorgesehenen Nutzung als Café jährliche Mieteinnahmen von 47 312 DM (= 25,99 DM pro Quadratmeter) angegeben waren. Ferner beauftragten die Kläger, wie auch die anderen Bauherren, die Beklagte zu 4 in einem mit dieser abgeschlossenen Treuhandvertrag mit der umfassenden Wahrnehmung ihrer Interessen und erteilten eine entsprechende Vollmacht. Die Beklagte zu 4 schloss daraufhin für die Kläger mit der Beklagten zu 1 u.a. einen Baubetreuungsvertrag und einen Mietgarantievertrag, in welchem die Beklagte zu 1 den Klägern eine monatliche Nettomiete von 25,99 DM/qm für die Dauer von fünf Jahren ab Erstvermietung bzw. Bezugsfertigkeit des Mietobjekts garantierte. Die Treuhänderin schloss ferner einen Mietvermittlungs- und Vermittlungsgarantievertrag mit der Firma H. GmbH sowie eine Generalmietvertrag mit der Firma W. Verwaltungsgesellschaft mbH als gewerblicher Zwischenmieterin ab.

Das Gebäude – auch die Gewerbeeinheit der Kläger – war am 1. Februar 1985 bezugsfertig. Der Generalmieterin gelang es erstmals zum 1. Februar 1988, die Gewerbeeinheit der Kläger nach Umbauarbeiten zu einem gestaffelten Mietpreis von 11,42 DM bis 17,13 DM/qm an ein Bräunungs- und Fitness-Studio zu vermieten. Nachdem die Kläger den Generalmietvertrag mit der Firma W. Verwaltungsgesellschaft mbH nach Ablauf von fünf Jahren nicht verlängert hatten, ist seit März 1992 das Sondereigentum der Kläger zu einem Mietzins von 9,50 DM/qm als Schulungsraum vermietet.

Mit ihrer am 22. Januar 1990 bei Gericht eingegangenen Klage, die den Beklagten zu 1 und 2 am 6. April 1990 und der Beklagten zu 4 am 9. April 1990 zugestellt worden ist, begehren die Kläger im Wege des Schadensersatzes Rückzahlung des geleisteten Kaufpreises Zug um Zug gegen Übernahme des Teileigentums sowie Feststellung der weitergehenden Ersatzpflicht der Beklagten. Zur Begründung tragen die Kläger vor, der für die von ihnen erworbene Gewerbeeinheit angegebene Mietzins sei weder im Zeitpunkt des

Erscheinens des Prospekts noch später auf dem freien Markt erzielbar gewesen; er sei weit überhöht und nicht ortsüblich. Durch die unrichtigen Prospektangaben seien sie zur Beteiligung an dem Bauherrenmodell veranlasst worden. Hierfür hätten die Beklagten zu 1, 2 und 4 nach den Grundsätzen der Prospekthaftung sowie wegen Verletzung der mit ihnen geschlossenen Verträge einzustehen.

Die Beklagten zu 1, 2 und 4 haben eine Verpflichtung zum Schadensersatz dem Grund und der Höhe nach in Abrede gestellt sowie die Einrede der Verjährung erhoben.

Das Landgericht hat die Klage abgewiesen, das Berufungsgericht hat den Schadensersatzanspruch der Kläger, mit dem diese die Rückabwicklung ihres Beitritts zum Bauherrenmodell begehren, dem Grunde nach für gerechtfertigt erklärt.

Mit ihrer Revision erstreben die Beklagten zu 1, 2 und 4 die Wiederherstellung des Urteils des Landgerichts.

Gründe:

1. Das Berufungsgericht bejaht einen Schadensanspruch der Kläger gegen die Beklagten zu 1 und 4 nach den Grundsätzen der Prospekthaftung; der Beklagte zu 2 habe nach §§ 128, 161 HGB persönlich für die Schuld der Beklagten zu 1 einzustehen. Die Beklagte zu 1 sei Herausgeberin des Prospekts, die Beklagte zu 4 habe durch ihre erkennbare Mitwirkung an der Prospektgestaltung einen besonderen Vertrauenstatbestand geschaffen. Eine Haftung der Beklagten zu 1 und 4 für die Richtigkeit der Angaben im Prospekt sei darüber hinaus deshalb begründet, weil die Beklagte zu 1 als die für die Realisierung des Anlageprojekts maßgebliche Baubetreuerin und die Beklagte zu 4 als Treuhänderin die das Management bildenden Initiatoren des Bauherrenmodells gewesen seien. Die Beklagten zu 1 und 4 hätten die sich aus ihrer Verantwortung für die Richtigkeit des Prospekts ergebenden Pflichten schuldhaft dadurch verletzt, dass die Angaben im Prospekt hinsichtlich der zu erwartenden Mieten zumindest irreführend gewesen seien. Die Angabe eines für jede einzelne Gewerbeeinheit unterschiedlichen, bis auf die Mark bezifferten jährlichen Mietertrags habe den Eindruck erweckt, es handele sich hierbei um Beträge, die durch eine sorgfältige Ermittlung unter Berücksichtigung der bis zur Bezugsfertigkeit

zu erwartenden Entwicklung für die jeweilige Gewerbeeinheit festgestellt worden seien. Tatsächlich seien jedoch einfach die Beträge übernommen worden, die der ursprüngliche Initiator – seinerseits ohne jegliche diesbezügliche Ermittlung – als erzielbar geschätzt habe; die eingesetzten Mieterlöse seien damit ins Blaue hinein angegeben worden. Darauf, dass der im Prospekt aufgeführte Mieterlös im Zeitpunkt der Herausgabe des Prospekts im Oktober 1982 „zufällig" tatsächlich erzielbar gewesen sei, wie die Beklagten unter Berufung auf ein Sachverständigengutachten behaupteten, komme es nicht an.

Der nach den Grundsätzen der Prospekthaftung dem Grunde nach gerechtfertigte Schadensersatzanspruch der Kläger sei nicht verjährt. Die Prospekthaftungsansprüche gegenüber der Beklagten zu 4 verjährten gemäß § 51a WPO in fünf Jahren. Ob die Ansprüche gegenüber den Beklagten zu 1 und 2 gemäß § 638 BGB in fünf Jahren oder nach § 195 BGB in 30 Jahren verjährten, könne dahingestellt bleiben. Vorliegend sei auch die fünfjährige Verjährungsfrist nicht abgelaufen, weil für den Verjährungsbeginn auf den Zeitpunkt abzustellen sei, zu dem der Geschädigte Kenntnis von der Unrichtigkeit des Prospektinhalts haben konnte; dies sei erst der Fall gewesen, nachdem es dem Generalmieter nicht gelungen sei, in angemessener Zeit ab Bezugsfertigkeit der Räume einen Untermieter zu finden. Aber auch wenn man auf die Bezugsfertigkeit der Räume am 1. Februar 1985 abstelle, sei die Zustellung der Klage in der ersten Aprilhälfte 1990 noch „demnächst" im Sinne des § 270 Abs. 3 ZPO erfolgt.

I. Diese Ausführungen halten einer rechtlichen Nachprüfung nicht in allen Punkten stand.

1. Zutreffend geht das Berufungsgericht davon aus, dass die Beklagte zu 1 als Initiatorin des Bauvorhabens und Herausgeberin des Prospekts, die Beklagte zu 4 jedenfalls als weitere Initiatorin und als zum Management zählende Gestalterin des Bauherrenmodells für die Richtigkeit und Vollständigkeit der Prospektangaben einzustehen haben (BGHZ III, 314, 318 ff.; 115, 213, 217 f.). Soweit die Beklagte zu 4 sich gegen die Feststellung des Berufungsgerichts wendet, sie habe – zusammen mit der Beklagten zu 1 – zu ihrem

eigenen wirtschaftlichen Vorteil das Vorhaben projektiert, die Bauherren angeworben und zusammengeführt sowie das Projekt verwirklicht, also die Geschicke der Bauherrengemeinschaft gelenkt, greift die von ihr erhobene Verfahrensrüge nicht durch. Der vom Berufungsgericht getroffenen Feststellung steht weder entgegen, dass die Beklagte zu 4 als Partnerin der von den Bauherren abzuschließenden Treuhandverträge vorgesehen war, noch, dass sie an dem am 1./15. Juni 1992 geschlossenen Kooperationsvertrag zwischen der Beklagten zu 1 und der Firma B. GmbH, einem Unternehmen der Firmengruppe K., die nach dem Vortrag der Beklagten zu 4 das Grundstück der Beklagten zu 1 angedient hatte, nicht beteiligt war. In welcher Weise die mit ihrem vollen Namen als „unabhängiger Treuhänder", der „den strengen Standesrichtlinien für Wirtschaftsprüfungsgesellschaften unterliegt", genannte Beklagte zu 4 den Prospekt „lediglich grafisch gestaltet" habe, ist nicht näher dargelegt und konnte daher vom Berufungsgericht unberücksichtigt gelassen werden.

Unter diesen Umständen kann offen bleiben, ob die Beklagte zu 4 darüber hinaus durch ihre erkennbare Mitwirkung an der Prospektgestaltung einen besonderen Vertrauenstatbestand geschaffen hat und auch deshalb für die Vollständigkeit und Richtigkeit des Prospekts verantwortlich ist (BGHZ III, 314, 319 f.).

2. Aufgrund des bisher festgestellten Sachverhalts durfte das Berufungsgericht jedoch nicht, wie die Revisionskläger zu Recht beanstanden, in der Angabe der laut Wirtschaftlichkeitsrechnung zu erwartenden Mieteinnahmen einen haftungsbegründenden Prospektmangel sehen.

a) Es kann offen bleiben, ob den Klägern der Prüfbericht der A. Wirtschafts-Treuhand GmbH vom 5. November 1982 vorlag, worin letztere erklärte, es entziehe sich ihrer „Beurteilung", inwieweit die garantierte Miete der ortsüblichen Miete entspreche, und ob die Vorlage dieses Berichts – die die Kläger als „eher unwahrscheinlich" bezeichnet haben – einer Haftung für unrichtige Prospektangaben entgegenstünde. Ebenso braucht nicht entschieden zu werden, ob die Mieterlöse deshalb nicht „ins Blaue hinein" angegeben worden sind, weil sie nach dem unter Beweis gestellten Vortrag der

Beklagten zu 1 und 2 auf Angaben beruhten, die der Initiator K. als auf dem dortigen Markt tätiger Immobilienmakler zur Höhe der erzielbaren Miete gemacht hatte. Dass die Firma H. GmbH, die in dem geschlossenen „Kooperationsvertrag" die Alleinvermittlung von Mietern für das Objekt R.-Passage und in diesem Zusammenhang u.a. die „Erstellung von Marktanalysen" übernommen hatte, tatsächlich die erzielbaren Mieten unter Anwendung der dafür erforderlichen Kriterien ermittelt hätte, ist auch von den Beklagten nicht behauptet worden.

b) Die Beklagten haben unter Antritt von Sachverständigenbeweis vorgetragen, dass die im Prospekt angegebenen Mieten seinerzeit ortsüblich und erzielbar gewesen seien; dies sei sowohl im Zeitpunkt der Erstellung des Prospekts wie auch heute noch der Fall. Bei diesem Sachverhalt, der mangels gegenteiliger Feststellungen des Berufungsgerichts für das Revisionsverfahren zu unterstellen ist, fehlt es aber an dem Nachweis unvollständiger oder unrichtiger Prospektangaben zur Höhe der zu erzielenden Mieten; denn die angegebenen Mieteinnahmen waren danach nicht nur bei Prospekterstellung, sondern auch künftig, insbesondere noch nach Ablauf der fünfjährigen Mietgarantie „nachhaltig" zu erzielen. Dabei kommt es nicht darauf an, ob die Zahlen aufgrund von Marktanalysen oder anderer Grundlagen sorgfältig ermittelt worden sind oder nicht. Waren die bei Prospektherausgabe gemachten Angaben über die auch noch nach Ablauf der Garantiezeit zu erzielenden Mieteinnahmen zutreffend, lag eine Irreführung der Kläger über die bei gleich bleibender Entwicklung zu erwartenden künftigen Erträge nicht vor. Da nur inhaltliche Mängel des Prospekts, der in der Regel die einzige Informationsquelle des Anlegers ist und alle für die Entscheidung des Bauherrn wesentlichen Angaben vollständig und richtig zu enthalten hat (vgl. BGHZ III, 314, 317), die Haftung der Prospektverantwortlichen begründen, scheidet eine Prospekthaftung der Beklagten zu 1, 2 und 4 von vornherein aus, wenn sich ihre – derzeit als wahr zu unterstellende – Behauptung als zutreffend erweisen sollte.

3. Das angefochtene Urteil war daher aufzuheben und die Sache zur Nachholung der für einen Prospektmangel erforderlichen Feststellungen an das Berufungsgericht zurückzuverweisen. Zu einer eigenen Sachentscheidung ist der Senat nicht in der Lage, da die Prospekthaftungsansprüche der Kläger auch nicht verjährt sind.

a) Zwar wäre entgegen der Ansicht des Berufungsgerichts eine Verjährung der gegen die Beklagten zu 1 und 2 gerichteten Schadensersatzansprüche eingetreten, wenn hierfür die fünfjährige Verjährungsfrist des § 638 BGB Anwendung finden würde. Das bedarf indessen keiner Vertiefung, weil für keinen der Beklagten eine Verjährungsfrist von fünf Jahren in Betracht kommt.

b) Der Bundesgerichtshof hat bisher offen gelassen, ob Prospekthaftungsansprüche beim Bauherrenmodell nach der allgemeinen Frist des § 195 BGB verjähren oder ob die Verjährungsfrist des § 638 BGB Anwendung findet (BGHZ III, 314, 323; 115, 213, 225). Diese Frage entscheidet der Senat nunmehr dahin, dass es für die genannten Ansprüche bei der allgemeinen Verjährungsfrist des § 195 BGB zu verbleiben hat. Die Vorschrift des § 638 BGB enthält für die werkvertraglichen Gewährleistungsansprüche des Bestellers gegenüber dem Unternehmer eine spezielle und auf das Wesen dieser Ansprüche abgestellte Verjährungsregelung; dabei sind zur Vermeidung von bei Werkmängeln typischerweise auftretenden Beweisschwierigkeiten insgesamt kurze Verjährungsfristen vorgesehen, deren Beginn an die Abnahme geknüpft ist (§ 638 Abs. 1 Satz 2 BGB). Die bürgerlich-rechtliche Prospekthaftung ist hingegen von der Rechtsprechung aus den Grundsätzen der Haftung aufgrund Verschuldens bei Vertragsverhandlungen entwickelt worden (BGHZ 79, 337, 341 f.; siehe auch Thode in Reithmann/Meichssner/von Heymann, Kauf vom Bauträger, 6. Aufl., J Rz. 4). Da der von den Anbietern herausgegebene Werbeprospekt oftmals die einzige Informationsquelle des Anlegers ist, muss der Prospekt alle für dessen Entscheidung wesentlichen Angaben vollständig und richtig enthalten. Für die Vollständigkeit und Richtigkeit der in Verkehr gebrachten Prospekte hat deswegen jeder einzustehen, der durch den Prospekt auf den Entschluss des Anlegers Einfluss genommen hat (BGHZ III, 314, 317 f. m.w.N.). Damit ist die vorvertragliche Haftung auf die für den Prospektinhalt verantwortlichen Initiatoren und andere Beteiligte erstreckt, die sonst keiner Haftung ausgesetzt wären, da regelmäßig nicht sie selbst, sondern andere Personen oder beschränkt haftende Kapitalgesellschaften den Anlegern als Verhandlungs- und Vertragspartner gegenübertreten (Thode a.a.O. Rz. 14). Bereits hierdurch weicht das von der Rechtsprechung entwickelte Institut der Prospekthaftung in wesentlicher Weise von der Regelung der Mängelansprüche gemäß §§ 633 ff. BGB ab, die dem Besteller lediglich ggü. dem Unternehmer zustehen. Auch in den Rechtsfolgen unterscheidet sich die Prospekthaftung von der gesetzlichen Regelung der werkvertraglichen Rechte des Bestellers bei Sachmängeln. Bei der Prospekthaftung kommen für den geschädigten Anleger die in den §§ 633 ff. vorgesehenen Ansprüche auf Mängelbeseitigung, Aufwendungsersatz sowie Gewährleistung nicht in Betracht. Vielmehr kann der Anleger vom Prospektverantwortlichen grundsätzlich den Schaden ersetzt verlangen, den er dadurch erlitten hat, dass er auf die Richtigkeit und Vollständigkeit des Prospekts vertraut hat. War die unrichtige oder unvollständige Information ursächlich für die Anlageentscheidung, steht dem Anleger ein Anspruch auf Befreiung von dem abgeschlossenen Vertrag und Ersatz seiner Aufwendungen zu (BGHZ 115, 213, 220 f.). Schließlich ist für den Beginn der Verjährung der Prospekthaftungsansprüche nicht, wie in § 638 Abs. 1 Satz 2 BGB vorgesehen, auf die Abnahme des Bauwerks, sondern auf den Beitritt des Anlegers zum Bauherrenmodell abzustellen (BGHZ a.a.O. S. 226). Eine Anwendung der für die werkvertraglichen Gewährleistungsansprüche geschaffenen Verjährungsvorschrift des § 638 BGB auf Prospekthaftungsansprüche muss daher nach Ansicht des Senats ausscheiden.

c) Die gegen die Beklagte zu 4 gerichteten Prospekthaftungsansprüche sind entgegen der Ansicht des Berufungsgerichts schon deshalb nicht verjährt, weil auf sie § 51a WPO keine Anwendung findet.

Gemäß § 51a WPO verjährt der Anspruch des Auftraggebers auf Schadensersatz aus dem zwischen ihm und dem Wirtschaftsprüfer bestehenden Vertragsverhältnis in fünf Jahren von dem Zeitpunkt an, in dem der Anspruch entstanden ist. Damit unterstellt § 51a WPO - ebenso wie § 68 StBerG - lediglich Ansprüche aus Vertragsverhältnissen der kurzen Verjährungsfrist; für andere Ansprüche, wie etwa aus Bereicherung oder Delikt, gilt hingegen die Verjährungsvorschrift des § 51a WPO nicht. Soweit der Bundesgerichtshof die Regelung des § 51a WPO auch auf Ansprüche aus Verschulden bei Vertragsschluss angewandt hat, bezog sich dieses Verschulden auf Pflichtverstöße des Wirtschaftsprüfers bei Anbahnung des Vertragsverhältnisses (BGHZ 100, 132, 136). Die Beklagte zu 4 wird hier jedoch nicht im Zusammenhang mit ihrer späteren Tätigkeit als Treuhänderin der Kläger, sondern als Initiatorin des Bauherrenmodells in Anspruch genommen. Für Initiatoren oder diesen gleichstehende Prospektverantwortliche hat der Bundesgerichtshof die vergleichbare Vorschrift des § 68 StBerG für nicht anwendbar erklärt, da vertragliche oder persönliche vorvertragliche Beziehungen zur Anbahnung eines Vertragsverhältnisses zwischen dem erstgenannten Personenkreis und den Anlegern nicht zustande kommen (BGHZ 115, 213, 226 f.). Die gleichen Erwägungen müssen auch für die Regelung des § 51a WPO gelten (siehe auch Thode a.a.O. Rz. 114).

Etwas anderes ergibt sich auch nicht aus dem von der Revision herangezogenen BGH-Urteil vom 9. November 1992 - II ZR 141/91 = NJW 1993, 199 ff.

In dem dort zu entscheidenden Fall hatte der Kläger nicht Ansprüche aus Prospekthaftung im engeren Sinn, sondern Schadensersatzansprüche wegen Verletzung von Aufklärungs- und Beratungspflichten vor Abschluss des mit dem Beklagten zustande gekommenen Treuhandvertrages geltend gemacht. Auf die Frage der Anwendbarkeit des § 51a WPO auf Prospekthaftungsansprüche im engeren Sinn war dort daher nicht einzugehen.

7.5.1 Modellbedingte Nebenaufwendungen bei einem Immobilienfonds keine Werbungskosten, sondern Anschaffungskosten – Anleger an Immobilienfonds Bauherr oder Erwerber?

BUNDESFINANZHOF, Urteil vom 8.5.2001, IX R 10/96

Leitsätze:

Dem Abzug von Aufwendungen als Werbungskosten, die ein Anleger, der sich an einem Immobilienfonds beteiligt, als „Gebühren" für in gesonderten Verträgen vereinbarte Dienstleistungen (z.B. Mietgarantie, Treuhänderleistung) entrichtet, steht § 42 AO 1977 entgegen, wenn aufgrund der modellimmanenten Verknüpfung aller Verträge diese Aufwendungen in wirtschaftlichem Zusammenhang mit der Erlangung des Eigentums an der bezugsfertigen Immobilie stehen (Bestätigung der bisherigen Rechtsprechung).

Tatbestand:

I. Die Kläger und Revisionskläger (Kläger) sind Gesellschafter eines in der Rechtsform der Gesellschaft bürgerlichen Rechts betriebenen geschlossenen Immobilienfonds (im Folgenden: GbR). Streitig ist die Berücksichtigung von Aufwendungen (Treuhandgebühren, Gebühren für die Übernahme von Notar- und Gerichtskosten, Mietgarantiegebühr) der Kläger als Werbungskosten bei den Einkünften aus Vermietung und Verpachtung für den Veranlagungszeitraum 1991 (Streitjahr).

Mit notariellem Kaufvertrag vom 27. Januar 1991 erwarben die zwischenzeitlich mit und zur Firma der Klägerin zu 1 verschmolzene X-GmbH sowie der Kläger zu 2 Grundstücksflächen in W, auf denen ein Selbstbedienungsmarkt (SB-Markt) errichtet und zur Erzielung von Einkünften aus Vermietung und Verpachtung vermietet werden sollte.

Zu diesem Zweck haben die X-GmbH und der Kläger zu 2 – als Vermieter – stellvertretend für den noch zu benennenden Erwerber der Immobilie mit der Y-KG – als Mieter – am 5. November 1990 einen Vertrag betreffend die Vermietung des noch zu erstellenden SB-Marktes abgeschlossen. Darin verpflichteten sich die Vermieter, auf dem – noch zu erwerbenden – Grundstück in W entsprechend den Vorgaben der Mieterin ein Supermarktgebäude zu errichten. Der für die Dauer von 15 Jahren abgeschlossene Mietvertrag kann durch schriftliche Erklärung der Mieterin dreimal um jeweils 5 Jahre verlängert werden.

Im Februar 1991 beantragten die Klägerin zu 1 sowie der Kläger zu 2 die Baugenehmigung für den Neubau eines SB-Marktes mit 47 PKW-Einstellplätzen auf dem erworbenen Baugrundstück. Die Baugenehmigung wurde mit Bescheid des zuständigen Landratsamts vom 16. September 1991 erteilt.

Am 4. November 1991 gründeten die Klägerin zu 1 sowie der Kläger zu 2 durch schriftlichen Gesellschaftsvertrag die GbR, deren Zweck in der Errichtung, der Vermietung und der Verwaltung der Fondsimmobilie liegt. Die Gründungsgesellschafter, die Klägerin zu 1 sowie der Kläger zu 2, sind berechtigt, ihre Gesellschaftsanteile durch privatschriftlichen Vertrag ohne Zustimmung weiterer Gesellschafter jederzeit an einen Dritten unter der Voraussetzung zu veräußern, dass diese Dritten die Verpflichtungen der Gründungsgesellschafter aus dem Gesellschaftsvertrag übernehmen und den Gesellschaftsvertrag in vollem Umfang anerkennen. Geschäftsführerin der GbR ist die Klägerin zu 1.

Unter dem 5. November 1991 wurde zwischen der GbR - als Treugeberin - und der Z-OHG - als Treuhänderin - ein Treuhand- und Garantievertrag abgeschlossen. Darin hat die GbR die Treuhänderin u.a. mit der Wahrnehmung und Vertretung ihrer Interessen beauftragt. Im Rahmen der Treuhandabwicklung hat die Treuhänderin für die Treugeberin unter dem 5. November 1991 eine Reihe von Verträgen mit der Klägerin zu 1 - insbesondere einen Generalübernehmervertrag, der die schlüsselfertige Erstellung der Fondsimmobilie durch die Klägerin zu 1 zum Gegenstand hat, einen Kostenersatz- und Höchstpreis-Garantievertrag, einen Mietgarantievertrag, einen Vermittlungsvertrag für die Endfinanzierung und einen Ausbietungsgarantievertrag - abgeschlossen.

Ebenfalls am 5. November 1991 hat der Kläger zu 2 aus seinem Gesellschaftsanteil Anteile an die Kläger zu 3–6 veräußert und abgetreten. Die Kläger zu 3–6 sind als Neugesellschafter der GbR beigetreten.

In ihrer Erklärung zur gesonderten und einheitlichen Feststellung der Einkünfte aus Vermietung und Verpachtung für den Veranlagungszeitraum 1991 machten die Kläger als Gesellschafter der GbR Aufwendungen für die Mietgarantie, Treuhandgebühren sowie Gebühren für die Übernahme der Notar- und Gerichtskosten als Werbungskosten geltend. Die genannten Aufwendungen wurden nicht auf die Gründungsgesellschafter - die Klägerin zu 1 sowie den Kläger zu 2 –, sondern lediglich auf die Neugesellschafter – die Kläger zu 3–6 - verteilt und bei diesen als Sonderwerbungskosten behandelt.

Der Beklagte und Revisionsbeklagte (das Finanzamt - FA–) erkannte die genannten Aufwendungen nicht als Werbungskosten an. Einspruch und Klage blieben ohne Erfolg.

Das Finanzgericht (FG) vertrat in seinem in Entscheidungen der Finanzgerichte (EFG) 1996, 848 veröffentlichten Urteil die Auffassung, dass die GbR nicht Bauherrin, sondern Erwerberin eines mit einem SB-Markt bebauten Grundstücks sei, da sie das Baugeschehen nicht beherrscht und ein Baukostenrisiko nicht getragen habe. Aus diesem Grund stellten die streitigen Aufwendungen Anschaffungskosten der Fondsimmobilie dar, da es sich insoweit lediglich um gesondert ausgewiesene Rechnungsposten des Erwerbspreises handele, die die GbR nicht habe abwählen können.

Mit der Revision rügen die Kläger die Verletzung materiellen Rechts.

Die Kläger beantragen sinngemäß, das Urteil des FG aufzuheben und den angefochtenen Feststellungsbescheid unter Aufhebung der Einspruchsentscheidung vom 7. April 1993 dahingehend zu ändern, dass die strittigen Aufwendungen als Werbungskosten berücksichtigt werden.

Das FA beantragt, die Revision als unbegründet zurückzuweisen.

Entscheidungsgründe:

II. Die Revision ist unbegründet; sie ist gemäß § 126 Abs. 2 der Finanzgerichtsordnung (FGO) zurückzuweisen.

1. Die rechtliche Beurteilung des FG, dass die streitigen Aufwendungen für die Übernahme der Treuhandschaft, für die Übernahme

von Notar- und Gerichtskosten sowie für die Mietgarantie nicht als Werbungskosten sofort abziehbar seien, begegnet keinen revisionsrechtlichen Bedenken.

a) Das FG hat in Übereinstimmung mit der Rechtsprechung des erkennenden Senats (vgl. Urteile des Bundesfinanzhofs - BFH - vom 14. November 1989 IX R 197/84, BFHE 158, 546, BStBl II 1990, 299; vom 11. Januar 1994 IX R 82/91, BFHE 174, 127, BStBl II 1995, 166) entschieden, dass Anleger, die sich an Immobilienfonds der im Streitfall zu beurteilenden Art beteiligen, regelmäßig nicht als Bauherren, sondern als Erwerber des bebauten Grundstücks zu beurteilen sind.

Die Kläger haben sich zu einer GbR zusammengeschlossen, deren Zweck in der Errichtung, der Vermietung und der Verwaltung der Fondsimmobilie bestand. Rechtliche Grundlage des gesellschaftsrechtlichen Zusammenschlusses war ein Bündel von vorformulierten Verträgen, mit deren Abschluss sich die Kläger an der Fondsgesellschaft beteiligt haben. Die - von einer Treuhänderin abgeschlossenen - Verträge konnten nur in ihrer Gesamtheit zu dem von den Klägern erstrebten Ziel, einen SB-Markt zu errichten und zu vermieten, führen. Eine Möglichkeit der Kläger zu 3–6, auf die Planung und Durchführung des Bauvorhabens Einfluss zu nehmen und damit das Baugeschehen zu beherrschen, bestand dabei praktisch nicht; hinsichtlich der Planung des Bauvorhabens bestand sie schon deshalb nicht, weil diese - durch Erteilung der Baugenehmigung für das Fondsobjekt - im Zeitpunkt der Gründung der GbR bereits abgeschlossen war. Daneben waren die Kläger zwar grundsätzlich berechtigt, Änderungen der Baubeschreibung vorzunehmen (vgl. § 8 Nr. 2 des Generalübernehmervertrages), jedoch konnte andererseits der Generalübernehmer (die Klägerin zu 1) ohne Rücksprache mit den Klägern zu 3–6 auf Wunsch des Mieters bzw. in Abstimmung mit dem Mieter Änderungen an den Plänen und der Baubeschreibung vornehmen, soweit diese Änderungen den Wert des Objekts nicht minderten (vgl. § 3 Nr. 4 des Generalübernehmervertrages). Eine Möglichkeit der Kläger zu 3–6, auf die Durchführung des Bauvorhabens Einfluss zu nehmen, bestand danach allenfalls theoretisch. Vor diesem Hintergrund ist die Würdigung des FG, dass die Kläger das Baugeschehen nicht beherrscht und ein Baukostenrisiko nicht getragen haben, jedenfalls möglich und deshalb für den Senat bindend (§ 118 Abs. 2 FGO).

b) Sind die Kläger zu 3–6 demnach nicht als Bauherren, sondern als Erwerber eines bebauten Grundstücks zu beurteilen, so steht § 42 der Abgabenordnung (AO 1977) dem Abzug solcher Aufwendungen als Werbungskosten entgegen, die zwar in gesonderten Verträgen als „Gebühren" für einzelne Dienstleistungen (im Streitfall: Erteilung der Mietgarantie, Treuhänderleistungen, Übernahme der Notar- und Gerichtskosten) vereinbart werden, die aber aufgrund der modellimmanenten Verknüpfung aller Verträge regelmäßig in wirtschaftlichem Zusammenhang mit der Erlangung des Eigentums an der bezugsfertigen Immobilie stehen. Die gesondert vereinbarten „Gebühren" geben die wirtschaftliche Veranlassung nicht zutreffend wieder; sie lassen sich nur aus der gewünschten Schaffung sofort abziehbarer Ausgaben erklären und sind deshalb missbräuchlich i.S. von § 42 Satz 1 AO 1977.

Dementsprechend hat der BFH die Vorschrift des § 42 AO 1977 in Fällen der vorliegenden Art schon bisher angewendet, wenn die gesondert vereinbarten Entgelte nicht den tatsächlichen Gegebenheiten entsprachen (vgl. BFH-Urteile vom 29. Oktober 1985 IX R 107/82, BFHE 145, 351, BStBl II 1986, 217; vom 1. Dezember 1987 IX R 170/83, BFHE 152, 101, und in BFHE 174, 127, BStBl II 1995, 166). Die angemessene Gestaltung i.S. des § 42 Satz 2 AO 1977 bestünde in derartigen Fällen in der Vereinbarung eines Gesamtkaufpreises, sodass die strittigen „Gebühren" wie Anschaffungskosten zu werten sind (vgl. BFH-Urteil in BFHE 158, 546, BStBl II 1990, 299).

c) Nach diesen Grundsätzen hat das FG die Aufwendungen für die Treuhandtätigkeit des Treuhänders zu Recht nicht als sofort abziehbare Werbungskosten beurteilt. Eine Aufspaltung dieser Aufwendungen in solche, die auf den Erwerb des Fondsobjektes gerichtet sind, und solche, die auf die treuhänderische Vertretung des Beteiligten entfallen, kommt nicht in Betracht (vgl. BFH-Urteil in BFHE 158, 546, BStBl II 1990, 299).

Zutreffend hat das FG auch die Aufwendungen für die Übernahme von Notar- und Gerichtskosten nicht als sofort abziehbare Werbungskosten berücksichtigt. Auch wenn es sich insoweit u.a.

um Kosten im Zusammenhang mit der Finanzierung und der Besicherung des Objektes handelt, bilden diese Aufwendungen schon deshalb keine sofort abziehbaren Werbungskosten, weil es sich nach den insoweit getroffenen bindenden Feststellungen des FG nicht um Leistungen gehandelt hat, die die Kläger hätten abwählen können oder deren Nichtinanspruchnahme das Gesamtentgelt ermäßigt hätte.

Entsprechendes gilt für die Aufwendungen zur Übernahme der Mietgarantie; die vertraglichen Regelungen sehen insoweit keine Abwahlmöglichkeit vor. Zudem fehlt es schon an einer den Aufwendungen entsprechenden wirtschaftlichen Gegenleistung, wenn eine Fondsimmobilie für einen bestimmten Mieter errichtet wird, mit dem bereits vor dem Beitritt der Kläger ein Mietvertrag geschlossen wurde und die darin vereinbarte Festmietzeit von 15 Jahren die Dauer der Mietgarantie von 10 Jahren deutlich übersteigt.

7.5.2 Behandlung von Eigenkapitalvermittlungsprovisionen eines gewerblichen Immobilienfonds als Anschaffungs-, Herstellungskosten, keine sofortige Teilwertabschreibung in der Steuerbilanz

BUNDESFINANZHOF, Urteil vom 28.6.2001, IV R 40/97

Leitsätze:

Von einem in der Rechtsform einer gewerblich geprägten KG geführten Immobilienfonds gezahlte Eigenkapitalvermittlungsprovisionen sind in der Steuerbilanz der KG in voller Höhe als Anschaffungs- oder Herstellungskosten der Fondsimmobilie zu behandeln, wenn sich die Kommanditisten aufgrund eines vom Projektanbieter vorformulierten Vertragswerks an dem Fonds beteiligen (Abweichung von Tz. 7.1 i.V.m. Tz. 7.8 des BMF-Schreibens vom 31. August 1990, BStBl I 1990, 366; sog. 4. Bauherren-Erlass).

Tatbestand:

Die Klägerin und Revisionsbeklagte (Klägerin) ist eine GmbH & Co. KG, an der neben der Komplementär-GmbH 69 Kommanditisten beteiligt sind. Am Tag ihrer Gründung im Jahr 1989 erwarb die Klägerin das Grundstück A-Straße in Berlin, auf dem ab dem Jahr 1991 zwei Gebäude mit Wohnungen im sozialen Wohnungsbau errichtet wurden. Bei der Gewinnermittlung für das Streitjahr 1991 zog die Klägerin Eigenkapitalvermittlungsprovisionen als Betriebsausgaben ab. Diese Provisionen von 24 v.H. des vermittelten Kommanditkapitals schuldete die Klägerin zwei Vermittlungsgesellschaften, die selbst Kommanditisten der Klägerin waren. Die Provisionsbeträge wurden im Rahmen der Gewinnfeststellungserklärung als Sonderbetriebseinnahmen der Vermittlungsgesellschaften behandelt. Für die bisher angefallenen Teilherstellungskosten nahm die Klägerin Sonderabschreibungen nach § 14d des Berlinförderungsgesetzes 1990 - BerlinFG 1990 - (BGBl I 1990, 173, BStBl I 1990, 83) in Anspruch.

Der Beklagte und Revisionskläger (das Finanzamt - FA-) hielt Eigenkapitalvermittlungsprovisionen nur in Höhe von 6 v.H. des vermittelten Kommanditkapitals zuzüglich Agio für sofort abziehbar. Den verbleibenden Betrag sah das FA als Herstellungskosten an, für die Absetzungen für Abnutzung (AfA) nach dem BerlinFG 1990 zu gewähren waren. Dementsprechend erging ein Bescheid zur einheitlichen und gesonderten Feststellung der Einkünfte 1991.

Nach erfolglosem Einspruch hatte die Klägerin mit ihrer Klage Erfolg. Das Finanzgericht (FG) führte zur Begründung seiner veröffentlichten Entscheidung (Entscheidungen der Finanzgerichte - EFG - 1997, 786) aus, es könne nicht festgestellt werden, dass der Klägerin die Gewinnerzielungsabsicht fehle. Die Eigenkapitalvermittlungsprovisionen seien als Betriebsausgaben sofort abziehbar. Es gebe insoweit keine gesetzliche Beschränkung auf den Abzug angemessener Provisionen. Außerdem könne auch nicht festgestellt werden, dass die Provisionen unangemessen seien. Aus § 12 des Einkommensteuergesetzes (EStG) könne ebenfalls keine Begrenzung der Abziehbarkeit abgeleitet werden. Die in Tz. 7.1 des Schreibens des Bundesministers der Finanzen (BMF) vom 31. August 1990 (BStBl I 1990, 366; sog. 4. Bauherren-Erlass) vorgesehene Abzugsbeschränkung auf 6 v.H. des vermittelten Eigenkapitals finde im Gesetz keine Stütze. Im Streitfall seien die Eigenkapitalvermittlungsprovisionen auch nicht als Anschaffungskosten für das Grundstück anzusehen, weil die Provisionen nicht dem Grundstücksverkäufer, sondern unabhängigen und - abgesehen von ihrer Kommanditistenstellung - nicht mit der Klägerin verflochtenen Vermittlungsgesellschaften geschuldet worden seien.

Mit der vom FG wegen grundsätzlicher Bedeutung der Rechtssache zugelassenen Revision rügt das FA die Verletzung der §§ 4, 12 und 15 EStG. Es beantragt, unter Aufhebung der Vorentscheidung die Klage abzuweisen.

Die Klägerin beantragt, die Revision zurückzuweisen.

Das BMF ist dem Verfahren beigetreten. Es trägt vor, Provisionszahlungen der Fonds-Gesellschaft für die Vermittlung des Eintritts von Gesellschaftern seien im Grundsatz ebenso wie die Kosten für die Beschaffung von Fremdkapital sofort abziehbare Aufwendungen. Das gelte auch bei gewerblich geprägten Personengesellschaften. Ohne Bedeutung sei in diesem Zusammenhang, ob der Gesellschafter wisse, dass ein Teil seiner Einlage für Provisionszahlungen verwendet werde, und ob er damit einverstanden sei.

Die Provisionen gehörten aber nach Meinung der Finanzverwaltung insoweit zu den Anschaffungskosten der Personengesellschaft, als sie unangemessen seien (vgl. frühere Rechtsprechung des IX. Senats des Bundesfinanzhofs - BFH-: Urteile vom 29. Oktober 1985 IX R 107/82, BFHE 145, 351, BStBl II 1986, 217, und vom 24. Februar 1987 IX R 114/82, BFHE 149, 233, BStBl II 1987, 810).

Die Angemessenheitsgrenze könne nur typisierend umschrieben werden. Maßgebend für die in Tz. 7.1 des BMF-Schreibens in BStBl I 1990, 366 festgelegte Obergrenze von 6 v.H. des vermittelten Eigenkapitals seien folgende Überlegungen gewesen:

- Als Bezugsgröße müsse das Eigenkapital gewählt werden, denn die Bezugnahme auf den kalkulatorischen Gesamtaufwand führe wegen der unterschiedlichen Eigenkapitalausstattung zu willkürlichen Ergebnissen. Außerdem sei im Gesamtaufwand auch die Fremdfinanzierung enthalten, für deren Vermittlung regelmäßig eine weitere Provision geschuldet werde.
- Die Angemessenheit müsse durch Vergleich mit den Provisionen für die Beschaffung von Fremdkapital festgestellt werden, deren übliche Höhe sich aus Tz. 3.3.7, 4.1.6 des BMF-Schreibens ergebe. Da das vermittelte Eigenkapital sowohl eine Zwischen-

als auch die Endfinanzierung durch Kreditinstitute ersetze, erscheine es vertretbar, eine Provision von 4 v.H. als angemessen anzusehen, die im Hinblick auf den erhöhten Aufwand für die Vermittlung von Gesellschaftern anstelle eines Bankdarlehens um 50 v.H. auf 6 v.H. des vermittelten Eigenkapitals zu erhöhen sei.

Der BFH habe das Abzugsverbot für unangemessene Provisionen entweder aus § 42 der Abgabenordnung - AO 1977 - (Urteil vom 1. Dezember 1987 IX R 170/83, BFHE 152, 101) oder aus § 12 EStG (erkennender Senat in dem Aussetzungsbeschluss zum vorliegenden Verfahren vom 23. November 1993 IV B 63/93, BFH/NV 1994, 370) abgeleitet.

Soweit das FG Überlegungen zur Angemessenheit anhand von in Berlin üblichen Provisionssätzen anstelle, führe das nicht zu korrekten Ergebnissen. Dieser begrenzte Teilmarkt sei durch das Marktverhalten weniger Anbieter und das besondere Interesse an der Zuweisung möglichst hoher Verluste geprägt. Eine wesentlich über dem Prozentsatz für die Vermittlung von Fremdkapital liegende Eigenkapitalvermittlungsprovision zeige, dass wirtschaftlich eine Immobilie vertrieben werden solle. Die Handhabung der Finanzverwaltung, Provisionen nur bis zu einem bestimmten Satz zum Sofortabzug zuzulassen und sie im Übrigen als Anschaffungskosten zu behandeln, trage zu einer gleichmäßigen Besteuerung bei.

Der Senat hatte mit Beschluss vom 29. April 1999 (BFHE 188, 374, BStBl II 1999, 828) den Großen Senat angerufen, um die Rechtsfrage klären zu lassen, ob die von einer in der Rechtsform einer GmbH & Co. KG geführten Fonds-Gesellschaft eines geschlossenen Immobilienfonds an Vermittler gezahlten Eigenkapitalvermittlungsprovisionen sofort abziehbare Betriebsausgaben darstellen, wenn die Vermittler zugleich Kommanditisten des Immobilienfonds sind, jedoch keine Anhaltspunkte dafür vorliegen, dass die Provisionen verdeckte Kaufpreiszahlungen für das Grundstück oder verdeckte Herstellungskosten für das Gebäude gewesen sein könnten. Den Vorlagebeschluss hat der erkennende Senat mit heutigem Datum aufgehoben.

Entscheidungsgründe:

Nach Überprüfung seiner Rechtsansicht hält der erkennende Senat die Revision für begründet. Sie führt zur Aufhebung der Vorentscheidung und Abweisung der Klage (§ 126 Abs. 3 Nr. 1 der Finanzgerichtsordnung - FGO -). Die Klägerin hat keinen höheren Verlust aus Gewerbebetrieb erzielt, als er vom FA in dem angefochtenen Bescheid festgestellt worden ist.

1. Nach der neueren Rechtsprechung des IX. Senats des BFH werden alle Aufwendungen, die von Anlegern eines Bauherrenmodells geleistet worden sind, als Anschaffungskosten und nicht als sofort abziehbare Werbungskosten behandelt (Urteil vom 14. November 1989 IX R 197/84, BFHE 158, 546, BStBl II 1990, 299), wenn sich die Anleger aufgrund eines vom Projektanbieter vorformulierten Vertragswerks beteiligen. An der Beurteilung ändert sich nichts, wenn sich die Anleger zu einer Gesellschaft bürgerlichen Rechts zusammengeschlossen haben und die Initiatoren zu den Gesellschaftern gehören (Urteil vom 7. August 1990 IX R 70/86, BFHE 161, 526, BStBl II 1990, 1024). Diese Rechtsprechung stützt sich auf die Erwägung, dass die steuerliche Beurteilung der Aufwendungen für den Erwerb eines Grundstücks nicht davon abhängen kann, ob die Gegenleistung für den Erwerb aufgrund eines Vertrages in einer Summe gezahlt wird oder aufgrund mehrerer Verträge, in die der einheitliche Vorgang aus steuerlichen Gründen aufgespalten wird, in Teilbeträgen zu zahlen ist. Dementsprechend hat der IX. Senat auch die Verträge, die der Errichtung eines Immobilienfonds in der Rechtsform einer KG zu Grunde lagen, als einheitliches Vertragswerk behandelt und sämtliche Aufwendungen des Fonds als Anschaffungskosten des von ihm erworbenen Grundstücks angesehen (Urteil vom 11. Januar 1994 IX R 82/91, BFHE 174, 127, BStBl II 1995, 166).

2. Dieser Rechtsprechung schließt sich der erkennende Senat nun auch für Immobilienfonds in der Rechtsform einer gewerblich geprägten KG an, zu denen die Klägerin gehört.

Zwar sind im Fall einer solchen Personengesellschaft für die handelsrechtliche Bilanzierung die Aufwendungen des Fonds aus der Perspektive der Gesellschaft zu betrachten. Ob Anschaffungs-

oder Herstellungskosten oder aber sofort den Gewinn mindernde Betriebsausgaben vorliegen, kann danach nicht davon abhängen, inwieweit sich die Aufwendungen für den Gesellschafter oder künftigen Gesellschafter als Bestandteil eines von ihm zu tragenden Gesamtaufwands darstellen.

Aus dem Grundsatz der Maßgeblichkeit der Handelsbilanz für die Steuerbilanz (§ 5 Abs. 1 EStG) ergibt sich andererseits aber auch nicht, dass steuerlich der handelsrechtlichen Behandlung von Aufwendungen als laufende Betriebsausgabe aus der Perspektive der Gesellschafter gefolgt werden muss. Die einheitliche Betrachtung des Vertragswerks für Zwecke der Besteuerung beruht nämlich auf § 42 AO 1977, wonach der Besteuerung anstelle einer wirtschaftlich unangemessenen Gestaltung der Rechtsverhältnisse diejenige Rechtsgestaltung unterworfen wird, die den wirtschaftlichen Vorgangen angemessen gewesen wäre. Die angemessene Gestaltung bestände hier in der Vereinbarung eines Gesamtkaufpreises für die Immobilie, sodass die im Zusammenhang mit der Abwicklung des Projekts vereinbarten Provisionen oder „Gebühren" wie Anschaffungskosten zu werten sind (BFH-Urteil vom 8. Mai 2001 IX R 10/96, BFHE 195, 310, BStBl II 2001, 720). Denn das wirtschaftliche Ziel der Fonds-Gesellschaft und ihrer Gesellschafter, in gesamthänderischer Verbundenheit hier ein Grundstück zu erwerben, zu bebauen und zu verwalten und dabei aus wohnungsbaupolitischen Gründen eingeräumte Vergünstigungen in Anspruch zu nehmen, kann und soll nur in der Zusammenfassung der verschiedenen Teile des Vertragswerks erreicht werden. Die einzelnen Teilverträge haben keine selbstständige Bedeutung und lassen sich nur aus der gewünschten Schaffung sofort steuerlich abziehbarer Ausgaben erklären.

Dieser im Ergebnis vom IX. Senat vertretenen Auffassung schließt sich der erkennende Senat jetzt nach Überprüfung seiner Position ausdrücklich an. Folge der Rechtsauffassung ist, dass es für die steuerrechtliche Beurteilung eines geschlossenen Immobilienfonds mit gewerblichen Einkünften nicht darauf ankommt, wie die betreffenden Vorgänge in der Handelsbilanz der KG behandelt worden sind. § 42 AO 1977 geht als spezielle Regelung dem Grundsatz des § 5 Abs. 1 EStG vor (vgl. z.B. BFH-Urteil vom 16. März

1988 X R 27/86, BFHE 153, 46, BStBl II 1988, 629), denn die Handelsbilanz bildet in Ermangelung einer handelsrechtlichen Regelung nach Art des § 42 AO 1977 nur die tatsächliche Zivilrechtslage ab.

3. Zu den nicht als Betriebsausgabe abziehbaren Aufwendungen gehören dann auch die Provisionen für die Vermittlung des Eigenkapitals, unabhängig davon, ob sie an den Initiator des Projekts oder an Dritte gezahlt werden (BFH-Beschlüsse vom 4. Februar 1992 IX B 39/91, BFHE 167, 102, BStBl II 1992, 883, und vom 4. März 1992 IX B 24/91, BFH/NV 1992, 648; BFH-Urteil in BFHE 174, 127, BStBl II 1995, 166; Jäschke, Probleme der einkommenssteuerlichen Behandlung geschlossener Immobilienfonds, Frankfurt a.M. 1997, S. 259; Paus, Finanz-Rundschau - FR - 1999, 899; Schmider in Schmider/Wagner, Handbuch der Bauinvestitionen und Immobilienkapitalanlagen, 2. Aufl. 2000, 4013 Rdnr. 225 f.; a.A. Fleischmann, Deutsches Steuerrecht - DStR - 1992, 939 und 1995, 479; Knoll, WiB 1994, 731; Mellinghoff in Kirchhof, Einkommensteuergesetz, Heidelberg 2001, § 21 Rn. 116; Tewes - Hrsg.-, Praxishandbuch Immobilienkapitalanlagen, Teil 7/2.2.2, S. 2 f.). Dem steht nicht entgegen, dass der erkennende Senat in seinen Urteilen vom 13. Oktober 1983 IV R 160/78 (BFHE 139, 273, BStBl II 1984, 101) und vom 23. Oktober 1986 IV R 352/84 (BFHE 148, 49, BStBl II 1988, 128) ausgeführt hat, dass Provisionen, die eine KG für die Vermittlung des Eintritts von Kommanditisten schuldet, sofort abziehbare Betriebsausgaben i.S. des § 4 Abs. 4 EStG sind. Daran ist weiter festzuhalten. Eine Besonderheit ergibt sich jedoch für die Steuerbilanz eines geschlossenen Immobilienfonds, weil die Anwendung des § 42 AO 1977 zur Folge hat, dass die Provisionen nicht als Kosten der Eigenkapitalbeschaffung, sondern als Kosten im Zusammenhang mit Erwerb und Bebauung des Grundstücks anzusehen sind.

Aus diesem Grund kommt nach der Auffassung des erkennenden wie des IX. Senats der Sofortabzug einer Eigenkapitalvermittlungsprovision bei einem geschlossenen Immobilienfonds generell nicht in Betracht. Kein Raum ist dementsprechend für eine Angemessenheitsprüfung in Bezug auf die Höhe der Provision, wie sie die Finanzverwaltung in typisierender Betrachtung für geboten hält (vgl. Tz. 7.1 i.V.m. 7.8 des 4. Bauherren-Erlasses, a.a.O., wonach Provisionen für Eigenkapitalvermittlung zumindest in Höhe von 6 v.H. des vermittelten Eigenkapitals als Werbungskosten bzw. laufende Betriebsausgaben anzuerkennen sind; s.a. Nichtanwendungserlass vom 1. März 1995, BStBl I 1995, 167; für den Abzug angemessener Beträge auch Blümich/Stuhrmann, Einkommensteuergesetz, Körperschaftsteuergesetz, Gewerbesteuergesetz, § 21 EStG Rz. 239; Schmidt/Drenseck, Einkommensteuergesetz, 20. Aufl. 2001, § 21 Rz. 116; Trzaskalik in Kirchhof/Söhn, a.a.O., § 21 Rdnr. B 584).

Ohne Bedeutung ist in diesem Zusammenhang, dass die Eigenkapitalvermittler selbst an der Klägerin beteiligt waren. Auch die Leistung eines Mitunternehmers an die Mitunternehmerschaft kann zur Aktivierung führen. Besteht diese Leistung nicht ausnahmsweise in einer Warenlieferung von mehr als untergeordneter Bedeutung, bezieht der Mitunternehmer ungeachtet der Aktivierung eine Sondervergütung i.S. des § 15 Abs. 1 Satz 1 Nr. 2 EStG (BFH-Urteile vom 11. Dezember 1986 IV R 222/84, BFHE 149, 149, BStBl II 1987, 553, und vom 28. Oktober 1999 VIII R 41/98, BFHE 190, 394, BStBl II 2000, 339). So hat das FA auch im Streitfall die Eigenkapitalvermittlungsprovisionen bei den Provisionsempfängern behandelt.

4. Sind die Eigenkapitalvermittlungsprovisionen nach den vorstehenden Erwägungen als Bestandteil der Anschaffungs- und Herstellungskosten der Immobilie zu behandeln, kommt eine sofortige Teilwertabschreibung in Höhe der betreffenden Beträge in der Steuerbilanz nicht in Betracht. Der Teilwert eines neu hergestellten oder angeschafften Wirtschaftsguts entspricht nach der vom BFH aufgestellten Teilwertvermutung in der Regel den Anschaffungs- und Herstellungskosten, bei abnutzbaren Wirtschaftsgütern vermindert um die AfA. Dies beruht auf der Annahme, dass die Wiederbeschaffung Aufwendungen in derselben Höhe erforderlich machen würde (vgl. z.B. BFH-Urteile vom 17. Januar 1978 VIII R 31/75, BFHE 124, 441, BStBl II 1978, 335; vom 20. Mai 1988 III R 151/86, BFHE 153, 566, BStBl II 1989, 269; Senatsbeschluss in BFHE 188, 374, BStBl II 1999, 828). Diese Teilwertvermutung schließt auch die im Rahmen eines einheitlichen Vertragswerks entstandenen

Anschaffungs- und Herstellungskosten ein, denn es ist davon auszugehen, dass jeder Anleger diese Aufwendungen tragen müsste, um sich an dem Anlageobjekt beteiligen zu können. Insoweit handelt es sich - in Abkehr von der im Vorlagebeschluss in BFHE 188, 374, BStBl II 1999, 828 vom Senat vertretenen Auffassung - nicht um Aufwendungen, die bei der Bemessung des Teilwerts von Grund und Boden bzw. Gebäude des Anlageobjekts wie etwa bestimmte vergebliche Aufwendungen unberücksichtigt bleiben müssten. Vielmehr ist anzunehmen, dass auch ein gedachter Erwerber der Beteiligung dem Veräußerer die gesamten als Anschaffungs- und Herstellungskosten behandelten Aufwendungen im Rahmen des Vertragswerks vergüten würde, weil er als Ersterwerber diese Kosten ebenfalls zu tragen hätte.

5. Der Senat kann offen lassen, ob und inwieweit im Streitfall eine Zuordnung der Provisionen zu den Anschaffungskosten des Grund und Bodens oder den abzuschreibenden Herstellungskosten des Gebäudes vorzunehmen ist. Denn das FA hat zugunsten der Klägerin die Provisionen teilweise als Betriebsausgabe behandelt und sie im Übrigen den nach dem BerlinFG 1990 abgeschriebenen Teilherstellungskosten zugeschlagen.

Im Hinblick auf das Verböserungsverbot braucht der Senat auch nicht dazu Stellung zu nehmen, wie mit den übrigen als laufende Betriebsausgabe behandelten Teilkosten des gesamten Projekts zu verfahren ist. Schließlich erübrigt sich eine Stellungnahme zu der Frage, ob das FG zutreffend eine Gewinnerzielungsabsicht der Klägerin bejaht hat.

7.6 Haftung der Bank als Treuhandkommanditistin eines Immobilienfonds für unrichtige Prospektangaben

BUNDESGERICHTSHOF, Urteil vom 10. Oktober 1994, ZIP 1994, S. 1851

Leitsatz:

1. Im Emissionsprospekt für einen geschlossenen Immobilienfonds müssen Sondervorteile, die den Gründungsgesellschaftern gewährt werden, offen gelegt werden.

2. Der Treuhandkommanditist verletzt seine Aufklärungspflicht, wenn er im Prospekt für ein Beteiligungsmodell nicht darauf hinweist, dass die ausgewiesenen Baukosten erhöht wurden, um eine Mietausfallgarantie anbieten zu können.

3. Über geschäftliche Vorgänge kann sich eine Partei nur dann mit Nichtwissen erklären, wenn sie in ihrem Unternehmen ohne Erfolg Erkundigungen angestellt hat; der Ablauf von Aufbewahrungsfristen für einschlägiges Schriftwerk ist insoweit ohne Belang.

Tatbestand:

Die Kläger fordern von der verklagten Bank mit der Behauptung Schadensersatz, sich aufgrund von der Beklagten zu vertretender falscher Prospektangaben mit Verlust an einem geschlossenen Immobilienfonds beteiligt zu haben.

Die Beklagte war als Treuhandkommanditistin an der Firma „B. ... KG, M. ..." beteiligt, die sie am 24. September 1971 gemeinsam mit dem Bankkaufmann H. Mo. als persönlich haftendem Gesellschafter ohne Kapitaleinlage gegründet hatte. Der Gesellschaftszweck bestand im Erwerb von bebauten und unbebauten Grundstücken, der Errichtung von Wohn- und Geschäftsbauten sowie der nachhaltigen wirtschaftlichen Nutzung, Betreuung und Verwaltung derartiger Bauten. Die von der Beklagten zu leistende Einlage in Höhe von 20 Mio. DM wurde aufgebracht, indem die Beklagte Anlegern Unterbeteiligungen gegen die Zahlung einer bestimmten Beteiligungssumme zuzüglich eines Agios einräumte und die Gesellschaftsrechte als Treuhänderin der Anteilsberechtigten ausübte. Die Kläger zeichneten Anteile zu einem Nominalbetrag zwischen 10 000 DM und 250 000 DM.

Für den Fonds wurde mit einem Prospekt geworben, den die Beklagte und die Unternehmensgruppe H. Mo. gemeinsam herausgegeben und in dem sie sich als die richtigen Partner für eine sichere Kapitalanlage herausgestellt hatten. In dem Prospekt wurden die Kosten für das Grundstück mit 9,3 Mio. DM und für das Gebäude mit 26,7 Mio. DM angegeben. Die Finanzierung sollte in Höhe von 20 Mio. DM durch die Kommanditanteile und in Höhe von 16 Mio. DM durch Hypotheken erfolgen. Als Gewinnausschüttung wurde ab dem 1. Dezember 1971 bis zur Bezugsfertigstellung eine Verzinsung von 5,5 % des Zeichungsbetrages zugesagt. Ab Baufertigstellung sollten die Mieteinnahmen nach der Kalkulation des Prospekts ebenfalls eine jährliche Barausschüttung in Höhe von 5,5 % auf den Zeichnungsbetrag ermöglichen. Die Barausschüttung wurde von dem Komplementär Mo. für die Dauer von drei bis fünf Jahren persönlich garantiert. Aufgrund einer zugleich mit dem Gesellschaftsvertrag am 24. September 1971 geschlossenen, in dem Prospekt jedoch nicht erwähnten Vereinbarung sagte die neugegründete Gesellschaft dem Komplementär Mo., der Beklagten sowie der Mo. Grundstücksverwaltungsgesellschaft mbH & Co. KG für ihre Mitwirkung bei dem Projekt jeweils eine Vergütung zu.

Das Fondsobjekt wurde im Jahre 1976 fertig gestellt, ein ausschüttungsfähiger Gewinn aber nicht erwirtschaftet. Das Gebäude wurde im Jahre 1984 verkauft und der Fonds aufgelöst. Den Anlegern wurden zuzüglich gewisser Leistungen aus der Verzinsungsgarantie 40 % ihrer Anlage ausbezahlt.

Die Kläger machen geltend, sie seien durch unrichtige Prospektangaben zur Zeichnung ihrer Beteiligung veranlasst worden. Der Prospekt habe einzelne Nebenvergütungen nicht ausgewiesen, die Baukosten, in die Beträge zur Stützung der Mieten eingeflossen seien, unrichtig angegeben und eine unerreichbare Rendite zugrunde gelegt. Im Falle einer zutreffenden Aufklärung hätten sie sich dem Fonds nicht angeschlossen.

Die Kläger verlangen Rückzahlung der Anlagebeträge nebst Agio unter Berücksichtigung der erstatteten Zahlung. Das Landgericht hat die Klage abgewiesen, das Berufungsgericht die Berufung zurückgewiesen. Mit der Revision verfolgen die Kläger ihren Klageantrag weiter".

Gründe:

Die Revision führt zur Aufhebung des angefochtenen Urteils und zur Zurückverweisung der Sache an das Berufungsgericht.

1. Wie der Senat in einem von einer anderen Zeichnerin dieses Anlagemodells gegen die Beklagte geführten Rechtsstreit entschieden hat, ist die Beklagte in ihrer Funktion als Treuhandkommanditistin den Klägern nicht nur unter dem Gesichtspunkt der Prospekthaftung, sondern auch nach hergebrachten Grundsätzen vorvertraglicher Haftung schadensersatzpflichtig, wenn und soweit sie in Kenntnis oder schuldhafter Unkenntnis der wahren Verhältnisse einen in wesentlichen Punkten unrichtigen, unvollständigen oder irreführenden Emissionsprospekt herausgegeben oder ihre Erfüllungsgehilfin, die Unternehmensgruppe Mo., die auch auf deren Kalkulation beruhenden Angaben in den Prospekten bei den Beitrittsverhandlungen schuldhaft nicht richtig gestellt hat (Sen. Urt. v. 14. Januar 1985 - II ZR 41/84, WM 1985, 533 f.). Dieser Anspruch verjährt auch dann in 30 Jahren, wenn über den Beitritt unter Verwendung von Prospekten verhandelt worden ist (Sen. Urt. v. 14. Januar 1985 a.a.O. 534 m.w.N.). Mithin hat das Berufungsgericht im Ergebnis zu Recht angenommen, dass die von der Beklagten erhobene Einrede der Verjährung nicht durchgreift.

2. Mit Erfolg wendet sich die Revision gegen die Beurteilung des Berufungsgerichts, dass den Anlegern nur die der Beklagten, aber nicht die dem Komplementär Mo. und seiner Unternehmensgruppe aufgrund der Vereinbarung vom 24. September 1971 zugesagten Vergütungen offen zu legen waren.

a) Wie der Senat in der bereits zitierten Parallelentscheidung ausgeführt hat, besteht eine Aufklärungspflicht über die den Gründungsgesellschaftern gewährten Sondervorteile (Sen. Urt. v. 14. Januar 1985 a.a.O. 534). Zu den offenbarungspflichtigen Tatsachen gehören auch wesentliche kapitalmäßige und personelle Verflechtungen zwischen den Gesellschaftern und den Unternehmen, in deren Hand die Gesellschaft die nach dem Emissionsprospekt durchzuführenden Vorhaben ganz oder wesentlich gelegt hat. Derartige Verflechtungen begründen die Gefahr einer Interessenkollision zum Nachteil der Gesellschaft und der im Rahmen einer Unterbeteiligung beitretenden Gesellschafter. Der einzelne Anleger kann deshalb erwarten, dass er über diesen Sachverhalt aufgeklärt wird, damit er in Kenntnis des Risikos seine Entscheidung treffen und gegebenenfalls der bestehenden Gefährdung begegnen kann (BGHZ 79, 337, 345).

b) Die Offenbarungspflicht erstreckt sich folglich nicht nur auf die der Treuhandkommanditistin, sondern auf die sämtlichen Gründungsgesellschaftern und den mit ihnen verflochtenen Unternehmen gewährten Sonderzuwendungen. Für den Beitrittsentschluss eines Interessenten sind weniger einzelne als vielmehr die Summe der Sondervorteile von Bedeutung. Dabei spielt es entgegen der Auffassung des Berufungsgerichts keine Rolle, ob eine Vergütung der jeweiligen Leistung üblich ist und sie sich in einem angemessenen Rahmen hält. Da allein kapitalmäßige oder personelle Verflechtungen bereits die Gefahr einer Interessenkollision zum Nachteil der Anleger hervorrufen können, ergreift die Aufklärungspflicht ohne Unterschied alle Zuwendungen an die Gesellschafter und ihre Unternehmen.

Mithin war die Beklagte verpflichtet, die Kläger über die Vergütungen zu unterrichten, die dem Komplementär Mo. und Gesellschaften seiner Unternehmensgruppe außerhalb des Gesellschaftsvertrages durch die Vereinbarung vom 24. September 1971 eingeräumt worden waren. Nach § 5 dieses Vertrages erhielt der Komplementär Mo. für die Übernahme der persönlichen Haftung, die regelmäßige geschäftsführende Tätigkeit und die Fondsverwaltung einen Anteil von bis zu 3 % der jährlichen Bruttomieten. In dieser Vertragsklausel wurden der Mo. Grundstücksverwaltungsgesellschaft mbH & Co. KG für die Übernahme der Hausverwaltung bis zu 5 % der Bruttomieten zugestanden. Im Verschweigen dieser Leistungen liegt ein von der Beklagten zu verantwortender Mangel des Prospekts.

3. Von Rechtsirrtum beeinflusst ist auch die Würdigung des Berufungsgerichts, es sei nicht offenbarungspflichtig gewesen, dass die Übernahme der Mietgarantie bei der Gestaltung des Baufestpreises in Rechnung gestellt wurde.

a) Nach Auffassung des Berufungsgerichts unterliegt der Festpreis für den Bau grundsätzlich der freien Kalkulation und Festsetzung durch die Vertragspartner. Durch die Übernahme einer Mietgarantie stelle sich das Angebot gegenüber den Interessenten günstiger dar.

Jeder im Wirtschaftsleben Bewanderte wisse aber, dass jede Leistung ihren Preis habe. Diese Ausführungen beachten nicht ausreichend die bei einem Beteiligungsmodell der vorliegenden Art bestehenden Besonderheiten.

b) Der Entschluss, sich einem solchen Anlagemodell anzuschließen, ist für den einzelnen Beitrittswilligen von weittragender wirtschaftlicher Bedeutung und im Regelfalle mit erheblichen Risiken verbunden. Dabei hat der Betrittsinteressent im Allgemeinen keine eigenen Unterrichtsmöglichkeiten; er ist vielmehr darauf angewiesen, sich anhand des Emissionsprospekts über das zu finanzierende Vorhaben zu informieren. Dieser bildet im Regelfall die Grundlage für den Beitrittsentschluss. Der Anleger darf daher erwarten, dass er ein zutreffendes Bild von dem Beteiligungsobjekt erhält, d.h. dass der Prospekt ihn über alle Umstände, die für seine Entschließung von wesentlicher Bedeutung sind oder sein können, sachlich richtig und vollständig unterrichtet, insbesondere über die Tatsachen, die den Vertragszweck vereiteln können (BGHZ 79, 337, 344). In dem mehrfach erwähnten Parallelverfahren hat der Senat für das vorliegende Anlagemodell ausgeführt, dass insbesondere die Höhe der tatsächlichen und vereinbarten Baupreise für den Beitrittsentschluss von wesentlicher Bedeutung sein kann (Urt. v. 14. Januar 1985 a.a.O. 534).

c) Dass der Erfolg eines Immobilienfonds entscheidend von kostendeckenden Mieten abhängt, ist Anbietern dieser Anlageform wie auch interessierten Kreisen bekannt. Wer Anleger für Beteiligungen dieser Art zu gewinnen sucht, gibt durch die dem Prospekt zugrunde liegende Wirtschaftlichkeitsberechnung ohne weiteres zu verstehen, dass nach seiner Einschätzung auf dem Wohnungsmarkt an den Baukosten orientierte Mieteinkünfte zu erzielen sind. Schon mit Rücksicht auf diese Gegebenheiten darf ein Anleger mangels anders lautender Hinweise davon ausgehen, dass die auf einen höchst unerwünschten Ausnahmefall zugeschnittene Mietausfallgarantie als eher fern liegendes Wagnis nicht speziell vergütet wird, sondern lediglich einen besonderen Anreiz bieten soll, sich einem Anlagemodell anzuschließen.

Mittelbar mag sich eine Mietausfallgarantie im Baukreis niederschlagen, weil eine intensive Betreuung des Projekts, die Wahl eines bevorzugten Standorts, die Beauftragung besonders zuverlässiger Handwerker und eine hochwertige Bauausführung als Vorbedingungen für eine lohnendere Vermietbarkeit entsprechende Kosten verursachen. Jedem Anleger wird einleuchten, dass diese Umstände für die Bereitschaft, eine Mietausfallgarantie zu stellen, von ausschlaggebender Bedeutung sind. Davon abgesehen braucht ein Anleger ohne nähere Erläuterung nicht anzunehmen, dass in die Baukosten Aufschläge zur Stützung der Mieten eingerechnet sind.

Schließlich bringt ein Gesellschafter durch die Übernahme einer Mietausfallgarantie zum Ausdruck, dass er besonderes Vertrauen in die Solidität dieses Anlagemodells setzt. Wird dieses Werbeinstrument eigens entgolten, so verliert es seine bestimmungsgemäße Funktion eines zusätzlichen vertrauensbildenden Faktors. Unter diesen Umständen wird durch die stillschweigende Einbeziehung der Mietausfallgarantie nicht nur der Baupreis zu hoch ausgewiesen, weil die Gegenleistung für dieses Versprechen – wie auch aus dem Schreiben des Komplementärs Mo. vom 1. September 1971 hervorgeht – üblicherweise nicht zu den Baukosten gehört. Zugleich unterliegt der Anleger der Fehlvorstellung, den Vorteil eines eigenständigen Sicherungsmittels zu genießen. War hier die Mietausfallgarantie in der Preisgestaltung mitenthalten, so bedeutet dies also einen weiteren von der Beklagten zu vertretenden Prospektmangel.

Zu Unrecht meint das Berufungsgericht, § 11 der Allgemeinen Bedingungen des Fonds führe die durch den Pauschalpreis umfassten Leistungen nicht lückenlos auf und lasse folglich Raum für eine Abgeltung der Mietausfallgarantie durch den Baufestpreis. Es kann dahinstehen, ob diese Schlussfolgerung zutrifft. Als Treuhandkommanditistin war die Beklagte jedenfalls verpflichtet, die Anleger in dem Prospekt über die Hintergründe der Finanzierung der Mietausfallgarantie zutreffend und vollständig zu informieren.

d) Nicht frei von Rechtsirrtum sind auch die Ausführungen des Berufungsgerichts zu der Frage, ob die Beklagte das (durch das Schreiben vom 1. September 1971 gestützte) Vorbringen der Kläger, auf Verlangen des Komplementärs Mo. das Mietausfallwagnis dem Baupreis hinzugeschlagen zu haben, wirksam bestritten hat.

aa) Einer Partei ist es grundsätzlich gemäß § 138 Abs. 4 ZPO verwehrt, eigene Handlungen und Wahrnehmungen mit Nichtwissen zu bestreiten. Nur ausnahmsweise kommt ein Bestreiten eigener Handlungen und Wahrnehmungen dann in Betracht, wenn die Partei nach der Lebenserfahrung glaubhaft macht, sich an gewisse Vorgänge nicht mehr erinnern zu können (Hartmann in: Baumbach/Lauterbach/Albers/Hartmann, ZPO 52. Aufl. § 138 Rdn. 56; Peters in: MüKO, ZPO § 138 Rdn. 27; AK-Schmidt, ZPO § 138 Rdn. 73). Die bloße Behauptung, sich nicht zu erinnern, reicht indessen nicht aus (Hartmann a.a.O.). Ferner scheidet ein Bestreiten mit Nichtwissen aus, wenn eine Partei in ihrem eigenen Unternehmensbereich Erkundigungen einziehen kann (vgl. BGHZ 109, 205, 209 f).

bb) Ein substanziierter Sachvortrag kann einer Partei unzumutbar sein, die nach Ablauf der Aufbewahrungsfrist des mittlerweile außer Kraft getretenen § 44 Abs. 4 HGB nicht mehr über bestimmte Unterlagen verfügt (vgl. Sen. Urt. vom 9. Dezember 1971 – II ZR 268/67, WM 1972, 281 f.). Dies gilt aber nur, soweit die Partei glaubhaft macht, die Schriftstücke tatsächlich nicht mehr in ihren Händen zu haben. Allein der Fristablauf berechtigt eine Partei indessen keineswegs, Wissen aus noch vorhandenem Aktenmaterial Gericht und Gegner vorzuenthalten. Die Beklagte hat sich im vorliegenden Rechtsstreit erstmals im Berufungsrechtszug auf die Regelung des früheren § 44 Abs. 4 HGB berufen und ohne jede Begründung geltend gemacht, nicht mehr auf alle Unterlagen zurückgreifen zu können. Da die Beklagte bislang nicht eindeutig erklärt hat, dieses Schriftwerk infolge Ablaufs der Aufbewahrungsfrist vernichtet zu haben, kann ihr Bestreiten mit Nichtwissen (§ 138 Abs. 4 ZPO) keine Anerkennung finden. Im Übrigen wäre die Behauptung, sämtliche Aufzeichnungen entfernt zu haben, nur beachtlich, wenn sie glaubhaft ist. Hierzu müsste die Beklagte – immerhin eine große deutsche Bank – im Einzelnen vortragen, nach Ablauf welcher Zeiträume und unter welchen näheren Voraussetzungen in ihrem Geschäftsbereich Handelsunterlagen beseitigt werden. Angesichts der Größenordnung der Beteiligung und des weiteren Umstandes, dass nach dem eigenen Vorbringen der Beklagten mehrere Abteilungen ihres Hauses mit dem Projekt befasst waren, wäre es ungewöhnlich, wenn sich die Beklagte ihres gesamten Schriftwerks entledigt hätte. Zumindest müsste sie darlegen, um welche Teile es sich handelte und aus welchem Grund die Aussonderung erfolgte. Dies gilt umso mehr, als die Beklagte im vorliegenden Rechtsstreit wie auch in Parallelverfahren zur Vorlage einzelner Schriftstücke in der Lage war. Da der Fonds erst im Jahre 1984 aufgelöst wurde und die Beklagte in der Zeit von 1981–1990 mit einer anderen Anlegerin in einem Rechtsstreit stand, dürfte kaum ein Anlass vorgelegen haben, sich der gesamten Unterlagen zu entäußern.

Zwar können der Beklagten die Kenntnisse ihres ausgeschiedenen Vorstandsmitgliedes Dr. S. (vgl. BGHZ 109, 205, 209) und ihres verstorbenen Mitarbeiters G. nicht zugerechnet werden. Die Beklagte kann sich aber nicht allein mit dem Hinweis, dass diese beiden Personen ihrem Unternehmen nicht mehr angehören, jeder Erklärungslast entziehen. Nach ihrem eigenen Sachvortrag kamen Mitarbeiter mehrerer ihrer Abteilungen – etwa auch der seinerzeit der Rechtsabteilung angehörende Dr. Sz. – mit dem Anlagemodell in Berührung. Bei lebensnaher Betrachtung drängt es sich auf, dass noch weitere Personen über die damaligen Vorgänge orientiert sein können. Vor diesem Hintergrund kommt ein Bestreiten der Beklagten mit Nichtwissen erst in Betracht, nachdem sie in ihrem Unternehmen ohne Erfolg nähere Erkundigungen angestellt hat (BGHZ 109, 205, 210).

4. Verfahrensfehlerhaft ist das Berufungsgericht, wie die Revision ebenfalls zu Recht ausführt, dem durch Einholung eines Sachverständigengutachtens unter Beweis gestellten Vorbringen der Kläger, auf der Grundlage der Konzeption des Anlagemodells sei eine Barausschüttung von 5,5 % unerreichbar gewesen, nicht nachgegangen. Dabei hat das Berufungsgericht die Anforderung an die Substanziierungslast überspannt.

a) Im Allgemeinen ist derjenige, der ein Recht beansprucht, nicht schon deshalb, weil der Gegner bestreitet, gezwungen, den behaupteten Sachverhalt in allen Einzelheiten wiederzugeben. Die Angabe näherer Einzelheiten ist nur dann erforderlich, wenn diese für die Rechtsfolgen von Bedeutung sind. Die Ablehnung eines Beweises für eine beweiserhebliche Tatsache ist nur dann zulässig, wenn die unter Beweis gestellten Tatsachen so ungenau bezeichnet sind, dass ihre Erheblichkeit nicht beurteilt werden kann (BGH Urt. v. 23. April 1991 - X ZR 77/89, NJW 1991, 2707, 2709 m.w.N).

b) § 403 ZPO nimmt zur Beweiserleichterung auf die Informationsnot der beweispflichtigen Partei Rücksicht und verlangt keine wissenschaftliche (sachverständige) Substantiierung (R. Söllner, Der Beweisantrag im Zivilprozess 1972 S. 67f.). Für den Antritt eines Sachverständigenbeweises genügt die summarische Angabe der „zu begutachtenden Punkte" (Damrau in: MüKO, ZPO § 403 Rdn. 3, Hartmann a.a.O. § 403 Rdn. 1). Es muss nur das Ergebnis mitgeteilt werden, zu dem der Sachverständige kommen soll (Wieczorek, ZPO 2. Aufl. § 403 Anm. B II), nicht der Weg, auf dem dies geschieht. Die Kläger haben einen Prospektmangel durch die Behauptung, die zugesicherte Barausschüttung von 5,5 Prozent habe der realistischen Grundlage entbehrt, hinreichend substanziiert dargetan. Sie brauchten kein geschlossenes Rechenwerk vorzulegen, aus dem sich im Einzelnen ergibt, warum diese Rendite nicht zu erzielen war. Darum können einzelne Unklarheiten, die der Berechnung der Kläger anhaften mögen, die aber keineswegs die Schlussfolgerung zulassen, dass es sich um eine aufs Geradewohl aufgestellte und darum unbeachtliche Behauptung handelt (vgl. BGH, Urt. v. 23. April 1991 a.a.O.), nicht die Ablehnung des Beweisangebots tragen.

5. Da die rechtliche Prüfung ergeben hat, dass die Beklagte weitere Aufklärungspflichten verletzt hat, entfällt der Ursachenzusammenhang nicht aufgrund der Würdigung des Berufungsgerichts, allein der fehlende Hinweis auf die der Beklagten gewährten Sondervorteile habe sich auf die Anlageentscheidung der Kläger nicht ausgewirkt.

6. Danach kann das Berufungsurteil keinen Bestand haben. Die Sache muss an das Berufungsgericht zurückverwiesen werden, damit dieses die noch notwendigen Feststellungen treffen kann. Bei der Zurückverweisung hat der Senat von der Möglichkeit des § 565 Abs. 1 Satz 2 ZPO Gebrauch gemacht.

7. Das Berufungsgericht wird nunmehr zu erwägen haben, ob bereits der fehlende Ausweis der Sondervergütungen (oben 2) für den Beitrittsentschluss der Kläger ausschlaggebend war. Nach der Rechtsprechung des Senats spricht die Lebenserfahrung dafür, dass ein in wesentlichen Punkten unrichtiger Prospekt für den auf seiner Grundlage erklärten Beitritt ursächlich gewesen ist. Es bleibt jedoch Sache des Tatrichters, im Rahmen der nach § 286 ZPO gebotenen Gesamtwürdigung nach Erhebung der etwa angetretenen Beweise zu entscheiden, ob er von der Ursächlichkeit des Aufklärungsmangels für den Beitrittsentschluss überzeugt ist. Dabei sind einerseits die Gründe, die der Geschädigte dafür vorgetragen hat, warum er sich bei Kenntnis aller ihm zu offenbarenden Umstände gegen den Vertragsschluss entschieden hätte, andererseits aber auch die objektive Bedeutung zu berücksichtigen, die die dem Zeichner verschwiegenen Tatsachen für die Werthaltigkeit des Anlageobjekts hatten (vgl. Sen. Urt. v. 28. September 1992 - II ZR 224/91, NJW 1992, 3296 f.). Wenn das Berufungsgericht nicht die Überzeugung gewinnen kann, dass der Anlageentschluss auf diesen Verstößen beruht, werden die von den Klägern außerdem behaupteten Pflichtverletzungen (oben 3. u. 4), gegebenenfalls nach Beweiserhebung, in die Prüfung einzubeziehen sein.

7.7 Ertragsteuerliche Beurteilung von Aufwendungen eines geschlossenen Immobilienfonds im Zusammenhang mit dem Erwerb eines Grundstücks

(rechtliche Einordnung der aufzubringenden Eigenkapitalvermittlungsprovision; Nicht-Anwendung des BFH-Urteils vom 11. Januar 1994)

(BMF-Schreiben vom 1. März 1995, BStBl. I 1995 S. 167)

Der BFH vertritt im Urteil vom 11. Januar 1994 (BStBl. II 1995 S. 166) die Auffassung, sämtliche Gebühren und Provisionen, die ein Immobilienfonds gegenüber dem Grundstücksveräußerer oder gegenüber Dritten erbringt, seien einheitlich als Anschaffungskosten des bebauten Grundstücks zu beurteilen. Dies gelte entgegen der Regelung in Tz. 6 und 7.1 des BMF-Schreibens vom 31. August 1990 - BStBl. I S. 366 - auch für die von der Fondsgesellschaft zu leistende Provision zur Vermittlung des Eigenkapitals, weil auch dieser Aufwand bei wirtschaftlicher Betrachtungsweise auf den Erwerb des Grundstücks entfalle.

Der BFH begründet seine Auffassung mit der entsprechenden Anwendung der im BFH-Urteil vom 14. November 1989 (BStBl. II 1990 S. 299) entwickelten Grundsätze über die einkommensteuerliche Beurteilung von modellbedingten Provisionen und Gebühren bei Bauherrenmodellen.

Unter Bezug auf das Ergebnis der Erörterungen mit den obersten Finanzbehörden der Länder nehme ich zur Anwendung der Rechtsgrundsätze des BFH-Urteils vom 11. Januar 1994 (BStBl. II 1995 S. 166) wie folgt Stellung:

Die Gesellschafter eines Immobilienfonds verwirklichen den Tatbestand der Einkünfteerzielung anders als die einzelnen Beteiligten an einem Bauherrenmodell in ihrer gesamthänderischen Verbundenheit als Personengesellschaft (BFH-Beschluss vom 25. Juni 1984, BStBl. II S. 751, 762). Die einkommensteuerrechtliche Einordnung der von der Personengesellschaft geleisteten Zahlungen unter die Begriffe der Anschaffungskosten des Grund und Bodens, Anschaffungskosten des Gebäudes, Herstellungskosten oder sofort abzugsfähigen Werbungskosten ist demnach auf der Ebene der Fondsgesellschaft vorzunehmen.

Provisionszahlungen der Fondsgesellschaft für die Vermittlung des Eintritts von Gesellschaftern in die Fondsgesellschaft (Eigenkapitalvermittlungsprovisonen) stellen bei der Fondsgesellschaft ihrem wirtschaftlichen Gehalt nach Kosten für die Beschaffung von Eigenkapital dar. Sie gehören im Regelfall ebenso wie die Kosten für die Beschaffung von Fremdkapital nicht zu den Anschaffungs- oder Herstellungkosten des bebauten Grundstücks, sondern zu den sofort abzugsfähigen Aufwendungen (BFH-Urteile vom 23. Oktober 1986, BStBl. II 1988 S. 128, und vom 24. Februar 1987, BStBl. II S. 810).

Die Rechtsgrundsätze des Urteils des BFH vom 11. Januar 1994 - a.a.O. - sind deshalb über den entschiedenen Einzelfall hinaus nicht anzuwenden. Die rechtliche Einordnung der Kosten, die von der Fondsgesellschaft aufzubringen sind, richtet sich weiterhin nach dem BMF-Schreiben vom 31. August 1990 (BStBl. I S. 366, Tz. 6 und 7).

7.8 Einschränkung des Verzichts auf Umsatzsteuerbefreiungen

(BMF-Schreiben vom 30. Dezember 1994, BStBl. I 1994 S. 943)

Durch Artikel 20 Nr. 9 des Missbrauchsbekämpfungs- und Steuerbereinigungsgesetzes vom 21. Dezember 1993 (BGBl. I, S. 2310, BStBl. 1994 I, S. 50) ist die Möglichkeit, auf die Umsatzsteuerbefreiung bei der Vermietung und Verpachtung von Grundstücken (§ 4 Nr. 12 Buchst. a UStG), bei den in § 4 Nr. 12 Buchst. b und c UStG bezeichneten Umsätzen und bei der Bestellung und Übertragung von Erbbaurechten (§ 4 Nr. 9 Buchst. a UStG) zu verzichten, ab 1. Januar 1994 eingeschränkt worden.

Unter Bezugnahme auf die Erörterung mit den obersten Finanzbehörden der Länder gilt hierzu Folgendes:

Zulässigkeit des Verzichts auf Steuerbefreiungen

(1) Der Verzicht auf die in § 9 Abs. 2 UStG genannten Umsatzsteuerbefreiungen (Option) ist nur zulässig, soweit der Leistungsempfänger das Grundstück ausschließlich für Umsätze verwendet oder zu verwenden beabsichtigt, die den Vorsteuerabzug nicht ausschließen. Unter den Begriff des Grundstücks fallen nicht nur Grundstücke insgesamt, sondern auch selbstständig nutzbare Grundstücksteile (z.B. Wohnungen, gewerbliche Flächen, Büroräume, Praxisräume). Soweit der Leistungsempfänger das Grundstück oder einzelne Grundstücksteile auschließlich für Umsätze verwendet, die zum Vorsteuerabzug berechtigen, kann auf die Steuerbefreiung des einzelnen Umsatzes weiterhin verzichtet werden. Werden mehrere Grundstücksteile räumlich oder zeitlich unterschiedlich genutzt, ist die Frage der Option bei jedem Grundstücksteil gesondert zu beurteilen. Dabei ist es unschädlich, wenn die Verwendung der Grundstücksteile zivilrechtlich in einem einheitlichen Vertrag geregelt ist. Ein vereinbartes Gesamtentgelt ist, ggf. im Schätzungswege, aufzuteilen.

Beispiel 1

V 1 errichtet ein Gebäude mit mehreren Wohnungen und vermietet es insgesamt an V 2. Dieser vermietet die Wohnungen an Privatpersonen weiter.

Die Vermietung des Gebäudes durch V 1 an V 2 und die Vermietung der Wohnungen durch V 2 an die Privatpersonen sind nach § 4 Nr. 12 Buchst. a UStG steuerfrei. V 2 kann auf die Steuerbefreiung nicht verzichten, weil er nicht an Unternehmer vermietet (§ 9 Abs. 1 UStG). V 1 kann auf die Steuerbefreiung nicht verzichten, weil sein Mieter das Gebäude für steuerfreie Umsätze verwendet, die den Vorsteuerabzug ausschließen (§ 9 Abs. 2 UStG).

Beispiel 2

V 1 errichtet ein Gebäude und vermietet es an V 2. Dieser vermietet es an eine Gemeinde zur Unterbringung der Gemeindeverwaltung weiter.

Die Vermietung des Gebäudes durch V 1 an V 2 und die Weitervermietung durch V 2 an die Gemeinde sind nach § 4 Nr. 12 Buchst. a UStG steuerfrei. V 2 kann auf die Steuerbefreiung nicht verzichten, weil das Gebäude von der Gemeinde für nichtunternehmerische Zwecke genutzt wird (§ 9 Abs. 1 UStG). V 1 kann auf die Steuerbefreiung nicht verzichten, weil V 2 das Gebäude für steuerfreie Umsätze verwendet, die den Vorsteuerabzug ausschließen (§ 9 Abs. 2 UStG).

Beispiel 3

V 1 errichtet ein gewerblich zu nutzendes Gebäude mit Einliegerwohung und vermietet es insgesamt an V 2. Dieser betreibt in den gewerblichen Räumen einen Supermarkt. Die Einliegerwohnung vermietet V 2 an seinen angestellten Hausmeister.

Die Vermietung des Gebäudes durch V 1 an V 2 und die Vermietung der Wohnung durch V 2 an den Hausmeister sind nach § 4 Nr. 12 Buchst. a UStG steuerfrei. V 2 kann bei der Vermietung der Einliegerwohnung nicht auf die Steuerbefreiung verzichten, weil der Hausmeister kein Unternehmer ist (§ 9 Abs. 1 UStG). V 1 kann bei der Vermietung der gewerblichen Räume auf die Steuerbefreiung verzichten, weil V 2 diese Räume ausschließlich für Umsätze verwendet, die zum Vorsteuerabzug berechtigen (§ 9 Abs. 2 UStG). Bei der Vermietung der Einliegerwohnung kann V 1 auf die Steuerbefreiung nicht verzichten, weil V 2 die Wohnung für steuerfreie Umsätze verwendet, die den Vorsteuerabzug ausschließen (§ 9 Abs. 2 UStG).

Beispiel 4

V errichtet ein mehrgeschossiges Gebäude und vermietet es wie folgt:

- die Räume des Erdgeschosses an eine Bank,
- die Räume im 1. Obergeschoss an einen Arzt,
- die Räume im 2. Obergeschoss an einen Rechtsanwalt,
- die Räume im 3. Obergeschoss an das städtische Schulamt.

Die Vermietungsumsätze des V sind von der Umsatzsteuer befreit (§ 4 Nr. 12a UStG). Die Geschosse des Gebäudes sind selbstständig nutzbare Grundstücksteile. Die Frage der Option ist für jeden Grundstücksteil gesondert zu prüfen.

- Erdgeschoss
  V kann auf die Steuerbefreiung nicht verzichten, weil die Bank die Räume für steuerfreie Umsätze (§ 4 Nr. 8 UStG) verwendet, die den Vorsteuerabzug ausschließen (§ 9 Abs. 2 UStG).
- 1. Obergeschoss
  V kann auf die Steuerbefreiung nicht verzichten, weil der Arzt die Räume für steuerfreie Umsätze (§ 4 Nr. 14 UStG) verwendet, die den Vorsteuerabzug ausschließen (§ 9 Abs. 2 UStG).
- 2. Obergeschoss
  V kann auf die Steuerbefreiung verzichten, weil der Rechtsanwalt die Räume ausschließlich für Umsätze verwendet, die zum Vorsteuerabzug berechtigen (§ 9 Abs. 2 UStG).
- 3. Obergeschoss
  V kann auf die Steuerbefreiung nicht verzichten, weil die Stadt die Räume nicht unternehmerisch nutzt (§ 9 Abs. 1 UStG).

Beispiel 5

V 1 errichtet ein mehrgeschossiges Gebäude und vermietet es an V 2. Dieser vermietet das Gebäude wie im Beispiel 4 weiter.

Die Vermietung des Gebäudes durch V 1 an V 2 und die Weitervermietung durch V 2 sind nach § 4 Nr. 12 Buchst. a UStG steuerfrei. V 2 kann, wie in Beispiel 4 dargestellt, nur bei der Vermietung des 2. Obergeschosses an den Rechtsanwalt auf die Steuerbefreiung verzichten (§ 9 Abs. 2 UStG). Auch V 1 kann bei der Vermietung des 2. Obergeschosses auf die Steuerbefreiung verzichten, wenn V 2 von seiner Optionsmöglichkeit Gebrauch macht. V 2 verwendet das 2. Obergeschoss in diesem Fall für steuerpflichtige Umsätze. Bei der Vermietung der übrigen Geschosse kann V 1 auf die Steuerbefreiung nicht verzichten, weil V 2 diese Geschosse für steuerfreie Umsätze verwendet, die den Vorsteuerabzug ausschließen (§ 9 Abs. 2 UStG).

Beispiel 6

V errichtet ein zweistöckiges Gebäude und vermietet es an den Zahnarzt Z. Dieser nutzt das Obergeschoss als Wohnung und betreibt im Erdgeschoss seine Praxis. Einen Raum im Erdgeschoss nutzt Z ausschließlich für die Anfertigung und Wiederherstellung von Zahnprothesen.

Die Vermietung des Gebäudes durch V an Z ist von der Umsatzsteuer befreit (§ 4 Nr. 12 Buchst. a UStG). Die Geschosse des Gebäudes und auch die Räume im Erdgeschoss sind selbstständig nutzbare Grundstücksteile. Die Frage der Option ist für jeden Grundstücksteil gesondert zu prüfen.

- Obergeschoss
  V kann auf die Steuerbefreiung nicht verzichten, weil Z die Räume nicht unternehmerisch nutzt (§ 9 Abs. 1 UStG).
- Erdgeschoss
  V kann auf die Steuerbefreiung insoweit nicht verzichten, als Z die Räume für seine steuerfreie zahnärztliche Tätigkeit (§ 4 Nr. 14 Satz 1 UStG) verwendet, die den Vorsteuerabzug ausschließt (§ 9 Abs. 2 UStG). Dagegen kann V auf die Steuerbefreiung insoweit verzichten, als Z einen Raum mit der Anfertigung und Wiederherstellung von Zahnprothesen ausschließlich für die Erbringung von steuerpflichtigen und damit den Vorsteuerabzug nicht ausschließenden Umsätzen verwendet (§ 4 Nr. 14 Satz 4 UStG).

Sonderfälle

(2) Die Option ist unter den Voraussetzungen des Absatzes 1 auch dann zulässig, wenn der Leistungsempfänger ein Unternehmer ist, der seine abziehbaren Vorsteuerbeträge nach Durchschnittsätzen berechnet (§§ 23, 23a UStG), seine Umsätze nach den Durchschnittsätzen für land- und forstwirtschaftliche Betriebe versteuert (§ 24 UStG), Reiseleistungen erbringt (§ 25 UStG) oder die Differenzbesteuerung für die Umsätze von beweglichen körperlichen Gegenständen anwendet (§ 25a UStG).

Demgegenüber ist ein Unternehmer, bei dem die Umsatzsteuer nach § 19 Abs. 1 Satz 1 UStG nicht erhoben wird, als ein nicht zum Vorsteuerabzug berechtigter Leistungsempfänger anzusehen. Der Verzicht auf die in § 9 Abs. 2 UStG genannten Steuerbefreiungen ist in diesem Fall somit nicht möglich.

Bagatellregelung

(3) Verwendet der Leistungsempfänger das Grundstück bzw. einzelne Grundstücksteile nur in sehr geringem Umfang für Umsätze, die den Vorsteuer-abzug ausschließen (Ausschlussumsätze), ist der Verzicht auf Steuerbefreiung zur Vermeidung von Härten weiterhin zulässig. Eine geringfügige Verwendung für Ausschlussumsätze kann angenommen werden, wenn im Falle der steuerpflichtigen Vermietung die auf den Mietzins für das Grundstück bzw. für den Grundstücksteil entfallende Umsatzsteuer im Besteuerungszeitraum (Kalenderjahr, § 16 Abs. 1 Satz 2 UStG) höchstens zu 5 v.H. vom Vorsteuerabzug ausgeschlossen wäre (Bagatellgrenze). Für die Vorsteueraufteilung durch den Leistungsempfänger (Mieter) gelten die allgemeinen Grundsätze (vgl. Abschn. 207–210 UStR).

Beispiel 7

V vermietet das Erdgeschoss eines Gebäudes an den Juwelier E. Neben den steuerpflichtigen Verkäufen von Juwelierwaren bewirkt E auch steuerfreie Verkäufe von Goldmünzen (§ 4 Nr. 8 Buchst. k UStG). Die Aufteilung der sowohl mit den steuerpflichtigen als auch mit den steuerfreien Umsätzen in wirtschaftlichem Zusammenhang stehenden Vorsteuerbeträge nach ihrer wirtschaftlichen Zuordnung führt im Besteuerungszeitraum zu einem Vorsteuerausschluss von 3 v.H.

Die Vermietung des Erdgeschosses ist nach § 4 Nr. 12 Buchst. a UStG steuerfrei. V kann auf die Steuerbefreiung verzichten, weil E das Erdgeschoss nur in geringfügigem Umfang für Umsätze verwendet, die den Vorsteuerabzug ausschließen.

Beispiel 8

V vermietet an den Autohändler A einen Ausstellungsraum. A vermietet den Ausstellungsraum jährlich für zwei Wochen an ein Museum zur Durchführung einer Kunstausstellung.

Die Vermietung des Ausstellungsraums durch V an A und die Weitervermietung durch A sind nach § 4 Nr. 12 Buchst. a UStG steuerfrei. A kann auf die Steuerbefreiung nicht verzichten, weil das Museum den Ausstellungsraum für steuerfreie Umsätze (§ 4 Nr. 20 Buchst. a UStG) verwendet, die den Vorsteuerabzug ausschließen (§ 9 Abs. 2 UStG). A nutzt den Ausstellungsraum im Besteuerungszeitraum lediglich an 14 von 365 Tagen (ca. 4 v.H.) zur Ausführung von Ausschlussumsätzen. V kann daher auf die Steuerbefreiung der Vermietung des Ausstellungsraumes verzichten, weil A den Ausstellungsraum nur in geringfügigem Umfang für Umsätze verwendet, die den Vorsteuerabzug ausschließen.

Nachweis der Voraussetzungen

(4) Der Unternehmer hat die Voraussetzungen für den Verzicht auf die Steuerbefreiungen nachzuweisen. Der Nachweis ist an keine besondere Form gebunden. Er kann sich aus einer Bestätigung des Mieters, aus Bestimmungen des Mietvertrages oder aus anderen Unterlagen ergeben. Ständig wiederholte Bestätigungen des Mieters über die Verwendung des Grundstücks bzw. Grundstücksteils sind nicht erforderlich, solange beim Mieter keine Änderungen bei der Verwendung des Grundstücks zu erwarten sind. Im Einzelfall kann es aber erforderlich sein, vom Mieter zumindest eine jährliche Bestätigung einzuholen.

Übergangsregelung

(5) § 9 Abs. 2 UStG in der ab 1. Januar 1994 geltenden Fassung ist nicht anzuwenden, wenn das auf dem Grundstück errichtete Gebäude vor dem 1. Januar 1998 fertig gestellt wird und wenn mit der Errichtung des Gebäudes vor dem 11. November 1993 begonnen wurde. Unter dem Beginn der Errichtung eines Gebäudes ist der Zeitpunkt zu verstehen, in dem einer der folgenden Sachverhalte als Erster verwirklicht worden ist:

- Beginn der Ausschachtungsarbeiten,
- Erteilung eines spezifizierten Bauauftrages an den Bauunternehmer oder
- Anfuhr nicht unbedeutender Mengen von Baumaterial auf dem Bauplatz.

Vor diesem Zeitpunkt im Zusammenhang mit der Errichtung eines Gebäudes durchgeführte Arbeiten oder die Stellung eines Bauantrags sind noch nicht als Beginn der Errichtung anzusehen. Dies gilt auch für die Arbeiten zum Abbruch eines Gebäudes, es sei denn, dass unmittelbar nach dem Abbruch des Gebäudes mit der Errichtung eines neuen Gebäudes begonnen wird. Hiervon ist stets auszugehen, wenn der Steuerpflichtige die Entscheidung zu bauen für sich bindend und unwiderruflich nach außen hin erkennbar gemacht hat. Dies kann z.B. durch eine Abbruchgenehmigung nachgewiesen werden, die nur unter der Auflage erteilt wurde, zeitnah eine neues Gebäude zu errichten.

(6) Wird durch einen Anbau an einem Gebäude oder eine Aufstockung eines Gebäudes ertragsteuerlich ein selbstständiges Wirtschaftsgut hergestellt, ist auf dieses Wirtschaftsgut die seit dem 1. Januar 1994 geltende Rechtslage anzuwenden. Diese Rechtslage gilt auch, wenn ein Altbau nachträglich durch Herstellungsarbeiten so umfassend saniert oder umgebaut wird, dass nach ertragssteuerlichen Grundsätzen ein anderes Wirtschaftsgut entsteht (vgl. H 43 EStH 1993 zu R 43 Abs. 5 EStR 1993). Die Ausführungen in den Sätzen 1 und 2 sind jedoch in den Fällen, in denen die Herstellungsarbeiten vor dem 11. November 1993 begonnen haben und vor dem 1. Januar 1998 abgeschlossen werden, nicht anzuwenden. Die Einschränkung der Optionsmöglichkeit ab 1. Januar 1994 hat keine Auswirkungen auf einen für die Errichtung des Altbaus in Anspruch genommenen Vorsteuerabzug.

(7) Durch die Veräußerung eines Grundstücks wird die Frage, ob der Verzicht auf die in § 9 Abs. 2 UStG genannten Steuerbefreiungen zulässig ist, nicht beeinflusst.

Für Grundstücke mit Altbauten gilt daher, auch wenn sie veräußert werden, die Rechtslage vor dem 1. Januar 1994. Zu beachten sind aber weiterhin die Grundsätze des BMF-Schreibens vom 29. Mai 1992 (BStBl. I S. 378) zum Missbrauch rechtlicher Gestaltungsmöglichkeiten (§ 42 AO).

7.9 Zurechnung von Einkünften im Rahmen von Treuhandverhältnissen

(BMF-Schreiben vom 1. September 1994, BStBl. I 1994, S. 604)

Mit dem Urteil vom 27.1.1993 hat der BFH entschieden, dass einem Treugeber Einkünfte aus Vermietung und Verpachtung zuzurechnen sind, wenn für ihn ein Treuhänder den Mietvertrag im eigenen Namen abschließt, der Treuhänder dabei ausschließlich auf Rechnung und Gefahr des Treugebers handelt und der Treugeber nach der Ausgestaltung des Treuhandverhältnisses und nach den sonstigen Umständen gegenüber dem Treuhänder eine derart beherrschende Stellung einnimmt, dass er wirtschaftlich die Rechte und Pflichten aus dem Mietverhältnis trägt. Zu der Frage, was eine Zurechnung von Einkünften aus Vermietung und Verpachtung beim Treugeber danach im Einzelnen voraussetzt, nehme ich nach Erörterung mit den obersten Finanzbehörden der Länder wie folgt Stellung:

(1) Nachstehende Grundsätze gelten, soweit sie im Einzelnen nicht auf bestimmte Fälle beschränkt sind, für alle Treuhandgestaltungen, gleichgültig ob die Anleger sich zu einer Gesellschaft zusammenschließen und die Gesellschaft (Treugeber) ein Treuhandverhältnis mit einem Dritten (Treuhänder) eingeht oder ob die Anleger jeder für sich ein Treuhandverhältnis mit einem Dritten (Treuhänder) begründen. Dabei kann Treugut sowohl ein Grundstück oder Erbbaurecht (Fall der so genannten vorgeschalteten Treuhand) als auch ein Gesellschaftsanteil (Fall des Treuhandkommanditisten oder Beteiligungstreuhänders) sein.

1. Voraussetzungen für die steuerrechtliche Anerkennung des Treuhandverhältnisses

(2) Das Treuhandverhältnis ist steuerrechtlich anzuerkennen, wenn
- dem Treugeber im Innenverhältnis die Rechte an und aus dem Treugut zustehen und
- der Treugeber das Marktgeschehen jederzeit beherrscht und wirtschaftlich die Rechte und Pflichten aus dem Mietverhältnis trägt.

Bei einer treuhänderischen Gesellschaftsbeteiligung ist das der Fall, wenn der Treugeber durch das Treuhandverhältnis so gestellt ist wie ein unmittelbar beteiligter Gesellschafter.

1.1 Bestimmung des Treuguts

(3) Ist Gegenstand des Treuhandverhältnisses ein Grundstück oder ein Erbbaurecht, muss der Treugeber das Treugut dem Treuhänder übertragen oder die Auswahl des Treuguts mitbestimmen können. Hat der Treuhänder bereits bei Begründung des Treuhandverhältnisses das Grundstück oder Erbbaurecht erworben, ist diese Voraussetzung dadurch erfüllt, dass der Treugeber mit dem Abschluss des Treuhandvertrages seine Zustimmung zur Auswahl des Treuguts erklärt. Ist Gegenstand des Treuhandverhältnisses die Beteiligung an einer KG oder Gesellschaft bürgerlichen Rechts (GbR), wird das Treugut mit Begründung des Treuhandverhältnisses bestimmt.

1.2 Einfluss auf die Gestaltung des Treuhandvertrags

(4) Hat der Treuhänder den Treuhandvertrag vorformuliert, schließt dieser Umstand die Rechte des Treugebers an und aus dem Treugut und seine wirtschaftliche Stellung als Vermieter nicht aus. Ein Treuhandverhältnis ist hingegen steuerlich nicht oder nicht mehr anzuerkennen, wenn der Treugeber bereits mit Abschluss des Treuhandvertrags oder zu einem späteren Zeitpunkt seine Weisungs- und Mitwirkungsrechte - ganz oder teilweise - unwiderruflich überträgt. Derartige Einschränkungen der Rechte des Treugebers zugunsten des Treuhänders können sich aus dem Treuhandvertrag selbst und aus den den Vertrag ergänzenden Vereinbarun-

gen ergeben und sind auch anzunehmen, wenn die Rechte unter Ausschluss des Treugebers, z.B. durch einen Beirat, ausgeübt werden sollen, der nicht seinen Weisungen unterliegt. Verpflichtungen der Treugeber-Gesellschafter untereinander, die ohne Zustimmung des Treuhänders geändert werden können, berühren das Treuhandverhältnis grundsätzlich nicht.

Stimmt der Treugeber bereits abgeschlossenen Verträgen, z.B. über die Bebauung eines Grundstücks, zu, bewirkt dies allein keinen Verzicht auf die Treugeberrechte. Entsprechendes gilt für die unwiderrufliche Ermächtigung zu Rechtshandlungen, die zur Erreichung des Gesellschaftszwecks unabdingbar sind (z.B. wenn zu erwarten ist, dass die Baugenehmigung für das zu errichtende Gebäude nur mit der Maßgabe erteilt wird, dass ein bestimmter Grundstücksteil zur öffentlichen Nutzung abgetreten wird und der Treugeber schon mit Abschluss des Treuhandvertrags den Treuhänder unwiderruflich zu einer entsprechenden Abtretung ermächtigt).

1.3 Kündbarkeit des Treuhandvertrags

(5) Der steuerrechtlicnen Anerkennung eines Treuhandverhältnisses steht es nicht entgegen, wenn die Kündbarkeit des Treuhandvertrags für nicht länger als ein Jahr vertraglich ausgeschlossen ist und die Kündigungsfrist ebenfalls nicht länger als ein Jahr beträgt.

Dagegen sind Vereinbarungen schädlich, nach denen

- bei Kündigung des Treuhandverhältnisses die Pflicht zur Bestellung eines neuen Treuhänders besteht oder
- im Fall der vorgeschalteten Treuhand die Kündigung nur bei Auflösung der Fondsgesellschaft möglich ist oder
- die mögliche Kündigung des Treuhandverhältnisses die Auflösung der Fondsgesellschaft zur Folge hat.

(6) Ist der Treuhänder gleichzeitig Geschäftsführer der KG oder der GbR, an der die Treugeber unmittelbar oder mittelbar über den Treuhänder beteiligt sind, muss er durch Beschluss der Gesellschafter zum Ablauf des Treuhandvertrags abberufen werden können.

Erbringt der Treuhänder darüber hinaus sonstige Dienstleistungen, wie z.B. Baubetreuung oder Architektenleistungen, und ist die Kündbarkeit dieser Verträge für die Bauphase ausgeschlossen, hindert dies die steuerrechtliche Anerkennung des Treuhandverhältnisses dagegen nicht.

1.4 Herausgabe des Treuguts nach Beendigung des Treuhandverhältnisses

(7) Der Treugeber muss die Möglichkeit haben, das Treuhandverhältnis ohne erhebliche wirtschaftliche Nachteile zu beenden. Eine bei Beendigung des Treuhandverhältnisses an den Treuhänder möglicherweise zu leistende Entschädigung darf nicht so bemessen sein, dass die Entschädigungspflicht eine nach dem Treuhandvertrag zulässige Beendigung des Treuhandverhältnisses praktisch verhindert. Der im Treuhandvertrag vereinbarte Auslagenersatz und die Freistellung des Treuhänders von den für Rechnung des Treugebers eingegangenen Verbindlichkeiten durch den Treugeber gehören nicht zu dieser Entschädigung.

(8) Nach Beendigung des Treuhandverhältnisses muss der Treugeber über das Treugut (vgl. Rz. I) frei verfügen können. Dabei ist ohne Bedeutung, ob der Treugeber die Verfügungsbefugnis zum bürgerlich-rechtlichen Erwerb des Treuguts, zu dessen Veräußerung - auch an den Treuhänder - oder zur Begründung eines neuen Treuhandverhältnisses nutzt.

1.5 Weisungsbefugnis für Begründung und Ausgestaltung von Mietverhältnissen

(9) Treugeber, deren Beteiligung an einer vermieteten GbR von einem Beteiligungstreuhänder oder bei einer vermieteten KG von einem Treuhandkommanditisten treuhänderisch gehalten werden, entfalten Vermieterinitiative, wenn ihnen durch das Treuhandverhältnis die Mitwirkungs- und Kontrollrechte eines unmittelbar Beteiligten (im Falle von Beteiligungstreugebern die Rechte nach § 716 BGB, im Falle von Treugeberkommanditisten die Rechte nach § 166 HGB) zustehen. Es reicht aus, wenn die Treugeber die jeweiligen Rechte rechtlich und tatsächlich wahrnehmen können, ohne sie auch auszuüben.

(10) Treuhandverhältnisse, bei denen der Treuhänder nach außen als Vermieter auftritt (so genannte vorgeschaltete Treuhand), sind unter dem Gesichtspunkt der Vermietungsinitiative steuerrechtlich anzuerkennen, wenn der Treugeber im Innenverhältnis dem Treuhänder kraft des Treuhandvertrags konkrete Weisungen für Beginn, Ausgestaltung und Beendigung der Mietverhältnisse geben kann; dabei ist unschädlich, dass der Treugeber mit Begründung des Treuhandverhältnisses bereits abgeschlossenen Mietverträgen zustimmt.

2. Tätigkeit des Treuhänders auf fremde Rechnung und Gefahr

(11) Ein Treugeber kann Einkünfte aus Vermietung und Verpachtung erzielen, ohne selbst als Vermieter nach außen aufzutreten, wenn der Treuhänder im eigenen Namen, aber auf Rechnung und Gefahr des Treugebers tätig ist. Ist der Treugeber eine Personengesellschaft, werden die von den Gesellschaftern in ihrer gesamthänderischen Verbundenheit erzielten Einkünfte aus Vermietung und Verpachtung den Gesellschaftern zugerechnet.

2.1 (12) Der Treuhänder ist für Rechnung des Treugebers tätig, wenn die Einnahmen aus Vermietung und Verpachtung im Innenverhältnis ausschließlich dem Treugeber zustehen und er alle im Zusammenhang mit dem Vermietungsobjekt stehenden Aufwendungen zu tragen hat.

Das an den Treuhänder für seine Treuhändertätigkeit oder sonstige Dienstleistungen zu entrichtende Entgelt schließt die Zurechnung der Vermietungstätigkeit an den Treugeber nicht aus.

2.2 (13) Der Treuhänder ist auf die Gefahr des Treugebers tätig, wenn er seine Auslagen ersetzt erhält und – spätestens bei Beendigung des Treuhandverhältnisses – einen Anspruch auf Befreiung von den auf Rechnung des Treugebers eingegangenen Verbindlichkeiten hat. Ist ein Gesellschaftsanteil Gegenstand des Treuhandverhältnisses, trägt der Treugeber wirtschaftlich die Risiken, wenn ihn außerdem nach dem Treuhandvertrag eine für einen entsprechenden Gesellschafter bestehende Nachschusspflicht – gegebenenfalls begrenzt auf eine seinem Beteiligungsverhältnis entsprechende Quote – trifft.

3. Zeitliche Anwendung

Soweit die Anwendung der Regelungen zu einer Verschärfung der Besteuerung gegenüber der bisher geltenden Verwaltungspraxis führt, ist dieses Schreiben erstmals auf Immobilienfonds anzuwenden, für deren Anteile der Außenvertrieb nach dem 30. November 1994 begonnen hat.

7.10 Ertragsteuerliche Behandlung von Teilamortisations-Leasing-Verträgen über unbewegliche Wirtschaftsgüter

(BMF-Schreiben vom 23. Dezember 1991, BStBl. I 1992, 13 ff.)

In meinem Schreiben vom 21. März 1972 (BStBl. I S. 188) habe ich zur ertragsteuerlichen Behandlung von Finanzierungs-Leasing-Verträgen über unbewegliche Wirtschaftsgüter Stellung genommen. Dabei ist unter Finanzierungs-Leasing das Vollamortisations-Leasing verstanden worden. Zu der Frage der ertragsteuerlichen Behandlung von Teilamortisations-Leasing-Verträgen über unbewegliche Wirtschaftsgüter wird unter Bezugnahme auf das Ergebnis der Erörterung mit den obersten Finanzbehörden der Länder wie folgt Stellung genommen:

I. Begriff und Abgrenzung des Teilamortisations-Leasing-Vertrags bei unbeweglichen Wirtschaftsgütern

1. Teilamortisations-Leasing im Sinne dieses Schreibens ist nur dann anzunehmen, wenn

a) der Vertrag über eine bestimmte Zeit abgeschlossen wird, während der er bei vertragsgemäßer Erfüllung von beiden Vertragsparteien nur aus wichtigem Grund gekündigt werden kann (Grundmietzeit), und

b) der Leasing-Nehmer mit den in der Grundmietzeit zu entrichtenden Raten die Anschaffungs- oder Herstellungskosten sowie alle

Nebenkosten einschließlich der Finanzierungskosten des Leasing-Gebers nur zum Teil deckt.

2. Wegen der möglichen Vertragstypen weise ich auf Abschnitt II Ziffer 2 meines Schreibens vom 19. April 1971 (BStBl. I S. 264) hin. Die dortigen Ausführungen gelten beim Teilamortisations-Leasing von unbeweglichen Wirtschaftsgütern entsprechend.

II. Steuerrechtliche Zurechnung des Leasing-Gegenstandes

1. Die Zurechnung des unbeweglichen Leasing-Gegenstandes hängt von der Vertragsgestaltung und deren tatsächlicher Durchführung ab. Unter Würdigung der gesamten Umstände ist im Einzelfall zu entscheiden, wem der Leasing-Gegenstand zuzurechnen ist. Dabei ist zwischen Gebäude sowie Grund und Boden zu unterscheiden.

2. Für die Zurechnung der Gebäude gilt im Einzelnen Folgendes:

a) Der Leasing-Gegenstand ist – vorbehaltlich der nachfolgenden Ausführungen – grundsätzlich dem Leasing-Geber zuzurechnen.

b) Der Leasing-Gegenstand ist in den nachfolgenden Fällen ausnahmsweise dem Leasing-Nehmer zuzurechnen:

aa) Verträge über Spezial-Leasing
Bei Spezial-Leasing-Verträgen ist der Leasing-Gegenstand regelmäßig dem Leasing-Nehmer ohne Rücksicht auf das Verhältnis von Grundmietzeit und Nutzungsdauer und auf etwaige Optionsklauseln zuzurechnen.

bb) Bei Leasing-Verträgen mit Kaufoption ist der Leasing-Gegenstand regelmäßig dem Leasing-Nehmer zuzurechnen, wenn die Grundmietzeit mehr als 90 v.H. der betriebsgewöhnlichen Nutzungsdauer beträgt oder der vorgesehene Kaufpreis geringer ist als der Restbuchwert des Leasing-Gegenstandes unter Berücksichtigung der AfA gemäß § 7 Abs. 4 EStG nach Ablauf der Grundmietzeit. ie betriebsgewöhnliche Nutzungsdauer berechnet sich nach der Zeitspanne, für die AfA nach § 7 Abs. 4 Satz 1 EStG vorzunehmen ist, in den Fällen des § 7 Abs. 4 Satz 2 EStG nach der tatsächlichen Nutzungsdauer.

cc) Bei Leasing-Verträgen mit Mietverlängerungsoption ist der Leasing-Gegenstand regelmäßig dem Leasing-Nehmer zuzurechnen, wenn die Grundmietzeit mehr als 90 v.H. der betriebsgewöhnlichen Nutzungsdauer des Leasing-Gegenstandes beträgt oder die Anschlussmiete nicht mindestens 75 v.H. des Mietentgelts beträgt, das für ein nach Art, Lage und Ausstattung vergleichbares Grundstück üblicherweise gezahlt wird.

dd) Verträge mit Kauf- oder Mietverlängerungsoption und besonderen Verpflichtungen

Der Leasing-Gegenstand ist bei Verträgen mit Kauf- oder Mietverlängerungsoption dem Leasing-Nehmer stets zuzurechnen, wenn ihm eine der nachfolgenden Verpflichtungen auferlegt wird:

- Der Leasing-Nehmer trägt die Gefahr des zufälligen ganzen oder teilweisen Untergangs des Leasing-Gegenstandes. Die Leistungspflicht aus dem Mietvertrag mindert sich in diesen Fällen nicht.
- Der Leasing-Nehmer ist bei ganzer oder teilweiser Zerstörung des Leasing-Gegenstandes, die nicht von ihm zu vertreten ist, dennoch auf Verlangen des Leasing-Gebers zur Wiederherstellung bzw. zum Wiederaufbau auf seine Kosten verpflichtet, oder die Leistungspflicht aus dem Mietvertrag mindert sich trotz der Zerstörung nicht.
- Für den Leasing-Nehmer mindert sich die Leistungspflicht aus dem Mietvertrag nicht, wenn die Nutzung des Leasing-Gegenstandes aufgrund eines nicht von ihm zu vertretenden Umstands langfristig ausgeschlossen ist.

  Der Leasing-Nehmer hat dem Leasing-Geber die bisher nicht gedeckten Kosten ggf. auch einschließlich einer Pauschalgebühr zur Abgeltung von Verwaltungskosten zu erstatten, wenn es zu einer vorzeitigen Vertragsbeendigung kommt, die der Leasing-Nehmer nicht zu vertreten hat.
- Der Leasing-Nehmer stellt den Leasing-Geber von sämtlichen Ansprüchen Dritter frei, die diese hinichtlich des Leasing-Gegenstandes gegenüber dem Leasing-Geber geltend machen, es sei denn, dass der Anspruch des Dritten von dem Leasing-Nehmer verursacht worden ist.

- Der Leasing-Nehmer als Eigentümer des Grund und Bodens, auf dem der Leasing-Geber als Erbbauberechtigter den Leasing-Gegenstand errichtet, ist aufgrund des Erbbaurechtsvertrags unter wirtschaftlichen Gesichtspunkten gezwungen, den Leasing-Gegenstand nach Ablauf der Grundmietzeit zu erwerben.

3. Der Grund und Boden ist grundsätzlich demjenigen zuzurechnen, dem nach den Ausführungen unter Tz. 6–17 das Gebäude zugerechnet wird.

III. Bilanzmäßige Darstellung

Die bilanzmäßige Darstellung erfolgt nach den Grundsätzen unter Abschnitt II meines Schreibens vom 21. März 1972 (BStBl. I S. 188).

IV. Übergangsregelung

Soweit die vorstehend aufgeführten Grundsätze zu einer Änderung der bisherigen Verwaltungspraxis für die Zurechnung des Leasing-Gegenstandes bei Teilamortisations-Leasing-Verträgen über unbewegliche Wirtschaftsgüter führen, sind sie nur auf Leasing-Verträge anzuwenden, die nach dem 31. Januar 1992 abgeschlossen werden.

7.11 Negative Einkünfte aus der Vermietung und Verpachtung im Rahmen von so genannten Bauherrenmodellen und vergleichbaren Modellen sowie geschlossenen Immobilienfonds

(BMF-Schreiben vom 31. August 1990, BStBl. I 1990, 366 ff.)

Unter Bezugnahme auf das Ergebnis der Erörterungen mit den obersten Finanzbehörden der Länder wird zu der Frage der einkommensteuerrechtlichen Behandlung von Einkünften aus der Vermietung und Verpachtung aufgrund der Errichtung, Sanierung, Modernisierung oder des Erwerbs von Gebäuden und Eigentumswohnungen im Rahmen von Gesamtobjekten (§ 1 Abs. 1 Nr. 2 der Verordnung zu § 180 Abs. 2 AO), von vergleichbaren Modellen mit nur einem Kapitalanleger sowie von so genannten geschlossenen Immobilienfonds wie folgt Stellung genommen:

I. Gesamtobjekte und vergleichbare Modelle mit nur einem Kapitalanleger

1 Abgrenzung des Bauherrn zum Erwerber

1.1 Der Anleger, der sich aufgrund eines von den Projektanbietern vorformulierten Vertragswerks beteiligt und sich bei den damit zusammenhängenden Rechtsgeschäften durch die Projektanbieter oder von ihnen eingeschalteten sonstigen Personen (z.B. Treuhänder, Geschäftsbesorger, Betreuer) umfassend vertreten lässt, ist regelmäßig nicht Bauherr, sondern Erwerber des bebauten und gegebenenfalls sanierten oder modernisierten Grundstücks (BFH-Urteil vom 14.11.1989, BStBl. 1990 II S. 299, m.w.N.). Das gilt auch, wenn der Anleger unter Verzicht auf eine dazu bevollmächtigte Person die Verträge selbst unterzeichnet, falls die Verträge vorher vom Projektanbieter bereits ausgehandelt bzw. vorformuliert worden sind, oder wenn die vertraglichen Vereinbarungen vorsehen, dass einzelne der in dem Vertragswerk angebotenen Leistungen abgewählt werden können.

1.2 Der Anleger ist nur Bauherr, wenn er auf eigene Rechnung und Gefahr ein Gebäude baut oder bauen lässt und das Baugeschehen beherrscht (BFH-Urteil vom 14. November 1989, a.a.O., vgl. auch BFH-Urteil vom 13. September 1989, BStBl. II S. 986). Der Bauherr muss das umfassend zu verstehende Bauherrenwagnis, d.h. wirtschaftlich das für die Durchführung des Bauvorhabens auf seinem Grundstück typische Risiko, tragen, sowie rechtlich und tatsächlich die Planung und Ausführung in der Hand haben. Das ist regelmäßig nicht der Fall, wenn eine Vielzahl von Wohnungen oder gleichförmig ausgestalteten Wohngebäuden nach einem bereits vor Beitritt des einzelnen Anlegers ausgearbeiteten Vertragswerk errichtet werden und der einzelne Anleger demzufolge weder die Vertragsgestaltung noch die Vertragsdurchführung wesentlich beeinflussen kann.

1.3 Die Entscheidung darüber, ob die Voraussetzungen für die Erwerber- oder Bauherreneigenschaft vorliegen, ist nach dem Gesamtbild unter Berücksichtigung aller Umstände des Einzelfalls zu treffen, und zwar unabhängig von den in den Verträgen gewählten Bezeichnungen nach dem wirklichen Gehalt der von den Beteiligten getroffenen Vereinbarungen und deren tatsächlicher Durchführung.

1.4 Wird für den Gesamtaufwand (einschließlich der bis zur Fertigstellung des Bauobjekts angefallenen Finanzierungskosten) ein Höchstpreis vereinbart, über den nach Abschluss der Bauarbeiten nicht gegenüber dem Beteiligten selbst detailliert Rechnung gelegt zu werden braucht, ist der Beteiligte ebenfalls Erwerber. Das gilt auch, wenn die tatsächlichen Baukosten zwar abgerechnet werden, der Unterschiedsbetrag zu dem vereinbarten Höchstpreis jedoch als Gebühr für die Höchstpreisgarantie beansprucht wird.

2 Allgemeines zur rechtlichen Einordnung der aufzubringenden Kosten

2.1 Die mit der Errichtung und dem Vertrieb der Objekte befassten Personen sind regelmäßig bestrebt, möglichst hohe Werbungskosten auszuweisen. Hierzu wird der Gesamtaufwand durch eine Vielzahl von Verträgen und durch Einschaltung zahlreicher, zum Teil finanziell und personell verbundener Unternehmen aufgespalten. Die geltend gemachten Aufwendungen können, auch wenn sie im Einzelfall nach dem Wortlaut der Vereinbarungen Werbungskosten sind, nicht als solche anerkannt werden, wenn sie in Wirklichkeit für andere als die in den Verträgen bezeichneten Leistungen gezahlt werden, die nicht zu Werbungskosten führen können. Die vereinbarten Kosten sind deshalb nicht nach der vertraglichen Bezeichnung, sondern nach dem tatsächlichen wirtschaftlichen Gehalt der erbrachten Leistungen zu beurteilen (vgl. BFH-Urteil vom 29. Oktober 1985).

Diese Beurteilung ist auch vorzunehmen, wenn Leistungen, die zu Anschaffungs- oder Herstellungskosten führen, nicht oder zu niedrig berechnet werden. Erfahrungsgemäß erfolgt in diesen Fällen ein Ausgleich, der dem tatsächlichen wirtschaftlichen Gehalt der Leistungen entspricht.

Die Beurteilung nach dem tatsächlichen wirtschaftlichen Gehalt ist auch dann maßgebend, wenn für den Teil der Aufwendungen, der den Werbungskosten zuzurechnen ist, im folgenden Vom-Hundert-Sätze oder Bruchteile angegeben werden.

2.2 Der Anleger muss im Einzelnen nachweisen, welche tatsächlichen Leistungen an ihn erbracht worden sind und welches Entgelt er dafür leisten musste.

2.3 Soweit für Werbungskosten nachfolgend Vom-Hundert-Sätze oder Bruchteile angegeben sind, handelt es sich um Nettobeträge (ohne Umsatzsteuer).

3 Rechtliche Einordnung der vom Erwerber aufzubringenden Kosten

3.1 Die Kosten, die der Erwerber im Zusammenhang mit der Errichtung, Sanierung oder Modernisierung des Gebäudes oder der Eigentumswohnung aufzubringen hat, können Anschaffungskosten des Grund und Bodens, Anschaffungskosten des Gebäudes oder der Eigentumswohnung oder sofort abziehbare Werbungskosten sein.

Zu den einzelnen Aufwendungen gilt Folgendes:

3.2 Anschaffungskosten

3.2.1 Zu den Anschaffungskosten gehören grundsätzlich alle aufgrund des vorformulierten Vertragswerks an die Anbieterseite geleisteten Aufwendungen, die auf den Erwerb des Grundstücks mit dem bezugsfertigen Gebäude gerichtet sind, insbesondere die Baukosten für die Errichtung des Gebäudes, die Baubetreuungsgebühren, Treuhandgebühren, Finanzierungsvermittlungsgebühren, Zinsfreistellungsgebühren, Gebühren für die Vermittlung des Objekts oder Eigenkapitals und des Treuhandauftrags, Abschlussgebühren, Courtage, Agio, Beratungs- und Bearbeitungsgebühren, Platzierungsgarantiegebühren, Kosten für die Ausarbeitung der technischen, wirtschaftlichen und steuerlichen Grundkonzeption, für die Werbung der Bauinteressenten, für die Prospektprüfung und sonstige Vorbereitungskosten sowie Gebühren für die Übernahme von Garantien und Bürgschaften (vgl. BFH-Urteil vom 14.11.1989, a.a.O.).

Eine Aufspaltung dieser Aufwendungen in sofort abziehbare Werbungskosten und Anschaffungskosten danach, ob sie auf die Finanzierung, die steuerliche Beratung oder die Errichtung des Gebäudes entfallen, kommt nicht in Betracht (vgl. BFH-Urteil vom 14.11.1989, a.a.O.).

3.2.2 Besonderheit bei Baumaßnahmen i. S. der §§ 7h und 7i EStG

Der Gesamtaufwand ist, soweit das eindeutig möglich ist, unmittelbar dem Grund und Boden, der Altbausubstanz des Gebäudes, den bescheinigten Baumaßnahmen i. S. der §§ 7h, 7i EStG, den übrigen Baumaßnahmen und den sofort abziehbaren Werbungskosten zuzuordnen. Aufwendungen, die sich nicht eindeutig zuordnen lassen, sind auf die Kostenarten, mit denen sie zusammenhängen, aufzuteilen. Die Aufteilung erfolgt im Verhältnis der auf diese Kostenarten eindeutig entfallenden Kosten. Die eindeutig den bescheinigten Baumaßnahmen i. S. der §§ 7h, 7i EStG zuzuordnenden Aufwendungen zuzüglich der nach den vorstehenden Grundsätzen ermittelten Anteile der nicht eindeutig zuzuordnenden Anschaffungskosten, die den Aufwendungen für bescheinigte Baumaßnahmen i. S. der §§ 7h, 7i EStG zuzurechnen sind, ergeben die begünstigten Anschaffungskosten i. S. der §§ 7h, 7i EStG.

Ist der Erwerber dem Gesamtobjekt erst nach Beginn der begünstigten Baumaßnahmen i. S. der §§ 7h, 7i EStG beigetreten, gehören die Aufwendungen für Baumaßnahmen, soweit sie bis zu seinem Beitritt durchgeführt worden sind, zu den nicht begünstigten Anschaffungskosten.

Der Erwerber hat die Aufteilung darzulegen. Ist er später beigetreten, hat er darzulegen, inwieweit die anteilig den Baumaßnahmen i. S. der §§ 7h, 7i EStG zuzurechnenden Aufwendungen auf Maßnahmen entfallen, die nach dem rechtswirksamen Abschluss des obligatorischen Erwerbsvertrags oder eines gleichstehenden Rechtsakts durchgeführt worden sind.

3.3 Werbungskosten

Aufwendungen, die nicht auf den Erwerb des Grundstücks mit dem bezugsfertigen Gebäude gerichtet sind und die auch der Erwerber eines bebauten Grundstücks außerhalb eines Gesamtobjekts als Werbungskosten abziehen könnte, sind nicht den Anschaffungskosten des Objekts zuzurechnen.

Werden sie an die Anbieterseite geleistet, sind sie unter den nachfolgenden Voraussetzungen Werbungskosten (vgl. BFH-Urteil vom 14.11.1989, a.a.O.):

- Bereits vor der Zahlung müssen klare Vereinbarungen über den Grund und die Höhe dieser Aufwendungen bestehen.
- Die vereinbarten Leistungen und das jeweils zugehörige Entgelt müssen den tatsächlichen Gegebenheiten entsprechen; der Rechtsgedanke des § 42 AO darf dem Werbungskostenabzug in der begehrten Höhe nicht entgegenstehen.
- Die Aufwendungen müssen von den übrigen Aufwendungen, die mit der Anschaffung des Erwerbsgegenstandes in Zusammenhang stehen, einwandfrei abgrenzbar sein.
- Die Vergütung darf nur dann zu zahlen sein, wenn der Anleger die Gegenleistung in Anspruch nimmt.
- Die rechtliche und tatsächliche Abwahlmöglichkeit der Leistung und die dann eintretende Ermäßigung des Gesamtpreises muss in dem Vertrag klar und eindeutig zum Ausdruck kommen.

3.3.1 Zinsen der Zwischen- und Endfinanzierung

Zinsen und Bearbeitungskosten des Kreditinstituts sind, wenn der Anleger sie aufgrund eigener Verpflichtung gegenüber dem Darlehensgeber zahlt, Entgelt für die Überlassung des Kredits und damit Werbungskosten.

Eine andere Beurteilung ist jedoch z.B. dann geboten, wenn hinsichtlich der Bauzeitzinsen eine Vereinbarung mit der Anbieterseite besteht, nach der eine bestimmte Zinsbelastung garantiert wird, und hierbei höhere Zinsen vom Garantiegeber getragen, niedrigere Zinsen jedoch dem Erwerber nicht erstattet werden. In einem derartigen Fall stellen die vom Darlehensnehmer zu zahlenden Zinsen und die Gebühr für die Zinsgarantie lediglich einen Kalkulationsbestandteil des Gesamtpreises und damit Anschaffungskosten dar.

3.3.2 Vorauszahlung von Schuldzinsen

Zinsen sind im Regelfall spätestens am Ende des jeweiligen Jahres zu entrichten. Bei einer Vorauszahlung liegt ein Zahlungsabfluss nur vor, wenn für die Vorauszahlung ein wirtschaftlich vernünftiger Grund maßgebend ist. Hiervon kann ausgegangen werden, wenn Schuldzinsen für einen Zeitraum von nicht mehr als zwölf Monaten vorausgezahlt werden. Bei einer Vorauszahlung für einen Zeitraum von mehr als zwölf Monaten ist der wirtschaftlich vernünftige Grund vom Steuerpflichtigen im Einzelfall darzulegen. Bestehen für die Vorauszahlung von Schuldzinsen für einen Zeitraum von mehr als einem Jahr keine vernünftigen wirtschaftlichen Gründe, sind die vorausgezahlten Schuldzinsen anteilig in den Jahren als Werbungskosten abziehbar, zu denen sie wirtschaftlich gehören.

3.3.3 Zinsfreistellungsgebühren

Vereinbarungen, nach denen der Anleger für mehrere Jahre von Zinszahlungsverpflichtungen gegenüber dem Darlehensgläubiger gegen Entrichtung von Gebühren an diesen freigestellt wird, haben den Charakter eines zusätzlichen Darlehens. Die gezahlten Gebühren sind deshalb anteilig in den Jahren als Werbungskosten abziehbar, für die der Anleger von Zinszahlungsverpflichtungen freigestellt worden ist.

3.3.4 Damnum, Disagio, Bearbeitungs- und Auszahlungsgebühren

Diese Aufwendungen sind in Höhe des vom jeweiligen Darlehensnehmer an das Kreditinstitut gezahlten Betrags als Werbungskosten abziehbar, soweit unter Berücksichtigung der jährlichen Zinsbelastung die marktüblichen Beträge nicht überschritten werden. Der über die marktüblichen Beträge hinausgehende Teil ist auf den Zinsfestschreibungszeitraum bzw. bei dessen Fehlen auf die Laufzeit des Darlehens zu verteilen. Eine Zinsvorauszahlung ist regelmäßig anzunehmen, wenn der Nominalzins ungewöhnlich niedrig und das Damnum entsprechend hoch bemessen sind.

Aus Vereinfachungsgründen kann von der Marktüblichkeit ausgegangen werden, wenn für ein Darlehen mit einem Zinsfestschreibungszeitraum von mindestens fünf Jahren ein Damnum in Höhe von bis zu 10 v.H. vereinbart worden ist. Ist ein Damnum nicht mehr als drei Monate vor Auszahlung der Darlehensvaluta oder einer ins Gewicht fallenden Teilauszahlung des Darlehens geleistet worden, kann davon ausgegangen werden, dass ein wirtschaftlich vernünftiger Grund besteht (BFH-Urteil vom 3.2.1987, BStBl. II S. 492).

3.3.5 Kosten der Darlehenssicherung

Die anteiligen Notariats- und Grundbuchkosten für die Darlehenssicherung sind in der Höhe sofort abziehbare Werbungskosten, in der sie an den Notar und das Grundbuchamt abgeführt worden sind.

3.3.6 Gebühren für die Übernahme von Garantien und Bürgschaften im Zusammenhang mit der Vermietung

Die Anerkennung von Gebühren für die Übernahme von Garantien und Bürgschaften als Werbungskosten setzt stets voraus, dass das vom Garantiegeber oder Bürgen getragene Risiko im Verhältnis zu der dafür erhobenen Gebühr als eine wirtschaftlich ernsthafte Gegenleistung anzusehen ist. Außerdem muss der Garantiegeber oder Bürge wirtschaftlich (einkommens- und vermögensmäßig) in der Lage sein, die Garantieverpflichtung zu erfüllen. Alle diese Voraussetzungen sind vom Anleger darzulegen.

Gebühren für die erstmalige Vermietung des Objekts sind Werbungskosten, soweit sie die ortsübliche Maklerprovision nicht überschreiten. Im Allgemeinen kann eine Gebühr in Höhe von bis zu zwei Monatsmieten als angemessen angesehen werden.

An einer wirtschaftlich ernsthaften Gegenleistung fehlt es, wenn z.B. das Objekt schon von der Planung her für einen ganz bestimmten Mieter errichtet werden soll oder wenn bereits zum Beitrittszeitpunkt des Anlegers ein Mietvertrag oder eine entsprechende Vorvereinbarung mit dem Mieter bestand. Eine Mietervermittlungsgebühr ist auch nicht anzuerkennen, wenn der Vermittler mit dem Mieter identisch oder wirtschaftlich verflochten ist, der Anleger das Objekt selbst bezieht oder aus anderen Gründen die angebotenen Leistungen nicht in Anspruch nimmt. In diesen Fällen stellen die erhobenen Gebühren anteilig Anschaffungskosten des Grund und Bodens und des Gebäudes oder der Eigentumswohnung dar.

Gebühren für die Mietgarantie sind Werbungskosten, wenn tatsächlich ein Mietausfallwagnis besteht. Bei dem üblicherweise vereinbarten Garantiezeitraum von fünf Jahren kann das wirtschaftliche Risiko durch eine Gebühr bis zur Höhe von vier Monatsmieten als abgedeckt angesehen werden. War das Objekt im Zeitpunkt des Vertragsabschlusses bereits vermietet, muss das Risiko entsprechend geringer bewertet werden; es ist regelmäßig mit einer Gebühr in Höhe von bis zu zwei Monatsmieten angemessen abgegolten.

3.3.7 Gebühren im Zusammenhang mit der Endfinanzierung

Geldbeschaffungskosten, Bürgschafts- und Garantiegebühren für die Endfinanzierung sind unter den Voraussetzungen der Tz. 3.3.6 Abs. 1 sowie der Tzn. 4.1.1 und 4.1.6 als Werbungskosten abzuziehen. Die Tzn. 4.1.1 und 4.1.6 sind für die Bestimmung der Höhe des abziehbaren Betrags entsprechend anzuwenden.

3.3.8 Vergütungen an Steuer- und Rechtsberater

Beratungskosten im Zusammenhang mit der Anschaffung des Grund und Bodens oder der Errichtung des Gebäudes oder der Eigentumswohnung sind den jeweiligen Anschaffungskosten zuzurechnen. Soweit auch der Erwerber eines bebauten Grundstücks außerhalb eines Gesamtobjekts die Gebühren sofort als Werbungskosten abziehen könnte, können sie, insbesondere, soweit die Leistungen den Zeitraum nach Bezugsfertigkeit betreffen (z.B. Abgabe von Feststellungserklärungen, Rechtsbehelfsverfahren), als Werbungskosten berücksichtigt werden. Ist der Steuer- und Rechtsberater zugleich Vermittler, Initiator oder Treuhänder, ist bei vereinbarter gesonderter Berechnung der Gebühren zu prüfen, ob die Gebühren dem jeweiligen Leistungsumfang angemessen sind. Ist für die Vermittler-, Initiatoren- oder Treuhandtätigkeit und die Steuer- und Rechtsberatungstätigkeit ein Gesamthonorar vereinbart, gehören die Gebühren zu den Anschaffungskosten.

Das gilt auch, wenn ein pauschales Steuer- und Rechtsberatungshonorar, das die Zeit vor und nach Bezugsfertigkeit umfasst, vereinbart worden ist und die Tätigkeit vor Bezugsfertigkeit mit der Anschaffung des bebauten Grundstücks wirtschaftlich zusammenhängt.

3.3.9 Beiträge zu Sach- und Haftpflichtversicherungen

Beiträge zu den Sach- und Haftpflichtversicherungen für während der Bauzeit eintretende Schäden sind Werbungskosten, soweit sie der Erwerber als Versicherungsnehmer gezahlt hat.

4 Rechtliche Einordnung der vom Bauherrn aufzubringenden Kosten

4.1 Die Kosten, die der Bauherr im Zusammenhang mit der Errichtung des Gebäudes oder der Eigentumswohnung aufzubringen hat, können Anschaffungskosten des Grund und Bodens und – bei Beitritt nach Baubeginn – des bereits erstellten Teils des Gebäudes oder der Eigentumswohnung, Herstellungskosten des Gebäudes oder der Eigentumswohnung oder sofort abziehbare Werbungskosten sein.

Zu den nachstehenden Aufwendungen gilt Folgendes:

4.1.1 Gebühren für die Vermittlung und die damit verbundene Bearbeitung der Zwischen- und Endfinanzierung

Diese Geldbeschaffungskosten sind in Höhe der marktüblichen Konditionen als Werbungskosten abziehbar. Erfahrungsgemäß betragen sie insgesamt 2 v.H. des jeweils vermittelten Darlehens. Der darüber hinausgehende Teil ist den Herstellungskosten des Gebäudes oder der Eigentumswohnung und den Anschaffungskosten anteilig hinzuzurechnen. Hat der Bauinteressent derartige Gebühren gezahlt, obwohl er die Finanzierung selbst beschafft, sind diese in vollem Umfang wie vorstehend aufzuteilen.

4.1.2 Gebühren für die Vermittlung des Objekts oder Eigenkapitals und des Treuhandauftrags, Abschlussgebühren, Courtage, Agio, Beratungs- und Bearbeitungsgebühren sowie Platzierungsgarantiegebühren

Diese Kosten sollen Leistungen des Anlageberaters an den Bauherrn abgelten. Sie sind auf die Erlangung des Bauobjekts gerichtet und gehören deshalb anteilig zu den Herstellungskosten des Gebäudes oder der Eigentumswohnung und zu den Anschaffungskosten (vgl. BFH-Urteil vom 13.10.1983, BStBl. 1984 II S. 101).

4.1.3 Kosten für die Ausarbeitung der technischen, wirtschaftlichen und steuerlichen Grundkonzeption, für die Werbung der Bauinteressenten, für die Prospektprüfung und sonstige Vorbereitungskosten. Diese Kosten decken regelmäßig Kosten der Initiatoren des Bauvorhabens ab. Werden solche Aufwendungen vom Bauherrn übernommen, gehören sie anteilig zu den Herstellungskosten des Gebäudes oder der Eigentumswohnung und zu den Anschaffungskosten.

4.1.4 Treuhandgebühren

Die Leistungen des Treuhänders betreffen zum Teil die Geldbeschaffung und die spätere Vermietung. Die hierauf entfallenden Teile der Treuhandgebühren können als Werbungskosten abgezogen werden. Zum Teil betreffen die Leistungen des Treuhänders die Anschaffung des Grund und Bodens. Deshalb gehört z.B. das Entgelt für die Mitwirkung beim Abschluss des Grundstückskaufvertrags oder für die Bewirkung der Grundbuchumschreibung bezüglich des Grunderwerbs im Namen des Bauherrn zu den Anschaffungskosten des Grund und Bodens. Zum Teil stehen die Leistungen des Treuhänders mit der Herstellung des Gebäudes oder der Eigentumswohnung im Zusammenhang. Die darauf entfallenden Teile der Treuhandgebühren gehören deshalb zu den Anschaffungs- oder Herstellungskosten des Gebäudes oder der Eigentumswohnung.

Hierzu rechnen z.B. Entgeltsanteile für

- die Vergabe der Gebäudeplanung durch den Treuhänder im Namen des Bauherrn,
- die Vertretung des Bauherrn gegenüber Baubehörden,
- die sachliche und zeitliche Koordination aller für die Durchführung des Bauvorhabens erforderlichen Leistungen,
- die Stellung des Antrags auf Baugenehmigung für den Bauherrn oder für die Abgabe der zur Begründung des Wohnungseigentums von den künftigen Eigentümern erforderlichen Erklärungen,
- die Entgegennahme und Verwaltung der Geldmittel,
- die Beaufsichtigung des Baubetreuers.

Erfahrungsgemäß betrifft die Tätigkeit des Treuhänders überwiegend den Herstellungsbereich, während auf den Finanzierungsbereich und den Bereich der späteren Vermietung nur ein geringer Teil seiner gesamten Tätigkeit entfällt. Deshalb kann ein Viertel der Kosten für die Leistungen des Treuhänders, in aller Regel jedoch nicht mehr als 0,5 v.H. der Gesamtaufwendungen abzüglich der in den Tzn. 3.3.4 und 4.1.2 genannten Aufwendungen den Werbungskosten zugeordnet werden.

4.1.5 Baubetreuungskosten

Im Rahmen der Baubetreuung ist eine Vielzahl von unterschiedlichen Leistungen zu erbringen. Auch hierbei ist stets zu prüfen, ob die Aufwendungen des Bauherrn zu den Herstellungskosten des Gebäudes oder der Eigentumswohnung, den Anschaffungskosten oder den sofort abziehbaren Werbungskosten gehören.

Anschaffungskosten des Grund und Bodens sind z.B. Kosten für die Regelung der eigentums- und bauplanungsrechtlichen Verhältnisse am Grundstück, z.B. betreffend Abtretung von Straßenland, Vorbereitung und Abschluss von Erschließungs- und Versorgungsverträgen sowie für Maßnahmen bei Vermessung und Erschließung des Grundstücks.

Im Wesentlichen betreffen die Leistungen die Herstellung des Gebäudes oder der Eigentumswohnung.

Zu den Herstellungskosten gehören z.B. Entgeltsanteile für

- die Vertretung des Bauherrn gegenüber Baubehörden, den an der Baudurchführung beteiligten Architekten, Ingenieuren und bauausführenden Unternehmen,
- die Aufstellung eines Baufristenplans,
- die Aufstellung eines Geldbedarfs- und Zahlungsplans in Koordination mit dem Baufristenplan,
- die Führung eines Baugeld-Sonderkontos für den Bauherrn,
- die Vornahme des gesamten das Bauobjekt betreffenden Zahlungsverkehrs,
- die laufende Unterrichtung des Treuhänders,
- die Übersendung von Auszügen des Baukontos,
- die Erstellung der Schlussabrechnung und die Erteilung der dazu erforderlichen Informationen an den Treuhänder,
- die sachliche und zeitliche Koordination aller für die Durchführung des Bauvorhabens erforderlichen Leistungen,
- eine Wirtschaftlichkeitsberechnung, die zur Beurteilung der Wirtschaftlichkeit des Herstellungsvorgangs für den Bauherrn erstellt worden ist.

Zu den sofort abziehbaren Werbungskosten gehören z.B. Entgeltsanteile für

- eine Wirtschaftlichkeitsberechnung, die Finanzierungszwecken des Bauherrn zu dienen bestimmt ist,
- Leistungen, die den Vermietungsbereich betreffen,
- Leistungen, die den Betreuungsbereich nach Fertigstellung des Objekts (z.B. Abschluss von Wartungsverträgen) betreffen.

Nach allgemeiner Erfahrung können den Werbungskosten ein Achtel der Baubetreuungskosten, in aller Regel jedoch nicht mehr als 0,5 v.H. des Gesamtaufwands abzüglich der in den Tzn. 3.3.4 und 4.1.2 genannten Aufwendungen zugeordnet werden.

4.1.6 Bürgschaftsgebühren für die Zwischen- und Endfinanzierung, Ausbietungsgarantie

Neben den Voraussetzungen der Tz. 3.3.6 Abs. 1 ist eine weitere vom Anleger darzulegende Voraussetzung für die Anerkennung der im Zusammenhang mit der Finanzierung stehenden Gebühren, dass die selbstschuldnerische Garantie oder Bürgschaft vom Darlehensgläubiger nachweislich gefordert und bei diesem auch hinterlegt worden ist.

Gebühren für die Übernahme von Bürgschaftsverpflichtungen gegenüber dem Kreditgeber zur Sicherstellung der Zwischenfinanzierung können unabhängig von der Zahl der Bürgen in Höhe einer banküblichen Avalprovision (insgesamt 2 v.H. jährlich des verbürgten und zugesagten Betrags) den Werbungskosten zugerechnet werden.

Mit Rücksicht auf die übrigen bestehenden Sicherungen können Gebühren für die Übernahme der Bürgschaft für die Endfinanzierung und der Ausbietungsgarantie einmalig, d.h. für den gesamten Zeitraum und unabhängig von der Zahl der Bürgen und Garantiegeber, in Höhe von insgesamt 0,5 v.H. der in Anspruch genommenen Darlehensmittel den Werbungskosten zugerechnet werden.

4.1.7 Gebühren für die Preissteigerungs-, Kosten-, Vertragsdurchführungs-(Fertigstellungs-)Garantie

Vergütungen für die Übernahme solcher Garantien gegenüber dem Bauherrn sind keine sofort abziehbaren Werbungskosten. Sie sind den Herstellungskosten des Gebäudes oder der Eigentumswohnung zuzurechnen. Gebühren für die Vertragsdurchführungsgarantie gehören in den Fällen, in denen die Garantie z.B. auf die Werbung von Bauinteressenten gerichtet ist, anteilig zu den Herstellungskosten des Gebäudes oder der Eigentumswohnung und den Anschaffungskosten.

Bezieht sich bei der Herstellung von Eigentumswohnungen die Garantie auf die Finanzierung des gesamten Bauvorhabens, handelt es sich in der Regel um eine Vertragsdurchführungsgarantie, sodass die Kosten hierfür anteilig zu den Herstellungskosten des Gebäudes oder der Eigentumswohnung und den Anschaffungskosten gehören.

4.2 Als Werbungskosten kommen darüber hinaus Aufwendungen in Betracht, die nach den Grundsätzen der Tzn. 3.3.1–3.3.9 sofort abziehbar sind.

II. Geschlossene Immobilienfonds

5 Einkunftserzielung

Erfüllt ein geschlossener Immobilienfonds in der Rechtsform der KG oder Gesellschaft bürgerlichen Rechts in der gesellschaftsrechtlichen Verbundenheit seiner Gesellschafter den Tatbestand der Einkunftserzielung, ist auf der Ebene der Gesellschaft zu entscheiden, ob Aufwendungen, die die Gesellschaft trägt, Herstellungskosten, Anschaffungskosten oder Werbungskosten sind.

Der auf der Ebene der Gesellschaft ermittelte Überschuss der Einnahmen über die Werbungskosten ist den einzelnen Gesellschaftern zuzurechnen (vgl. BFH-Beschluss vom 19.8.1986, BStBl. 1987 II S. 212 m.w.N.).

6 Abgrenzung des Bauherrn zum Erwerber

Die Fondsgesellschaft kann Bauherr i. S. der Tz. 1.2 sein, wenn das der Errichtung des Fondsobjekts zugrunde liegende konkrete Vertragswerk von einem Gesellschafter der Fondsgesellschaft in seiner Eigenschaft als Gesellschafter entwickelt worden ist. Dieser Gesellschafter darf nicht nur aus steuerlichen Gründen Gesellschafter der Fondsgesellschaft sein (§ 42 AO). Lediglich steuerliche Gründe sind anzunehmen, wenn er hinsichtlich der Kündigung und der gesellschaftsrechtlichen Mindestbeteiligung nicht den gleichen Bedingungen wie die übrigen vergleichbaren Gesellschafter unterliegt. Wird der Fondsgesellschaft ein Vertragsbündel angeboten und von ihr angenommen, ist sie Erwerberin (vgl. Tz. 1.1). In diesem Fall sind die Tzn. 3 und 7.1 entsprechend anzuwenden.

7 Rechtliche Einordnung der von dem als Bauherrn anzusehenden Immobilienfonds aufzubringenden Kosten

Tzn. 2 und 4 gelten, soweit im Nachfolgenden keine abweichende Regelung getroffen ist, entsprechend.

Ferner können insbesondere folgende Aufwendungen sofort abziehbare Werbungskosten sein:

7.1 Eigenkapitalvermittlungsprovisionen

Provisionen, die die Fondsgesellschaft für die Vermittlung des Eintritts von Gesellschaftern zahlt, sind in der Regel Werbungskosten (BFH-Urteil vom 24.2.1987, BStBl. II S. 810). Bemessungsgrundlage ist das jeweils vermittelte Eigenkapital. Hierzu gehören neben der Einlage des Gesellschafters auch ein an die Gesellschaft zu leistendes Agio sowie ein Gesellschafterdarlehen, wenn es eigenkapitalähnlichen Charakter hat. Das ist grundsätzlich der Fall, wenn das Darlehen derselben zeitlichen Bindung wie die Gesellschaftereinlage unterliegt und zur Erreichung des Gesellschaftszwecks notwendig ist. Ist bei Refinanzierung der Einlage oder des Gesellschafterdarlehens das Refinanzierungsdarlehen durch Gesellschaftsvermögen gesichert, gehören die Beträge nur zum Eigenkapital, soweit das Refinanzierungsdarlehen gleichzeitig durch Vermögen des Gesellschafters tatsächlich gesichert ist. Provisionen von bis zu insgesamt höchstens 6 v.H. des vermittelten Eigenkapitals können den Werbungskosten zugerechnet werden. Damit sind sämtliche Vertriebsleistungen Dritter, die auf die Werbung von Gesellschaftern gerichtet und nicht den Anschaffungs- oder Herstellungskosten zuzurechnen sind, abgegolten. Hierzu gehören insbesondere die Aufwendungen für die Prospekterstellung, Prospektprüfung und Übernahme der Prospekthaftung, für den Außenvertrieb, für Werbung und für Marketing.

7.2 Haftungsvergütungen und Geschäftsführungsgebühren für Komplementäre

Vergütungen, die der Komplementär für die Übernahme der Haftung oder Geschäftsführung aufgrund gesellschaftsrechtlich wirksamer Vereinbarung erhält, mindern, soweit sie nicht unangemessen sind, die Ergebnisanteile der übrigen Gesellschafter (vgl. BFH-Urteil vom 7.4.1987, BStBl. II S. 707). Die Haftungsvergütungen können wie Bürgschaftsgebühren entsprechend Tz. 4.1.6 behandelt werden, soweit die in dieser Tz. genannten Höchstbeträge noch nicht ausgeschöpft sind.

7.3 Geschäftsführungsgebühren bei schuldrechtlichem Leistungsaustausch

Vergütungen, die ein Gesellschafter für die Übernahme der Geschäftsführung erhält, können wie entsprechende Leistungen an einen Nichtgesellschafter auf einem schuldrechtlichen Leistungsaustausch beruhen. In diesem Fall kommt ein Werbungskostenabzug auf der Gesellschaftsebene in Betracht.

Die Geschäftsführung während der Investitionsphase betrifft im Wesentlichen die Tätigkeiten i. S. der Tzn. 4.1.4 und 4.1.5. Hierzu zählen z.B. auch die „Verwaltung" der Gesellschaft, die Mittelverwaltung und die „Buchführung", die Unterrichtung der Beteiligten über den Fortgang des Projekts und die Einberufung von Gesellschafterversammlungen (Gesellschafterbetreuung). Diese Tätigkeiten sind untrennbar mit der Erstellung des Fondsobjekts verbunden. Die während der Investitionsphase geleisteten Geschäftsführungsgebühren einschließlich der auf die Zeit nach Abschluss der Investition entfallenden Beträge sind in dem Verhältnis aufzuteilen, in dem die Geschäftsführungstätigkeit die Baubetreuung und die Treuhandtätigkeit im Sinne der Tzn. 4.1.4 und 4.1.5 betrifft. Die jeweiligen Anteile sind gegebenenfalls mit weiteren für die Baubetreuung oder Treuhandtätigkeit gezahlten Gebühren zusammenzufassen und nach den Grundsätzen der Tzn. 4.1.4 und 4.1.5 zu behandeln.

7.4 Vergütungen für Treuhandkommanditisten

Vergütungen von Treugebern an Treuhandkommanditisten für die Wahrnehmung ihrer Interessen in der Gesellschaft sind Sonderwerbungskosten der Treugeber, soweit sie die Verwaltung der treuhänderisch gehaltenen Gesellschaftsanteile betreffen (z.B. Vertretung in der Gesellschafterversammlung). Werden diese Vergütungen von der Gesellschaft gezahlt, ist nicht zu beanstanden, wenn sie als Werbungskosten der Gesellschaft behandelt werden, soweit sie ausschließlich den jeweiligen Treugebern zugerechnet werden.

7.5 Zinsen und Gebühren für die Vermittlung und die damit verbundene Bearbeitung der Zwischen- und Endfinanzierung

Zinsen sowie Vermittlungs- und Bearbeitungsgebühren, die bei der Einkunftsermittlung auf der Ebene der Gesellschaft Werbungskosten sind, stellen auch für den Gesellschafter Werbungskosten dar.

7.6 Konzeptionsgebühren und Platzierungsgarantiegebühren gehören nicht zu den Werbungskosten (vgl. Tzn. 4.1.2 und 4.1.3 sowie BFH-Beschluss vom 19.8.1986, a.a.O.).

7.7 Späterer Beitritt von Gesellschaftern

Aufwendungen, die vor dem Beitritt eines Gesellschafters zu einer Fondsgesellschaft rechtlich entstanden und gezahlt worden sind, gehören bei dem Gesellschafter zu den Anschaffungskosten.

Rechtlich entstandene Aufwendungen, die nach dem Beitritt eines Gesellschafters von der Gesellschaft gezahlt werden und bei der Ermittlung der Einkünfte auf der Ebene der Gesellschaft den Werbungskosten zuzurechnen sind, sind bei dem neu eintretenden Gesellschafter Werbungskosten, wenn er mit ihnen belastet wird (vgl. BFH-Beschluss vom 19.8.1986, a.a.O.).

7.8 Bei geschlossenen Immobilienfonds in der Rechtsform der GmbH & Co. KG sind die Tzn. 5–7.6 sinngemäß anzuwenden.

III. Erstmalige Anwendung

Dieses BMF-Schreiben ist in allen Fällen anzuwenden, in denen ein bestandskräftiger Steuerbescheid noch nicht vorliegt. Soweit die Anwendung dieser Regelungen zu einer Verschärfung der Besteuerung gegenüber der bisher geltenden Verwaltungspraxis führt, ist dieses Schreiben nicht anzuwenden, wenn

a) vor dem 1. Juni 1990 der Steuerpflichtige dem Bauherrenmodell oder dem vergleichbaren Modell beigetreten ist, das Modell insgesamt übernommen oder der Außenvertrieb der Anteile eines geschlossenen Immobilienfonds begonnen hat oder

b) der Antrag auf Baugenehmigung vor dem 1. Juni 1990 gestellt worden ist und vor dem 1. August 1990 einer der in Buchstabe a genannten Tatbestände verwirklicht worden ist.

Soweit die Anwendung der Tz. 7.1 zu einer Verschärfung der Besteuerung gegenüber der bisher geltenden Verwaltungspraxis führt, ist die Tz. 7.1 erstmals auf geschlossene Immobilienfonds anzuwenden, für deren Anteile der Außenvertrieb nach dem 31. Dezember 1990 begonnen hat.

Dieses BMF-Schreiben tritt an die Stelle des BMF-Schreibens vom 13. August 1981 (BStBl. I S. 604).

7.12 Ertragsteuerliche Behandlung von Finanzierungs-Leasing-Verträgen über unbewegliche Wirtschaftsgüter

(BMF-Schreiben vom 21. März 1972, BStBl. I 1972, 188 f)

Unter Bezugnahme auf das Ergebnis der Erörterungen mit den obersten Finanzbehörden der Länder wird zu der Frage der ertragsteuerlichen Behandlung von Finanzierungs-Leasing-Verträgen über unbewegliche Wirtschaftsgüter wie folgt Stellung genommen:

I. Finanzierungs-Leasing-Verträge

1. Allgemeines

a) In meinem Schreiben vom 19. April 1971 - IV B/2 - S 2170-31/71 - habe ich unter Berücksichtigung des BFH-Urteils vom 26.1.1970 (BStBl. I S. 264) zur steuerlichen Behandlung von Finanzierungs-Leasing-Verträgen über bewegliche Wirtschaftsgüter Stellung genommen. Die in Abschnitt II dieses Schreibens enthaltenen Ausführungen über den Begriff und die Abgrenzung des Finanzierungs-Leasing-Vertrags bei beweglichen Wirtschaftsgütern gelten entsprechend für Finanzierungs-Leasing-Verträge über unbewegliche Wirtschaftsgüter.

b) Ebenso wie bei den Finanzierungs-Leasing-Verträgen über bewegliche Wirtschaftsgüter kann bei vor dem 24. April 1970 abgeschlossenen Finanzierungs-Leasing-Verträgen über unbewegliche Wirtschaftsgüter zur Gewährleistung einer einheitlichen Rechtsanwendung und aus Vereinfachungsgründen von dem wirtschaftlichen Eigentum des Leasing-Gebers am Leasing-Gegenstand, einer Vermietung oder Verpachtung an den Leasing-Nehmer und von der bisherigen steuerlichen Behandlung ausgegangen werden, wenn die Vertragsparteien in der Vergangenheit übereinstimmend eine derartige Zurechnung zugrunde gelegt haben und auch in Zukunft daran festhalten. Das gilt auch, wenn die Vertragslaufzeit über den genannten Stichtag hinausreicht.

c) Für die steuerliche Zurechnung von unbeweglichen Wirtschaftsgütern bei Finanzierungs-Leasing-Verträgen, die nach dem 23. April 1970 abgeschlossen wurden, gelten unter Berücksichtigung der in Abschnitt III meines Schreibens vom 19.4.1971 aufgestellten Grundsätze und des BFH-Urteils vom 18.11.1970 (BStBl. 1971 II S. 133) über Mietkaufverträge bei unbeweglichen Wirtschaftsgütern die in Nummer 2 aufgeführten Kriterien.

d) Die Grundsätze für die Behandlung von unbeweglichen Wirtschaftsgütern gelten nicht für Betriebsvorrichtungen, auch wenn sie wesentliche Bestandteile eines Grundstücks sind (§ 50 Abs. 1 Satz 2 BewG a.f.). Die Zurechnung von Betriebsvorrichtungen, die Gegenstand eines Finanzierungs-Leasing-Vertrags sind, ist vielmehr nach den Grundsätzen für die ertragsteuerliche Behandlung von beweglichen Wirtschaftsgütern zu beurteilen. Für die Abgrenzung der Betriebsvorrichtungen von den Gebäuden sind die Anweisungen in dem übereinstimmenden Ländererlass über die Abgrenzung der Betriebsvorrichtungen vom Grundvermögen vom 28.3.1960 (BStBl. 1960 II S. 93) maßgebend.

2. Steuerliche Zurechnung unbeweglicher Leasing-Gegenstände

a) Die Zurechnung des unbeweglichen Leasing-Gegenstandes ist von der von den Parteien gewählten Vertragsgestaltung und deren tatsächlicher Durchführung abhängig. Unter Würdigung der gesamten Umstände ist im Einzelfall zu entscheiden, wem der Leasing-Gegenstand zuzurechnen ist. Die Zurechnungs-Kriterien sind dabei für Gebäude und Grund und Boden getrennt zu prüfen.

b) Bei Finanzierungs-Leasing-Verträgen ohne Kauf- oder Verlängerungsoption und Finanzierungs-Leasing-Verträgen mit Mietverlängerungsoption ist der Grund und Boden grundsätzlich dem Leasing-Geber zuzurechnen, bei Finanzierungs-Leasing-Verträgen mit Kaufoption dagegen regelmäßig dem Leasing-Nehmer, wenn nach Buchstabe c auch das Gebäude dem Leasing-Nehmer zugerechnet wird. Für die Zurechnung des Grund und Bodens in Fällen des Spezial-Leasings ist entsprechend zu verfahren.

c) Für die Zurechnung der Gebäude gilt im Einzelnen Folgendes:

aa) Ist die Grundmietzeit kürzer als 40 v.H. oder länger als 90 v.H. der betriebsgewöhnlichen Nutzungsdauer des Gebäudes, so ist das Gebäude regelmäßig dem Leasing-Nehmer zuzurechnen. Wird die Absetzung für Abnutzung des Gebäudes nach § 7 Abs. 4 Satz 1 oder Abs. 5 EStG bemessen, so gilt als betriebsgewöhnliche Nutzungsdauer ein Zeitraum von 50 Jahren. Hat der Leasing-Nehmer dem Leasing-Geber an dem Grundstück, das Gegenstand des Finanzierungs-Leasing-Vertrags ist, ein Erbbaurecht eingeräumt und ist der Erbbaurechtszeitraum kürzer als die betriebsgewöhnliche Nutzungsdauer des Gebäudes, so tritt bei Anwendung des vorstehenden Satzes an die Stelle der betriebsgewöhnlichen Nutzungsdauer des Gebäudes der kürzere Erbbaurechtszeitraum.

bb) Beträgt die Grundmietzeit mindestens 40 v.H. und höchstens 90 v.H. der betriebsgewöhnlichen Nutzungsdauer, so gilt unter Berücksichtigung der Sätze 2 und 3 des vorstehenden Doppelbuchstabens aa Folgendes:

Bei Finanzierungs-Leasing-Verträgen ohne Kauf- oder Mietverlängerungsoption ist das Gebäude regelmäßig dem Leasing-Geber zuzurechnen.

Bei Finanzierungs-Leasing-Verträgen mit Kaufoption kann das Gebäude regelmäßig nur dann dem Leasing-Geber zugerechnet werden, wenn der für den Fall der Ausübung des Optionsrechts vorgesehene Gesamtkaufpreis nicht niedriger ist als der unter Anwendung der linearen AfA ermittelte Buchwert des Gebäudes zuzüglich des Buchwertes für den Grund und Boden oder der niedrigere gemeine Wert des Grundstücks im Zeitpunkt der Veräußerung. Wird die Höhe des Kaufpreises für den Fall der Ausübung des Optionsrechtes während oder nach Ablauf der Grundmietzeit festgelegt oder verändert, so gilt Entsprechendes. Die Veranlagungen sind ggf. zu berichtigen.

Bei Finanzierungs-Leasing-Verträgen mit Mietverlängerungsoption kann das Gebäude regelmäßig nur dann dem Leasing-Geber zugerechnet werden, wenn die Anschlussmiete mehr als 75 v.H. des Mietentgeltes beträgt, das für ein nach Art, Lage und Ausstattung vergleichbares Grundstück üblicherweise gezahlt wird. Wird die Höhe der Leasingraten für den Verlängerungszeitraum während oder nach Ablauf der Grundmietzeit festgelegt oder verändert, so gilt Entsprechendes. Die Veranlagungen sind ggf. zu berichtigen.

Verträge ohne Mietverlängerungsoption, bei denen nach Ablauf der Grundmietzeit eine Vertragsverlängerung für den Fall vorgesehen ist, dass der Mietvertrag nicht von einer der Vertragsparteien gekündigt wird, sind steuerlich grundsätzlich ebenso wie Finanzierungs-Leasing-Verträge mit Mietverlängerungsoption zu behandeln.

d) Bei Spezial-Leasing-Verträgen ist das Gebäude stets dem Leasing-Nehmer zuzurechnen.

II. Bilanzmäßige Darstellung

1. Zurechnung des Leasing-Gegenstandes beim Leasing-Geber

a) Darstellung beim Leasing-Geber

- Der Leasing-Geber hat den Leasing-Gegenstand mit seinen Anschaffungs- oder Herstellungskosten zu aktivieren.
- Die Leasingraten sind Betriebseinnahmen.

b) Darstellung beim Leasing-Nehmer

- Die Leasingraten sind grundsätzlich Betriebsausgaben.

2. Zurechnung des Leasing-Gegenstandes beim Leasing-Nehmer

a) Bilanzierung beim Leasing-Nehmer

Der Leasing-Nehmer hat den Leasing-Gegenstand mit seinen Anschaffungs- oder Herstellungskosten zu aktivieren. Als Anschaffungs- oder Herstellungskosten gelten die Anschaffungs- oder Herstellungskosten des Leasing-Gebers, die der Berechnung der Leasingraten zugrunde gelegt worden sind, zuzüglich etwaiger weiterer Anschaffungs- oder Herstellungskosten, die nicht in dem Leasingraten enthalten sind (vgl. Schreiben vom 5. Mai 1970 - IV B/2 - S 2170-4/70-).

In Höhe der aktivierten Anschaffungs- oder Herstellungskosten mit Ausnahme der nicht in den Leasingraten berücksichtigten Anschaffungs- oder Herstellungskosten des Leasing-Nehmers ist eine Verbindlichkeit gegenüber dem Leasing-Geber zu passivieren.

Die Leasingraten sind in einen Zins- und Kostenanteil sowie einen Tilgungsanteil aufzuteilen. Bei der Aufteilung ist zu berücksichtigen, dass sich infolge der laufenden Tilgung der Zinsanteil verringert und der Tilgungsanteil entsprechend erhöht.

Der Zins- und Kostenanteil stellt eine sofort abzugsfähige Betriebsausgabe dar, während der andere Teil der Leasingrate als Tilgung der Kaufpreisschuld erfolgsneutral zu behandeln ist.

b) Bilanzierung beim Leasing-Geber

Der Leasing-Geber aktiviert eine Kaufpreisforderung an den Leasing-Nehmer in Höhe der den Leasingraten zugrunde gelegten Anschaffungs- oder Herstellungskosten. Dieser Betrag ist grundsätzlich mit der vom Leasing-Nehmer ausgewiesenen Verbindlichkeit identisch.

Die Leasingraten sind in einen Zins- und Kostenanteil sowie in einen Anteil Tilgung der Kaufpreisforderung aufzuteilen. Wegen der Aufteilung der Leasingraten und deren steuerlicher Behandlung gelten die Ausführungen unter a entsprechend.

III. Andere Verträge

Erfüllen Verträge über unbewegliche Wirtschaftsgüter nicht die Merkmale, die als Voraussetzung für den Begriff des Finanzierungs-Leasings in Abschnitt II meines Schreibens vom 19.4.1971 aufgeführt sind, so ist nach allgemeinen Grundsätzen, insbesondere auch nach den von der Rechtsprechung aufgestellten Grundsätzen über Mietkaufverträge zu entscheiden, wem der Leasing- oder Mietgegenstand zuzurechnen ist (vgl. hierzu insbesondere BFH-Urteile vom 5.11.1957 - BStBl. 1957 III S. 445 -, 25.10.1963 - BStBl. 1964 III S. 44 -, 2.8.1966 - BStBl. 1967 III S. 63 - und 18.11.1970 - BStBl. 1971 II S. 133).

7.13 Ertragsteuerliche Behandlung von Leasing-Verträgen über bewegliche Wirtschaftsgüter

(BMF-Schreiben vom 19. April 1971, BStBl. I 1971, 264 ff.)

Unter Bezugnahme auf das Ergebnis der Erörterungen mit den obersten Finanzbehörden der Länder wird zu der Frage der steuerlichen Behandlung von Leasing-Verträgen über bewegliche Wirtschaftsgüter wie folgt Stellung genommen:

I. Allgemeines

Der Bundesfinanzhof hat mit Urteil vom 26. Januar 1970 (BStBl. 1970 II S. 264) zur steuerlichen Behandlung von so genannten Finanzierungs-Leasing-Verträgen über bewegliche Wirtschaftsgüter Stellung genommen.

Um eine einheitliche Rechtsanwendung durch die Finanzverwaltung zu gewährleisten, kann bei vor dem 24. April 1970 abgeschlossenen Leasing-Verträgen aus Vereinfachungsgründen von dem wirtschaftlichen Eigentum des Leasing-Gebers am Leasing-Gut und einer Vermietung oder Verpachtung an den Leasing-Nehmer ausgegangen werden, wenn die Vertragsparteien in der Vergangenheit übereinstimmend eine derartige Zurechnung zugrunde gelegt haben und auch in Zukunft daran festhalten. Das gilt auch, wenn die Vertragslaufzeit über den genannten Stichtag hinausreicht (vgl. Schreiben vom 21. Juli 1970 [IV B/2 S 2170 52/70 und IV A/1 S 7471 10/70] BStBl. 1970 I S. 913).

Für die steuerliche Behandlung von nach dem 23. April 1970 abgeschlossenen Leasing-Verträgen über bewegliche Wirtschaftsgüter sind die folgenden Grundsätze zu beachten. Dabei ist als betriebsgewöhnliche Nutzungsdauer der in den amtlichen AfA-Tabellen angegebene Zeitraum zugrunde zu legen.

II. Begriff und Abgrenzung des Finanzierungs-Leasing-Vertrags bei beweglichen Wirtschaftsgütern

1. Finanzierungs-Leasing im Sinne dieses Schreibens ist nur dann anzunehmen, wenn

a) der Vertrag über eine bestimmte Zeit abgeschlossen wird, während der der Vertrag bei vertragsgemäßer Erfüllung von beiden Vertragsparteien nicht gekündigt werden kann (Grundmietzeit), und

b) der Leasing-Nehmer mit den in der Grundmietzeit zu entrichtenden Raten mindestens die Anschaffungs- oder Herstellungskosten sowie alle Nebenkosten einschließlich der Finanzierungskosten des Leasing-Gebers deckt.

2. Beim Finanzierungs-Leasing von beweglichen Wirtschaftsgütern sind im Wesentlichen folgende Vertragstypen festzustellen:

a) Leasing-Verträge ohne Kauf- oder Verlängerungsoption
Bei diesem Vertragstyp sind zwei Fälle zu unterscheiden:

Die Grundmietzeit

aa) deckt sich mit der betriebsgewöhnlichen Nutzungsdauer des Leasing-Gegenstandes,
bb) ist geringer als die betriebsgewöhnliche Nutzungsdauer des Leasing-Gegenstandes.

Der Leasing-Nehmer hat nicht das Recht, nach Ablauf der Grundmietzeit den Leasing-Gegenstand zu erwerben oder den Leasing-Vertrag zu verlängern.

b) Leasing-Verträge mit Kaufoption

Der Leasing-Nehmer hat das Recht, nach Ablauf der Grundmietzeit, die regelmäßig kürzer ist als die betriebsgewöhnliche Nutzungsdauer des Leasing-Gegenstandes, den Leasing-Gegenstand zu erwerben.

c) Leasing-Verträge mit Mietverlängerungsoption

Der Leasing-Nehmer hat das Recht, nach Ablauf der Grundmietzeit, die regelmäßig kürzer ist als die betriebsgewöhnliche Nutzungsdauer des Leasing-Gegenstandes, das Vertragsverhältnis auf bestimmte oder unbestimmte Zeit zu verlängern.

Leasing-Verträge ohne Mietverlängerungsoption, bei denen nach Ablauf der Grundmietzeit eine Vertragsverlängerung für den Fall vorgesehen ist, dass der Mietvertrag nicht von einer der Vertragsparteien gekündigt wird, sind steuerlich grundsätzlich ebenso wie Leasing-Verträge mit Mietverlängerungsoption zu behandeln. Etwas anderes gilt nur dann, wenn nachgewiesen wird, dass der Leasing-Geber bei Verträgen über gleiche Wirtschaftsgüter innerhalb eines Zeitraums von neun Zehnteln der betriebsgewöhnlichen Nutzungsdauer in einer Vielzahl von Fällen das Vertragsverhältnis aufgrund seines Kündigungsrechts beendet.

d) Verträge über Spezial-Leasing

Es handelt sich hierbei um Verträge über Leasing-Gegenstände, die speziell auf die Verhältnisse des Leasing-Nehmers zugeschnitten und nach Ablauf der Grundmietzeit regelmäßig nur noch beim Leasing-Nehmer wirtschaftlich sinnvoll verwendbar sind. Die Verträge kommen mit oder ohne Optionsklausel vor.

III. Steuerliche Zurechnung des Leasing-Gegenstandes

Die Zurechnung des Leasing-Gegenstandes ist von der von den Parteien gewählten Vertragsgestaltung und deren tatsächlicher Durchführung abhängig. Unter Würdigung der gesamten Umstände ist im Einzelfall zu entscheiden, wem der Leasing-Gegenstand steuerlich zuzurechnen ist. Bei den unter II.2. genannten Grundvertragstypen gilt für die Zurechnung das Folgende:

1. Leasing-Verträge ohne Kauf- oder Verlängerungsoption

Bei Leasing-Verträgen ohne Optionsrecht ist der Leasing-Gegenstand regelmäßig zuzurechnen

- dem Leasing-Geber,
  wenn die Grundmietzeit mindestens 40 v.H. und höchstens 90 v.H. der betriebsgewöhnlichen Nutzungsdauer des Leasing-Gegenstandes beträgt,
- dem Leasing-Nehmer,
  wenn die Grundmietzeit weniger als 40 v.H. oder mehr als 90 v.H. der betriebsgewöhnlichen Nutzungsdauer beträgt.

2. Leasing-Verträge mit Kaufoption

Bei Leasing-Verträgen mit Kaufoption ist der Leasing-Gegenstand regelmäßig zuzurechnen

- dem Leasing-Geber,
  wenn die Grundmietzeit mindestens 40 v.H. und höchstens 90 v.H. der betriebsgewöhnlichen Nutzungsdauer des Leasing-Gegenstandes beträgt und der für den Fall der Ausübung des Optionsrechts vorgesehene Kaufpreis nicht niedriger ist als der unter Anwendung der linearen AfA nach der amtlichen AfA-Tabelle ermittelte Buchwert oder der niedrigere gemeine Wert im Zeitpunkt der Veräußerung,
- dem Leasing-Nehmer,
  - wenn die Grundmietzeit weniger als 40 v.H. oder mehr als 90 v.H. der betriebsgewöhnlichen Nutzungsdauer beträgt oder
  - wenn bei einer Grundmietzeit von mindestens 40 v.H. und höchstens 90 v.H. der betriebsgewöhnlichen Nutzungsdauer der für den Fall der Ausübung des Optionsrechts vorgesehene Kaufpreis niedriger ist als der unter Anwendung der linearen AfA nach der amtlichen AfA-Tabelle ermittelte Buchwert oder der niedrigere gemeine Wert im Zeitpunkt der Veräußerung.

Wird die Höhe des Kaufpreises für den Fall der Ausübung des Optionsrechts während oder nach Ablauf der Grundmietzeit festgelegt oder verändert, so gilt Entsprechendes. Die Veranlagungen sind gegebenenfalls zu berichtigen.

3. Leasing-Verträge mit Mietverlängerungsoption

Bei Leasing-Verträgen mit Mietverlängerungsoption ist der Leasing-Gegenstand regelmäßig zuzurechnen

- dem Leasing-Geber,
  wenn die Grundmietzeit mindestens 40 v.H. und höchstens 90 v.H. der betriebsgewöhnlichen Nutzungsdauer des Leasing-Gegenstandes beträgt und die Anschlussmiete so bemessen ist, dass sie den Wertverzehr für den Leasing-Gegenstand deckt, der sich auf der Basis des unter Berücksichtigung der linearen Absetzung für Abnutzung nach der amtlichen AfA-Tabelle ermittelten Buchwerts oder des niedrigeren gemeinen Werts und der Restnutzungsdauer lt. AfA-Tabelle ergibt,
- dem Leasing-Nehmer,
  - wenn die Grundmietzeit weniger als 40 v.H. oder mehr als 90 v.H. der betriebsgewöhnlichen Nutzungsdauer des Leasing-Gegenstandes beträgt oder
  - wenn bei einer Grundmietzeit von mindestens 40 v.H. und höchstens 90 v.H. der betriebsgewöhnlichen Nutzungsdauer die Anschlussmiete so bemessen ist, dass sie den Wertverzehr für den Leasing-Gegenstand nicht deckt, der sich auf der Basis des unter Berücksichtigung der linearen AfA nach der amtlichen AfA-Tabelle ermittelten Buchwerts oder des niedrigeren gemeinen Werts und der Restnutzungsdauer lt. AfA-Tabelle ergibt.

Wird die Höhe der Leasingraten für den Verlängerungszeitraum während oder nach Ablauf der Grundmietzeit festgelegt oder verändert, so gilt Entsprechendes.

Abschnitt II Nr. 2 Buchstabe c Sätze 2 und 3 sind zu beachten.

4. Verträge über Spezial-Leasing

Bei Spezial-Leasing-Verträgen ist der Leasing-Gegenstand regelmäßig dem Leasing-Nehmer ohne Rücksicht auf das Verhältnis von Grundmietzeit und Nutzungsdauer und auf Optionsklauseln zuzurechnen.

IV. Bilanzmäßige Darstellung von Leasing-Verträgen bei Zurechnung des Leasing-Gegenstandes beim Leasing-Geber

1. Beim Leasing-Geber

Der Leasing-Geber hat den Leasing-Gegenstand mit seinen Anschaffungs- oder Herstellungskosten zu aktivieren. Die Absetzung für Abnutzung ist nach der betriebsgewöhnlichen Nutzungsdauer vorzunehmen.

Die Leasingraten sind Betriebseinnahmen.

2. Beim Leasing-Nehmer

Die Leasingraten sind Betriebsausgaben.

V. Bilanzmäßige Darstellung von Leasing-Verträgen bei Zurechnung des Leasing-Gegenstandes beim Leasing-Nehmer

1. Beim Leasing-Nehmer

Der Leasing-Nehmer hat den Leasing-Gegenstand mit seinen Anschaffungs- oder Herstellungskosten zu aktivieren. Als Anschaffungs- oder Herstellungskosten gelten die Anschaffungs- oder Herstellungskosten des Leasing-Gebers, die der Berechnung der Leasingraten zugrunde gelegt worden sind, zuzüglich etwaiger weiterer Anschaffungs- oder Herstellungskosten, die nicht in den Leasingraten enthalten sind. Dem Leasing-Nehmer steht die AfA nach der betriebsgewöhnlichen Nutzungsdauer des Leasing-Gegenstandes zu.

In Höhe der aktivierten Anschaffungs- oder Herstellungskosten mit Ausnahme der nicht in den Leasingraten berücksichtigten Anschaffungs- oder Herstellungskosten des Leasing-Nehmers ist eine Verbindlichkeit gegenüber dem Leasing-Geber zu passivieren.

Die Leasingraten sind in einen Zins- und Kostenanteil sowie einen Tilgungsanteil aufzuteilen. Bei der Aufteilung ist zu berücksichtigen, dass sich infolge der laufenden Tilgung der Zinsanteil verringert und der Tilgungsanteil entsprechend erhöht.

Der Zins- und Kostenanteil stellt eine sofort abzugsfähige Betriebsausgabe dar, während der andere Teil der Leasingrate als Tilgung der Kaufpreisschuld erfolgsneutral zu behandeln ist.

2. Beim Leasing-Geber

Der Leasing-Geber aktiviert eine Kaufpreisforderung an den Leasing-Nehmer in Höhe der den Leasingraten zugrunde gelegten Anschaffungs- oder Herstellungskosten. Dieser Betrag ist grundsätzlich mit der vom Leasing-Nehmer ausgewiesenen Verbindlichkeit identisch.

Die Leasingraten sind in einen Zins- und Kostenanteil sowie in einen Anteil Tilgung der Kaufpreisforderung aufzuteilen. Wegen der Aufteilung der Leasingraten und deren steuerlichen Behandlung gelten die Ausführungen unter V.1. entsprechend.

VI. Die vorstehenden Grundsätze gelten entsprechend auch für Verträge mit Leasing-Nehmern, die ihren Gewinn nicht durch Bestandsvergleich ermitteln.

7.14 Verfassungswidrigkeit der Einheitswertbesteuerung bei der Vermögensteuer

(Beschluss des BVerfG vom 22. Juni 1995, Az.: 2 BvL 37/91 – Auszug)

Leitsätze:

1. Bestimmt der Gesetzgeber für das gesamte steuerpflichtige Vermögen einen einheitlichen Steuersatz, so kann eine gleichmäßige

Besteuerung nur in den Bemessungsgrundlagen der je für sich zu bewertenden wirtschaftlichen Einheiten gesichert werden. Die Bemessungsgrundlage muss deshalb auf die Ertragsfähigkeit der wirtschaftlichen Einheiten sachgerecht bezogen sein und deren Werte in ihrer Relation realitätsgerecht abbilden.

2. Die verfassungsrechtlichen Schranken der Besteuerung des Vermögens durch Einkommen- und Vermögensteuer begrenzen den steuerlichen Zugriff auf die Ertragsfähigkeit des Vermögens. An dieser Grenze der Gesamtbelastung des Vermögens haben sich die gleichheitsrechtlich gebotenen Differenzierungen auszurichten.

3. Die Vermögensteuer darf zu den übrigen Steuern auf den Ertrag nur hinzutreten, soweit die steuerliche Gesamtbelastung des Sollertrages bei typisierender Betrachtung von Einnahmen, abziehbaren Aufwendungen und sonstigen Entlastungen in der Nähe einer hälftigen Teilung zwischen privater und öffentlicher Hand verbleibt.

4. Unter Berücksichtigung der steuerlichen Vorbelastung des Vermögens muss der Steuergesetzgeber jedenfalls die wirtschaftliche Grundlage persönlicher Lebensführung gegen eine Sollertragsteuer abschirmen.

5. Soweit Vermögensteuerpflichtige sich innerhalb ihrer Ehe oder Familie auf eine gemeinsame – erhöhte – ökonomische Grundlage individueller Lebensgestaltung einrichten durften, gebietet der Schutz von Ehe und Familie gemäß Art. 6 Abs. 1 GG, dass der Vermögensteuergesetzgeber die Kontinuität dieses Ehe- und Familiengutes achtet.

In dem Verfahren zur verfassungsrechtlichen Prüfung, ob § 10 Nummer 1 des Vermögensteuergesetzes mit dem Gleichheitssatz des Artikel 3 Absatz 1 Grundgesetz unvereinbar ist, weil die Vorschrift für die Besteuerung einheitswertgebundenen und nicht einheitswertgebundenen Vermögens einen einheitlichen Steuersatz festlegt

… hat das Bundesverfassungsgericht am 22. Juni 1995 beschlossen:

1. § 10 Nummer 1 des Vermögensteuergesetzes vom 17. April 1974 (Bundesgesetzbl. I Seite 949) in der Fassung der Bekanntmachung

vom 14. November 1990 (Bundesgesetzbl. I Seite 2467), zuletzt geändert durch Gesetz vom 14. September 1994 (Bundesgesetzbl. I Seite 2325), ist jedenfalls seit dem Veranlagungszeitraum 1983 in allen seinen seitherigen Fassungen mit Artikel 3 Absatz 1 des Grundgesetzes insofern unvereinbar, als er den einheitswertgebundenen Grundbesitz, dessen Bewertung der Wertentwicklung seit 1964/74 nicht mehr angepasst worden ist, und das zu Gegenwartswerten erfasste Vermögen mit demselben Steuersatz belastet.

2. Der Gesetzgeber ist verpflichtet, eine Neuregelung spätestens bis zum 31. Dezember 1996 zu treffen. Längstens bis zu diesem Zeitpunkt ist das bisherige Recht weiterhin anwendbar.

Setzt die Neuregelung eine allgemeine Neubewertung von Besteuerungsgrundlagen voraus, so kann der Gesetzgeber für deren Dauer - längstens für fünf Jahre seit der Verkündung des Gesetzes - Übergangsregelungen treffen, die die vermögensteuerliche Belastung an die verfassungsrechtlichen Maßstäbe dieser Entscheidung annähern; dabei darf er eine teilweise Fortgeltung der bisherigen Vorschriften anordnen. „..."

7.15 Verfassungswidrigkeit der Einheitswertbesteuerung bei der Erbschaftsteuer

(Beschluss des BVerfG vom 22. Juni 1995, Az.: 2 BvR 552/91 - Auszug)

Leitsätze:

1. Entscheidet sich der Gesetzgeber bei der Erbschaftsteuer für eine gesonderte Bewertung der zu besteuernden Güter, so muss er die einmal getroffene Belastungsentscheidung folgerichtig umsetzen und die Steuerpflichtigen - ungeachtet verfassungsrechtlich zulässiger Differenzierungen - gleichmäßig belasten.

2. Der Spielraum für den steuerlichen Zugriff auf den Erwerb von Todes wegen findet seine Grenze dort, wo die Steuerpflicht den Erwerber übermäßig belastet und die ihm zugewachsenen Vermögenswerte grundlegend beeinträchtigt.

3. Die Ausgestaltung und Bemessung der Erbschaftsteuer muss den grundlegenden Gehalt der Erbrechtsgarantie wahren, zu dem die Testierfreiheit und das Prinzip des Verwandtenerbrechts gehören; sie darf Sinn und Funktion des Erbrechts als Rechtseinrichtung und Individualgrundrecht nicht zunichte oder wertlos machen.

In dem Verfahren über die Verfassungsbeschwerde

... hat das Bundesverfassungsgericht am 22. Juni 1995 beschlossen:

1. § 12 Absatz 1 und 2 des Erbschaftsteuer- und Schenkungsteuergesetzes in der Fassung der Bekanntmachung vom 19. Februar 1991 (Bundesgesetzbl. I S. 468), zuletzt geändert durch Gesetz vom 27. September 1994 (Bundesgesetzbl. I S. 2624) in Verbindung mit dem Ersten und Zweiten Teil des Bewertungsgesetzes in der Fassung der Bekanntmachung vom 1. Februar 1991 (Bundesgesetzbl. I S. 230), zuletzt geändert durch Gesetz vom 27. September 1994 (Bundesgesetzbl. I S. 2624) ist jedenfalls seit 1987 in allen seinen seitherigen Fassungen insofern mit Artikel 3 Absatz 1 des Grundgesetzes unvereinbar, als er bei gleichem Steuertarif als Bemessungsgrundlagen für Grundbesitz den seit 1964/74 der Wertentwicklung nicht mehr angepassten Einheitswert und für das Vermögen im Übrigen den Gegenwartswert zugrunde legt. ...

4. Der Gesetzgeber ist verpflichtet, eine Neuregelung spätestens bis zum 31. Dezember 1996 zu treffen. Das bisherige Recht ist längstens bis zum 31. Dezember 1995 anwendbar. Ab diesem Zeitpunkt verbleibt es bei der Regelung des § 165 Absatz 1 Satz 2 Nummer 2 der Abgabenordnung in der Fassung des Gesetzes vom 21. Dezember 1993 (Bundesgesetzbl. I S. 2310).

...

II.

§ 12 Abs. 1 und Abs. 2 ErbStG ist mit Art. 3 Abs. 1 GG insofern unvereinbar, als er auf die Regeln des Bewertungsgesetzes verweist, die Kapitalvermögen (festverzinsliche Wertpapiere und Aktien) zu Gegenwartswerten ansetzen, obwohl sie den Grundbesitz in den Vergangenheitswerten des zum 1. Januar 1964 festgestellten Einheitswertes erfassen.

1. Der Gesetzgeber verfolgt mit § 12 ErbStG i.V.m. dem Bewertungsgesetz das Ziel, den steuerpflichtigen Erwerb in zeitgerecht mitschreitenden Werten zu erfassen. Soweit das Bewertungsgesetz die Verkehrswerte zugrunde legt, wird der Erwerb von Todes wegen erbschaftsteuerlich in den jeweils gegenwärtigen Marktpreisen erfasst. Für das einheitswertgebundene Vermögen sieht das Bewertungsgesetz regelmäßige Neubewertungen vor, die für den Grundbesitz in Zeitabständen von je sechs Jahren, für wirtschaftliche Einheiten des Betriebsvermögens in Zeitabschnitten von drei Jahren festgestellt werden sollen. Entgegen dieser Konzeption des Gesetzgebers sind die Werte des einheitswertgebundenen Vermögens jedoch letztmals zum 1. Januar 1964 festgestellt worden (vgl. Beschluss des Bundesverfassungsgerichts vom gleichen Tage - 2 BvL 37/91 - zu C.II.1.c) und d). Das Konzept des Erbschaftsteuergesetzes, der Besteuerung gegenwartsnahe Werte zugrunde zu legen, ist deshalb für das Kapitalvermögen verwirklicht, für den Grundbesitz hingegen unerfüllt geblieben. Wenn die Erbschaftsteuer das Kapitalvermögen in Gegenwartswerten, das einheitswertgebundene Vermögen hingegen in den Vergangenheitswerten von 1964 belastet, so hat dieses deutliche Wertverzerrungen und Belastungsungleichheiten zur Folge (vgl. im Einzelnen BVerfG, a.a.O., zu C.II.2.a). Das Zurückbleiben der Einheitswerte hinter den zeitnahen Werten mindert die Erbschaftsteuerbelastung des Grundbesitzes im Widerspruch zur Konzeption des Erbschaftsteuergesetzes. Insoweit ist den Erfordernissen des Gleichheitssatzes nicht genügt.

2. Bei der Neuregelung der erbschaftsteuerlichen Bemessungsgrundlage wird der Gesetzgeber zu beachten haben, dass sich die Belastung durch die Erbschaftsteuer aus dem Zusammenwirken von Bemessungsgrundlage und Steuersatz ergibt. Deshalb sind - wie durch Art. 10 § 3 des Erbschaftsteuerreformgesetzes 1974 (BGBl I S. 933 - ErbStRG -) vorgesehen - die auf die derzeit geltende Bemessungsgrundlage anwendbaren Steuersätze (§ 19 ErbStG) an die künftige erbschaftsteuerliche Bemessungsgrundlage anzupassen. Dabei belässt der Gleichheitssatz dem Steuergesetzgeber eine weit reichende Gestaltungsbefugnis, die ihn insbesondere berechtigt, sich bei seinen Regelungen auch von finanzpolitischen, volkswirtschaftlichen oder sozialpolitischen Erwägungen leiten zu lassen.

Seine Gestaltungsbefugnis endet erst dort, wo ein sachlicher Grund für die Gleichbehandlung oder Ungleichbehandlung fehlt (vgl. BVerfGE 74, 182 [200]). …

7.16 Verfassungswidrigkeit von § 19 Abs. 1 ErbStG i.d.F. des JStG 1997 i.V.m. § 10 Abs. 1 Sätze 1 und 2, Abs. 6 Satz 4 ErbStG, § 12 ErbStG sowie §§ 13a, 19a ErbStG

(BUNDESFINANZHOF; Entscheidung vom 22.5.2002, II R 61/99)

Leitsätze:

Der BFH hält § 19 Abs. 1 ErbStG i.d.F. des JStG 1997 i.V.m. § 10 Abs. 1 Sätze 1 und 2, Abs. 6 Satz 4 ErbStG, § 12 ErbStG sowie §§ 13a, 19a ErbStG, dabei § 12 ErbStG i.V.m. den in dieser Vorschrift in Bezug genommenen Vorschriften des BewG, wegen Verstoßes gegen den Gleichheitssatz (Art. 3 Abs. 1 GG) für verfassungswidrig, weil die Vorschriften zur Ermittlung der Steuerbemessungsgrundlage beim Betriebsvermögen, bei den Anteilen an Kapitalgesellschaften sowie beim Grundbesitz (einschließlich des land- und forstwirtschaftlichen Vermögens) gleichheitswidrig ausgestaltet sind.

Tatbestand:

Teil A: Sachverhalt Die Klägerin und Revisionsbeklagte (Klägerin) ist die Nichte und Alleinerbin der am 23. Juli 1997 verstorbenen Erblasserin (E). E hatte 1994 eine Eigentumswohnung zu einem Kaufpreis von 343 000 DM gekauft. Der Kaufpreis war bis Ende 1996 vollständig gezahlt. Die Auflassung wurde am 3. Juni 1997 erklärt; am 4. August 1997 erfolgte die Umschreibung im Grundbuch. Zum Nachlass der E gehörten auch ein Bankguthaben in Höhe von 134 150 DM sowie ein Steuererstattungsanspruch in Höhe von 673 DM.

Der Beklagte und Revisionskläger (das Finanzamt - FA-) setzte durch Bescheid vom 7. Juli 1998 gegen die Klägerin wegen des Erwerbs durch Erbanfall (§ 3 Abs. 1 Nr. 1 des Erbschaftsteuergesetzes - ErbStG -, § 1922 Abs. 1 des Bürgerlichen Gesetzbuches - BGB -) Erbschaftsteuer in Höhe von 74 494 DM fest. Das FA sah als Gegenstand des Erwerbs der Klägerin nicht das Wohnungseigentum, sondern den auf dessen Verschaffung gerichteten Anspruch an, den es mit dem gemeinen Wert, d.h. hier mit dem Nennwert des Kaufpreises bewertete. Die im Nachlass befindlichen Kapitalforderungen erfasste das FA ebenfalls mit dem Nennwert. Den Einspruch, mit dem die Klägerin beantragte, als Wert der Eigentumswohnung nicht den gemeinen Wert (343 000 DM), sondern den vom Lagefinanzamt durch Bescheid vom 20. Mai 1998 festgestellten Grundstückswert (Bedarfswert gemäß § 138 Abs. 5 des Bewertungsgesetzes - BewG -) in Höhe von 127 000 DM der Besteuerung zugrunde zu legen, weil das Wohnungseigentum noch vor dem Tod der E an diese aufgelassen worden sei, wies das FA als unbegründet zurück.

Das Finanzgericht (FG), dessen Urteil in Entscheidungen der Finanzgerichte (EFG) 2000, 1019 veröffentlicht ist, setzte die Erbschaftsteuer entsprechend dem Antrag der Klägerin, der Besteuerung den Bedarfswert für die Eigentumswohnung zugrunde zu legen, herab. Gegenstand des Erwerbs der Klägerin sei das der E zustehende Anwartschaftsrecht, das mit keinem höheren Wert angesetzt werden dürfe als das mit dem Bedarfswert zu bewertende Vollrecht. Dem Erwerb dieses Rechts komme im Verhältnis zu dem ebenfalls auf die Klägerin übergegangenen Anspruch der E auf Eigentumsverschaffung vorrangige Bedeutung zu, weil die Verkäuferin der Eigentumswohnung noch vor dem Tod der E alles ihr Mögliche getan habe, um den Leistungserfolg herbeizuführen.

Mit der vom FG wegen grundsätzlicher Bedeutung der Rechtssache zugelassenen Revision rügt das FA Verletzung des § 3 Abs. 1 Nr. 1 i.V.m. §§ 10 und 12 ErbStG, der §§ 873, 1922 BGB und der §§ 9, 138 ff. BewG. Entscheidend sei, dass E bei ihrem Tod noch nicht Eigentümerin der Wohnung gewesen sei. Das Anwartschaftsrecht könne nicht dem Grundstückseigentum gleichgestellt werden.

Das FA beantragt, das Urteil des FG Baden-Württemberg vom 10. Mai 1999 9 K 317/98 aufzuheben und die Klage abzuweisen.

Die Klägerin beantragt, die Revision zurückzuweisen.

Der Senat hat durch Beschluss vom 24. Oktober 2001 II R 61/99 (BFHE 196, 304, BStBl II 2001, 834) das Bundesministerium der Finanzen (BMF) aufgefordert, dem Verfahren beizutreten, und hierzu mitgeteilt, es gehe im Streitfall u.a. auch um die Frage der Verfassungswidrigkeit der Tarifvorschrift des § 19 Abs. 1 ErbStG i.d.F. des Jahressteuergesetzes 1997 (JStG 1997) vom 20. Dezember 1996 (BGBl I 1996, 2049) i.V.m. § 10 Abs. 1 Sätze 1 und 2 ErbStG, § 12 ErbStG sowie §§ 13a, 19a ErbStG, dabei § 12 ErbStG i.V.m. den dort in Bezug genommenen Vorschriften des BewG i.d.F. des JStG 1997.

Das BMF ist durch Schreiben vom 23. November 2001 dem Verfahren beigetreten und hat darauf hingewiesen, dass der Gleichheitssatz dem Steuergesetzgeber eine weitreichende Gestaltungsbefugnis belasse, die ihn insbesondere berechtige, sich bei seinen Regelungen auch von finanzpolitischen, volkswirtschaftlichen oder sozialpolitischen Erwägungen leiten zu lassen. Seine Gestaltungsfreiheit ende erst dort, wo die gleiche oder ungleiche Behandlung der geregelten Sachverhalte nicht mehr mit einer am Gerechtigkeitsgedanken orientierten Betrachtungsweise vereinbar sei, wo also ein sachlicher Grund für die Gleichbehandlung oder Ungleichbehandlung fehle. Nur die Einhaltung dieser äußersten Grenzen der gesetzgeberischen Freiheit sei vom Bundesverfassungsgericht (BVerfG) nachzuprüfen.

Das BMF hat keinen Antrag gestellt.

Der Senat hat in dieser Sache am 10. April 2002 mit den Beteiligten mündlich verhandelt.

Entscheidungsgründe:

Teil B: Vorlageentscheidung Die Vorlage an das BVerfG ist gemäß Art. 100 Abs. 1 Satz 1 des Grundgesetzes (GG) i.V.m. § 80 des Gesetzes über das Bundesverfassungsgericht (BVerfGG) geboten, weil der Senat davon überzeugt ist, dass die Vorschrift des § 19 Abs. 1 ErbStG i.d.F. des JStG 1997 vom 20. Dezember 1996 (BGBl I, 2049, BStBl I 1523) i.V.m. § 10 Abs. 1 Sätze 1 und 2 ErbStG, § 12 ErbStG sowie §§ 13a, 19a ErbStG, dabei § 12 ErbStG i.V.m. den in dieser Vorschrift in Bezug genommenen Vorschriften des BewG, wegen Verstoßes gegen den Gleichheitssatz (Art. 3 Abs. 1 GG) verfassungswidrig ist. Der Senat hält die Anwendung eines einheitlichen Steuertarifs auf alle Erwerbsvorgänge für verfassungswidrig, weil die Vorschriften zur Ermittlung der Steuerbemessungsgrundlage beim Betriebsvermögen, bei den Anteilen an Kapitalgesellschaften sowie beim Grundbesitz (einschließlich des land- und forstwirtschaftlichen Vermögens) gleichheitswidrig ausgestaltet sind.

I. Rechtslage/Rechtsentwicklung

1. Der Steuertarif

§ 19 Abs. 1 ErbStG i.d.F. des JStG 1997 sieht insgesamt 21 unterschiedliche Steuersätze (Vomhundertsätze) im Bereich von 7 v.H. bis 50 v.H. vor, nach denen „die Erbschaftsteuer erhoben wird". Die Höhe des jeweils anzuwendenden Steuersatzes richtet sich zum einen nach der Höhe des Werts des steuerpflichtigen Erwerbs i.S. von § 19 ErbStG (7 Wertstufen), zum anderen nach der anzuwendenden Steuerklasse (§ 15 ErbStG), die sich wiederum nach dem verwandtschaftlichen Verhältnis zwischen dem Erblasser oder Schenker und dem Erwerber richtet. Eine Differenzierung nach dem jeweiligen Gegenstand des Erwerbs sieht § 19 Abs. 1 ErbStG nicht vor. Der sich nach dem Wert des steuerpflichtigen Erwerbs und der Steuerklasse ergebende Vomhundertsatz ist ungeachtet unterschiedlicher Bewertungsmaßstäbe einheitlich auf alle Erwerbsvorgänge anzuwenden.

2. Bemessungsgrundlage/steuerpflichtiger Erwerb

§ 10 ErbStG regelt das Verfahren für die Ermittlung des steuerpflichtigen Erwerbs. Als solcher gilt nach § 10 Abs. 1 Satz 1 ErbStG die Bereicherung des Erwerbers. Nach Satz 2 der Vorschrift gilt als Bereicherung der Betrag, der sich ergibt, wenn von dem nach § 12 ErbStG zu ermittelnden Wert des gesamten Vermögensanfalls die abzugsfähigen Nachlassverbindlichkeiten mit ihrem nach § 12 ErbStG zu ermittelnden Wert abgezogen werden. Der Besteuerung unterliegt danach der Nettovermögenszuwachs des Erwerbers.

3. Regelbemessungsgrundlage „gemeiner Wert"

Nach § 12 Abs. 1 ErbStG i.V.m. § 9 Abs. 1 BewG ist, soweit nichts anderes vorgeschrieben ist, der Bewertung der gemeine Wert zugrunde zu legen. Dieser wird durch den Preis bestimmt, der im gewöhnlichen Geschäftsverkehr nach der Beschaffenheit des Wirtschaftsgutes bei einer Veräußerung zu erzielen wäre (§ 9 Abs. 2 BewG). Die Allgemeinen Bewertungsvorschriften enthalten darüber hinaus in den §§ 10–16 BewG weitere Bewertungsvorschriften, die in typisierender Weise zu einem mit dem gemeinen Wert vergleichbaren Wert führen.

Der gemeine Wert oder ein diesem vergleichbarer Wert gilt – als Folge der unter der nachfolgenden Ziffer 4. dargestellten Sondervorschriften – allerdings nur für nicht zum Betriebsvermögen gehörende bewegliche Gegenstände (z.B. Hausrat, Schmuck, Kunstgegenstände oder Sammlungen), Anteile an Kapitalgesellschaften, soweit ein Kurswert vorliegt oder eine Ableitung des Werts aus stichtagsnahen Verkäufen möglich ist (vgl. § 11 Abs. 1, Abs. 2 Satz 2 BewG) und Investmentzertifikate (§ 11 Abs. 4 BewG) sowie für Kapitalforderungen, Schulden, Sachleistungsansprüche und -verpflichtungen (§ 12 BewG), für Renten und andere wiederkehrende Leistungen (§§ 13 ff. BewG), für nicht zum Betriebsvermögen gehörende Urheberrechte und Patente und für das Auslandsvermögen (§ 12 Abs. 6 ErbStG i.V.m. § 31 BewG).

4. Abweichungen vom „gemeinen Wert"

Sonderregelungen enthält das ErbStG in § 12 Abs. 2 ff. für die Bewertung

- des Betriebsvermögens (§ 12 Abs. 5 ErbStG i.V.m. §§ 95–99, 103, 104 und 109 Abs. 1 und 2 und § 137 BewG sowie die Verweisung in § 95 Abs. 1 Satz 1 BewG auf § 15 Abs. 1 und 2 des Einkommensteuergesetzes – EStG –; §§ 13a und 19a ErbStG);
- nicht notierter Anteile an Kapitalgesellschaften (§ 12 Abs. 2 ErbStG i.V.m. § 11 Abs. 2 BewG),
- des Grundbesitzes (einschließlich des land- und forstwirtschaftlichen Vermögens) und der Betriebsgrundstücke (§ 12 Abs. 3 ErbStG i.V.m. §§ 140 ff. und 145 ff. BewG; §§ 13a und 19a ErbStG).

a) Ansatz des Betriebsvermögens

Die Bewertung des Betriebsvermögens für erbschaftsteuerrechtliche Zwecke war bis zum 31. Dezember 1992 geprägt vom Ansatz der Einzelwirtschaftsgüter mit ihrem jeweiligen Teilwert (§ 10 BewG), der im Wesentlichen dem gemeinen Wert entspricht bzw. dem Ansatz der Betriebsgrundstücke mit den Einheitswerten auf den 1. Januar 1964. Immaterielle Wirtschaftsgüter wie auch Ertragsaussichten blieben (mit wenigen Ausnahmen) unberücksichtigt. Der Gesetzgeber hat somit für erbschaftsteuerrechtliche Zwecke auf eine Unternehmensbewertung unter Einschluss der mit der Fortführung des Betriebs zusammenhängenden Chancen und Risiken verzichtet. Dieses vorsichtige, auf den reinen Zerschlagungswert abzielende Bewertungsverfahren führte im Durchschnitt zu einer Erfassung der reinen Sachwerte des Betriebsvermögens in Höhe von etwa 2/3 ihres Teilwerts (vgl. Meincke, Deutsches Steuerrecht - DStR - 1996, 1305, 1309; Weinmann in Moench, Erbschaft- und Schenkungsteuer, Kommentar, Erg.Lfg. April 2002, § 13a Rdnr. 5). Besonders profitiert haben von dieser Bewertung normal bis gut rentierliche Unternehmen; selbst bei ertragsschwachen Unternehmen erreichte der Steuerwert kaum den Verkehrswert (vgl. die Untersuchung von Spitzbart, Das Betriebsvermögen im Erbschaftsteuerrecht, 2000, S. 74 ff.).

Durch das Gesetz zur Entlastung der Familien und zur Verbesserung der Rahmenbedingungen für Investitionen und Arbeitsplätze (Steueränderungsgesetz 1992 - StÄndG 1992 -) vom 25. Februar 1992 (BGBl I 1992, 297, BStBl I 1992, 146) ordnete der Gesetzgeber die weitgehende Übernahme der Steuerbilanzwerte bei der Bewertung des Betriebsvermögens auch für erbschaft- und schenkungsteuerrechtliche Zwecke an, ohne das System der Bewertung der Einzelwirtschaftsgüter aufzugeben. Gesetzestechnisch geschah dies durch Änderung der in § 12 Abs. 5 ErbStG in Bezug genommenen Vorschriften des BewG, insbesondere der §§ 95 und 109 BewG (vgl. Art. 13 Nrn. 8 und 20 StÄndG 1992).

Die Gesetzesbegründung (Bundesratsdrucksache 522/91 vom 6. September 1991, S. 37) verweist darauf, dass die Übernahme der Steuerbilanzwerte sich entlastend auswirke. Dies sei wichtig insbesondere für mittelständische Personenunternehmen.

Die Übernahme der Steuerbilanzwerte führte im Vergleich zur Rechtslage vor dem 1. Januar 1993 - bei gleich bleibenden Grundstückswerten - zu einem durchschnittlich um etwa ein Drittel niedrigeren Wertansatz des Betriebsvermögens (vgl. Meincke, DStR 1996, 1305, 1309; Weinmann in Moench, Erbschaft- und Schenkungsteuer, Kommentar, Erg.Lfg. April 2002, § 13a Rdnr. 5; Hübner, DStR 1993, 1656, 1657; Christoffel, GmbH-Rundschau - GmbHR - 1993, 205, 206; s.a. Spitzbart, a.a.O., S. 79 ff., 82). Das BMF hat in der mündlichen Verhandlung vom 10. April 2002 die durch den Ansatz der Steuerbilanzwerte sich ergebende steuerentlastende Wirkung bestätigt und erläutert, dass die Annahme einer Wertminderung um durchschnittlich etwa ein Drittel den Erfahrungen der Finanzverwaltung bei der Vermögensteuer entspreche, bei der die Auswirkungen dieser Maßnahme durch unmittelbaren Vergleich der bis zum 1. Januar 1992 anzusetzenden Werte mit den späteren, ab 1. Januar 1993 anzusetzenden Werten sichtbar geworden seien. Betriebsvermögen wurde danach ab dem 1. Januar 1993 nur mit durchschnittlich etwa 45 v.H. des wirklichen Substanzwerts angesetzt (vgl. Weinmann in Moench, Erbschaft- und Schenkungsteuer, Kommentar, Erg.Lfg. April 2002, § 13a Rdnr. 5).

Über die Verweisung in § 12 Abs. 5 ErbStG auf den Abs. 3 dieser Vorschrift gelten ab dem 1. Januar 1996 für Betriebsgrundstücke nicht mehr die Einheitswerte auf den 1. Januar 1964, sondern die sog. Bedarfswerte, d.h. die Grundstückswerte i.S. von §§ 138 Abs. 3, 145 ff. BewG. Das Niveau dieser Werte liegt über dem der früheren Einheitswerte, wenngleich gerade für Grundstücke, die einer gewerblichen Tätigkeit dienen, die im Vergleich zum sonstigen Grundbesitz günstigere Regelung in § 147 BewG zur Anwendung kommt. Diese sieht den Ansatz des Werts für das Grundstück statt mit 80 v.H. mit lediglich 70 v.H. des Bodenrichtwerts sowie den Ansatz des Werts für das Gebäude mit dem Steuerbilanzwert vor. Außenanlagen bleiben unberücksichtigt. Als Folge der höheren Bewertung der Betriebsgrundstücke stieg das Wertniveau für das Betriebsvermögen ab dem 1. Januar 1996 auf durchschnittlich ca. 58 v.H. der tatsächlichen Sachwerte (vgl. Weinmann in Moench, Erbschaft- und Schenkungsteuer, Kommentar, Erg.Lfg. April 2002, § 13a Rdnr. 5).

Der Senat hält diese in der Fachliteratur vertretene Einschätzung für zutreffend. Der sich durch die Anordnung der Übernahme der Steuerbilanzwerte ergebende wertmindernde und damit steuerentlastende Effekt ist allseits unbestritten und - wie sich aus der Gesetzesbegründung ergibt - vom Gesetzgeber gewollt. Der wertmindernde Effekt ergibt sich aus der Nichtberücksichtigung der so genannten stillen Reserven. Diese entstehen in erster Linie als Folge des Anschaffungskostenprinzips nach § 6 Abs. 1 Nrn. 1 und 2 EStG, durch die Möglichkeit der Sofortabschreibung für geringwertige Wirtschaftsgüter nach § 6 Abs. 2 EStG, durch die Möglichkeit der degressiven Absetzung für Abnutzung (AfA) nach § 7 Abs. 2 EStG und durch erhöhte Absetzungen und Sonderabschreibungen nach §§ 7a ff. EStG, insbesondere auch nach dem Fördergebietsgesetz vom 23. September 1993 (BGBl I 1993, 1654).

Die Begünstigungswirkung tritt nicht gleichmäßig ein; sie hängt vielmehr von Zufälligkeiten, nämlich von den Möglichkeiten des einzelnen Unternehmens ab, stille Reserven aufzubauen. Von der Übernahme der Steuerbilanzwerte profitieren deshalb besonders anlageintensive Betriebe sowie Betriebe mit einem großen Rückstellungspotenzial (vgl. Rödder, Der Betrieb - DB - 1993, 2137, 2139), ferner auch ertragsstarke Unternehmen, weil diese sich durch die Ausnutzung von Bilanzierungswahlrechten „ärmer rechnen" können. Deshalb kann der Steuerwert gut rentierlicher Unternehmen auch weniger als 50 v.H. des nach zivilrechtlichen Grundsätzen (Unternehmensbewertungsgrundsätzen) ermittelten Verkehrswertes betragen (vgl. hierzu die ausführliche Untersuchung von Spitzbart, a.a.O., S. 85 ff., 91 f.).

Der in der Übernahme der Steuerbilanzwerte liegende Begünstigungseffekt kann sich noch dadurch erheblich verstärken, dass die von der Aktivseite zu übernehmenden Bilanzwerte, die regelmäßig deutlich unter dem Verkehrswert liegen, mit den auf der Passivseite verbuchten Schulden, die mit dem Nennwert (Verkehrswert) anzusetzen sind, verrechnet werden. Diese Verrechnung ungleicher Wertgrößen lässt das Gesetz ausdrücklich zu, wie sich aus § 10 Abs. 6 Satz 4 ErbStG ergibt, wonach die mit dem Betriebsvermögen zusammenhängenden Schulden und Lasten in vollem Umfang abzugsfähig sind und nicht der Schuldenkappung nach § 10 Abs. 6 ErbStG unterliegen (vgl. zum Abzug von Schulden, die mit unterbewertetem Vermögen zusammenhängen, im Übrigen die Ausführungen oben).

Mit Wirkung ab 1. Januar 1994 führte der Gesetzgeber für den Erwerb von Betriebsvermögen zusätzlich einen Freibetrag von 500 000 DM (256 000 EUR) ein (vgl. § 13 Abs. 2 a ErbStG i.d.F. des Art. 13 Nr. 2 des Gesetzes zur Verbesserung der steuerlichen Bedingungen zur Sicherung des Wirtschaftsstandorts Deutschland im Europäischen Binnenmarkt - Standortsicherungsgesetz - [StandOG] vom 13. September 1993 (BGBl I 1993, 1569, BStBl I 1993, 774).

Der im ursprünglichen Gesetzesentwurf darüber hinaus vorgesehene Bewertungsabschlag für Betriebsvermögen in Höhe von 25 v.H. scheiterte am Widerstand des Bundesrates. Im Antrag des Landes Rheinland-Pfalz vom 16. Juni 1993 (Bundesratsdrucksache 368/4/93) heißt es hierzu:

„Eine weitere Entlastung ist bei den ... vorhandenen Erleichterungen zur Erhaltung des Betriebsvermögens nur noch in einem beschränkten Umfang geboten. Insbesondere geht der von der Bundesregierung vorgeschlagene generelle Bewertungsabschlag von 25 v.H., ..., deutlich über das erforderliche Maß hinaus. ...."

Durch Art. 24 Nr. 3 JStG 1996 vom 11. Oktober 1995 (BGBl I 1995, 1250, BStBl I 1995, 438) wurde die Stundungsregelung beim Erwerb von Betriebsvermögen in § 28 ErbStG erweitert und nunmehr auf einen Zeitraum von 10 Jahren ausgedehnt. Es besteht nach dieser Regelung über die allgemeine Stundungsmöglichkeit nach § 222 der Abgabenordnung (AO 1977) hinaus ein Rechtsanspruch auf (im Erbfall zinslose) Stundung der Steuer, „soweit dies zur Erhaltung des Betriebs erforderlich ist". Diese Stundungsregelung kann wegen der Zinslosigkeit bei Stundung der Steuer über 10 Jahre zu einem Abzinsungsvorteil für den Erwerber von Betriebsvermögen von bis zu 42,5 v.H. führen (vgl. § 12 Abs. 3 BewG i.V.m. der „Hilfstafel 1" zum BewG, BStBl I 1994, 775).

Mit dem JStG 1997 wurde rückwirkend auf den 1. Januar 1996 (vgl. § 37 Abs. 1 ErbStG i.d.F. des Art. 2 Nr. 14 des JStG 1997) die Begünstigungsregelung für Betriebsvermögen abermals erweitert und in § 13a ErbStG wie folgt neu gefasst (vgl. Art. 2 Nr. 5 JStG 1997):

„§ 13a Ansatz von Betriebsvermögen, von Betrieben der Land- und Forstwirtschaft und von Anteilen an Kapitalgesellschaften

(1) Betriebsvermögen, land- und forstwirtschaftliches Vermögen und Anteile an Kapitalgesellschaften im Sinne des Absatzes 4 bleiben vorbehaltlich des Satzes 2 insgesamt bis zu einem Wert von 500 000 Deutsche Mark außer Ansatz

- beim Erwerb von Todes wegen; ...
- beim Erwerb im Wege der vorweggenommenen Erbfolge, ...

(2) Der nach Anwendung des Absatzes 1 verbleibende Wert des Vermögens im Sinne des Absatzes 4 ist mit 60 vom Hundert anzusetzen.

(3) ...

(4) Der Freibetrag und der verminderte Wertansatz gelten für

1. inländisches Betriebsvermögen (§ 12 Abs. 5) beim Erwerb eines ganzen Gewerbebetriebs, eines Teilbetriebs, eines Anteils an einer Gesellschaft im Sinne des § 15 Abs. 1 Nr. 2 und Abs. 3 oder
§ 18 Abs. 4 des Einkommensteuergesetzes, eines Anteils eines persönlich haftenden Gesellschafters einer Kommanditgesellschaft auf Aktien oder eines Anteils daran;
2. ...
3. ...

(5) Der Freibetrag oder Freibetragsanteil (Absatz 1) und der verminderte Wertansatz (Absatz 2) fallen mit Wirkung für die Vergangenheit weg, soweit der Erwerber innerhalb von fünf Jahren nach dem Erwerb

1. einen Gewerbebetrieb oder einen Teilbetrieb, einen Anteil an einer Gesellschaft ... veräußert; als Veräußerung gilt auch die Aufgabe des Gewerbebetriebs;
2. ...
3. ... Entnahmen tätigt, die die Summe seiner Einlagen und der ihm zuzurechnenden Gewinne oder Gewinnanteile seit dem Erwerb um mehr als 100 000 Deutsche Mark übersteigen; ...
4. ... .

(6) …

(7) …"

Der Gesetzgeber hat durch Art. 16 Nr. 1 des Gesetzes zur Änderung steuerlicher Vorschriften (Steueränderungsgesetz 2001 - StÄndG 2001 - vom 20. Dezember 2001, BGBl I, 3794) § 13a Abs. 1 Nr. 2 ErbStG rückwirkend auf den 1. Januar 1996 geändert und die Wörter „im Wege der vorweggenommenen Erbfolge" durch die Wörter „durch Schenkung unter Lebenden" ersetzt. Er hat damit der verfassungskonformen Auslegung des § 13a ErbStG durch den Bundesfinanzhof - BFH - (vgl. Urteil vom 25. Januar 2001 II R 52/98, BFHE 194, 445, BStBl II 2001, 414) den Boden entzogen, wonach Freibetrag und verminderter Wertansatz von 60 v.H. (Bewertungsabschlag von 40 v.H.) nur für besonders qualifizierte, nämlich nur für solche Schenkungen gewährt werden können, die dem Erwerb von Betriebsvermögen durch Erbanfall vergleichbar sind, insbesondere den „vollständigen" und „endgültigen" Erwerb von Betriebsvermögen betreffen. Die Gesetzesänderung führt zur Begünstigung auch solcher Erwerbsvorgänge, in denen Betriebsvermögen (vorzugsweise an Minderjährige) unter weitgehenden Verwaltungs- und Verfügungsbeschränkungen sowie Rückforderungsvorbehalten übergeht, ohne dass sich im wirtschaftlichen Gehalt in Bezug auf das Betriebsvermögen Entscheidendes ändert, weil insbesondere die Entscheidung über die Betriebsfortführung und die damit verbundenen Risiken beim Schenker verbleiben. Die Übernahme der Steuerbilanzwerte, der Freibetrag nach § 13a Abs. 1 ErbStG sowie der verminderte Wertansatz (Bewertungsabschlag) nach § 13a Abs. 2 ErbStG bewirken insgesamt, dass der Erwerb von (kleineren) Betriebsvermögen bis zu einem (Sach-)Wert von rd. 1,1 Mio. Euro regelmäßig völlig ohne Steuerbelastung bleibt. Selbst bei größeren Betriebsvermögen bis zu einem (Sach-)Wert von ca. 10 Mio. Euro liegt die Entlastungswirkung bei mehr als 2/3 der reinen Sachwerte (vgl. Meincke, DStR 1996, 1305, 1309).

Berechnungsbeispiel:

Summe der Teilwerte des Betriebsvermögens	10 000 000 €
Summe der Steuerwerte (Grundstückswerte/Steuerbilanzwerte: 58 v.H. von 10 000 000 €; Durchschnittswert, vgl. oben)	5 800 000 €
./. Freibetrag nach § 13a Abs. 1 ErbStG	256 000 €
./. Bewertungsabschlag nach § 13a Abs. 2 ErbStG	2 217 600 €
steuerpflichtiger Erwerb	3 326 400 €

Nach einer Schätzung des BMF bewirken die Sonderregelungen für das Betriebsvermögen, dass hieraus nur noch 5 v.H. des Aufkommens an Erbschaftsteuer fließen (vgl. Weinmann in Moench, Erbschaft- und Schenkungsteuer, Kommentar, Erg.Lfg. April 2002, § 13a Rdnr. 6 unter Hinweis auf das Handelsblatt vom 9. Dezember 1996). Vor dem 1. Januar 1997 betrug der Anteil des Betriebsvermögens am Gesamtaufkommen der Vermögensteuer unter Einbeziehung der im Privatvermögen gehaltenen Beteiligungswerte noch rd. 58 v.H. (vgl. Bundesratsdrucksache 390/96 vom 24. Mai 1996, S. 65), wobei in diesen Prozentsatz die durch die Übernahme der Steuerbilanzwerte ab 1. Januar 1993 eingetretene Entlastung bereits eingegangen ist.

Darüber hinaus wurde durch das JStG 1997 beim Erwerb von Betriebsvermögen eine sog. Tarifbegrenzung eingefügt (vgl. § 19a ErbStG i.d.F. des Art. 2 Nr. 11 JStG 1997). Diese bewirkt, dass Erwerber des begünstigten Vermögens in den Steuerklassen II und III mit dem aus begünstigtem Vermögen bestehenden Teil ihres Erwerbs mit dem niedrigeren Steuersatz belastet werden, der anzuwenden wäre, wenn diese Erwerber der Steuerklasse I angehörten.

Zur Begründung der durch das JStG 1997 eingefügten Gesetzesänderungen, die die Behandlung von Betriebsvermögen betreffen, wird in der Bundesratsdrucksache 390/96 auf S. 64 auf den in der Übernahme der Steuerbilanzwerte liegenden Vereinfachungseffekt hingewiesen. Ferner sollte erreicht werden, dass der Übergang des Betriebsvermögens unabhängig vom Verwandtschaftsverhältnis zwischen Erblasser oder Schenker und Erwerber noch stärker entlastet wird. Den Betrieben bräuchten nur in entsprechend gemindertem Umfang liquide Mittel für die Steuerzahlung entnommen zu werden.

b) Ansatz von Anteilen an Kapitalgesellschaften

aa) Bewertung börsennotierter Wertpapiere und Schuldbuchforderungen

Nach § 12 Abs. 1 ErbStG i.V.m. § 11 Abs. 1 BewG werden Wertpapiere und Schuldbuchforderungen, die am Stichtag an einer deutschen Börse zum amtlichen Handel zugelassen sind, mit dem niedrigsten am Stichtag für sie im amtlichen Handel notierten Kurs angesetzt. In diesen Fällen wird der „gemeine Wert", d.h. der Preis, der im gewöhnlichen Geschäftsverkehr bei einer Veräußerung zu erzielen gewesen wäre (§ 9 Abs. 2 BewG), aus dem Kurswert vom Stichtag abgeleitet.

bb) Bewertung nicht notierter Anteile an Kapitalgesellschaften

Anteile an Kapitalgesellschaften (Aktiengesellschaften, Kommanditgesellschaften auf Aktien, Gesellschaften mit beschränkter Haftung, bergrechtliche Gewerkschaften), für die kein Kurswert vorliegt, sind nach § 12 Abs. 2 ErbStG i.V.m. § 11 Abs. 2 BewG mit dem gemeinen Wert anzusetzen. Lässt sich der gemeine Wert nicht aus Verkäufen ableiten, die weniger als ein Jahr zurückliegen („stichtagsnaher Verkauf"), so ist der gemeine Wert unter Berücksichtigung des Vermögens und der Ertragsaussichten der Kapitalgesellschaft zu schätzen. Liegt ein sog. stichtagsnaher Verkaufsfall vor, ist der gemeine Wert der Anteile aus dem im gewöhnlichen Geschäftsverkehr tatsächlich vereinbarten Preis abzuleiten.

Hinsichtlich der Schätzung des gemeinen Werts der Anteile hat der Gesetzgeber mit Wirkung ab 1. Januar 1993 für den Bereich der Erbschaftsteuer durch Art. 16 Nr. 3 Buchst. a StÄndG 1992 durch Einfügung des Abs. 1a in § 12 ErbStG (vgl. Art. 16 Nr. 3 Buchst. b StÄndG 1992, geändert durch Art. 18 Nr. 2 des Gesetzes zur Bekämpfung des Missbrauchs und zur Bereinigung des Steuerrechts – Missbrauchsbekämpfungs- und Steuerbereinigungsgesetz [StMBG] – vom 21. Dezember 1993, BGBl I 1993, 2310, BStBl I 1994, 50), der dem § 12 Abs. 2 ErbStG i.d.F. des JStG 1997 entspricht, angeordnet, bei der Ermittlung des Vermögenswerts (wie bei der Vermögensteuer auch) statt der Teilwerte der einzelnen zum Betriebsvermögen gehörenden Wirtschaftsgüter die Steuerbilanzwerte zu übernehmen. Dies ergibt sich aus der Verweisung in Satz 2 der Vorschrift auf den Absatz 5 Satz 2 des § 12 ErbStG und die dortige Verweisung insbesondere auf § 109 BewG, wonach die zu einem Gewerbebetrieb gehörenden Wirtschaftsgüter, sonstigen aktiven Ansätze, Schulden und sonstigen passiven Ansätze mit den Steuerbilanzwerten (Abs. 1) bzw. mit den ertragsteuerlichen Werten (Abs. 2) anzusetzen sind.

In der Gesetzesbegründung (vgl. Bundesratsdrucksache 522/91) heißt es hierzu

- für die Vermögensteuer:
  S. 72: „Die nunmehr beabsichtigte nahezu vollständige Übernahme der Steuerbilanzwerte in die Vermögensaufstellung soll eine eigenständige Wertermittlung entbehrlich machen und damit zu einer deutlichen Vereinfachung des Steuerrechts beitragen. … Neben der Vereinfachung des Steuerrechts ist damit gleichzeitig eine Entlastung des Betriebsvermögens von ertragsunabhängigen Steuern verbunden."
- für die Erbschaftsteuer:
  S. 37: „Die im Bewertungsgesetz vorgesehene Übernahme der Steuerbilanzwerte in die Vermögensaufstellung wirkt sich entlastend auch im Bereich der Erbschaftsteuer und der Schenkungsteuer aus."

Die Anordnung der Übernahme der Steuerbilanzwerte bewirkt, dass im Rahmen der vom Gesetz angeordneten Schätzung der gemeine Wert der Anteile regelmäßig nicht mehr zu erreichen ist (vgl. hierzu: Hübner, DStR 1993, 1656 f.; Christoffel, GmbHR 1993, 205 f.; Moench, Erbschaft- und Schenkungsteuer, Kommentar, Erg.Lfg. April 2002, § 12 Rdnr. 27 f.). Denn die Maßgeblichkeit der Steuerbilanzwerte für die Ansätze der Vermögenswerte der Kapitalgesellschaft hat denselben Effekt wie beim Betriebsvermögen. Sie führt nicht nur zu einem durchschnittlich um etwa ein Drittel niedrigeren Wertansatz der zum Betriebsvermögen gehörenden Sachwerte, sondern hat auch eine von Zufälligkeiten abhängige, erheblichen Schwankungen unterliegende Begünstigungswirkung, die zudem durch die Verrechnung der niedrigen aktiven Bilanzansätze mit den Schulden zum Nennwert verstärkt wird. Die Berücksichtigung des Vermögens mit einem niedrigeren Wert als dem gemeinen Wert führt zwangsläufig zu einem Schätzungsergebnis, welches den gemeinen Wert nicht erreichen kann. Das Gesetz enthält insoweit einen offenen, vom Gesetzgeber gewollten Wertungswiderspruch.

cc) Freibetrag (§ 13a Abs. 1 ErbStG) und verminderter Wertansatz (§ 13a Abs. 2 ErbStG) beim Erwerb von Anteilen an Kapitalgesellschaften

Mit dem JStG 1997 wurden rückwirkend auf den 1. Januar 1996 (vgl. § 37 Abs. 1 ErbStG i.d.F. des Art. 2 Nr. 14 JStG 1997) die Anteile an Kapitalgesellschaften in die Begünstigungsregelung für Betriebsvermögen in § 13a ErbStG einbezogen (vgl. Art. 2 Nr. 5 JStG 1997). Danach ist auch beim Erwerb von Anteilen an Kapitalgesellschaften ein Freibetrag von 256 000 Euro sowie ein verminderter Wertansatz von 60 v.H. (Bewertungsabschlag von 40 v.H.) zu berücksichtigen. Freibetrag und verminderter Wertansatz gelten nach § 13a Abs. 4 Nr. 3 ErbStG für Anteile an einer Kapitalgesellschaft jedoch nur, wenn die Kapitalgesellschaft zur Zeit der Entstehung der Steuer Sitz und Geschäftsleitung im Inland hat und der Erblasser oder Schenker am Nennkapital dieser Gesellschaft zu mehr als einem Viertel unmittelbar beteiligt war.

c) Bewertung der wirtschaftlichen Einheiten des Grundvermögens und der Betriebsgrundstücke

Nach § 12 Abs. 3 ErbStG i.V.m. § 138 Abs. 1 und 3 BewG sind ab 1. Januar 1996 wirtschaftliche Einheiten des Grundvermögens und Betriebsgrundstücke für die Erbschaftsteuer mit den nach § 145 ff. BewG zu ermittelnden Grundstückswerten anzusetzen.

Unbebaute Grundstücke werden nach der Neuregelung mit einem typisierenden Wert, nämlich einem aus dem Verkehrswert (Bodenrichtwert) abgeleiteten Wert angesetzt. Maßgebend sind insoweit die Wertverhältnisse zum 1. Januar 1996 (§ 138 Abs. 1 Satz 2 BewG). Nach § 145 Abs. 3 BewG bestimmt sich der Wert nach der Fläche und den um 20 v.H. ermäßigten Bodenrichtwerten (§ 196 des Baugesetzbuches – BauGB – i.d.F. der Bekanntmachung vom 8. Dezember 1986, BGBl I, 2253, das zuletzt durch Art. 24 des

Gesetzes vom 20. Dezember 1996, BGBl I, 2049, geändert worden ist). Die Bodenrichtwerte sind von den Gutachterausschüssen nach dem BauGB auf den 1. Januar 1996 zu ermitteln und den Finanzämtern mitzuteilen.

Bebaute Grundstücke sind in einem Ertragswertverfahren zu bewerten. Dieses ist in § 146 Abs. 2 ff. BewG wie folgt beschrieben:

(2) Der Wert eines bebauten Grundstücks ist das 12,5fache der für dieses im Durchschnitt der letzten drei Jahre vor dem Besteuerungszeitpunkt erzielten Jahresmiete, vermindert um die Wertminderung wegen des Alters des Gebäudes (Absatz 4). Jahresmiete ist das Gesamtentgelt, das die Mieter (Pächter) für die Nutzung der bebauten Grundstücke auf Grund vertraglicher Vereinbarungen für den Zeitraum von zwölf Monaten zu zahlen haben. Betriebskosten (§ 27 Abs. 1 der Zweiten Berechnungsverordnung) sind nicht einzubeziehen; für Grundstücke, die nicht oder nur zum Teil Wohnzwecken dienen, ist diese Vorschrift entsprechend anzuwenden. Ist das Grundstück vor dem Besteuerungszeitpunkt weniger als drei Jahre vermietet worden, ist die Jahresmiete aus dem kürzeren Zeitraum zu ermitteln.

(3) Wurde ein bebautes Grundstück oder Teile hiervon nicht oder vom Eigentümer oder dessen Familie selbst genutzt, anderen unentgeltlich zur Nutzung überlassen oder an Angehörige (§ 15 der Abgabenordnung) oder Arbeitnehmer des Eigentümers vermietet, tritt an die Stelle der Jahresmiete die übliche Miete. Die übliche Miete ist die Miete, die für nach Art, Lage, Größe, Ausstattung und Alter vergleichbare, nicht preisgebundene Grundstücke von fremden Mietern bezahlt wird; Betriebskosten (Absatz 2 Satz 3) sind hierbei nicht einzubeziehen. Ungewöhnliche oder persönliche Verhältnisse bleiben dabei außer Betracht.

(4) Die Wertminderung wegen Alters des Gebäudes beträgt für jedes Jahr, das seit Bezugsfertigkeit des Gebäudes bis zum Besteuerungszeitpunkt vollendet worden ist, 0,5 vom Hundert, höchstens jedoch 25 vom Hundert des Werts nach den Absätzen 2 und 3. Sind nach Bezugsfertigkeit des Gebäudes bauliche Maßnahmen durchgeführt worden, die die gewöhnliche Nutzungsdauer des Gebäudes um mindestens 25 Jahre verlängert haben, ist bei der Wertmin-

derung wegen Alters von einer der Verlängerung der gewöhnlichen Nutzungsdauer entsprechenden Bezugsfertigkeit auszugehen.

(5) Enthält ein bebautes Grundstück, das ausschließlich Wohnzwecken dient, nicht mehr als zwei Wohnungen, ist der nach den Absätzen 1–4 ermittelte Wert um 20 vom Hundert zu erhöhen.

(6) Der für ein bebautes Grundstück nach den Absätzen 2–5 anzusetzende Wert darf nicht geringer sein als der Wert, mit dem der Grund und Boden allein als unbebautes Grundstück nach § 145 Abs. 3 zu bewerten wäre.

(7) Ein niedrigerer Grundstückswert ist festzustellen, wenn der Steuerpflichtige nachweist, dass der gemeine Wert des Grundstücks niedriger als der nach den Absätzen 2–6 ermittelte Wert ist.

(8) Die Vorschriften gelten entsprechend für Wohnungseigentum und Teileigentum."

Die sich danach ergebenden Ertragswerte erreichen nach einer Kaufpreisuntersuchung der Finanzverwaltung aus dem Jahre 1998 im Durchschnitt nur die Hälfte des Verkehrswertniveaus (vgl. Moench, Erbschaft- und Schenkungsteuer, Kommentar, Erg.Lfg. April 2002, § 12 Rdnr. 7a; hierzu auch Thiel, DB 1997, 64, 66; Wolf, DStR 1997, 349, 351). Die Einzelergebnisse der Untersuchung zeigen eine erhebliche Streubreite von teilweise weniger als 20 v.H. bis 120 v.H. und mehr des Verkehrswerts (vgl. die Aufstellung bei Moench, Erbschaft- und Schenkungsteuer, Kommentar, Erg.Lfg. Mai 2000, § 12 – Wertermittlung – Rdnr. 7a), wobei die Ausschläge nach oben wegen der Möglichkeit, einen niedrigeren Verkehrswert nachzuweisen (vgl. § 146 Abs. 7 BewG), steuerlich keine Bedeutung haben.

Der Grund für die erhebliche Streubreite der Bewertungsergebnisse liegt hauptsächlich in der Anwendung des einheitlichen Vervielfältigers (12,5) auf alle Bewertungsfälle, ohne die unterschiedlichen tatsächlichen Verhältnisse (Nutzung, Ausstattung und Lage) zu berücksichtigen (vgl. hierzu: Grotlüschen in Simon/Cors/Troll, Handbuch der Grundstückswertermittlung, 4. Aufl., J.4.2.4 Rdnr. 24). In guten Ortslagen wird bis zum 24-fachen (vgl. Weinmann, Zeitschrift für Erbrecht und Vermögensnachfolge - ZEV - 1997, 41, 47; Grotlüschen, a.a.O., J.4.2.4 Rdnr. 25), in Ballungsräumen (z.B. München) für Eigentumswohnungen häufig mehr als das 30fache der Nettojahresrohmiete gezahlt. Der einheitliche Vervielfältiger führt deshalb in Gebieten mit hohen Grundstückspreisen (teilweise flächendeckend) dazu, dass der Wertansatz für die Gebäude regelmäßig in der Mindestbewertung nach § 146 Abs. 6 BewG untergeht, weil der nach dem vorgeschriebenen Ertragswertverfahren ermittelte Wert nicht einmal 80 v.H. des Bodenrichtwerts, d.h. des Werts für das unbebaute Grundstück erreicht (vgl. hierzu Wolf, DStR 1997, 349, 350; Sproß, Die Innenstädte - steuerlich unbebaute Grundstücke, Deutsche Steuerzeitung - DStZ - 1997, 525, 528).

Im zweiten Bericht des Finanzausschusses des Deutschen Bundestages zum Entwurf des JStG 1997 (Bundestagsdrucksache 13/5952) wird auf den S. 27 und 28 seitens der (damaligen) Koalitionsfraktionen die Begünstigung des Grundbesitzes mit den Besonderheiten des Grundbesitzes, den besonderen Beschäftigungseffekten in der Bauwirtschaft und mit den Belangen der Wohnungswirtschaft begründet. Zur Vermeidung schwerwiegender Verwerfungen auf dem Immobilienmarkt sei es notwendig, die Mehrbelastungen des Grundvermögens auf dasjenige zu beschränken, was verfassungsrechtlich zur Anpassung erforderlich sei.

Das BMF hat in der mündlichen Verhandlung vom 10. April 2002 ausdrücklich die Ergebnisse der Kaufpreisuntersuchung bestätigt. Unter diesen Umständen sieht der Senat keinen Anlass für eine weitere, möglicherweise sachverständige Untersuchung. Der Befund, dass das Bewertungsverfahren für bebaute Grundstücke in großer Zahl zu Werten führt, die nur 50 v.H. des mittleren Verkehrswerts oder auch noch deutlich weniger erreichen, unterliegt keinem ernstlichen Zweifel.

d) Bewertung des land- und forstwirtschaftlichen Vermögens

Die Bewertung des land- und forstwirtschaftlichen Vermögens wurde durch die §§ 140 ff. BewG i.d.F. des Art. 1 Nr. 36 JStG 1997 neu geregelt.

Nach § 141 Abs. 1 BewG umfasst der Betrieb der Land- und Forstwirtschaft den Betriebsteil, die Betriebswohnungen, den Wohnteil.

Zum Wert des Betriebsteils heißt es in § 142 BewG:

„(1) Der Wert des Betriebsteils (Betriebswert) wird unter sinngemäßer Anwendung der §§ 35 und 36 Abs. 1 und 2, der §§ 42, 43 und 44 Abs. 1 und der §§ 45, 48a, 49, 51, 51a, 53, 54, 56, 59 und 62 Abs. 1 ermittelt. Abweichend von § 36 Abs. 2 Satz 3 ist der Ertragswert das 18,6fache des Reinertrags.

(2) Der Betriebswert setzt sich zusammen aus den Einzelertragswerten für die Nebenbetriebe (§ 42), das Abbauland (§ 43), die gemeinschaftliche Tierhaltung (§ 51a) und die in Nummer 5 nicht genannten Nutzungsteile der sonstigen land- und forstwirtschaftlichen Nutzung sowie den folgenden Ertragswerten:

…"

Der Wert der Betriebswohnungen und des Wohnteils ergibt sich aus § 143 BewG:

„(1) Der Wert der Betriebswohnungen (§ 141 Abs. 3) und der Wert des Wohnteils (§ 141 Abs. 4) sind nach den Vorschriften zu ermitteln, die beim Grundvermögen für die Bewertung von Wohngrundstücken gelten (§§ 146–150).

(2) In den Fällen des § 146 Abs. 6 ist für die Betriebswohnungen und für den Wohnteil bei Vorliegen der Voraussetzungen des Absatzes 3 jeweils höchstens das Fünffache der bebauten Fläche zugrunde zu legen.

(3) Zur Berücksichtigung von Besonderheiten, die sich im Falle einer räumlichen Verbindung der Betriebswohnungen und des Wohnteils mit der Hofstelle ergeben, sind deren Werte (§§ 146–149) jeweils um 15 vom Hundert zu ermäßigen."

Die Zusammensetzung des land- und forstwirtschaftlichen Grundbesitzwertes ist in § 144 BewG geregelt: „Der Betriebswert, der Wert der Betriebswohnungen und der Wert des Wohnteils bilden zusammen den land- und forstwirtschaftlichen Grundbesitzwert."

Die schon während des zeitlichen Anwendungsbereichs der Einheitswerte auf den 1. Januar 1964 bestehende, auf eine „betriebsangemessene Belastung" abzielende Bewertung des land- und forstwirtschaftlichen Vermögens (durchschnittliche Werterfassung rd. 5 v.H. des Verkehrswerts) besteht auch nach der gesetzlichen Neuregelung des Bewertungsverfahrens unverändert fort. Diese erreicht im Durchschnitt rd. 10 v.H. der Verkehrswerte (Weinmann in Moench, Erbschaft- und Schenkungsteuer, Kommentar, Erg.Lfg. April 2002, § 13a Rdnr. 30). Diese Werte wurden vom BMF in der mündlichen Verhandlung vom 10. April 2002 als den Erfahrungen der Finanzverwaltung entsprechend bestätigt. Der Senat sieht deshalb keinen Grund, diese Werte zu bezweifeln.

Zusätzlich hat der Gesetzgeber durch das JStG 1997 rückwirkend auf den 1. Januar 1996 beim Erwerb von Betrieben der Land- und Forstwirtschaft weitere Vergünstigungen neu eingeführt, nämlich einen Freibetrag von 500 000 DM (nunmehr 256 000 Euro; § 13a Abs. 1 ErbStG i.d.F. des Art. 2 Nr. 5 des JStG 1997), einen Bewertungsabschlag von 40 v.H. (§ 13a Abs. 2 ErbStG i.d.F. des Art. 2 Nr. 5 des JStG 1997) und eine Tarifbegrenzung (§ 19a ErbStG i.d.F. des Art. 2 Nr. 11 des JStG 1997). Wegen der Einzelheiten dieser Regelungen wird auf die Ausführungen zum Betriebsvermögen oben unter B. I. 4. a Bezug genommen.

In der Gesetzesbegründung heißt es hierzu (Bundesratsdrucksache 390/96, S. 68):

„Das land- und forstwirtschaftliche Vermögen wird in die Freibetrags- und Abschlagsregelung einbezogen, da es ebenso wie das Betriebsvermögen mit aktuellen (sic!) Werten erfasst wird. … Bäuerliche Familienbetriebe können dadurch regelmäßig ohne Belastung mit Erbschaft- und Schenkungsteuer übergehen. Die wenigen land- und forstwirtschaftlichen Betriebe mit einem höheren Grundbesitzwert werden durch den Abschlag … nach Absatz 2 zusätzlich entlastet. Die Einbeziehung der land- und forstwirtschaftlichen Betriebe in die Freibetragsregelung führt weiter zu einer erheblichen Verwaltungsvereinfachung. Bei kleinen und mittleren Betrieben kann in der Regel eine Feststellung des Grundbesitzwerts unterbleiben."

Die Vergünstigungen bewirken in ihrer Kumulierung, dass der Erwerb von land- und forstwirtschaftlichem Vermögen im Allgemeinen keine Steuer mehr auslöst und der Anteil am Steueraufkommen aus dem Erwerb land- und forstwirtschaftlichen Vermögens von zuvor 0,4 v.H. nach der Neuregelung gegen null geht (vgl.

Moench, Erbschaft- und Schenkungsteuer, Kommentar, Erg.Lfg. April 2002, Einführung Rdnr. 31; Weinmann in Moench, Erbschaft- und Schenkungsteuer, Kommentar, Erg.Lfg. April 2002, § 13a Rdnr. 30).

5. Rechtsformabhängigkeit der Vergünstigungen nach §§ 13a und 19a ErbStG

Die Vergünstigungen nach §§ 13a (Freibetrag und Bewertungsabschlag) und 19a ErbStG (Entlastungsbetrag) gelten über die Verweisungen in § 13a Abs. 4 Nr. 1 und § 19a Abs. 2 Satz 1 Nr. 1 ErbStG auf § 15 Abs. 3 EStG auch für den Übergang von Vermögen so genannter „gewerblich geprägter Personengesellschaften", d.h. solcher Personengesellschaften, die keine gewerbliche Tätigkeit ausüben, bei denen lediglich ausschließlich eine oder mehrere Kapitalgesellschaften persönlich haftende Gesellschafter sind und nur diese oder Personen, die nicht Gesellschafter sind, zur Geschäftsführung befugt sind (vgl. § 15 Abs. 3 Nr. 2 EStG). Vergleichbares gilt auch für den Übergang von Anteilen an Kapitalgesellschaften, soweit die übrigen Voraussetzungen (Sitz oder Geschäftsleitung im Inland, Beteiligung zu mehr als einem Viertel) erfüllt sind. Auch hier kommt es für die Gewährung der Steuervergünstigungen (Freibetrag, Bewertungsabschlag und Entlastungsbetrag) nicht darauf an, ob die Kapitalgesellschaft eine gewerbliche Tätigkeit ausübt oder sich lediglich auf die Verwaltung von Vermögen, das gemeinhin als Privatvermögen angesprochen wird (z.B. Bargeld, Wertpapiere, Ein- und Zweifamilienhäuser, Mietwohngrundstücke), beschränkt (vgl. § 13a Abs. 4 Nrn. 1 und 3, § 12 Abs. 5 ErbStG i.V.m. § 97 BewG).

6. Abzug von Schulden

Nach § 10 Abs. 1 Satz 2, Abs. 5 ErbStG sind die vom Erblasser herrührenden Schulden (Abs. 5 Nr. 1), soweit sie nicht mit einem zum Erwerb gehörenden Gewerbebetrieb oder Anteil an einem Gewerbebetrieb in wirtschaftlichem Zusammenhang stehen und bereits nach § 12 Abs. 5 und 6 ErbStG berücksichtigt worden sind, sowie Verbindlichkeiten aus Vermächtnissen und geltend gemachten Pflichtteilen (Abs. 5 Nr. 2) von dem Erwerb abzuziehen.

§ 10 Abs. 6 ErbStG schränkt den Abzug von Schulden wie folgt ein: „Nicht abzugsfähig sind Schulden und Lasten, soweit sie in wirtschaftlichem Zusammenhang mit Vermögensgegenständen stehen, die nicht der Besteuerung nach diesem Gesetz unterliegen. Beschränkt sich die Besteuerung auf einzelne Vermögensgegenstände (§ 2 Abs. 1 Nr. 3, § 19 Abs. 2), sind nur die damit in wirtschaftlichem Zusammenhang stehenden Schulden und Lasten abzugsfähig. Schulden und Lasten, die mit teilweise befreiten Vermögensgegenständen in wirtschaftlichem Zusammenhang stehen, sind nur mit dem Betrag abzugsfähig, der dem steuerpflichtigen Teil entspricht. Schulden und Lasten, die mit dem nach § 13a befreiten Betriebsvermögen in wirtschaftlichem Zusammenhang stehen, sind in vollem Umfang abzugsfähig. Schulden und Lasten, die mit dem nach § 13a befreiten Vermögen eines Betriebs der Land- und Forstwirtschaft oder mit den nach § 13a befreiten Anteilen an Kapitalgesellschaften in wirtschaftlichem Zusammenhang stehen, sind nur mit dem Betrag abzugsfähig, der dem Verhältnis des nach Anwendung des § 13a anzusetzenden Werts dieses Vermögens zu dem Wert vor Anwendung des § 13a entspricht." Zu einer Schuldenkappung nach § 10 Abs. 6 ErbStG kommt es allerdings nicht, soweit § 12 Abs. 2 ff. ErbStG i.V.m. den dort in Bezug genommenen Regelungen des BewG den Ansatz eines unter dem Verkehrswert liegenden Steuerwerts vorschreibt. Denn es handelt sich insoweit nicht um „teilweise befreite Vermögensgegenstände" i.S. dieser Vorschrift. Vielmehr geht das Gesetz davon aus, dass mit dem Steuerwert (Anteilswert, Grundbesitzwert) der Vermögensgegenstand (Anteil, Grundstück etc.) wertmäßig in vollem Umfang erfasst ist.

Die mit land- bzw. forstwirtschaftlichem Vermögen im Zusammenhang stehenden Geldschulden gehören nach § 33 Abs. 3 Nr. 2 BewG nicht zum land- und forstwirtschaftlichen Vermögen; Entsprechendes gilt für Pensionsverpflichtungen (§ 140 Abs. 2 BewG). Sie gehören damit nicht zur wirtschaftlichen Einheit des land- und forstwirtschaftlichen Vermögens, sondern sind – wie Schulden im Privatvermögen – als Nachlassverbindlichkeit oder bei der Ermittlung des Steuerwerts einer freigebigen Zuwendung mit dem Nennwert (§ 12 BewG) bzw. mit dem Kapitalwert (§ 13 BewG) anzusetzen (vgl. hierzu R 128 Abs. 3 der Erbschaftsteuer-Richtlinien – ErbStR – vom 21. Dezember 1998, BStBl I 1998, Sondernummer 2/1998, S. 2 ff.; Engel, Die neue Erbschaftsteuer in der Land- und Forstwirtschaft, 1997, Abschnitte 3.2 und 3.3.6; s.a. Hörger/Stephan, Die Vermögensnachfolge im Erbschaft- und Ertragsteuerrecht, 1998, Rdnr. 555). Nach § 13a Abs. 6 ErbStG kann der Erwerber von land- und forstwirtschaftlichem Vermögen oder von Anteilen an Kapitalgesellschaften auf die Steuervergünstigungen nach § 13a ErbStG verzichten und hierdurch der Schuldenkappung nach § 10 Abs. 6 Satz 5 ErbStG ausweichen (vgl. auch die entsprechende Regelung für Grundbesitz in § 13 Abs. 3 Satz 2 ErbStG). Dadurch erhält der Steuerpflichtige die Möglichkeit, sich die aus der ungekürzten Gegenrechnung von Schulden mit unterbewertetem Vermögen ergebenden Vorteile zu sichern.

Beispiel:

S ist Alleinerbe seines Vaters (E). Zum Nachlass gehören landwirtschaftliches Vermögen zum Verkehrswert von 5 Mio. Euro (Steuerwert durchschnittlich 10 v.H. des Verkehrswerts: 500 000 Euro) und weiteres Vermögen im Verkehrswert von 1,2 Mio. Euro.

Steuerwert des LuF-Vermögens	500 000 €
Freibetrag nach § 13a Abs. 1 Nr. 1 ErbStG	./. 256 000 €
Bewertungsabschlag § 13a Abs. 2 ErbStG	./. 97 600 €
Schulden (Kappung nach § 10 Abs. 6 ErbStG)	./. 439 200 €
Schuldenüberhang	./. 292 800 €
zuzüglich sonstiges Vermögen	1 200 000 €
persönlicher Freibetrag	./. 205 000 €
steuerpflichtiger Erwerb	702 200 €
Steuer (Steuersatz 19 v.H.)	133 418 €
Verzichtet S nach § 13a Abs. 6 ErbStG auf Freibetrag und Bewertungsabschlag ergibt sich folgendes Bild:	
Steuerwert des LuF-Vermögens	500 000 €
Freibetrag nach § 13a Abs. 1 Nr. 1 ErbStG	0 €
Bewertungsabschlag § 13a Abs. 2 ErbStG	0 €
abzüglich Nachlassverbindlichkeiten (keine Schuldenkappung, § 10 Abs. 6 ErbStG)	./. 1 500 000 €

Schuldenüberhang	./. 1 000 000 €
zuzüglich sonstiges Vermögen	1 200 000 €
./. persönlicher Freibetrag	205 000 €
steuerpflichtiger Erwerb	0 €
Steuer	0 €

Als Nachlassverbindlichkeiten hat S eine Altenteilslast (Wert: 125 000 Euro) sowie Geldschulden (1 375 000 Euro), die aus der Errichtung einer Schweinemastanlage herrühren, zu übernehmen.

II. Verfassungsrechtliche Prüfung

1. Verfassungsrechtlicher Prüfungsmaßstab

Der Gleichheitssatz verlangt für das Steuerrecht, dass die Steuerpflichtigen durch ein Steuergesetz rechtlich und tatsächlich gleichmäßig belastet werden. Das danach – unbeschadet verfassungsrechtlich zulässiger Differenzierungen – gebotene Gleichmaß verwirklicht sich in dem Belastungserfolg, den die Anwendung der Steuergesetze beim einzelnen Steuerpflichtigen erreicht (vgl. Urteil des BVerfG vom 21. Juni 1991 2 BvR 1493/89, BVerfGE 84, 239, 268, BStBl II 1991, 654; Beschluss des BVerfG vom 22. Juni 1995 2 BvL 37/91, BVerfGE 93, 121, 134, BStBl II 1995, 655, 660).

Die Erbschaftsteuer ist eine Erbanfallsteuer. Besteuert wird die durch die Bereicherung eingetretene finanzielle Leistungsfähigkeit des Erwerbers. Diese Belastungsentscheidung muss der Gesetzgeber folgerichtig umsetzen. Da sich die Belastung bei der Erbschaftsteuer aus dem Zusammenwirken eines einheitlichen – nur nach Maßgabe des Verwandtschaftsgrades und der Höhe des Erbes (vgl. § 19 i.V.m. § 15 ErbStG) gestaffelten – Steuersatzes und der Bemessungsgrundlage ergibt, die sich aus Werten zusammensetzt, die nach unterschiedlichen Regeln ermittelt werden, hängt die gleichmäßige, ihrer Leistungsfähigkeit entsprechende Belastung der Steuerpflichtigen davon ab, dass für die einzelnen zur Erbschaft gehörenden wirtschaftlichen Einheiten und Wirtschaftsgüter Bemessungsgrundlagen gefunden werden, die der durch den Erwerb der jeweiligen Güter vermittelten Leistungsfähigkeit des Erwerbers entsprechen (vgl. Beschluss des BVerfG in BVerfGE 93, 165, 173, BStBl II 1995, 671, 673). Das bedeutet, dass die nach den Vorschriften des Erbschaftsteuergesetzes i.V.m. dem Bewertungsgesetz vorgesehenen unterschiedlichen Regelungen über die Bewertung der zu besteuernden wirtschaftlichen Einheiten und Wirtschaftsgüter nur dann den Anforderungen genügen, wenn sie „die jeweiligen Werte in ihrer Relation realitätsgerecht abbilden" (Beschluss des BVerfG in BVerfGE 93, 165, 167, BStBl II 1995, 671, 673).

Unterschiedliche Wertansätze müssen auf sachlichen Gründen beruhen, aus denen sich die Differenzierungen grundsätzlich nach der Belastbarkeit des Erwerbers ergeben. Allerdings belässt der Gleichheitssatz des Art. 3 GG dem Steuergesetzgeber eine weit reichende Gestaltungsbefugnis, die ihn insbesondere berechtigt, sich bei seinen Regelungen auch von finanzpolitischen, volkswirtschaftlichen oder sozialpolitischen Erwägungen leiten zu lassen. Auch ist nicht zu prüfen, ob der Gesetzgeber für ein Problem die zweckmäßigste oder gerechteste Lösung gefunden hat, sondern nur, ob er die verfassungsrechtlichen Grenzen seiner Gestaltungsfreiheit eingehalten hat (Beschluss des BVerfG vom 29. November 1989 1 BvR 1402, 1528/87, BVerfGE 81, 108, 117 f.).

Fehlen Gründe für eine Differenzierung, so liegt ein Fall unzulässiger (objektiver) Willkür vor, der zur Verfassungswidrigkeit der Norm führt (Beschluss des BVerfG vom 7. Oktober 1980 1 BvL 50, 89/79, 1 BvR 240/79, BVerfGE 55, 72, 90). Diese Folge tritt auch ein, wenn der für die Differenzierung herangezogene Grund nicht von solcher Art und solchem Gewicht ist, dass er imstande ist, die Maßnahme des Gesetzgebers auch dem Ausmaß nach zu rechtfertigen (vgl. Herzog in Maunz-Dürig, Grundgesetz, Kommentar, Anhang Art. 3 Rdnr. 6).

Der Gesetzgeber kann auch, soweit das steuerliche Massenverfahren Vereinfachungen benötigt, eine Gleichheit im Typus herstellen, die den Sachverhalt nur vergröbert erfasst (Urteil des BVerfG vom 9. April 1992 2 BvE 2/89, BVerfGE 85, 264, 317) oder steuerliche Belastungstatbestände pauschalierend regeln (Beschluss des BVerfG vom 25. September 1992 2 BvL 5, 8, 14/91, BVerfGE 87, 153, BStBl II 1993, 413).

Dies hat jedoch dort seine Grenzen, wo im Hinblick auf den Belastungsgrund eine gleiche oder verhältnismäßige Besteuerung von Falltypen mit rechtserheblicher Ähnlichkeit nicht mehr erfolgt oder rechtserheblich unterschiedliche Falltypen gleich behandelt werden (Kirchhof in Festschrift: 75 Jahre RFH/BFH, S. 300).

2. Verfassungsrechtlich maßgebliche Wechselwirkung von Steuertarif und Steuerbemessungsgrundlage

Da das ErbStG in § 19 einen einheitlichen Tarif vorsieht und Differenzierungen bei der Belastung der Steuerpflichtigen auf der Bewertungsebene vornimmt, führen gleichheits- und damit verfassungswidrige Vorschriften über die Ermittlung der Bemessungsgrundlagen zwangsläufig auch zu einem gleichheits- und damit verfassungswidrigen Steuertarif (vgl. hierzu: Birk in ZEV 2002, 165, 167; Wernsmann, Das gleichheitswidrige Steuergesetz – Rechtsfolgen und Rechtsschutz, 2000, S. 159 ff.). Denn erst über den Tarif wirken sich die vom Gesetzgeber auf der Ebene der Erfassung und Bewertung angeordneten (verfassungswidrigen) Differenzierungen aus und führen zur gleichheitswidrigen Behandlung solcher Steuerpflichtigen, die kein begünstigtes Vermögen erworben haben. Es sind somit nicht die einzelnen Begünstigungstatbestände isoliert zu betrachten, sondern ihre Folgewirkungen über die Tarifvorschrift. Dem entspricht es, soweit das BVerfG in seiner zur Vermögensteuer ergangenen Entscheidung in BVerfGE 93, 121, 142 f., BStBl II 1995, 655, 659 darauf hinweist, ein einheitlicher Steuersatz setze voraus, „dass dem Gebot der Gleichheit im steuerlichen Belastungserfolg … bereits in der Bemessungsgrundlage Rechnung getragen und dort jede wirtschaftliche Einheit in gleichmäßiger Weise mit den Werten erfasst werde, die den steuerlichen Belastungsgrund ausdrücken."

3. Gleichheitswidrige Ausgestaltung der Steuerbemessungsgrundlage

Der Senat ist von einem Verstoß der Tarifvorschrift des § 19 ErbStG gegen Art. 3 GG aus den folgenden Gründen überzeugt:

a) Betriebsvermögen:

Die Bewertung des Betriebsvermögens auf der Grundlage der Steuerbilanzwerte verbunden mit den weiteren im Gesetz vorgesehenen Begünstigungen beim Erwerb von Betriebsvermögen, bestehend aus der Unterbewertung der Betriebsgrundstücke, Freibetrag und vermindertem Wertansatz von 60 v.H. (Bewertungsabschlag von 40 v.H.), führt nach Auffassung des Senats zu einer gegen Art. 3 Abs. 1 GG verstoßenden Privilegierung des Betriebsvermögens insbesondere im Verhältnis zu den Wirtschaftsgütern, die mit dem gemeinen Wert (§ 9 Abs. 1 BewG) zu bewerten sind.

aa) Übernahme der Steuerbilanzwerte

Mit der durch § 12 Abs. 5 ErbStG angeordneten Übernahme der Steuerbilanzwerte bei der Bewertung des Betriebsvermögens hat der Gesetzgeber seine Entscheidung, den Erwerb nach der Leistungsfähigkeit des Erwerbers zu besteuern, nicht folgerichtig umgesetzt. Die Steuerbilanzwerte sind zur Erfassung des Werts der durch Erbanfall oder Schenkung übergehenden wirtschaftlichen Einheiten und Wirtschaftsgüter des Betriebsvermögens ungeeignet. Denn ertragsteuerliche Rechengrößen, die lediglich dazu dienen, die Ergebnisse verschiedener Rechnungsperioden voneinander abzugrenzen, ergeben keine geeignete Grundlage für die Ermittlung stichtagsbezogener Substanzwerte (Mellinghoff in Deutsche Steuerjur. Gesellschaft – DStJG –, Bd. 22 (1999), S. 127 ff., 147).

Sie spiegeln regelmäßig nicht den wahren Wert eines Wirtschaftsguts wider, sondern stellen das Ergebnis – anderen Erfordernissen und Zielen dienender – handels- und steuerrechtlicher Abschreibungsregeln dar. Einkommensteuerrechtliche Bilanzierungs- und Abschreibungsregeln werden vom Gesetzgeber häufig als Instrument der Wirtschaftslenkung und Subvention verwendet. Gerade (Sonder-)Abschreibungen, die eine AfA über den wahren Wertverzehr hinaus zulassen, führen zu Bilanzansätzen, die keinen Bezug mehr zu einer realitätsgerechten Wertbildung haben. Steuerbilanzwerte können daher nur zufällig einen realistischen Wert für das Betriebsvermögen treffen (Seer, GmbHR 1999, 64, 65; Moench/Höll, Die neue Erbschaftsteuer, Abschnitt B, Rdn. 7) und bilden den durch Erbanfall oder Schenkung unter Lebenden anfallenden Vermögenszuwachs nur unzureichend ab (Gebel, DStR 1996, 1385 ff.; Hübner, DStR 1995, 1 ff.).

Die Übernahme der Steuerbilanzwerte führt – anders als z.B. ein Bewertungsabschlag – zu keiner zielgerichteten und gleichmäßig wirkenden Steuerentlastung für Betriebsvermögen, sondern hat einen von Zufallsmomenten abhängigen, nicht kontrollierbaren und damit willkürlich eintretenden Begünstigungseffekt. Die Höhe der Entlastungswirkung hängt im Einzelfall ausschließlich davon ab, in welchem Umfang im Unternehmen vor Eintritt des Erbfalls bzw. vor einer Schenkung stille Reserven angesammelt werden konnten, d.h. inwieweit das einzelne Unternehmen vom Anschaffungskostenprinzip nach § 6 Abs. 1 Nrn. 1 und 2 EStG, von der Sofortabschreibung für geringwertige Wirtschaftsgüter nach § 6 Abs. 2 EStG sowie von den übrigen degressiven bzw. erhöhten Absetzungen und Sonderabschreibungen profitieren konnte. Diesen Umständen fehlt jeder sachliche Bezug zum Belastungsgrund der Erbschaft- und Schenkungsteuer, nämlich zur Höhe der durch Erbanfall oder Schenkung eingetretenen Bereicherung und zur darin liegenden Leistungsfähigkeit des Erwerbers. Die Übernahme der Steuerbilanzwerte widerspricht dem Leistungsfähigkeitsprinzip, weil hiervon vor allem ertragsstarke, in ihrem Bestand nicht gefährdete Unternehmen profitieren, die von Bilanzierungswahlrechten und Sonderabschreibungen umfassend Gebrauch machen können, während dies den ertragsschwachen Unternehmen wegen des Bilanzbildes häufig nicht möglich ist.

Der Umfang der mit der Übernahme der Steuerbilanzwerte verbundenen Entlastungswirkung hängt ferner auch von den als Passivposten zu übernehmenden Schulden ab, die gemäß § 10 Abs. 6 Satz 4 ErbStG mit dem Nennwert anzusetzen sind. Dies führt zu einer überproportionalen Kompensation der regelmäßig unter dem Verkehrswert anzusetzenden Aktivposten. Es kommt zu einer Verrechnung von Werten, die nicht vergleichbar sind.

Die Übernahme der Steuerbilanzwerte ist keinesfalls nur eine vereinfachte Bewertung, wie dies die Gesetzesbegründung darstellt, sondern stellt den Verzicht auf einen sach- und systemadäquaten Bewertungsmaßstab und damit auf eine Bewertung an sich dar (vgl. Hübner, DStR 1993, 1656, 1657). Die Regelung verstößt nach Auffassung des Senats wegen ihrer unkontrollierten und von Zufällen abhängigen, insbesondere nicht am Belastungsgrund – Bereicherungs- bzw. Leistungsfähigkeitsprinzip – orientierten Wirkungen sowie der systemwidrigen Verrechnung nicht vergleichbarer Wertgrößen im Verhältnis zum Erwerb anderer Vermögensarten gegen das Gleichbehandlungsgebot. Die Übernahme der Steuerbilanzwerte hat auch keinen sachlichen Bezug zu den für das Betriebsvermögen maßgeblichen verfassungsrechtlich anerkannten Differenzierungsgründen, wie der Berücksichtigung der besonderen betrieblichen Belastungen sowie der Sicherung der Betriebsfortführung.

Der Senat sieht darüber hinaus im Verhältnis der durch diese Regelung begünstigten Erwerber von Betriebsvermögen untereinander eine dem Gleichbehandlungsgebot nicht entsprechende Regelung, denn der Begünstigungserfolg tritt nicht gleichmäßig ein, sondern schwankt von Fall zu Fall erheblich, ohne dass hierfür erbschaftsteuerrechtlich beachtliche Gründe vorliegen.

Die Übernahme der Steuerbilanzwerte lässt sich auch nicht mit der latenten Einkommensteuerverstrickung des übergehenden Betriebsvermögens begründen (so etwa: Seer, Steuer und Wirtschaft – StuW – 1997, 283, 293; ders. in DStJG, Bd. 22, S. 191, 197 ff.; ders. in GmbHR 1999, 64, 65; Felix, ZEV 1996, 410, 416). Es trifft zwar zu, dass es beim Erwerber (Erben, Beschenkten) im Falle des Ansatzes der Teilwerte (Verkehrswerte) in Höhe der Differenz zwischen den Verkehrs- und Steuerbilanzwerten der zum Betriebsvermögen gehörenden Wirtschaftsgüter (den sog. stillen Reserven) zu einer Doppelbelastung sowohl mit Erbschaft- und Schenkungsteuer als auch (später) mit Einkommensteuer kommen kann (s. hierzu Mellinghoff in DStJG, Bd. 22, S. 127 ff.). Auch liegt es in der Gestaltungsfreiheit des Gesetzgebers, diese Doppelbelastung etwa dadurch zu beseitigen, dass er die doppelt belasteten Vermögensteile von einer der beiden Steuern, etwa von der Erbschaftsteuer freistellt. Eine dieses Problem in angemessener Weise lösende Regelung ist allerdings nicht getroffen worden. Selbst wenn sich die Übernahme der Aktivposten der Steuerbilanz mit der latenten Ertragsteuerbelastung noch rechtfertigen ließe, weil dadurch die stillen Reserven der Belastung mit Erbschaftsteuer entzogen würden, gibt es keinen mit der zukünftigen Ertragsteuerbelastung im Zusammenhang stehenden sachlichen Grund für die durch den (ungekürzten) Ansatz der Schuldposten mit dem Nennwert eintretende zusätzliche Begünstigung.

Die Übernahme der Steuerbilanzwerte ist auch nicht unter dem Gesichtspunkt einer verfassungsrechtlich zulässigen Pauschalierung oder Typisierung bei der Wertermittlung zu rechtfertigen. Sie dient – wie sich schon aus der Gesetzesbegründung (Bundesratsdrucksache 522/91, S. 37) ergibt – nicht dem Ziel einer den gleichmäßigen Belastungserfolg sicherstellenden maßstabsgerechten Bewertung, sondern sollte in Bezug auf das Betriebsvermögen jedenfalls auch entlastende Wirkung haben. Die Übernahme der Steuerbilanzwerte ist für eine typisierende Wertermittlung ungeeignet. Sie widerspricht dem Gleichheitsgebot, weil die Auswirkungen der Regelung von Zufällen abhängig ist und darüber hinaus zu einer systemwidrigen Verrechnung nicht vergleichbarer Wertgrößen führt.

bb) Kumulationswirkung aus Unterbewertung, Freibetrag und vermindertem Wertansatz (Bewertungsabschlag)

Der Senat folgt der Auffassung des BVerfG (BVerfG-Beschluss in BVerfGE 93, 165, BStBl II 1995, 671, 674), dass die finanzielle Leistungsfähigkeit des Erben von Betriebsvermögen seinem durch den Erbfall erworbenen Vermögenszuwachs nicht voll entspricht. Denn betrieblich gebundenes Vermögen ist insbesondere durch Verpflichtungen gegenüber den Arbeitnehmern, durch das Betriebsverfassungs- und Wirtschaftsverwaltungsrecht belastet und nur eingeschränkt verfügbar. Ferner ist zu beachten, dass die Erbschaftsteuerlast die Fortführung des Betriebes nicht gefährdet (Beschluss des BVerfG in BVerfGE 93, 165, 176, BStBl II 1995, 671, 674).

Die sich aus der Anordnung der Übernahme der Steuerbilanzwerte (vgl. § 12 Abs. 5 Satz 2 ErbStG) ergebende Unterbewertung, der Freibetrag nach § 13a Abs. 1 Nr. 1 ErbStG in Höhe von 256 000 Euro und der Bewertungsabschlag nach § 13a Abs. 2 ErbStG in Höhe von 40 v.H. führen in ihrer Kumulation dazu, dass Übergänge von kleineren und mittleren Betriebsvermögen weitgehend von der Erbschaftsteuer verschont, größere Betriebsvermögen im Vergleich zum sonstigen, nicht begünstigten Vermögen nur zu einem geringen Teil belastet werden.

Eine pauschale Begünstigung dieses Umfangs wäre nur dann unter dem Gesichtspunkt des Art. 3 Abs. 1 GG verfassungsrechtlich gerechtfertigt, wenn unterstellt werden könnte, typischerweise gefährde die erbschaft- und schenkungsteuerrechtliche Belastung die Betriebsfortführung. Für eine solche Annahme fehlt nach Auffassung des Senats jedoch jeder konkrete Anhaltspunkt. Die Prämisse, die Erbschaftsteuer gefährde generell die Existenz mittelständischer Unternehmen, ist nicht zu verifizieren (Bareis/Elser, DStR 1997, 557, 561; Seer, StuW 1997, 283, 295). Die im Gesetz getroffene Regelung trägt auch den Fällen keine Rechnung, in denen neben dem Betriebsvermögen noch weiteres, sonstiges Vermögen übergeht oder sich beim Erwerber befindet, aus dem dieser die Steuer ohne Gefährdung der Betriebsfortführung bezahlen könnte, denn das ErbStG nimmt nicht das Unternehmen, sondern den Erwerber des Unternehmens in Anspruch. Auch wird nicht berücksichtigt, dass nach der Stundungsregelung des § 28 ErbStG bereits ein Instrument zur Verfügung steht, insbesondere in Erbfällen die Erhaltung des Betriebs zu sichern. Ähnliches gilt für den Hinweis in der Gesetzesbegründung (vgl. Bundesratsdrucksache 390/96, S. 64), den Betrieben bräuchten durch die steuerlichen Entlastungen nur in entsprechend gemindertem Umfang liquide Mittel für die Steuerzahlung entnommen werden. Auch insoweit geht der Gesetzgeber von der nicht zu verifizierenden Prämisse aus, dass im Privatvermögen des Erwerbers generell keine ausreichenden Mittel vorhanden sind, um die auf das erworbene Betriebsvermögen entfallende Erbschaftsteuer zu entrichten.

Insgesamt sind die Begünstigungen für das Betriebsvermögen in ihrer Gesamtwirkung zu weitgehend, um noch von dem verfassungsrechtlich zulässigen Differenzierungsgrund „Schutz der Betriebe" gedeckt zu sein. Die Regelung trifft zudem nicht „zielgenau" und stellt nicht sicher, dass nur solche Erwerbsvorgänge erfasst werden, bei denen der Begünstigungsgrund vorliegt. Der Gesetzgeber hat sich deshalb nach Auffassung des Senats außerhalb seiner – wenn auch weit reichenden – Gestaltungsbefugnis bewegt. Die Regelung steht außer Verhältnis zur gesetzgeberischen Grundregel der gleichmäßigen Erfassung aller Vermögenszugänge (wie hier: Birk/Richter in Finanz-Rundschau - FR - 2001, 764, 767; Birk in ZEV 2002, 165 ff.; Seer, DStJG, Bd. 22, S. 191, 210 ff., 216; ders. in StuW 1997, 283, 298; ders. in GmbHR 1999, 64, 69; Bareis/Elser, DStR 1997, 557, 561; Thiel, DB 1997, 64, 68, „verfassungsrechtlich angreifbar"; kritisch auch Meincke, DStR 1996, 1305, 1309 f.; ders., ErbStG-Kommentar, 12. Aufl., § 13a Rdnr. 3; Weinmann in Moench, Erbschaft- und Schenkungsteuer, Kommentar, Erg.Lfg. April 2002, § 13a Rdnr. 4 ff.; Felix, ZEV 1996, 410, 418; Krüger/Siegemund/Köhler, DStR 1997, 637, 638).

b) Anteile an Kapitalgesellschaften

aa) Übernahme der Steuerbilanzwerte bei der Bewertung nicht notierter Anteile

Wie beim Betriebsvermögen entspricht die als Begünstigung gedachte Übernahme der Steuerbilanzwerte bei der Bewertung der nicht notierten Anteile an Kapitalgesellschaften nicht der Belastungsentscheidung des Gesetzgebers. Insoweit gilt hier dasselbe wie beim Betriebsvermögen.

Das Gesetz lässt im Übrigen auch keine klare Begünstigungsrichtung erkennen, soweit es für Anteile, für die ein Börsenkurs vorliegt (§ 11 Abs. 1 BewG) oder deren Wert (zufällig) aus stichtagsnahen Verkäufen ableitbar ist (§ 11 Abs. 2 Satz 2 BewG), den Ansatz eines dem Verkehrswert entsprechenden Werts (Kurswert, Verkaufspreis, Nennwert) vom Stichtag vorschreibt, während bei Anteilen, die diese Voraussetzungen nicht erfüllen, jeder Versuch einer am Verkehrswert orientierten Schätzung durch die Anordnung der Übernahme der Steuerbilanzwerte von Gesetzes wegen unterbunden wird.

Der in der Gesetzesbegründung für die Begünstigung durch Übernahme der Steuerbilanzwerte allein genannte Grund der Steuervereinfachung ist nicht tragfähig, weil sich mit einem solchen Hinweis letztlich jede Steuervergünstigung begründen ließe, für die es andere sachliche Gründe nicht gibt. Der Gesichtspunkt der Steuervereinfachung bildet deshalb keine Rechtfertigung dafür, das aus Art. 3 Abs. 1 GG folgende Gebot einer realitätsgerechten Wertrelation einfach zu missachten (Seer, StuW 1997, 283, 292).

bb) Freibetrag (§ 13a Abs. 1 ErbStG) und verminderter Wertansatz (§ 13a Abs. 2 ErbStG)

Nach § 13a Abs. 4 Nr. 3 ErbStG gelten der Freibetrag von 256 000 Euro und der Wertansatz von 60 v.H. (Bewertungsabschlag von 40 v.H.) für den Erwerb von Anteilen an Kapitalgesellschaften nur, wenn der Erblasser oder der Schenker am Nennkapital der Gesellschaft zu mehr als einem Viertel unmittelbar beteiligt war. Die Begünstigung ist somit abhängig vom Umfang der Beteiligung des Erblassers oder Schenkers. War dieser zu 25,1 v.H. an der Gesellschaft beteiligt, so ist auch der Erwerb von nur 1 v.H. der Anteile beim Erben oder Beschenkten begünstigt, waren Erblasser oder Schenker zu 25 v.H. beteiligt, ist selbst der Erwerb der gesamten 25 v.H. der Anteile nicht begünstigt. Weder für die unterschiedliche Behandlung der Erwerber noch für die Abhängigkeit der Begünstigung der Erwerber von der Stellung des Erblassers oder Schenkers ist ein sachlicher Grund erkennbar. Vielmehr widerspricht die Vorschrift schlicht der Belastungsentscheidung des Gesetzgebers, denn nach der Ausgestaltung des Erbschaftsteuergesetzes als Erbanfallsteuer sind nicht die Verhältnisse beim Erblasser oder Schenker, sondern die beim Erben oder Beschenkten dafür maßgebend, in welchem Umfang der Erwerb mit Erbschaftsteuer belastet werden kann oder soll.

Darüber hinaus fehlt es hier - wie beim Betriebsvermögen - für die aus Unterbewertung (bei nicht notierten Anteilen), Freibetrag (256 000 Euro) und vermindertem Wertansatz (Abschlag von 40 v.H.) bestehende pauschale Entlastung der Erwerber von Anteilen an Kapitalgesellschaften an einem ausreichenden sachlichen Grund. Der Gesichtspunkt der Gleichstellung der Anteile an Kapitalgesellschaften mit dem Betriebsvermögen bzw. den Anteilen an Personengesellschaften rechtfertigt keine derart weitgehende pauschale Privilegierung, die im Ergebnis die Anteilserwerber in großem Umfang von der Umverteilungswirkung des Erbschaftsteuergesetzes ausnimmt. Denn die Belastung mit Erbschaftsteuer trifft beim Erwerb von Anteilen an Kapitalgesellschaften in der Regel lediglich die private Vermögenssphäre des Erwerbers.

Wohingegen die steuerliche Belastung des Erwerbs einer Beteiligung an einer Personengesellschaft oder des Erwerbs eines ganzen Unternehmens im Einzelfall auch den Bestand des Betriebes berühren kann.

c) Grundvermögen

Der Senat geht davon aus, dass das Bewertungsverfahren für unbebaute Grundstücke (§ 145 BewG) in verfassungsrechtlicher Hinsicht unbedenklich ist. Das auf einem einheitlichen Faktor von 12,5 beruhende „vereinfachte" Ertragswertverfahren für bebaute Grundstücke (§ 146 ff. BewG) verstößt jedoch nach Auffassung des Senats gegen das Gleichbehandlungsgebot.

aa) Für Grundstücke gibt es – anders als z.B. für Geld oder börsennotierte Aktien – keinen exakten, auf den maßgeblichen Stichtag feststellbaren bzw. feststehenden Wert. Vielmehr bleibt jede Grundstücksbewertung selbst dann, wenn ihr Ziel in der Ermittlung des Verkehrswerts liegt, ein ungenaues Näherungsverfahren an einen ungenauen Wert (Jakob, Schriftenreihe des Bundesministeriums für Finanzen, Heft 48, 1992, S. 126). Es gibt somit für Grundstücke keinen absolut zutreffenden Marktwert, sondern allenfalls ein Marktwertniveau, auf dem sich mit mehr oder weniger großen Abweichungen vertretbare Verkehrswerte abbilden (Simon in Simon/Cors/Troll, Handbuch der Grundstückswertermittlung, 4. Aufl., B. 1, Rdnr. 4). Die am Grundstücksmarkt feststellbare Bandbreite von Werten kann ± 20 v.H. (vgl. Simon, a.a.O. B.1, Rdnr. 4) um einen rechnerischen Mittelwert oder auch mehr (vgl. Weinmann in Christoffel, Künftige Einheitsbewertung und Neugestaltung der Vermögen und Erbschaftsteuer, 1996, Rdnr. 400) betragen. Jeder Wert innerhalb dieser Bandbreite kann aber noch als gemeiner Wert (Verkehrswert) des Grundstücks angesprochen werden (Seer, StuW 1997, 283, 289). Bei der Prüfung eines Verstoßes gegen den Gleichheitssatz kann somit nicht darauf abgestellt werden, ob der Verkehrswert – im Sinne einer punktuell greifbaren Größe – beim Bewertungsverfahren verfehlt wird, sondern nur darauf, ob die Differenzen innerhalb des Grundvermögens und der Abstand zum sonstigen Vermögen nicht willkürlich groß werden (vgl. Jakob, a.a.O., S. 126; Seer, StuW 1997, 283, 289).

bb) Unbebaute Grundstücke werden danach mit dem Verkehrswert angesetzt, soweit sie typisierend mit 80 v.H. des aus tatsächlichen Verkaufsfällen abgeleiteten Grundbesitzwerts bewertet werden. Der sich nach dieser Methode ergebende Wert liegt – wenn auch wertmäßig im unteren Bereich – innerhalb der zulässigen Bandbreite und kann deshalb (noch) als Verkehrswert angesprochen werden.

cc) Das Bewertungsverfahren für bebaute Grundstücke nach den §§ 146 ff. BewG führt in den weitaus meisten Fällen zu Werten unterhalb der am Grundstücksmarkt feststellbaren Bandbreite. In vielen Fällen wird – wie die o.g. Kaufpreisuntersuchung der Finanzverwaltung gezeigt hat – deutlich weniger als die Hälfte, z.T. nur 20–30 v.H. des Mittelwerts erreicht. Nach den Vorstellungen des Gesetzgebers sollen „im Durchschnitt ca. 50 v.H. des Kaufpreises erreicht werden" (vgl. Bundestagsdrucksache 13/5952, S. 28). Der Gesetzgeber hat somit für bebaute Grundstücke bereits auf der Bewertungsebene sowohl im Verhältnis zu den unbebauten Grundstücken als auch zu den anderen Vermögensarten eine Privilegierung vorgesehen, für die es einer ausreichenden Rechtfertigung bedarf.

Eine Rechtfertigung für die Begünstigung der bebauten Grundstücke ist nicht etwa deshalb entbehrlich, weil die Werte in einem pauschalierenden und typisierenden Ertragswertverfahren ermittelt werden. Denn eine Typisierung und Pauschalierung auf der Ebene der Erfassung und Bewertung von Vermögen ist unter dem Gesichtspunkt des Gleichheitssatzes nur zulässig, soweit hierdurch als Bezugspunkt das auch für andere Vermögensarten vorgeschriebene Wertniveau (§ 9 Abs. 1 BewG: „gemeiner Wert") nicht verloren geht und die sich ergebenden Werte geeignet bleiben, die – von Art. 3 GG geforderte – Gleichheit im tatsächlichen Belastungserfolg herzustellen. Diesem Erfordernis genügt das vom Gesetzgeber vorgeschriebene Ertragswertverfahren für die Bewertung bebauter Grundstücke nicht, weil es entsprechend der gesetzgeberischen Intention (vgl. Bundestagsdrucksache 13/5952, S. 29) in großem Umfang zu erheblich unter dem Verkehrswert liegenden Werten führt und darüber hinaus nicht gewährleistet, dass die Erwerber bebauter Grundstücke untereinander gleichbehandelt werden. Kein Grund für die vom Gesetzgeber vorgesehene niedrigere Bewertung bebauter Grundstücke kann auch in der - so wohl kaum verifizierbaren - Annahme des Gesetzgebers gesehen werden, „das im Erbschaft- und Schenkungsfall übergehende Grundvermögen sei in aller Regel nicht zur Veräußerung bestimmt" (Bundestagsdrucksache 13/5952, S. 27), weshalb - so die Schlussfolgerung des Gesetzgebers - allein auf „die Ertragsfähigkeit des Grundvermögens" abzustellen sei. Denn der Regelbemessungsmaßstab „gemeiner Wert" ist ein objektiver, was § 9 Abs. 2 Satz 3 BewG durch den Hinweis klarstellt, dass ungewöhnliche oder persönliche Verhältnisse nicht zu berücksichtigen sind. Es kann somit nicht darauf ankommen, wie der Erwerber den Gegenstand im Einzelfall nutzen wird, sondern welcher Preis im gewöhnlichen Geschäftsverkehr nach der Beschaffenheit des Wirtschaftsguts bei einer Veräußerung zu erzielen wäre (§ 9 Abs. 2 Satz 1 BewG).

Die in der Gesetzesbegründung (Bundestagsdrucksache 13/5952, S. 27 f.) genannten „Besonderheiten" des Grundbesitzes (geringe Fungibilität, höhere Sozialbindung, Mieterschutzbestimmungen, öffentlich-rechtliche Auflagen, zusätzliche Belastung durch Grundsteuer) können die vom Gesetzgeber vorgesehenen Abweichungen vom Verkehrswert nicht rechtfertigen. Denn derartige Belastungen schlagen sich in einem am Markt gebildeten Preis (Verkehrswert) nieder; in diesem kommen alle Chancen und Risiken, die mit einer Kapitalanlage bzw. einem Wirtschaftsgut verbunden sind, zum Ausdruck. Der Erwerber eines Grundstücks wird bei der Kaufpreisfindung diese Belastungen stets berücksichtigen. Bei einer am Verkehrswert (d.h. an vereinbarten Markt-/Verkaufspreisen) orientierten Bewertung besteht nach Auffassung des Senats deshalb kein sachlicher Grund, wegen derselben Belastungen nochmals Abschläge oder zusätzliche Vergünstigungen zu gewähren (wie hier: Bareis, DB 1996, 1153, 1157 f.; Seer, a.a.O., S. 212). Dem entspricht es, wenn das BVerfG in seinem Beschluss in BVerfGE 41, 269, 281, BStBl II 1976, 311, 315 ausführt, der Idee der Steuergerechtigkeit widersprechende Differenzierungen in der Bewertung einzelner Wirtschaftsgüter, insbesondere im Verhältnis von Grundbesitz zu anderen Vermögensgegenständen ließen sich

„nicht mit den Besonderheiten des Grundbesitzes wie der (...) erschwerten Übertragbarkeit und dergleichen rechtfertigen".

Auch der Hinweis in der Gesetzesbegründung (vgl. Bundestagsdrucksache 13/5952, S. 28) auf die „Auswirkungen des Bewertungsniveaus auf die Höhe der Mieten" stellt keinen Grund dar, der eine geringere steuerliche Belastung der Erwerber von bebautem Grundbesitz rechtfertigen könnte. Der behauptete wirtschaftliche Zusammenhang zwischen der erbschaftssteuerlichen Belastung und der Höhe der Mieten besteht nicht. Die Höhe der Miete richtet sich in der Regel nach Angebot und Nachfrage auf dem Wohnungsmarkt. Der Erwerber von Grundbesitz wird danach unabhängig von der Höhe der von ihm zu zahlenden Erbschaftsteuer die am Markt erziel- bzw. durchsetzbare Miete und nicht etwa als Folge einer Steuerverschonung eine geringere Miete fordern.

Die weiteren, in der Gesetzesbegründung aufgeführten finanzpolitischen, volkswirtschaftlichen und sozialpolitischen Gesichtspunkte können zwar grundsätzlich eine Begünstigung des Erwerbs bebauter Grundstücke im Verhältnis zu anderen Vermögensarten rechtfertigen. Das Ertragswertverfahren für bebaute Grundstücke nach § 146 ff. BewG ist allerdings hierfür nicht geeignet; die genannten Gründe finden darin keinen Niederschlag. Darüber hinaus entspricht das Ertragswertverfahren nicht den sich aus Art. 3 Abs. 1 GG ergebenden Anforderungen, weil im Verhältnis zu den Verkehrswerten kein auch nur annähernd gleichmäßiges Steuerwertniveau erreicht wird, sodass die Erwerber bebauter Grundstücke sehr unterschiedlich be- bzw. entlastet werden (vgl. mit z.T. drastischen Formulierungen: Moench, Erbschaft- und Schenkungsteuer, Kommentar, Erg.Lfg. April 2002, § 12 Rdnr. 7a; Seer, StuW 1997, 283, 290). Nach der o.g. Kaufpreisuntersuchung erreichte der nach dem gesetzlichen Ertragswertverfahren ermittelte Wert in 567 von 2221 Fällen (rd. 25 v.H. der Fälle) nicht einmal 40 v.H. (teilweise nicht einmal 20 v.H.) des Kaufpreises, der bei der Veräußerung an Dritte für ein (bebautes) Grundstück in zeitlicher Nähe zum Übergang durch Erbschaft oder Schenkung tatsächlich erzielt wurde, während in 24,6 v.H. der Untersuchungsfälle (548 von 2221 Fällen) mehr als 60 v.H., in 7 v.H. der Untersuchungsfälle über 80 v.H. des Verkaufspreises erreicht wurde. Das Bewertungsverfahren führt darüber hinaus in Gebieten mit hohen Grundstückspreisen, vor allem in Ballungsräumen dazu, dass es keinen Wertunterschied mehr gibt zwischen einem bebauten und einem unbebauten Grundstück, weil der im Ertragswertverfahren sich ergebende Wert für das bebaute Grundstück so niedrig ist, dass er nicht einmal den Mindestwert nach § 146 Abs. 6 i.V.m. § 145 Abs. 3 BewG erreicht. Aus der o.g. Kaufpreisuntersuchung ergibt sich ferner, dass die Grundstücksbewertung nach § 146 BewG in einer erheblichen Anzahl von Fällen zu einer extremen Unterbewertung führt, bei der – wie auch der Vorlagefall zeigt – Werte erreicht werden, die unter 40 v.H. des Verkehrswertniveaus, teilweise noch deutlich niedriger liegen. Insoweit besteht die frühere Privilegierung des Grundbesitzes, die das BVerfG in seinem Beschluss in BVerfGE 93, 165, BStBl II 1995, 671 wegen dieses Zustandes für mit der Verfassung, insbesondere mit Art. 3 Abs. 1 GG unvereinbar erklärt hat, in wesentlichen Teilbereichen unverändert fort (Osterloh in DStJG, Bd. 22, S. 177, 189; Thiel, DB 1997, 64, 66; Seer, StuW 1997, 283, 290).

d) Land- und forstwirtschaftliches Vermögen

Die Bewertung des land- und forstwirtschaftlichen Vermögens mit nur 10 v.H. des Verkehrswerts entspricht nach Auffassung des Senats den Vorgaben des BVerfG (vgl. Beschluss des BVerfG in BVerfGE 93, 165, 173, BStBl II 1995, 671, 674), die Erbschaftsteuerlast so zu bemessen, dass die Fortführung der land- und forstwirtschaftlichen Betriebe steuerlich nicht gefährdet und durch eine „betriebsangemessene Belastung ... eine Zerschlagung dieser Wirtschaftseinheiten“ vermieden wird.

Keinen sachlichen Grund sieht der Senat – insbesondere auch im Hinblick auf die die Betriebsfortführung sicherstellende Stundungsregelung in § 28 ErbStG – für die darüber hinausgehenden Begünstigungen des land- und forstwirtschaftlichen Vermögens durch § 13a Abs. 1 ErbStG, d.h. durch die Gewährung eines Freibetrages von 500 000 DM (256 000 Euro) sowie eines Bewertungsabschlages von 40 v.H. Es handelt sich nach Auffassung des Senats um eine Überprivilegierung dieser Vermögensart, die in ihrer Kumulationswirkung aus Bewertung, Freibetrag und Bewertungsabschlag dazu führt, dass beinahe jeder Erwerb von land- und forstwirtschaftlichen Betrieben, d.h. auch von Großbetrieben erbschaftsteuerfrei gestellt ist. Mit dieser Regelung hat der Gesetzgeber nach Auffassung des Senats die verfassungsrechtlichen Grenzen seiner Gestaltungsfreiheit überschritten; sie steht außer Verhältnis zur gesetzgeberischen Grundregel der gleichmäßigen Belastung aller Vermögenszugänge.

Der Senat sieht ferner insofern einen verfassungswidrigen Begünstigungsüberhang, als das Gesetz keine Regelung vorsieht, dass bei zeitnaher Veräußerung des Vermögens durch den Erwerber eine Besteuerung nach Verkehrswerten vorzunehmen ist (Nachversteuerungsvorbehalt). Das Gesetz lässt die Fälle unberücksichtigt, in denen der Erwerber den Betrieb nicht fortführt, sondern nach dem Erwerb z.B. veräußert. Bei einem solchen Erwerber kann die Betriebsfortführung durch die Steuerbelastung nicht gefährdet sein. Es besteht kein Grund, bei einem solchen Erwerber lediglich Freibetrag und verminderten Wertansatz sowie den Entlastungsbetrag (§ 13a Abs. 5 Nr. 2, § 19a Abs. 5 Nr. 2 ErbStG) entfallen zu lassen, ihm aber den Vorteil der Bewertung des land- und forstwirtschaftlichen Vermögens mit ca. 10 v.H. des Verkehrswerts zu belassen, also nur etwa 10 v.H. der tatsächlichen Bereicherung zu besteuern. Erhebungen des Statistischen Bundesamtes (vgl. Statistisches Jahrbuch der Bundesrepublik Deutschland 1999, S. 153) belegen, dass es sich hierbei nicht nur um Einzelfälle handelt. Viele Landwirte finden keinen geeigneten Betriebsnachfolger. Bei einer solchen Sachlage darf der Gesetzgeber nicht einfach unterstellen, dass es stets zur Betriebsfortführung durch den Erwerber kommt, vielmehr ist der Gesetzgeber gehalten – wie nach den §§ 13a, 19a ErbStG –, auch hier durch Nachversteuerungsvorbehalte sicherzustellen, dass nur dem Regelungszweck entsprechende Erwerbsvorgänge begünstigt werden.

Die insoweit vom BMF unter Hinweis auf das Stichtagsprinzip geltend gemachten Bedenken teilt der Senat nicht. Es geht hier nämlich nicht um den Ansatz des aus dem Verkauf des land- und forstwirtschaftlichen Vermögens erzielten Kaufpreises, sondern darum, anstelle eines die betriebsangemessene Belastung berücksichtigenden Ertragswerts den Verkehrswert des übergehenden Vermögens am maßgeblichen Stichtag anzusetzen.

4. Rechtsformabhängigkeit der Begünstigungen nach §§ 13a und 19a ErbStG

Der Freibetrag nach § 13a Abs. 1 ErbStG sowie der verminderte Wertansatz (Bewertungsabschlag) nach § 13a Abs. 2 ErbStG ist nach der gesetzlichen Regelung in § 13a Abs. 4 Nr. 1 ErbStG auch beim Erwerb von Anteilen an Gesellschaften i.S. von § 15 Abs. 3 EStG (so genannte gewerblich geprägten Personengesellschaften) zu gewähren, obwohl es sich bei dem von diesen Gesellschaften gehaltenen Vermögen inhaltlich nicht um Betriebsvermögen, d.h. um Wirtschaftsgüter handelt, die zu betrieblichen Zwecken i.S. des § 15 Abs. 2 EStG eingesetzt werden. Die erbschaftsteuerrechtliche Regelung übernimmt insoweit die ertragsteuerrechtliche Fiktion, dass in der Rechtsform der gewerblich geprägten Personengesellschaft gehaltenes Vermögen als Betriebsvermögen gilt.

Diese Rechtsformabhängigkeit verstößt gegen das Gebot der folgerichtigen Umsetzung der vom Gesetzgeber getroffenen Belastungsentscheidung. Denn der erbschaftsteuerrechtliche Belastungsgrund („Belastung des Reinvermögenszugangs") und der erbschaftsteuerrechtliche Entlastungszweck der §§ 13a und 19a ErbStG („Begünstigung des Betriebsvermögens") haben keinen Bezug zur jeweiligen Rechtsform, in der Vermögen gehalten wird bzw. auf den Erwerber übergeht (vgl. die Parallele in dem zur Umsatzsteuer ergangenen Urteil des BVerfG vom 10. November 1999 2 BvR 2861/93, BVerfGE 101, 151, BStBl II 2000, 160). Das Bereicherungsprinzip verträgt keine Unterscheidung danach, in welcher Rechtsform Vermögen übergeht und zu einer Bereicherung des Erwerbers führt.

Durch die Vergünstigungen nach §§ 13a und 19a ErbStG sollen nach der Gesetzesbegründung in erster Linie die besonderen Belastungen berücksichtigt werden, die bei einer Aufrechterhaltung des Betriebs „in seiner Sozialgebundenheit" entstehen. Die Vergünstigungen setzen eine durch Widmung für betriebliche Zwecke verselbstständigte Funktionseinheit voraus, die in besonderer Weise gemeinwohlgebunden und gemeinwohlverpflichtet ist. In diesem Zusammenhang wird immer wieder auf die Sicherstellung der Betriebsfortführung und der damit verbundenen Erhaltung von Produktivität und Arbeitsplätzen hingewiesen. Ob diese Voraussetzungen gegeben sind, ist nicht davon abhängig, in welcher Rechtsform Vermögen organisiert ist. Entscheidend kann nur sein, ob tatsächlich eine gewerbliche Tätigkeit ausgeübt wird und ob es sich bei dem Vermögen um im o.g. Sinne gemeinwohlgebundenes handelt. Bei sog. „gewerblich geprägten Personengesellschaften" ist dies nicht der Fall; diese üben keine gewerbliche Tätigkeit aus. Die Bezugnahme auf den ertragsteuerrechtlichen Betriebsvermögensbegriff führt zur Begünstigung auch solchen Vermögens, welches keiner gewerblichen Tätigkeit dient, als „Privatvermögen" (z.B. Bargeld, Wertpapiere, privater Grundbesitz) anzusprechen ist und als nicht begünstigungswürdig der vollen Steuerbelastung unterliegen müsste.

Es handelt sich nicht um dem Gleichheitsgebot entsprechende Folgen einer zulässigen Sachverhaltstypisierung, wie das BMF meint. Vielmehr ist die Übernahme des ertragsteuerrechtlichen Betriebsvermögensbegriffs gemessen am Begünstigungszweck schlechthin ungeeignet, weil dieser mit Fiktionen arbeitet, die einen Rückschluss auf die mit dem („Betriebs"-)Vermögen verbundenen Soziallasten nicht zulassen.

Von dem sich aus der Rechtsformabhängigkeit ergebenden Gestaltungsrahmen wird nicht nur in wenigen Ausnahmefällen Gebrauch gemacht, vielmehr handelt es sich um eine gängige Gestaltungspraxis, wie sich aus der Fachliteratur ergibt (z.B. Crezelius, DB 1997, 1584 f.; Felix, Neue Juristische Wochenzeitschrift - NJW - 1997, 1040; Flick, DB 1997, 844; Landsittel, Gestaltungsmöglichkeiten von Erbfällen und Schenkungen, 2. Aufl. 2001, Rdnr. 902 „Schaffung von begünstigtem Vermögen"; Korn, Kölner Steuerdialog - KÖSDI - 1998, 11408, 11412; Hörger/Stephan, Die Vermögensnachfolge im Erbschaft- und Ertragsteuerrecht, 1998, Rdnr. 555; u.v.a.). Weinmann in Moench (Erbschaft- und Schenkungsteuer, Kommentar, Erg.Lfg. April 2002, § 13a Rdnr. 17) führt aus, dass die Erkenntnis der enormen Vorteile, die eine gewerblich geprägte Personengesellschaft bei der Schenkung- und Erbschaftsteuer bietet, Allgemeingut der Beratungspraxis sei, und Kowallik (DStR 1999, 1834) teilt mit, dass „das Einlagemodell" für Privatvermögen mit hohen Steuerwerten - vor allem für in- und ausländische Immobilien - eine gängige erbschaftsteuerrechtliche Gestaltung" sei.

Schließlich verweist Bareis (DStR 1997, 557 f.) darauf, dass durch die Möglichkeit, Grundbesitz vor der Übertragung in eine gewerblich geprägte Personengesellschaft einzubringen und die Vergünstigungen für „Betriebsvermögen" in Anspruch zu nehmen, der – aus der Sicht der Haus- und Grundbesitzer – negative Bewertungseffekt durch die neuen, ab dem 1. Januar 1996 geltenden Grundbesitzwerte „kompensiert" werde.

Die früheren Nachteile, die bei der Einbringung von Grundbesitz oder anderem „Privatvermögen" in eine gewerblich geprägte Personengesellschaft im Bereich der Ertrag- und Besitzsteuern in Kauf genommen werden mussten (vgl. hierzu die Untersuchungen von Ottersbach/Hansen in DStR 1997, 1269 ff. und von Weßling in DStR 1997, 1381 ff. sowie die Ausführungen bei Seer, GmbHR 1999, 64, 71 f.), sind durch den Wegfall der Gewerbekapitalsteuer, durch die pauschalierte Anrechnung der Gewerbesteuer auf die tarifliche Einkommensteuer und durch die erweiterte Steuerverstrickung auch im Privatvermögen gehaltener Grundstücke (§ 23 Abs. 1 Nr. 1 EStG) zwischenzeitlich entfallen. Darüber hinaus stellte die Tarifbegrenzung bei gewerblichen Einkünften nach § 32c EStG (bis Veranlagungszeitraum 2000) einen zusätzlichen Anreiz dar, Vermögen zu Lebzeiten oder vor einer beabsichtigten Schenkung in den Bereich des ertragsteuerrechtlichen und damit auch erbschaftsteuerrechtlichen Betriebsvermögens zu überführen. Dieselben Begünstigungseffekte lassen sich durch Übertragung von „Privatvermögen" auf eine vermögensverwaltende Kapitalgesellschaft (z.B. eine GmbH) erreichen, deren Vermögen anknüpfend an die Rechtsform stets als Betriebsvermögen gilt.

Die aus der Rechtsformwahl sich ergebenden Gestaltungseffekte seien an folgenden Beispielen deutlich gemacht:

(1) Tante (T) schenkt ihrer Nichte (N) festverzinsliche Wertpapiere im Wert von 5,5 Mio. Euro.

Wert der Papiere	5 500 000 €
./. persönlicher Freibetrag (§ 16 Abs. 1 Nr. 4 ErbStG)	10 300 €
Summe	5 489 700 €
Steuer (32 v.H.)	1 756 704 €

(2) T bringt die Wertpapiere in eine GmbH & Co. KG (gewerblich geprägte Personengesellschaft; GmbH am Vermögen der KG nicht beteiligt) ein und tritt anschließend den KG-Anteil an die N ab:

Wert des KG-Anteils	5 500 000 €
./. Freibetrag (§ 13a Abs. 1 ErbStG)	256 000 €
./. Bewertungsabschlag (§ 13a Abs. 2 ErbStG)	2 097 600 €
./. persönlicher Freibetrag (§ 16 Abs. 1 Nr. 4 ErbStG)	10 300 €
Summe	3 136 100 €
Steuer (27 v.H.)	846 747 €
./. Entlastungsbetrag nach § 19a ErbStG	287 881 €
Steuer	558 866 €

(3) N erbt von T mehrere Mietwohngrundstücke im Verkehrswert von 8 Mio. Euro. Die Summe der Grundbesitzwerte beträgt 4 Mio. Euro (Durchschnittswert). Die Grundstücke sind mit Grundpfandrechten in Höhe von 2,5 Mio. Euro belastet:

Steuerwert der Grundstücke	4 000 000 €
./. Schulden	2 500 000 €
./. persönlicher Freibetrag	10 300 €
steuerpflichtiger Erwerb	1 489 700 €
Steuer (27 v.H.)	402 219 €

(4) T hat vor ihrem Tode die Grundstücke in eine rein vermögensverwaltende GmbH eingelegt; N erbt die GmbH-Anteile.

Steuerwert der Anteile (4 Mio. €/2,5 Mio. €)	1 500 000 €
./. Freibetrag (§ 13a Abs. 1 ErbStG)	256 000 €
./. Bewertungsabschlag (§ 13a Abs. 2 ErbStG)	497 600 €
./. persönlicher Freibetrag (§ 16 Abs. 1 Nr. 4 ErbStG)	10 300 €
Summe	736 100 €
Steuer (27 v.H.)	198 747 €
./. Entlastungsbetrag (nach § 19a ErbStG)	95 881 €
Steuer	102 866 €

5. Verrechnung miteinander nicht vergleichbarer Werte

a) Abzug der mit unterbewertetem Vermögen in wirtschaftlichem Zusammenhang stehenden Schulden

Die Möglichkeit der ungekürzten Gegenrechnung von Schulden mit - gemessen am Verkehrswert - unterbewertetem Vermögen (Betriebsvermögen, Anteile an Kapitalgesellschaften, land- und forstwirtschaftliches Vermögen und bebaute Grundstücke) verstärkt den in der Unterbewertung liegenden Begünstigungseffekt, denn es kommt dabei zu einer Verrechnung von Werten, die nicht vergleichbar sind. Dies führt zu einem überproportionalen Verrechnungseffekt und damit zu einer (weiteren) Vergünstigung von Erwerbern, die gemessen am Verkehrswert „unterbewertetes" Vermögen erhalten. Als Folge des ungekürzten Schuldenabzugs kann es in diesen Fällen sogar zu einem negativen Wert des übergehenden Vermögens kommen. Der sich auf diese Weise ergebende Schuldenüberhang ermöglicht es dem Steuerpflichtigen, im Wege der Verrechnung weiteres, eigentlich in vollem Umfang der Steuer unterliegendes Vermögen ohne Steuerbelastung zu erwerben.

Beispiel:

Hätte die E bei der dem Vorlagefall zugrunde liegenden Fallkonstellation den Erwerb der Eigentumswohnung mit 250 000 DM finanziert und wäre E schon vor ihrem Tode als Eigentümerin im Grundbuch eingetragen worden, hätte sich erbschaftsteuerrechtlich für die Klägerin Folgendes ergeben:

Wohnungseigentum (Steuerwert)	127 000 DM
Bankguthaben/Forderungen	134 823 DM
abzüglich Nachlassverbindlichkeit (keine Schuldenkappung)	./. 250 000 DM
abzüglich persönlicher Freibetrag	./. 20 000 DM
steuerpflichtiger Erwerb	0 DM

Im Beispielsfall bleibt als Folge des Ansatzes des Steuerwerts sowie des überproportionalen Verrechnungseffekts nicht nur der Erwerb des Wohnungseigentums durch die Klägerin ohne Steuerbelastung, sondern sie erwirbt durch die Gegenrechnung des Schuldenüberhangs von 123 000 DM (127 000 DM ./. 250 000 DM) auch weiteres Vermögen (Bankguthaben/Forderungen) in dieser Höhe steuerfrei.

Der Hinweis des BMF, es gäbe keine allgemein gültigen Kriterien dafür, in welchem Umfang im jeweiligen Einzelfall eine Schuldenkappung vorzunehmen sei, vermag die sich aus der derzeitigen Rechtslage ergebende Begünstigungswirkung nicht zu rechtfertigen. Der Gesetzgeber darf eine Begünstigung nur dann gewähren, wenn er diese durchgängig gleichheitsgerecht ausgestalten kann. Ist dies – so die Einlassung des BMF – nicht möglich, weil eine klare Abgrenzung des Begünstigungstatbestandes nicht erreichbar ist bzw. erhebliche Begünstigungsüberhänge nicht beseitigt werden können, darf der Gesetzgeber diesen (Begünstigungs-)Weg nicht gehen, sondern muss die Begünstigungsregelung auf andere, dem Gleichbehandlungsgebot entsprechende Weise ausgestalten, z.B. offen und für jedermann transparent über den Steuertarif.

b) Abzug von Vermächtnis- und Pflichtteilslasten beim Erwerb steuerbegünstigten Vermögens

Zu einer gleichheitswidrigen Verrechnung miteinander nicht vergleichbarer Werte kommt es auch in den Fällen des Erwerbs steuerbegünstigten Vermögens, wenn der Erwerber (Geld-)Vermächtnisansprüche zu erfüllen bzw. Pflichtteilslasten zu tragen hat. Denn nach § 10 Abs. 1 Satz 2 i.V.m. mit Abs. 5 Nr. 2 ErbStG sind u.a. Verbindlichkeiten aus Vermächtnissen, Auflagen und geltend gemachten Pflichtteilen „von dem Erwerb“ mit ihrem nach § 12 ErbStG zu ermittelnden Wert abzugsfähig. Der Abzug der (Geld-)Vermächtnis- und Pflichtteilslasten, die regelmäßig mit dem Nennwert anzusetzen sind (§ 12 Abs. 1 ErbStG i.V.m. § 9 Abs. 1 und § 12 Abs. 1 Satz 1 BewG), von dem durch Steuerbegünstigungen bereits ermäßigten Erwerb führt zu einer zusätzlichen, sachlich nicht gerechtfertigten Begünstigung des durch Vermächtnis und Pflichtteil Belasteten.

Dies sei an folgendem Beispiel (s. Weinmann in Moench, Erbschaft- und Schenkungsteuer, Kommentar, Erg.Lfg. Stand April 2002, § 13a Rdnr. 6) verdeutlicht:

Vater V wird von seinem Sohn S allein beerbt; den Nachlass bildet ein Gewerbebetrieb mit einem Verkehrswert von 5 Mio. Euro und einem Steuerwert von 2,9 Mio. Euro (Durchschnittswert: 58 v.H. von 5 Mio. Euro)..

Tochter T wird auf den Pflichtteil gesetzt. Der Pflichtteil hat als Kapitalforderung einen Nominalwert von 1,25 Mio. Euro.

Erwerb des S

Betriebsvermögen (Steuerwert)	2 900 000 €
./. Freibetrag nach § 13a Abs. 1 ErbStG	256 000 €
./. Bewertungsabschlag nach § 13a Abs. 2 ErbStG	1 057 600 €
./. Pflichtteilsanspruch (§ 10 Abs. 5 Nr. 2 ErbStG)	1 250 000 €
./. persönlicher Freibetrag	205 000 €
steuerpflichtiger Erwerb	131 400 €
Steuer (Steuersatz 11 v.H.)	14 454 €

Erwerb der T

geltend gemachter Pflichtteil	1 250 000 €
./. persönlicher Freibetrag	205 000 €
steuerpflichtiger Erwerb:	1 045 000 €
Steuer (Steuersatz 19 v.H.)	198 550 €

S kommt mit seinem Betriebsvermögenserwerb nicht nur in den Genuss von Unterbewertung (Wertminderung: 2,1 Mio. Euro), Freibetrag (256 000 Euro) und Bewertungsabschlag (1 057 600 Euro), sondern kann von dem für seinen Erwerb nach § 10 Abs. 1 Sätze 1 und 2 i.V.m. § 12 Abs. 5 ErbStG anzusetzenden („Rest"-)Wert von 1 586 400 Euro, der nur noch rd. 32 v.H. des Verkehrswerts des Nachlasses ausmacht, die Pflichtteilslast zum vollen Nennwert abziehen.

III. Maßgeblichkeitsprüfung

1. Die Verfassungswidrigkeit kann nicht durch eine verfassungskonforme Auslegung der o.g. Rechtsnormen vermieden werden.

Soweit § 12 Abs. 2, 3 und 5 ErbStG unter Verweisung auf die entsprechenden Vorschriften des BewG für die Bewertung des Betriebsvermögens, der Anteile an Kapitalgesellschaften und des Grundbesitzes (einschließlich des land- und forstwirtschaftlichen Vermögens und der Betriebsgrundstücke) besondere Regelungen vorsieht, sieht der Senat keinen Auslegungsspielraum. Das Gesetz ist nach Wortlaut und Sinn eindeutig; der in diesen Regelungen liegende Begünstigungseffekt vom Gesetzgeber erkennbar gewollt.

Dasselbe gilt für die Begünstigungsregelungen in §§ 13a und 19a ErbStG für das Betriebsvermögen, die Anteile an Kapitalgesellschaften und für das land- und forstwirtschaftliche Vermögen. Eine verfassungskonforme Einschränkung dieser Normen (kein Bewertungsabschlag für Betriebsvermögen; keine Anwendung beim Erwerb von Anteilen an Kapitalgesellschaften und land- und forstwirtschaftlichem Vermögen) würde dem eindeutigen Wortlaut und Sinn des Gesetzes sowie der vom Gesetzgeber gewollten Begünstigungsrichtung widersprechen. Dasselbe gilt für die Rechtsformabhängigkeit der Begünstigungsnormen. Der Senat sieht keine Möglichkeit, diese durch eine verfassungskonforme Auslegung zu beseitigen.

Auch die verfassungswidrigen Folgen des ungekürzten Abzugs der mit dem unterbewerteten Vermögen zusammenhängenden Schulden können durch eine anderweitige Gesetzesauslegung nicht beseitigt werden. Sie sind vom Gesetzgeber ausdrücklich angeordnet. Für den Bereich des land- und forstwirtschaftlichen Vermögens ergibt sich dies aus § 33 Abs. 3 Nr. 2 und § 40 Abs. 2 BewG. Nach diesen Vorschriften gehören Geldschulden und Pensionsverpflichtungen ausdrücklich nicht zum land- und forstwirtschaftlichen Vermögen. Diese gehen somit nicht in der wirtschaftlichen Einheit des land- und forstwirtschaftlichen Vermögens auf, sondern sind wie Schulden im Privatvermögen zu behandeln und damit zum Nennwert gegenzurechnen. Für das Betriebsvermögen ordnet § 10 Abs. 6 Satz 4 ErbStG den ungekürzten Ansatz der Betriebsschulden an. Im Übrigen zeigen die Regelungen in § 13 Abs. 3 Satz 2 und

§ 13a Abs. 6 ErbStG, wonach die Kappung des Schuldenabzugs nach § 10 Abs. 6 Sätze 3 und 5 ErbStG bei Verzicht auf die Steuerbefreiung entfällt, dass der Gesetzgeber die sich aus dem ungekürzten Schuldenabzug ergebenden Vorteile erkannt und bewusst bestehen gelassen hat. Denn die Regelungen in § 13 Abs. 3 Satz 2 und § 13a Abs. 6 ErbStG sollen dem Steuerpflichtigen die sich aus der ungekürzten Gegenrechnung von Schulden ergebenden Vorteile durch die Einräumung eines Wahlrechts zwischen Steuerbefreiung und Schuldenkappung einerseits sowie Verzicht auf die Steuerbefreiung und vollem Schuldenabzug andererseits sichern helfen.

Auch für den ungekürzten Abzug der mit dem Nennwert anzusetzenden Vermächtnis- und Pflichtteilslasten „von dem nach § 12 zu ermittelnden Wert des gesamten Vermögensanfalls, soweit er der Besteuerung … unterliegt", gibt es in § 10 Abs. 1 Satz 2 ErbStG eine eindeutige Gesetzesanordnung. Der Senat sieht auch hier keinen Ansatzpunkt, den Verfassungsverstoß durch eine verfassungskonforme Auslegung zu beseitigen.

2. Maßgeblichkeit des Verfassungsverstoßes für den Streitfall

Für die Entscheidung des Streitfalls kommt es i.S. von Art. 100 Abs. 1 GG, § 80 Abs. 2 Satz 1 BVerfGG auf die Gültigkeit des § 19 Abs. 1 ErbStG an.

a) Ist diese Vorschrift verfassungsgemäß, so müsste der erkennende Senat die Klage unter Aufhebung der Vorentscheidung abweisen (§ 126 Abs. 3 Nr. 1 der Finanzgerichtsordnung – FGO–. Gegenstand des Erwerbs der Klägerin von Todes wegen ist neben dem erworbenen Geldvermögen ein Anspruch auf Verschaffung des Wohnungseigentums, der mit dem gemeinen Wert anzusetzen ist. Die in Bezug auf das Wohnungseigentum auf die Klägerin übergegangene Rechtsposition (Eigentumsverschaffungsanspruch, Anwartschaftsrecht) rechtfertigt entgegen der Auffassung des FG nicht den Ansatz des Grundbesitzwerts nach § 12 Abs. 3 ErbStG i.V.m. §§ 19 Abs. 1, 68 und 138 ff. BewG.

aa) Als Erwerb von Todes wegen gilt nach § 3 Abs. 1 Nr. 1 ErbStG der Erwerb durch Erbanfall (§ 1922 Abs. 1 BGB). Beim Erwerb durch Erbanfall gilt als steuerpflichtiger Erwerb (Bereicherung) der Betrag, der sich ergibt, wenn von dem nach § 12 ErbStG zu ermittelnden Wert des gesamten Vermögensanfalls die Nachlassverbindlichkeiten mit ihrem nach § 12 ErbStG zu ermittelnden Wert abgezogen werden (§ 10 Abs. 1 Sätze 1 und 2 ErbStG). Für die Wertermittlung ist nach § 11 ErbStG der Zeitpunkt der Entstehung der Steuer maßgebend, das ist bei Erwerben von Todes wegen der Zeitpunkt des Todes des Erblassers (§ 9 Abs. 1 Nr. 1 ErbStG). Dies gilt auch für die Frage, was bei einem Erwerb durch Erbanfall als Gegenstand der Bereicherung des Erwerbers anzusehen ist. Der Erbe wird als Gesamtrechtsnachfolger Inhaber des Vermögens des Erblassers mit demselben rechtlichen Inhalt und demselben Entwicklungsstand, wie er im Zeitpunkt des Eintritts des Erbanfalls gegeben war (vgl. Urteile des BFH vom 28. Juni 1995 II R 89/92, BFHE 178, 214, BStBl II 1995, 786, und vom 10. Juli 1996 II R 32/94, BFH/NV 1997, 28).

Danach ist Gegenstand des Erwerbs der Klägerin durch Erbanfall nicht das Wohnungseigentum selbst. Denn E war im Zeitpunkt ihres Todes noch nicht als Wohnungseigentümerin im Grundbuch eingetragen.

Von Todes wegen von E erwerben konnte die Klägerin lediglich den Anspruch der E auf Verschaffung des Wohnungseigentums.

bb) Die auf die Klägerin durch Erbanfall übergegangene Rechtsposition ist gemäß § 12 Abs. 1 ErbStG i.V.m. § 9 Abs. 1 BewG mit dem gemeinen Wert zu bewerten. Nach § 12 Abs. 1 ErbStG richtet sich die Bewertung für erbschaftsteuerrechtliche Zwecke nach den Allgemeinen Bewertungsvorschriften (Erster Teil des BewG). Danach ist grundsätzlich der gemeine Wert des Vermögensanfalls zugrunde zu legen (§ 9 Abs. 1 BewG), soweit in den Absätzen 2–6 des § 12 ErbStG nicht etwas anderes bestimmt ist.

Eine anderweitige Bestimmung für die Bewertung der von der Klägerin erworbenen Rechtsposition enthalten die Absätze 2–6 des § 12 ErbStG nicht, insbesondere kommt eine Anwendung des § 12 Abs. 3 ErbStG nicht in Betracht, wonach Grundbesitz i.S. von § 19 BewG mit dem Grundbesitzwert i.S. der §§ 138 ff. BewG anzusetzen ist.

Bei der von der Klägerin im Wege des Erbanfalls erworbenen Rechtsposition handelt es sich nicht um „Grundbesitz" i.S. des § 19 BewG. Nach dem Katalog des § 68 Abs. 1 BewG gehört zum Grundvermögen u.a. das Wohnungseigentum, nicht jedoch ein Anspruch auf Verschaffung des Wohnungseigentums. Bewertungsrechtlich ist somit für die Anwendung des Steuerwerts (Grundbesitzwerts) allein maßgebend, ob Grundstücks- oder Wohnungseigentum, d.h. das Vollrecht erworben wird (BFH-Urteil vom 15. Oktober 1997 II R 68/95, BFHE 183, 248, BStBl II 1997, 820, 823, die Verwaltungsauffassung in R 36 Abs. 2 Satz 2 ErbStR; Meincke, ErbSt-Kommentar, 13. Aufl. 2002, § 12 Rdnr. 24).

Es gibt nach Auffassung des Senats keinen Grund, den Steuerwert (Grundbesitzwert) vom Grundstück (Vollrecht) zu trennen und entgegen den bewertungsrechtlichen Vorschriften dem Sachleistungsanspruch des Erwerbers bzw. der Übereignungsverpflichtung des Veräußerers zuzuordnen (BFH-Urteil in BFHE 183, 248, BStBl II 1997, 820, 823; a.A. Daragan, Betriebs-Berater - BB - 2002, 649, 650). Vielmehr gebietet die zivilrechtliche Trennung von Verpflichtungs- und Verfügungsgeschäft (Abstraktionsprinzip) den Ansatz des Sachleistungsanspruchs, der Sachleistungsverpflichtung sowie der jeweiligen Gegenleistung (Verpflichtung zur Zahlung des Kaufpreises bzw. des Kaufpreisanspruchs) mit dem Nennwert (§ 12 BewG) bzw. dem gemeinen Wert (§ 9 BewG). Denn diese (gegenseitigen) Ansprüche decken sich wertmäßig und gleichen sich gegenseitig aus. Dieser Umstand würde außer Acht gelassen, wenn dem Nennwert des Anspruchs auf den Kaufpreis der (niedrigere) Steuerwert des Sachleistungsanspruchs gegenübergestellt würde (BFH-Urteil vom 23. Oktober 1991 II R 77/87, BFHE 166, 376, BStBl II 1992, 248; vgl. auch Crezelius, DStZ, Ausgabe A 1978, 243, 246).

Der Senat hat zwar in früheren Entscheidungen (vgl. die Urteile vom 30. März 1977 II R 143/66, BFHE 122, 152, BStBl II 1977, 556; vom 25. Juli 1984 II R 81/82, BFHE 141, 553, BStBl II 1984, 771, und vom 18. März 1987 II R 133/84, BFH/NV 1988, 489) ausgeführt, dass die kaufvertragliche Verpflichtung zur Grundstücksübereignung wie das Grundstück mit dem Steuerwert zu bewerten sei, weil der schuldrechtliche Verschaffungsanspruch keinen höheren Wert haben könne als das Wirtschaftsgut, auf dessen Verschaffung er gerichtet sei, diese These aber in nachfolgenden Entscheidungen aus der Erkenntnis heraus verworfen, dass dadurch bei den hierbei zu berücksichtigenden Fallvarianten auf der Käufer- wie Verkäuferseite eine „gerechtere" Lösung nicht erreicht werden kann (vgl. die Urteile vom 6. Dezember 1989 II R 103/86, BFHE 159, 542, BStBl II 1990, 434, und in BFHE 183, 248, BStBl II 1997, 820; vgl. auch die Urteile zum Bewertungs- und Vermögensteuerrecht in BFHE 159, 542, BStBl II 1990, 434; vom 6. März 1990 II R 63/87, BFHE 159, 555, BStBl II 1990, 504, und vom 10. April 1991 II R 118/86, BFHE 164, 448, BStBl II 1991, 620). Denn es handelte sich dabei lediglich um eine vorzeitige Verschiebung der steuerlichen – belastenden oder entlastenden – Folgen auf einen Zeitpunkt, bevor das gegenseitige Geschäft abgewickelt ist (BFH-Urteil in BFHE 164, 448, BStBl II 1991, 620, 622; vgl. hierzu Moench, DStR 1978, 567, 570; Brosch, BB 1983, 241; Martin, DB 1990, 1536). Eine solche Vorverlagerung der steuerlichen Folgen beseitigt nicht die Brüche und Wertungswidersprüche, die sich aus dem unterschiedlichen Wertniveau von Steuerwert und gemeinem Wert ergeben, sondern verschiebt diese nur bzw. führt zu neuen Schwierigkeiten und Abgrenzungsproblemen (hierzu auch Moench, DStR 1978, 567, 570; Brosch, BB 1983, 241).

Etwas anderes ergibt sich auch nicht daraus, dass der E im Zeitpunkt ihres Todes aufgrund Auflassung und Eintragung einer Auflassungsvormerkung bzw. des schon gestellten Eintragungsantrags bereits ein Anwartschaftsrecht zustand. Denn das Anwartschaftsrecht ist schon zivilrechtlich mit dem Vollrecht nicht identisch, es verschafft dem Erwerber in Bezug auf das Wohnungseigentum nur eine gesicherte Rechtsposition (vgl. Beschluss des Bundesgerichtshofs – BGH – vom 1. Dezember 1988 V ZR 10/88, BGHZ 106, 108, 111; BGH-Urteil vom 30. Mai 1958 V ZR 295/56, BGHZ 27, 360, 368) und ein dem Vollrecht so weit angenähertes Recht, dass zivilrechtlich auf dieses allgemein die für das Vollrecht geltenden Regeln hinsichtlich Übertragbarkeit, Pfändbarkeit, Deliktschutz aus § 823 Abs. 1 BGB etc. Anwendung finden (vgl. hierzu: Baur/Stürner, Sachenrecht, 17. Aufl. 1999, § 3 Rdnr. 45 ff., § 19 Rdnr. 15 ff.). Das Anwartschaftsrecht ist insoweit nur ein dem Volleigentum wesensähnliches Recht, eine selbstständig verkehrsfähige und geschützte Vorstufe des Volleigentums, deren Erstarkung zum

Vollrecht vom Veräußerer nicht mehr verhindert werden kann (BGH-Urteil vom 30. April 1982 V ZR 104/81, BGHZ 83, 395, 399). Diese zivilrechtliche Behandlung des Anwartschaftsrechts hat jedoch keinen Einfluss auf die Bewertung der sich aus einem noch nicht vollständig erfüllten gegenseitigen Vertrag ergebenden Rechtspositionen der Vertragsparteien (a.A. Crezelius, DStZ, Ausgabe A 1978, 243, 246). Denn solange in der Person des Erwerbers noch ein Eigentumsverschaffungsanspruch besteht, kann dieser nicht anders bewertet werden als die Verpflichtung des Veräußerers zur Eigentumsverschaffung sowie die weiteren hiermit rechtsgeschäftlich verbundenen, den Kaufpreis betreffenden Ansprüche und Verpflichtungen, nämlich mit dem Nennwert bzw. gemeinen Wert. Eine Bewertung des Anwartschaftsrechts mit dem Grundbesitzwert (Steuerwert) würde ebenfalls nur zu einer vorzeitigen Verschiebung der steuerlichen – belastenden oder entlastenden – Folgen des noch nicht vollständig abgewickelten Geschäfts führen, nicht aber die Wertungswidersprüche beseitigen. Eine Zuordnung des Steuerwerts auf eine Vorstufe des Volleigentums (Anwartschaft) kommt somit nicht in Betracht. Die (niedrigeren) Steuerwerte können nur demjenigen zugute kommen, der noch oder schon Eigentümer des Grundstücks ist (vgl. BFH-Urteile in BFHE 159, 542, BStBl II 1990, 434, und in BFHE 183, 248, BStBl II 1997, 820).

Die Rechtsprechungsgrundsätze zum Zeitpunkt der Ausführung einer Grundstücksschenkung (vgl. BFH-Urteil vom 26. September 1990 II R 150/88, BFHE 163, 214, BStBl II 1991, 320) sind auf den Erwerb durch Erbanfall nicht übertragbar. Beim Erwerb von Todes wegen entsteht die Steuer grundsätzlich mit dem Tod des Erblassers (§ 9 Abs. 1 Nr. 1 ErbStG); nur die in diesem Zeitpunkt in der Person des Erblassers bestehende Rechtsposition kann auf den Erben übergehen.

Danach hat das FA den Anspruch auf Übertragung des Wohnungseigentums zutreffend mit dem gemeinen Wert (§ 9 BewG), der dem Kaufpreis für die Wohnung entspricht, bzw. mit dem Nennwert (§ 12 Abs. 1 BewG) angesetzt und für den Erwerb der Klägerin nach einem Steuersatz von 17 v.H. (§ 19 Abs. 1 ErbStG) Erbschaftsteuer in Höhe von 74 494 DM festgesetzt.

b) Ist § 19 Abs. 1 ErbStG mit der Verfassung in dem unter Teil B. II. beschriebenen Umfang unvereinbar, müsste die Klage nach einer entsprechenden Entscheidung durch das BVerfG entweder in vollem Umfang Erfolg haben, weil das Fehlen einer den Steuersatz festlegenden Regelung eine Veranlagung zur Erbschaftsteuer nicht zulässt, oder das Ausgangsverfahren müsste gemäß § 74 FGO ausgesetzt werden, bis der Gesetzgeber die Vorschrift über den Steuersatz neu geregelt hat. Auch dies wäre eine andere Entscheidung als im Falle der Gültigkeit des Gesetzes (vgl. Beschlüsse des BVerfG vom 13. Dezember 1983 2 BvL 13, 14, 15/82, BVerfGE 66, 1, 17 m.w.N., und in BVerfGE 93, 121, 130 f.). Dabei kann es für die Entscheidungserheblichkeit der Vorlage keine Rolle spielen, dass im Falle einer Unvereinbarkeitserklärung das BVerfG gemäß § 35 BVerfGG die weitere Anwendung des bisherigen Rechts anordnen kann (vgl. Beschlüsse des BVerfG in BVerfGE 87, 153, 180, und in BVerfGE 93, 121, 130 f.).

7.17 Checklisten zur Beurteilung der Bauqualität für Altbau-, Wohnungsneubau- und Gewerbeobjekte

Die Checklisten wurden von der Fa. Wert-Konzept, Berlin, in Zusammenarbeit mit TÜV Bau- und Betriebstechnik GmbH, Berlin, und dem Bundesverband privater Kapitalanleger e.V., Bonn, erstellt.

7.17.1 Checkliste Altbau

Erläuterung/Anleitung

Die auf den Folgeseiten dargestellte „Checkliste Altbau" soll eine Bewertungsmethode bieten, gute und schlechte Bauqualität zu unterscheiden und zu bewerten.

Von jeher war neben der Lage des Objektes die Bauqualität bzw. die Ausstattungsqualität für den Erfolg bzw. Misserfolg einer Immobilieninvestition gerade im sensiblen Bereich der Altbausanierung ausschlaggebend. Leider wurden und werden jedoch bei der Entscheidung über eine Anlageinvestition im Immobilienbereich andere Kriterien, vor allem steuerliche Aspekte, nach wie vor in den Vordergrund gerückt. Doch eine Immobilieninvestition kann nur dann langfristig zu einem Erfolg führen, wenn eine optimale Bauqualität unter Beachtung der entsprechenden DIN-Vorschriften bzw. der anerkannten Regeln der Baukunst erreicht wird. Gerade auf dem Gebiet der Altbaumodernisierung existieren zahlreiche Problembereiche wie Elektroanlagen, Bäder, Heizungsanlage usw., deren sorgfältige Instandsetzung bzw. Modernisierung von entscheidender Bedeutung für die Werterhaltung und die damit verbundene Rentabilität des Gebäudes sind. Oft sind Baubeschreibungen so unzureichend dargestellt und ohne jegliche Aussagekraft, dass es selbst dem Fachmann schwer fällt, hier eine Bewertung vorzunehmen. Um eine solche Bewertung durchzuführen, wird diese Checkliste dem Initiator oder Verkäufer zur Verfügung gestellt, um die Angaben zur Bauqualität ausfüllen und unterschreiben zu lassen. In dieser Checkliste wird die Genauigkeit der Bestandaufnahme ebenso abgefragt wie die daraus folgenden Modernisierungs- und Instandsetzungsmaßnahmen.

Es gibt jedoch keine Möglichkeit, eine absolut exakte Einschätzung und Bewertung von Bauteilen vorzunehmen. Es wurde deshalb versucht, tendenzielle Beurteilungskriterien zu erstellen. So deutet ein Überwiegen der Kreuze hinsichtlich der Qualitätsmerkmale im rechten Bereich der einzelnen Beurteilungskästen auf eine schlechte Bauqualität, Kreuze auf der linken Seite dagegen auf gute Bauqualität hin. Selbstverständlich gibt es unterschiedliche Betrachtungsweisen, die mancher Initiator bzw. Verkäufer auch anders sehen kann als in der Checkliste aufgeführt. In diesen Fällen bedarf es für den Kunden jedoch einer entsprechenden Erläuterung und Erklärung in allgemein verständlicher Form. Sollten sich jedoch die Qualitätsmerkmale nur auf der jeweils rechten Seite der beiden Spalten in der Checkliste befinden, so sollte man sich dringend überlegen, ob diese Anlageinvestition sinnvoll ist. Einzelne Kreuze können unbedenklich sein, hier bedarf es jedoch der subjektiven Einschätzung, welche Prioritäten der jeweilige Kunde bzw. der Anlageberater setzt. Überwiegen die Kreuze auf der jeweils linken

Seite der Checkliste, spricht dies für eine gute Bauqualität. Zusätzlich sind besonders gute Qualitätsmerkmale mit einem Kreis (p), bedenkliche Qualitätsmerkmale mit einer Raute (r) gekennzeichnet. Selbstverständlich gibt es die Möglichkeit, den einen oder anderen Punkt auch von seiner Gewichtung her anders zu sehen. Insofern weisen wir darauf hin, dass es sich bei einzelnen Positionen um subjektive Bewertungen handelt, die auch modifizierbar sind.

Der Bundesverband der privaten Kapitalanleger e.V. schreibt in seiner Ausgabe Mai/Juni 1995, dass der Wert der Checkliste darin liegt, dass Initiatoren bzw. Bauträger sofort ertappt werden, wenn sie mit unzureichenden Baubeschreibungen die Überprüfbarkeit der Bauqualität unmöglich machen. Reicht also der Bauträger/Initiator eine ihm übersandte Checkliste nicht zurück, dann kann der Kauf- bzw. Anlageinteressent davon ausgehen, dass man ihm eine schlechte Bauqualität liefern will. Bauträger und Initiatoren, die hochwertige Bauausführung und Gebäudeausstattung abliefern, werden die Checkliste bereitwillig ausfüllen.

Unabhängig von einer ausführlichen Baubeschreibung ist es jedoch notwendig, dass eine baubegleitende Qualitätssicherung erfolgt. Die baubegleitende Qualitätssicherung, die durch verschiedene Institutionen, z.B. den TÜV, den Bauherren-Schutzverein e.V. oder auch vereidigte Sachverständige, erfolgen kann, ist ein absolutes Muss bei der Durchführung einer Immobilieninvestition. Einige Initiatoren bedienen sich seit Jahren dieser Überwachungsmethoden, um damit deutlich zu machen, dass sie sich von anderen durchschnittlichen Angeboten unterscheiden. Es geht jedoch nicht nur darum, gute Bauqualität in umfangreichen Baubeschreibungen verbal darzustellen, sondern diese vor allen Dingen auch tatsächlich abzuliefern.

7.18 Empfehlung zur Prospektierung geschlossener Immobilienfonds

Fassung vom 4. Juni 1997

herausgegeben von der Gesellschaft für Immobilienwirtschaftliche Forschung e.V.

Präambel

Die „Empfehlung zur Prospektierung geschlossener Immobilienfonds" definiert Mindestanforderungen an die Prospektierung von geschlossenen Immobilienfonds. Die Festlegungen betreffen im Wesentlichen die inhaltliche Darstellung, die Berechnung von Prognosewerten und das Setzen von Prämissen für die Prognoserechnung von Fondsprospekten.

Die Empfehlung stellt damit nur auf formale und objektivierbare Kriterien ab. Es werden keine Anforderungen an die Qualität der Fondsimmobilie oder andere, eher qualitative Kriterien erhoben, da diese aufgrund der Komplexität der Fondskonstruktion als nicht objektivierbar gewertet werden.

Es ist daher zu betonen, dass mit der Einhaltung dieser Empfehlung keinerlei Gütekriterium bezüglich der Qualität des Fondsangebotes insgesamt verbunden ist, sondern lediglich Mindestanforderungen für die Prospektierung erfüllt werden. Die Empfehlung wirkt subsidiär, d.h., dass bereits existierende gesetzliche Regelungen (z.B. § 264a StGB) sowie die relevante Rechtsprechung als übergeordnet betrachtet werden und uneingeschränkt Anwendung finden müssen. Des Weiteren sind die Festlegungen nur dann anzusetzen, wenn keine entsprechenden, als gesichert anzunehmende Daten vorliegen. Der Hinweis auf die Einhaltung dieser Empfehlung in einem Fondsprospekt wird von der Gesellschaft für Immobilienwirtschaftliche Forschung e.V. nicht geprüft oder im Einzelfall genehmigt, insbesondere wird keine Gewähr für die Richtigkeit und Vollständigkeit der Prospektangaben Dritter übernommen. Der Hinweis auf die Empfehlung muss die Angabe der verwendeten Fassung beinhalten. Die Gesellschaft für Immobilienwirtschaftliche Forschung e.V. schließt jegliche Haftung für die Verwendung dieser Empfehlung durch Dritte aus.

§ 1 Grundsätze für die Prospektierung geschlossener Immobilienfonds

1.1 Wesen der Kapitalanlage

Die Immobilie muss im Zentrum der Prospektlegung stehen. Es ist zu verdeutlichen, dass der Erwerb von Immobilienfonds(anteilen) eine mit unternehmerischen Risiken behaftete Beteiligung darstellt, die nicht unmittelbar mit anderen Anlageformen, insbesondere nicht direkt mit Finanzanlagen vergleichbar ist. Der Erfolg der Immobilieninvestition ist vielmehr abhängig von der Bonität der jeweiligen Mieter und der Leistungsfähigkeit des Fondsmanagements.

1.2 Risikodarstellung

Es muss richtig, vollständig und verständlich auf die Risiken der Kapitalanlage in geschlossenen Immobilienfonds hingewiesen werden. Darüber hinaus sind objekt- bzw. konzeptspezifische Risiken explizit und nachvollziehbar darzulegen.

Die gültige Rechtsprechung bezüglich der Behandlung von Chancen und Risiken ist zu beachten.

1.3 Wahrheit, Klarheit, Vollständigkeit

Es dürfen keine unrichtigen vorteilhaften Angaben gemacht und keine nachteiligen Tatsachen verschwiegen werden. Die Darstellungsform ist übersichtlich, plausibel und gedanklich geordnet zu gestalten.

1.4 Abweichungen

Abweichungen von den Vorgaben der Empfehlung sind zulässig, wenn sie deutlich gekennzeichnet und ausdrücklich begründet werden.

1.5 Qualität der Daten

Es ist für die einzelnen Positionen des Investitionsplans und der Prognoserechnung anzugeben, ob die Angaben geschätzt, garantiert oder vertraglich vereinbart wurden.

Die getroffenen Prämissen von Investitionsplan und Prognoserechnung müssen im Prospekt in direktem Umfeld derselben explizit dargestellt werden.

1.6 Bedeutung der finanzmathematischen Rendite

a) Die Renditekennziffer darf nicht die exponierte Größe des Fondsprospektes sein. Sie muss erklärt und in ihrer Bedeutung relativiert werden, insbesondere in der zusammenfassenden Darstellung des Fondsangebotes. Auf den Zusammenhang von berechneter Rendite und den in der Prognoserechnung getroffenen Prämissen ist zu verweisen.

b) Es muss explizit klargestellt werden, dass die Renditekennziffer eine prognostizierte Größe ist. Sie tritt ex post nur ein, wenn die ex ante getroffenen Prämissen über den Prognosehorizont hinweg der Realität entsprechen.

§ 2 Mindestangaben zu den Inhalten der Fondsprospekte

2.1 Beschreibung des Beteiligungsangebots

- 2.1.1 Objektkurzbeschreibung
  Lage, Nutzungsart, Gestaltung, Bauqualität/Bauausführung, Zustand, Vermietung
- 2.1.2 Beteiligte
  Verantwortliche für die Gesamtkonzeption, Prospektherausgeber, Komplementäre, Treuhänder, Partner
- 2.1.3 Gesellschaftsrechtliche Konzeption
  Rechtsform, Beteiligungsform, Gesellschaftskapital, Dauer der Gesellschaft/Kündigung, Mindestbeteiligung, Zahlungstermin
- 2.1.4 Ökonomische Aspekte
  Fondsvolumen, Finanzierung, Mieteinnahmen, Ausschüttungen, steuerliche Aspekte (z.B. Verlustzuweisung)
- 2.1.5 Risikohinweise

2.2 Investitionsplan

- 2.2.1 Mittelverwendung
  Anschaffungskosten (aufgeschlüsselt nach: Grundstück, Gebäude, Erwerbsnebenkosten, Maklerkosten, Grunderwerbsteuer, nicht abzugsfähige Vorsteuer)
  Zwischenfinanzierungszinsen

Gebühren (detaillierte Auflistung der einzelnen Empfänger, der Ansatz erfolgt in tatsächlicher Höhe, nicht in steuerlichen Werten)
Liquiditätsreserve
Finanzierungskosten (aufgeschlüsselt nach: Damnum/ Disagio, Zinsvorauszahlung)

2.2.2 Mittelherkunft
Gesellschaftskapital, Fremdkapital, Agio

2.3 Prognoserechnung

2.3.1 Liquides Ergebnis
Einnahmen (gegliedert nach: Miete, Zinsen, Zuschüsse, sonstige Einnahmen)
Ausgaben (gegliedert nach: Komplementäre, Treuhänder, Geschäftsbesorger/Fondsverwaltung, Objektverwaltung, Instandhaltung, Mietausfallwagnis, Fondskosten [nicht umlegbare Nebenkosten, Steuerberatung, Beirat etc.], Darlehenszinsen, ggf. Erbbauzinsen, Tilgung, sonstige Ausgaben) Einnahmen-Überschuss, Ausschüttung (absolut und in Prozent des Gesellschaftskapitals) Stand Liquiditätsreserve, Stand Fremdkapital

2.3.2 Steuerliches Ergebnis
Einnahmen, Werbungskosten inklusive Abschreibungen steuerliches Ergebnis (absolut und in % des Gesellschaftskapitals)

§ 3 Prämissen für den Investitionsplan und die Prognoserechnung

3.1 Prämissen des Investitionsplans

3.1.1 Verbindlichkeit der Positionen:
Die Positionen sind in ihrer tatsächlichen Höhe anzugeben.

3.1.2 Zwischenfinanzierungszinsen/Platzierungszeitraum:
Die Ermittlung der Zwischenfinanzierungszinsen ist zu erläutern.

3.2 Prämissen der Prognoserechnung

3.2.1 Horizont der Prognoserechnung:

Die Prognoserechnung umfasst einen Zeitraum von 20 Jahren, soweit die Positionen in der Prognoserechnung über diesen Zeitraum eine entsprechende Realitätsnähe und Nachhaltigkeit erwarten lassen. Notwendige Abweichungen sind zulässig, müssen jedoch begründet werden.

3.2.2 Berechnung der Inflationsrate:

a) Alle Positionen, unabhängig von ihrem Charakter, müssen mit einer einheitlichen Rate inflationiert werden.
Basis für die Berechnung der Inflationsrate ist der Preisindex für die Lebenshaltung eines 4-Personen-Arbeitnehmerhaushaltes, herausgegeben durch das Statistische Bundesamt in Wiesbaden.
Die in der Prognoserechnung angesetzte Inflation des ersten Prognosejahres darf von der errechneten Inflationsrate nach unten abweichen.

b) Die für die Prognoserechnung verwendete Inflationsrate entspricht dem geometrischen Mittel der Inflationsrate der vergangenen Jahre, wobei der historische Betrachtungszeitraum in seiner Länge dem Prognosezeitraum entspricht.
(Die Formel zur Berechnung der Inflationsrate sowie Berechnungsbeispiele finden sich in Anlage 2).

3.2.3 Berechnung des Fremdfinanzierungszinssatzes:

a) Für die Berechnung des Anschlusszinssatzes nach ausgelaufener Fremdkapital-Finanzierung wird einheitlich der Zins der Bundesbank für Hypothekarkredite angewendet. Relevanter Zinssatz: „Hypothekarkredite auf Wohngrundstücke, zu Festzinsen (Effektivverzinsung), auf 10 Jahre durchschnittlicher Zinssatz“. Für das Berechnungsintervall vor dem Jahre 1982 wird ersatzweise der „Durchschnittszins über alle Laufzeiten“ verwendet.
Die Formel zur Berechnung des Fremdfinanzierungszinssatzes sowie Berechnungsbeispiele finden sich in Anlage 2.

b) Der historische Betrachtungszeitraum, über den der Durchschnitt gebildet wird, muss dem Prognosezeitraum entsprechen.

3.2.4 Berechnung der Verzinsung der Liquiditätsreserve:

a) Zur Verzinsung der Liquiditätsreserve wird der durchschnittliche Zinssatz für 12-Monatsgeld auf FIBOR-Basis herangezogen.

Für das Intervall der Jahre 1981–1989 wird auf Basis des 12-Monatsgelds, Geldmarktsätze am Frankfurter Bankplatz, gerechnet. In den Jahren vor 1981 wurde von der Bundesbank kein vergleichbarer Zinssatz ermittelt.

Die Formel zur Berechnung der Verzinsung der Liquiditätsreserve sowie Berechnungsbeispiele finden sich in Anlage 2.

b) Der historische Betrachtungszeitraum, über den der Durchschnitt gebildet wird, muss dem Prognosezeitraum entsprechen. Wegen der unvollkommenen Datenbasis werden jedoch die Jahre vor 1981 nicht berücksichtigt.

c) Die Zinsabschlagsteuer ist, falls sie anfällt, zu berücksichtigen.

3.2.5 Regelungen zur Instandhaltung:

a) Es ist eine differenzierte, bauteilspezifische Kalkulation der Instandhaltungsaufwendungen (ähnlich einem Instandhaltungsgutachten) durchzuführen. Die erwarteten Kosten sind in den prognostizierten Jahren als Ausgaben in der Prognoserechnung zu erfassen.

b) Ersatzweise kann für die Instandhaltung von Neubauten ein Pauschalbetrag pro m² Bruttogeschossfläche pro Jahr angesetzt werden. Der pauschale Ansatz ist vor dem Hintergrund des Investitionsobjektes zu erläutern und zu begründen. Für die Jahre 1–5 ist bei bestehender Gewährleistung ein Ansatz in Höhe von mindestens 50 % des Pauschalbetrages möglich. Abweichungen nach unten sind nur in Ausnahmefällen möglich und ausführlich zu begründen. Es werden keine Guthabenzinsen auf die Instandhaltungsrückstellungen berechnet. Es wird demnach davon ausgegangen, dass die für das Jahr kalkulierten Beträge in dem gleichen Jahr verbraucht werden. Eine Zurechnung zur Liquiditätsreserve erfolgt nicht.

c) Die Angaben beziehen sich allein auf die Instandhaltung. Weit reichendere Maßnahmen, wie beispielsweise Revitalisierungsmaßnahmen, sind nicht enthalten.

3.2.6 Revitalisierung

Die notwendige Revitalisierung von Fondsobjekten ist im Prospekt zu erläutern. Dabei ist auf die üblicherweise zu erwartenden Revitalisierungsmaßnahmen, -termine und -kosten einzugehen. Auf die Notwendigkeit eines qualifizierten Managements der Fondsimmobilie sowie auf die Finanzierung der Revitalisierung ist hinzuweisen. Die Darstellung von Chancen, die sich aus einer Revitalisierung ergeben, ist zulässig.

3.2.7 Kalkulatorischer Verkehrswert der Immobilie

Der Verkaufsfaktor darf den Einkaufsfaktor nicht übersteigen. Dabei werden als Basis für den Einkaufsfaktor die Anschaffungs- und Herstellungskosten (AK/HK) herangezogen. Unter AK/HK sind nur Kosten für Grundstück, Gebäude, Zwischenfinanzierung und objektbezogene Gebühren zu verstehen. Anschaffungsnebenkosten bleiben unberücksichtigt. Der Multiplikator ergibt sich aus den AK/HK dividiert durch die Jahresnettomieteinnahmen.

Liegt ein qualifiziertes Gutachten vor, das einen hiervon abweichenden Verkehrswert bescheinigt, kann alternativ dieser Verkehrswert herangezogen werden. Die Abweichung ist ausführlich textlich zu begründen.

3.2.8 Berechnung verschiedener Szenarien

a) In die Prognoserechnung sind Szenarien für die Veränderung der Parameter „Inflationsrate", „Verkehrswert" und „Steuersatz" zu integrieren.

b) Bei der Erstellung von Szenarien sind die Immobilie und ihre fundamentalen Charakteristika in den Vordergrund zu stellen. Es ist darauf hinzuweisen, dass es sich bei den gewählten Spannen (z.B. Einkaufsfaktor ± 2) nicht um eine Betrachtung des besten oder des schlechtesten Falles handelt. In der Szenarioanalyse bezüglich des Veräußerungserlöses bildet der Einkaufsfaktor das Zentrum der Szenarien. Die Inflationsrate wird über den Median der in § 3.2.2 errechneten Inflation variiert.

7.19 5. Bauherrenerlass vom 20. Oktober 2003

Einkommensteuerrechtliche Behandlung von Gesamtobjekten, von vergleichbaren Modellen mit nur einem Kapitalanleger und von gesellschafts- sowie gemeinschaftsrechtlich verbundenen Personenzusammenschlüssen (geschlossene Fonds)

Bezug: BMF-Schreiben vom 31. August 1990 (BStBl I S. 366), vom 1. März 1995 (BStBl I S. 167), vom 24. Oktober 2001 (BStBl I S. 780) und vom 29. November 2002 (BStBl I S. 1288)

Unter Bezugnahme auf das Ergebnis der Erörterungen mit den obersten Finanzbehörden der Länder wird zu der Frage der einkommensteuerrechtlichen Behandlung von Einkünften im Rahmen von Gesamtobjekten (§ 1 Abs. 1 Nr. 2 der Verordnung zu § 180 Abs. 2 AO), von vergleichbaren Modellen mit nur einem Kapitalanleger sowie von sog. geschlossenen Fonds wie folgt Stellung genommen:

I. Gesamtobjekte und vergleichbare Modelle mit nur einem Kapitalanleger

1. Abgrenzung der Eigenschaft als Bauherr oder Erwerber bei der Errichtung, Sanierung, Modernisierung oder des Erwerbs von Gebäuden und Eigentumswohnungen

Ein Anleger, der sich auf Grund eines von den Projektanbietern vorformulierten Vertragswerks an einem Projekt beteiligt und sich bei den damit zusammenhängenden Rechtsgeschäften durch die Projektanbieter oder von ihnen eingeschalteten sonstigen Personen (z.B. Treuhänder, Geschäftsbesorger, Betreuer) umfassend vertreten lässt, ist regelmäßig nicht Bauherr, sondern Erwerber des bebauten und gegebenenfalls sanierten oder modernisierten Grundstücks

(BFH-Urteil vorn 14. November 1989, BStBl 1990 II S. 299, m.w.N.). Das gilt auch, wenn der Anleger unter Verzicht auf eine dazu bevollmächtigte Person die Verträge selbst unterzeichnet, falls die Verträge vorher vom Projektanbieter bereits ausgehandelt oder vorformuliert worden sind, oder wenn die vertraglichen Vereinbarungen vorsehen, dass einzelne der in dem Vertragswerk angebotenen Leistungen abgewählt werden können.

Der Anleger ist nur Bauherr, wenn er auf eigene Rechnung und Gefahr ein Gebäude baut oder bauen lässt und das Baugeschehen beherrscht (BFH-Urteil vom 14. November 1989, a.a.O., vgl. auch BFH-Urteil vom 13. September 1989, BStBl II S. 986). Der Bauherr muss das umfassend zu verstehende Bauherrenwagnis, d.h. wirtschaftlich das für die Durchführung des Bauvorhabens auf seinem Grundstück typische Risiko, tragen, sowie rechtlich und tatsächlich die Planung und Ausführung in der Hand haben. Das ist regelmäßig nicht der Fall, wenn eine Vielzahl von Wohnungen oder gleichförmig ausgestalteten Wohngebäuden nach einem bereits vor Beitritt des einzelnen Anlegers ausgearbeiteten Vertragswerk errichtet wird und der einzelne Anleger demzufolge weder die Vertragsgestaltung noch die Vertragsdurchführung wesentlich beeinflussen kann.

Die Entscheidung darüber, ob die Voraussetzungen für die Erwerber- oder Bauherreneigenschaft vorliegen, ist nach dem Gesamtbild unter Berücksichtigung aller Umstände des Einzelfalls zu treffen, und zwar unabhängig von den in den Verträgen gewählten Bezeichnungen nach dem wirklichen Gehalt der von den Beteiligten getroffenen Vereinbarungen und deren tatsächlicher Durchführung.

Wird für den Gesamtaufwand (einschließlich der bis zur Fertigstellung des Bauobjekts angefallenen Finanzierungskosten) ein Höchstpreis vereinbart, über den nach Abschluss der Bauarbeiten nicht gegenüber dem Beteiligten selbst detailliert Rechnung gelegt zu werden braucht, ist der Beteiligte ebenfalls Erwerber. Das gilt auch, wenn die tatsächlichen Baukosten zwar abgerechnet werden, der Unterschiedsbetrag zu dem vereinbarten Höchstpreis jedoch als Gebühr für die Höchstpreisgarantie beansprucht wird.

a) Allgemeines zur rechtlichen Einordnung der aufzubringenden Kosten

Die mit der Errichtung und dem Vertrieb der Objekte befassten Personen sind regelmäßig bestrebt, möglichst hohe Werbungskosten auszuweisen. Hierzu wird der Gesamtaufwand durch eine Vielzahl von Verträgen und durch Einschaltung zahlreicher, zum Teil finanziell und personell verbundener Unternehmen aufgespalten. Die geltend gemachten Aufwendungen können, auch wenn sie im Einzelfall nach dem Wortlaut der Vereinbarungen Werbungskosten sind, nicht als solche anerkannt werden, wenn sie in Wirklichkeit für andere als die in den Verträgen bezeichneten Leistungen gezahlt werden, die nicht zu Werbungskosten führen können. Die vereinbarten Kosten sind deshalb nicht nach der vertraglichen Bezeichnung, sondern nach dem tatsächlichen wirtschaftlichen Gehalt der erbrachten Leistungen zu beurteilen (vgl. BFH-Urteil vom 29. Oktober 1986, BStBl II S. 217). Diese Beurteilung ist auch vorzunehmen, wenn Leistungen, die zu Anschaffungs- oder Herstellungskosten führen, nicht oder zu niedrig berechnet werden. Erfahrungsgemäß erfolgt in diesen Fällen ein Ausgleich, der dem tatsächlichen wirtschaftlichen Gehalt der Leistungen entspricht. Die Beurteilung nach dem tatsächlichen wirtschaftlichen Gehalt ist auch dann maßgebend, wenn für den Teil der Aufwendungen, der den Werbungskosten zuzurechnen ist, im Folgenden Vom-Hundert-Sätze oder Bruchteile angegeben werden.

Der Anleger muss im Einzelnen nachweisen, welche tatsächlichen Leistungen an ihn erbracht worden sind und welches Entgelt er dafür leisten musste.

Soweit für Werbungskosten nachfolgend Vom-Hundert-Sätze oder Bruchteile angegeben sind, handelt es sich um Nettobeträge (ohne Umsatzsteuer).

b) Rechtliche Einordnung der vom Erwerber aufzubringenden Kosten

Die Kosten, die der Erwerber im Zusammenhang mit der Errichtung, Sanierung oder Modernisierung des Gebäudes oder der Eigentumswohnung aufzubringen hat, können Anschaffungskosten des Grund und Bodens, Anschaffungskosten des Gebäudes oder der Eigentumswohnung oder sofort abziehbare Werbungskosten sein. Zu den einzelnen Aufwendungen gilt Folgendes:

aa) Anschaffungskosten

Zu den Anschaffungskosten gehören grundsätzlich alle auf Grund des vorformulierten Vertragswerks an die Anbieterseite geleisteten Aufwendungen, die auf den Erwerb des Grundstücks mit dem bezugsfertigen Gebäude gerichtet sind, insbesondere die Baukosten für die Errichtung oder Modernisierung des Gebäudes, die Baubetreuungsgebühren, Treuhandgebühren, Finanzierungsvermittlungsgebühren, Zinsfreistellungsgebühren, Gebühren für die Vermittlung des Objekts oder Eigenkapitals und des Treuhandauftrags, Abschlussgebühren, Courtage, Agio, Beratungs- und Bearbeitungsgebühren, Platzierungsgarantiegebühren, Kosten für die Ausarbeitung der technischen, wirtschaftlichen und steuerlichen Grundkonzeption, für die Werbung der Bauinteressenten, für die Prospektprüfung und sonstige Vorbereitungskosten sowie Gebühren für die Übernahme von Garantien und Bürgschaften (vgl. BFH-Urteil vom 14. November 1989, a.a.O.). Eine Aufspaltung dieser Aufwendungen in sofort abziehbare Werbungskosten und Anschaffungskosten danach, ob sie auf die Finanzierung, die steuerliche Beratung oder die Errichtung des Gebäudes entfallen, kommt nicht in Betracht (vgl. BFH vom 14. November 1989, a.a.O.).

Besonderheit bei Baumaßnahmen i.S. der §§ 7h und 7i EStG

Der Gesamtaufwand ist, soweit das eindeutig möglich ist, unmittelbar dem Grund und Boden, der Altbausubstanz des Gebäudes, den bescheinigten Baumaßnahmen i.S. der §§ 7h, 7i EStG, den übrigen Baumaßnahmen und den sofort abziehbaren Werbungskosten zuzuordnen. Aufwendungen, die sich nicht eindeutig zuordnen lassen, sind auf die Kostenarten, mit denen sie zusammenhängen, aufzuteilen. Die Aufteilung erfolgt im Verhältnis der auf diese Kostenarten eindeutig entfallenden Kosten. Die eindeutig den bescheinigten Baumaßnahmen i.S. der §§ 7h, 7i EStG zuzuordnenden Aufwendungen zuzüglich der nach den vorstehenden Grundsätzen ermittelten Anteile der nicht eindeutig zuzuordnenden Anschaffungskosten, die den Aufwendungen für bescheinigte Baumaßnahmen i.S. der §§ 7h, 7i EStG zuzurechnen sind, ergeben die begünstigten Anschaffungskosten i.S. der §§ 7h, 7i EStG. Ist der Erwerber dem Gesamtobjekt erst nach Beginn der begünstigten Baumaßnahmen i.S. der §§ 7h, 7i EStG beigetreten, gehören die Aufwendungen für Baumaßnahmen, soweit sie bis zu seinem Beitritt durchgeführt worden sind, zu den nicht begünstigten Anschaffungskosten. Der Erwerber hat die Aufteilung darzulegen. Ist er später beigetreten, hat er darzulegen, inwieweit die anteilig den Baumaßnahmen i.S. der §§ 7h, 7i EStG zuzurechnenden Aufwendungen auf Maßnahmen entfallen, die nach dem rechtswirksamen Abschluss des obligatorischen Erwerbsvertrags oder eines gleichstehenden Rechtsakts durchgeführt worden sind.

bb) Werbungskosten: Aufwendungen, die nicht auf den Erwerb des Grundstücks mit dem bezugsfertigen Gebäude gerichtet sind und die auch der Erwerber eines bebauten Grundstücks außerhalb eines Gesamtobjekts als Werbungskosten abziehen könnte, sind nicht den Anschaffungskosten des Objekts zuzurechnen. Werden sie an die Anbieterseite geleistet, sind sie unter den nachfolgenden Voraussetzungen Werbungskosten (vgl. BFH-Urteil vom 14. November 1989, a.a.O.):

- Bereits vor der Zahlung müssen klare Vereinbarungen über den Grund und die Höhe dieser Aufwendungen bestehen.
- Die vereinbarten Leistungen und das jeweils zugehörige Entgelt müssen den tatsächlichen Gegebenheiten entsprechen; der Rechtsgedanke des § 42 AO darf dem Werbungskostenabzug in der begehrten Höhe nicht entgegenstehen.
- Die Aufwendungen müssen von den übrigen Aufwendungen, die mit der Anschaffung des Erwerbsgegenstandes in Zusammenhang stehen, einwandfrei abgrenzbar sein.
- Die Vergütung darf nur dann zu zahlen sein, wenn der Anleger die Gegenleistung in Anspruch nimmt. Die rechtliche und tatsächliche Abwahlmöglichkeit der Leistung und die dann eintretende Ermäßigung des Gesamtpreises muss in dem Vertrag klar und eindeutig zum Ausdruck kommen.
- Zinsen der Zwischen- und Endfinanzierung

  Zinsen und Bearbeitungskosten des Kreditinstituts sind, wenn der Anleger sie aufgrund eigener Verpflichtung gegenüber dem Darlehensgeber zahlt, Entgelt für die Überlassung des Kredits und damit Werbungskosten. Eine andere Beurteilung ist jedoch z.B. dann geboten, wenn hinsichtlich der Bauzeitzinsen eine Vereinbarung mit der Anbieterseite besteht, nach der eine bestimmte Zinsbelastung garantiert wird, und hierbei höhere Zinsen vom Garantiegeber getragen, niedrigere Zinsen jedoch dem Erwerber nicht erstattet werden. In einem derartigen Fall stellen die vom Darlehensnehmer zu zahlenden Zinsen und die Gebühr für die Zinsgarantie lediglich einen Kalkulationsbestandteil des Gesamtpreises und damit Anschaffungskosten dar.

Vorauszahlung von Schuldzinsen

Zinsen sind im Regelfall spätestens am Ende des jeweiligen Jahres zu entrichten. Bei einer Vorauszahlung liegt ein im Jahr der Zahlung zu berücksichtigender Zahlungsabfluss nur vor, wenn für die Vorauszahlung ein wirtschaftlich vernünftiger Grund maßgebend ist. Hiervon kann ausgegangen werden, wenn Schuldzinsen für einen Zeitraum von nicht mehr als 32 Monaten vorausgezahlt werden. Bei einer Vorauszahlung für einen Zeitraum von mehr als 12 Monaten ist der wirtschaftlich vernünftige Grund vom Steuerpflichtigen im Einzelfall darzulegen. Bestehen für die Vorauszahlung von Schuldzinsen für einen Zeitraum von mehr als einem Jahr keine vernünftigen wirtschaftlichen Gründe, sind die vorausgezahlten Schuldzinsen anteilig in den Jahren als Werbungskosten abziehbar, zu denen sie wirtschaftlich gehören.

Zinsfreistellungsgebühren

Vereinbarungen, nach denen der Anleger für mehrere Jahre von Zinszahlungsverpflichtungen gegenüber dem Darlehensgläubiger gegen Entrichtung von Gebühren an diesen freigestellt wird, haben den Charakter eines zusätzlichen Darlehens. Die gezahlten Gebühren sind deshalb anteilig in den Jahren als Werbungskosten abziehbar, für die der Anleger von Zinszahlungs-Verpflichtungen freigestellt worden ist.

Damnum, Disagio, Bearbeitungs- und Auszahlungsgebühren

Diese Aufwendungen sind in Höhe des vom jeweiligen Darlehensnehmer an das Kreditinstitut gezahlten Betrags als Werbungskosten abziehbar, soweit unter Berücksichtigung der jährlichen Zinsbelastung die marktüblichen Beträge nicht überschritten werden. Der über die marktüblichen Beträge hinausgehende Teil ist auf den Zinsfestschreibungszeitraum oder bei dessen Fehlen auf die Laufzeit des Darlehens zu verteilen. Eine Zinsvorauszahlung ist regelmäßig anzunehmen, wenn der Nominalzins ungewöhnlich niedrig und das Damnum entsprechend hoch bemessen ist. Aus Vereinfachungsgründen kann von der Marktüblichkeit ausgegangen werden, wenn für ein Darlehen mit einem Zinsfestschreibungszeitraum von mindestens 5 Jahren ein Damnum in Höhe von bis zu 5 v.H. vereinbart worden ist. Ist ein Damnum nicht mehr als 3 Monate vor Auszahlung der Darlehensvaluta oder einer ins Gewicht fallenden Teilauszahlung des Darlehens (mindestens 30 v.H. der Darlehensvaluta einschließlich Damnum) geleistet worden, kann davon ausgegangen werden, dass ein wirtschaftlich vernünftiger Grund besteht (BFH-Urteil vom 3. Februar 1987, BStBl II S. 492).

Kosten der Darlehenssicherung

Die anteiligen Notariats- und Grundbuchkosten für die Darlehenssicherung sind in der Höhe sofort abziehbare Werbungskosten, in der sie an den Notar und das Grundbuchamt abgeführt worden sind.

Gebühren im Zusammenhang mit der Vermietung

Gebühren für die erstmalige Vermietung des Objekts sind Werbungskosten, soweit sie die ortsübliche Maklerprovision nicht überschreiten. Im Allgemeinen kann eine Gebühr in Höhe von bis zu 2 Monatsmieten als angemessen angesehen werden. An einer wirtschaftlich ernsthaften Gegenleistung fehlt es, wenn z.B. das Objekt schon von der Planung her für einen ganz bestimmten Mieter errichtet werden soll oder wenn bereits zum Beitrittszeitpunkt des Anlegers ein Mietvertrag oder eine entsprechende Vorvereinbarung mit dem Mieter bestand. Eine Mietervermittlungsgebühr ist auch nicht anzuerkennen, wenn der Vermittler mit dem Mieter identisch oder wirtschaftlich verflochten ist, der Anleger das Objekt selbst bezieht oder aus anderen Gründen die angebotenen Leistungen nicht in Anspruch nimmt. In diesen Fällen stellen die erhobenen Gebühren anteilig Anschaffungskosten des Grund und Bodens und des Gebäudes oder der Eigentumswohnung dar.

Die Anerkennung von Gebühren für die Übernahme von Garantien und Bürgschaften als Werbungskosten setzt stets voraus, dass das vom Garantiegeber oder Bürgen getragene Risiko im Verhältnis zu der dafür erhobenen Gebühr als eine wirtschaftlich ernsthafte Gegenleistung anzusehen ist. Außerdem muss der Garantiegeber oder Bürge wirtschaftlich (einkommens- und vermögensmäßig) in der Lage sein, die Garantieverpflichtung zu erfüllen. Alle diese Voraussetzungen sind vorn Anleger darzulegen.

Gebühren für die Mietgarantie sind Werbungskosten, wenn tatsächlich ein Mietausfallwagnis besteht. Bei dem üblicherweise vereinbarten Garantiezeitraum von 5 Jahren kann das wirtschaftliche Risiko durch eine Gebühr bis zur Höhe von 4 Monatsmieten als abgedeckt angesehen werden. War das Objekt irn Zeitpunkt des Vertragsabschlusses bereits vermietet, muss das Risiko entsprechend geringer bewertet werden; es ist regelmäßig mit einer Gebühr in Höhe von bis zu 2 Monatsmieten angemessen abgegolten. Soweit höhere Gebühren vereinbart und gezahlt worden sind, stellen diese anteilig Anschaffungskosten des Grund und Bodens und des Gebäudes oder der Eigentumswohnung dar.

Gebühren im Zusammenhang mit der Endfinanzierung

Geldbeschaffungskosten, Bürgschafts- und Garantiegebühren für die Endfinanzierung sind unter den Voraussetzungen der RdNr. 17 2. Absatz sowie der RdNr. 22 und RdNr. 27 als Werbungskosten abzuziehen. Die RdNr. 22 und RdNr. 27 sind für die Bestimmung der Höhe des abziehbaren Betrags entsprechend anzuwenden.

Vergütungen an Steuer- und Rechtsberater

Beratungskosten im Zusammenhang mit der Anschaffung des Grund und Bodens oder der Errichtung oder Modernisierung des Gebäudes oder der Eigentumswohnung sind den jeweiligen Anschaffungskosten zuzurechnen. Soweit auch der Erwerber eines bebauten Grundstücks außerhalb eines Gesamtobjekts die Gebühren sofort als Werbungskosten abziehen könnte, können sie, insbesondere, soweit die Leistungen den Zeitraum nach Bezugsfertigkeit betreffen (z.B. Abgabe von Feststellungserklärungen, Rechtsbehelfsverfahren), als Werbungskosten berücksichtigt werden. Ist der Steuer- und Rechtsberater zugleich Vermittler, Initiator oder Treuhänder, ist bei vereinbarter gesonderter Berechnung der Gebühren zu prüfen, ob die Gebühren dem jeweiligen Leistungsumfang angemessen sind. Ist für die Vermittler-, Initiatoren- oder Treuhandtätigkeit und die Steuer- und Rechtsberatungstätigkeit ein Gesamthonorar vereinbart, gehören die Gebühren zu den Anschaffungskosten. Das gilt auch, wenn ein pauschales Steuer- und Rechtsberatungshonorar, das die Zeit vor und nach Bezugsfertigkeit umfasst, vereinbart worden ist und die Tätigkeit vor Bezugsfertigkeit mit der Anschaffung des bebauten Grundstücks wirtschaftlich zusammenhängt.

Beiträge zu Sach- und Haftpflichtversicherungen

Beiträge zu den Sach- und Haftpflichtversicherungen für während der Bauzeit eintretende Schäden sind Werbungskosten, soweit sie der Erwerber als Versicherungsnehmer gezahlt hat.

c) Rechtliche Einordnung der vom Bauherrn aufzubringenden Kosten

Die Kosten, die der Bauherr im Zusammenhang mit der Errichtung des Gebäudes oder der Eigentumswohnung aufzubringen hat, können Anschaffungskosten des Grund und Bodens und - bei Beitritt nach Baubeginn - des bereits erstellten Teils des Gebäudes oder der Eigentumswohnung, Herstellungskosten des Gebäudes oder der Eigentumswohnung oder sofort abziehbare Werbungskosten sein. Zu den nachstehenden Aufwendungen gilt Folgendes:

Gebühren für die Vermittlung und die damit verbundene Bearbeitung der Zwischen- und Endfinanzierung

Diese Geldbeschaffungskosten sind in Höhe der marktüblichen Konditionen als Werbungskosten abziehbar. Erfahrungsgemäß betragen sie insgesamt 2 v.H. des jeweils vermittelten Darlehens. Der darüber hinausgehende Teil ist den Herstellungskosten des Gebäudes oder der Eigentumswohnung und den Anschaffungskosten anteilig hinzuzurechnen. Hat der Bauherr derartige Gebühren gezahlt, obwohl er die Finanzierung selbst beschafft, sind diese in vollem Umfang auf die Herstellungskosten des Gebäudes oder der Eigentumswohnung und die Anschaffungskosten aufzuteilen.

Gebühren für die Vermittlung des Objekts oder Eigenkapitals und des Treuhandauftrags, Abschlussgebühren, Courtage, Agio, Beratungs- und Bearbeitungsgebühren sowie Platzierungsgarantiegebühren

23 Diese Kosten sollen Leistungen des Anlageberaters an den Bauherrn abgelten. Sie sind auf die Erlangung des Bauobjekts gerichtet und gehören deshalb anteilig zu den Herstellungskosten des Gebäudes oder der Eigentumswohnung und zu den Anschaffungskosten (vgl. BFH-Urteil vom 13. Oktober 1983, BStBl 1984 II S. 101).

Kosten für die Ausarbeitung der technischen, wirtschaftlichen und steuerlichen Grundkonzeption, für die Werbung der Bauinteressenten, für die Prospektprüfung und sonstige Vorbereitungskosten

24 Diese Kosten decken regelmäßig Kosten der Initiatoren des Bauvorhabens ab. Werden solche Aufwendungen vom Bauherrn übernommen, gehören sie anteilig zu den Herstellungskosten des Gebäudes oder der Eigentumswohnung und zu den Anschaffungskosten.

Treuhandgebüren

Die Leistungen des Treuhänders betreffen zum Teil die Geldbeschaffung und die spätere Vermietung. Die hierauf entfallenden

Teile der Treuhandgebühren können als Werbungskosten abgezogen werden. Zum Teil betreffen die Leistungen des Treuhänders die Anschaffung des Grund und Bodens. Deshalb gehört z.B. das Entgelt für die Mitwirkung beim Abschluss des Grundstückskaufvertrags oder für die Bewirkung der Grundbuchumschreibung bezüglich des Grunderwerbs im Namen des Bauherrn zu den Anschaffungskosten des Grund und Bodens. Zum Teil stehen die Leistungen des Treuhänders mit der Herstellung des Gebäudes oder der Eigentumswohnung im Zusammenhang. Die darauf entfallenden Teile der Treuhandgebühren gehören deshalb zu den Anschaffungs- oder Herstellungskosten des Gebäudes oder der Eigentumswohnung. Hierzu rechnen z.B.

- Entgeltsanteile für die Vergabe der Gebäudeplanung durch den Treuhänder im Namen des Bauherrn,
- die Vertretung des Bauherrn gegenüber Baubehörden, die sachliche und zeitliche Koordination aller für die Durchführung des Bauvorhabens erforderlichen Leistungen, die Stellung des Antrags auf Baugenehmigung für den Bauherrn oder für die Abgabe der zur Begründung des Wohnungseigentums von den künftigen Eigentümern erforderlichen Erklärungen,
- die Entgegennahme und Verwaltung der Geldmittel,
- die Beaufsichtigung des Baubetreuers.

Erfahrungsgemäß betrifft die Tätigkeit des Treuhänders überwiegend den Herstellungsbereich, während auf den Finanzierungsbereich und den Bereich der späteren Vermietung nur ein geringer Teil seiner gesamten Tätigkeit entfällt. Deshalb kann ein Viertel der Kosten für die Leistungen des Treuhänders, in aller Regel jedoch nicht mehr als 0,5 v.H. der Gesamtaufwendungen den Werbungskosten zugeordnet werden. Nicht zu den Gesamtaufwendungen gehören die in RdNr. 15 und RdNr. 23 genannten Aufwendungen. Der nicht als Werbungskosten anzuerkennende Teil der Treuhandgebühr ist anteilig den Herstellungskosten des Gebäudes oder der Eigentumswohnung und den Anschaffungskosten zuzuordnen.

Baubetreuungskosten

Leistungen im Rahmen der technischen Baubetreuung (z.B. Beschaffung der Baugenehmigung, Erstellen von Leistungsverzeichnissen und Baufristenplänen, Bauaufsicht, Bauabnahme und dergleichen) sind dem Herstellungsbereich zuzuordnen. Im Rahmen der wirtschaftlichen Baubetreuung ist eine Vielzahl von unterschiedlichen Leistungen zu erbringen. Auch hierbei ist stets zu prüfen, ob die Aufwendungen des Bauherrn zu den Herstellungskosten des Gebäudes oder der Eigentumswohnung, den Anschaffungskosten oder den sofort abziehbaren Werbungskosten gehören. Anschaffungskosten des Grund und Bodens sind z.B. Kosten für die Regelung der eigentums- und bauplanungsrechtlichen Verhältnisse am Grundstück, z.B. betreffend Abtretung von Straßenland, Vorbereitung und Abschluss von Erschließungs- und Versorgungsverträgen sowie für Maßnahmen bei Vermessung und Erschließung des Grundstücks. Im Wesentlichen betreffen die Leistungen die Herstellung des Gebäudes oder der Eigentumswohnung.

Zu den Herstellungskosten gehören z.B. Entgeltsanteile für

- die Vertretung des Bauherrn gegenüber Baubehörden, den an der Baudurchführung beteiligten Architekten, Ingenieuren und bauausführenden Unternehmen,
- Vorbereitung und Abschluss der mit der technischen Abwicklung des Bauprojekts zusammenhängenden Verträge,
- die Aufstellung eines Geldbedarfs- und Zahlungsplans in Koordination mit dem Baufristenplan,
- die Führung eines Baugeld-Sonderkontos für den Bauherrn,
- die Vornahme des gesamten das Bauobjekt betreffenden Zahlungsverkehrs,
- die laufende Unterrichtung des Treuhänders,
- die Übersendung von Auszügen des Baukontos,
- die Erstellung der Schlussabrechnung und die Erteilung der dazu erforderlichen Informationen an den Treuhänder,
- die sachliche und zeitliche Koordination aller für die Durchführung des Bauvorhabens erforderlichen Leistungen,

- eine Wirtschaftlichkeitsberechnung, die zur Beurteilung der Wirtschaftlichkeit des Herstellungsvorgangs für den Bauherrn erstellt worden ist.

Zu den sofort abziehbaren Werbungskosten gehören z.B. Entgeltsanteile für
- eine Wirtschaftlichkeitsberechnung, die Finanzierungszwecken des Bauherrn zu dienen bestimmt ist,
- Leistungen, die den Vermietungsbereich betreffen,
- Leistungen, die den Betreuungsbereich nach Fertigstellung des Objekts (z.B. Abschluss von Wartungsverträgen) betreffen.

Nach allgemeiner Erfahrung können den Werbungskosten ein Achtel der Gebühren für die wirtschaftliche Betreuung, in aller Regel jedoch nicht mehr als 0,5 v.H. des Gesamtaufwands genannten Aufwendungen zugeordnet werden. Nicht zu den Gesamtaufwendungen gehören die in den RdNr. 15 und RdNr. 23 genannten Aufwendungen. Der nicht als Werbungskosten anzuerkennende Teil der Gebühren für die wirtschaftliche Baubetreuung ist anteilig den Herstellungskosten des Gebäudes oder der Eigentumswohnung und den Anschaffungskosten zuzuordnen.

Bürgschaftsgebühren für die Zwischen- und Endfinanzierung, Ausbietungsgarantie

Neben den Voraussetzungen der RdNr. 17 2. Absatz ist eine weitere vom Anleger darzulegende Voraussetzung für die Anerkennung der im Zusammenhang mit der Finanzierung stehenden Gebühren, dass die selbstschuldnerische Garantie oder Bürgschaft vom Darlehensgläubiger nachweislich gefordert und bei diesem auch hinterlegt worden ist. Gebühren für die Übernahme von Bürgschaftsverpflichtungen gegenüber dem Kreditgeber zur Sicherstellung der Zwischenfinanzierung können unabhängig von der Zahl der Bürgen in Höhe einer banküblichen Avalprovision (insgesamt 2 v.H. jährlich des verbürgten und zugesagten Betrags) den Werbungskosten zugerechnet werden. Mit Rücksicht auf die übrigen bestehenden Sicherungen können Gebühren für die Übernahme der Bürgschaft für die Endfinanzierung und der Ausbietungsgarantie einmalig, d.h. für den gesamten Zeitraum und unabhängig von der

Zahl der Bürgen und Garantiegeber, in Höhe von insgesamt 0,5 v.H. der in Anspruch genommenen Darlehensmittel den Werbungskosten zugerechnet werden. Der nicht als Werbungskosten anzuerkennende Teil dieser Gebühren ist anteilig den Herstellungskosten des Gebäudes oder der Eigentumswohnung und den Anschaffungskosten zuzuordnen.

Gebühren für die Preissteigerungs-, Kosten-, Vertragsdurchführungs-(Fertigstellungs-)Garantie

Vergütungen für die Übernahme solcher Garantien gegenüber dem Bauherrn sind keine sofort abziehbaren Werbungskosten. Sie sind grundsätzlich den Herstellungskosten des Gebäudes oder der Eigentumswohnung zuzurechnen. Gebühren für die Vertragsdurchführungsgarantie gehören in den Fällen, in denen die Garantie z.B. auf die Werbung von Bauinteressenten gerichtet ist, anteilig zu den Herstellungskosten des Gebäudes oder der Eigentumswohnung und den Anschaffungskosten. Bezieht sich bei der Herstellung von Eigentumswohnungen die Garantie auf die Finanzierung des gesamten Bauvorhabens, handelt es sich in der Regel um eine Vertragsdurchführungsgarantie, so dass die Kosten hierfür anteilig zu den Herstellungskosten des Gebäudes oder der Eigentumswohnung und den Anschaffungskosten gehören.

Als Werbungskosten kommen darüber hinaus Aufwendungen in Betracht, die nach den Grundsätzen der RdNr. 12 bis 20 sofort abziehbar sind. Soweit Gebühren im Sinne von RdNr. 17 bis RdNr. 19 nicht als Werbungskosten anerkannt werden können, gehören die Kosten anteilig zu den Herstellungskosten des Gebäudes oder der Eigentumswohnung und den Anschaffungskosten.

2. Anwendung der Grundsätze bei anderen Wirtschaftsgütern

Die vorstehenden Grundsätze gelten entsprechend, wenn Gegenstand des Gesamtobjekts oder des vergleichbaren Modells mit nur einem Kapitalanleger nicht eine Immobilie, sondern ein anderes Wirtschaftsgut ist.

II. Geschlossene Fonds

Die nachstehenden Regelungen gelten im Grundsatz für alle Fonds. Die ertragsteuerliche Behandlung von Film- und Fernsehfonds richtet sich im Einzelnen nach den BMF-Schreiben vom 23. Februar 2001 (BStBl I S. 175) und vom 5. August 2003 (BStBl I S. 406).

1. Einkunftserzielung

Erfüllt ein geschlossener Fonds in der Rechtsform der Personengesellschaft in der gesellschaftsrechtlichen Verbundenheit seiner Gesellschafter den Tatbestand der Einkunftserzielung, ist auf der Ebene der Gesellschaft zu entscheiden, ob Aufwendungen, die die Gesellschaft trägt, Herstellungskosten, Anschaffungskosten, Betriebsausgaben oder Werbungskosten sind. Der auf der Ebene der Gesellschaft ermittelte Überschuss der Einnahmen über die Werbungskosten oder der Gewinn ist den einzelnen Gesellschaftern zuzurechnen (vgl. BFH-Beschluss vom 19. August 1986, BStBl 1987 II S. 212 m.w.N.).

2. Erwerbereigenschaft eines Fonds auf Grund fehlender wesentlicher Einflussnahmemöglichkeiten

Ein geschlossener Fonds ist nach den Grundsätzen der BFH-Urteile zur ertragsteuerlichen Behandlung der Eigenkapitalvermittlungsprovision und anderer Gebühren vom 8. Mai 2001 (BStBl II S. 720) und vom 28. Juni 2001 (BStBl II S. 717) immer dann als Erwerber anzusehen, wenn der Initiator der Gesellschaft ein einheitliches Vertragswerk vorgibt und die Gesellschafter in ihrer gesellschaftsrechtlichen Verbundenheit keine Möglichkeit besitzen, hierauf Einfluss zu nehmen.

Für die Herstellereigenschaft ist es wegen der besonderen Konzeption geschlossener Fonds bei gewerblichen Fonds erforderlich, dass die Mitwirkungsrechte der Gesellschafter über die zur Anerkennung der Mitunternehmereigenschaft nach § 15 Abs. 1 Satz 1 Nr. 2 EStG geforderte Initiative hinausgehen; auch bei vermögensverwaltenden Fonds müssen die Mitwirkungsrechte weiter gehen als die einem Kommanditisten nach dem HGB zustehenden Rechte. Wesentliche Einflussnahmemöglichkeiten entstehen nicht bereits dadurch, dass der Initiator als Gesellschafter oder Geschäftsführer für den Fonds gehandelt hat oder handelt. Die

Einflussnahmemöglichkeiten müssen den Gesellschaftern selbst gegeben sein, die sie innerhalb des Fonds im Rahmen der gesellschaftsrechtlichen Verbundenheit ausüben. Eine Vertretung durch bereits konzeptionell vorbestimmte Dritte (z.B. Treuhänder, Beiräte) reicht nicht aus. Einem von den Gesellschaftern selbst aus ihrer Mitte bestimmten Beirat oder einem vergleichbaren Gremium dürfen weder der Initiator noch Personen aus dessen Umfeld angehören. Über die Einrichtung und Zusammensetzung eines Beirats dürfen allein die Gesellschafter frühestens zu einem Zeitpunkt entscheiden, in dem mindestens 50 v.H. des prospektierten Kapitals eingezahlt sind.

Eine ausreichende Einflussnahmemöglichkeit ist gegeben, wenn der Fonds rechtlich und tatsächlich in der Lage ist, wesentliche Teile des Konzepts zu verändern. Das kann auch dann bejaht werden, wenn Entscheidungsalternativen für die wesentlichen Konzeptbestandteile angeboten werden. Allein die Zustimmung zu den vom Initiator vorgelegten Konzepten oder Vertragsentwürfen bedeutet keine ausreichende Einflussnahme. Die Gesellschafter müssen vielmehr über die wesentlichen Vertragsgestaltungen und deren Umsetzung tatsächlich selbst bestimmen können.

Die Einflussnahmemöglichkeiten dürfen auch faktisch nicht ausgeschlossen sein.

Die Umsetzung der wesentlichen Konzeptbestandteile und Abweichungen hiervon sind durch geeignete Unterlagen vollständig zu dokumentieren.

3. Rechtliche Einordnung der von einem Fonds ohne wesentliche Einflussnahmemöglichkeiten der Anleger aufzubringenden Kosten

a) Anschaffungskosten

Zu den Anschaffungskosten des Fonds gehören grundsätzlich alle Aufwendungen, die im wirtschaftlichen Zusammenhang mit der Abwicklung des Projekts in der Investitionsphase anfallen. RdNr. 9 gilt entsprechend. Ohne Bedeutung ist in diesem Zusammenhang, ob diese Aufwendungen von dem Gesellschafter unmittelbar geleistet werden oder ob ein Teil seiner Einlage mit oder ohne sein Wissen für diese Zahlungen verwendet wird. Unbeachtlich ist weiterhin, ob diese Aufwendungen an den Initiator des

Projektes oder an Dritte gezahlt werden. Zu den Anschaffungskosten gehören darüber hinaus stets Haftungs- und Geschäftsführungsvergütungen für Komplementäre, Geschäftsführungsvergütungen bei schuldrechtlichem Leistungsaustausch und Vergütungen für Treuhandkommanditisten, soweit sie auf die Investitionsphase entfallen.

b) Betriebsausgaben oder Werbungskosten

Aufwendungen, die nicht auf den Erwerb des ggf. sanierten oder modernisierten Wirtschaftsguts gerichtet sind und die auch der (Einzel-)Erwerber außerhalb einer Fondsgestaltung als Betriebsausgaben oder Werbungskosten abziehen könnte, sind nicht den Anschaffungskosten des Objekts zuzurechnen.

Für den Abzug von Betriebsausgaben oder Werbungskosten gelten RdNrn. 5 bis 7 und 11 bis 20 entsprechend. Die in RdNr. 11 (letzter Gliederungspunkt) aufgeführte rechtliche und tatsächliche Abwahlmöglichkeit der Leistung muss den Anlegern in ihrer gesellschaftsrechtlichen Verbundenheit gegeben sein.

4. Rechtliche Einordnung der von einem Fonds mit wesentlichen Einflussnahmemöglichkeiten der Anleger aufzubringenden Kosten

Haben die Anleger eines geschlossenen Fonds wesentliche Einflussnahmemöglichkeiten im Sinne der RdNr. 33 bis 37, richtet sich die Abgrenzung zwischen Erwerber- und Herstellereigenschaft nach den allgemeinen Grundsätzen zu § 6 Abs. 1 Nr. 1 EStG.

a) Herstellungs-, Modernisierungs- oder Sanierungsfonds

Für die Abgrenzung der Anschaffungskosten, Herstellungskosten und sofort abziehbaren Werbungskosten sowie Betriebsausgaben bei einem Fonds, der ein Wirtschaftsgut herstellt oder modernisiert sowie saniert, gelten die Ausführungen in RdNr. 5 bis 7 sowie 21 bis 29 entsprechend. In Fällen der Instandsetzung und Modernisierung von Gebäuden gilt zusätzlich das BMF-Schreiben vom 18. Juli 2003, BStBl I S. 386. Ferner können insbesondere folgende Aufwendungen sofort abziehbare Werbungskosten sein:

aa) Eigenkapitalvermittlungsprovisionen

Provisionen, die die Fondsgesellschaft für die Vermittlung des Eintritts von Gesellschaftern zahlt, sind in der Regel Betriebsausgaben oder Werbungskosten (BFH-Urteil vom 24. Juli

1987, BStBl II S. 810). Bemessungsgrundlage ist das jeweils vermittelte Eigenkapital. Hierzu gehören neben der Einlage des Gesellschafters auch ein an die Gesellschaft zu leistendes Agio sowie ein Gesellschafterdarlehen, wenn es eigenkapitalähnlichen Charakter hat. Das ist grundsätzlich der Fall, wenn das Darlehen derselben zeitlichen Bindung wie die Gesellschaftereinlage unterliegt und zur Erreichung des Gesellschaftszwecks notwendig ist. Ist bei Refinanzierung der Einlage oder des Gesellschafterdarlehens das Refinanzierungsdarlehen durch Gesellschaftsvermögen gesichert, gehören die Beträge nur zum Eigenkapital, soweit das Refinanzierungsdarlehen gleichzeitig durch Vermögen des Gesellschafters tatsächlich gesichert ist. Provisionen von bis zu insgesamt höchstens 6 v.H. des vermittelten Eigenkapitals können den Betriebsausgaben oder Werbungskosten zugerechnet werden. Damit sind sämtliche Vertriebsleistungen Dritter, die auf die Werbung von Gesellschaftern gerichtet und nicht den Anschaffungs- oder Herstellungskosten zuzurechnen sind, abgegolten. Hierzu gehören insbesondere die Aufwendungen für die Prospekterstellung, Prospektprüfung und Übernahme der Prospekthaftung, für den Außenvertrieb, für Werbung und für Marketing. Der nicht als Betriebsausgaben oder Werbungskosten anzuerkennende Teil der Eigenkapitalvermittlungsprovision ist gegebenenfalls anteilig den Anschaffungs- oder Herstellungskosten des Objekts zuzuordnen.

bb) Haftungs- und Geschäftsführungsvergütungen für Komplementäre

Vergütungen, die der Komplementär für die Übernahme der Haftung oder Geschäftsführung aufgrund gesellschaftsrechtlich wirksamer Vereinbarung erhält, mindern, soweit sie nicht unangemessen sind, die Ergebnisanteile der übrigen Gesellschafter (vgl. BFH-Urteil vom 7. April 1987, BStBl II 707). Die Haftungsvergütungen können wie Bürgschaftsgebühren entsprechend RdNr. 27 behandelt werden, soweit die dort genannten Höchstbeträge noch nicht ausgeschöpft sind. Wegen der steuerlichen Behandlung der Geschäftsführungsvergütung vgl. RdNr. 45.

cc) Geschäftsführungsvergütungen bei schuldrechtlichem Leistungsaustausch

Vergütungen, die ein Gesellschafter für die Übernahme der Geschäftsführung erhält, können wie entsprechende Leistungen an einen Nichtgesellschafter auf einem schuldrechtlichen Leistungsaustausch beruhen (zur Abgrenzung vgl. BFH, Urteil vom 13. Oktober 1998, BStBl 1999 II S. 284, und Urteil vom 23. Januar 2001, BStBl II S. 621). In diesem Fall kommt ein Betriebsausgaben- oder Werbungskostenabzug auf der Gesellschaftsebene in Betracht. Die Geschäftsführung während der Investitionsphase betrifft im Wesentlichen die Tätigkeiten i.S. der RdNr. 25 und 26. Hierzu zählen z.B. auch die „Verwaltung" der Gesellschaft, die Mittelverwaltung und die „Buchführung", die Unterrichtung der Beteiligten über den Fortgang des Projekts und die Einberufung von Gesellschafterversammlungen (Gesellschafterbetreuung). Diese Tätigkeiten sind untrennbar mit der Erstellung des Fondsobjekts verbunden. Die während der Investitionsphase geleisteten Geschäftsführungs-Vergütungen einschließlich der auf die Zeit nach Abschluss der Investition entfallenden Beträge sind in dem Verhältnis aufzuteilen, in dem die Geschäftsführungstätigkeit die Baubetreuung und die Treuhandtätigkeit im Sinne der RdNr. 25 und 26 betrifft. Die jeweiligen Anteile sind gegebenenfalls mit weiteren für die Baubetreuung oder Treuhandtätigkeit gezahlten Gebühren zusammenzufassen und nach den Grundsätzen der RdNr. 25 und 26 zu behandeln.

b) Erwerberfonds

46 Für die Abgrenzung der Anschaffungskosten von den sofort abziehbaren Werbungskosten oder Betriebsausgaben bei einem Fonds, der ein fertig gestelltes und nutzungsbereites Wirtschaftsgut erwirbt, gelten die Ausführungen in RdNr. 38 bis 40 entsprechend. Die von der Gesellschaft zu zahlende Eigenkapitalvermittlungsprovision ist nach den Grundsätzen der RdNr. 43 zu behandeln.

c) Konzeptionsgebühren und Platzierungsgarantiegebühren

Konzeptionsgebühren und Platzierungsgarantiegebühren gehören nicht zu den Betriebsausgaben oder Werbungskosten (vgl. RdNr. 23 und 24 sowie BFH-Beschluss vom 19. August 1986, a.a.O.).

d) Kosten für die Vertretung der Gesellschafter

48 Vergütungen, die Gesellschafter für die Wahrnehmung ihrer Interessen in der Gesellschaft an Dritte zahlen, sind entsprechend der tatsächlichen Gegenleistung in Anschaffungskosten, Herstellungskosten und sofort abziehbare Werbungskosten oder Betriebsausgaben aufzuteilen. Soweit sie den Anschaffungskosten oder Herstellungskosten zuzuordnen sind, sind sie in einer Ergänzungsrechnung zu erfassen oder in einer Ergänzungsbilanz zu aktivieren. Soweit sie sofort abziehbare Werbungskosten oder Betriebsausgaben darstellen, sind sie Sonderwerbungskosten oder Sonderbetriebsausgaben des betreffenden Gesellschafters. Werden diese Kosten gemäß Gesellschafterbeschluss von der Gesellschaft übernommen, ist die Aufteilung auf der Ebene der Gesamthand vorzunehmen.

e) späterer Beitritt von Gesellschaftern

Aufwendungen, die vor dem Beitritt eines Gesellschafters zu einer Fondsgesellschaft rechtlich entstanden und gezahlt worden sind, gehören bei dem Gesellschafter zu den Anschaffungskosten. Rechtlich entstandene Aufwendungen, die nach dem Beitritt eines Gesellschafters von der Gesellschaft gezahlt werden und bei der Ermittlung der Einkünfte auf der Ebene der Gesellschaft den Betriebsausgaben oder Werbungskosten zuzurechnen sind, sind bei dem neu eintretenden Gesellschafter Betriebsausgaben oder Werbungskosten, wenn er mit ihnen belastet wird (vgl. BFH-Beschluss vom 19. August 1986, a.a.O.).

7.20 IDW Standard: Grundsätze ordnungsmäßiger Beurteilung von Prospekten über öffentlich angebotene Kapitalanlagen (IDW S 4)

(Stand: 1.9.2000)[7]

Das Institut der Wirtschaftsprüfer e.V. (IDW) legt in den IDW-Prüfungsstandards (IDW PS) und IDW Stellungnahmen zur Rechnungslegung (IDW RS) die Berufsauffassung der Wirtschaftsprüfer zu Rechnungslegungs- und Prüfungsfragen fest, die von Wirtschaftsprüfern im Rahmen ihrer Eigenverantwortlichkeit zu beachten ist. Die IDW PS und IDW RS werden von den Fachgremien des IDW in einem besonderen Verfahren unter Einbeziehung der Öffentlichkeit entwickelt und aktualisiert. Die IDW PS IDW RS sind in gedruckter Form (ISBN 3-8021-0219-3) oder als CD-ROM (ISBN 3-8021-1083-8) erhältlich. Weitere Informationen zur Facharbeit und den Publikationen des IDW unter www. idw.de

1 Vorbemerkungen

(1) Gesetzlich normierte Anforderungen bestehen zum Inhalt von Börsenzulassungsprospekten[8] und anderen Prospekten über öffentlich angebotene Wertpapiere[9] sowie für die Prospekte über deutsche[10] und in Deutschland vertriebene ausländische[11] Investmentanteile. Darüber hinaus hat der Gesetzgeber keine Regelungen ge-

---

7 Verabschiedet vom WFA am 01.09.2000. Copyright IDW-Verlag, Düsseldorf, alle Rechte vorbehalten. Der IDW-Standard ist hier im Original wiedergegeben. Daher ist dieser Beitrag - abweichend vom Rest des Buches - in alter Rechtschreibung abgefasst.

8 Vgl. Verordnung über die Zulassung von Wertpapieren zur amtlichen Notierung an einer Wertpapierbörse i.d.F. vom 24.3.1998 (BGBl. I S. 529).

9 Vgl. Verordnung über Wertpapier-Verkaufsprospekte (Verkaufsprospekt-Verordung) i.d.F. vom 9.9.1998 (BGBl. I S. 2853).

10 Vgl. Gesetz über Kapitalanlagegesellschaften i.d.F. vom 9.9.1998 (BGBl. I S. 2726).

11 Vgl. Auslandsinvestment - Gesetz i.d.F. vom 9.9.1998 (BGBl. S. 2820).

troffen. Der Auftragsumfang über die Beurteilung von Prospekten über andere öffentlich angebotene Kapitalanlagen kann dementsprechend grundsätzlich zwischen Auftraggeber und Auftragnehmer frei vereinbart werden.

(2) Das Institut der Wirtschaftsprüfer in Deutschland e.V. (IDW) legt in diesem *IDW Standard* die Berufsauffassung dar, nach der Wirtschaftsprüfer unbeschadet ihrer Eigenverantwortlichkeit Prospekte über Kapitalanlagen unter Bezugnahme auf diesen *IDW Standard* beurteilen und hierüber ein Prospektgutachten erstellen. Der *IDW Standard* verdeutlicht gleichzeitig gegenüber der Öffentlichkeit Gegenstand, Umfang und Grenzen eines solchen Prospektgutachtens. Die Beurteilung von Börsenzulassungsprospekten und anderen Prospekten über öffentlich angebotene Wertpapiere sowie von Prospekten über deutsche und in Deutschland vertriebene ausländische Investmentanteile ist nicht Gegenstand dieses *IDW Standards.*

(3) Dieser IDW Standard ersetzt die Stellungnahme WFA 1/1987: Grundsätze ordnungsmäßiger Durchführung von Prospektprüfungen[12].

2 Grundlagen der Beurteilung von Prospekten

2.1 Gegenstand, Umfang und Grenzen der Beurteilung

(4) Mit der Beurteilung von Prospekten über Kapitalanlagen durch Wirtschaftsprüfer soll festgestellt werden, ob in den Prospekten die aus der Sicht eines verständigen und durchschnittlich vorsichtigen Anlegers für eine Anlageentscheidung erheblichen Angaben mit hinreichender Sicherheit vollständig und richtig enthalten sind und ob diese Angaben klar - d.h. gedanklich geordnet, eindeutig und verständlich - gemacht werden.

---

12 WPg 1987, S. 325ff.

Eine Prospektbeurteilung i.S.d. *IDW Standards* bezieht sich daher auf die Vollständigkeit, Richtigkeit und Klarheit der Prospektangaben einschließlich der Plausibilität der im Prospekt enthaltenen Werturteile, der Schlüssigkeit von Folgerungen sowie der Darstellung der mit der Kapitalanlage verbundenen Chancen und Risiken.

(5) Eine Prospektbeurteilung durch Wirtschaftsprüfer kann keine Gewähr für den Eintritt des wirtschaftlichen Erfolges und der steuerlichen Auswirkungen der Kapitalanlage bieten, da diese von unsicheren künftigen Entwicklungen abhängen.

(6) Die Auswirkungen der Kapitalanlage bei dem einzelnen Anleger sind nicht Gegenstand einer Prospektbeurteilung i.S.d. *IDW Standards*. Eine Prospektbeurteilung durch einen Wirtschaftsprüfer entbindet den Kapitalanleger somit nicht von einer eigenen Beurteilung der Chancen und Risiken der Kapitalanlage sowie weiterer Prospektangaben vor dem Hintergrund der individuellen Gegebenheiten. Deshalb ist es zweckmäßig, daß ein Kapitalanleger vor der Anlageentscheidung eine individuelle Beratung in Anspruch nimmt. Eine solche Beratung ist insbesondere dann zweckmäßig, wenn der Kapitalanleger nicht selbst über ein hinreichendes Verständnis über die Art der angebotenen Kapitalanlage und deren Darstellung im Prospekt verfügt.

(7) Die durchzuführende Beurteilung auf Vollständigkeit, Richtigkeit und Klarheit der Prospektangaben erfordert, daß der Wirtschaftsprüfer die Tätigkeit mit berufsüblicher Sorgfalt so ausrichtet, daß Unrichtigkeiten und Verstöße, die sich auf die Vollständigkeit, Richtigkeit oder Klarheit des Prospektes wesentlich auswirken, mit hinreichender Sicherheit erkannt werden.

(8) Eine solche Beurteilung beinhaltet nicht, daß sämtliche Unterlagen, auf denen die Angaben im Prospekt beruhen, lückenlos in die Beurteilung einbezogen werden. Vielmehr werden aggregierte Prospektangaben, die auf einer Vielzahl gleichartiger Einzelfälle beruhen, überwiegend anhand von Stichproben beurteilt.

(9) Auch bei einer ordnungsmäßigen Prospektbeurteilung kann keine absolute, sondern nur eine hinreichende Sicherheit erreicht werden. Zum einen besteht aufgrund der jeder Prospektbeurteilung immanenten Begrenzung der Erkenntnismöglichkeiten auch bei ordnungsmäßiger Planung und Durchführung ein unvermeidbares Risiko, daß wesentliche falsche Prospektangaben oder das Fehlen wesentlicher Prospektangaben nicht entdeckt werden (z.B. bei kollusivem Zusammenwirken zwischen Auftraggeber und Dritten, auf dessen Entdeckung eine Prospektbeurteilung i.S.d. *IDW Standards* nicht ausgerichtet ist). Zum anderen lassen sich Erwartungen über künftige Verhältnisse (z.B. Marktentwicklungen) und die künftige Erfüllung von Vertragsverpflichtungen durch den Auftraggeber oder Dritte nicht mit Sicherheit, sondern nur als wahrscheinlich beurteilen. Aus der nachträglichen Entdeckung falscher oder fehlender Angaben kann daher nicht zwingend auf ein berufliches Fehlverhalten des Wirtschaftsprüfers geschlossen werden.

(10) Die Prospektbeurteilung kann sich nicht auf das Vorhandensein und die Richtigkeit solcher Angaben erstrecken, die ihrer Art nach nicht beurteilbar sind. Hierzu gehören z.B. aus öffentlichen Registern oder vorgelegten Dokumenten nicht ersichtliche Eigentumsverhältnisse oder Belastungen sowie dem Wirtschaftsprüfer nicht bekanntgegebene Informationen, wie z.B. mündliche Nebenabreden zu bestehenden Verträgen.

(11) Eine Prospektbeurteilung ist ferner nicht darauf ausgerichtet, solche Unrichtigkeiten und Verstöße festzustellen, die sich auf die Vollständigkeit, Richtigkeit und Klarheit des Prospektes nicht wesentlich auswirken.

(12) Wird der Auftrag gegenüber dem in diesem *IDW Standard* dargestellten Umfang eingeschränkt (z.B. Beschränkung auf einzelne Prospektbestandteile), liegt keine Prospektbeurteilung i.S.d. *IDW Standards* vor. In diesem Fall darf zur Vermeidung von Irreführungen nicht der Eindruck erweckt werden, daß es sich um eine Beurteilung i.S.d. *IDW Standards* handelt.

Es ist in diesen Fällen unmißverständlich darzustellen, in welchem Umfang und unter welchen Kriterien der Wirtschaftsprüfer den Prospekt bzw. einzelne Bestandteile beurteilt hat.

(13) Wirtschaftsprüfer dürfen Aufträge zur Durchführung von Prospektbeurteilungen nicht übernehmen, wenn sie zuvor an Teilen der Konzeption der Kapitalanlage (z.B. steuerliche Konzeption) oder des Prospektes mitgewirkt haben. Es kann immer nur eine Beurteilung zu den Arbeiten Dritter abgegeben werden. Dem steht nicht entgegen, daß Wirtschaftsprüfer im Verlauf ihrer Arbeiten Fehler feststellen, die von den Auftraggebern in der endgültigen Fassung des Prospektes korrigiert werden.

2.2 Beurteilung auf Vollständigkeit

(14) Ein Prospekt ist vollständig, wenn er alle wesentlichen Angaben zur angebotenen Kapitalanlage enthält. Die Auswirkungen der Kapitalanlage auf die subjektiven Verhältnisse des Anlegers brauchen im Prospekt nicht dargestellt zu werden.

(15) Wesentlich sind sämtliche Angaben, die aus der Sicht eines verständigen und durchschnittlich vorsichtigen Anlegers für die Anlageentscheidung erheblich sind. Dabei kann davon ausgegangen werden, daß ein solcher Anleger über ein Grundverständnis für die wirtschaftlichen Gegebenheiten der angebotenen Kapitalanlage verfügt.

(16) Enthält der Prospekt die in den Anlagen zu diesem *IDW Standard* aufgeführten Angaben, spricht eine Vermutung dafür, daß es sich hierbei um alle aus der Sicht eines verständigen und durchschnittlich vorsichtigen Anlegers für die Anlageentscheidung erheblichen Angaben handelt. Besonderheiten des Anlageangebotes oder Anlageobjektes können jedoch weitere Angaben erforderlich machen. Ergeben sich bei der Beurteilung Anhaltspunkte dafür, daß im Prospekt Angaben fehlen, kann der Prospekt auch dann nicht als vollständig angesehen werden, wenn diese Angaben in den Anlagen zu diesem *IDW Standard* nicht aufgeführt sind.

(17) Von der Vollständigkeit kann ausgegangen werden, wenn der Wirtschaftsprüfer bei der Beurteilung festgestellt hat, daß keine wesentlichen Angaben fehlen. Der Wirtschaftsprüfer hat dies im Prospektgutachten anzugeben (Negativfeststellung).

2.3 Beurteilung auf Richtigkeit

(18) Zur Beurteilung der Richtigkeit der Prospektangaben hat der Wirtschaftsprüfer festzustellen, ob die im Prospekt gemachten Angaben - auch soweit sie nicht zu den nach den Anlagen zu diesem *IDW Standard* erforderlichen Angaben gehören - insgesamt und im einzelnen richtig sind.
Dies bedeutet:
- Soweit sich im Prospekt enthaltene Angaben auf Tatsachen beziehen, ist festzustellen, ob die angegebenen Tatsachen zutreffend sind.
- Soweit es sich um Annahmen und Schätzungen handelt, sind diese kritisch zu würdigen, insbesondere daraufhin, ob sie plausibel sind und nicht in erkennbarem Widerspruch zu vorgelegten Unterlagen, erteilten Auskünften, sonstigen Angaben im Prospekt sowie allgemein oder dem Wirtschaftsprüfer aufgrund der Branchenkenntnisse bekannten wirtschaftlichen Tatsachen stehen.
- Soweit es sich um Folgerungen handelt, ist zu beurteilen, ob sie aus den Tatsachen oder Annahmen sachlich und rechnerisch richtig entwickelt wurden, also schlüssig sind.
- Soweit es sich um wertende Aussagen handelt, ist zu beurteilen, ob sie durch Tatsachen gestützt werden
- Soweit es sich um Prognosen handelt, ist darauf zu achten, ob sie ausdrücklich als solche gekennzeichnet, die verwendeten Prämissen wirklichkeitsnah, die Berechnungen rechnerisch richtig und im Aufbau plausibel sind und ob Risiken und Unsicherheiten ausreichend dargestellt wurden.
- Soweit steuerliche Verhältnisse die Grundlage von Berechnungen oder Beurteilungen bilden, sind diese nur dann als richtig anzusehen, wenn die den steuerlichen Folgerungen zugrunde liegenden Prämissen in Übereinstimmung mit dem Gesetz sowie der veröffentlichten Rechtsprechung und der veröffentlich-

ten oder nachgewiesenen Verwaltungsauffassung zur Zeit des Abschlusses der Beurteilung stehen und vorhandene steuerliche Risiken deutlich dargestellt sind.

(19) Wegen der Unsicherheit von Prognosen spiegeln einwertige Zahlenangaben vielfach eine Scheingenauigkeit vor. Derartige Unsicherheiten sind im Prospekt durch verbale Erläuterungen zu beschreiben oder in Form der Angabe von Bandbreiten erkennbar zu machen.

Die der Prognose zugrunde liegenden Annahmen und Wirkungszusammenhänge sind dort in geeigneter Form zu erläutern. Hängt die Wirtschaftlichkeit der Kapitalanlage von verschiedenen Parametern ab, über deren Entwicklung unterschiedliche Annahmen getroffen werden können, empfiehlt es sich, dem Anleger durch eine Sensitivitätsanalyse zu verdeutlichen, welche Auswirkungen die Veränderung wesentlicher Parameter auf die Entwicklung der Kapitalanlage haben kann. Es ist dabei auch darauf einzugehen, wie wahrscheinlich die jeweilig unterstellten Szenarien sind (Gewichtung). D.h. eine solche Prognose soll zeigen, welche Zukunftsentwicklungen im Lichte des aktuellen Wissensbestandes möglich sind und für wie wahrscheinlich der Initiator das Eintreten der verschiedenen Szenarien unter Einbeziehung der denkbar ungünstigsten Entwicklung (worst case) einstuft.

Der Prognosezeitraum muß in Abhängigkeit von der vorgesehenen Investition angemessen gewählt und erläutert sein. Der Prognosezeitraum darf insbesondere nicht willkürlich gewählt werden und muß daher in Fällen, in denen die Prognose durch zeitlich begrenzte Einflußfaktoren wesentlich geprägt wird (z.B. Sonderabschreibungen, Investitionszuschüsse, Mietgarantien, gesicherte Mieteinnahmen, Zinsfestschreibungen etc.), auch die Folgeperiode in ihren wirtschaftlichen Auswirkungen noch darstellen. Die am Ende des Prognosezeitraums für den Wert bzw. die Wiederverkäuflichkeit der Kapitalanlage relevanten Gesichtspunkte sind wirklichkeitsnah darzustellen.

Die Prognose muß insgesamt realistisch sein und darf deshalb keine unvertretbaren, durch bloße Wunschvorstellungen geprägten Aussagen enthalten. Prognosen dürfen ferner mit den Erfahrungen aus der Vergangenheit (z.B. Mietausfall, Kostenentwicklung etc.)

nicht ohne Grund in Widerspruch stehen. Der Grundsatz der Vorsicht i.S. einer eher pessimistischen oder imparitätischen Betrachtungsweise ist der Darstellung dagegen nicht zugrunde zu legen.

(20) Enthält der Prospekt wertende Aussagen (Wertungen und Beurteilungen) des Auftraggebers (z.B. gute Bauqualität, erstklassige Ausstattung, hervorragender Standort, gute Bonität), sind die Fakten, die zu diesen wertenden Aussagen geführt haben, im Prospekt darzulegen. Die Wertungen und Beurteilungen müssen sich an der allgemeinen Verkehrsauffassung orientieren. So wird z.B. einem Vertragspartner nur dann eine gute Bonität bescheinigt werden dürfen, wenn die über ihn eingeholten Auskünfte und Informationen diese Aussage stützen (vgl. Tz. 46).

(21) Die Beurteilung hat sich nicht nur auf die Feststellung der Richtigkeit der Einzelangaben, sondern auch darauf zu erstrecken, ob die Darstellung im Prospekt insgesamt kein falsches Bild von dem Anlageangebot und dem Anlageobjekt vermittelt. In diese Beurteilung sind auch Angaben, Wertungen und nicht verbale Darstellungen mit eindeutig werblichem Charakter einzubeziehen.

2.4 Beurteilung auf Klarheit

(22) Der klaren - d.h. gedanklich geordneten, eindeutigen und verständlichen - Darstellung der für die Anlageentscheidung erheblichen Angaben im Prospekt kommt besondere Bedeutung zu. Deshalb muß der Wirtschaftsprüfer auch dazu Stellung nehmen, ob der Prospekt übersichtlich gegliedert ist und ob die mit der Kapitalanlage verbundenen Chancen und Risiken deutlich zum Ausdruck gebracht werden.

(23) Die Ausdrucksweise im Prospekt darf weder vage oder mehrdeutig sein noch dürfen Ausführungen an anderer Stelle im Prospekt relativiert werden. Trotz sachlich zutreffender Einzelangaben darf durch die gewählte Darstellungsform kein falscher Eindruck vermittelt werden (z.B. durch unzutreffende Gewichtung wesentlicher und unwesentlicher Informationen oder die einseitige Hervorhebung von Chancen ohne angemessene Betonung der entsprechenden Risiken).

(24) Begriffe, die nicht zum allgemeinen Sprachgebrauch gehören, sind zu erläutern und bspw. durch die Verwendung von Gegensätzen, Beispielen oder Abgrenzungen von ähnlichen Begriffen zu verdeutlichen. Dies kann z.B. in einem Glossar geschehen. Fachbegriffe oder Begriffe, die unterschiedlich verstanden werden können (z.B. Rendite, Ertrag, Wirtschaftlichkeit, Steuervorteil), müssen eindeutig und allgemeinverständlich definiert sein und dürfen nicht irreführend verwendet werden.

So ist z.B. bei Verwendung des Begriffs "Steuervorteil" im einzelnen anzugeben, welche Steuern in die Berechnung einbezogen wurden, ob und warum es sich um einen temporären oder endgültigen Vorteil handelt und ob und ggf. in welchem Umfang bei der Berechnung des Vorteils Abzinsungseffekte berücksichtigt wurden. Entsprechend ist bei der Verwendung des Begriffs "Rendite" anzugeben, worauf sich die Rendite bezieht, und wie sie im einzelnen berechnet wurde.

(25) Der Grundsatz der Klarheit erfordert eine gedanklich geordnete, eindeutige und verständliche Darstellung der Angaben. Dies setzt voraus, daß die Angaben nach sachlichen Gesichtspunkten und logisch geordnet sowie innerhalb des zugehörigen Sachgebietes systematisch gegliedert aufgeführt werden.

(26) Die Struktur des Prospektes muß gewährleisten, daß die wesentlichen Aussagen und bedeutsamen Sachverhalte in übersichtlicher Weise ausreichend deutlich hervorgehoben werden.

Hierzu trägt insbesondere bei, daß vorab - jeweils in einem gesonderten Abschnitt - zum einen die für die Kapitalanlage charakteristischen wesentlichen Aspekte sowie zum anderen die mit der Kapitalanlage verbundenen Chancen und Risiken zusammengefaßt dargestellt werden (Vorabdarstellung).

Dabei ist auf die eingehenderen Ausführungen in den Spezialabschnitten des Prospektes zu verweisen.

(27) Der ausgewogenen Darstellung aller wesentlichen Aspekte kommt besondere Bedeutung zu. Die für die Vorteilhaftigkeit der Kapitalanlage maßgebenden Gesichtspunkte dürfen nicht in der Weise plakativ herausgestellt werden, daß nur die vorteilhaften Aspekte allgemeinverständlich erläutert werden, während Gesichtspunkte, die vom Anleger als negativ empfunden werden könnten, zurückhaltend kommentiert werden.

(28) Sind die Angaben im Prospekt entsprechend dem Inhalt der Anlagen zu diesem *IDW Standard* gegliedert und unter Berücksichtigung der Tz. 22 bis 27 abgefaßt, spricht eine Vermutung dafür, daß die Darstellung dem Gebot der Klarheit entspricht, sofern der Wirtschaftsprüfer bei der Beurteilung keine dagegen sprechenden Feststellungen getroffen hat. Dies gilt insbesondere in bezug auf die gesonderte zusammenfassende Vorabdarstellung der Kapitalanlage und der mit ihr verbundenen Chancen und Risiken.

3 Auftragsannahme

(29) Der Auftrag zu einer nach den Grundsätzen dieses *IDW Standards* durchzuführenden Beurteilung eines eine Kapitalanlage beschreibenden Prospektes darf von einem Wirtschaftsprüfer nur angenommen werden, wenn sich der Auftrag zur Beurteilung auf den ganzen Prospekt bezieht. Sofern eine auf Teilbereiche des Prospektes beschränkte Beurteilung gewünscht wird, muß im Auftrag klargestellt werden, daß diese nicht als Beurteilung i.S.d. *IDW Standards* bezeichnet werden kann. Zusatzaufträge über den Umfang dieses *IDW Standards* hinaus bedürfen einer gesonderten Beauftragung.

(30) Der Grundsatz der Gewissenhaftigkeit setzt für die Auftragsannahme voraus, daß der Wirtschaftsprüfer über ausreichende Kenntnisse der jeweiligen Kapitalanlage einschließlich der sie kennzeichnenden rechtlichen und steuerlichen Verhältnisse verfügt oder sich diese rechtzeitig verschaffen kann. Außerdem ist sicherzustellen, daß die Tätigkeit ausreichend versichert ist, was bei der Beurteilung von Auslandssachverhalten besondere Vereinbarungen erfordern kann.

(31) Der Wirtschaftsprüfer hat zur Voraussetzung der Auftragsannahme zu machen, daß der Auftraggeber und der Prospektherausgeber sich verpflichten

- als Maßstab der Beurteilung die Anforderungen und Grenzen anzuerkennen, die sich aus diesem *IDW Standard* ergeben. Dies bezieht sich insbesondere darauf, daß der Prospekt die für die Entscheidung des Kapitalanlegers wesentlichen zu beurteilenden Angaben vollständig und richtig enthält und daß die Angaben klar, d.h. gedanklich geordnet, eindeutig und verständlich gemacht werden,
- alle Angaben, die in dem Prospekt enthalten sind, nachzuweisen und der entsprechenden Anwendung von § 320 HGB (Vorlagepflicht, Auskunftsrecht) zuzustimmen,
- soweit Sachverhalte vom Wirtschaftsprüfer nicht ausreichend beurteilt werden können, zu gestatten, daß dieser auf Kosten des Auftraggebers Sachverständige nach eigener Entscheidung hinzuziehen kann,
- im Prospekt nicht auf das Vorliegen von Prospektgutachten oder auf das Tätigwerden eines Wirtschaftsprüfers im Rahmen der Prospektbeurteilung hinzuweisen und
- das Prospektgutachten nicht ohne Zustimmung des Wirtschaftsprüfers an Anlageinteressenten weiterzugeben oder in Auszügen zu verwenden oder ohne eine solche Verwendung in Hinweisen werblich auf die Tätigkeit des Wirtschaftsprüfers zu verweisen. Der Wirtschaftsprüfer kann dem Auftraggeber die Verwendung des Gutachtens oder den Hinweis darauf, ggf. gegen Haftungsfreistellung des Auftraggebers oder unter sonstigen Auflagen, im Einzelfall (z.B. für interne Schulungszwecke oder Information von Finanzanalysten) gestatten.

(32) Bei der Auftragsannahme kann auch vereinbart werden, daß das Prospektgutachten den Anlageinteressenten nur im Rahmen einer Auskunftsvereinbarung zwischen diesen und dem Wirtschaftsprüfer ausgehändigt werden darf. In einer solchen Auskunftsvereinbarung ist auf das Prospektgutachten Bezug zu nehmen und darauf hinzuweisen, daß sich die Beurteilung des Prospektes auf den Stand der Erkenntnisse bis zu dem im Prospekt genannten Datum bezieht und daß keine Informationspflichten des

Wirtschaftsprüfers gegenüber dem Kapitalanleger über spätere Änderungen der Verhältnisse und neue Erkenntnisse bestehen. Ferner ist zu entscheiden, ob eine ergänzende Haftungsbeschränkung (z.B. auf den Betrag der Einlage) vereinbart werden kann und soll.

(33) Ist der Auftraggeber nicht der Herausgeber des Prospektes, kann der Auftrag nur angenommen werden, wenn auch der Herausgeber des Prospektes sich den Verpflichtungen gemäß Tz. 31 unterwirft.

(34) Es empfiehlt sich, dem Auftrag zur Beurteilung des Prospektes die in der Praxis üblichen Allgemeinen Auftragsbedingungen zugrunde zu legen. Dabei ist besonders darauf hinzuweisen, daß das Prospektgutachten nur durch den Wirtschaftsprüfer oder mit Einwilligung des Wirtschaftsprüfers an Dritte weitergegeben werden darf (vgl. Tz. 31).

4 Auftragsdurchführung

4.1 Einholung von Informationen

(35) Der Wirtschaftsprüfer muß über ausreichende Kenntnisse der Kapitalanlage und deren wirtschaftliches und rechtliches Umfeld verfügen bzw. sich diese Kenntnisse verschaffen, um solche Ereignisse, Entwicklungen, Gestaltungen und Übungen erkennen und verstehen zu können, die sich wesentlich auf die Prospektangaben und deren Beurteilung auswirken können.

(36) Insoweit sind die Ausführungen des *IDW Prüfungsstandards: Kenntnisse über die Geschäftstätigkeit sowie das wirtschaftliche und rechtliche Umfeld des zu prüfenden Unternehmens im Rahmen der Abschlußprüfung (IDW PS 230)*[13] sinngemäß auch auf eine Prospektbeurteilung anzuwenden.

(37) Der Wirtschaftsprüfer hat Informationen über den Auftraggeber/Prospektherausgeber einzuholen. Hierzu gehören geprüfte Leistungsbilanzen oder andere Informationen über die Durchfüh-

---

13 WPg 2000, S. 842 ff.

rung von vergleichbaren Kapitalanlagen in einer repräsentativen Phase der jüngeren Vergangenheit aufgrund eigener Feststellungen des Wirtschaftsprüfers (aus gesonderten Feststellungen oder aus der Durchführung von Abschlußprüfungen) oder durch Verwertung von Untersuchungen Dritter[14]. Festzustellen ist insbesondere, in welchem Maße bei solchen Vorprojekten Vorhersagen über wesentliche wirtschaftliche Parameter eingehalten wurden. Sind vom Auftraggeber noch keine Vorprojekte durchgeführt worden, sind vom Wirtschaftsprüfer die Kenntnisse und Erfahrungen der Projektverantwortlichen festzustellen.

4.2 Planung des Auftrages

(38) Der Wirtschaftsprüfer hat die im Rahmen der Beurteilung eines Prospektes durchzuführenden Arbeiten so zu planen, daß die Beurteilung ziel- und zeitgerecht sowie wirtschaftlich durchgeführt werden kann. Durch eine sachgerechte Planung ist von der Auftragsannahme an dafür Sorge zu tragen, daß ein den Verhältnissen angemessener Auftragsablauf in sachlicher, personeller und zeitlicher Hinsicht gewährleistet ist.

Eine sorgfältige Planung der Arbeiten trägt dazu bei sicherzustellen, daß
- wesentliche Risikofelder erkannt werden, was sich vor allem auf die Gefahr wesentlicher falscher oder unklarer Aussagen oder unvollständiger Angaben im Prospekt bezieht und
- hierauf aufbauend eine risikoorientierte Vorgehensweise zur Beurteilung des Prospektes entwickelt werden kann.

(39) Die Planung ist im Verlauf der Beurteilung gewonnenen neuen Erkenntnissen anzupassen.

---

14 Vgl. *IDW Prüfungsstandard: Verwendung der Arbeit eines anderen externen Prüfers (IDW PS 320)*, in: WPg 2002, S. 682 ff. und *IDW Prüfungsstandard: Verwertung der Arbeit von Sachverständigen (IDW PS 322)*, in: WPg 2002, S. 689 ff.

4.3 Art und Umfang der Beurteilung

(40) Der Wirtschaftsprüfer muß Art und Umfang der Arbeiten so bemessen, daß die Anforderungen an eine Prospektbeurteilung i.S.d. *IDW Standards* erfüllt werden. Die Festlegung der Arbeiten im einzelnen hat gewissenhaft und mit berufsüblicher Sorgfalt zu erfolgen.

(41) Die Beurteilung des Prospektes erfordert vom Wirtschaftsprüfer weitgehend eine Heranziehung der einschlägigen Dokumente oder Unterlagen oder eine persönliche Inaugenscheinnahme.

(42) Angegebene Tatsachen und Rechenoperationen sind in der Regel lückenlos auf Richtigkeit zu beurteilen. Bei Prospektangaben, die auf einem umfangreichen Zahlenwerk beruhen, das nur verdichtet im Prospekt Niederschlag findet, kann eine Beurteilung vielfach nur auf der Grundlage von Stichproben erfolgen (vgl. Tz. 8). Der Umfang der Stichproben ist so festzulegen, daß er eine hinreichende Sicherheit für die Beurteilung der Prospektangaben erwarten läßt.

(43) Technische Angaben (z.B. Baubeschreibungen) sind daraufhin zu beurteilen, ob sie mit den maßgebenden Planungen oder vorliegenden Angeboten von Vertragspartnern übereinstimmen. Sie dürfen nicht zu anderen Prospektangaben in Widerspruch stehen (z.B. Widersprüche zwischen Angaben zur Bauqualität und damit verbundenen Angaben zu Instandhaltungsaufwendungen und deren Auswirkungen auf die Rentabilität).

(44) Rechtliche Angaben sind auf Übereinstimmung mit vorgelegten Verträgen oder Vertragsentwürfen und Genehmigungen sowie vom Auftraggeber dem Wirtschaftsprüfer bekannt gemachten öffentlich-rechtlichen Vorschriften zu beurteilen. Der rechtliche Bestand und die Mängelfreiheit der Verträge sind vom Wirtschaftsprüfer nicht abschließend zu beurteilen. Erkennt der Wirtschaftsprüfer allerdings Unrichtigkeiten, Unvollständigkeiten (z.B. fehlende öffentlich-rechtliche Genehmigungen) oder Regelungslücken, so ist darauf im Prospektgutachten hinzuweisen.

(45) Für die Investition, die Finanzierung und die Nutzung oder Verwertung des Anlageobjektes wesentliche Angebote sind darauf zu beurteilen, ob sie in vollem Umfang verbindlich sind oder Vorbehaltsklauseln enthalten.

(46) Wenn einem Vertragspartner für das Gesamtobjekt eine besondere wirtschaftliche Bedeutung zukommt, hat der Wirtschaftsprüfer die Unterlagen über diesen heranzuziehen, die ein ordentlicher Geschäftsleiter bei Aufnahme neuer Geschäftsverbindungen einholen würde. Sofern solche Informationen nicht erhältlich sind, ist ein Hinweis im Prospektgutachten erforderlich.

(47) Ergeben die vorgelegten Unterlagen keinen Anhaltspunkt für eine Unvollständigkeit des Prospektes (vgl. Tz. 14 ff. sowie die Anlagen 1 bis 6 dieses *IDW Standards*), ist der Wirtschaftsprüfer nicht verpflichtet, weitere Nachforschungen anzustellen.

(48) Eine Vollständigkeitserklärung des Auftraggebers ist einzuholen. Ist der Auftraggeber nicht der Herausgeber des Prospektes, ist auch eine Vollständigkeitserklärung vom Herausgeber des Prospektes einzuholen (vgl. auch Tz. 33).

4.4 Verwendung von Untersuchungen Dritter

(49) Lassen sich wesentliche Sachverhalte (z.B. technische Angaben, Auswirkungen in- und ausländischen Rechts, Marktprognosen, Standortanalysen, besondere Risiken bei gebrauchten Immobilien) auch nach Auswertung aller vom Initiator vorgelegten Unterlagen und erteilten Auskünfte nicht hinreichend sicher beurteilen, so hat der Wirtschaftsprüfer sachverständige Dritte hinzuzuziehen, sofern die diesbezüglichen Angaben von wirtschaftlicher Bedeutung sind. Statt dessen können vorliegende Gutachten und Untersuchungen Dritter verwertet werden, wenn diese nach Beurteilung des Wirtschaftsprüfers hierfür geeignet sind.

Die Verwertung von Gutachten und Untersuchungen Dritter hängt von deren Kompetenz und beruflicher Qualifikation nach Maßgabe der Erfordernisse der Unabhängigkeit, Gewissenhaftigkeit, Unparteilichkeit, Unbefangenheit und Eigenverantwortung ab.[15]

5 Dokumentation

(50) Der Wirtschaftsprüfer hat die zur Stützung seiner Beurteilungen erforderlichen Nachweise in Arbeitspapieren zu dokumentieren, soweit sie nicht im Prospektgutachten enthalten sind. Durch die Arbeitspapiere wird gleichzeitig nachgewiesen, daß die Prospektbeurteilung in Übereinstimmung mit dem vorliegenden *IDW Standard* durchgeführt wurde.

(51) Die Arbeitspapiere sollen vor allem folgende Zwecke erfüllen:
- Unterstützung bei der Planung und der Durchführung der Prospektbeurteilung
- Unterstützung bei der Überwachung der Prospektbeurteilung
- Dokumentation der Nachweise zur Stützung von Aussagen im Prospektgutachten
- Grundlage für die Erstellung des Prospektgutachtens
- Unterstützung bei der Beantwortung von Rückfragen zur Beurteilung

(52) Soweit für die Beurteilung wesentliche Dokumente herangezogen wurden, hat der Wirtschaftsprüfer deren Kopien (unter Vermerk des Datums des Erhalts) zu den Arbeitspapieren zu nehmen.

(53) Zu den Arbeitspapieren gehört auch die beurteilte Fassung des Prospektes, sofern diese dem Prospektgutachten nicht beigefügt ist.

(54) Hinsichtlich der Dokumentation der Beurteilung sind die Grundsätze des *IDW Prüfungsstandards: Arbeitspapiere des Abschlußprüfers (IDW PS 460)*[16] sinngemäß anzuwenden.

---

[15] Vgl. *IDW PS 322*.

[16] WPg 2000, S. 916 ff.

6 Prospektgutachten des Wirtschaftsprüfers

6.1 Allgemeine Berichtsgrundsätze

(55) Im Gutachten über die Beurteilung eines Prospektes über eine öffentlich angebotene Kapitalanlage ist über das Ergebnis der Beurteilung vollständig, wahrheitsgetreu und mit der gebotenen Klarheit zu berichten.

(56) Die wesentlichen Feststellungen der Prospektbeurteilung sind im Prospektgutachten vorab wiederzugeben. Sie eignen sich im Regelfall nicht dazu, standardisiert unter wiederholter Verwendung typischer Formulierungen zusammengefaßt zu werden.

(57) Der Wirtschaftsprüfer hat bei der Erstellung des Prospektgutachtens darauf zu achten, daß dessen Abfassung und Ausgestaltung keinen Anlaß für Zweifel an seiner unabhängigen und neutralen Stellung gibt. Steht der Wirtschaftsprüfer in naher Beziehung geschäftlicher Art zum Herausgeber/Auftraggeber oder zu anderen wesentlichen Vertragspartnern, ist dies im Bericht anzugeben.

(58) Das Prospektgutachten ist mit Angabe von Ort und Datum der Beendigung des Auftrages zu unterzeichnen. Eine Vollständigkeitserklärung ist dem Prospektgutachten beizufügen. Es empfiehlt sich, auch einen Abdruck dieses *IDW Standards* beizufügen.

6.2 Wesentliche Feststellungen zum Prospekt

(59) Im Prospektgutachten sind vorab – jeweils in einem gesonderten Abschnitt – wesentliche Feststellungen zu treffen über die Prospektangaben zu den für die Kapitalanlage charakteristischen wesentlichen Aspekten sowie zu den mit der Kapitalanlage verbundenen Chancen und Risiken. Auf diese wesentlichen Feststellungen im Prospektgutachten kann auch dann nicht verzichtet werden, wenn der Prospekt die wesentlichen Aspekte der Kapitalanlage und der mit ihr verbundenen Chancen und Risiken zutreffend beschreibt.

(60) Im Prospektgutachten sind Feststellungen zur Vollständigkeit, Richtigkeit und Klarheit der Prospektangaben einschließlich der Plausibilität der im Prospekt enthaltenden Werturteile, der Schlüssigkeit von Folgerungen sowie zur Darstellung der mit der Kapitalanlage verbundenen Chancen und Risiken zu machen.

(61) Ein Verweis auf die Feststellungen zu den Einzelangaben ist möglich. Wesentliche Beanstandungen sind im einzelnen aufzuführen. Streitige Punkte sind anzumerken. Auf eine Erörterung des Meinungs- bzw. Streitstands bei den Feststellungen zu den Einzelangaben ist zu verweisen. Beruhen Feststellungen auf einer Beurteilung anhand von Stichproben, ist dies anzugeben.

6.3 Zusammenfassende Beurteilung der Darstellung der Kapitalanlage

(62) Das Prospektgutachten hat eine Beurteilung des Wirtschaftsprüfers darüber zu enthalten, ob im Prospekt die für die Entscheidung des Anlegers wesentlichen Aspekte der Kapitalanlage enthalten sind. Hierzu gehören mindestens die Darstellung des Anlageobjektes, seine Nutzung, die Dauer und die Beendigung der Kapitalanlage, die Angabe der wesentlichen wirtschaftlichen Eckdaten in der Investitions- und Bewirtschaftungs- bzw. Nutzungsphase, sowie ein Überblick über die rechtliche Struktur und das steuerliche Konzept.

6.4 Einzelfeststellungen zur Auftragsdurchführung

6.4.1 Auftrag

(63) Im Prospektgutachten sind die wesentlichen Inhalte des erteilten Auftrags einschließlich der getroffenen Haftungsregelungen wiederzugeben. Dabei ist darauf hinzuweisen, daß sich die Feststellungen aufgrund der Prospektbeurteilung nur auf die dem Gutachten zugrunde liegende Fassung des Prospektes und die bis zum Tag der Beendigung des Auftrags bekannt gewordenen Tatsachen beziehen.

(64) Wird der Umfang der Prospektbeurteilung gegenüber diesem *IDW Standard* eingeschränkt, ist ausdrücklich darauf hinzuweisen, daß es sich um keine Beurteilung i.S.d. *IDW Standards* handelt. Umfang und Grenzen der Beurteilung sind anzugeben.

(65) Wird der Auftrag gegenüber dem vorliegenden *IDW Standard* erweitert mit dem Ziel einer vertiefenden Beurteilung von Teilbereichen des Prospektes, sind Gegenstand, Umfang und Grenzen der vertiefenden Beurteilung zu nennen. Sind mit der Auftragserteilung besondere Bedingungen verbunden, ist dies anzugeben.

(66) Es ist darauf hinzuweisen, daß die Auswirkungen der Kapitalanlage bei dem einzelnen Anleger nicht Gegenstand einer Prospektbeurteilung gemäß diesem *IDW Standard* sind.

(67) Es empfiehlt sich, darauf hinzuweisen, daß die Prospektbeurteilung nach diesem *IDW Standard* keine Gewähr für den Eintritt des wirtschaftlichen Erfolgs und der steuerlichen Auswirkung der Kapitalanlage bieten kann und sich grundsätzlich nicht auf die Beurteilung der Angemessenheit einzelner Entgelte bezieht.

6.4.2 Der Beurteilung zugrunde liegende Unterlagen

(68) Die der Prospektbeurteilung zugrunde liegenden Unterlagen sind mit Bezeichnung unter Angabe ihres Datums im Bericht aufzulisten. Liegen Unterlagen lediglich im Entwurf vor, ist dies zu vermerken.

6.4.3 Feststellungen zu den Einzelangaben

(69) Im Prospektgutachten sind Feststellungen zu den Einzelangaben zu treffen, die für die Anlageentscheidung eines verständigen und durchschnittlich vorsichtigen Anlegers bestimmend sein können. Bei den in den Anlagen zu diesem *IDW Standard* aufgeführten Angaben besteht eine Vermutung dafür, daß es sich um wesentliche Angaben in diesem Sinne handelt.

(70) Die Feststellungen zu den Einzelangaben betreffen neben der Richtigkeit von Tatsachen auch die Beurteilung von Annahmen, Folgerungen, wertenden Aussagen und Prognosen.

(71) Die Beurteilung von Chancen und Risiken erfordert neben Feststellungen zu allen die Kapitalanlage kennzeichnenden wesentlichen Risiken und Chancen auch eine Feststellung zu dem einen Anleger bei einem Mißerfolg treffenden maximalen Risiko.

(72) Die Feststellungen zu den Einzelangaben sollen eine Begründung für die wesentlichen Feststellungen zum Prospekt (Tz. 59 ff.) geben. Hierauf ist bei ihrer Abfassung und Gliederung zu achten.

Anlage 1: Allgemeine Anforderungen an den Prospektinhalt

I. Das Angebot im Überblick und Beschreibung des Anlageobjekts

Das Anlageobjekt, auf das sich das Angebot über die Kapitalanlage bezieht, ist so zu beschreiben, daß der Anlageinteressent sich eine präzise Vorstellung machen kann von

- der Art des Anlageobjektes (Immobilie, Schiff, Filmrechte, Exploration, Flugzeug etc.)
- den für die Nutzung des Objektes relevanten Charakteristika (z.B. Größe, technische Beschaffenheit, Einsatzmöglichkeiten etc.)
- Alter, Erhaltungszustand, erkennbaren Mängeln, vorgesehenen Renovierungsarbeiten.

Bezieht sich das Angebot zur Kapitalanlage auf eine Vielzahl gleichartiger Anlageobjekte (z.B. mehrere Filmrechte, mehrere Immobilien), können die Anlageobjekte in gleichartigen Gruppen zusammengefaßt dargestellt werden; die Identifikation des einzelnen Anlageobjektes muß aber gewährleistet bleiben. Würde die Erfüllung aller in dieser Anlage geforderten Informationen in einem solchen Fall die Klarheit der Prospektdarstellung erheblich beeinträchtigen, können Einzelangaben zusammengefaßt werden oder entfallen soweit dies zur Gewährleistung von Klarheit erforderlich ist.

Der zeitliche Horizont, innerhalb dessen das Anlageobjekt erworben, hergestellt und genutzt werden kann, ist darzustellen.

Die für die Durchführung der Investition und die Nutzung des Anlageobjektes erforderlichen Genehmigungen sind unter Angabe der für die Erteilung der Genehmigung maßgebenden Personen zu benennen. Soweit sie noch ausstehen, ist der Zeitraum anzugeben, innerhalb dessen mit der Erteilung der Genehmigung zu rechnen ist.

Ist die Verwendungsmöglichkeit des Anlageobjektes rechtlich oder tatsächlich eingeschränkt, ist hierauf hinzuweisen. Daßelbe gilt, wenn sich das Anlageobjekt oder wesentliche Teile davon im Eigentum des Prospektherausgebers, des Auftraggebers oder Initiators und/oder von mit diesen kapitalmäßig oder personell verflochtenen Personen befinden, auch wenn dies zeitlich befristet ist.

Sofern das Anlageobjekt noch nicht feststeht, sind die Personen oder Gremien zu benennen, welche die Anlageentscheidung treffen. Dabei sollen auch die Kriterien, nach denen die Anlageentscheidung getroffen wird, zeitliche und betragsmäßige Begrenzungen und Überwachungsmechanismen aufgeführt werden.

II. Chancen und Risiken

Die mit dem Anlageobjekt verbunden Chancen und insbesondere die damit verbundenen Risiken sind vorab in einem besonderen Abschnitt darzustellen. Dieser Abschnitt darf keine über die Chancen und Risiken hinausgehenden Angaben enthalten. In diesem Abschnitt sind nur die für die Kapitalanlage wesentlichen, sie kennzeichnenden Chancen und Risiken kurz zu beschreiben.

Die ausführliche Darstellung der einzelnen Chancen und Risiken erfolgt i.d.R. in einem gesonderten Abschnitt „Chancen und Risiken". Die ausführliche Darstellung der Chancen und Risiken in den einzelnen Fachabschnitten ist ausreichend, wenn unter dem Gebot der Klarheit der Darstellungen auf eine gesonderte Darstellung der Chancen und Risiken verzichtet werden kann.

Das den Anleger bei einem Mißerfolg treffende maximale Risiko ist in seiner Größenordnung zu beschreiben. Dabei ist nicht von rein theoretischen Annahmen auszugehen; vielmehr sind realistische, nicht völlig unwahrscheinliche Geschehensabläufe zu unterstellen. Die für den Anleger relevanten Risiken sind nicht nur aufzulisten, sondern auch zu gewichten, um die die Kapitalanlage kennzeichnenden Risiken zu verdeutlichen. Entsprechendes gilt für die Darstellung der mit der Kapitalanlage verbundenen Chancen.

Werden die Chancen und Risiken zu einer (Gesamt-)Prognose über die Entwicklung der Kapitalanlage verdichtet, empfiehlt es sich, dem Anleger durch eine Sensitivitätsanalyse zu verdeutlichen, welche Auswirkungen die Veränderung wesentlicher Parameter auf die Entwicklung der Kapitalanlage haben kann. Es ist dabei auch darauf einzugehen, wie wahrscheinlich die jeweilig unterstellten Szenarien sind (Gewichtung). D.h. eine solche Prognose soll zeigen, welche Zukunftsentwicklungen im Lichte des aktuellen Wissensbestandes möglich sind und für wie wahrscheinlich der Initiator das Eintreten der verschiedenen Szenarien unter Einbeziehung der denkbar ungünstigsten Entwicklung (worst case) einstuft.

Es ist auch auf den durch die Kapitalanlage angesprochenen Anlegerkreis einzugehen.

III. Rechtliche Verhältnisse

a) Ist das Angebot über die Kapitalanlage darauf ausgerichtet, daß jeder Anleger individuelles Eigentum an einem Anlageobjekt (z.B. einer Eigentumswohnung) erwirbt, ist der wesentliche Inhalt des hierzu vorgesehenen Vertrages darzustellen. Dies gilt auch dann, wenn der Vertrag dem Prospekt im Wortlaut beigefügt ist. Zum wesentlichen Inhalt gehören in der Regel die in Abschn. IX.c) und d) aufgeführten Angaben.

b) Ist vorgesehen, daß der Anleger sich zum Erwerb des Anlageobjektes mit anderen Anlegern zu einer Gesellschaft zusammenschließt, sind zusätzlich zu den Angaben über den Erwerb des Objektes gemäß Buchst. a) auch über die Gesellschaft, an der der Anleger sich beteiligen soll, folgende Angaben zu machen, und zwar auch dann, wenn der Gesellschaftsvertrag dem Prospekt im Wortlaut beigefügt ist:

- Typus der Gesellschaft und Typus der Beteiligung (z.B. AG, GmbH, KG, OHG, stille Beteiligung oder ähnliches)
- vorgesehenes Gesamtkapital der Gesellschaft, derzeit vorhandenes Kapital der Gesellschaft, Stückelung der Gesellschaftsanteile

- für den Anleger relevante Zahlungsbedingungen; vom Anleger anläßlich der Beteiligung zu zahlende Provision, Aufgelder oder ähnliches
- Rechte und Pflichten als Gesellschafter
- Haftungsrisiken (z.B. aufgrund überschießender Haftsumme im Handelsregister, Haftung für Einzahlungen der Mitgesellschafter, Haftung des Kommanditisten für Entnahmen)
- Angaben über die geschäftsführenden Gesellschafter, die diesen zustehende Vergütung, sonstige Rechte und Pflichten
- Kündigungs- und Rücktrittsrechte (z.B. bei nicht vollständiger Plazierung des vorgesehenen Gesellschaftskapitals) und deren Folgen
- Bewertungsregeln bei Ermittlung des Abfindungsguthabens im Falle des Ausscheidens aus der Gesellschaft
- Möglichkeiten zur entgeltlichen bzw. unentgeltlichen Übertragung des Gesellschaftsanteils
- überraschende oder ungewöhnliche Klauseln (z.B. Kündigungsrecht Dritter, Ankaufsrechte Dritter)
- im Gesellschaftsvertrag vorgesehene Termine oder Fristen, die der Anleger zur Wahrung seiner Interessen beachten sollte
- bestehende oder von den Mitgesellschaftern auch gegen den Willen des Anlegers begründbare Nachschußpflichten, Verpflichtungen zur Übernahme von Bürgschaften oder ähnlichen Risiken
- Darstellung etwa vorhandener Beiräte, deren Funktion, Vergütung und Rechte.

IV. Steuerliche Verhältnisse

Die steuerliche Konzeption des Angebots zur Kapitalanlage ist im einzelnen darzustellen. Dabei sind die steuerlichen Auswirkungen in der Investitionsphase/Erwerbsphase von denen in der Nutzungsphase und bei Beendigung der Kapitalanlage zu trennen.

Ist ausländisches Steuerrecht zu beachten, sind die Ausführungen in Abschn. X. zusätzlich zu beachten.

In die Darstellung der steuerlichen Konzeption sind nicht nur die ertragsteuerlichen und ggf. die erbschaft- und schenkungsteuerlichen Auswirkungen beim Anleger einzubeziehen, sondern auch zu berücksichtigende Verkehrsteuern (z.B. Grunderwerbsteuer), die Umsatzsteuer, das Anlageobjekt selbst treffende Steuern (Grundsteuer) sowie zusätzliche Belastungen und Abgaben, auch wenn sie nicht ausdrücklich als Steuer zu bezeichnen sind (z.B. Gewerbesteuer, Kirchensteuer, Solidaritätszuschlag, Ergänzungsabgaben zur Einkommensteuer oder ähnliches). Die Gesamtkosten der Investition sind zur Erläuterung des steuerlichen Konzeptes der Kapitalanlage in nicht abschreibbare/abschreibbare Wirtschaftsgüter sowie sofort abzugsfähige Betriebsausgaben/Werbungskosten nachvollziehbar aufzugliedern. Bei der steuerrechtlichen Beurteilung ist ausdrücklich zu erklären, ob diese unter Berücksichtigung der Gesetze, der veröffentlichten Rechtsprechung oder der Erlasse der Finanzverwaltung gesichert oder umstritten ist. Ist die steuerrechtliche Beurteilung in wesentlichen Punkten umstritten, sind die Auswirkungen in ihrer Größenordnung darzulegen, die sich ergeben, falls sich die dem steuerlichen Konzept zugrunde gelegte Beurteilung letztlich nicht durchsetzen läßt.

Ist die steuerliche Konzeption bereits bei früheren Anlageobjekten des Prospektherausgebers/Initiators verwandt worden, so ist der Stand der steuerlichen Anerkennung sowie etwaiger zwischenzeitlich eingetretener Änderungen der Rechtslage anzugeben. Falls die steuerlichen Auswirkungen im Prospekt dargestellt werden, sind die zugrunde gelegten Prämissen (der zugrunde gelegte Einkommensteuersatz, mit oder ohne Kirchensteuer, Solidaritätszuschlag etc.) anzugeben. Sofern bei der Darstellung der Gesamtfinanzierung der Kapitalanlage davon ausgegangen wird, daß Eigenkapital des Anlegers teilweise aus Steuererstattungen finanziert wird, ist anzugeben, wann mit den entsprechenden Erstattungen im Regelfall zu rechnen ist und welche Voraussetzungen hierfür eingehalten werden müssen.

V. Kosten der Investition

Die Gesamtkosten des Anlageobjektes, die der Anleger bei Direktinvestitionen selbst aufzubringen hat bzw. die bei Investitionen über eine Beteiligungsgesellschaft im Rahmen dieser Beteiligungsgesellschaft aufgebracht werden müssen, sind in zweckentsprechender Aufgliederung anzugeben. Die Aufgliederung muß erkennen lassen, welcher Teil der Gesamtkosten auf Anschaffungs- bzw. Herstellungskosten von materiellen Wirtschaftsgütern, immateriellen Wirtschaftsgütern oder auf sofort abzugsfähige Betriebsausgaben/Werbungskosten entfällt. Sofern nach Fertigstellung bis zum Nutzungsbeginn weitere Kosten anfallen, sind diese –mit geschätzten Beträgen oder mindestens ihrer Art nach – zu nennen.

Bei der Aufgliederung der Gesamtkosten sind die darin enthaltenen Vergütungen an den Herausgeber des Prospektes/den Initiator oder mit ihm verflochtene Personen oder Unternehmen (vgl. Abschn. IX. bzw. XI.) ihrer Art nach und mindestens mit ihrem vorgesehenen Gesamtbetrag zu nennen. Bei diesen Vergütungen ist auch anzugeben, wann bzw. unter welchen Voraussetzungen sie fällig werden. Die Angabepflichten gemäß Abschnitt IX. bleiben hiervon unberührt.

In allen Fällen müssen die vorgesehenen Vermittlungsprovisionen für die Beschaffung des Eigenkapitals gesondert genannt werden. Es muß erklärt werden, ob diese in den Gesamtkosten enthalten sind oder nicht. Die Kosten der Gründung der Gesellschaft sind gesondert auszuweisen; es ist anzugeben, welche Vorbelastungen bestehen z.B. in Form von Aufwendungen, die in der Zeit seit Gründung der Gesellschaft bis zur Herausgabe des Prospektes angefallen sind, und wie sie gedeckt werden.

Bei den einzelnen Kostenpositionen ist anzugeben, ob es sich um vertraglich in dieser Höhe vereinbarte Kosten handelt oder um Schätzungen. Bei Schätzungen sind die Ausführungen zu *IDW S 4,* Tz. 18 zu berücksichtigen.

Die Auswirkungen einer Überschreitung der angegebenen Gesamtkosten sind anzugeben.

VI. Finanzierung der Investition

Die vom Anleger und/oder der Beteiligungsgesellschaft aufzubringenden Mittel (einschließlich Darlehen, stille Einlagen oder Agio) sind mit Angabe der Zahlungstermine bzw. Zahlungs- und Freigabevoraussetzungen zu nennen. Die rechtlichen, steuerlichen und wirtschaftlichen Folgen nicht pünktlicher Zahlungen bzw. nicht fristgerechter Freigaben sind darzustellen.

Beim Fremdkapital ist nach Zwischenfinanzierungs- und Endfinanzierungsmitteln unter Angabe der Konditionen (Währung, Laufzeit, Tilgungsvereinbarung, Besicherung, Damnum, Zinsen, zeitliche Zinsbindung usw.) zu unterscheiden. Es ist ausdrücklich zu erklären, ob die Fremdfinanzierungsmittel zu den genannten Konditionen verbindlich zugesagt sind oder nicht und ob sie entsprechend dem Zahlungsbedarf abgerufen werden können bzw. welche Freigabevoraussetzungen zu erfüllen sind.

Es ist ferner anzugeben, welcher Anteil der Fremdfinanzierung nicht durch das Objekt selbst besichert werden kann und somit als Personalkredit anzusehen sein wird. Wird dem Anleger eine Refinanzierung der von ihm aufzubringenden Mittel angeboten, sind hierfür die entsprechenden Angaben zu machen. Hängt die erforderliche Fremdfinanzierung auch von der Bonität des Anlegers ab und hat der Anleger demzufolge Bonitätsunterlagen vorzulegen, ist hierauf hinzuweisen. Art und Umfang der Bonitätsunterlagen ist zu erläutern. Ferner ist darzustellen, welche Auswirkungen sich für den Anleger ergeben, falls seine Bonität als nicht ausreichend eingestuft wird.

Die Voraussetzungen und die Behandlung von Zuschüssen und Steuererstattungen, die in die Finanzierung einbezogen werden, ist zu erläutern. Entspricht die Gesamtfinanzierung (unter Berücksichtigung eines Damnums) nicht den Gesamtkosten, ist der Unterschiedsbetrag zu nennen und seine Verwendung oder Finanzierung zu erläutern.

VII. Nutzung der Kapitalanlage

Die Art der künftigen Nutzung des Anlageobjektes, die daraus erwarteten Einnahmen sowie die damit im Zusammenhang stehenden Ausgaben sind zu erläutern. Dabei ist anzugeben, ob es sich um Annahmen bzw. Prognosen oder um vertraglich gesicherte Beträge handelt. Soweit vertraglich gesicherte Beträge auf zeitlich begrenzten Verträgen beruhen, ist auch dies anzugeben.

Um die voraussichtliche Entwicklung der Kapitalanlage darzustellen, sind Prognosen über die Entwicklung der für die Kapitalanlage wesentlichen Parameter erforderlich.

Zu den bei der Aufstellung von Prognoserechnungen zu beachtenden Gesichtspunkten und Angaben vgl. *IDW S 4*, Tz. 19. Sofern Marktprognosen erwähnt oder Informationen über Absatzchancen gegeben werden, ist anzugeben, wann, von wem und in wessen Auftrag die Prognosen erstellt wurden.

Im einzelnen kommen folgende Angaben in Betracht:

- Angaben zur Ertrags-/Aufwandsvorschau
  - erwartete/gesicherte Erträge bzw. Einnahmen
  - erwartete/feststehende laufende Aufwendungen bzw. Ausgaben mit Aufgliederung insbesondere nach Betriebskosten, Abschreibungen, Verwaltungskosten, Zinsen. Weichen die angesetzten Abschreibungen von der angemessenen, an der Restnutzungsdauer des Anlageobjektes orientierten Abschreibung ab, ist hierauf hinzuweisen.
  - Überschuß/Fehlbetrag je Periode
- Angaben zur Liquiditätsvorschau
  - erwartete/gesicherte Einnahmen
  - erwartete/gesicherte Ausgaben mit Aufgliederung, insbesondere nach Kapitaldienst einschließlich Tilgung, Betriebskosten und Verwaltungskosten
  - Überschuß/Fehlbetrag je Periode
  - etwaige Nachschußverpflichtungen zur Deckung eines Fehlbetrages.

Werden über den Prognosezeitraum die erwarteten Einnahmen/Erträge oder Aufwendungen/Ausgaben aufgrund von Erfahrungswerten der Vergangenheit verändert (z.B. in Anpassung an den allgemeinen Lebenshaltungskostenindex oder spezielle Indices), so ist hierauf hinzuweisen. Der verwendete Index sowie die Gründe für seine Anwendung in diesem Fall sind zu erläutern. Sind plangemäße Rückzahlungen (Ausschüttungen) an den Kapitalanleger vorgesehen, so ist anzugeben, ob diese durch Ertragsüberschüsse gedeckt sind und ob durch die Rückzahlung Haftungsrisiken entstehen. Ferner ist anzugeben, ob Liquiditätsüberschüsse zur Reinvestition im Rahmen des Betriebskonzepts verwandt werden dürfen oder sollen.

- Angaben zur vorgesehenen Ergebnisverwendung
  - Rücklagenansammlungen
  - Ausschüttungen.

Wird der erwartete wirtschaftliche Erfolg der Kapitalanlage nicht nur verbal, sondern auch mittels Kennzahlen, Grafiken oder ähnlichem dargestellt, sind die diesen Darstellungen zugrunde gelegten Annahmen zu erläutern. Auf die Ausführungen in *IDW S 4*, Tz. 18 wird hingewiesen.

VIII. Beendigung der Kapitalanlage

In Fällen, in denen nicht sichergestellt ist, daß der Anleger bzw. die Beteiligungsgesellschaft das Anlageobjekt erwerben kann, sind die für den Fall einer Rückabwicklung vorgesehenen Regelungen darzustellen. Es sind die Voraussetzungen anzugeben, unter denen eine für den Anlageinteressenten schadenfreie Rückabwicklung möglich ist bzw. welches Risiko der Anlageinteressent bei einer Rückabwicklung läuft.

Erforderlich ist die Angabe der Möglichkeit, der Bedingungen und der wirtschaftlichen und steuerlichen Auswirkungen einer Beendigung einer Kapitalanlage (Veräußerung, Rückgabe des erworbenen Anteils, Auflösung der Objektgesellschaft, Kündigung). Die für die Berechnung des Kapitalrückflusses an den Anleger maßgebenden Faktoren (Preis- bzw. Wertermittlungsmethoden) sind anzugeben. Ferner ist anzugeben, wenn die Beendigung der Kapitalanlage auch gegen den Willen des Anlegers von dritter Seite herbeigeführt werden kann (z.B. Ankaufsoptionen, Kündigungsrechte Dritter).

IX. Wichtige Verträge und Vertragspartner

a) Über den Herausgeber des Prospektes und, falls Initiatoren im Prospekt genannt werden, die nicht mit dem Herausgeber identisch sind, auch über diese, sind die folgenden Angaben zu machen, sofern es sich hierbei nicht um im Wirtschaftsleben allgemein bekannte Unternehmen, wie z.B. Banken, Versicherungen, börsennotierte Gesellschaften oder ähnliche Institutionen handelt:

- Firma und Anschrift
- Registergericht, Registernummer und Tag der ersten Eintragung
- Höhe des haftenden Kapitals sowie der geleisteten Einlagen
- Name und Wohnort persönlich haftender Gesellschafter und von Gesellschaftern mit Anteilen oder Stimmrechten von mehr als 25 %
- Name und Wohnort der gesetzlichen Vertreter.

b) Über den Herausgeber/Initiator sind Angaben über bisher von diesem durchgeführte vergleichbare Kapitalanlagen aus einer repräsentativen Phase der jüngeren Vergangenheit zu machen. Hierzu kann auf geprüfte Leistungsbilanzen verwiesen oder angegeben werden, in welchem Maße bei solchen Vorprojekten Vorhersagen über wesentliche wirtschaftliche Parameter eingehalten wurden (vgl. *IDW S 4*, Tz. 37).

c) Über die in einem gesonderten Abschnitt darzustellenden rechtlichen Verhältnisse des Beteiligungsangebotes hinaus sind alle für das Beteiligungsobjekt, dessen Erwerb oder Herstellung, dessen Nutzung oder Verkauf maßgebenden vertraglichen Beziehungen darzustellen. Dabei kann über gleichartige Verträge zusammengefaßt berichtet werden.

d) Zum wesentlichen Inhalt von Verträgen gehören in der Regel:

- Vertragspartner
- Gegenstand des Vertrages
- Leistungen und Vergütungen sowie die Rechte und Pflichten aus gesellschaftsrechtlichen Vereinbarungen
- Zahlungsmodalitäten
- Haftungen und Gewährleistungen der jeweiligen Vertragspartner und deren Begrenzung
- Vollmachten
- Informations-, Kontroll- und Mitwirkungsrechte
- Kündigungs- und Rücktrittsrechte und deren Folgen
- aufschiebende und auflösende Bedingungen sowie sonstige Auflösungen des Vertrages und deren Folgen
- vertragliche Verfügungsbeschränkungen

- anzuwendendes ausländisches Recht und ggf. gesondert vereinbarter Gerichtsstand.

e) Die Darstellung des wesentlichen Inhalts eines Vertrages kann auch durch wörtliche Wiedergabe oder Verweis auf die entsprechenden Bestimmungen des beigefügten Vertrages erfolgen. Sofern die Verträge für den Anleger aus sich selbst heraus leicht zu verstehen sind, genügt auch deren Beifügung. In jedem Fall muß auf ungewöhnliche Vertragsbestimmungen ausdrücklich hingewiesen werden.

f) Über die wesentlichen Vertragspartner, über eingeschaltete Sachverständige und Gutachter sind die gleichen Angaben zu machen wie gemäß Buchst. a) über den Herausgeber des Prospektes.

X. Angaben bei Auslandsbezug

Bei Kapitalanlagen mit Auslandsbezug sind die sich hieraus ergebenden speziellen Risiken und Besonderheiten darzustellen und besonders zu erläutern. Solche Risiken können z.B. sein:

- Währungsrisiken
- Risiken und Besonderheiten aus Beschränkungen des freien Kapitalverkehrs
- rechtliche oder politische Risiken und Besonderheiten, die Ausländer bei solchen Investitionen zu gegenwärtigen haben
- steuerliche Risiken und Besonderheiten, die sich aus dem deutschen bzw. dem ausländischen Steuerrecht oder aus Doppelbesteuerungsabkommen ergeben
- Risiken und Besonderheiten des ausländischen Rechtssystems, die vom deutschen Rechtsverständnis abweichen und deshalb besonders erläuterungswürdig sind
- Risiken und Besonderheiten aus im Ausland abweichenden Usancen.

XI. Hinweise auf besondere Umstände

Kapitalmäßige und/oder personelle Verflechtungen zwischen dem Herausgeber des Prospektes/Initiator und/oder den in Abschn. IX. genannten Vertragspartnern, Sachverständigen und Gutachtern sowie Abhängigkeiten der mit Kontrollfunktionen beauftragten Personen sind darzustellen.

Eine kapitalmäßige Verflechtung ist gegeben, wenn die Beteiligung allein oder zusammen mit Beteiligungen der anderen Vertragspartner oder von nahen Angehörigen i.S.v. § 15 Abs. 1 Nr. 2–4 AO direkt oder indirekt mindestens 25 % des Nennkapitals der Gesellschaft beträgt oder Stimmrechte oder Gewinnbeteiligungen in diesem Umfang gewährt.

Personelle Verflechtungen sind dann gegeben, wenn mehrere wesentliche Funktionen im Rahmen des Gesamtprojektes durch die gleiche Person, durch nahe Angehörige i.S.v. § 15 Abs. 1 Nr. 2–4 AO oder durch dieselbe Gesellschaft wahrgenommen werden. Dies gilt auch, wenn eine solche Funktion durch einen mit mindestens 25 % beteiligten Gesellschafter oder durch Geschäftsleiter wahrgenommen wird.

Als mit einer Kontrollfunktion beauftragte Personen gelten z.B. Treuhänder, Mitglieder von Aufsichtsorganen oder Gutachter. Es ist anzugeben, wenn diese Personen in naher Beziehung geschäftlicher Art zum Herausgeber/Initiator oder zu wesentlichen Vertragspartnern gemäß Abschn. IX. stehen.

Auch sonstige, das Anlageobjekt selbst, seine Herstellung, seine Finanzierung, Nutzung oder Verwertung betreffende Vereinbarungen zwischen den in Abschn. IX. aufgeführten Personen bzw. Unternehmen sind zu nennen und zu erläutern. Dazu gehören beispielsweise Vereinbarungen über Provisionen, Rabatte oder sonstige Rückgewähr, die nicht dem Anlageobjekt zugute kommen, Kompensationsgeschäfte oder Ergebnisbeteiligungen. Falls solche Abreden nach Kenntnis des Prospektherausgebers/Auftraggebers nicht bestehen, ist dies im Prospekt zu erklären.

XII. Formelle Erfordernisse

Im Prospekt sollen die Seiten fest verbunden und durchnumeriert sein; ein Inhaltsverzeichnis ist zu empfehlen.

Anlagen sollen, sofern sie wesentlich sind, mit dem Prospekt fest verbunden werden. Sind nicht festverbundene Anlagen vorhanden, ist ein Anlagenverzeichnis erforderlich.

Der Prospekt muß das Datum seiner Herausgabe sowie einen ausdrücklichen Hinweis enthalten, daß für den Inhalt des Prospektes nur die bis zu diesem Zeitpunkt bekannten oder erkennbaren

Sachverhalte maßgebend sind. Eine Angabe des Datums ist auch für die nicht mit dem Prospekt festverbundenen Anlagen erforderlich.

Anlage 2: Zusatzangaben bei Immobilien

Bei Angeboten zu Kapitalanlagen in Immobilien sind ergänzend zu den allgemeinen Anforderungen an den Inhalt von Prospekten gemäß Anlage 1 dieses *IDW Standards* im Regelfall folgende zusätzliche Angaben erforderlich:

Zu I.: Beschreibung des Anlageobjektes

- Art des Bauvorhabens bzw. Gebäudes (z.B. Einfamilienhäuser, Eigentumswohnungen, Gewerbeobjekte)
- Lage des Grundstücks (z.B. Ort, Straße, Katasterbezeichnung, Verkehrsanbindung, Wohn- bzw. Geschäftslage, Lärm- oder Immissionbelästigungen und anderes)
- Grundbuchbezeichnung
- Größe des Grundstücks
- Erschließungszustand
- bauliche Gestaltung (z.B. Pläne und wesentliche Angaben aus der Baubeschreibung, Anzahl und Größe der Wohnungen bzw. der gewerblichen Einheiten)
- Angaben über die vorgesehene Bau- und Ausstattungsqualität sowie die vorgesehenen Maßnahmen zur Qualitätskontrolle (intern/extern)
- Angabe, sofern im Erbbaurecht gebaut werden soll
- bei gebrauchten Immobilien: z.B. Alter des Objekts, Erhaltungszustand, erkennbare Mängel und vorgesehene Modernisierungsmaßnahmen
- Belastungen der Immobilie in Abteilung II. oder III. des Grundbuchs sowie etwaige nicht aus dem Grundbuch ersichtliche Belastungen wie z.B. Baulasten
- Angaben zur baurechtlichen Situation (z.B. Baugebiet laut Flächennutzungs- bzw. Bebauungsplan, bauliche Nutzung, Bauantrag, Baugenehmigung, etwaige Auflagen, Nachbareinsprüche).

Zu V.: Kosten der Investition

- Kosten des Grund und Bodens sowie anteilige Erwerbsnebenkosten
- Anschaffungs- bzw. Herstellungskosten des Gebäudes und der Außenanlagen unterteilt nach reinen Baukosten und Baunebenkosten bzw. aktivierten Finanzierungskosten
- übrige nicht aktivierbare Kosten.

Die jeweiligen Kostengruppen sind so aufzugliedern, daß die Entgelte für die wesentlichen Leistungsarten (z.B. Treuhandtätigkeit, Konzeptionskosten, Architektenleistung, Baubetreuung, Baukostengarantien, Finanzierungsvermittlung, Bürgschaften, Zinsgarantien, Steuerberatung, Vermittlung von Mietern, Mietgarantien, Vermittlung des Eigenkapitals etc.) erkennbar sind. Der Prospekt muß alle Angaben enthalten, die die Berechnung des Gesamtbetrages der Investition und der Kosten pro Quadratmeter Wohn- bzw. Nutzfläche ermöglichen, sofern diese Daten nicht angegeben sind.

Zu VI.: Finanzierung der Investition

Ist die Option zur Umsatzsteuer vorgesehen, sind deren Voraussetzungen zu erläutern und anzugeben, welche Auswirkungen sich auf die Finanzierung der Investition ergeben, falls die erwartete Vorsteuererstattung nicht, nicht rechtzeitig oder nicht in dem geplanten Umfang eintritt. In Betracht kommen ferner Angaben zu einer etwaigen gewerbesteuerlichen Belastung.

Zu VII.: Nutzung der Kapitalanlage

Sind die für die Nutzung des Anlageobjektes wesentlichen Mietverträge bereits abgeschlossen, sind die bedeutsamen Aspekte des Mietverhältnisses zu erläutern. Hierzu zählen:

- Berechnung der Miete und etwaiger Steigerungsraten
- Regelungen zur Instandhaltung
- Dauer des Mietverhältnisses und Optionen sowie deren Voraussetzungen
- Bonität wesentlicher Mieter und gestellte Sicherheiten
- Auswirkungen des Auslaufens von Generalmietverträgen oder Mietgarantien
- Modalitäten der Nebenkostenabrechnung

- Regelungen über Untermietverhältnisse
- Auswirkungen der Tätigkeit des Mieters auf eine etwa geplante Umsatzsteueroption
- Berechtigung zu Einbauten, Ausbauten oder Umbauten sowie deren Schicksal bei Beendigung des Mietverhältnisses

Zu IX.: Wichtige Verträge und Vertragspartner

Als Verträge, deren wesentlicher Inhalt im Prospekt darzustellen ist, kommen bei Immobilien insbesondere in Betracht:

- Grundstückskauf- bzw. Erbbaurechtsverträge
- Teilungserklärung nach WEG
- Verwalterverträge nach WEG
- Verträge über die Herstellung des Anlageobjektes, z.B. Baubetreuungsverträge, Architektenverträge und ähnliche Verträge, Generalunternehmerverträge oder Generalübernehmerverträge
- Versicherungsverträge
- Finanzierungsbetreuungsverträge, Finanzierungsvermittlungsverträge, Kreditverträge oder Kreditangebote
- Bürgschaftsverträge, Gewährleistungsverträge (z.B. Anzahlungsbürgschaften, Fertigstellungsgarantien, Gewährleistungsbürgschaften, Bürgschaften nach der MaBV, AUK-Kostengarantien, Zinsgarantien, Mietgarantien, Bürgschaften für Fremdmittel)
- Mietvermittlungsverträge
- Generalmietverträge und wesentliche Einzelmietverträge
- Beratungsverträge, Steuerberatungsverträge

Anlage 3: Zusatzangaben bei Flugzeugleasingfonds

Bei Angeboten zu Kapitalanlagen in Flugzeugfonds sind ergänzend zu den allgemeinen Anforderungen an den Inhalt von Prospekten gemäß Anlage 1 dieses *IDW Standards* im Regelfall folgende zusätzliche Angaben erforderlich:

Zu I.: Beschreibung des Anlageobjektes

Flugzeugtyp:
- Hersteller
- Abmessungen (Spannweite, Länge, Höhe)
- Hersteller-Seriennummer, Staatszugehörigkeits- und Eintragungszeichen
- Sitzplätze
- Treibstoffkapazität
- max. Abfluggewicht
- Flugleistung (Reisegeschwindigkeit, Reichweite, max. Flughöhe)
- Auslieferungsdatum, Erhaltungszustand
- Einsatzmöglichkeiten.
- Triebwerketyp:
- Hersteller
- max. Schubkraft.

Zu II.: Chancen und Risiken
- Flugzeugmarkt (vorzeitige Kündigung des Leasingvertrages wegen Nichterfüllung vertraglicher Pflichten durch den Leasingnehmer oder aufgrund eines *burdensome events* (Illegalität, Änderung wirtschaftlicher Rahmenbedingungen) einschließlich Währungsrisiko)
- Risiken aus Flugbetrieb: Verlustrisiko (bestehende Versicherungen, Deckungshöhe); Haftungsrisiko
- Sicherungsstrukturen (*defeasance* Strukturen, Schuldübernahme, Erfüllungsübernahme, Schuldbeitritt nebst Einrichtung von *deposits*) sowie weitere Absicherungen (Garantien, *limited-recourse* Darlehen)
- weitere Finanztransaktionen
- Flugzeughypotheken (Zwangsvollstreckung bei Nichterfüllung der Darlehensverpflichtungen durch den Leasingnehmer, Ablösungsrecht).

Zu V.: Kosten der Investition
- Kaufpreis (Anschaffungskosten)
- Anschaffungsnebenkosten
- Zwischenfinanzierungskosten.

Darüber hinaus müssen die Kosten angegeben werden, die bis zum Abschluß der Investitionsphase (in der Regel Vermietung des Flugzeuges) anfallen, insbesondere
- Gründungskosten (Notar- und Gerichtsgebühren, Steuer- und Rechtsberatung)
- Verwaltungskosten und sonstige Geschäftsbesorgungskosten
- Haftungsvergütung und Treuhandvergütung
- Kosten für Projektierung, Marketing, Plazierung und Werbung
- Kosten für Mietvertrags-, Schuldübernahme-, Darlehensübernahmevermittlung
- Kosten für Mietzahlungsgarantie.

Zu VI.: Finanzierung der Investition

Sollte beim Erwerb des Flugzeuges ausländische Umsatzsteuer anfallen und die erfüllungshalber erfolgte Abtretung der Vorsteuererstattungsansprüche der Fondsgesellschaft an den Verkäufer scheitern, ist deren Auswirkung auf die Finanzierung der Investition darzustellen, falls keine umfassende Freistellungserklärung des Verkäufers vorliegt.

Zu VII.: Nutzung der Kapitalanlage

Ist der für die Nutzung des Flugzeuges maßgebende Mietvertrag (und Untermietvertrag) bereits abgeschlossen, sind die wesentlichen Aspekte des/der Mietverhältnisse zu erläutern. Hierzu zählen:

Mietvertrag:
- Netto-Mieterlöse/Steigerungsraten/Freistellung hinsichtlich Quellensteuer, Umsatzsteuer
- Laufzeit/Options- und Andienungsrechte sowie deren Voraussetzungen
- vorzeitige Beendigung aufgrund Verlust oder Kündigung (Vertragsverletzung durch den Vermieter/durch den Mieter/*cross*

default/wesentliche Änderung der wirtschaftlichen oder rechtlichen Rahmenbedingungen) sowie deren Voraussetzungen
- Bonität des Mieters/Schuldübernehmers und gestellte Sicherheiten/*defeasance* Struktur
- Regelungen über Untermietverhältnisse
- Gewährleistung/Instandhaltung
- Freistellung bei zusätzlich anfallenden Steuern (Umsatz-/Quellensteuer)
- Einbauten/Aus-/Umbauten sowie deren Schicksal bei Beendigung des Mietverhältnisses
- Versicherungen/Freistellung.

Untermietvertrag:
- Bonität des Untermieters und Auswirkungen hinsichtlich der Nichterfüllung der Wartungs- und Versicherungspflicht
- Laufzeit (darf Laufzeit des Mietvertrages nicht überschreiten).

Zu VIII.: Beendigung der Kapitalanlage
- Abschlußzahlung/Restwert
- Beendigungs-/Kündigungs-/Verlustwerte
- Laufzeit/Options- und Andienungsrechte sowie deren Voraussetzungen.

Zu IX.: Wichtige Verträge und Vertragspartner

Als Verträge, deren wesentlicher Inhalt im Prospekt darzustellen ist, kommen bei Flugzeugfonds insbesondere in Betracht:
- Kaufvertrag/Abtretungsvereinbarungen
- Mietvertrag/Untermietvertrag
- Flugzeughypotheken
- *warranty assignment agreements/consent* & *agreements* für *carrier* und Triebwerke
- *remarketing agreement*
- Kreditverträge/sonstige Finanzierungsverträge hinsichtlich aller am Flugzeug bestehender Finanzierungen (Rahmenvereinbarung (*all parties agreement*)/Erlös- und Verwertungsvereinbarung (*deed of application of proceeds and priorities*))
- Schuldübernahme-/Schuldbeitritt-/Erfüllungsübernahmeverträge

- Bürgschaftsverträge/Garantien
- Depot-Verträge/Verpfändung/Sicherungsabtretung
- Einzahlungs- und Plazierungsgarantie
- Konzeptions- und Geschäftsbesorgungsverträge
- Finanzierungs- und Mietvermittlungsverträge.

Anlage 4: Zusatzangaben bei Filmfonds

Bei Angeboten zu Kapitalanlagen in Filmfonds sind ergänzend zu den allgemeinen Anforderungen an den Inhalt von Prospekten gemäß Anlage 1 dieses *IDW Standards* im Regelfall folgende zusätzliche Angaben erforderlich:

Zu I.: Beschreibung des Anlageobjektes
- Produktions- und/oder Rechteerwerbsfonds
- unternehmerischer Fonds/leasingähnlicher Fonds
- erworbene Stoffrechte/Filmrechte
- Filmlänge, FSK/J
- technische Spezifikationen/Qualität
- Drehbuch, Regisseur, Schauspieler
- Beginn der Dreharbeiten/Filmfortschritt/*post-production*
- *completion bond*
- sofern Anlageobjekt nicht feststeht, Personen und Gremien, die Anlageentscheidung treffen.

Zu II.:Chancen und Risiken
- nicht erworbene Urheberrechte Dritter (*errors and omissions* Versicherung)
- Produktions- und Kostenrisiko (*completion bond*)
- Marktrisiko/Erlösausfall (Erlösausfallversicherung).

Zu V.:Kosten der Investition
- Herstellungskosten und andere nicht aktivierbare Nebenkosten
- Anschaffungskosten und anteilige Nebenkosten
- übrige Kosten.

Zu VI.: Finanzierung der Investition

- Darstellung der Finanzierung
  - auf Ebene des Fonds
  - auf Ebene des/der einzelnen Filmprojekts/e, insbesondere Eigen-/Co-Produktionen und staatliche Filmförderprogramme
- Darstellung der Finanzierung von genehmigten Kostenüberschreitungen („enhancements“) soweit completion bond diese nicht abdeckt.

Zu VII.: Nutzung der Kapitalanlagen

Sind die für die Verwertung der Filme maßgebenden Lizenzverträge bereits abgeschlossen, sind deren wesentliche Aspekte zu erläutern. Hierzu zählen:

- Höhe der Lizenzgebühren/Beteiligung an Mehrerlösen/-etwaige Mehrerlöse
- Abschlußzahlung/Restwert
- Laufzeit/Options- und Andienungsrechte sowie deren Voraussetzungen
- Bonität des Lizenznehmers/Schuldübernehmers und gestellte Sicherheiten
- Nebenkostenabrechnung (Steuern/Gebühren)
- Regelungen über Sublizenzverträge
- Absatzmarkt/Absatzterritorium.

Zu VIII.: Beendigung der Kapitalanlage

- Abschlußzahlung/Restwert
- Laufzeit/Options- und Andienungsrechte sowie deren Voraussetzungen.

Zu IX.: Wichtige Verträge und Vertragspartner

- Stoffrechteerwerbsvertrag
- Produktionsdienstleistungsvertrag
- Fertigstellungsgarantie
- Lizenzvertrag/Lizenzerwerbsvertrag/Sublizenzvertrag
- Erlösversicherung
- Schuldübernahmevertrag
- Mittelverwendungskontrollvertrag (Co-Produktion)

- Einzahlungs- und Plazierungsgarantie
- Konzeptions- und Beratungsverträge
- Finanzierungsvermittlungsvertrag/Kreditverträge
- Verpfändung/Sicherungsabtretung.

Anlage 5: Zusatzangaben für Schiffsfonds

Bei Angeboten zu Kapitalanlagen in Schiffsfonds sind ergänzend zu den allgemeinen Anforderungen an den Inhalt von Prospekten im Regelfall folgende zusätzliche Angaben erforderlich:

Zu I.: Beschreibung des Anlageobjekts
- Bauwerft
- Baunummer
- Schiffstyp
- Abmessungen (Länge über alles, Länge zwischen den Loten, Breite auf Spanten, Seitenhöhe bis Oberdeck)
- Tiefgang (Freibord, Konstruktion)
- Geschwindigkeit
- Tragfähigkeit
- Containerkapazität (Anzahl der Stellplätze unter und über Deck)
- Anzahl der Kühlcontaineranschlüsse
- Hauptmaschine
  - Hersteller
  - max. Leistung
  - Treibstoffverbrauch
- Klassezeichen
- Ablieferungsdatum
- Besatzungsstärke
- Registereintragung, Flaggenführung

Zu II.: Chancen und Risiken
- Chartermarkt
- langfristiger Chartervertrag
- Risiken aus Schiffsbetrieb; Verlustrisiko (bestehende Versicherungen, Deckungshöhe)

- Sicherungsstrukturen, Chartergarantien, Einrichtung von Deposits, Poolverträge
- Schiffshypotheken (Zwangsvollstreckung, Ablösungs- bzw. vorzeitige Tilgungsrechte)

Zu V.: Kosten der Investition
- Kaufpreis (Anschaffungskosten)
- Anschaffungsnebenkosten (Kosten der Bauaufsicht und der Erstausrüstung)
- Zwischenfinanzierungskosten

Darüber hinaus sind die Kosten anzugeben, die bis zum Abschluß der Investitionsphase (in der Regel: Ablieferung des Schiffes in die Erstcharter) anfallen, insbesondere
- Gründungskosten (Notar- und Gerichtsgebühren, Steuer- und Rechtsberatung)
- Verwaltungskosten und sonstige Geschäftsbesorgungskosten
- Haftungs- und Treuhandvergütung
- Kosten für Projektierung, Marketing, Plazierung und Werbung
- Kosten für die Vermittlung von Finanzierungen
- Kosten für Garantien (Plazierungsgarantie, Chartergarantien)

Zu VII.: Nutzung der Kapitalanlage

Ist bereits ein Chartervertrag für die Nutzung des Schiffes abgeschlossen, sind die wesentlichen Bedingungen des Charterverhältnisses zu erläutern. Insbesondere sind dies:
- Netto-Charterraten, Steigerungsraten, jährliche Einsatztage
- Laufzeit, Options- und Andienungsrechte
- Möglichkeiten der vorzeitigen Beendigung des Vertrages
- Bonität des Charterers
- Schiffsbetriebskosten, Steigerungsraten

Zu VIII.: Beendigung der Kapitalanlage

- Restwertermittlung (Gutachten eines Schiffssachverständigen über die Angemessenheit des Kaufpreises und des voraussichtlichen Marktwertes bei Beendigung der Investition)
- Beendigungs-, Kündigungs-, Verlust- und Versicherungswerte
- Laufzeit/Options- und Andienungsrechte und deren Voraussetzungen

Zu IX.: Wichtige Verträge und Vertragspartner

- Gesellschaftsvertrag
- Treuhandvertrag
- Mittelverwendungsvertrag
- Vertragsreedervertrag
- Kauf-/Bauvertrag
- Chartervertrag
- Schiffshypotheken
- Kreditverträge/sonstige Verträge hinsichtlich aller am Schiff bestehender Finanzierungen
- Erfüllungsübernahmeverträge (Chartergarantien)
- Bürgschaften, Garantien
- Verpfändungen, Sicherungsabtretungen
- Einzahlungs- und Plazierungsgarantie
- Konzeptions- und Geschäftsbesorgungsverträge
- Finanzierungs- und Chartervermittlungsverträge

Anlage 6: Zusatzangaben bei Windkraftfonds

Bei den Angeboten zu Kapitalanlagen in Windkraftfonds sind ergänzende zu den allgemeinen Anforderungen an den Inhalt von Prospekten gem. Anlage 1 dieses *IDW Standards* im Regelfall folgende zusätzliche Angaben erforderlich:

Zu I.: Beschreibung des Anlageobjekts

WKA-Typ

- Hersteller
  - Gründung
  - bisher installierte Leistung (in Megawatt) oder Anzahl der von der Betreibergesellschaft insgesamt betriebenen WKA

- Typenbezeichnung der WKA
- Anzahl der gesamten WKA in dem Windpark
- Anzahl der von der Betreibergesellschaft betriebenen WKA
- Rotor
  - Durchmesser
  - überstrichene Rotorkreisfläche
  - Umdrehungszahl/Drehzahlbereich
  - Anzahl Rotorblätter
  - Leistungsregelung (Unterscheidung *pitch/stall*)
  - Bremsen
- Turm
  - Material
  - Nabenhöhe
- Betriebsdaten
  - Einschaltgeschwindigkeit
  - Nenngeschwindigkeit
  - Abschaltgeschwindigkeit
  - Schallemissionswerte (nach SGW Richtlinie 98)
  - vermessene Leistungskennlinie
- Generator
  - Typ
  - Nennleistung
  - Betriebsdaten
  - Nennspannung
  - Isolierstoffklasse
- Windrichtungsnachführung
  - Bauprinzip
  - Verstellgeschwindigkeit
- Getriebe
  - Typ
  - Übersetzungsverhältnis
  - Nennleistung
- Bremssysteme
  - Primärbremssystem
  - Haltebremse

- Transformator
  - Typ
  - Eingangsspannung
  - Ausgangsspannung
- Steuerung
  - Funktionsweise
- Gewichte
  - Rotor
  - Maschinenhaus
  - Turm
  - Gesamtgewicht
- Gewährleistungszeitraum (ggf. bezüglich der unterschiedlichen Komponenten)
- Umfang der Verfügbarkeitsgarantie
  - Nettoenergieertrag (garantierte technische Verfügbarkeit, aerodynamische Parkwirkungsgrade, elektronische Verluste, sonstige Sicherheitsabschläge)
- zugesagter Lieferzeitpunkt

Standort des Windparks
- geographische Lage
- Aufstellungsplan des gesamten Windparks
- Belastungen der Grundstücke in Abteilung II. oder III. des Grundbuchs sowie etwaige nicht aus dem Grundbuch ersichtliche Belastungen (z.B. Baulasten)

Energieertrag
- Windverhältnisse (in m/s unter Angabe der Höhe)
- Datum, Verfasser und Ergebnisse der/des Windgutachten(s)
- Berechnung des Gesamtenergieertrages des Windparks der Beteiligungsgesellschaft unter Angabe der berücksichtigten Abschläge (z.B. für Verfügbarkeit, Netzverluste, Abschattungsverluste, Eigenverbrauch, Sicherheit etc.)
- Aussagen zu Referenzanlagen im Umkreis von 10-15 km

baurechtliche Situation
- Flächennutzungsplan, bauliche Nutzung
- Bauantrag
- Datum und Aussteller der Baugenehmigung, Auflagen, Widersprüche
- Datum, Vertragspartner und Inhalt städtebaulicher oder ähnlicher Verträge
- Datum und Verfasser der Netzanschlußzusage
- zugesagter Zeitpunkt der Fertigstellung des Netzanschlusses
- erforderliche Baumaßnahmen (Fundamente, Zuwegungen, Energietransporte und Netzanbindungen)

Zu II. Chancen und Risiken
- Zeitpunkt der Inbetriebnahme (Baugenehmigung, Netzanschlußrisiko, verspätete Lieferung der Anlagen und Komponenten, witterungsbedingte Bauverzögerung)
- mangelnde technische Anlagenverfügbarkeit
- Windenergiepotential (außergewöhnlich windschwache Zeiten/Unsicherheiten hinsichtlich der tatsächlichen Erlöse bei Windgutachten vor allem bei Binnenstandorten)
- Krise und Insolvenz des WKA-Herstellers
- Gesetzesänderungen bezüglich der Einspeisevergütung
- Erhöhung der Investitions- und Betriebskosten
- Zinsänderungsrisiken
- Verschleiß und Materialermüdung
- Versicherungsänderungen
- steuerrechtliche Änderungen
- mangelnde Fungibilität der Gesellschaftsbeteiligung
- Haftungsrisiken der Gesellschafter

Zu V. Kosten der Investition
- Kaufpreis für die Windkraftanlagen, Fundamente, Zuwegungen
- Kosten für die technische Planung, Bauleitung etc.
- Kosten für die wirtschaftliche Betreuung
- Zwischenfinanzierungskosten
- Gründungskosten (Notar, Gericht, Rechts- und Steuerberatung)

- Vertriebskosten
- Verwaltungs- und Geschäftsbesorgungskosten
- Kosten der Ausgleichsmaßnahmen
- Nutzungsentschädigungen in der Bauphase

Zu VI. Finanzierung der Investition
- Inhalt, Datum und Verfasser von Finanzierungszusagen
- Darlehensbedingungen

Zu VII. Nutzung der Kapitalanlage
- Wartungskosten
- Reparaturaufwand
- Abbau- und Renaturierungsverpflichtungen
- Kosten für die technische Betriebsführung

Zu VIII. Beendigung der Kapitalanlage
- Abbau- und Renaturierungskosten
- Beendigungs-, Kündigungs-, Verlustwerte
- Laufzeit-, Options- und Andienungsrechte

Zu IX. Wichtige Verträge und Vertragspartner
- Gesellschaftsvertrag
- Treuhandvertrag
- Mittelverwendungskontrollvertrag
- Pacht- und sonstige Nutzungsverträge
- Kauf-/Lieferverträge über die WKA
- Verträge mit Bauunternehmen über Fundamente, Zuwegungen, Kabel etc.
- Generalunter- bzw. -übernehmerverträge
- Verträge über die technische Planung, Bauleitung etc.
- Konzeptions- und Geschäftsbesorgungsverträge
- Einzahlungs-/Plazierungsgarantie
- Kreditverträge/Finanzierungszusagen
- Bürgschaftsverträge, Garantien
- persönlich beschränkte Dienstbarkeiten
- städtebauliche oder ähnliche Verträge
- Einspeise-/Netzanschlußverträge etc. mit dem Energieversorgungsunternehmen

III. Erstmalige Anwendung

50 Dieses Schreiben ist in allen Fällen anzuwenden, in denen ein bestandskräftiger Steuerbescheid noch nicht vorliegt. Soweit die Anwendung der RdNr. 15 und 26 dieses Schreibens zu einem Nachteil gegenüber der bisherigen Verwaltungsauffassung bei der Steuerfestsetzung führt, ist dieses Schreiben erstmals für Darlehensverträge und Baubetreuungsverträge anzuwenden, die nach dem 31. Dezember 2003 abgeschlossen werden. Soweit die Anwendung dieser Grundsätze im Übrigen zu einer Verschärfung der Besteuerung gegenüber der bisher geltenden Verwaltungspraxis führt, sind die Grundsätze nicht anzuwenden, wenn der Außenvertrieb der Fondsanteile vor dem 1. September 2002 begonnen hat und der Steuerpflichtige dem Fonds vor dem 1. Januar 2004 beitritt. Der Außenvertrieb beginnt in dem Zeitpunkt, in dem die Voraussetzungen für die Veräußerung der konkret bestimmbaren Fondsanteile erfüllt sind und die Gesellschaft selbst oder über ein Vertriebsunternehmen mit Außenwirkung an den Markt herangetreten ist.

Die BMF-Schreiben vom 31. August 1990 (BStBl I S. 366), vom 1. März 1995 (BStBl I S. 167), vom 24. Oktober 2001 (BStBl I S. 780) und vom 29. November 2002 (BStBl I S. 1388) werden aufgehoben.

Dieses BMF-Schreiben wird im Bundessteuerblatt Teil I veröffentlicht.

7.21 VGI-Arbeitskreis Leistungsbilanz Definitionen zur Leistungsbilanz

Leistungsbilanz:

Anzugeben ist das aktuelle Berichtsjahr, auf das sich die vorliegende Leistungsbilanz bezieht.

Stand per:

Anzugeben ist der Stichtag, auf den sich die angegebenen Werte beziehen. Dies ist der 31.12. des Berichtsjahres.

Name des Fonds:

Anzugeben ist sowohl die Bezeichnung, unter der der Fonds am freien Kapitalmarkt angeboten wurde, als auch die Firma, unter der die Fondsgesellschaft im Handelsregister eingetragen ist (KG, OHG) oder am Geschäftsverkehr Teil nimmt (GbR u.Ä.).

Rechtsform:

Anzugeben ist die genaue Rechtsform, wie z.B. GbR, KG, GmbH & Co. KG, Bruchteilsgemeinschaft u.a.

Adresse:

Anzugeben ist der Sitz der Fondsgesellschaft lt. Handelsregistereintragung und/oder Satzung bzw. Gesellschaftsvertrag. Eine ggfs. abweichende Verwaltungsadresse kann zusätzlich angegeben werden.

Emissionsjahr:

Jahr, in dem der geschlossene Immobilienfonds erstmals am freien Kapitalmarkt öffentlich zur Beteiligung angeboten wurde.

Jahr der Schließung:

Jahr, in dem der geschlossene Immobilienfonds zum letzten Mal am freien Kapitalmarkt öffentlich zur Beteiligung angeboten wurde.

Anzahl der Gesellschafter:

Anzahl der Anleger, Gründungsgesellschafter und sonstiger beteiligter juristischer und natürlicher Personen.

Steuerliche Einkunftsart:

Es ist anzugeben, um was für eine Art von Einkünften es sich handelt (z.B. Einkünfte aus Vermietung und Verpachtung, Gewerbebetrieb, Kapitaleinkünfte, Auslandseinkünfte). Sofern sich die Einkunftsart seit dem Emissionsjahr geändert hat, ist die jeweilige Einkunftsart und der entsprechende Zeitraum anzugeben.

Funktion des Leistungsbilanzherausgebers:

Funktion, die der Leistungsbilanzherausgeber bei der angegebenen Fondsgesellschaft ausgeübt hat. Üblicherweise ist das Initiator, Mitinitiator oder Emissionsführer.

Komplementär:

Bei Kommanditgesellschaften (auch GmbH & Co. KG) ist die Firma und der Sitz des Komplementärs anzugeben. Die Postanschrift kann angegeben werden.

Geschäftsführer:

Angebe von Name/Firma und Sitz des vertraglich oder gesetzlich bestellten Geschäftsführers. Die Postanschrift kann angegeben werden.

Fondsverwalter:

Ein etwaiger von der Geschäftsführung abweichender Fondsverwalter ist mit Name/Firma und Sitz anzugeben. Die Postanschrift kann angegeben werden.

Treuhänder:

Sofern ein Handelsregistertreuhänder eingesetzt wurde, sind von diesem Name/Firma und Sitz anzugeben. Die Postanschrift kann angegeben werden.

Garantiegeber:

Sofern gegenüber der Fondsgesellschaft Garantien abgegeben wurden, sind die entsprechenden Garantiegeber mit Name/Firma und Sitz zu nennen. Die Postanschrift kann angegeben werden. Sofern ein Generalmietvertrag abgeschlossen wurde, ist der Generalmieter unter ‚Garantiegeber Miete' mit Name/Firma und Sitz zu nennen und in den Erläuterungen darauf hinzuweisen. Die Postanschrift kann angegeben werden.

Investitionsgegenstand und -art:

Anzugeben sind die einzelnen Immobilien mit Standort (genaue Postanschrift kann angegeben werden), Baujahr, der Nutzungsart (Wohnen, Büro, Einzelhandel u.Ä.), Fläche und Anzahl der Einheiten sowie um was für eine Art der Investition es sich handelt (z.B. Neubau durch Fondsgesellschaft, Modernisierung, schlüsselfertiger Erwerb, Erwerb einer fertig gestellten Immobilie u.Ä.). Sofern die Fondsgesellschaft in mehr als drei Objekte investiert hat, kann eine sinnvolle Zusammenfassung z.B. nach Nutzungsarten oder Standorten erfolgen, wobei die Anzahl der Objekte anzugeben ist. Sofern weitere Investitionen getätigt wurden (z.B. Wertpapierdepot o.Ä.), sind diese ebenfalls anzugeben.

Vermietungsstand in Prozent der Gesamtfläche:

Anzugeben ist der tatsächliche Vermietungsstand aller Objekte der Fondsgesellschaft in Prozent bezogen auf die Gesamtfläche aller Objekte. Besonderheiten können unter ‚Weitere Erläuterungen' genannt werden.

Endgültige Steuerveranlagung bis:

Anzugeben ist der Veranlagungszeitraum (Jahr), bis zu dem einschließlich eine endgültige Steuerfestsetzung bezogen auf die einkommensteuerlichen Werte erfolgt ist.

Liquiditätsergebnis bei Auflösung:

Sofern die Fondsgesellschaft liquidiert wurde, ist das Liquiditätsergebnis der Anleger in Prozent bezogen auf ‚Eigenkapital ohne Agio' anzugeben. Im Übrigen wird auch nach Auflösung der Fondsgesellschaft diese in nachfolgenden Leistungsbilanzen mit den letzten Werten zur Auflösung der Fondsgesellschaft weiter aufgeführt. Das Jahr der Auflösung ist festzuhalten in der Angabe ‚Stand per …'

Investitionsphase:

Zeitraum, in dem prospektgemäß das Eigenkapital der Fondsgesellschaft eingeworben und die Investitionen gemäß Investitionsplan getätigt wurden. Maßgebend für die Sollwerte sind die Prospektangaben, bei mehreren Prospektversionen die der jüngsten Prospektversion, die Istwerte anhand des tatsächlich benötigten Zeitraums. Abweichungen sind ggfs. zu erläutern.

Gesamtinvestition:

Summe aller im Investitionsplan vorgesehenen Investitionsbeträge. Sofern im Investitionsplan des Prospektes die Verwendung eines etwaigen Agios oder Kreditdamna oder von Zinsvorauszahlungen enthalten sein sollten, sind diese in die Gesamtinvestitionssumme einzubeziehen. Ein Hinweis darauf in den Erläuterungen kann vorgenommen werden.

Eigenkapital ohne Agio:

Betrag, der im Finanzierungsplan des Prospektes als von Anlegern einzuwerbendes Kapital ausgewiesen ist. Sofern planmäßig eine Refinanzierung aller oder fast aller Einlagen der Anleger erfolgte, ist hierauf mit Nennung des gesamten Refinanzierungsbetrages in den Erläuterungen hinzuweisen. Die Höhe des etwaigen Agios ist in den Erläuterungen zu nennen. Nachträgliche Änderungen des Eigenkapitals (z.B. Kapitalerhöhungen oder Kapitalherabsetzungen) sind in den Istwerten anzugeben und zu erläutern.

Fremdkapital (brutto):

Summe aller im Finanzierungsplan des Prospektes ausgewiesenen Fremdmittel der Fondsgesellschaft ohne Refinanzierungsdarlehen der Einlagen der Anleger. Soweit Kreditdamna vereinbart wurden, sind die Fremdmittel mit ihrem Bruttowert, d.h. ohne Abzug der Kreditdamna auszuweisen. Sofern Fremdmittel in mehreren Währungen aufgenommen wurden, sind diese mit ihren jeweiligen Fremdwährungs-Bruttobeträgen auszuweisen. In den Erläuterungen soll der jeweilige Wechselkurs zum Zeitpunkte der Darlehensvalutierungen angegeben werden.

Steuerliches Ergebnis (Investitionsphase):

Das den Anlegern zugewiesene einkommensteuerliche Ergebnis der Fondsgesellschaft im Investitionszeitraum (vgl. oben Investitionsphase). Der Wert ist in % bezogen auf das angegebene Eigenkapital ohne Agio auszuweisen.

Bewirtschaftungsphase:

Zeitraum, der sich unmittelbar an die Investitionsphase anschließt bis zur Liquidation der Fondsgesellschaft.

Soll seit Emission kumuliert:

Angabe der kumulierten Sollwerte gem. Prospekt seit Emission bis zum 31.12. des Berichtsjahres der Leistungsbilanz, soweit diese nicht planmäßig im Investitionsplan enthalten waren und dort ausgewiesen werden. Die Darstellung der Sollwerte erfolgt so lange kumuliert, wie im Prospekt entsprechende Prognosen enthalten waren. Sofern der Zeitraum der Prospektprognose abgelaufen ist, werden hier die kumulierten Sollwerte bis zum Ende des Prognosezeitraums ausgewiesen und im Weiteren unveränderlich beibehalten. In den Erläuterungen ist auf den Prognosezeitraum hinzuweisen, sofern dieser bereits abgelaufen ist. Sofern die Fondsgesellschaft liquidiert wurde, ist der Sollwert längstens bis zur Liquidation anzugeben und danach unveränderlich beizubehalten.

Ist seit Emission kumuliert:

Angabe der kumulierten Istwerte seit Emission bis zum 31.12. des Berichtsjahres der Leistungsbilanz, soweit diese nicht planmäßig dem Investitionsplan zugerechnet und dort ausgewiesen werden. Die Darstellung der Istwerte erfolgt in dieser Spalte solange kumuliert, wie im Prospekt entsprechende Prognosen enthalten waren. Sofern der Zeitraum der Prospektprognose abgelaufen ist, werden hier die kumulierten Istwerte bis zum Ende des Prognosezeitraums ausgewiesen und im Weiteren unveränderlich beibehalten. In den Erläuterungen ist auf den Prognosezeitraum hinzuweisen, sofern dieser bereits abgelaufen ist. Sofern die Fondsgesellschaft liquidiert wurde, ist der Istwert nur bis zur Liquidation anzugeben und danach unveränderlich beizubehalten.

Nach Prognosezeitraum Ist kumuliert:

Sofern der Prognosezeitraum gemäß Prospekt abgelaufen ist, werden in dieser Spalte die kumulierten Istwerte seit Emission bis zum 31.12. des Berichtsjahres der Leistungsbilanz, soweit diese nicht planmäßig dem Investitionsplan zugerechnet und dort ausgewiesen werden. Sofern die Fondsgesellschaft liquidiert wurde, ist der Istwert nur bis zur Liquidation anzugeben und danach unveränderlich beizubehalten.

Berichtsjahr Soll:

In dieser Spalte werden die Sollwerte gemäß Prospekt für das aktuelle Berichtsjahr ausgewiesen, sofern der Prognosezeitraum gemäß Prospekt nicht bereits abgelaufen ist. Der Sollwert für das Berichtsjahr ist auch in dem kumulierten Sollwert enthalten. Nach Liquidation der Fondsgesellschaft erfolgt keine Angabe mehr.

Berichtsjahr Ist:

In dieser Spalte werden die Istwerte für das aktuelle Berichtsjahr ausgewiesen. Der Istwert für das aktuelle Berichtsjahr ist auch in dem kumulierten Istwert enthalten. Nach Liquidation der Fondsgesellschaft erfolgt keine Angabe mehr.

Erläuterungen:

Sofern Abweichungen aufgetreten sind, können diese erläutert werden, soweit dies für das Verständnis des Lesers der Leistungsbilanz von Bedeutung ist.

Tendenz Ist:

Anzugeben ist die Einschätzung der Fondsgeschäftsführung hinsichtlich der weiteren Entwicklung der einzelnen Istwerte im Zeitpunkt der Erstellung der Leistungsbilanz. Der Zeitraum, auf den sich die Einschätzung bezieht, sollte nicht mehr als drei Jahre nach Leistungsbilanzstichtag betragen und in den Erläuterungen angegeben werden. Es handelt sich hierbei um Erwartungen, deren Eintreten nicht vorhersehbar ist und für die daher keinerlei Haftung übernommen werden kann. Insbesondere hängen die tatsächlichen Ergebnisse sowohl von der Entwicklung der Fondsimmobilien wie auch von der Entwicklung des Immobilienmarktes und der rechtlichen, steuerlichen und wirtschaftlichen Situation insgesamt ab. Sofern eine Einschätzung zum Zeitpunkt der Erstellung der Leistungsbilanz nicht möglich ist, wird dies in den Erläuterungen kurz begründet.

Dabei bedeutet:

- **unverändert/planmäßig: ⇨**
  Die Abweichung gegenüber dem aktuellen Berichtsjahr wird voraussichtlich weniger als +/- 5% betragen.
- **etwas besser als Vorjahr: ⬀**
  Die Abweichung gegenüber dem aktuellen Berichtsjahr wird voraussichtlich weniger als 10% besser sein.
- **deutlich besser als Vorjahr: ⇧**
  Die Abweichung gegenüber dem aktuellen Berichtsjahr wird voraussichtlich mehr als 10% besser sein.
- **etwas schlechter als Vorjahr: ⬂**
  Die Abweichung gegenüber dem aktuellen Berichtsjahr wird voraussichtlich weniger als 10% schlechter sein.
- **deutlich schlechter als Vorjahr: ⇩**
  Die Abweichung gegenüber dem aktuellen Berichtsjahr wird voraussichtlich mehr als 10% schlechter sein.
- **Einschätzung derzeit nicht möglich: ○**

Mieteinnahmen ohne Garantien:

Anzugeben sind die Mieteinnahmen ohne umlagefähige Nebenkosten und ohne Umsatzsteuer (Netto-netto-Miete). Sofern Generalmietverträge abgeschlossen wurden, ist hierauf in den Erläuterungen hinzuweisen und anzugeben, wie hoch der tatsächliche Endvermietungsstand in Prozent bezogen auf die Mieteinnahmen gemäß Generalmietvertrag ist und bis wann der Generalmietvertrag abgeschlossen wurde.

Garantiezahlungen:

Soweit Mieteinnahmen garantiert wurden, sind hier die der Fondsgesellschaft zustehenden Garantiezahlungen auszuweisen. In den Erläuterungen ist anzugeben, bis wann die Garantie besteht.

Sonstige Einnahmen:

Summe aller weiteren Einnahmen der Fondsgesellschaft.

Ausgaben ohne Tilgung:

Summe aller Ausgaben ohne Tilgungsleistungen für Fremdmittel. Ausschüttungen sind nicht einzubeziehen. In den Erläuterungen kann angegeben werden, wie hoch Zinszahlungen für das Fremdkapital waren.

Tilgung:

Anzugeben ist die Summe aller Tilgungsleistungen auf die Fremdmittel der Fondsgesellschaft. Sofern Revalutierungen oder zusätzliche Fremdmittel aufgenommen wurden, sind diese als negative Tilgung einzubeziehen.

Liquiditätsergebnis vor Ausschüttung:

Summe aus ‚Mieteinnahmen ohne Garantien', ‚Garantiezahlungen', ‚sonstige Einnahmen', ‚Ausgaben ohne Tilgung' und ‚Tilgung'.

Ausschüttung in €/Prozent:

Anzugeben sind Ausschüttungen, die an die Anleger vorgenommen wurden. Der Ausweis soll sowohl als absoluter Zahlbetrag in € als auch in % bezogen auf ‚Eigenkapital ohne Agio' erfolgen. Sofern Nachschüsse von Anlegern geleistet werden mussten, sind diese als negative Ausschüttungen einzubeziehen.

Steuerrechtliches Ergebnis in Prozent investiertes Eigenkapital:

Anzugeben sind die den Anlegern zugewiesenen einkommensteuerlichen Ergebnisse in % bezogen auf ‚Eigenkapital ohne Agio'.

Liquiditätsreserve:

Stand der Liquidität der Fondsgesellschaft zum Leistungsbilanzstichtag. Einzubeziehen sind alle frei verfügbaren Guthaben und leicht liquidierbaren Kapitalanlagen, soweit diese nicht eigenständige langfristige Investitionsgegenstände gemäß Investitionsplan im Prospekt sind (wie z.B. Wertpapierdepots als Investitionsgegenstand). Instandhaltungsrücklagen und kurzfristige Forderungen bis zu einem Jahr sind ebenfalls einzubeziehen. In Anspruch genommene Kontokorrentkredite u.ä. kurzfristige Fremdmittel sind als negative Liquidität einzubeziehen.

Stand des Fremdkapitals:

Summe aller langfristigen Fremdmittel zum Rückzahlungsbetrag. Soweit Fremdmittel in verschiedenen Währungen aufgenommen worden sind, sind diese jeweils in entsprechender Währung auszuweisen. Die Wechselkurse und Euro-Äquivalente zum Leistungsbilanzstichtag können in den Erläuterungen angegeben werden.

Gesamttendenz:

Anzugeben ist die Einschätzung der Fondsgeschäftsführung hinsichtlich der weiteren Entwicklung der Fondsgesellschaft insgesamt. Der Zeitraum, auf den sich die Einschätzung bezieht, sollte nicht mehr als drei Jahre nach Leistungsbilanzstichtag betragen und in den Erläuterungen angegeben werden. Zur Definition der Tendenzangaben vgl. ‚Tendenz'.

Weitere Erläuterungen:

Soweit Ausführungen zum Verständnis des Leistungsbilanzlesers erforderlich oder hilfreich sind, können diese hier vorgenommen werden. Insbesondere sollte hier auf alle ergebnisrelevanten bedeutsamen Entwicklungen in der Fondsgesellschaft hingewiesen werden.

7.22 VGI – Arbeitskreis Leistungsbilanz Definitionen zur Unternehmensdarstellung in der VGI-Leistungsbilanz

Firmenname:

Einzutragen ist der Firmenname, gleichlautend mit dem Handelsregister

Sitz der Gesellschaft:

Analog zu § 5 AktG bzw. § 4a GmbHG ist als Sitz der Gesellschaft der Ort, den die Satzung bzw. der Gesellschaftsvertrag bestimmt, einzutragen. In der Regel ist dies der Ort, an dem die Gesellschaft einen Betrieb hat oder an dem sich die Geschäftsleitung befindet oder die Verwaltung geführt wird.

Amtsgericht:

Anzugeben ist der Name des Amtsgerichts, bei dem das Unternehmen handelsregisterlich registriert ist. Die Anmeldung zur Handelsregistereintragung erfolgt bei dem Gericht, in dessen Bezirk die Gesellschaft ihren Sitz hat.

Handelsregister:

Anzugeben ist die Nummer, unter der das Unternehmen im Handelsregister eingetragen ist.

Postanschrift:

Anzugeben sind die Straße bzw. das Postfach, die Postleitzahl und der Ort.

Rechtsform:

Die genaue Rechtsform, wie z.B. AG, GmbH, GmbH & Co. KG u.a., ist anzugeben.

Gesellschafter:

Analog zu §§ 21 Abs. 1 und 22 WpHG sind alle Gesellschafter mit einer mindestens fünfprozentigen Beteiligung am Unternehmen namentlich aufzuführen. Gesellschafter mit einer geringeren Beteiligung können aufgeführt werden.

Geschäftsführer:

Die Geschäftsführer sind namentlich und mit Wohnort anzugeben. Auf die Angabe von Vertretungsbefugnissen kann analog §§ 10, 282 AktG, § 8 GmbHG verzichtet werden.

Stammkapital:

Die Höhe des Stammkapitals oder vergleichbaren haftenden Eigenkapitals ist als absoluter Betrag auszuweisen.

Gründungsjahr:

Es ist das Gründungsjahr des Unternehmens, welches die Leistungsbilanz herausgibt, anzugeben. Eventuelle Umgründungen sind mit dem Jahr der Umgründung und dem neuen Firmennamen anzugeben.

Gegenstand des Unternehmens:

Der im Handelsregister eingetragene Gegenstand des Unternehmens ist anzugeben. Zusätzliche Angaben sind möglich.

Anzahl der festangestellten Beschäftigten:

Anzugeben ist die Zahl der Beschäftigten, die im Unternehmen fest angestellt sind. Leiharbeitskräfte, Aushilfen, befristete Arbeitskräfte u.a. werden hier nicht erfasst.

Verbundene relevante Unternehmen:

Anzugeben mit Firmennamen und Firmensitz sind alle verbundenen Unternehmen, die mit der Leistungserbringung des Leistungsbilanzherausgebers in direktem Zusammenhang stehen.

Nichtverbundene Unternehmen, die Funktionen in direktem Zusammenhang mit der Leistungserstellung des Leistungsbilanzherausgebers ausüben (wie Fondsgeschäftsführung, Hausverwaltung u.Ä.), sind mit Namen und Sitz aufzuführen, sofern sie aufgrund personeller, kapitalmäßiger oder sonstiger Verflechtung dem Unternehmensbereich des Leistungsbilanzherausgebers zuzurechnen sind.

Angabe relevanter Vortätigkeiten der Geschäftsführung:

Anzugeben sind die Vortätigkeiten der Geschäftsführung, die im Zusammenhang mit ihrer jetzigen Funktion stehen und/oder für die zutreffende Einschätzung ihrer fachlichen und/oder persönlichen Qualifikation von Bedeutung sind. Ein vollständiger beruflicher Lebenslauf der Geschäftsführung kann angegeben werden.

VGI-Mitglied seit:

Anzugeben ist das Jahr, in dem der Leistungsbilanzherausgeber Mitglied im Verband geschlossener Immobilienfonds wurde.

7.23 VGI Leistungsbilanz

LEISTUNGSBILANZ

Jahr | Stand per | VGI

Name des Fonds			
Rechts-form	Adresse (Sitz der Gesellschaft lt. Register u. Satzung)		
Emissions-jahr	Jahr der Schließung	Anzahl der Gesellschafter	Steuerliche Einkunftsarten
Funktion des LB-Herausgebers:			

Wesentliche Produktpartner (Name/Ort)	**Investitionsart-Gegenstand** (Anzahl, Standort, Nutzung, Fläche)
Komplementär	1.
Geschäftsführer	2.
Fondsverwalter	3.
Treuhänder	
Garantiegeber Miete	
Garantiegeber Platzierung	Zusammenfassung bei mehr als 3 Objekten
Garantiegeber sonstige	Vermietungsstand in % der Gesamtfläche
Endgültige Steuerveranlagung bis	Liquiditätsergebnis bei Auflösung

SOLL-IST VERGLEICH SEIT EMISSIONSJAHR

INVESTITIONSPHASE	SOLL	IST	Erläuterungen
Gesamtinvestition			
Agio			
Eigenkapital ohne Agio			
Fremdkapital (brutto)			
Steuerl. Erg. (Inv.-Phase)			

BEWIRTSCHAFTUNGS-PHASE	seit Emission kumuliert SOLL	IST	n. Prognosezeitraum IST-kumuliert	Vorjahr SOLL	IST	Berichtsjahr SOLL	IST	Erläuterungen Nr. d. Anlage	Tendenz IDT
Mieteinnahmen ohne Garantie									
Garantiezahlungen									
sonstige Einnahmen									
Ausgaben ohne Tilgung									
Zinsen									
Tilgung									
Bewirtschaftungskosten									
Liquiditätsergebnis vor Ausschüttung									
Ausschüttung absolut / %									
steuerrechtl. Ergebnis in % investiertes Eigenkapital									
Liquiditätsreserve									
Stand des Fremdkapitals									
gebundenes Kapital									
Gesamttendenz		Absehbare positive und negative Änderungen bitte erläutern							

Weitere Erläuterungen:

7.24 VGI Unternehmensdarstellung zur Leistungsbilanz

UNTERNEHMENSDARSTELLUNG

zur Leistungsbilanz Jahr

VGI

VGI*-Pflichtangaben nach dem Leistungsbilanzstandard:

Firmenname:

Sitz der Gesellschaft: Amtsgericht:

Handelsregister:

Postanschrift:

Rechtsform:

Gesellschafter:

Geschäftsführer (Name, Ort):

Stammkapital:

Gründungsjahr (ggf. mit Angaben zur Umgründung):

Gegenstand des Unternehmens:

Anzahl der festangestellten Beschäftigten:

Verbundene relevante Unternehmen:

Angabe relevanter Vortätigkeiten der Geschäftsführung:

Zweitmarkt-Aktivitäten:

VGI-Mitglied seit:

Bemerkungen:

*VGI – Verband geschlossener Immobilienfonds

7.25 Gliederung des VGI Branchenstandards für die Prospektierung von geschlossenen Immobilienfonds

I. Vorbemerkungen

II. Allgemeiner Teil

1. Ziele des VGI Branchenstandards

2. Zentrale Anliegen des VGI Branchenstandards

3. Verhältnis des VGI Branchenstandards zu sonstigen Regelungen und Standards

4. Beachtung des VGI Branchenstandards

5. Prospektgutachten

6. Leistungsbilanz

7. Allgemeine Vorgaben zur Prospektierung von geschlossenen Immobilienfonds

8. Vollständigkeit der Prospektangaben

9. Richtigkeit der Prospektangaben

10. Anforderungen an Prognosen

11. Anforderungen an wertende Aussagen

12. Anforderungen an die Klarheit

13. Glossar

14. Ausgewogene Darstellung

III. Besonderer Teil

1. Formale Anforderungen an den Prospekt

2. Voranzustellende ausdrückliche Hinweispflichten

3. Vorabdarstellungen

4. Chancen und Risiken

5. Beschreibung des Anlageobjektes

6. Nutzung der Kapitalanlage

7. Kosten und Finanzierung der Investition

8. Prognoserechnung

9. Prognoserenditen

10. Sensitivitätsanalyse

11. Rückabwicklung und Beendigung der Kapitalanlage

12. Mieter und Mietverträge

13. Rechtliche Grundlagen

14. Steuerliche Verhältnisse

15. Wesentliche Vertragspartner und Vertrauensträger

16. Risiken und Besonderheiten bei Auslandssachverhalten

Anlage 1: Vorabdarstellungen der Chancen und Risiken
Anlage 2: Muster eines Inverstitions- und Finanzplans
Anlage 3: Muster einer Prognoserechnung
Anlage 4: Muster einer Sensitivitätsanalyse
Anlage 5: Kalkulationsgrundlagen für die Erstellung des Zahlenwerkes
Anlage 6: Gewichtung der Chancen und Risiken

Nr.	VGI Branchenstandard	Tz. IDW S 4
	I. Vorbemerkungen	
	Das Institut der Wirtschaftsprüfer in Deutschland e. V. (IDW) hat mit den Grundsätzen ordnungsmäßiger Beurteilung von Prospekten über öffentlich angebotene Kapitalanlagen (IDW Standard S 4, Stand 1. September 2000, abgedruckt in Kapitel 7.21 dieses Buches) seine Berufsauffassung dargelegt, nach der Wirtschaftsprüfer unbeschadet ihrer Eigenverantwortlichkeit Prospekte über Kapitalanlagen unter Bezugnahme auf den IDW Standard beurteilen und ein Prospektgutachten erstellen. Dieser IDW Standard verdeutlicht gleichzeitig gegenüber der Öffentlichkeit Gegenstand, Umfang und Grenzen eines solchen Prospektgutachtens. Der IDW S 4 ist folglich ein Prospektbeurteilungsstandard. Der Verband Geschlossene Immobilienfonds (VGI) vertritt die Interessen von Initiatoren geschlossener Immobilienfonds in Politik, Medien und Öffentlichkeit. Der VGI hat zum Ziel, das Produkt „Geschlossene Immobilienfonds" für den Anleger transparenter zu machen. Aus diesem Grund wurde der nachfolgende Branchenstandard für die Prospekterstellung als Mindeststandard entwickelt. Der VGI Branchenstandard ist für alle Mitglieder des VGI verbindlich. Der VGI Branchenstandard ist kein mit dem IDW S 4 konkurrierender Standard. Aufgrund der unterschiedlichen Adressatenkreise und Tätigkeiten (Wirtschaftsprüfer / Prospektbeurteilung auf der einen Seite und Initiatoren / Prospekterstellung auf der anderen Seite) ist ein eigenständiger Erstellungsstandard notwendig. Soweit der IDW S 4 Vorgaben bezüglich der Prospekterstellung enthält, werden diese durch den VGI Branchenstandard vollumfänglich erfüllt und – wo erforderlich – branchenspezifisch ergänzt. Sofern ein Initiator / Prospektersteller den VGI Branchenstandard erfüllt, ist sichergestellt, dass gleichzeitig die im IDW S 4 enthaltenen Prospektinhaltsforderungen berücksichtigt wurden. IDW und VGI sind übereingekommen, in einem regelmäßigen Dialog die Anwendbarkeit der Standards – soweit sie die Prospekterstellung betreffen – abzustimmen und gegebenenfalls die Standards anzupassen.	

	II. Allgemeiner Teil	
	1. Ziele des VGI Branchenstandards	
(1)	Ziele des VGI Branchenstandards sind insbesondere die – Etablierung eines einheitlichen Branchenstandards für die Prospektierung von geschlossenen Immobilienfonds, der von allen beteiligten Gruppen (Initiatoren, Vertriebsorganisationen, Prospektgutachtern, Anlegerschützern und Rechtsprechung) als verbindlich und ausreichend anerkannt wird; – Definition von praxisgerechten Mindestanforderungen an die Prospektierung von geschlossenen Immobilienfonds auf Basis des Standards IDW S 4 [1]; – Übernahme und Einbeziehung von bereits existierenden Standards für die Prospektierung von geschlossenen Immobilienfonds (gif [2], DFI [3]), soweit diese sich in der bisherigen Prospektierungspraxis bewährt haben und den aktuellen Branchenanforderungen entsprechen. – Erfüllung des Standards IDW S 4 und branchenspezifische Ergänzung nach den Bedürfnissen der Praxis; – Vorgabe eines brancheneinheitlichen und praxistauglichen Standards für die Beschreibung des Investitionsgegenstandes, die Abbildung von Chancen- / Risikodarstellungen, Sensitivitätsanalysen, Investitions- und Finanzplänen, sowie Prognoserechnungen; – Definition von Anforderungen an die inhaltliche Darstellung der rechtlichen und steuerlichen Gegebenheiten; – Vorgabe von Rahmenbedingungen für die Erstellung und Veröffentlichung von Leistungsbilanzen; – Definition von Rechenmethoden, mit denen Renditekennzahlen ermittelt werden; – Fortschreibung dieses VGI Branchenstandards entsprechend den Entwicklungen und Anforderungen der Gesetzgebung, Rechtsprechung, Verwaltung und Prospektierungspraxis sowie des IDW S 4	

	2. Zentrale Anliegen des VGI Branchenstandards	
(2)	Das zentrale Anliegen des VGI Branchenstandards ist die Vereinheitlichung der Prospektierung von geschlossenen Immobilienfonds mit den Zielen - Verbesserung des Anlegerschutzes; - Erhöhung der Markttransparenz; - Sicherung hoher inhaltlicher Prospektqualität; - Erhöhung der Rechtssicherheit durch: Zurverfügungstellung einer klaren Handlungsanweisung für die Prospektierung von geschlossenen Immobilienfonds; Zurverfügungstellung eines Branchenstandards, der auch von Gerichten im Rahmen von Prospekthaftungsverfahren als maßgeblich und ausreichend herangezogen wird	

1 Grundsätze ordnungsgemäßer Beurteilung von Prospekten über öffentlich angebotene Kapitalanlagen; Stand: 1.9.2000

2 Empfehlung zur Prospektierung geschlossener Immobilienfonds der Gesellschaft für Immobilienwirtschaftliche Forschung e.V. (Fassung vom: 18.10.1997) sowie Empfehlung zur Berechnung von Prognoserenditen für geschlossene Immobilienfonds der Gesellschaft für Immobilienwirtschaftliche Forschung e.V. (Fassung vom: 1.7.1998)

3 DFI- Report; Prospektinhaltskatalog des Deutschen Finanzdienstleistungs-Informationszentrums/DFI; Nr. 01/01

	3. Verhältnis des VGI Branchenstandards zu sonstigen Regelungen und Standards	
(3)	- Der VGI Branchenstandard für die Prospektierung von geschlossenen Immobilienfonds basiert auf gesetzlichen Regelungen, Verwaltungsvorschriften sowie der aktuellen höchstrichterlichen Rechtsprechung. Änderungen von gesetzlichen Regelungen, Verwaltungsvorschriften sowie der aktuellen höchstrichterlichen Rechtsprechung sind bei der Prospektierung entsprechend zu berücksichtigen. - Der VGI Branchenstandard für die Prospektierung von geschlossenen Immobilienfonds erfüllt den Standard IDW S 4 und ergänzt diesen unter branchenspezifischen Gesichtspunkten.	

	4. Beachtung des VGI Branchenstandards	
(4)	Die VGI-Mitglieder haben bei der Prospektierung von geschlossenen Immobilienfonds den VGI Branchenstandard und damit den IDW S 4 zu beachten.	
(5)	Dem Prospekt-Herausgeber wird empfohlen, an geeigneter Stelle den Hinweis „Prospektierung nach VGI-Branchenstandards" aufzunehmen.	
	5. Prospektgutachten	
(6)	– Der Prospekt soll durch einen Angehörigen der wirtschaftsprüfenden Berufe (Prospektgutachten) auf Einhaltung der in diese Branchenstandard und seinen Anlagen niedergelegten Richtlinien beurteilt werden (Prospektgutachten).	
	– Der Grundsatz der Gewissenhaftigkeit setzt für die Auftragsannahme voraus, dass der Wirtschaftsprüfer über ausreichende Kenntnisse der jeweiligen Kapitalanlage einschließlich der sie kennzeichnenden rechtlichen und steuerlichen Verhältnisse verfügt oder sich diese rechtzeitig verschaffen kann.	30, Satz 1
	– „Der Wirtschaftsprüfer muss über ausreichende Kenntnisse der Kapitalanlage und deren wirtschaftliches und rechtliches Umfeld verfügen bzw. sich diese Kenntnisse verschaffen, um solche Ereignisse, Entwicklungen, Gestaltungen und Übungen erkennen und verstehen zu können, die sich wesentlich auf die Prospektangaben und deren Beurteilung auswirken können."	35
	– Außerdem muss der Prospektgutachter über ausreichende Vorerfahrung auf dem Gebiet der Überprüfung von Prospekten und entsprechende Kenntnisse der Anforderungen dieses Branchenstandards verfügen.	
	„Der Wirtschaftsprüfer hat zur Voraussetzung der Auftragsannahme zu machen, dass der Auftraggeber und der Prospektherausgeber sich verpflichten, im Prospekt nicht auf das Vorliegen von Prospektgutachten oder auf das Tätigwerden eines Wirtschaftsprüfers im Rahmen der Prospektbeurteilung hinzuweisen."	31, 4. bullet point
	– Innerhalb des im Prospekt enthaltenen Investitions- und Finanzplanes darf jedoch die Kostenposition „Prospektgutachten" ohne gesonderte Erläuterung offen ausgewiesen werden.	
	– „Der Wirtschaftsprüfer hat zur Voraussetzung der Auftragsannahme zu machen, dass der Auftraggeber und der Prospektherausgeber sicht ver-	31, 5. bullet point

	pflichten, das Prospektgutachten nicht ohne Zustimmung des Wirtschaftsprüfers an Anlageinteressenten weiterzugeben oder in Auszügen zu verwenden oder ohne eine solche Verwendung in Hinweisen werblich auf die Tätigkeit des Wirtschafsprüfers zu verweisen. Der Wirtschaftsprüfer kann dem Auftraggeber die Verwendung des Gutachtens oder den Hinweis darauf, ggf. gegen Haftungsfreistellung des Auftraggebers oder unter sonstigen Auflagen, im Einzelfalls (z.B. für interne Schulungszwecke oder Informationen von Finanzanalysten) gestatten. – Bei der Auftragsannahme kann auch vereinbart werden, dass das Prospektgutachten den Anlageinteressenten nur im Rahmen einer Auskunftsvereinbarung zwischen diesem und dem Wirtschaftsprüfer ausgehändigt werden darf. In einer solchen Auskunftsvereinbarung ist auf das Prospektgutachten Bezug zu nehmen und darauf hinweisen, dass sich die Beurteilung des Prospektes auf den Stand der Erkenntnisse bis zu dem im Prospekt genannten Datum bezieht und dass keine Informationspflichten des Wirtschaftsprüfers gegenüber dem Kapitalanleger über spätere Änderungen des Verhältnisse und neue Erkenntnisse bestehen. Ferner ist zu entscheiden, ob eine ergänzende Haftungsbeschränkung (z.B. auf den Betrag der Einlage) vereinbart werden kann und soll.	32
	6. Leistungsbilanz	
(7)	Über den Herausgeber/Initiator sind Angaben über bisher von diesem durchgeführte vergleichbare Kapitalanlagen aus einer repräsentativen Phase der jüngeren Vergangenheit zu machen. Hierzu kann auf geprüfte Leistungsbilanzen verwiesen oder angegeben werden, in welchem Maße bei solchen Vorprojekten Vorhersagen über wesentliche wirtschaftliche Parameter eingehalten wurden (vgl. IDW S 4, Tz. 37)" Der VGI Branchenstandard geht über den IDW S 4 hinaus und fordert folgende zusätzlichen Voraussetzungen: – Der Prospektherausgeber muss eine aussagekräftige und vollständige Leistungsbilanz über die Durchführung bisher initiierter Kapitalanlageprodukte des Prospektherausgebers (Initiator) erstellen. Die Leistungsbilanz darf zum Zeitpunkt der Prospektherausgabe nicht älter als 2 Jahre sein. – Die Ableitung des Zahlenwerks der Leistungsbilanz aus den bestandskräftigen oder nicht bestandskräftigen Steuerbescheiden sowie aus den	Anlage 1, Punkt IX, lit.b

	diesen zugrundeliegenden Unterlagen oder aus den geprüften Jahresabschlüssen muss von einem Wirschaftsprüfer, Rechtsanwalt oder Steuerberater als zutreffend bescheinigt werden. Die Richtigkeit des Zahlenwerks der Leistungsbilanz kann aber auch durch einen Wirtschaftsprüfer, Rechtsanwalt oder Steuerberater sachkundig geprüft und schriftlich uneingeschränkt bescheinigt werden. - Die Leistungsbilanz kann, muss aber nicht Bestandteil des Prospektes sein. - Im Prospekt ist deutlich auf das Vorliegen einer Leistungsbilanz und die Möglichkeit der Anforderung oder Einsichtnahme derselben hinzuweisen. - Die Leistungsbilanz ist dem Anlageinteressenten auf dessen Wunsch zur Verfügung zu stellen. - Sind vom Prospektherausgeber noch keine vergleichbaren Vorprojekte durchgeführt worden, so ist hierauf im Prospekt hinzuweisen. Gleichzeitig sind im Prospekt die Verhältnisse, Kenntnisse und Erfahrungen der Projektverantwortlichen darzustellen, soweit sie für den Anlageerfolgt von Bedeutung sind. - Zu Aufbau und Inhalt der Leistungsbilanz wird der VGI einen gesonderten Branchenstandard formulieren.	
	7. Allgemeine Vorgaben zur Prospektierung von geschlossenen Immobilienfonds	
(8)	Geschlossene Immobilienfonds sind so zu prospektieren, dass in dem Prospekt die aus der Sicht eines verständigen und durchschnittlich vorsichtigen Anlegers für eine Anlageentscheidung erheblichen Angaben mit hinreichender Sicherheit vollständig und richtig enthalten sind und ... (dass) diese Angaben klar – d.h. gedanklich geordnet, eindeutig und verständlich – gemacht werden.	4
	8. Vollständigkeit der Prospektangaben	
(9)	„Ein Prospekt ist vollständig, wenn er alle wesentlichen Angaben zur angebotenen Kapitalanlage enthält." Der Prospekt muss somit alle wesentlichen Angaben zur angebotenen Kapitalanlage enthalten.	14, Satz 1
(10)	„Wesentlich sind sämtliche Angaben, die aus der Sicht eines verständigen und durchschnittlich vorsichtigen Anlegers für die Anlageentscheidung erheblich sind. Dabei kann davon ausgegangen werden, dass ein solcher Anleger über ein Grundverständnis für die wirtschaftlichen Gegebenheiten der angebotenen Kapitalanlage verfügt."	15

	9. Richtigkeit der Prospektangaben	
(11)	Die im Prospekt enthaltenen Angaben, wertenden Aussagen (Wertungen und Beurteilungen) und nichtverbalen Darstellungen müssen „- auch soweit sie nicht zu den nach den Anlagen zu dem IDW Standard (bzw. zu diesem VGI Branchenstandard) erforderlichen Angaben gehören - insgesamt und im Einzelnen richtig sind. Dies bedeutet: - „Soweit sich im Prospekt enthaltene Angaben auf Tatsachen beziehen" (...) müssen „die angegebenen Tatsachen zutreffend" sein. Soweit zum Zeitpunkt der Prospektherausgabe konkret erkennbar ist, dass sich wesentliche Tatsachen künftig ändern werden, ist hierauf und auf die sich daraus ergebenden Auswirkungen hinzuweisen. - „Soweit es sich um Annahmen und Schätzungen handelt," müssen „sie plausibel" sein und dürfen nicht in erkennbarem Widerspruch zu" vorhandenen „Unterlagen, erteilten Auskünften, sonstigen Angaben im Prospekt sowie allgemein (...) aufgrund der Branchenkenntnisse bekannten wirtschaftlichen Tatsachen stehen". - „Soweit es sich um Folgerungen handelt," müssen „sie aus den Tatsachen oder Annahmen sachlich und rechnerisch richtig entwickelt" werden, „also schlüssig" sein.	18 (ohne bullet point 5)
	- „Soweit es sich um wertende Aussagen handelt," müssen „sie durch Tatsachen gestützt werden". - „Soweit steuerliche" oder rechtliche „Verhältnisse die Grundlage von Berechnungen oder Beurteilungen bilden," müssen „die den steuerlichen" oder den rechtlichen „Folgerungen zugrunde liegenden Prämissen in Übereinstimmung mit dem Gesetz sowie der veröffentlichen Rechtsprechung und der veröffentlichen oder nachgewiesenen Verwaltungsauffassung zur Zeit" der Prospekterstellung „stehen und vorhandene steuerliche" oder rechtliche „Risiken deutlich" darstellen. - Soweit zum Zeitpunkt der Prospektherausgabe konkret erkennbar ist, dass sich die zur Zeit der Prospektherausgabe einschlägigen Gesetze, Rechtsprechung od. Verwaltungsauffassung künftig in für die Kapitalanlage wesentlichen Punkten ändern werden, ist hierauf und auf die sich daraus ergebenden Auswirkungen hinzuweisen. - „Die Darstellung im Prospekt" darf weder „insgesamt" noch in Teilen ein „falsches Bild von dem Anlageangebot und dem Anlageobjekt vermitteln".	21

	10. Anforderungen an Prognosen	
(12)	- „Soweit es sich um Prognosen handelt," sind „sie ausdrücklich als solche" zu kennzeichnen „, die verwendeten Prämissen" müssen „wirklichkeitsnah, die Berechnungen rechnerisch richtig und im Aufbau plausibel" sein „und" die „Risiken und Unsicherheiten" müssen „ausreichend dargestellt" werden.	18, 5. bullet point
	- „Wegen der Unsicherheit von Prognosen spiegeln einwertige Zahlenangaben vielfach eine Scheingenauigkeit vor. Derartige Unsicherheiten sind im Prospekt durch verbale Erläuterungen zu beschreiben oder in Form der Angabe von Bandbreiten erkennbar zu machen.	19, 1. Abs.
	- Die der Prognose zugrunde liegenden Annahmen und Wirkungszusammenhänge sind dort in geeigneter Form zu erläutern."	2. Abs., 1. Satz
	- „Die Prognose muss insgesamt realistisch sein und darf deshalb keine unvertretbaren, durch bloße Wunschvorstellungen geprägten Aussagen enthalten. Prognosen dürfen ferner mit den Erfahrungen aus der Vergangenheit (z.B. Mietausfall, Kostenentwicklung etc.) nicht ohne Grund in Widerspruch stehen. Der Grundsatz der Vorsicht i. S. einer eher pessimistischen oder imparitätischen Betrachtungsweise ist der Darstellung dagegen nicht zugrunde zu legen."	4. Abs.
	Der VGI Branchenstandard fordert zusätzlich:	
	- Sofern Marktprognosen, Prognosen über wirtschaftliche Entwicklungen o.ä. erwähnt oder Informationen über Absatzchancen gegeben werden, ist anzugeben, wann, von wem und in wessen Auftrag diese Prognosen erstellt wurden.	
	11. Anforderungen an wertende Aussagen	
(13)	„Enthält der Prospekt wertende Aussagen (Wertungen und Beurteilungen) des Auftraggebers (z.B. gute Bauqualität, erstklassige Ausstattung, hervorragender Standort, gute Bonität), sind diese Fakten, die zu diesen wertenden Aussagen geführt haben, im Prospekt darzulegen. Die Wertungen und Beurteilungen müssen sich an der allgemeinen Verkehrsauffassung orientieren. So wird z.B. einem Vertragspartner nur dann eine gute Bonität bescheinigt werden dürfen, wenn die über ihn eingeholten Auskünfte und Informationen diese Aussage stützen."	20

	12. Anforderungen an die Klarheit	
(14)	„Der klaren – d.h. gedanklich geordneten, eindeutigen und verständlichen – Darstellung der für die Anlageentscheidung erheblichen Angaben im Prospekt kommt besondere Bedeutung zu. Deshalb muss ... der Prospekt übersichtlich gegliedert ... (sein) und ... die mit der Kapitalanlage verbundenen Chancen und Risiken deutlich zum Ausdruck ... (bringen)." „Der Grundsatz der Klarheit erfordert eine gedankliche geordnete, eindeutige und verständliche Darstellung der Angaben. Dies setzt voraus, dass die Angaben nach sachlichen Gesichtspunkten und logisch geordnet sowie innerhalb des zugehörigen Sachgebiets systematisch gegliedert aufgeführt werden."	22 25
(15)	„Die Ausdrucksweise im Prospekt darf weder vage oder mehrdeutig sein noch dürfen Ausführungen an anderer Stelle im Prospekt relativiert werden. Trotz sachlich zutreffender Einzelangaben darf durch die gewählte Darstellungsform kein falscher Eindruck vermittelt werden (z.B. durch unzutreffende Gewichtung wesentlicher und unwesentlicher Informationen oder die einseitige Hervorhebung von Chancen ohne angemessene Betonung der entsprechenden Risiken)." <u>Bezüglich der Relativierung von Aussagen hält der VGI folgendes klarstellend fest:</u> Aussagen des Prospektes an einer Stelle dürfen an anderer Stelle im Prospekt nur dann relativiert werden, wenn: – an der einen Stelle deutlich auf die an anderer Stelle erfolgende Relativierung hingewiesen wird, oder – die Relativierung unter dem selben Gliederungspunkt im sachlogischen Zusammenhang erfolgt. „Die Struktur des Prospektes muss gewährleisten, dass die wesentlichen Aussagen und bedeutsamen Sachverhalte in übersichtlicher Weise ausreichend deutlich hervorgehoben werden."	23 26, 1. Abs
	13. Glossar	
(16)	„Begriffe, die nicht zum allgemeinen Sprachgebrauch gehören, sind zu erläutern und bspw. durch die Verwendung von Gegensätzen, Beispielen oder Abgrenzungen von ähnlichen Begriffen zu verdeutlichen. ... Fachbegriffe oder Begriffe, die unterschiedlich verstanden werden können (z.B. Rendite, Ertrag, Wirtschaftlichkeit, Steuervorteil), müssen eindeutig und allgemeinverständlich definiert	24

	irreführend verwendet werden. So ist z.B. bei Verwendung des Begriffs „Steuervorteil" im einzelnen anzugeben, welche Steuern in die Berechnung einbezogen wurden, ob und warum es sich um einen temporären oder endgültigen Vorteil handelt und ob und ggf. in welchem Umfang bei der Berechnung des Vorteils Abzinsungseffekte berücksichtigt wurden. Entsprechend ist bei der Verwendung des Begriffs „Rendite" anzugeben, worauf sich die Rendite bezieht, und wie sie im einzelnen berechnet wurde." Der VGI Branchenstandard fordert über den IDW S 4 hinaus zwingend ein alphabetisch geordnetes Glossar, das mit dem Hauptteil des Prospektes fest verbunden ist.	
(17)	„Der ausgewogenen Darstellung aller wesentlichen Aspekte kommt besondere Bedeutung zu. Die für die Vorteilhaftigkeit der Kapitalanlage maßgebenden Gesichtspunkte dürfen nicht in der Weise plakativ herausgestellt werden, dass nur die vorteilhaften Aspekte allgemeinverständlich erläutert werden, während Gesichtspunkte, die vom Anleger als negativ empfunden werden könnten, zurückhaltend kommentiert werden."	27
	III. Besonderer Teil	
	1. Formale Anforderungen an den Prospekt	
(18)	„Im Prospekt sollen die Seiten fest verbunden und durchnummeriert sein; ein Inhaltsverzeichnis ist zu empfehlen. Anlagen sollen, sofern sie wesentlich sind, mit dem Prospekt fest verbunden werden. Sind nicht fest verbundene Anlagen vorhanden, ist ein Anlagenverzeichnis erforderlich. Der Prospekt muss das Datum seiner Herausgabe sowie einen ausdrücklichen Hinwies enthalten, dass für den Inhalt des Prospektes nur die bis zu diesem Zeitpunkt bekannten oder erkennbaren Sachverhalte maßgebend sind. Eine Angabe des Datums ist auch für die nicht mit dem Prospekt festverbundenen Anlagen erforderlich." Der VGI Branchenstandard fordert über den IDW S 4 hinaus: Sämtliche Prospektseiten sind fest miteinander zu verbinden und durchzunummerieren. Anlagen sind, wenn sie mehr als eine Seite umfassen, mit Seitenzahlen zu versehen.	Anl. 1, Punkt XII

	Der Prospekt muss ein Inhaltsverzeichnis sowie ein Anlagenverzeichnis (auch für nicht fest mit dem Prospekt verbundene Anlagen) enthalten. Bei umfangreichen Grafik-, Bild- und Kartendarstellungen wird die Aufnahme eines entsprechenden Grafik-, Bild- und Kartenverzeichnisses empfohlen.	
	2. Voranzustellende ausdrückliche Hinweispflichten	
(19)	Der VGI Branchenstandard enthält die zusätzliche Forderung, dem übrigen Prospektinhalt die folgenden Hinweise stets voran zu stellen: Stand des Prospektinhaltes (= Datum seiner Herausgabe)	Anl. 1, Punkt XII, 3. Abs., 1. Satz
(20)	Der Initiator/Prospektersteller verpflichtet sich, dass für den Inhalt des Prospektes nur die bis zum Datum seiner Herausgabe bekannten oder erkennbaren Sachverhalte maßgebend sind.	Anl. 1, Punkt XII, 3. Abs., 1. Satz
(21)	Der Prospekt stellt die wirtschaftlichen und steuerlichen Auswirkungen sowie die Chancen und Risiken der Kapitalanlage lediglich typisierend, d.h. ohne Bezugnahme auf die jeweilige individuelle Situation eines konkreten Anlegers dar. Für die Beurteilung der individuellen Auswirkungen der Kapitalanlage ist eine entsprechende Fachkompetenz des Anlegers oder eine fachkundige Beratung erforderlich.	6;14 Satz 2
	3. Vorabdarstellungen	
(22)	„Die Struktur des Prospektes muss gewährleisten, dass die wesentlichen Aussagen und bedeutsamen Sachverhalte in übersichtlicher Weise ausreichend deutlich hervorgehoben werden. Hierzu trägt insbesondere bei, dass vorab – jeweils in einem gesonderten Abschnitt – zum einen die für die Kapitalanlage charakteristischen wesentlichen Aspekte sowie zum anderen die mit der Kapitalanlage verbundenen Chancen und Risiken zusammengefasst dargestellt werden (Vorabdarstellung). Dabei ist auf die eingehenderen Ausführungen in den Spezialabschnitten des Prospektes zu verweisen." Die Vorabdarstellung der mit der Kapitalanlage verbundenen wesentlichen Chancen und Risiken „darf keine über die Chancen und Risiken hinausgehenden Angaben enthalten. In diesem Abschnitt sind nur die für die Kapitalanlage wesentlichen, sie kennzeichnenden Chancen und Risiken kurz zu beschreiben." Sofern eine Kapitalanlage ausschließlich für eine genau definierbare Zielgruppe konzipiert ist, soll dies im Prospekt gleich zu Beginn entsprechend dargestellt werden.	26 Anl. 1, Punkt II, 1. u. 5. Abs.

	Der VGI Branchenstandard hält klarstellend fest bzw. fordert ergänzend: Auf die eingehenderen Ausführungen in den nachfolgenden Abschnitten des Prospektes ist unter Angabe von konkreten Fundstellen (Gliederungspunkt und Seite) zu verweisen. Die Vorabdarstellung der mit der Kapitalanlage verbundenen wesentlichen Chancen und Risiken soll insbesondere die in **Anlage 1** aufgeführten Themen behandeln. Eine bloße stichwortartige Auflistung ist nicht ausreichend.	
	4. Chancen und Risiken	
(23)	„Die ausführliche Darstellung der einzelnen Chancen und Risiken erfolgt i.d.R. in einem gesonderten Abschnitt „Chancen und Risiken". Die ausführliche Darstellung der Chancen und Risiken in den einzelnen Fachabschnitten ist ausreichend, wenn unter dem Gebot der Klarheit der Darstellungen auf eine gesonderte Darstellung der Chancen und Risiken verzichtet werden kann. Das den Anleger bei einem Misserfolg treffende maximale Risiko ist in seiner Größenordnung zu beschreiben. Dabei ist nicht von rein theoretischen Annahmen auszugehen; vielmehr sind realistische, nicht völlig unwahrscheinliche Geschehensabläufe zu unterstellen. Die für den Anleger relevanten Risiken sind nicht nur aufzulisten, sondern auch zu gewichten, um die die Kapitalanlage kennzeichnenden Risiken zu verdeutlichen. Entsprechendes gilt für die Darstellung der mit der Kapitalanlage verbundenen Chancen." Der VGI Branchenstandard hält klarstellend fest bzw. fordert ergänzend: – Die mit der konkreten Kapitalanlage verbundenen Chancen und Risiken sind in jedem Fall in einem gesonderten Abschnitt „Chancen und Risiken" ausführlich darzustellen. Hierbei ist insbesondere auf die in **Anlage 1** aufgeführten Themenbereiche einzugehen. – In Fällen, in denen nicht sichergestellt ist, dass die Beteiligungsgesellschaft das Investitionsgut zu bereits feststehenden Konditionen erwerben kann, sind die Konsequenzen darzustellen, die voraussichtlich eintreten, wenn der Erwerb des Investitionsgutes sich erheblich erschwert oder gänzlich scheitert.	Anl. 1, Punkt II, 2. u. 3. Abs.

	– Darzustellen sind auch erkennbare Risiken, die daraus resultieren, dass ggf. über Gelder der Anleger verfügt werden darf, bevor die Gesamtfinanzierung des Investitionsvorhabens (gesamte Mittelherkunft) gesichert ist. Dabei ist auch darzustellen, wer über die Gelder verfügen kann (unabhängiger Treuhänder, Geschäftsführung der Beteiligungsgesellschaft, etc.). – Die Klarheit der Darstellung erfordert insbesondere die Verwendung einer themenspezifischen Gliederung mit entsprechenden Überschriften. – Eine Gewichtung der Chancen und Risiken soll im Wesentlichen dem als Anlage 6 beigefügten Muster entsprechen.	
	5. Beschreibung des Anlageobjektes	
(24)	„Das Anlageobjekt, auf das sich das Angebot über die Kapitalanlage bezieht, ist so zu beschreiben, dass der Anlageinteressent sich eine präzise Vorstellung machen kann, von – der Art des Anlageobjektes (Immobilie, ... etc.) – den für die Nutzung des Objektes relevanten Charakteristika (z.B. Größe, technische Beschaffenheit, Einsatzmöglichkeiten etc.) – Alter, Erhaltungszustand, erkennbaren Mängeln, vorgesehenen Renovierungsarbeiten. Bezieht sich das Angebot zur Kapitalanlage auf eine Vielzahl gleichartiger Anlageobjekte (z.B. ... mehrere Immobilien), können die Anlageobjekte in gleichartigen Gruppen zusammengefasst dargestellt werden; die Identifikation des einzelnen Anlageobjektes muss aber gewährleistet bleiben. Würde die Erfüllung aller in dieser Anlage geforderten Informationen in einem solchen Fall die Klarheit der Prospektdarstellung erheblich beeinträchtigen, können Einzelangaben zusammengefasst werden oder entfallen soweit dies zur Gewährleistung von Klarheit erforderlich ist. Der zeitliche Horizont, innerhalb dessen das Anlageobjekt erworben, hergestellt und genutzt werden kann, ist darzustellen. Die für die Durchführung der Investition und die Nutzung des Anlageobjektes erforderlichen Genehmigungen sind unter Angabe der für die Erteilung der Genehmigung maßgebenden Personen zu benennen Soweit sie noch ausstehen ist der Zeitraum anzugeben innerhalb dessen mit der Erteilung der Genehmigung zu rechnen ist benennen.	Anl. 1, Punkt I

<table>
<tr>
<td></td>
<td>Soweit sie noch ausstehen, ist der Zeitraum anzugeben, innerhalb dessen mit der Erteilung der Genehmigung zu rechnen ist. Ist die Verwendungsmöglichkeit des Anlageobjektes rechtlich oder tatsächlich eingeschränkt, ist hierauf hinzuweisen. Dasselbe gilt, wenn sich das Anlageobjekt oder wesentliche Teile davon im Eigentum des Prospektherausgebers, des Auftragsgebers oder Initiators und/ oder von mit diesen kapitalmäßig oder personell verflochtenen Personen befinden, auch wenn dies zeitlich befristet ist. Sofern das Anlageobjekt noch nicht feststeht, sind die Personen oder Gremien zu benennen, welche die Anlageentscheidung treffen.Dabei sollen auch die Kriterien, nach denen die Anlageentscheidung getroffen wird, zeitliche und betragsmäßige Begrenzungen und Überwachungsmechanismen aufgeführt werden.
– Art des Bauvorhabens bzw. Gebäudes (z.B. Einfamilienhäuser, Eigentumswohnungen, Gewerbeobjekte)
– Lage des Grundstücks (z.B. Ort, Straße, Katasterbezeichnung, Verkehrsanbindung, Wohn- bzw. Geschäftslage, Lärm- oder Immissionsbelästigungen u.a.)
– Grundbuchbezeichnung
– Größe des Grundstücks
– Erschließungszustand
– Bauliche Gestaltung (z.B. Pläne und wesentliche Angaben aus der Baubeschreibung, Anzahl und Größe der Wohnungen bzw. der gewerblichen Einheiten)
– Angaben über die vorgesehene Bau- und Ausstattungsqualität sowie die vorgesehenen Maßnahmen zur Qualitätskontrolle (intern/ extern)
– Angabe, sofern im Erbbaurecht gebaut werden soll
– Bei gebrauchten Immobilien: z.B. Alter des Objekts, Erhaltungszustand, erkennbare Mängel und vorgesehene Modernisierungsmaßnahmen
– Belastungen der Immobilie in Abteilung II. oder III. des Grundbuchs sowie etwaige nicht aus dem Grundbuch ersichtliche Belastungen wie z.B. Baulasten
– Angaben zur baurechtlichen Situation (z.B. Baugebiet laut Flächennutzungs- bzw. Bebauungsplan, bauliche Nutzung, Bauantrag, Baugenehmigung, etwaige Auflagen, Nachbareinsprüche)"</td>
<td>Anl. 2, Punkt I</td>
</tr>
</table>

	Der VGI Branchenstandard fordert ergänzend eine Darstellung des Standortes: Makrostandort: z.B. Einkommensstruktur, Kaufkraft, Arbeitslosenquote, Beschäftigungs- und Wirtschaftsentwicklung, infrastrukturelle Zentralität, Wettbewerber, Standortimage, natürliche Attraktivität des Standortes sowie des Umlandes, Baulandpolitik, etc. Mikrostandort: z.B. Nahversorgungsattraktivität, infrastrukturelle Erschließung, technische Erschließung, „Adresse", Wohn- bzw. Geschäftslage, etc.	
	6. Nutzung der Kapitalanlage	
(25)	„Die Art der künftigen Nutzung des Anlageobjektes, die daraus erwarteten Einnahmen sowie die damit im Zusammenhang stehenden Ausgaben sind zu erläutern. Dabei ist anzugeben, ob es sich um Annahmen bzw. Prognosen oder um vertraglich gesicherte Beträge handelt. Soweit vertraglich gesicherte Beträge auf zeitlich begrenzten Verträgen beruhen, ist auch dies anzugeben. Um die voraussichtliche Entwicklung der Kapitalanlage darzustellen, sind Prognosen über die Entwicklung der für die Kapitalanlage wesentlichen Parameter erforderlich. Sofern Marktprognosen erwähnt oder Informationen über Absatzchancen gegeben werden, ist anzugeben, wann, von wem und in wessen Auftrag die Prognosen erstellt wurden. Im Einzelnen kommen folgende Angaben in Betracht: – Angaben zur Ertrags-/ Aufwandsvorschau - Erwartete/gesicherte Erträge bzw. Einnahmen - Erwartete/feststehende laufende Aufwendungen bzw. Ausgaben mit Aufgliederung insbesondere nach Betriebskosten, Abschreibungen, Verwaltungskosten, Zinsen. Weichen die angesetzten Abschreibungen von der angemessenen, an der Restnutzungsdauer des Anlageobjektes orientierten Abschreibung ab, ist hierauf hinzuweisen. - Überschuss/ Fehlbetrag je Periode	Anl. 1, Punkt VII

	– Angaben zur Liquiditätsvorschau - Erwartete/gesicherte Einnahmen - Erwartete/gesicherte Ausgaben mit Aufgliederung, insbesondere nach Kapitaldienst einschl. Tilgung, Betriebskosten und Verwaltungskosten - Überschuss/Fehlbetrag je Periode - Etwaige Nachschussverpflichtungen zur Deckung eines Fehlbetrages Werden über den Prognosezeitraum die erwarteten Einnahmen/Erträge oder Aufwendungen/ Ausgaben aufgrund von Erfahrungswerten der Vergangenheit verändert (z.B. in Anpassung an den allgemeinen Lebenshaltungskostenindex oder spezielle Indices), so ist hierauf hinzuweisen. Der verwendete Index sowie die Gründe für seine Anwendung in diesem Fall sind zu erläutern. Sind plangemäße Rückzahlungen (Ausschüttungen) an den Kapitalanleger vorgesehen, so ist anzugeben, ob diese durch Ertragsüberschüsse gedeckt sind und ob durch die Rückzahlung Haftungsrisiken entstehen. Ferner ist anzugeben, ob Liquiditätsüberschüsse zur Reinvestition im Rahmen des Betriebskonzepts verwandt werden dürfen oder sollen. – Angaben zur vorgesehenen Ergebnisverwendung - Rücklagenansammlungen - Ausschüttungen Wird der erwartete wirtschaftliche Erfolg der Kapitalanlage nicht nur verbal, sondern auch mittels Kennzahlen, Grafiken o.ä. dargestellt, sind die diesen Darstellungen zugrunde gelegten Annahmen zu erläutern. – Angaben zur vorgesehenen Ergebnisverwendung - Rücklagenansammlungen - Ausschüttungen Wird der erwartete wirtschaftliche Erfolg der Kapitalanlage nicht nur verbal, sondern auch mittels Kennzahlen, Grafiken o.ä. dargestellt, sind die diesen Darstellungen zugrunde gelegten Annahmen zu erläutern.	
	7. Kosten und Finanzierung der Investition	
(26)	„Die Gesamtkosten des Anlageobjektes, die der Anleger bei Direktinvestitionen direkt zu erbringen hat bzw. die bei Investitionen über eine Beteiligungsgesellschaft im Rahmen dieser Beteiligungsgesellschaft aufgebracht werden müssen, sind in zweckentsprechender Aufgliederung anzugeben. Die Aufgliederung muss erkennen lassen, welcher Teil der Gesamtkosten auf Anschaffungs- bzw. Herstellungskosten von materiellen Wirtschaftsgütern, immateriellen Wirtschaftsgütern oder auf sofort abzugsfähige Betriebsausgaben/Werbungskosten entfällt. Sofern nach Fertigstel-	Anl. 1, Punkt V

	lung bis zum Nutzungsbeginn weitere kosten anfallen, sind diese – mit geschätzten Beträgen oder mindestens ihrer Art nach – zu nennen. Bei der Aufgliederung der Gesamtkosten sind die darin enthaltenen Vergütungen an den Herausgeber des Prospektes/ den Initiator oder mit ihm verflochtene Personen oder Unternehmen ... ihrer Art nach und mindestens mit ihrem vorgesehenen Gesamtbetrag zu nennen. Bei diesen Vergütungen ist auch anzugeben, wann bzw. unter welchen Voraussetzungen sie fällig werden. ... In allen Fällen müssen die vorgesehenen Vermittlungsprovisionen für die Beschaffung des Eigenkapitals gesondert genannt werden. Es muss erklärt werden, ob diese in den Gesamtkosten enthalten sind oder nicht. Die Kosten der Gründung der Gesellschaft sind gesondert auszuweisen; es ist anzugeben, welche Vorbelastungen bestehen z.B. in Form von Aufwendungen, die in der Zeit seit Gründung der Gesellschaft bis zur Herausgabe des Prospektes angefallen sind, und wie sie gedeckt werden. Bei den einzelnen Kostenpositionen ist anzugeben, ob es sich um vertraglich in dieser Höhe vereinbarte Kosten handelt oder um Schätzungen. ... Die Auswirkungen einer Überschreitung der angegebenen Gesamtkosten sind anzugeben." „Folgende Zusatzangaben sind bei Immobilien erforderlich: – Kosten des Grund und Bodens sowie anteilige Erwerbsnebenkosten – Anschaffungs- bzw. Herstellungskosten des Gebäudes und der Außenanlagen unterteilt nach reinen Baukosten und Baunebenkosten bzw. aktivierten Finanzierungskosten – übrige nicht aktivierbare Kosten. Die jeweiligen Kostengruppen sind so aufzugliedern, dass die Entgelte für die wesentlichen Leistungsarten (z.B. Treuhandtätigkeit, Konzeptionskosten, Architektenleistung, Baubetreuung, Baukostengarantien, Finanzierungsvermittlung, Bürgschaften, Zinsgarantien, Steuerberatung, Vermittlung von Mieten, Mietgarantien, Vermittlung des Eigenkapitals etc.) erkennbar sind. Der Prospekt muss alle Angaben enthalten, die die Berechnung des Gesamtbetrages der Investition und der Kosten pro Quadratmeter Wohn- bzw. Nutzfläche ermöglichen, sofern diese Daten nicht angegeben sind."	Anl. 2, Punkt V

	Der VGI Branchenstandard fordert über den IDW S 4 hinaus: Zur Darstellung der Gesamtinvestitionskosten und deren Finanzierung ist ein Investitions- und Finanzplan zu erstellen, der im Wesentlichen dem als **Anlage 2** beigefügten Muster entsprechen soll.	
(27)	„Wird dem Anleger eine Refinanzierung der von ihm aufzubringenden Mittel angeboten, sind hierfür die entsprechenden Angaben zu machen. Hängt die erforderliche Fremdfinanzierung auch von der Bonität des Anlegers ab und hat der Anleger demzufolge Bonitätsunterlagen vorzulegen, ist hierauf hinzuweisen. Art und Umfang der Bonitätsunterlagen ist zu erläutern. Ferner ist darzustellen, welche Auswirkungen sich für den Anleger ergeben, falls seine Bonität als nicht ausreichend eingestuft wird." Der VGI Branchenstandard fordert über den IDW S 4 hinaus: Etwaige mit der Refinanzierung zusammenhängende Risiken od. steuerliche Aspekte (z.B. § 2bEStG, Sonderbetriebsausgaben/-werbungskosten) sind zu erläutern.	Anl. 1, Punkt VI 3. Abs., Satz 2–5
(28)	„Die vom Anleger und/oder der Beteiligungsgesellschaft aufzubringenden Mittel (einschließlich Darlehen, stille Einlagen oder Agio) sind mit Angabe der Zahlungstermine bzw. Zahlungs- und Freigabevoraussetzungen zu nennen. Die rechtlichen, steuerlichen und wirtschaftlichen Folgen nicht pünktlicher Zahlungen bzw. nicht fristgerechter Freigaben sind darzustellen. Beim Fremdkapital ist nach Zwischenfinanzierungs- und Endfinanzierungsmitteln unter Angabe der Konditionen (Währung, Laufzeit, Tilgungsvereinbarung, Besicherung, Damnum. Zinsen, zeitliche Zinsbindung usw.) zu unterscheiden. Es ist ausdrücklich zu erklären, ob die Fremdfinanzierungsmittel zu den genannten Konditionen verbindlich zugesagt sind oder nicht und ob sie entsprechend dem Zahlungsbedarf abgerufen werden können bzw. welche Freigabevoraussetzungen zu erfüllen sind. Es ist ferner anzugeben, welcher Anteil der Fremdfinanzierung nicht durch das Objekt selbst besichert werden kann und somit als Personalkredit anzusehen sein wird. ... Die Voraussetzungen und die Behandlung von Zuschüssen und Steuererstattungen, die in die Finanzierung einbezogen werden, ist zu erläutern. Entspricht die Gesamtfinanzierung (unter Berücksichtigung eines Damnums) nicht den Gesamtkosten, ist der Unter-	Anl. 1, Punkt VI (ohne 3. Abs., Satz 2–5)

	schiedsbetrag zu nennen und seine Verwendung oder Finanzierung zu erläutern." „Ist die Option zur Umsatzsteuer vorgesehen, sind deren Voraussetzungen zu erläutern und anzugeben, welche Auswirkungen sich auf die Finanzierung der Investition ergeben, falls die erwartete Vorsteuererstattung nicht, nicht rechtzeitig oder nicht in dem geplanten Umfang eintritt. In Betracht kommen ferner Angaben zu einer etwaigen gewerbesteuerlichen Belastung." <u>Der VGI Branchenstandard fordert über den IDW S 4 hinaus:</u> Die prospektierten Mittel müssen die prospektierten Gesamtinvestitionskosten vollständig decken. Übersteigen die prospektierten Mittel die prospektierten Gesamtinvestitionskosten, ist der Unterschiedsbetrag zu nennen und seine geplante Verwendung zu erläutern.	Anl. 2, Punkt VI
	8. Prognoserechnung	
(29)	„Der Prognosezeitraum muss in Abhängigkeit von der vorgesehenen Investition angemessen gewählt und erläutert sein. Der Prognosezeitraum darf insbesondere nicht willkürlich gewählt werden und muss daher in Fällen, in denen die Prognose durch zeitlich begrenzte Einflussfaktoren wesentlich geprägt wird (z.B. Sonderabschreibungen, Investitionszuschüsse, Mietgarantien, gesicherte Mieteinnahmen, Zinsfestschreibungen etc.), auch die Folgeperiode in ihren wirtschaftlichen Auswirkungen noch darstellen. Die am Ende des Prognosezeitraums für den Wert bzw. die Wiederverkäuflichkeit der Kapitalanlage relevanten Gesichtspunkte sind wirklichkeitsnah darzustellen. Die Prognose muss insgesamt realistisch sein und darf deshalb keine unvertretbaren, durch bloße Wunschvorstellungen geprägten Aussagen enthalten. Prognosen dürfen ferner mit den Erfahrungen aus der Vergangenheit (z.B. Mietausfall, Kostenentwicklung etc.) nicht ohne Grund in Widerspruch stehen. Der Grundsatz der Vorsicht i. S. einer eher pessimistischen oder imparitätischen Betrachtungsweise ist der Darstellung dagegen nicht zugrunde zu legen."	19, 3. Abs. 4. Abs.

	Der VGI Branchenstandard hält klarstellend fest bzw. fordert ergänzend: - Der Prospekt muss eine **Prognoserechnung** enthalten. Diese soll im Wesentlichen dem als **Anlage 3** beigefügten Muster entsprechen. - Soweit zum Zeitpunkt der Prospektherausgabe konkret erkennbar ist, dass sich die Entwicklung der Kapitalanlage nach Ablauf des im Prospekt wiedergegebenen Prognosezeitraumes wesentlich ändert, so ist hierauf und auf die sich daraus ergebenden Auswirkungen hinzuweisen. - Bei der Erstellung des Zahlenwerkes des Prospektes, insbesondere bei der Erstellung der Prognoserechnung und der Erstellung des Prospekt- Szenarios innerhalb der Sensitivitätsanalyse sollen insbesondere die nachfolgend benannten Einflussfaktoren in angemessenem Umfang berücksichtigt werden: - Anschlussfinanzierungszinssatz - Tilgung - Revitalisierungskosten - Anschlussvermietungskosten - Inflationsrate - Instandhaltungskosten - Mietausfallwagnis - Nicht umlagefähige Bewirtschaftungskosten - Veräußerungserlös Da sich die Immobilientypen und Fondskonzepte fundamental voneinander unterscheiden, ist die Anwendung von einheitlichen Kalkulationsmaßstäben nicht durchgehend möglich. Entscheidend ist, dass der Initiator die zuvor genannten Einflussfaktoren berücksichtigt und seine entsprechenden kalkulatorischen Ansätze begründet (siehe auch Anlage 5).	
	9. Prognoserenditen	
(30)	Ergänzend zum IDW S 4 konkretisiert der VGI Branchenstandard die Anforderungen an Prognoserenditen: Wenn Prognoserenditen angegeben werden, so sind diese nach Maßgabe des jeweils gültigen Erlasses der Finanzverwaltung zu § 2bEStG (aktuell nach der Methode des internen Zinsfusses gemäß dem Beispiel des Erlasses vom 22.8.2001 (BStBl. I S. 588) zu ermitteln. Sollte § 2bEStG bzw. der vorbenannte Erlass	

	der Finanzverwaltung außer Kraft treten, sind die Prognoserenditen bis auf weiteres dennoch nach der Methode des internen Zinsfusses gemäß dem Beispiel des Erlasses vom 22.8.2001 (BStBl. I S. 588) zu ermitteln. Dies gilt auch für Auslandsinvestitionen, bei denen die inländische Steuerkomponente ggf. entfällt. Mit anderen Methoden (VOFI, MISF etc.) errechnete Renditekennziffern können zusätzlich angegeben werden. Prognoserenditen müssen im Prospekt in direktem Umfeld derselben in allgemein verständlicher Sprache erläutert und in ihrer Bedeutung relativiert werden. Auf den Zusammenhang von berechneter Prognoserendite und den in der Prognoserechnung getroffenen Annahmen und Prämissen ist hinzuweisen. - Es muss klargestellt werden, dass die Renditekennziffer eine prognostizierte Größe ist, die grundsätzlich nur eintritt, wenn die getroffenen Prämissen während des Prognosehorizonts der Realität entsprechen. - Die Renditekennziffer muss anhand der Angaben, die sich aus der Prognoserechnung, der Sensitivitätsanalyse, des Investitions- und Finanzplanes, sowie der Vermögenszuwachsrechnung ergeben, nachprüfbar sein.	
	10. Sensitivitätsanalyse	
(31)	„Hängt die Wirtschaftlichkeit der Kapitalanlage von verschiedenen Parametern ab, über deren Entwicklung unterschiedliche Annahmen getroffen werden können, empfiehlt es sich, dem Anleger durch eine Sensitivitätsanalyse zu verdeutlichen, welche Auswirkungen die Veränderungen wesentlicher Parameter auf die Entwicklung der Kapitalanlage haben kann. Es ist dabei auch darauf einzugehen, wie wahrscheinlich die jeweilig unterstellten Szenarien sind (Gewichtung). D.h. eine solche Prognose soll zeigen, welche Zukunftsentwicklungen im Lichte des aktuellen Wissensbestandes möglich sind und für wie wahrscheinlich der Initiator das Eintreten der verschiedenen Szenarien unter Einbeziehung der denkbar ungünstigsten Entwicklung (worst case) einstuft." Der VGI Branchenstandard hält klarstellend fest bzw. fordert ergänzend: - Durch eine Sensitivitätsanalyse ist im Prospekt zu verdeutlichen, welche Auswirkungen die Veränderung (Variation) wesentlicher Parameter auf die Entwicklung der Kapitalanlage haben kann.	19, 2. Abs., Satz 2–4 (siehe auch Anl. 1, Punkt II, 4. Abs.)

	– Die Auswirkungen sind anhand des prognostizierten Kapitalrückflusses beim Anleger darzustellen. – Die wesentlichen Parameter sind einzeln, geordnet nach der Auswirkung ihrer Variation auf den voraussichtlichen Kapitalrückfluss beim Anleger aufzuführen (Einzel-Szenario). Dabei ist mit der größten Auswirkung zu beginnen. – Die Variation der einzelnen Parameter soll um eine der Risikostruktur der Kapitalanlage angemessene Bandbreite nach oben und unten erfolgen. – Es ist darauf hinzuweisen, dass es sich bei der Bandbreite nicht um eine Betrachtung des besten oder schlechtesten möglichen Falles handelt, sondern auch größere oder geringere Abweichungen nicht auszuschließen sind. – Zusätzlich zur Darstellung des Einflusses der Variation jedes einzelnen wesentlichen Parameters auf den Kapitalrückfluss (Einzel-Szenario) sind auch die kumulierten Variationen von drei sich negativ (Risiken-Szenario) bzw. positiv (Chancen-Szenario) auf den Kapitalrückfluss auswirkenden wesentlichen Parameter darzustellen. Die Variation jedes einzelnen wesentlichen Parameters im Rahmen des Risiken- Szenarios bzw. des Chancen- Szenarios muss der Variation des jeweiligen Parameters im Rahmen des Einzel- Szenarios entsprechen. – Ergänzend können Prognoserenditen zu den jeweiligen Szenarien angegeben werden. – Die Sensitivitätsanalyse soll im Wesentlichen dem als **Anlage 4** beigefügten Muster entsprechen.	
	11. Rückabwicklung und Beendigung der Kapitalanlage	
(32)	„In Fällen, in denen nicht sichergestellt ist, dass der Anleger bzw. die Beteiligungsgesellschaft das Anlageobjekt erwerben kann, sind die für den Fall einer Rückabwicklung vorgesehenen Regelungen darzustellen. Es sind die Voraussetzungen anzugeben, unter denen eine für den Anlageinteressenten schadenfreie Rückabwicklung möglich ist bzw. welches Risiko der Anlageinteressent bei einer Rückabwicklung läuft. Erforderlich ist die Angabe der Möglichkeit, der Bedingungen und der wirtschaftlichen und steuerlichen Auswirkungen einer Beendigung einer Kapitalanlage (Veräußerung, Rückgabe des erworbenen Anteils, Auflösung der Objektgesellschaft, Kündigung). Die für die Berechnung des Kapitalrückflusses an den Anleger	Anl. 1, Punkt VIII

	maßgebenden Faktoren (Preis- bzw. Wertermittlungsmethoden) sind anzugeben. Ferner ist anzugeben, wenn die Beendigung der Kapitalanlage auch gegen den Willen des Anlegers von dritter Seite herbeigeführt werden kann (z.B. Ankaufsoptionen, Kündigungsrechte Dritter)." Der VGI Branchenstandard fordert über den IDW S 4 hinaus: Ist eine jederzeitige Veräußerung des Investitionsgutes bzw. der Beteiligung an der Beteiligungsgesellschaft erfahrungs- oder erwartungsgemäß nicht oder nur eingeschränkt bzw. mit Erschwernissen oder Preisabschlägen realisierbar und liegt somit eine eingeschränkte Fungibilität des Investitionsgutes bzw. der Anteile an der Beteiligungsgesellschaft vor, so sind dieses Risiko und die Gründe dafür zu erläutern. Dieser Hinweis muss auch im Rahmen der Chancen-/ Risiken-Darstellung erfolgen.	
	12. Mieter und Mietverträge	
(33)	„Sind die für die Nutzung des Anlageobjektes wesentlichen Mietverträge bereits abgeschlossen, sind die bedeutsamen Aspekte des Mietverhältnisses zu erläutern. Hierzu zählen: – Berechnung der Miete und etwaiger Steigerungsraten – Regelung zur Instandhaltung – Dauer des Mietverhältnisses und Optionen sowie deren Voraussetzungen – Bonität wesentlicher Mieter und gestellte Sicherheiten – Auswirkungen des Auslaufens von Generalmietverträgen oder Mietgarantien – Modalitäten der Nebenkostenabrechnung – Regelungen über Untermietverhältnisse – Auswirkungen der Tätigkeit des Mieters auf eine etwa geplante Umsatzsteueroption – Berechtigung zu Einbauten, Ausbauten oder Umbauten sowie deren Schicksal bei Beendigung des Mietverhältnisses"	Anl. 2, Punkt VII

<table>
<tr><td></td><td><u>Der VGI Branchenstandard fordert über den IDW S 4 hinaus die Erläuterung folgender Aspekte:</u>
- Vertragsparteien (Firma, Sitz)
- Daten des Vertragsschlusses des Hauptvertrages sowie etwaiger Nachträge
- Mietzweck
- Kündigungsmöglichkeiten und -fristen beider Vertragsparteien
- Mietfläche
- Höhe und Berechnung des Mietzinses je qm und insgesamt sowie nach Nutzungen differenziert
- Höhe der Nebenkosten und Erläuterung, in welchem Maß die Nebenkosten auf die Mieter umgelegt werden können, sowie Modalitäten der Nebenkostenabrechnung
- Vermieter-Incentives (mietfreie Zeiten, etc.)
Bei Hauptmietverträgen (vgl. Ziffer 37) sind die vorgenannten Aspekte stets zu erläutern.
Bei Generalmietverträgen und Mietgarantien sind die Auswirkungen des Auslaufens der Generalmietverträge oder Mietgarantien stets zu erläutern.</td><td></td></tr>
<tr><td></td><td>13. Rechtliche Grundlagen</td><td></td></tr>
<tr><td>(34)</td><td>„Ist das Angebot über die Kapitalanlage darauf ausgerichtet, dass jeder Anleger individuelles Eigentum an einem Anlageobjekt (z. B. einer Eigentumswohnung) erwirbt, ist der wesentliche Inhalt des hierzu vorgesehenen Vertrages darzustellen. Dies gilt auch dann, wenn der Vertrag dem Prospekt im Wortlaut beigefügt ist.
... Ist vorgesehen, dass der Anleger sich zum Erwerb des Anlageobjektes mit anderen Anlegern zu einer Gesellschaft zusammenschließt, sind zusätzlich zu den Angaben über den Erwerb des Objektes ... auch über die Gesellschaft, an der der Anleger sich beteiligen soll, folgende Angaben zu machen, und zwar auch dann, wenn der Gesellschaftsvertrag dem Prospekt im Wortlaut beigefügt ist:
- Typus der Gesellschaft und Typus der Beteiligung (z.B. AG, GmbH, KG, OHG, stille Beteiligung o.Ä.)
- vorgesehenes Gesamtkapital der Gesellschaft, derzeit vorhandenes Kapital der Gesellschaft, Stückelung der Gesellschaftsanteile
- für den Anleger relevante Zahlungsbedingungen; vom Anleger anlässlich der Beteiligung zu zahlende Provisionen, Aufgelder oder Ähnliches</td><td>Anl. 1, Punkt III</td></tr>
</table>

	– Rechte und Pflichten als Gesellschafter – Haftungsrisiken (z. B. aufgrund überschießender Haftsumme im Handelsregister, Haftung für Einzahlungen der Mitgesellschafter, Haftung des Kommanditisten für Entnahmen) – Angaben über die geschäftsführenden Gesellschafter, die diesen zustehende Vergütung, sonstige Rechte und Pflichten – Kündigungs- und Rücktrittsrechte (z.B. bei nicht vollständiger Plazierung des vorgesehenen Gesellschaftskapitals) und deren Folgen – Bewertungsregeln für die Ermittlung des Abfindungsguthabens im Falle des Ausscheidens aus der Gesellschaft – Möglichkeiten zur entgeltlichen und unentgeltlichen Übertragung des Gesellschaftsanteils – überraschende oder ungewöhnliche Klauseln (z.B. Kündigungsrecht Dritter, Ankaufsrechte Dritter) – im Gesellschaftsvertrag vorgesehene Termine oder Fristen, die ein Anleger zur Wahrung seiner Interessen beachten sollte – bestehende oder von Mitgesellschaftern auch gegen den Willen des Anlegers begründbare Nachschusspflichten, Verpflichtungen zur Übernahme von Bürgschaften oder ähnlichen Risiken – Darstellung etwa vorhandener Beiräte, deren Funktion, Vergütung und Rechte." „Über die in einem gesonderten Abschnitt darzustellenden rechtlichen Verhältnisse des Beteiligungsangebotes hinaus sind alle für das Beteiligungsobjekt, dessen Erwerb oder Herstellung, dessen Nutzung oder Verkauf maßgebenden vertraglichen Beziehungen darzustellen. Dabei kann über gleichartige Verträge zusammengefasst berichtet werden. Zum wesentlichen Inhalt von Verträgen gehören in der Regel: – Vertragspartner – Gegenstand des Vertrages – Leistungen und Vergütungen sowie Rechte und Pflichten aus gesellschaftsrechtlichen Vereinbarungen – Zahlungsmodalitäten – Haftungen und Gewährleistungen der jeweiligen Vertragspartner und deren Begrenzung	Anl. 1, Punkt IX lit. c–e

	– Vollmachten – Informations-, Kontroll- und Mitwirkungsrechte – Kündigungs- und Rücktrittsrechte und deren Folgen – aufschiebende und auflösende Bedingungen sowie sonstige Auflösungen des Vertrages und deren Folgen – vertragliche Verfügungsbeschränkungen – anzuwendendes ausländisches Recht und ggf. gesondert vereinbarter Gerichtsstand. Die Darstellung des wesentlichen Inhalts eines Vertrages kann auch durch wörtliche Wiedergabe oder Verweis auf die entsprechenden Bestimmungen des beigefügten Vertrages erfolgen. Sofern die Verträge für den Anleger aus sich selbst heraus leicht zu verstehen sind, genügt auch deren Beifügung. In jedem Fall muss auf ungewöhnliche Vertragsbestimmungen ausdrücklich hingewiesen werden." „Als Verträge, deren wesentlicher Inhalt im Prospekt darzustellen ist, kommen bei Immobilien insbesondere in Betracht: – Grundstückskauf- bzw. Erbbaurechtsverträge – Teilungserklärung nach WEG – Verwalterverträge nach WEG – Verträge über die Herstellung des Anlageobjekts, (z.B. Baubetreuungsverträge, Architektenverträge und ähnliche Verträge, Generalunternehmerverträge oder Generalübernehmerverträge) – Versicherungsverträge – Finanzierungsbetreuungsverträge, Finanzierungsvermittlungsverträge, Kreditverträge oder Kreditangebote – Bürgschaftsverträge, Gewährleistungsverträge (z.B. Anzahlungsbürgschaften, Fertigstellungsgarantien, Gewährleistungsbürgschaften, Bürgschaften nach der MaBV, AUK-Kostengarantien, Zinsgarantien, Mietgarantien, Bürgschaften für Fremdmittel) – Mietvermittlungsverträge – Generalmietverträge und wesentliche Einzelmietverträge – Beratungsverträge, Steuerberatungsverträge"	Anl. 2, Punkt IX

	Der VGI Branchenstandard hält klarstellend fest bzw. fordert ergänzend: Neben den bisher genannten können folgende Verträge wesentlich sein: - Optionsverträge, insbesondere das Investitionsgut betreffende Put- und/oder Call-Optionen - Rechtsberatungsverträge; - Platzierungsgarantievertrag; - Treuhandvertrag; - Mittelverwendungskontrollvertrag; - Eigenkapitalvermittlungsvertrag; - Vertrag über die Vermittlung von Vertriebspartnern/von Gründungsgesellschaftern; - Geschäftsbesorgungsvertrag; - Verträge über die Verwaltung des Investitionsgutes; - Verträge über die Verwaltung der Beteiligungsgesellschaft; - Verträge über die Herstellung des Emissionsprospektes; - Verträge über die Erbringung von Konzeptionsleistungen. Folgende Verträge sind im Prospekt stets sowohl vollständig wörtlich wiederzugeben, als auch hinsichtlich ihres wesentlichen Inhalts zu erläutern: - Gesellschaftsvertrag der Beteiligungsgesellschaft - Treuhandvertrag - Mittelverwendungskontrollvertrag Hinsichtlich der Darstellung der mietrechtlichen Verhältnisse kann im Rahmen des Abschnittes „Rechtliche Grundlagen" unter Angabe von Gliederungspunkt und Seite stets auf die Ausführungen im Abschnitt „Mieter und Mietverträge" verwiesen werden. Hinsichtlich der Darstellung von sonstigen rechtlichen Verhältnissen kann im Rahmen des Abschnittes „Rechtliche Grundlagen" unter Angabe von Gliederungspunkt und Seite auf die Ausführungen in anderen Abschnitten des Prospektes verwiesen werden, wenn und soweit dadurch die Möglichkeit des Anlegers, eine präzise Vorstellung von den rechtlichen Verhältnissen zu entwickeln (insgesamt oder hinsichtlich der Teile, hinsichtlich derer verwiesen wird) nicht erschwert wird.	

	14. Steuerliche Verhältnisse	
(35)	„Die steuerliche Konzeption des Angebots zur Kapitalanlage ist im einzelnen darzustellen. Dabei sind die steuerlichen Auswirkungen in der Investitionsphase/Erwerbsphase von denen in der Nutzungsphase und bei Beendigung der Kapitalanlage zu trennen. Ist ausländisches Steuerrecht zu beachten, sind die Ausführungen in Abschn. X. zusätzlich zu beachten. In die Darstellung der steuerlichen Konzeption sind nicht nur die ertragsteuerlichen und ggf. die erbschafts- und schenkungssteuerlichen Auswirkungen beim Anleger einzubeziehen, sondern auch zu berücksichtigende Verkehrsteuern (z.B. Grunderwerbsteuer), die Umsatzsteuer, das Anlageobjekt selbst treffende Steuern (Grundsteuer) sowie zusätzliche Belastungen und Abgaben, auch wenn sie nicht ausdrücklich als Steuer zu bezeichnen sind (z.B. Gewerbesteuer, Kirchensteuer, Solidaritätszuschlag, Ergänzungsabgaben zur Einkommensteuer oder ähnliches). Die Gesamtkosten der Investition sind zur Erläuterung des steuerlichen Konzeptes der Kapitalanlage in nicht abschreibbare/ abschreibbare Wirtschaftsgüter sowie sofort abzugsfähige Betriebsausgaben/ Werbungskosten nachvollziehbar aufzugliedern. Bei der steuerrechtlichen Beurteilung ist ausdrücklich zu erklären, ob diese unter Berücksichtigung des Gesetze, der veröffentlichten Rechtsprechung oder der Erlasse der Finanzverwaltung gesichert oder umstritten ist. Ist die steuerrechtliche Beurteilung in wesentlichen Punkten umstritten, sind die Auswirkungen in ihrer Größenordnung darzulegen, die sich ergeben, falls sich die dem steuerlichen Konzept zugrunde gelegte Beurteilung letztlich nicht durchsetzen lässt. Ist die steuerliche Konzeption bereits bei früheren Anlageobjekten des Prospektherausgebers/ Initiators verwandt worden, so ist der Stand der steuerlichen Anerkennung sowie etwaiger zwischenzeitlich eingetretener Änderungen der Rechtslage anzugeben. Falls die steuerlichen Auswirkungen im Prospekt dargestellt werden, sind die zugrunde gelegten Prämissen (der zugrunde gelegte Einkommensteuersatz, mit oder ohne Kirchensteuer, Solidaritätszuschlag etc.) anzugeben. Sofern bei der Darstellung der Gesamtfinanzierung der Kapitalanlage davon ausgegangen wird, dass Eigenkapital des Anlegers teilweise aus Steuererstattungen finanziert wird, ist anzugeben, wann mit den entsprechenden Erstattungen im Regelfall zu rechnen ist und welche Voraussetzungen hierfür eingehalten werden müssen."	Anl. 1, Punkt IV

	Der VGI Branchenstandard hält klarstellend fest bzw. fordert ergänzend: – Die Gesamtkosten der Investition sind entweder im Prospekt, oder gegenüber dem Prospektgutachter nachvollziehbar in abschreibbare und nicht abschreibbare Wirtschaftsgüter sowie sofort abzugsfähige Betriebsausgaben bzw. Werbungskosten aufzuteilen. – Auf das generelle Risiko, dass: - die dem Prospekt zugrunde gelegte steuerliche Beurteilung durch die Finanzverwaltung und die Finanzgerichtsbarkeit möglicherweise nicht bzw. nicht vollständig anerkannt wird, - sich während der Dauer der Kapitalanlage die steuerlichen Rahmenbedingungen, insbesondere die Rechtsprechung, die Beurteilung durch die Finanzverwaltung, die Steuergesetze und die Steuersätze ändern können, ist explizit hinzuweisen. – Das steuerliche Verfahrensrecht ist in seinen für die Kapitalanlage maßgeblichen Grundzügen darzustellen (z.B.: erforderliche Steuererklärungen und die dafür maßgeblichen Abgabefristen, Berücksichtigung der steuerlichen Ergebnisse der Beteiligungsgesellschaft bei der persönlichen Steuerveranlagung des Kapitalanlegers, Sonderbetriebsausgaben bzw. -werbungskosten, Verzinsung, Steuernachforderungen bzw. -erstattungen)	
	15. Wesentliche Vertragspartner und Vertrauensträger	
(36)	„Über den Herausgeber des Prospektes und, falls Initiatoren im Prospekt genannt werden, die nicht mit dem Herausgeber identisch sind, auch über diese, sind die folgenden Angaben zu machen, sofern es sich hierbei nicht um im Wirtschaftsleben allgemein bekannte Unternehmen, wie z.B. Banken, Versicherungen, börsennotierte Gesellschaften oder ähnliche Institutionen handelt: – Firma und Anschrift – Registergericht, Registernummer und Tag der ersten Eintragung – Höhe des haftenden Kapitals sowie der geleisteten Einlagen – Name und Wohnort persönlich haftender Gesellschafter und von Gesellschaftern mit Anteilen oder Stimmrechten von mehr als 25 %	Anl. 1, Punkt IX, lit. a

	– Name und Wohnort der gesetzlichen Vertreter. „Über die wesentlichen Vertragspartner, über eingeschaltete Sachverständige und Gutachter sind die gleichen Angaben zu machen wie gemäß Buchst. a) über den Herausgeber des Prospektes."	lit. f
	„Kapitalmäßige und/oder personelle Verflechtungen zwischen dem Herausgeber des Prospektes/Initiator und/oder den in Abschn. IX. genannten Vertragspartnern, Sachverständigen und Gutachtern sowie Abhängigkeiten der mit Kontrollfunktionen beauftragten Personen sind darzustellen. Eine kapitalmäßige Verflechtung ist gegeben, wenn die Beteiligung allein oder zusammen mit Beteiligungen der anderen Vertragspartnern oder von nahen Angehörigen i.S.v. § 15 Abs. 1 Nr.2–4 AO direkt oder indirekt mindestens 25 % des Nennkapitals der Gesellschaft beträgt oder Stimmrechte oder Gewinnbeteiligungen in diesem Umfang gewährt. Personelle Verflechtungen sind dann gegeben, wenn mehrere wesentliche Funktionen im Rahmen des Gesamtprojektes durch die gleiche Person, durch nahe Angehörige i.S.d. § 15 Abs. 1 Nr. 2–4 AO oder durch dieselbe Gesellschaft wahrgenommen werden. Dies gilt auch, wenn eine solche Funktion durch einen mit mindestens 25 % beteiligten Gesellschafter oder durch Geschäftsleiter wahrgenommen wird. Als mit einer Kontrollfunktion beauftragte Personen gelten z.B. Treuhänder, Mitglieder von Aufsichtsorganen oder Gutachter. Es ist anzugeben, wenn diese Personen in naher Beziehung geschäftlicher Art zum Herausgeber/Initiator oder zu wesentlichen Vertragspartnern gemäß Abschn. IX. stehen. Auch sonstige, das Anlageobjekt selbst, seine Herstellung, seine Finanzierung, Nutzung oder Verwertung betreffende Vereinbarungen zwischen den in Abschn. IX. aufgeführten Personen bzw. Unter- nehmen sind zu nennen und zu erläutern. Dazu gehören beispielsweise Vereinbarungen über Provisionen, Rabatte oder sonstige Rückgewähr, die nicht dem Anlageobjekt zugute kommen, Kompensationsgeschäfte oder Ergebnisbeteiligungen. Falls solche Abreden nach Kenntnis des Prospektherausgebers/ Auftragsgebers nicht bestehen, ist dies im Prospekt zu erklären." <u>Der VGI Branchenstandard hält klarstellend fest bzw. fordert ergänzend:</u> Neben den bisher geforderten Mindestangaben ist zusätzlich der Unternehmensgegenstand des Vertragspartners anzugeben.	Anl. 1, Punkt XI

	Zu den für das Investitionsvorhaben wesentlichen Vertragspartnern gehören in der Regel insbesondere: - Grundstücksverkäufer - Erbbaurechtsverpflichteter (Grundstückseigentümer) - Generalüber- und -unternehmer; Hauptmieter, d.h. Mieter, die allein mehr als 10% (zehn Prozent) der jährlichen Nettomieteinnahmen des Fonds repräsentieren; - Garantiegeber. Die vorstehenden Mindestangaben zu den Hauptmietern müssen nicht im Abschnitt „Wesentliche Vertragspartner und Vertrauensträger" enthalten sein, wenn diese Mindestangaben im Abschnitt „Mieter und Mietverträge" dargestellt werden und im Abschnitt „Wesentliche Vertragspartner und Vertrauensträger" unter Angabe von Gliederungspunkt und Seite auf die entsprechenden Ausführungen im Abschnitt „Mieter und Mietverträge" verwiesen wird. Wenn zwischen den vorbezeichneten Personen bzw. Unternehmen und / oder zwischen diesen und etwaigen sonstigen mit Kontrollfunktion beauftragten Personen (z.B. Mitglieder von Aufsichtsorganen) keine kapitalmäßige und/oder personelle Verflechtungen, Abhängigkeiten und/oder Interessenkonflikte bestehen, so ist dies im Prospekt explizit zu erklären (Negativfeststellung). Wenn zwischen den vorbezeichneten Personen bzw. Unternehmen keine das Anlageobjekt, seine Herstellung, Finanzierung, Nutzung oder Verwertung betreffende Vereinbarungen (z.B. Vereinbarungen über Provisionen, Rabatte oder sonstige Rückgewähr, die nicht dem Anlageobjekt zugute kommen, Kompensationsgeschäfte oder Ergebnisbeteiligungen, etc.) bestehen, ist dies im Prospekt explizit zu erklären (Negativfeststellung).	
	16. Risiken und Besonderheiten bei Auslandssachverhalten	
(37)	Bei Kapitalanlagen mit Auslandsbezug sind die sich hieraus ergebenden speziellen Risiken und Besonderheiten darzustellen und besonders zu erläutern. Solche Risiken können z.B. sein: - Währungsrisiken - Risiken und Besonderheiten aus Beschränkungen des freien Kapitalverkehrs - rechtliche oder politische Risiken und Besonderhei-	Anl. 1, Punkt X

		ten, die Ausländer bei solchen Investitionen zu gegenwärtigen haben	
	–	steuerliche Risiken und Besonderheiten, die sich aus dem deutschen bzw. ausländischen Steuerrecht oder aus Doppelbesteuerungsabkommen ergeben	
	–	Risiken und Besonderheiten des ausländischen Rechtssystems, die vom deutschen Rechtsverständnis abweichen und deshalb besonders erläuterungswürdig sind	
	–	Risiken und Besonderheiten aus im Ausland abweichenden Usancen.	

Anlage 1: Vorabdarstellung der Chancen und Risiken

Die Vorabdarstellung der Chancen und Risiken darf sich nicht auf eine bloße stichwortartige Aufzählung beschränken.

1. In der Regel zu behandeln sind folgende Chancen und Risiken:

- Finanzierung
- Fungibilität
- Inflation
- Instandhaltung, Instandsetzung, Revitalisierung
- Kalkulierter Gesamtaufwand
- Maximalrisiko (z.B.: Totalverlustrisiko)
- Vermietung, Einnahmen (cash flow)
- Wertentwicklung

2. Bei konkreter Veranlassung sind darüber hinaus folgende Chancen und Risiken zu behandeln:

- Altlasten
- Asset Management
- Bauherren- und Bauqualitätsrisiko
- Denkmalschutz, historische Ausgrabungen
- Fondsschließung, sofern keine Platzierungsgarantie vorliegt
- Nachschußpflichten, § 172 HOB Währungsrisiken
- Sonstige produktspezifische Chancen und Risiken

Anlage 2: Investitions- und Finanzplan

	€	€	in % der GIK
A. Mittelverwendung			
Anschaffungs- / Herstellungskosten			
Grundstück			
Gebäude			
Baukosten			
Baunebenkosten			
Sanierungskosten			
Betriebsvorrichtungen			
Außenanlagen			
Baukosten			
Baunebenkosten			
N.N.			
Erwerbsnebenkosten			
Grunderwerbsteuer			
Makler			
Notar			
Grundbuch			
N.N.			
Zwischenfinanzierungszinsen			
Dienstleistungshonorare			
Gründungskosten			
Finanzierungsvermittlung			
Beschaffung Gesellschaftskapital			
Prospekt			
Konzeption			
Prospektgutachten			
Rechtsberatung			
Steuerberatung			
Anderkontenführung			
Eintragung Handelsregister			
Treuhandtätigkeit			
Verkehrswertgutachten			
Standortgutachten			
Architekt			
Projektsteuerung			
Bauabnahme			
N.N.			
Garantiekosten			
Platzierungsgarantie			
Bürgschaften			
Mietgarantie			
Zinsgarantie			
Baukostengarantie			
Vertragserfüllungsbürgschaft			
N.N.			
Finanzierungskosten			
Disagio			
Zinsvorauszahlung			
N.N.			
Sonstige Kosten			
Nicht abziehbare Vorsteuer			
Vergütung Gründungsgesellschafter			
N.N.			
Liquiditätsreserve			
Unvorhergesehenes, Sonstiges			
Gesamtinvestitionskosten (GIK)			
B. Mittelherkunft			
Eigenkapital (ohne Agio)			
Agio			
Zuschüsse			
Fremdkapital (Endfinanzierung)			
Sonstiges			
Gesamtkapital			

Dieses Muster eines Investitions- und Finanzplanes ist der konkret prospektierten Kapitalanlage inhaltlich und gliederungstechnisch sachgerecht anzupassen.

Anlage 3: Muster einer Prognoserechnung für Inlandsinvestitionen

		1	2	3	4	5	...	20
A. Liquiditätsentwicklung	Indexierung							
Einnahmen								
Mieteinnahmen								
Mietausfallwagnis								
Zinseinnahmen (nach ZASt)								
Zuschüsse								
Sonstige Einnahmen								
Summe der Einnahmen								
Ausgaben								
Erbbauzins								
Bewirtschaftung								
Nicht umlegbare Bewirtschaftungskosten								
Revitalisierung								
Laufende Instandhaltung								
Anschlussvermietung								
Verwaltungskosten Objekt								
Dienstleistungen								
Verwaltungskosten Fonds								
Komplementärvergütung								
Treuhänder								
Geschäftsbesorger								
Steuerberater								
Beirat								
Jahresabschlussprüfung								
Sonstige								
Kapitaldienst								
Zinsen								
Tilgung								
Summe der Ausgaben								
Liquiditätsüberschuss								
Ausschüttung								
Komplementär								
Kommanditisten								
in % des Eigenkapitals (ohne Agio)								
Liquiditätsreserve								

		1	2	3	4	5	...	2(
B. Steuerliches Ergebnis								
Liquiditätsüberschuss								
Abschreibungen								
Mieterdarlehen								
Tilgung								
Gewinn / Verlust								
Anteilig Komplementär								
Anteilig Kommanditisten								
in % des Eigenkapitals								
C. Darlehensstand								
Kurzfristige Fremdfinanzierung								
Langfristige Fremdfinanzierung								
Gesamt								

Dieses Muster einer Prognoserechnung ist der konkret prospektierten Kapitalanlage inhaltlich und gliederungstechnisch sachgerecht anzupassen.

Anlage 4: Sensitivitätsanalyse

Parameter	Verschlechterung um X %	Annahmen gemäß Ergebnisprojektion	Verbesserung um X %
1. Inflationsrate			
Veränderung der Inflationsrate um +/- X %			
Summe Ausschüttungen 2003 – 20..			
Veräußerungserlös			
Vermögenszuwachs			
Saldo Steuerzahlungen 2003 – 20..			
Rendite p.a. nach Steuern			
2. Mietausfallwagnis			
Veränderung der Mieteingänge bei Ausfall von vertraglich geschuldeten Mieten um +/- X %			
Summe Ausschüttungen 2003 – 20..			
Veräußerungserlös			
Vermögenszuwachs			
Saldo Steuerzahlungen 2003 – 20..			
Rendite p.a. nach Steuern			
3. Anschlussvermietung			
Veränderung der Miete nach jeweiligem Ablauf der Festmietzeit um +/- X %			
Summe Ausschüttungen 2003 – 20..			
Veräußerungserlös			
Vermögenszuwachs			
Saldo Steuerzahlungen 2003 – 20..			
Rendite p.a. nach Steuern			
4. Fremdfinanzierungszinsen			
Veränderung des Nominalzinssatzes für die Anschlussfinanzierung um +/- X %			
Summe Ausschüttungen 2003 – 20..			
Veräußerungserlös			
Vermögenszuwachs			
Saldo Steuerzahlungen 2003 – 20..			
Rendite p.a. nach Steuern			
5. Instandhaltung / Reparaturen			
Veränderung der Kostenposition Instandhaltung / Revitalisierung / Großreparatur um +/- X %			
Summe Ausschüttungen 2003 – 20..			
Veräußerungserlös			
Vermögenszuwachs			
Saldo Steuerzahlungen 2003 – 20..			
Rendite p.a. nach Steuern			
6. Veräußerungserlös			
Veränderung des Vielfachen der Jahresnettomiete um -/+ X %			
Summe Ausschüttungen 2003 – 20..			
Veräußerungserlös			
Vermögenszuwachs			
Saldo Steuerzahlungen 2003 – 20..			
Rendite p.a. nach Steuern			
7. Zusammentreffen von drei wesentlichen Parametern	**Negativszenario**	**Annahmen der Ergebnisprojektion**	**Positivszenario**
1. Inflationsrate			
2. Mietausfallwagnis			
3. Anschlussvermietung			
Summe Ausschüttungen 2003 – 20..			
Veräußerungserlös			
Vermögenszuwachs			
Saldo Steuerzahlungen 2003 – 20..			
Rendite p.a. nach Steuern			

Zusätzlich erforderlich sind Fußnoten zur Erläuterung nach Bedarf.
Dieses Muster einer Sensivitätsanalyse ist der konkret prospektierten Kapitalanlage inhaltlich und gliederungstechnisch sachgerecht anzupassen. Weitere Parameter sind bei Bedarf zu ergänzen. Die Abweichung soll grundsätzlich 20 % betragen. Der Verkaufsfaktor für die Immobilie kann beispielsweise davon abweichen.

Anlage 5: Kalkulationsgrundlagen für die Erstellung des Zahlenwerkes

Für die Erstellung des Zahlenwerkes des Prospektes, insbesondere für die Erstellung der Prognoserechnung und die Erstellung des Prospekt-Szenarios innerhalb der Sensitivitätsanalyse soll von den nachfolgenden Kalkulationsgrundlagen ausgegangen werden.

Weicht der Prospekt von diesen Kalkulationsgrundlagen ab, so muss auf diese Abweichung von den üblichen Vorgaben des VGI-Branchenstandards im Prospekt im Rahmen der Erläuterung der Prognoserechnung ausdrücklich, konkret und in deutlicher Form hingewiesen werden. Darüber hinaus sind im Zusammenhang mit dem Hinweis die Gründe für diese Abweichung zu erläutern.

1. Anschlussfinanzierungszinssatz

Der Anschlussfinanzierungszinssatz soll sich an den von der Europäischen Zentralbank oder vergleichbaren Instituten (z.B. Deutsche Bundesbank) bzw. sonstigen Sammlungen veröffentlichten Zehnjahresdurchschnittszinssätzen von Krediten orientieren, deren Konditionen im Wesentlichen (u.a. Laufzeit, Währung, Besicherung, Volumen, Verwendungszweck) den Konditionen des im Zeitpunkt der Anschlussfinanzierung einzudeckenden Kredites entsprechen. Hierbei ist auf den im Zeitpunkt der Prospektherausgabe zuletzt abgelaufenen veröffentlichten Zehnjahreszeitraum abzustellen.

Die Konditionenfestschreibung (insbesondere die Festschreibung des Zinssatzes) des im Zeitpunkt der Anschlussfinanzierung einzudeckenden Kredites soll im Regelfall mit zehn Jahren unterstellt werden.

Es ist nicht zu beanstanden, wenn aus Vereinfachungsgründen auf die von der Deutschen Bundesbank veröffentlichten Statistiken „Sollzinsen Banken/Hypothekarkredite auf Wohngrundstücke zu Festzinsen auf 10 Jahre, Effektivzins, Durchschnittssatz" zurückgegriffen wird.

2. Tilgung

Es ist mit einer Anfangstilgung von mindestens 1,0 % zu kalkulieren.

3. Revitalisierung und Anschlussvermietung

Es sind angemessene Revltalisierungskosten und Anschlussvermietungskosten zu kalkulieren. Bei einer zehnjährigen Mietdauer ist es im Regelfall angemessen, mit Revitalisierungskosten in Höhe von 5 % der vorausgegangenen Anschaffungs- und/oder Herstellungskosten des Gebäudes und der Außenanlagen zu kalkulieren.

Alternativ hierzu ist es zulässig, Revitalisierungskosten in Höhe von 0,5 % p.a. der vorausgegangenen Anschaffungs- und/oder Herstellungskosten des Gebäudes und der Außenanlagen in anderem zeitlichen Rhythmus in die Kalkulation einzustellen.

Von diesen Kennziffern kann in Abhängigkeit von der Objekt- und Nutzungsart sowie den mietvertraglichen Verhältnissen im Ausnahmefall abgewichen werden. Die Abweichung ist im Einzelfall zu begründen.

4. Inflationsrate

Als Inflationsrate soll die durchschnittliche Inflationsrate des Zeitraumes unterstellt werden, der dem Prognosezeitraum entspricht und dem 1. Januar des Kalenderjahres der Prospektherausgabe unmittelbar vorausgeht.

5. Instandhaltungskosten

Die laufenden Instandhaltungskosten sollen mit 0,2 % p.a. der Anschaffungs- und/oder Herstellungskosten des Gebäudes und der Außenanlagen kalkuliert werden.

Während der Dauer der werkvertraglichen Gewährleistungsfrist aus der Errichtung des Gebäudes kann diese Kennziffer auf die Hälfte reduziert werden.

Diese Kosten sind in Höhe der Inflationsrate i.S.d. Ziffer 4. zu indexieren.

6. Mietausfallwagnis

Das Mietausfallwagnis ist mit mindestens 2 % p.a. der vom Mieter in dem entsprechenden Jahr zu entrichtenden kalkulierten Jahresnettomiete ohne Umsatzsteuer zu kalkulieren

7. Nicht umlagefähige Bewirtschaftungskosten

Die voraussichtlich tatsächlich anfallenden nicht umlagefähigen Bewirtchaftungskosten sind zu erfassen.

8. Prognosezeitraum

Der Prognosezeitraum soll mindestens zwanzig Jahre betragen, sofern keine kürzere Laufzeit des Fonds vorgesehen ist.

9. Veräußerungserlös

Zur Prognose des durch die künftige Veräußerung des Investitionsgegenstandes erzielbaren Veräußerungserlöses ist ein Vervielfältiger (V^x) auf die im Zeitpunkt der Veräußerung prognostizierten Jahresnettomieteinnahrnen ohne Umsatzsteuer anzuwenden. Dieser Vervielfältiger (V^x) soll den im Zeitpunkt der Anschaffung des Investitionsgegenstandes verwendeten Vervielfältiger (V°) der anfanglichen Jahresnettomieteinnahmen ohne Umsatzsteuer nicht überschreiten.

Anlage 6: Gewichtung der Chancen und Risiken

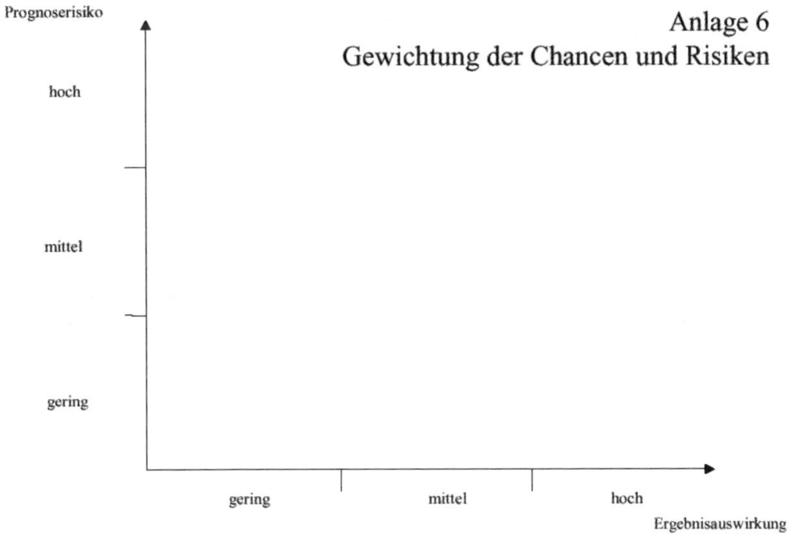

Erläuterung der Anlage 6

- Prognoserisiko
  - Definition: Das Prognoserisiko soll zum Ausdruck bringen, ob und inwieweit Abweichungen zur Prognoserechnung, die nach fachkundiger Einschätzung wahrscheinliche Entwicklungen zugrundelegt, möglich sind.
  - Der Initiator/Prospektersteller hat die für den Anleger relevanten hancen und Risiken hinsichtlich des Prognoserisikos in drei Kategorien einzuteilen (gering, mittel, hoch).
- Ergebnisauswirkung
  - Definition: Die Ergebnisauswirkung gibt das Maß der Auswirkung einer Abweichung von den Annahmen der Prognoserechnung auf die Rentabilität der Beteiligung an.
  - Bei der Bewertung der Ergebnisauswirkung sind die für den Anleger relevanten Chancen und Risiken ebenfalls in drei Kategorien (gering, mittel, hoch) einzuteilen. Grundla-

ge für die Einteilung ist die betragsmäßig höchste Abweichung.

- Totalverlustrisiko
  - Definition: Ein Totalverlustrisiko ist gegeben, wenn dem Anleger keinerlei Ausschüttungen zufließen und die Einlage nicht zurückgezahlt werden kann.
  - Generell ist die Ergebnisauswirkung massiv.

Hinweis:

Die vorangestellten Muster sind der konkret prospektierten Kapitalanlage inhaltlich und gliederungstechnisch sachgerecht anzupassen.

8 Interessante Webseiten

Allgemein

http://www.bundesfinanzministerium.de/
http://www.bundesregierung.de/
http://www.destatis.de/ (Statistisches Bundesamt)
http://www.europa.eu.int/
http://www.loipfinger.de/

Immobilien, Immobilienfonds

http://www.aengevelt.com/
http://www.bulwien.de/
http://www.empirica-institut.de/
http://www.feri.de/
http://www.gfk-prisma.de/
http://www.hvb.de/
http://www.immobilienscout24.de/
http://www.kpmg.de/
http://www.joneslanglasalle.com/
http://www.atismueller.com/
http://www.rdm.de/
http://www.vdm.de/
http://www.vgi-online.de/
http://www.zitelmann.com/

Offene Immobilienfonds

http://www.bvi.de/
http://www.dix.de/

Bracheninformationsdienste

http://www.anlegerschutz-check.de/
http://www.dfi-report.de/
http://www.markt-intern.de/
http://www.platow.de/

Marktplätze

http://www.efonds24.de/
http://www.dai-zweitmarkt.de/
http://www.vgi-online.de
http://www.fondslux.de

Newsletter

http://www.derimmobilienbrief.de/

Immobilien-Lexikon dt./engl./franz./ital./span.

http://irex.de/IREX/de/Lexikon/vokabular/de_reg.html

Zeitungen

http://www.faz.de/
http://www.fr-aktuell.de/
http://www.ftd.de/
http://www.handelsblatt.com/
http://www.immobilien-zeitung.de/
http://www.mopo.de/
http://www.sueddeutsche.de/
http://www.taz.de/
http://www.wams.de/
http://www.welt.de/
http://www.zeit.de/

Magazine

http://www.capital.de/
http://www.cash-online.de/
http://www.dm-online.de/
http://www.focus-money.de/
http://www.focus.de/
http://www.geldidee.de/
http://www.impulse.de/
http://www.manager-magazin.de/
http://www.spiegel.de/

http://www.stern.de/
http://www.wiwo.de/

Pressedienste

http://www.dpa.de/
http://www.reuters.com/

9 Literaturverzeichnis

Bernhardt, Michael Einkünfte versus Income, Schriften zum Steuerrecht, Berlin 2000

Biergans Verluste bei beschränkter Haftung, Deutsches Steuerrecht 1981, S. 3 ff.

Biergans Einkommensteuer und Steuerbilanz, München 1992

Biergans/Stockinger Zum Einkommensbegriff und zur persönlichen Zurechnung von Einkünften im Einkommensteuerrecht, Finanz-Rundschau 1982, S. 25 ff.

Blümich/Falk Einkommensteuergesetz, Loseblattausgabe, München

Böger Voraussetzungen und Folgen der Mitunternehmerschaft bei Abschreibungsgesellschaften; in: Rädler/Raupach: Handbuch der steuerbegünstigten Kapitalanlagen, Köln 1973

Bordewin Sinngemäße Anwendung des § 15a EStG, Finanzrundschau 1982, S. 268 ff.

Busse, Franz-Joseph Grundlagen der betrieblichen Finanzwirtschaft, München 2003

Döllerer Steuerbilanz der Gesellschaft und Gesamtbilanz der Mitunternehmerschaft bei Anwendung des § 15a EStG, Deutsches Steuerrecht, S. 19 ff.

Dornfeld Die neuen Grundsätze für die Besteuerung von Personengesellschaften, Köln 1985

Ehlers Gewerblicher Grundstückshandel – Versuch einer Systematisierung unter Berücksichtigung der neuesten höchstrichterlichen Rechtsprechung, Deutsches Steuerrecht 1989, S. 687 ff.

Fleischmann Steuerbegünstigte Kapitalanlagen: Neue BFH-Rechtsprechung, anstehende Gesetzesänderungen, neue Verwaltungserlasse, Deutsches Steuerrecht 1984, S. 735 ff.

Fuchsbriefe Jahrbuch Geldanlage 2002, Berlin 2001

Fuchs-Report, Fuchs Fonds-Check, 02, Berlin 2002

Götz/Herrling/Potthoff/Richter Jahrbuch für Geldanleger 1999, München 1999

Grabener Immobilienfachwissen von A-Z, Schwedeneck 1999

Hemmelrath/Busch Steuerliche Risiken für die Anleger eines geschlossenen Immobilienfonds, Deutsches Steuerrecht 1992, S. 1347 ff.

Herrmann/Heuer/Raupach Einkommensteuer- und Körperschaftsteuergesetz mit Nebengesetzen, Köln 1950 ff.

Hoffmann Verlustverteilung bei einem geschlossenen Immobilienfonds, Der Betrieb 1986, Beilage 21, S. 19 ff.

Jakob Die Aktivierung von Konzeptionskosten und die Verlustverteilung bei Verlustzuweisungsgesellschaften, Deutsches Steuerrecht 1980, S. 532 ff.

Lang/Seer Die persönliche Zurechnung von Einkünften bei Treuhandverhältnissen, Finanz-Rundschau 1992, S. 637

Loipfinger, Stefan Marktanalyse der Beteiligungsmodelle 2003, Griesstätt 2003

Loipfinger, Stefan Lexikon der steuersparenden Kapitalanlagen, München 1996

Merten Immobilien kaufen in Nordamerika, Regensburg/Berlin 2001

Pachowsky Immobilientrends für Profis, Regensburg/Bonn 1997

Rehkugler Die Immobilien AG, München 2003

Schellenberger Die Immobilien-KG und ihre Gesellschafter, Steuerberater-Jahrbuch 1983/84, S. 121 ff.

Rohmert/Böhm (Hrsg.) E-Business in der Immobilienwirtschaft, Wiesbaden 2001

Schmidt Einkommensteuergesetz, 9. Auflage, München 1990

Schulze-Osterloh Gemeinschaftliche Einkunftserzielung oder Liebhaberei, Finanz-Rundschau 1985, S. 187 ff.

Söffing Zur sinngemäßen Anwendung des § 15a EStG bei einer Vermietungs-KG, Finanz-Rundschau 1981, S. 157 ff.

Stadie Die persönliche Zurechnung von Einkünften, Schriften zum Steuerrecht, Band 25, Berlin 1983

Zitelmann Reich werden mit Immobilien, Freiburg i.B. 2002